民间熟语汇释

主　编：郑成明
副主编：杨新华
　　　　靳志华
　　　　冯增岭

中国文史出版社

图书在版编目（CIP）数据

民间熟语汇释 / 河北省清河县伏伽教育基金会编 ；郑成明主编. -- 北京 : 中国文史出版社, 2024. 12.
ISBN 978-7-5205-4982-0

Ⅰ. H136.3

中国国家版本馆CIP数据核字第2024N9A229号

责任编辑：程　凤

出版发行：中国文史出版社
社　　址：北京市海淀区西八里庄路69号　邮编：100142
电　　话：010-81136606　81136602　81136603（发行部）
传　　真：010-81136655
印　　装：山东麦德森文化传媒有限公司
经　　销：全国新华书店
开　　本：710mm×1000mm　1/16
印　　张：43.25
字　　数：752千字
版　　次：2024年12月北京第1版
印　　次：2024年12月第1次印刷
定　　价：89.00元

《民间熟语汇释》编辑部

主　　编：郑成明

副 主 编：杨新华　靳志华　冯增岭

编　　辑：邱玉芬　谢丙月　徐继国　王春飞
　　　　　谢青春　宋祥宇

编写凡例

一、《民间熟语汇释》共收录“熟语”（包括格言、警句、俗语、谚语、歇后语等）6100多条，是一部既可查询又可阅读的工具书。

二、收录的熟语绝大部分为五字以上短语。已在成书中收录的四字成语，及冷僻谚语、不合时宜农谚等，则未收录。

三、词目凡有来源的，均在释义部分首先标明来源。

四、除个别主要起了解认识或教化作用的词目没有设“例句”外，绝大部分词目采用了释义后为“例句”或“出处”的编排方式。

五、“例句”中涉及词目的文字，统一用～替代，“例句”后通常标明来源，即作者、作品名称。未注明来源的例句，均为编者拟作。

六、一些词目不适宜用“例句”，但却有明确来源的，则以“出处”代替“例句”。“出处”内容中涉及词目的部分，文字相同的，也用～替代；有差异的，则保持原文。

七、“词目”目录以汉语拼音音序为序，首字相同的，以第二字字音为序，以此类推。

目 录

A

B

C

D

E

F

G

H

J

K

L

M

N

O

P

Q

R

S

T

W

X

Y

Z

A

【哀哀父母，生我劬劳】 语出《诗经·蓼莪》。哀哀：悲痛不已的样子。劬（qú）劳：劳苦，特指父母抚养儿女的劳累。可怜我的父母啊，生养我太劳累了。 例句 ～。余光中有太深的恋母情结，为依母膝，他选择了金陵大学外语系。（选自张昌华《诗坛祭酒余光中》）

【哀兵必胜，骄兵必败】 哀：指悲壮、悲愤的情绪。说明受压抑而反抗的部队，必然能打败敌人；骄傲的部队必定失败。就是说两者力量相当时，胜负常取决于双方各自的心态，要戒骄戒躁。 例句 对方根本没把我们放在眼里，一个个脸上都带着轻蔑的笑意；而上次失败的耻辱，却让我们每个人都憋着一口气。所以这次比赛，大家配合默契，斗志昂扬，大比分赢得了胜利。这就是所谓“～”吧！

【哀莫大于心死】 语出《庄子·田子方》。原指思想和记忆的消失。现指最可悲哀的事，莫过于思想顽钝，麻木不仁；或被用来表示万念俱灰的心理状态。 例句 “人说：～。我的心已经死了。我不该再到你们公馆里来，打扰你们。”（选自巴金《家》）

【挨金似金，挨玉似玉】 喻接近什么人，与什么人交往，就会受什么样的影响。 例句 “俗语说的：‘～’，今番亲家太太的谈吐与往日大不相同了。”（选自文康《儿女英雄传》）

【挨句骂，学句话】 挨到别人的一句骂，却从中学到做人的道理。例句 小王自言自语地说：“～，我也值了！”

【挨了打还当被告】 指吃了亏反而还让人家告了。 例句 我这次真是～，有苦说不出。

【矮墙过懒贼】 指低的墙，很容易爬过，只能防范那些懒得爬墙的贼。同“墙低遮懒贼”。 例句 王总看了看被盗的商店，哭笑不得，店里贵重的东西都在里面没有被盗，而离门口较近的不值钱的商品反而被偷去许多，这真是“～”。

【矮子里选将军】 指从现有的并不出色的人中选择最佳者。同“矮子队里选将军”“矬子里边选将军”“矬子里头拔将军”。 例句 常言一句俗话说：“～。”就算他的能耐有限，但与这些打手打起来，他的本领却比打手胜强百倍。（选自《小五义》）

【矮子群里拔不出将军】 比喻在不出众的人群中很难选出优秀者。例句 教练嘛，我看还得从上面选派

个有经验的，～，这里实在没有合适的人选。（选自叶金《实话实说》）

【爱博而情不专】 语出韩愈《与陈给事书》。原指对方喜欢的人多了，就不可能专注于对旧友的情谊了。现多用以表示对人或事物的喜爱很广泛，而感情不能专一。 例句 在这三条路里，我将选择哪一条呢？我惭愧自己是个“～”的人；虽老想着只选定一条路，却总丢不下别的。（选自朱自清《哪里走》）

【爱出者爱反，福往者福来】 语出魏征等《群书治要·贾子》。反：同“返”。你热爱别人，别人就会热爱你；你为别人的幸福出过力，别人就会为你的幸福创造条件。 例句 ～。人人都献出一点爱，爱心将托起明天的太阳，这世界将变成美好的家园。（选自苏宁《爱心托起明天的太阳》）

【爱跟英雄战，不爱跟狗熊斗】 比喻愿意与英雄交锋，不想跟懦夫较量。 出处 张贺芳、白树荣整理《呼杨合兵》（节选）：“杨文广来到阵前，他把马一勒：‘姓洪的，你听着！有句俗话：～。你不是元帅吗？得有元帅的气概。’”

【爱将如宝，视卒如草】 旧时指主帅像爱惜珍宝一样爱惜自己的将领，而对待士卒却像草木一般轻视。例句 “若是吕方不去，公明哥哥念弟兄之情，必来相救。今吕方已去，众位虽是他心腹体己，到底差了一层，他岂肯为我们这三五十人，兴兵动众！俗语说得好：～。”（选自俞万春《荡寇志》）

【爱情当如长流水，莫像荷花一时鲜】 比喻男女之间的爱情应该同长流的河水不要断流，而不应该像荷花一样，虽一时盛开，但不久就凋谢。 例句 王阿姨教育女儿说：“～。你们小两口别三天热两天冷的，要保持长久才行！”

【爱人者，人恒爱之】 语出《孟子·离娄下》。爱别人的人，别人通常也会爱他。 例句 ～。人们给予杨善洲这么高的评价，就是因为他这一辈子一直坚持行善，把爱传播给身边的每一个人。（选自姜洁 宣宇才 徐元锋《爱人者，人恒爱之——从口碑看杨善洲》）

【爱说是非者，便是是非人】 爱说别人是非的人就是搬弄和制造是非的人。这句话还有更深的含义，那就是指责别人的过错，自己也必然有过错，甚至是相同的过错。同“说人是非者，必是是非人”。 例句 古人常说“～”。刘二经常喜欢说别人是是非非，他本身就是一个在生活中经常会挑起是非的“小人”。

【爱之不以道，适所以害之也】 语出《资治通鉴》。适：正好，恰恰。如果不以正道爱他，恰恰是害了他。这句话对溺爱子女的人是个警示。 例句 家庭教育涉及很多方面，但最重要的是品德教育，是如何做人的教育。也就是古人说的“爱子，教之以义方”，“～”。（选自

习近平《在会见第一届全国文明家庭代表时的讲话》）

【安不忘危，治不忘乱】 指处于安定和平的环境中，不要忘记可能出现的危险和动乱。 出处 《周易·系辞下》（节选）：“是故，君子安而不忘危，存而不忘亡，治而不忘乱；是以身安而国家可保也。”

【安危不贰其志，险易不革其心】 语出魏征等《群书治要·昌言》。贰其志：背叛自己的初志。革：改变。无论平安还是危险的时候都不改变自己的志向和操守。 例句 “～”，面对前所未有的严峻形势，中国毫不畏惧、迎难而上。（选自廖言《“中国精神”——筑起抗御国际金融危机的长城》）

【安详处事，宽容待人】 处理事务要冷静，待人接物要宽容。 例句 刘科长是个本分人，他～，在公司有较高的声誉。

【岸上修船易，到得江中彻底沉】 船坏了，在岸上很容易修好，到了江海中就会完全沉没。说明问题要从根本上解决，不能只做表面文章。 例句 你好不思忖，不思忖，怕朝廷谤你，那时不稳。古人云：“～。”（选自明·汤显祖《还魂记》）

【按牛头吃不得草】 比喻依靠强迫命令不能使人信服，解决不了问题。 例句 众友不道文子一诺无辞，一发不忿，毕竟～，无可奈何。（选自天然痴叟《石点头》）

【按人口做饭，量身体裁衣】 形容做事要依据客观条件。 例句 咱这么大的企业，千数口人，就应该有个规矩，支出多少都要有个计划，必须～。

【按下葫芦浮起瓢】 比喻做事顾了这头就顾不了那头，或解决了这个问题，又出了那个问题。也作“摁下葫芦起来瓢”“按下葫芦起了瓢”“按倒葫芦起来瓢”等。 例句 随着基层减负的持续推进，许多基层干部反映，原来繁多而无意义的会议等内容有所减少。不过在少数地方，形式主义“～”，一些新增工作内容又出现不同程度的形式主义苗头，挫伤了这些地方基层干部干事创业的热情和积极性。（选自张近山《对基层新的形式主义要露头就打》）

【案上不可多书，心中不可少书】 桌案可以不必有太多的书，心中则不能少书。读书学习不可过于贪多，贪多心则乱，乱则不专，读书学习是吸收知识、丰富自己的过程，需要专心致志、聚精凝神。 例句 学习并不在于形式上的数量庞大，更注重内在的质量，学到心里的才是自己的，“～”讲的就是摈弃形式的东西，掌握真正能够融入内心的知识。

【傲不可长，欲不可纵】 意思是傲慢不可滋长，欲望不可放纵。 出处 《礼记·曲礼上》（节选）：“～，志不可满，乐不可极。”

B

【八成熟，十成收；十成熟，二成丢】 庄稼八成熟的时候开始收割，能收获十成；十成熟的时候开始收割，就会少收两成。同“八成收（麦熟），十成丢”。

【八竿子打不着】 形容事物之间关系疏远或毫无关联。“竿”也作“杆”。 例句 现在有些人，千方百计地寻找在国外~的亲友，想方设法要出去。（选自母国政《飘飞的大雪》）

【八九不离十】 指与实际情况很接近。 例句 “可是比较的，我还算是他的熟人，自幼儿的同学。我不敢说是明白他，不过讲猜测的话，我或者能猜个~。”（选自老舍《柳屯的》）

【八十老太太狼撵着】 形容情势所逼，别人帮不上，只能靠自己。同“八十老太太狼追着”。 例句 时代需要我们不断学习，不断提高，就像“~”，不学习就要被时代淘汰。

【八抬大轿请不了去】 形容人架子大，请不动。 例句 这个田老头架子忒大，咱村长去了三次了，愣是没叫来，真是~。

【八仙过海，各显其能】 比喻做事各有各的一套办法。也比喻各自拿出看家本领竞争比赛。 例句 庞太监：说得好，咱们就~吧！哈哈哈！（选自老舍《茶馆》）

【八月初一下一阵，旱到来年五月尽】 谚语。指农历八月初下雨，可能要旱到来年五月底。 出处 清·李光庭《乡言解颐》（节选）：“雨：夏忌甲子雨。‘五月连阴六月旱，七月八月吃饱饭’‘~’占验也。”

【八月十五过大年】 指有些地方的中秋节好比过年一般热闹喜庆。 出处 吴有恒《山乡风云录》（节选）：“至于姑娘们，这一天则是无论穷富，外表上看来总是比平日快活的，其原因是她们都忙着拜月。有句俗话：‘~。’”

【八月十五云遮月，正月十五雪打灯】 这是在中国民间广为流传的一句谚语，是劳动人民在生活实践中总结出来的气象经验，反映了节日天气之间的呼应关系。意思是说当年农历八月十五中秋节这天，如果天空被云幕遮蔽（阴天或下雨），看不到中秋圆月，来年正月十五这天就有可能阴天或下雪。“云遮月”固然令人遗憾，好在尚有“雪打灯”的景象可期。

【八月十五正中秋】 八月为仲秋，八月十五月亮满圆，象征团圆，称中秋节。中秋节起源上古时代，普及于汉代，定型于唐代，现为中国四大传统节日，仅次于春节。 例句 ～，人们会对着圆月许下愿望。人们在月光下摆放各种新鲜瓜果、精美点心，以及美酒佳肴等，然后开始焚香祭拜。

【八字还没一撇】 “八”字是由一撇一捺构成，“八字还没一撇”指事情还没眉目，没头绪。这句话原是用来形容男女婚姻的，“八字”是指男女的生辰八字。旧时有个俗称叫做“发八字”，即正式定亲之意。首先，男女双方家长请算命先生合生辰八字，男女双方的生辰八字合（即不相冲相克），才能通婚。 例句 虽说救钱先生的事儿～，可他总算有了指望。（选自老舍《四世同堂》）

【巴豆、硫黄、信，吃了就出殡】 意谓这三种物品虽为中药，食用不当会危及生命。巴豆、硫黄、信（即砒霜），是中药，但均有毒，砒霜毒性尤强。出殡，人死后移棺至墓葬地或殡仪馆舍。 例句 俗话说“～”。所以，中医对这三味药向来慎用。

【拔出萝卜带出泥】 形容办得此事顺带牵连出其他问题。 例句 “张解两宅事，得论个清楚是非，不能～。”（选自罗丹《风雨的黎明》）

【拔了萝卜地皮宽】 比喻为了行事方便而把碍眼的事物去掉。也比喻为了扩展地盘而排挤别人。 例句 “常言道：‘一鸡死，一鸡鸣，新来鸡儿打鸣忒好听。’我死了，把他立起来，也不乱，也不嚷，才‘～’。”（选自兰陵笑笑生《金瓶梅》）

【把鼻子气歪了】 形容人特别生气。 例句 何世雄擦着秃脑瓜上的汗，～，说：“这号东西不是人!快拉出去砍了他，喂狗吃!”（选自袁静 孔厥《新儿女英雄传》）

【把舵的不慌，乘船的稳当】 在风浪中，给船掌舵的人不慌乱，乘船的人才会心里踏实。比喻领导者在危险或紧要关头沉着应对，才能安定人心，控制住局面。 例句 “以后有事儿要沉着。～。中队长掌握分队长，分队长掌握队员，一级级掌握好，就没问题啦！”（选自袁静 孔厥《新儿女英雄传》）

【把名字倒过来写】 名字通常为父母所起，代表着一个人的尊严，不可轻辱，“把名字倒过来写”是以自己的名字做保证去做一些事情。 例句 如果我敢骗你，我就～。

【把蛇放到竹筒里，它也不会变直】 蛇有盘曲或蜿蜒行走的特性。喻指坏东西本性难改。 例句 咱就别信他了，他的本性难移，～。

【把式把式，全凭架式】 把式，称练武术有成或精通某种技术的人。把式好不好，体现在动作姿势上。喻指练什么技术都要靠踏实的基本功。 例句 ～。没有架式算不起把式！（选自蒋寒中《天桥演义》）

【把自己看成一朵花，把别人看成豆腐渣】 形容没有自知之明，抬高自己，贬低别人。同“自己是朵花，别人是个豆腐渣”。 例句 看人不能只看缺点，千万不能~啊！

【掰不开的烂姜】 姜烂之后就是一条一条的姜丝，用手也难以掰开撕断。形容亲近的人关系紧密，难以分开。 例句 他俩干什么都在一块儿，真是~。

【掰断骨头连着筋】 形容血缘关系亲近，即使产生矛盾，也难以割断亲情。同“打断骨头连着筋”。

【白璧不可为，容容多后福】 白璧：白色的璧玉，借以指清白的人。容容：随众附和。意思是耿直清白的人做不得，随波逐流将来会有好福分。该古谚反映了东汉顺帝时期官场一种不问是非，但求明哲保身的消极现象。 出处 范晔《后汉书·左雄传》（节选）：“臣见方今公卿以下，类多拱默，以树恩为贤，尽节为愚，至相戒曰：‘~。’”

【白璧易埋千古恨，黄金难买一身闲】 白璧，圆形而中有孔的白玉。意谓财宝易招祸端，金钱难买身心的安闲。 出处 《增广贤文》（节选）：“识破人情惊破胆，看穿世间心胆寒。~。”

【白酒一斤半，啤酒随便灌】 指酒量非常大，白酒能喝一斤半，啤酒随便喝也不醉。 例句 眉头皱一下，不算是好汉。别问我酒量。~。青岛不倒我不倒，雪花不飘我不飘。

【白露不低头，砍倒喂了牛】 到了白露节气时，种植的晚稻就要开始收获了。如果这时稻子颗粒还没有饱满垂下穗子，意味着几乎没有收成，只能割了当作饲料去喂牛。

【白露早，寒露迟，秋分种麦正应时】 这是过去河北邢台地区这一带流传的农谚。当时认为秋分时节是种麦子的最佳时节，现在实际种麦时间有所推后。

【白披着一张人皮】 谓其名为人，行为实与禽兽一样。也作“枉披着一张人皮”。与“披着人皮的豺狼”“衣冠禽兽”意思相近。 例句 “你还有脸来见我么？你还配做我的表兄弟？~！”（选自姚雪垠《李自成》）

【白日便见簸箕星】 簸箕星即扫帚星。旧时认为扫帚星的出现意味着将会发生灾祸。所以带来灾祸的人被认为就是扫帚星。比喻将发生争斗凶杀之事。 出处 元·高文秀《黑旋风》（节选）：“今日里奉着哥哥令，若有人将哥哥厮欺负，我和他两白日便见那簸箕星。”

【白日莫闲过，青春不再来】 语出林宽《少年行》一诗。指千万不要虚度时光，因为青春没有第二次。 例句 人常说：“~。”青年时代的光阴是最宝贵的，我们一定要加倍珍惜。

【白日无谈人，谈人则害生；昏夜无说鬼，说鬼则怪至】 意思是指不要背后议论别人，否则会招致祸害；昏夜谈鬼，易生幻觉错觉。 出处 宋·王锤《龙城录》（节选）："君晦尝夜坐。与退之、余三人谈鬼神变化。时风雪寒甚，窗外点点微明若流萤，须臾千万点，不可数度。顷入室中，或为圆镜，飞度往来，乍离乍合，变为大声去。而三人虽退之刚直，亦为之动颜。君晦与余但匍掩目，前席而已。信乎俗谚曰：'～。'"

【白石似玉，奸佞似贤】 白色的石头很像玉，邪恶之徒外表很像贤人。说明要了解一个人并不容易。 出处 晋·葛洪《抱朴子内篇》（节选）："知人之浅深，实复未易。古人之难，诚有以也。～。贤者愈自隐蔽，有而如无，奸人愈自衒沽，虚而类实，非至明者，何以分之？"

【白天不做亏心事，不怕半夜鬼敲门】 指自己没有做愧对良心的事情，什么时候都不怕有人来找麻烦。与"日间不做亏心事，夜半敲门不吃惊"义同。 例句 "黎先生，请安静一点。俗话说：～。"（选自陈登科《赤龙与丹凤》）

【百川派别，归海而会】 语出左思《吴都赋》。江河尽管处在不同的地方，但最后都要流入大海。常被用来形容艺术或其他领域，尽管流派纷呈，但目标是一样的。 例句 与世界和平相处、共同发展，一直深深根植于中华民族的基因。～。今日之世界是一片汪洋大海，任何孤立的小湖泊、小河流都将汇入大海的怀抱。（选自康岩《"中国先生"的"人情味儿"》）

【百船出港，一船领头】 意思是在很多人当中，总有一个人做领头人。 例句 "～"。要做到学习教育活动不走样，就必须坚持领导带头。

【百货对百客】 意思是指商店中的货物必须品种繁多，才能满足各方面顾客的需求；也泛指社会生活中各式各样的物类，都有各自不同的专门用项。同"百货中百客"。 例句 "'～'，要不是天旱，我还真不卖。别看它口老，种庄稼还能拉独犁独耙。"（选自李准《黄河东流去》）

【百将易得，一帅难求】 普通的将领容易得到，统帅却很难求得。指出类拔萃的人才稀少。 例句 "常言道：'～。'这樊梨花文武全才，我西凉放着不用，反倒在大唐拜了元帅。"（选自黄佩珠 李少岩 范继伟《少西唐演义》）

【百里不同风，千里不同俗】 指各地的民风习俗差别很大。 例句 我国很多传统节日大都源于古老的祭祀活动，且因地域广阔，流传过程中呈现出"～"的形式，端午节也不例外。（选自张新文《漫话五月节》）

【百虑输一忘，百巧输一诚】 语出顾图河《任运》一诗。考虑再周密若有一次疏忽就可能失败，有百般机巧若缺乏真诚也难得成功。 例句 古人云，～。的确，管理的内容再繁多，忽略了质量，一切全输；竞争的策略再机巧，缺少了诚信，必败无疑。（选自《提高出版物质量须“起而行”》）

【百密未免一疏】 意思是筹划得再周密，也免不了会有疏漏。同“百密总有一疏”。 例句 建成、元吉，佯与为欢，邀世民夜宴，置毒酒中。世民哪里晓得？及饮毕归府，猝然心痛，喉中亦非常作痒，竟至咯血数升，卧不能起。［评注］～。不死还是大幸。（选自蔡东藩《唐史演义》）

【百年成之不足，一旦败之有余】 语出《增广贤文》。多年的努力去做一件事，还不一定能成功；但要败坏一件事，一早晨很短的时间就够了。

【百年寿限不准有，百年计划不能无】 指人虽然不一定能够长命百岁，但不能没有长远的计划。 例句 俗话说“～”，青少年不能没有长远计划。

【百年养不足，一日毁有余】 语出王安石《寓言九首》其六。用很多年来修养德行和名誉也不够，可是要毁掉连一天的时间也用不了。

【百巧百能，必定受穷】 意思是在技艺上样样都能干，但都不精专的工匠，并不能发家致富。与“百巧百能百受穷”“百巧百能，一世受穷”“百巧百能，一辈子受穷”义同。 例句 常言说“～”，这话可一点不假。韩老玉那么精明能干，一年还是要挨半年的饿。（选自牛家琨《韩老玉做官》）

【百人百性】 比喻各人有各人的性格。 例句 有道是“百姓百姓，～”，什么脾气性格的人也有，大家也不要处处较真。

【百人百姓，各人各性】 指每个人性格是各不相同的。 例句 “怎么你偏偏要费这么大事，搬到山后没人家的地方去住？”……“这叫～。”（选自韦任敏《穿云山》）

【百日床前无孝子】 意思是人久病卧床，虽是孝顺的子女也有不耐烦的时候。也作“百日床头无孝子”。 例句 王氏也因久病惹厌，楼上埋怨道：“人家说～，真正啰嗦人。”（选自清·李绿园《歧路灯》）

【百世修来同船渡，千世修来共枕眠】 指能同舟共济乃至做成夫妻，皆是前世修来的福分。 例句 岳丈语重心长，说：“不要再说分手了，你们做夫妻容易吗？岂不闻‘～’的话？”（选自张一平《逝去的船》）

【百事通不如一样精】 指在技艺上样样都会，不如有一样是精到的。也作“百样通不如一样精”。 例句 “谁都知道，鲁班是木匠行业中的圣手，在木工的创造与制作上，很难有人比得上他。但在锻铁活计上，他却一窍不通。人说‘～’，贵

就贵在这‘一样精’上。”（选自刘亦英《鲁班的故事》）

【百岁光阴如过客】 百岁光阴就像一个匆匆而过的行人。形容人的一生过得很快。 出处 清·邱心如《笔生花》（节选）：“~，莫留此，一生憾恨负椿萱。”

【百万买宅，千万买邻】 语出李大师、李延寿《南史·吕僧珍传》。用一百万买房子，用一千万买邻居。喻指选择和睦相处的邻居比选房子还重要。 例句 古人云“~”，今天“邻”的含义可称之为环境。好房子哪儿都有，而好的环境可遇不可求。（选自谢其章《难忘大杂院岁月》）

【百闻不如一见】 语出班固《汉书·赵充国传》。从别人那里听说多次，也不如自己亲眼看到一次可靠。也就是“耳听为虚，眼见为实”的意思。 例句 “乔石二位同志是工业战线上的大将，这回真是~。”（选自蒋子龙《乔厂长上任记》）

【百闻不如一见，百见不如一干】 听别人说多少遍，也不如自己亲自看一下；看别人做多少次，也不如自己亲自动手实践一次。与“百听不如一见，百见不如一练”“百闻不如一见，一见不如实践”义同。 例句 ~。对方军事上的情况如何，在后方很难准确地估计，还是让我上前方了解了解再来制定策略吧！

【百心不可以得一人，一心可以得百人】 语出《意林·子思子》。对别人有太多的心眼就一个人也得不到，对别人一心一意就可以得到很多人。喻指与人交往应该真诚。 例句 “~”。“衣带渐宽终不悔，为伊消得人憔悴”，说的是不悔的苦恋，诠释的其实是一种尽心的信念，尽心的执着。（选自秦国文《坚持“三信”理念改进工作作风》）

【百星之明，不如一月之光】 再多星星的亮度也不能和一轮明月的光辉相比。比喻再多的普通人也不如一个德才高超的人起的作用大。 出处 《淮南子·说林训》（节选）：“陶人弃索，车人掇之，屠者弃销，而锻者拾之，所缓急异也。~；十牖之井，不如一户之明。”

【百样生意百样做】 比喻做事要从实际出发，不可强求一律。 例句 你做你的生意，我做我的学问。咱们“~”，各念各的经。

【百战百胜，不如不战】 即使胜仗连连，也不如不打仗好。 出处 明·杨柔胜《玉环记》（节选）：“古人云：‘~。’又道是加兵者不祥之兆。当初尧舜之时，不知看甚兵书而得平治天下。”

【百战成勇士，苦练出精兵】 意思是多次战斗就能磨炼出勇猛的士兵，艰苦的训练就能培养出精锐的队伍。

【百足之虫，死而不僵】 出自三国·魏·曹冏《六代论》：“故语曰‘百足之虫，至死不僵’，以扶之者众也。”百足：虫名，即马陆，多节多足虫，切断后仍能蠕动。僵：倒下，仆地。形容有实力的人或集团虽然衰败，但其余威和影响仍然存在。 例句 形式主义如“过街老鼠”，“人人喊打”了这么多年，但形式主义为何仍如～？一个重要原因就是对形式主义“说得凶，打得松”，没有像朱元璋那样对搞形式主义的人打板子。（选自王龙昌《对形式主义要“打板子”》）

【败兵之将，不敢言勇】 意思是吃了败仗的将领，没资格谈论勇敢。有时被人用来作为失败或有闪失后逢人讨教时的自谦之语。 出处 司马迁《史记·淮阴侯列传》（节选）：“败军之将，不可以言勇；亡国之大夫，不可以图存。”

【败不可悔，时不可失】 意思是既然失败了，后悔也没用，重要的是抓住时间和机会再干一番。 出处 范晔《后汉书·冯衍列传》（节选）：“凡患生于所忽，祸发于细微，～。”

【败将不提当年勇】 指打了败仗的人没有资格再去炫耀过去的英雄事迹。 例句 “～。我嘛，不提少年间了。”（选自王少堂《武松》）

【败军之将，不足与图存】 意谓打了败仗的将领，不值得与他共同策划天下存亡的大计。 例句 宗智道：“～。何况当日跟随越国公，不过因为略谙水性，图个进身，至于训练之事，恐不能当此重任。”（选自吴趼人《痛史》）

【败棋有胜着】 语出杨慎《病榻手吹》。着：下棋的步子。意思是棋下输了，并不一定每一步都没走对，其中也还有走得好的步子。比喻失败了的事，并不一定一无是处，其中也有值得肯定的地方。 例句 应该说，科研的失败往往也是一项“成果”，因为失败中孕育着成功，失败证明某种可能性并不存在或某种研究途径的错误，失败可以提示后来者此路不通，这就是古人所说的“～”。（选自周文斌《科研允许失败》）

【败子若收心，犹如鬼变人】 要想败家子回心转意、重新做人，就像要使鬼变成人一样，是很难的。 出处 凌濛初《初刻拍案惊奇·卫朝奉狠心盘贵产 陈秀才巧计赚原房》：“说得好听，怕口里不像心里，‘自悔’两字，也是极难的。又道是：‘～。’这时节手头不足，只好缩了头，坐在家里怨恨；有了一百二百银子，又好去风流散漫起来。”

【搬不倒葫芦洒不了油】 比喻如果不这样干，就达不到目的。也作“搬不倒瓶子洒不了油”。 例句 “一不做，二不休；～。整死他得了！”（选自刘兰芳 王印权《岳飞传》）

【搬家三不扔，扔了福气散】 所谓的“三不扔”，指的是在搬家时，家中的碗碟、枕头、书籍不可扔；扔了，福气也就随之散了。这句话意在告诫人们，乔迁新居时，吃饭的家当（碗碟），健康的保证（枕头），书香的传统（书籍），不能丢。

【搬起石头砸自己的脚】 本想害人，却伤了自己。比喻自作自受、作茧自缚、自食其果。 例句 “（曾作金）实际上是在向人民政府反扑哩……我看，这家伙打错了算盘，他是～。”（选自张行《武陵山下》）

【搬山山倒，挖海海干】 喻指只要下决心干，无论困难再大，也会成功。 例句 天底下穷人多，根子硬，你说咱是打伙哇，斗老财哇，人多手杂，又都是一个穷心眼儿，～。（选自刘江《太行风云》）

【办事不公，天理难容】 指做事不公平，为道义所不容。与“没有公道，天地难容”义同。 例句 “～”，你这当小队长的，偏这向那，别人还不能说了？

【半部《论语》可以治天下】 古时推崇《论语》，认为只要运用《论语》的一半思想就能够治理好社会。 出处 宋·罗太经《鹤林玉露》（节选）：“赵普再相，人言普山东人，所读者止《论语》，盖亦少陵之说也。太宗尝以此语问普，普略不隐，对曰：‘臣平生所知，诚不出此。昔以其半辅太祖定天下，今欲以其半辅陛下致太平。’”

【半大小子，吃死老子】 这是产生在经济困难时期的一句话。意谓处在青春期的孩子因身体需要，饭量会剧增，让家长既高兴又觉得吃不消。 例句 满囤是随着娘一起嫁到了霍家，也就是说他是个“拖油瓶”，那年他十五岁，是个半大小子。有道是：～。四爷虽行走江湖，却不算十分富有，但不怕人吃，他养得起满囤娘俩，可他就是看满囤不顺眼。（选自贺绪林《黑杀口》）

【半斤对八两】 旧制一斤是十六两，半斤是八两。形容双方对等，不分上下。 例句 秦信芳：“咳!翠姑娘，讲起来，又何止你的命苦，我们都是～罢!”（选自田汉《梵峨璘与蔷薇》）

【半路出家】 原指成年后才出家做和尚或尼姑；后比喻中途改行从事某种非本行的工作。 例句 先前读书，后来看看不济，却去改业做生意。便是～的一般。（选自《京本通俗小说·错斩崔宁》）

【半路杀出个程咬金】 喻指先前没有料到出现的人，改变了事件的进程或走向。程咬金：隋末农民起义军领袖，手执板斧，常伏于半路杀出，故有此一说。 例句 谁也没想到，酒足饭饱，谈兴正浓的时候，～，大队长陈庆山闯了进来。（选自林予 谢树《咆哮的松花江》）。

【半年旱涝看出九】 农谚。出九，是数九里第九个“九天”里的最后一天。农村老话说，要看一年中的前半年天气如何，是旱还是会出现涝，可以从出九这天的天气来分析。

这天，不怕它是阴天或雨天，就怕是大晴天。

【半瓶子醋】 喻指对某种事物一知半解，或略有一点本领而本领并不高强的人。 例句 可是作为一个知识分子的我，这些年转弯抹角的，直到现在还是个~，一瓶子不满，半瓶子晃荡，归根到底还是自己的毛病。（选自杨朔《我的改造》）

【伴君如伴虎】 陪伴君王像陪伴老虎一样，随时有杀身之祸。形容大人物喜怒无常，在他们身边共事，随时可能有灾祸降临。 例句 有一次在殿里奏事，说话太猛，把宋太宗气得拍案而走，寇准还不识相，拽着皇帝的衣服让他坐下继续说理，一定要说个明白。俗话说“~”，寇准这种做法，很可能招致杀身之祸。（选自胡恒《寇准，牛脾气一生没改》）

【绊人的桩子不在高】 桩子：一头埋在地里的桩形物体。能够绊人，使人跌倒的桩子不在高矮。比喻害人的东西往往不很显眼。或不被人看重的小问题常使人铸成大错。与“木橛子也能绊倒人”义近。 例句 俗话说，~。而且，这些桩子绊人时，招式还挺多，无论你多么精明，到时都防不胜防。更令人气恼的是，这些桩子你又无法一一撅起一把火烧掉。（选自夏昕《绊人的桩不在高》）

【扮猪吃老虎】 比喻用心机要诈，故意装成愚弱者让对手疏忽，再趁机赢得最后胜利。 例句 事实证明，网红的生命力，需要思想能力的支撑；在网上~的怪状，纵得一时之利，终会一败涂地。（选自王庆峰《没底线的网红终究要"凉"》）

【帮理不帮亲】 意思是谁有理帮谁，若是无理，就是亲戚也不帮。指帮忙论理不论亲。有时与“认理不认人”连用。 例句 咬金大叫道：“伍哥，打杀那黑贼!”叔宝笑道：“~。一日都是兄弟你不是，我们好汉做事，岂可失信？”（选自佚名《瓦岗寨演义》）

【帮腔上不去台】 比喻在暗中相助的人不能露面。同“帮腔的上不了台”。 例句 遇到这种事，我不能靠前，只能给你出出主意，~。

【帮人帮到底，救人救个活】 指帮人忙一定要帮到底，救人一定要使人脱离险境，不可半途而废。也作“救人救到底，帮忙帮到家”“帮人帮到底，救人救到家”“帮人帮到底，救人要救活”。 例句 “倘若路上出点差错，岂不又把她害了？常言说，~，还是先把这位姑娘送到陆家庄。”（选自段少舫等《朱元璋演义》）

【帮人要帮心，帮心要知心】 指帮助别人要从思想上帮助他，要从思想上帮助他就要先了解他的思想；要了解他的思想就要和他交流思想，这样才能找到思想的根源。

【帮言帮不了钱】 指帮着说几句好话可以，但在经济上帮不上

忙。 例句 调羹虽然是个好人，一个正经主人家看似眼中钉一般，旁人“～”，中得甚用？（选自西周生《醒世姻缘传》）

【绑鸡的绳子，捆不住大象】 指制伏弱者的手段，不能用于制伏强者。 例句 “我早就说过，姓马的和咱们不是一条心，‘～’。”（选自马国超 张鸣《马本斋》）

【蚌死留夜光，剑折留锋芒】 语出唐·邵谒《览孟东野集》。河蚌死去了，却留下了珍宝夜明珠；宝剑虽然折断了，却留下了利刃。比喻高尚的人即使身躯消失了，其精神也会流传千古。 例句 有的人虽然身躯消失了，但他的思想和精神长存。他们生前的作为，能够长久地有益于后人，正所谓“～”。（选自卫洋《人应该怎样活？》）

【傍晚花花云，明天晒死人】 如果傍晚时分西边天空云朵火红，那就预示着第二天是个大晴天。同“傍晚火烧云，明日热煞人”。

【包办的婚姻不美满，强扭的瓜儿不香甜】 男女应该自己作主婚姻大事，其他人不可包办。包办的婚姻就像瓜没熟被强扭下一样，不会香甜。 例句 自古道：“～。”男女婚姻讲究个顺其自然。

【包子有肉不在褶上】 指包子的肉馅在里面，好看的褶上却没肉。比喻看人看物要看实质，不要看表面。 例句 “掌柜的，你别瞧我们穿的破，～，招好主顾，财神爷来了。”（选自郭小亭《济公全传》）

【褒贬是买主，喝彩是闲人】 挑剔商品的是买主，赞美商品的是闲看的人。也作“褒弹是买主，喝彩是闲人”。 出处 明·杨慎《古今谚》（节选）：“～。……《淮南》：刺我行者欲与我交，訾我货者欲与我市。”

【饱备干粮晴备伞，丰收也要防歉年】 喻指在境遇或年成好的时候，也不要忘了防备灾难发生，要有所准备，以防有灾时受困。 例句 ～。趁着现在经济复苏态势延续，是时候货币政策回归常态化、信用政策结构性收紧，维持资金平衡了。

【饱吹饿唱】 指不同艺术表演形式对演员的饮食状态有不同要求。吹奏乐器的人需吃饱饭，吹奏时就底气十足；而唱戏的不可吃太饱，以便更好地控制气息。

【饱汉子不知饿汉子饥】 喻指处境好的人不理解处境不好的人的苦衷。 例句 2000年，劳动保障部出台《工资集体协商试行办法》，确立了工资集体协商制度的基本框架。14年了，协商工资依然是亮点。就这样的背景下，奢谈工资增长过快对经济的影响，可真是“～”了。（选自张丽《工资增长过快？真不操那个心》）

【饱食终日，无所用心】 语出《论语·阳货》。整天吃饱饭，什么事也不思不想。多数时候含贬义，有时也用作自述，表示自己在过着悠闲的日子。　例句　上级有明令不听，企业有问题不解决，百姓有疾苦无动于衷，~，似乎也在点卯当差，实际是一种消极腐败。（选自滕朝阳《要让尸位素餐的官员“过不去”》）

【饱洗澡，饥剃头】　这是有关身体健康应该注意的禁忌。不可空腹时洗澡，不可吃太饱后剃头。明代杨慎《升庵经说》记载，当时俗谚有“饥梳头，饱洗澡”一说。

【宝刀不擦要生锈，人不学习要落后】　好刀如果长时间不磨就会生锈，慢慢变成废物；人如果长时间不学习，不接触新的知识，就会被别人超越，不能适应社会的发展。与“刀不磨要生锈，人不学要落后”“宝剑不磨要生锈，人不学习要落后”义同。　例句　自古以来就有活到老，学到老的说法，何况在这个信息快速迭代的时代，如果你不学习新的知识与技能，最后只会慢慢颓废直至被社会所淘汰，“~”。

【宝剑必付烈士，奇方必须良医】　烈士：有志于有所建树的人。宝剑应该给予有志之士使用，有特殊功效的药方应该出自良医之手。指好的东西由有能力的人使用才能发挥作用。　出处　明·焦勖《则克录》（节选）：“太阿利器而付婴孩之手，未有不反以资敌而自取死耳。谚云：~，则庶几运用有法，斯可得器之济，得方之效矣。”

【宝剑锋从磨砺出，梅花香自苦寒来】　收录于《警世贤文·勤奋篇》。磨砺：在磨刀石上摩擦。苦寒：严寒。宝剑的锐利刀锋是从不断的磨砺中得到的，梅花飘香来自它度过了寒冷的冬季。　例句　~。雄鹰搏击长空，须经历折翼之痛；腊梅风雅绝尘，须承受凌霜之寒。成长成才没有捷径，需在经受磨难、摔打锤炼中壮筋骨长才干。（选自汪曦永《在事上磨方立得住》）

【保初节易，保晚节难】　出自朱熹《名臣言行录·韩琦》。晚节：晚年的节操。意思是一个人最初的操守容易保持，难的是晚年仍能保持操守。例句　古话说：“~”。有些老干部往往临退休时犯了错误，毁了自己一生的名节。正是：一个人做一点好事并不难，难的是一辈子做好事，不做坏事。（选自包志韵《贵在晚节》）

【保国莫如安民，安民莫如择交】　意思是正确地选择邦交可以确保国泰民安。　出处　冯梦龙《东周列国志》（节选）：“今奉阳君捐馆舍，臣故敢献其愚忠。臣闻‘~’。”

【豹死留皮，人死留名】　豹子死后留下珍贵的毛皮，人死后应该留下美名。　出处　欧阳修《新五代史·王彦章传》（节选）：“彦章武人，不知书，常为俚语谓人曰：‘~。’”

【暴风吹不倒昆仑山，困难吓不倒英雄汉】　风再大也不能把昆仑山吹倒，困难再大也不会把英雄好汉吓倒。　例句　俗话说：“～。”这点困难不算什么，你放心好了！

【薄利多销】　单个产品或商品赢利少，靠售出数量很大赚钱。　例句　我们在向农民供应工业品方面，采取～、稳定物价或适当降价的政策，在向缺粮区农民供应粮食方面，一般略有补贴。（选自毛泽东《论十大关系》）

【卑不谋尊，疏不谋戚】　地位卑微的人不替地位尊贵的人谋划，关系疏远的人不参与关系亲近人之间的事情。如果不自量力做这样的事情，往往费力不讨好。　出处　司马迁《史记·魏世家》（节选）：魏文侯谓李克曰：“先生尝教寡人曰‘家贫则思良妻，国乱则思良相’。今所置非成则璜，二子何如？”李克对曰：“臣闻之，～。臣在阙门之外，不敢当命。”

【北斗似勺儿，南斗似瓢儿，东斗似梯，西斗似鸡；勺把儿朝东，暖烘烘；勺把儿朝南，把扇儿扇；勺把儿朝西，凉习习；勺把儿朝北，北风吹】　这是古人对天上一些特殊星辰形态的描述，并将星辰变化与季节对应联系了起来。

【北人水旱，得命于天】　意谓北方少湖泊，年成旱涝，全凭天命。　出处　清·顾炎武《天下郡国利病书》（节选）：“夫黄河之为中州患固矣，然而有利存焉，则人自弃之耳。谚有之曰：‘～’。”

【备而未战，不是无战；战而无备，必有大患】　指做好准备却没有打仗，并不意味着没有战事；要打仗而准备不充分，就会导致大的灾难。

【备豫不虞，为国常道】　语出吴兢《贞观政要·直谏》。做好预备以防不测，这是治理好国家的基本原则。　例句　“～”。中华民族的发展历程告诉我们：生于忧患，死于安乐。（选自袁绍光《在防范化解风险上勇于担责全力尽责》）

【背靠大树好乘凉】　指有了大树遮荫，乘凉就很方便。比喻晚辈在长辈的庇护下，得益很大。也比喻靠着某种权势，做事就有靠山。也作“大树底下好乘凉”“靠着大树好乘凉”。　例句　“靠山山会倒，靠人人会跑。”当一名领导自以为“～”时，离自我毁灭也就为时不远。（选自齐明宇《由“头上顶着两个天”想到的》）

【背人偷酒吃，冷暖自家知】　比喻自己瞒着人的心事，只有自己知道。与“背人偷吃酒，冷热自己知”同义。　例句　蛋子和尚的心下欣欣喜喜，好像撑船的逆风收港，有个结束了；众庄家心下疑疑惑惑，好像看把戏的，不知搬出什么故事来；只邢孝的心惊惊恐恐，好像解察院的访犯一般，有罚无赏。正是：～。（选自罗贯中　冯梦龙《平妖传》）

【背着抱着一般重】　比喻不管形式如何，反正本质都是一样。　出处　梁斌《红旗谱》（节选）：“封建势力是军阀政客，土豪劣绅也是封建势力，背着抱着是一般重的。”

【背着篙赶船】 赶船：行船，驾船。比喻做徒劳无益的傻事。 例句 “你偏不吃现成饭，却把一百银子送与谭家。到如今～。人说你是没星秤，你近来连秤杆子也没了。”（选自李海观《歧路灯》）

【被褥经常晒，不把杂病害】 经常晒被褥能够杀死被褥里的细菌和尘螨等有害健康的东西，并能够让被褥保持干爽。

【被头里做事终晓得】 语出王有光《吴下谚联》。意思是用被蒙着头干了什么事情，别人也会知道的。比喻做事再机密，也会被人知道。例句 “～”，不论这些盗墓贼如何狡猾，最终还是露出了马脚，难逃牢狱之灾。

【本地姜不辣】 比喻土生土长的人或物经常受当地人歧视。 例句 “原先我们的《中流》虽然是石印小册子，不大起眼，‘～’，可在外地倒颇有点名气呢。”（选自陆地《瀑布》）

【本钱易寻，伙计难讨】 指做生意的本钱容易找到，但合适的帮手却很难找到。 例句 “俗话说，‘～’，休把寻伙计看成容易事。”（选自李绿园《歧路灯》）

【本小利微，本大利宽】 意思是做生意本钱小得利少，本钱大得利多。与“本大利小还是大，本小利大还是小”义近。 例句 “眼睁睁看着有一股子钱，争乃手中无本钱，只得放过去。俗话说：～。也是没法儿。”（选自李海观《歧路灯》）

【笨鸟先飞早入林】 比喻笨拙的人先行一步，走在别人前面，就可以先实现目标。与“笨鸟先飞早入林，人勤学习早入门”“鸟儿先飞早入林，后生勤学先进门”义同。 例句 在日常学习中，年龄稍长的袁仲贤总是随身携带着一个小本子，把应注意的事项一字不落地记在小本子上，经常翻看，他笑称自己这是“～”。（选自孟昭庚《将军大使培训记》）

【笨鸭子上不了架】 比喻本事不大的人不可能做成大事。 例句 “咱们两个～，受了一回子训，就装了一肚子小米饭，回去怎么见人哪？”（选自袁静 孔厥《新儿女英雄传》）

【蹦蹦跳跳，胜过灵丹妙药】 意谓经常蹦跳做运动，能够提高体质，胜过最好的药石。

【鼻涕小子出好汉】 意谓不要小看爱流鼻涕的小孩子们，他们当中将来会出现优秀人才。 例句 俗话说：～。当年一块光屁股长大的玩伴，如今有的走上了领导岗位，成了国家的栋梁之材。

【鼻子底下长着嘴】 意谓长着嘴就是用来说话的。又指对不明白的事可以开口询问。 例句 那人道：“一个人～，谁还管着谁不准说话吗？”（选自文康《儿女英雄传》）

【鼻子都气歪了】 形容人特别生气。 **例句** 何世雄擦着秃脑瓜上的汗，把～，说："这号东西不是人！快拉出去砍了他，喂狗吃！"（选自袁静 孔厥《新儿女英雄传》）

【比比看看，美丑自见】 意谓一经比较，便好坏分明了。 **例句** 你自己做出的东西怎么样，心里没个底数吗？～。没底数可以看看别人的成品呀！

【比登天还难】 极言事情之难办，或指事情不可能办成。 **例句** "你如今要闹出了这个学房，再要找这么个地方，我告诉你说罢，～呢！"（选自曹雪芹《红楼梦》）

【比上不足，比下有余】 意思是赶不上前面的，却超过了后面的。 **例句** 当前，我国经济竞争力处于"～"的过渡阶段。（选自吴志敏《加快培育国际经济竞争新优势》）

【比着葫芦画瓢】 比喻照样子模仿。 **例句** 对这项世界先进技术，一个毫无汽车研发和制造基础的民营企业怎么突破？刘亚军在接受媒体采访时坦承是"～"。（选自韩俊杰 张玉甫《"无级变速器"洛阳十年投入零产出》）

【笔杆没多重，无志拿不动】 笔杆虽然不重，但没有志气的人依然拿不起它。比喻读书人应该有志气。 **例句** "干娘，你不要取笑我，我只是写得比较工整，笔画还浮躁得很呐！""有这样很不错了。～。你的毅力是平常人望尘莫及的。"（选自大俗仙人《大话释厄之英雄入世》）

【笔是智慧之犁，书是攀登之梯】 指勤于写作能锻炼人的思想，博览群书会使人不断进取。 **例句** 趁着年轻多学习、勤努力吧，～，相信你的努力不会白费的。

【笔头尖上文官业，刀剑撑持武将威】 意思是文职官员通过文章展示自己的才能，武将通过武艺树立自己的权威。

【必死之病，不下苦口之药；朽烂之材，不受雕镂之饰】 对于无法挽救的病人，就不再给他下苦口的药；已经朽烂的木头，就不能接受精美花纹的雕镂了。比喻对于无可挽回的事物，应该实事求是，没有必要白费工夫。 **出处** 葛洪《抱朴子·博喻》（节选）："抱朴子曰：～。是以比干匪躬，而剖心于精忠；田丰见微，而夷戮于言直。"

【闭门造车，出门合辙】 辙：车轮轧过的痕迹。指按照统一规格，即使关起门来制造车辆，使用起来也能和路上的车辙完全相合。比喻只要按照规矩办事，就不会出错。现"闭门造车"多用于比喻不管客观情况如何，只凭主观愿望办事。 **例句** 纪律和规矩都是规范社会运行的行动指南和准则。俗话说"～"，不守规矩，必有倾覆之虞。（选自慎海雄《党员干部必须守纪律讲规矩》）

【避色如避仇，避风如避箭】 躲避女色像躲避仇人一样，躲避凉风像躲避利箭一样。强调女色和凉风容易使人的身体受到伤害，不可不防。 出处 吴承恩《西游记》（节选）：“哥啊，你不曾闻得‘～’哩？我们躲一躲，也不亏人。”

【鞭长莫及】 指虽然鞭子很长，但总不能打到马肚子上，比喻距离太远而无能为力。 例句 况且又有家事在心，～，不免有些闷闷。（选自清·李绿园《歧路灯》）

【鞭打快牛】 指冲在最前面的也是最容易受伤的， 例句 旗帜鲜明讲政治，就要建立科学的考核机制，既要全面从严，也要科学容错。不能一边是“～”，一边却总让“老黄牛”吃亏。（选自范正伟《以“政治效果”检验政治能力》）

【鞭扑之子，不从父之教】 语出《孔子家语·六本》。扑：打。被鞭打的孩子，不会服从父亲的管教。指教育孩子应讲究方式方法。 例句 平常很少同子女谈心，不注意了解孩子的内心世界；一旦发生问题，就采取棍棒式教育。这种教育方法，没有不失败的。孔子说：“～”。（选自曹红铎《“体罚”教育当休!》）

【扁担没扎，两头打塌】 扎：扁担头的插栓或做卡。打塌：打滑，滑落下来。扁担两头没有插栓或没做卡口，两头滑落，担子挑不起来。比喻前后失算，两头落空，一无所获。也作“扁担没扎，两头失塌”。 例句 他尚未计算到他的实力和他的企图之间的不相称，以致“～”，陷入目前的绝路。（选自毛泽东《第二次世界大战的转折点》）

【扁担是条龙，一生吃弗穷】 意思是有了扁担就能谋生，一世无忧。指只要勤劳就会吃穿不愁。同“扁担是条龙，一生吃不穷”。 出处 清·范寅《越谚》（节选）：“‘～。’肩贩生意。”

【扁豆漫住罐，一亩地打一石】 这是流传于安徽省界首县的农谚。石：容量单位，十斗等于一石。扁豆苗长得漫过了罐子，一亩地就能收一石。

【变古乱常，不死则亡】 意思是改变传统打乱常规，必然灭亡。这句古代俗语，是对改革者下场的经验总结。说明传统观念在封建社会人们思想中是多么根深蒂固，要想打破成规常法束缚是多么艰难。 出处 司马迁《史记·袁盎晁错列传》（节选）：“鼂错为家令时，数言事不用；后擅权，多所变更。诸侯发难，不急匡救，欲报私雠，反以亡躯。语曰‘～’，岂错等谓邪！”

【便得一片橘皮吃，切莫忘了洞庭湖】 洞庭湖盛产橘子。喻指哪怕得到很小的好处，也应感恩，不要忘了本。 出处 兰陵笑笑生《金瓶梅》（节选）：“王婆道：‘却不要忘了许我那十两银子。’西门庆道：‘～。这条计，干娘几时可行？’”

【便重不便轻】 便：适宜。意思是有些人适合做重大的事情，而不适合承担鸡毛蒜皮小事。 出处 宋·洪迈《容斋续笔》（节选）：“又有用书语两句而证以俗谚者，如‘尧之子不肖，舜之子亦不肖’，谚曰‘外甥多似舅’，‘吾力足以举百钧，而不足以举一羽’，谚曰‘～’之类是也。”

【遍地是黄金，缺少有心人】 意思是指发财致富的机会随时随地都有，就看人们有没有生财的眼光和心计。 例句 这举手之劳而多得的好事，为啥偏让王佩峰给占了？“～”，一语破的。（选自刘玉栋《科技语丝》）

【表曲者景必邪，源清者流必洁】 语出司马光《资治通鉴·卷五十一》。表：古时测量日影以计时的标杆。景：同“影”。意思是标杆弯曲，其影子也一定是歪歪斜斜的；源头清澈，水流也一定是洁洁净净的。比喻上梁不正下梁歪，上级清正廉明了，下面就会端正无邪。 例句 古人云：“～。”，“浊其源而望其流，曲其形而欲其直，不可得也”。青年人踏上漫漫人生路，必须要有正确的价值观，必须坚持正确的政治方向，这将会决定他们一生的精神走向和心灵格局。（选自明庆国《扣子、鞋子和膀子》）

【表扬莫要笑，批评莫要跳】 指接受表扬时要虚心，不要骄傲；而受到批评时，也不要生气着急。 例句 今天我们召开的是一年一度总结大会，希望大家都要保持良好的心态，～。

【别把自己看成柱石，休将他人比做茅草】 不可太高看自己的能力，不可太低估别人的能力。 例句 “～”。这就是说要认清自身的位置，不要觉得只有自己才是世界的中心，别人都要围着你转。

【别看今日闹得欢，小心日后拉清单】 指坏人可以一时张狂，将来有清算他们的时候。也作“别看现在闹得欢，就怕秋后拉清单”“别看现在闹得欢，小心将来拉清单”“别看今天闹得欢，就怕将来拉清单”等。 例句 俗话说，“～”。对于兴风作浪的“台独”分子，算总账的日子怕是不远了。（选自俞晓《苏贞昌恶贯满盈难逃历史审判》）

【别人的肉贴不到自己身上】 比喻不属于自己的东西，不可靠。 例句 王奶奶满脑子旧思想：“媳妇怎么能和女儿一样呢？俗话说：‘～。’再好的媳妇也不会和婆婆贴心的。”

【别人碗里的肉肥】 比喻总是羡慕或嫉妒别人。与“别人碗里的粥稠”义同。 例句 你这是看着～，那个地方贫穷又荒凉，还只有那么一点补助，让你去，你去不去？

【别时容易见时难】 出自李煜词《浪淘沙》。意谓分别容易，再想见到就难了。常用以表示不忍离别的深情，或别后的无限思念。 例句 志兰！亲爱的：～，分离二十一个月了，何日相聚？念、念、念、

念！（选自左权《与妻书》）

【别说年纪小，人生容易老；莫说时候早，一去没处找】 说明不抓紧时间，做事拖拉，终将一事无成。强调青少年要珍惜光阴，珍惜青春岁月。 例句 时间过得飞快，转眼又是一年。“～”。趁着年轻抓紧努力吧！

【别在人前夸自己，别在背后论人非】 不要在人前自夸，也不要在背后说别人的是非。 例句 尺有所短，寸有所长，～，每个人都有自己的长处和短处。

【冰冻三尺，非一日之寒】 出自王充《论衡》。字面意思是冰冻了三尺厚，并不是一天的寒冷所能达到的效果。比喻一种情况的形成，是经过长时间的积累、酝酿的。任何事的发生都有其潜在的，长期存在的因素，不是突然之间就可以形成的。 例句 中美贸易争端已有数月。～，要解决两国经贸关系多年形成的结构性问题需要时间。（选自秦朔《风雨过后是彩虹》）

【冰封大河流不断，雪压高山松愈挺】 大河河面虽被冰封冻，但下面的水流仍在流动；雪压高山，更显得山上青松的挺拔。可用以比喻人在困境中不屈不挠的精神。

【兵败如山倒】 形容军队溃败就像山倒塌一样，一败涂地。 例句 真是～——敌人没有东西吃，士兵成群地逃散。（选自杜鹏程《保卫延安》）

【兵不如者勿与挑战，粟不如者勿与持久】 军事力量不如对方的不要挑起战争，粮食储备不如对方的不要与对方开展持久战。 出处 司马迁《史记·张仪列传》（节选）：“不料敌而轻战，国贫而数举兵，危亡之术也。臣闻之，～。”

【兵不厌诈，将贵知机】 带兵打仗要虚虚实实，多用假象迷惑对方；而将帅的可贵之处在于能够准确地把握时机，洞察敌方的意图。

【兵藏武库，马入华山】 兵器藏进武库，军马放入华山。意思是天下太平。 出处 北周·庾信《贺平邺都表》（节选）：“当今鹿台已散，离宫已遣，～。”

【兵出无名，事故不成】 指出兵打仗，理由不正当就会吃败仗。 出处 班固《汉书·高帝纪上》（节选）：“臣闻‘顺德者昌，逆德者亡’，‘～’。故曰：‘明其为贼，敌乃可服。’项羽为无道，放杀其主，天下之贼也。”

【兵对兵，将对将】 意谓对阵或协作的双方势均力敌。也作“将对将，兵对兵”。 例句 二家混战，士卒奔腾。冲开队伍势如龙，砍倒旗旛雄似虎。～，各分头目使深机；枪迎枪，箭迎箭，两下交逢乘不意。（选自陈仲琳《封神演义》）

【兵多好打仗，人多好做活】 兵多对作战有利，人多对干活有利。比喻人多力量大。 例句 你看，从前那是啥想法！你婶就是生他十男八

女，那不更好么！人常说“～”。（选自柯岗《金桥》）

【兵贵奇不贵众】 用兵打仗贵在出奇制胜，而不在于人多。

【兵贵神速】 指用兵作战最重要的就是行动迅速，比喻做事情以行动特别快为贵。 例句 部将田续曰：“我军涉险而来，甚是劳顿，且当休养数日，然后进兵。”艾大怒曰：“～，汝敢乱我军心耶！”（选自罗贯中《三国演义》）

【兵过如火烧】 古时军队经过一处，就烧杀抢掠，使百姓如同蒙受一场大的火灾。

【兵家之胜，贵于未战】 语出《汉书·匈奴传》。军事上的胜利，贵在战前做好防备，使对方处于不利状态，从而避免实际战斗的发生。例句 “～。”这也是未雨绸缪的意思。在没有发生事情之前，尽可能做好方方面面的准备，这样才能遇事不慌，临危不乱。（选自汪庆《未雨早绸缪》）

【兵可百年不用，不可一日不备】 军队可以长时间不打仗，但不能一天不备战。 出处 清·郑观应《盛世危言》（节选）：“内安外攘，莫先于兵；整旅行师，莫重于练。～。”

【兵来将挡，水来土掩】 指根据具体情况，采取灵活的对付办法。例句 领导干部既要有～、见招拆招的硬功夫，又要有四两拨千斤、借力发力、借势谋势的软办法。（选自叶介甫 余敬斌《斗争精神：共产党人的政治品格》）

【兵力宜聚不宜分】 兵家常情认为兵力集中时势强，分散时势弱。通常情况下应该集中兵力，不宜分散。 出处 《清实录·雍正朝实录》：“兵力宜聚而不宜分。频频分调，是何计策？防守边围较防守青海，尤为急务，目今只宜坚守，切不可急遽躁妄。”

【兵是将之威，将是兵之胆】 士兵勇敢善战，才能显示将领的威风；将领有谋略，善于指挥，士兵才会勇猛向前。 例句 “～”，罗雷的两千大队和赤福延达的这些残兵败将一看他往下败，哪还敢在此停留，也随着他往四下奔逃。（选自段少舫等《朱元璋演义》）

【兵马未动，粮草先行】 意思是出兵之前，先准备好粮食和草料。比喻在做某件事情之前，提前做好准备工作。同“三军未动，粮草先行”“人马未动，粮草先行”。 例句 ～！千万人民除了保证前线军需弹药粮草的供应外，还不顾一切艰苦，热情地转运与看护伤员。（选自张震《英明的预见，正确的战役方针》）

【兵随将令草随风】 意思是士兵服从将领的命令就如草随风而动一样。 例句 韦青云认为撤下房上的人，你也调不了蛋，即使有几个看家护院的，也不敢下手。就朝外喊：“人们，都从房上下来。”～。人

们唏哩呶噜都从房上走下来，黑压压地站了半当院。（选自冯志《敌后武工队》）

【兵无常势，水无常形】 语出《孙子兵法·虚实》。用兵没有固定的态势，就如同流水没有固定的形状。指用兵作战要根据敌情的变化来采取灵活机动的战略战术，不能墨守某种作战方法。 例句 ～，商无定法。优秀的企业家，能够从本企业的实际出发，适应市场的变化，及时调整自己的管理办法，以变应变，从而永远立于不败之地。（选自丁一《商无定法》）

【兵无将而不动，蛇无头而不行】 就像蛇没有头不能行动一样，没有将领，兵士不能行动。 出处 沈泰《盛明杂剧·英雄成败》（节选）：“正是～，郑公既移檄勋贼，就请做个盟主。”

【兵无强弱，将有巧拙】 意思是军队无强弱之分，将领有高低之别。指选择有智谋的将领打仗很重要。 例句 古语有之：“～。”故选将当以智略为本，勇力为末。（选自吴乘权《纲鉴易知录》）

【兵无主自乱】 军队没有主帅，就会陷入混乱和无序之中。 例句 蛇无头不行，～，二十多万饥卒，仓猝中不见吴王，当然骇散。（选自蔡东藩《前汉演义》）

【兵行千里，不战自乏】 经过长途行军，即使不打仗，部队也会因疲乏而战斗力下降。 例句 常言说：“～。”部队长途跋涉而来，依我之见，休兵三日，然后再战。

【兵熊熊一个，将熊熊一窝】 意思是军队战斗力的强弱，将领的指挥是关键。也泛指凡是领头人无能，事业就非破败不可。 例句 常言说：“～。”这燕雨飞和偏将一惊跑，那些军官轰的一声，早已四散逃开。（选自木青《匪患世界》）

【兵要练方可精，刀要磨刃才利】 意思是士兵只有艰苦训练，本领才能精强，与刀要磨砺才能锋利是一个道理。 例句 “常言道：～，马要驯才能驰骋千里。以弟愚见，咱们就该连夜赶回瓦岗。”（选自李振鹏 刘化非《五困瓦岗寨》）

【兵有利钝，战无百胜】 兵：兵器。钝：不锋利。兵器有锋利和不锋利之分，打仗却没有百战百胜的把握。 出处 陈寿《三国志·吕蒙传》（节选）：“吴录曰：权欲作坞，诸将皆曰：‘上岸击贼，洗足入船，何用坞为？’吕蒙曰：‘～，如有邂逅，敌步骑蹙人，不暇及水，其得入船乎？’”

【兵在精而不在多，将在谋而不在勇】 士兵贵在精锐，不在于数量；将帅在于谋略，而不在于勇敢。 例句 ～。左有陈亨，右有张旭，后有曹良臣，三千兵拼死攻击，杀得元兵四散奔溃。（选自佚名《英烈传》）

【兵找兵，将找将，癞蛤蟆专找蛤蜊蚌】 喻指阶层一样的人容易互相吸引。 例句 “~”，这句话真没错说了，你怎么一点不上进，整天跟这些不学好的孩子在一块儿玩有什么好处？

【兵者，国之大事，死生之地，存亡之道，不可不察也】 语出《孙子兵法·始计》。兵：本义为兵械，这里引申为战争。战争是国家的大事，是关系到民众生死的所在，是决定国家存亡的手段，不能不慎重地观察、研究。 例句 中国《孙子兵法》是一部著名兵书，但其第一句话就讲：“~”，其要义是慎战、不战。（选自习近平《共同构建人类命运共同体》）

【兵之胜败，本在于政】 语出《淮南子·兵略训》。军事上的胜败，根本在于政治。指政治优势是决定战争胜利的重要因素。 例句 政治是决定战争胜负的重要因素，古人对此早有深刻的认识：“凡战法必本于政胜”“~”。这在从事统一大业时同样没有例外，历代统一战略实施者为了达到实现国家统一的目标，总是把争取政治优势，作为最重要的准备内容之一。（选自黄朴民等《历代实现国家统一的基本经验》）

【病从口入，祸从口出】 指病毒常常因饮食不注意而入侵，灾祸往往因说话不谨慎而引起。也作“祸从口出，病从口入”。 出处 明·庞尚鹏《庞氏家训·严约束》（节选）：“~，凡饮食不知节，言语不知谨，皆自贼其身，夫谁咎？”

【病急乱投医】 病势沉重，到处乱请医生。比喻事情到了紧急的时候，到处求人或乱想办法。同“有病乱投医”。 例句 志愿填报事关未来发展的方向，综合来看，不能“太任性”，不能“太性急”，不能“硬打硬拼”，不能“知己不知彼”，不能“~”。（选自洪成文《填报志愿“五不能”》）

【病来如山倒，病去如抽丝】 形容得病时快而猛，病愈却十分慢。 例句 “你太性急了，俗语说：~。又不是老君的仙丹，那有这么多灵药？”（选自曹雪芹《红楼梦》）

【病至宜忘病，病去不宜忘病】 语出陈确《与吴裒仲书》。得了病应该忘记病，安心治疗；病好了不要忘记病，要加强预防。 例句 “~”这句话含义颇深，但现实生活中许多人却不是这样做的。他们没病的时候不注意保健预防，一旦生病又忧心忡忡，满是愁云惨雾。（选自仲昌同《防重于治》）

【脖子再长，也高不过脑袋】 喻指人所处的地位，决定了你有多大的作为。 例句 常言道：“~。”胳膊拧不过大腿，孙悟空再能也逃不出如来佛祖的手掌心。

【博士买驴，书券三纸，未有驴字】 一个有学问的人想买一头驴，写了三张纸，却没有一个“驴”字。讥讽文辞繁冗，不得要领。 出处 颜之推《颜氏家训·勉学》（节选）：“邺下谚云：‘~。’使汝以此为师，令人气塞。”

【博学之，审问之，慎思之，明辨之，笃行之】 语出《礼记·中庸》。博：广泛。审：仔细。慎：缜密。广泛地学习，仔细地发问，缜密地思考，明确地辨析，坚定地实践。 例句 “～……”换现在的话讲，是：不懂就学，定要学懂；不知就问，要问得彻底；要动脑筋，深思熟虑；要开辩论会，大放厥词；到弄清楚了的时候，就要坚决执行。（选自谢觉哉《“四十而不惑”》）

【跛驴配上破口袋，弯刀又对瓢切菜】 喻指双方都有毛病，都不好。 例句 何老九道：“一个是跛驴，一个是破口袋，～。破货遇上个收破烂的，正好配上对子啊!”（选自陈登科《风雷》）

【补漏趁天晴，练功趁年轻】 屋子漏雨趁着天晴赶快修补，功夫趁着年轻要抓紧练。比喻做事要抓住时机，错过了时机就难有成效。与“补漏趁头晴，读书趁年轻”义近。 例句 每逢练功，高玉昆总在旁边督促，边指点边唠叨：“～；台上一分钟，台下十年功。”（沈寂《大世界传奇·金钱世界》）

【不挨骂，长不大】 小孩子在成长过程中总是会挨很多骂的。比喻只有在大家批评和帮助下，才能成长进步。 例句 “犯错误怕什么，我晃晃犯了多少错误，做了多少检讨，受过多少批评，～。”（选自王英先《枫香树》）

【不爱人家财和宝，不嫌人家日子贫】 指年轻姑娘谈对象时，不以对方家庭富有或贫寒而取舍。 例句 张爱玲《半生缘》中的石翠芝～，是叔惠爱不起的好姑娘。

【不比不知道，一比吓一跳】 指只有经过相互比较，才能看出优劣，找出差距。 例句 “～！”有的客人说，“把我们厂各项指标和你们一比，差距就明显地暴露出来了。”（选自刘彦林《春风得意》）

【不蔽人之美，不言人之恶】 语出《韩非子·内储说上》。不掩盖别人的优点，不议论别人的缺点。 例句 与儒家学派颇多论争的墨家学派和法家学派对君子人格也欣赏有加，如墨子说“君子不义不富，不义不贵，不义不亲，不义不近”；韩非子说“～”，等等，都是对君子人格的高度肯定。（选自钱念孙《中华民族历久弥新的人格基因》）

【不吃饭，必定饥；不读书，必定愚】 不吃饭就会感到饥饿，不读书就会变得愚昧。 例句 ～。如果你想不断提升自己、拓展视野、启迪智慧，那就用热情和时间开始读书吧，让阅读成为一种生活习惯。

【不吃饭肚子空，不读书脑子空】 强调读书同吃饭一样重要。

【不吃黄连，不知药苦】 黄连：一味中药材，味苦。吃了黄连才知道药是苦的。比喻没有亲身经历，就不会有深刻的体会。 例句 对于自己受到的挫折和打击，他选择了沉默，没有对任何人提起。因为“～”，说了别人也不一定理解。

【不痴不聋，不作家翁】 家翁：一家之主，家长。意谓作为家中的长辈，对晚辈的事情应该适当装聋作哑，不宜干预过多。与“不痴不聋，不成姑公”义同。 出处 司马光《资治通鉴·唐纪》（节选）：“鄙谚有之：‘～。’儿女子闺房之言，何足听也！”

【不打不成才】 这是一种错误的教育理念。认为只有通过体罚或严厉的惩罚手段教育孩子，才能使其成为有用之才。 例句 家庭中存在的重智轻德、期望过高、干涉过度的教育误区，“～”的教育理念，重男轻女的传统观念，都需要我们及时识别，坚决摒弃。（选自马焱 刘晓辉《夯实民族复兴的家庭之基》）

【不打不成交】 意思是双方本来不相识，经过矛盾冲突之后反倒有了交情。 例句 在商业谈判中，双方往往需要经历一番激烈的争论，才能最终敲定合作协议，这就是所谓的“～”。

【不打不相识】 出自施耐庵《水浒传》：“常言道：‘不打不成相识。’”不经过交手，彼此不了解，也就无缘结识。现常用来形容因矛盾而交往最后成为朋友的过程。 例句 杜拉拉与王伟～，最开始互相厌恶，渐生情愫，难舍难分。（选自虎莲《灰姑娘的白日梦》）

【不打勤，不打懒，单打没长眼】 指旧时监工不责罚勤快的，也不责罚背后偷懒的，只责罚那些不会见机行事的。也作“不打勤的，不打懒的，单打不长眼的”。 例句 黑子也对水牛说：“走吧。‘～。’小心点！”水牛忙挑起筐子走了。（选自袁静《淮上人家》）

【不打无准备之仗】 每次作战要有必要的准备。是作战指导思想之一。 例句 ～，不打无把握之仗，每战都应力求有准备，力求在敌我条件对比上有胜利的把握。（选自毛泽东《解放战争第二年的战略方针》）

【不打无准备之仗，不打无把握之仗】 语出毛泽东《目前形势和我们的任务》。指打仗之前要做好充分准备，要有取胜的把握。 例句 毛泽东同志多次讲过：～。这是讲战争。在建设时期，是向地球开仗，也要这样。（选自刘少奇《在扩大的中央工作会议上的讲话》）

【不担三分险，难练一身胆】 意思是说如果想要练就一身胆识，就应该多经历一些风险。 例句 俗话说“～”。一点冒险精神都没有，又怎么能干成事呢？

【不当官儿不操心，不吃俸禄不担惊】 不当朝廷的官吏就不用多操心，不拿朝廷的俸禄就不必担惊受怕，提心吊胆。 例句 “娘，俗话讲，～。俺虽当着保定府的家，可上边还有总督和朝廷。兵马未动，粮草

先行，也要有个操持呀!”（选自檀林檀淼《神拳传奇》）

【不当家不知柴米贵】 没有当家理事，就不知道家里过日子的艰难。借指不承担责任，不知内里苦衷；事不亲身经历体会不到其中甘苦。 例句 学会节俭，是对父母的尊重。~，现在大多数孩子没有经历过吃不饱、穿不暖的苦日子，对于自己的父母经历的生活磨难我们早已无法体会。（选自马星《学会节俭意味着尊重别人》）

【不当家不知柴米贵，不养儿不知父母恩】 意思是自己不亲自当了家，就不知道操持一家的生活多么不容易。自己不亲自生儿育女，就不能体会到父母恩情的深厚。 例句 唉，真是~呀！当个干部不容易，伸手动脚都要小心。（选自浩然《艳阳天》）

【不到长城非好汉】 出自毛泽东诗词《清平乐·六盘山》。指不登长城关口就算不上英雄。比喻不能克服困难，达到目的，就不是英雄豪杰。 例句 在复杂多变的国际国内形势下，保持“乱云飞渡仍从容”的战略定力，砥砺“~”的奋斗精神，坚定不移开辟新天地、创造新成就，确保新时代中国特色社会主义的航船行稳致远。（选自洪向华 解超《五个必由之路：新时代中国奇迹的成功密码》）

【不到黄河不死心】 不到无路可走的地步是不肯死心的。比喻不达目的不罢休。也作“不到黄河心不死”。 例句 “他自己心里何尝不明白呢？~罢哩！”（选自茅盾《清明前后》）

【不到火候不揭锅】 火候：烧火的火力强弱和时间长短。指做饭烧菜时火候不够就不能揭开锅盖。比喻做事要把握好成熟的时机，不能盲目采取行动。 例句 袁坚呢，喜欢仔细观察，理出个头绪来，~。（选自周良思《飞雪迎春》）

【不到西天不识佛】 西天：佛经中描写的阿弥陀佛居住的地方。指不到西天就不可能知道佛是什么样。比喻不给点颜色就不知道厉害，或不身临其境就不知道事情的真相。也作“不到西天，不知佛大小”。 例句 “快闭住嘴，没有闲话给你说!~，不见棺材不落泪。来人!叫这家伙打打秋千。”（选自李英儒《野火春风斗古城》）

【不得苦中苦，难得甜上甜】 意思是不经过艰苦的努力，不会有幸福的生活。 例句 “常言说，~。我不计较眼下，盼着将来。”（选自浩然《金光大道》）

【不登高山，不现平地】 比喻凡事不经过比较，就看不出巨大的差别来。 例句 “这不都是你娘送给我的吗？‘~’，直到于今，我才晓得能替穷人帮忙的，还是穷人。”（选自张恨水《丹凤街》）

【不登高山，不知天之高也；不临深豁，不知地之厚也】 比喻不勤奋学习，就不能获得高深的知识或确立远大的心志。　出处　荀子《劝学》（节选）：“～。不闻先王之遗言，不知学问之大也。”

【不顶千里浪，哪来万斤鱼】　只有在海里辛勤捕捞，才能收获很多鱼。形容努力的重要性。　例句　老话说“～”。无论学习还是工作，只有经过艰苦的努力，才会有大的收获。

【不丢一粒粮，日子过得长】　教育人们要节约，不要浪费，只有这样日子才会过得长久。　例句　咱们每位同学都要有节约意识，养成良好的习惯，“～”，无论一个家庭还是一个国家，只有懂得节约，日子才会长久。

【不懂生意经，买卖做不通】　做生意如果不懂得其中的规律和经验，就难以成功。

【不懂装懂，留下笑柄】　对某件事或某种学问，不懂却装作懂得，就会闹出笑话。

【不懂装懂，一世饭桶】　在人生的道路上会遇到很多疑惑。要懂得向别人请教，这样才能找到解决问题的捷径。如果始终假装知道，那就不会进步，会耽误自己一辈子。

【不读哪家书，不识哪家字】　比喻如果不学习某方面的知识，就不会做某方面的事情，或不懂得其中的奥秘。与“不读一家书，不识一家字”“不学哪家书，不识哪家字”义同。　例句　王跑说：“～。我们庄稼人一眼就看出来了。就像我这条驴，你别看个子小，牵到行里，最少能卖五十块钱。”（选自李准《黄河东流去》）

【不赌博，不玩钱，一辈子没闲言】　指远离赌博，就不会惹是生非。

【不饿带干粮，不冷带衣裳】　出门上路，不论饥不饥也要拿上干粮，不论冷不冷也得带上衣裳。指凡事要考虑周到，预作准备，以免事到临头受制。同“饥不饥拿干粮，冷不冷带衣裳”。　例句　“出门么，想不到的事太多了。～。多准备点家什，到时候用起来方便。”（选自聂海《靠山堡》）

【不犯王法不怕官】　借指只要不触犯法律，就无所畏惧。　例句　公安局的来肯定跟咱们没关系，我们是～。

【不费吹灰之力】　形容事情做起来非常容易，不费什么力气。　例句　他因听见老残一封书去，抚台便这样的信从，若替他办那事，自～。（选自刘鹗《老残游记》）

【不疯魔不成活】　原指京剧艺人全身心进入角色，要像疯魔了一样，才能把戏演好。后泛指对某项技艺达到痴迷程度，才能达到高境界。　例句　上帝是立体的艺术家，而艺术家则是平面的上帝，然而永远有这么一群～的艺术家，要做立体的上帝，将全部的生命赌于迷幻的记忆中，于是，痴了，疯

了，而后惊世才华成就了他们身后之名。（选自董惠贤《盘点世界美术史绕不过去的疯子们》）

【不服掰扯掰扯】 掰扯：这里指分析、讲道理，以弄清事实，有较为强烈的情绪因素在。意思是不服气的话可以辩论一下，甚至比划比划，较量一番，分个胜负。因地方口音关系，在河北清河一带，作“不服掰叉掰叉”。 例句 今天老少爷们都在这里，我把事儿说清楚，谁要是~，俺刘大头随时恭候。

【不干不净，吃了得病】 吃不干不净的食物很可能导致生病，因其中有大量有害菌。

【不干己事不张口，一问摇头三不知】 干（gān）：关涉，牵扯。三不知：对事情的发生、过程与结果都不知。意思是与自己无关的事情，一律不说话，不表示态度，明哲保身。同“事不关己不开口，一问摇头三不知”“事不关己莫开口，一问摇头三不知”。 例句 “再者林丫头和宝姑娘他两个倒好，偏又都是亲戚，又不好管咱家务事。况且一个是美人灯儿，风吹吹就坏了；一个是拿定了主意，‘~’，也难十分去问他。”（选自曹雪芹《红楼梦》）

【不够塞牙缝的】 形容食物太少，根本不够吃。也用来比喻消灭对手毫不费力。 例句 “小鬼呀小鬼，这点点粮食~哩!下面这段草地听说要走二十多天，你这点粮食怎么够吃？”（选自马忆湘《朝阳花》）

【不顾肥身保后计，常思利物济人心】 指做人不应该只考虑自己的利益和安全，而应该常常思考如何帮助他人，对社会有益。 出处 吴璿《飞龙全传》（节选）：“众人听了，一齐说道：‘长老既有慈悲之念，我等自当效力。’长老大喜，分付僧人把马匹尽都赶到桃花山去，只留下赤兔龙驹马赵公子骑坐。众僧奉命，随着众人，将马匹赶往桃花山去了。正是：~。”

【不管黑猫白猫，抓到老鼠就是好猫】 比喻无论是谁或采用什么方法，只要能把事情办好就行。也作“不管黑猫白猫，捉住老鼠就是好猫”“不管白猫黑猫，会捉老鼠就是好猫”“不管白猫黑猫，抓住老鼠就是好猫”“黑猫白猫，逮住老鼠就是好猫”“黑猫白猫，抓住耗子的就是好猫”等等。 例句 “~”，这是邓小平的名言之一。该论以实践为真理，让很多有实干精神的人放开胆子去试，大胆去闯，对解放思想和生产力起到了关键作用。（选自卢俊卿《抓到“幸福”才是“好猫”》）

【不管人责，但求自尽】 语出申居郧《西岩赘语》。自尽：尽自己的力量。意思是，不管别人的责备对还是不对，只求自己尽到责任就行了。

【不管三七二十一】 意思是不顾一切，不问是非情由。 例句 “那么我就到别地方去，我~跑出去再说！”淑华不假思索地毅然答道。（选自巴金《春》）

【不喝生水，少得疾病】 生水中含有对人体有害的细菌和微生物，喝生水很有可能会染上疾病，所以一般情况下不要喝生水。

【不厚费者不多营，不妄用者不过取】 语出魏裔介《琼琚佩语·勤俭》。不奢侈浪费的人，不会对金钱做过分的营求；不挥金如土的人，不会贪求不属于自己的财物。

【不厚其栋，不能任重】 语出《国语·鲁语上》。指只有粗大结实的栋梁，才能承受得住屋架上的沉重压力。比喻只有优秀的人，才能担负起治理国家的重任。 例句 个别同志工作上迟迟打不开局面，一个重要原因就在于能力欠缺。天降大任于斯人，~。（选自范晶《把听党指挥落实到行动上》）

【不患法度之不立，而患人材之不成】 语出程颢、程颐《程氏遗书》。患：担心，发愁。不发愁法令制度立不起来，只发愁没有发现与起用人才。强调人才的重要性。 例句 政策要靠人去落实，法令要靠人去执行。因此，关键还在于一个地方、一个单位有没有人才。古人说："~。"（选自渠清波《人才难得》）

【不患莫己知，求为可知也】 语出《论语·里仁》。莫：没有谁。己知：知道自己。不要怕别人不知道自己，还是去追求能让人知道自己的本领吧。指问题的实质在于自己有没有真才实学。 例句 由于名声有赖于他人的肯定，容易受舆论、时尚、机遇等外界因素支配，所以，古来贤哲多主张不要太看重名声，而应把自己所可支配的真才真德放在首位。孔子说"~"，就是这个意思。（选自周国平《人生哲思语编》）。

【不患人之不己知，患其不能也】 语出《论语·宪问》。不担心别人不了解自己，只担心自己没有能力。指有志者应该努力提高自己的才能。 例句 在生命的进程中最忧心的应是：终学无果，一事不能。孔子曾说："~。"不着急、不担心别人不知道我，只着急、只忧虑自己没有能力。（选自阎纲《领悟人生》）

【不患位之不尊，而患德之不崇】 语出张衡《应间》。尊：尊贵。崇：崇高。不担心职位不尊贵，而担心德行不高尚。指把德行看得比地位重要。 例句 我国历史上那些有大志者，他们"~；不耻禄之不夥，而耻智之不博"。他们以为，人生在世，应有"三自"：自尊、自知、自制。（选自俞松年《撼一撼"官本位"如何》）

【不会撑船赖河弯】 比喻事情做不好，却埋怨别人或抱怨客观条件差。古谚作"不善操舟，而恶河之曲"。 例句 "~，不会困觉怪床歪。这怎么能怨我？"（选自罗旋《南国烽烟》）

【不会烧香得罪神，不会说话得罪人】 向神灵烧香时要懂得每位神仙的灵位前要烧几炷，否则就会得罪神仙；而与人交往时要懂得语言艺术，否则就会得罪对方。这句话强调了沟通技巧的重要性。

【不会装懂，头皮碰肿】 不懂的事情却装作懂得，迟早会在这件事上碰壁。 例句 这事儿明摆着，本来不在你专业范围之内，你却硬做主，～，你知道厉害了吧？

【不会做饭的看锅，会做饭的看火】 火：火候。意思指不善于做饭的人总是瞅着锅里的东西，会做饭的人却总将注意力放在火候上。比喻会办事的人总是善于把握时机。 例句 杨英认真地说，“老百姓讲话：～。现在火候到了，要是给群众泼凉水，我怕反而要犯错误！”（选自孔厥《新儿女英雄续传》）

【不积跬步，无以至千里；不积小流，无以成江海】 语出《荀子·劝学》。举足一次为“跬”，举足两次为“步”。不半步一步地走，就不能达到千里之远；不汇聚小的水流，就不能形成江海的深阔。比喻做事和学习要一点一点积累，没有小就成就不了大。 例句 《劝学》有云，“～”。面对信息时代、多元文化，当代青年理应具备持续学习的能力、不断创新的意识、敢于实践的行动。（选自徐川《做新时代的有为青年》）

【不见棺材不落泪】 本是“不见亲棺不落泪”，讹变为“不见棺材不落泪”。比喻不见到失败的结果不肯罢休。 例句 丈夫悔过之后，她自我安慰说：“或许这真是最后一次呢。”朋友哀叹道：“你真是～，不撞南墙不回头！”（选自余淑君《为啥有人“不撞南墙不回头”？》）

【不见兔子不撒鹰】 比喻不看准目标或时机不成熟，不会轻易行动。 例句 因而，面对乱局再起的乌克兰，俄罗斯继续以退为进，采取了一种“等待尘埃落定”和“～”的政策。（选自卜永光《乌克兰该如何终止国家分裂？》）

【不见鱼出水，不下钓鱼竿】 比喻办事情不见端倪，没有相当的把握，就不贸然采取行动。 例句 农民的性格，你当然熟悉，“～”。社要办糟了，你就是磕头抬轿也请不了他们来。（选自李满天《水向东流》）

【不见真佛不念真经】 佛：佛教徒称修行圆满的人。比喻遇不到合适的人就不能把自己的底细或真正的想法等说给别人。 例句 事到如今，好像也只有如此了。俗话说，～。我想当面会会江政委，听听他的真言，才好横下这条心。（选自李晓明 苗冰舒《风扫残云》）

【不见真佛不烧香】 意思是不了解对方的底细就不能随便采取行动。 例句 “咱俩初次共事，叫我怎能放心。我这叫‘～’。不动点真格的，我怎么能拿脑袋开玩笑!”（选自单田芳《燕王剑侠》）

【不交提留，赶猪牵牛】 这是旧时收公粮时，个别农村对不缴纳公粮户进行处罚的一种方式。

【不矜细行，终累大德】 语出《尚书·旅獒》。矜：慎。如果在一些小节上不谨慎，就会连累高尚品德的养成。 例句 “~”，从不守规矩到违法乱纪，正是从小事开始、由量变到质变的过程。（选自孟祥夫《莫把底线当高线》）

【不经冬寒，不知春暖】 意思是说如果不经过冬天的严寒，那你就不会知道春天的温暖。形容只有经历过困难和挑战，才会更加珍惜和感激生活中的美好时光和幸福状态。 例句 生活，同样会成为人们的老师。俗语言：“~。”正因为出身“寒门”，所以更知“寒”的不爽，也更向往“暖”的开心。（选自张保振《寒门多出贤》）

【不经风雨，难见彩虹】 在自然界，只有雨后天空中才会出现彩虹这一美丽景象。这句话蕴含着哲理，即成功和美好的事物，往往需要经历一番努力和挑战才能获得。 例句 不经磨砺，无以成钢；~。青春之树只有经历了风吹雨打，才能扎根更深、茁壮成长。（选自徐本禹《用辛勤的汗水浇灌青春之花》）

【不经一事，不长一智】 意思是不经历一件事情，就不能增长对于这件事情的知识。也作“不因一事，不长一智”。 例句 “小蹄子，你走罢。俗语道：‘~。’我如今知道了，你又该来质问著我。”（选自曹雪芹《红楼梦》）

【不精不诚，不能动人】 语出《庄子·渔父》。不是最真切、最诚实的情感，就不能打动人心。指真诚最能感动人。 例句 “~”，像你这种作风，“四个轮子转，隔着玻璃看，中午吃顿饭，拍拍肩膀好好干”，怎么能让老百姓服你？（选自王巧环《检查工作要务实》）

【不看不比沾沾自喜，一看一比相差万里】 比喻没有相互比较看不出才能或成绩大小，相互比较之后才知道与别人相差很多。 例句 “~。去北京前我到宜昌秭归两个村调研走访，看到别人的新农村建设，差距太大了，不拼怎么行？”（全国优秀党务工作者王金初受访语）

【不看不知道，一看开了窍】 指只有通过不断观察学习，才能打开眼界。 例句 金乡种蒜，过去我略有所知，但种到什么程度，印象既淡薄又模糊。主人盛情，客随主便。真是~。北出县城往西拐就是绵延二十华里的鱼山大蒜专业批发市场。（选自黄宪权《小蒜头拱起大市场——山东省金乡县见闻启示录》）

【不看家中宝，单看门前草】 意谓看看门前堆稻草的多少，就可以断定此户人家的富裕程度。 例句 他转身向场上一看，见这家门前有个大草堆，俗话说：~。门前有这么大的草堆，绝不是贫雇农。（选自陈登科《风雷》）

【不看人亲不亲，要看理顺不顺】 论是非不看人情的亲疏远近，要看事情合不合道理。　例句　有一句老话，叫“～”，做事说话只要有道理，不讲亲情，谁有道理听谁的。

【不看僧面看佛面，不看水情看鱼情】　意谓做事不可太绝情，要考虑到方方面面的关系。　例句　“俗话说：～。你就看在外婆和舅父母的面上，和斌儿和好吧!”（选自程树榛《大学时代》）

【不看自己身上的骆驼印，单看别人身上的虱子脚】　比喻不能省察自身的严重缺点，专门指责别人身上的小毛病。或谓原谅自己，苛责他人。此为蒙古族谚语。借“骆驼印”以言其大，借“虱子脚”以言其小，形成鲜明对比，强化语义。　例句　对他人有很多很多要求，对自己反而没有要求，这就是“～”。

【不坑不骗，等于行善】　指做人不坑骗别人，是维护人际关系和社会和谐的重要因素，就如同行善一样。　例句　干净做人，不坑人，不骗人，没有阴谋，没有算计，～。

【不愧于人，不畏于天】　语出《诗经·小雅·何人斯》。对人不惭愧，对天不畏惧。指为人正派，光明磊落。　例句　我国是一个古老的文明国度，对“愧”历来是认真讲究的。《诗经·小雅》就已唱出“～”的至理名言，以后历代志士仁人也都是自觉地把“愧”作为一把尺子来衡量检点自己的言行。（选自张聿温《说愧》）

【不困在豫慎，见祸在未形】　语出《逸周书》。豫：同“预”。事情还未发生就能谨慎，可免遭困厄；祸胎未显出来就能预见，便不会遭祸。

【不累于俗，不饰于物】　语出《庄子·天下》。不为世俗所累，不因外物装饰。指淡泊名利，自有个性。　例句　只要衣食有着，无害社会，就尽可“～；不苟于人，不忮于众”，从而淡出“围城”，以一颗平常之心，去处世立身，颐养天年。（选自槐山《淡出“围城”》）

【不冷不热，五谷不结】　五谷：泛指粮食作物。如果气候不发生冷热变化，谷物就不能结子成熟。例句　“你这汉子，好不明理。常言道：‘～。’他不这等热得很，你这糕粉自何而来？”（选自吴承恩《西游记》）

【不冷不热不成年景】　天气该热的时候就热，该冷的时候就冷，如果气候反常就会影响粮食收成，　例句　常言道“～”，三伏天是该热的时候，该热时候热，并不是坏事，如果该热不热，反而不好。

【不廉则无所不取，不耻则无所不为】　语出欧阳修《新五代史·杂传·冯道传论》。一个人不廉洁，就会没有不想拿的东西；一个人没有羞耻心，就会什么事都干得出来。　例句　“～”。为官从政，涵养一种廉耻感和感恩心，时时算算自己花去的“培养成本”，以此为自我约束、自我警醒的“紧箍咒”，而不是作为自我放纵、自我开脱的“护身符”。那么，各级干部就能守得住底线，干净地干事。（选自赵强《培养干部不容易》）

【不鸣则已，一鸣惊人】 语出司马迁《史记·滑稽列传》。比喻平时没有突出的表现，但一旦施展才华或能力，就能做出惊人的成绩或成就。 例句 有人形容张帅是“～”。当体能提升了、打法改进了、技术升级了，“一鸣惊人”是件水到渠成的事。（选自唐天奕《坚持，总会有好事发生》）

【不摸秤杆，不知秤砣的重量】 比喻对事物不经过调查，就不知道它的底细。 例句 在我们的生活中，有很多事情都需要亲身体验才能真正理解其价值和意义。正如那句谚语说的“～”。

【不能俭于己者，必妄取于人】 语出魏禧《日录里言》。凡是对自己不肯俭省的人，一定也会从别人那里乱拿东西。

【不能则学，不知则问；耻于问人，绝无长进】 不懂不会的就去学习，不知道的事就去向别人请教；以向人求教为耻，不去虚心求教，就绝不会有长进。 例句 人在成长过程中，总会有自己不懂的东西，但只要肯虚心学习，就会有进步。正所谓“～”。

【不能正己，焉能正人】 正：使言行端正。焉：怎么。自己的言行不端正，怎么能去教育别人端正呢？ 例句 ～？如果执法者本身违法，而且违法行为长期未受到法律的追究，那么司法公信将受到严重伤害。（选自徐明轩《张家川公安局长行贿一事，要说清》）

【不怕“难”字挡道，就怕“懒”字沾身】 有困难并不可怕，可怕的是身体发懒，不去奋斗。 例句 脱贫致富不是梦，关键是要自己“站”起来，～，只要肯干就能过上好日子。

【不怕百事不利，就怕灰心丧气】 一个人失败多次也不可怕，可怕的是失去了斗志，没有了信心。 例句 ～，研发没有成功没关系，别灰心，继续努力。

【不怕百战失利，就怕灰心丧气】 指不怕失败，就怕产生畏惧的心理，不战而屈。 例句 “打仗嘛，就有胜有败，～。秦大哥，你只管放心，咱毛主席领导的队伍，士气是扑不灭的火焰，截不断的泉源，是什么样的敌人也打不垮的！”（选自郭澄清《大刀记》）

【不怕不卖钱，就怕货不全】 生意场中不愁卖不下钱，只愁货物不齐全，满足不了顾主的需求。也借指手艺行业要想使事业兴盛，就必须尽力满足人们的需求。 例句 “‘学如牛毛，成如麟角’。好比百货商店一样，‘～’。”（选自钮骠《萧长华先生谈戏曲谚诀》）

【不怕不识货，就怕货比货】 不懂货物的好坏不要紧，把它与同类的货物一比较，就能看出优劣了。例句　他有意放一码，显出毫不在意的样子，说："多给几家药房估价好，看哪一家货便宜，买哪家的货。～。张科长办事真有经验！"（选自周而复《上海的早晨》）

【不怕出山狼，就怕藏家鼠】 指从山里来的狼并不可怕，可怕的是藏在家里的老鼠。比喻潜藏在内部的恶人比明地里的恶人更可怕。　例句　俗话说"～"，藏在我们队伍里吃里扒外的人才是最危险的。

【不怕初一下大雨，就怕初二天不晴】 意思是不怕短时间的大雨，就怕长时间的连阴雨。同"不怕初一阴，就怕初二下，初二下了雨，半月没好天气"。

【不怕大风刮跑了舌头】 讥讽人吹牛皮、说大话毫无顾忌。与"说话不怕大风闪了舌头"义同。例句　台下的观众～，喝彩声中大呼叫："新凤霞有咱们谷玉桃这条金嗓子吗？"（选自刘绍棠《京门脸子》）

【不怕担子重，就怕思想病】 责任大任务重不怕，怕的是思想滑坡，什么也不愿意去做。　例句　他深深知道，党交给自己的工作越多，越应该对自己提出更高的要求。他常说："～，不肯学。"

【不怕多批评，就怕多吹捧】 正确对待别人对自己的看法，不要担心别人正面批评，而对当面吹捧的人要仔细辨别。　例句　相较于赞扬，小李更喜欢那些敢于直言不讳提出批评的人，因为他深知"～"。

【不怕儿不孝，就怕儿没了】 人到晚年，不担心儿子孝不孝顺，就怕儿子早早地去世，白发人送黑发人，没人给自己送终。

【不怕风浪大，就怕桨不齐】 喻指不怕客观条件上有多大的困难，就怕不能协力同心。也作"不怕巨浪高，只怕桨不齐"。　例句　"～"。这个项目实施过程中，肯定会有一定的风险，关键在我们大家能否心往一处想、劲往一处使。

【不怕官，只怕管】 不怕官大，怕的是直接被管着。指顶头上司对当事人最有约束力。　例句　"他今日发迹，做得殿帅府太尉，正待要报仇，我不想正属他管！自古道：'～'，俺如何与他争得？"（选自施耐庵《水浒传》）

【不怕旱苗，只怕旱籽】 指的是种庄稼。苗旱了，根可以往深里面扎；但是如果下种以后水分不足，就生不了芽。

【不怕红脸的关爷，就怕抿嘴的菩萨】 关爷：关云长，红脸直性。抿嘴菩萨：喻假装慈善的阴谋家。喻指性格刚直的人好相处，伪装慈善的人难对付。　例句　"常言道：'～。'我们对付这样的敌人，可要动动脑子才行啊!"（选自罗旋《南国烽烟》）

【不怕虎狼对面坐，就怕人前两面刀】 不怕凶暴的人和你当面理论，就怕当面笑的人背后捅你一刀。 例句 “～”。在职场上，我最怕遇到那种表面一套背后一套的人，表面上和善可亲，实际上心怀鬼胎。

【不怕虎生三个口，最怕人怀两样心】 意思是不怕敌人如何厉害，只怕自己内部的人怀有二心。也用来强调人心可畏，不能不防。 例句 巴德哩眼珠一转，心中想：“我要告诉他真情实话，恐怕他不是好人。俗语说的不错：‘逢人且说三分话，未可十分竟吐真；～。’”（选自《永庆升平后传》）

【不怕虎生三只眼，只怕人怀两样心】 指敌人凶狠并不是最可怕的，自己人变心才最容易坏事。 例句 “老话说：～。你小子，乘你大哥不在家，想夺权，想霸产，想在这小院儿里来个牛打江山马坐殿!”（选自韩志君《命运四重奏》）

【不怕虎生三只眼，只怕人有麻痹心】 喻指风险并不是最可怕的，可怕的是人对风险缺乏警惕性，疏忽大意就会带来严重后果。 例句 我们真正的对手不是外在的困难和挑战，而是自己的心态和态度。“～”。如果我们在取得一点成绩后就自我满足，生出麻痹之心，那么最终还是会被时代淘汰。

【不怕虎长三张嘴，就怕人有二条心】 指不管敌人有多凶或困难有多大，都不可怕，怕的是人心不齐。 例句 人常说：“～。”当初他请刁金贵来，本想找个帮手，弄杆“大旗”。谁知他三心二意，吃里爬外，按纪洪涛的那套行事，岂不糟了？（选自姜树茂《渔港之春》）

【不怕家里穷，就怕出懒虫】 指家境贫穷并不可怕，可怕的是家里出了懒汉。 例句 小明的家境并不富裕，但他每天放学后都会帮助家里做家务。邻居们夸赞他：“‘～’。小明真是个好孩子。”

【不怕楼房盖得高，就怕基础打不牢】 地基打得牢，大厦才能建得高。说明越是长久基业、长远大计，越是要从基础做起，从根本抓起。 例句 在职场上，扎实的专业知识和技能，是个人职业发展的重要基石。“～”。要想获得长远的发展和成功，就必须练好基本功。

【不怕路遥远，就怕腿脚懒】 喻指即使实现目标的过程艰难也不可怕，只要脚踏实地地干，就一定能达到目的。 例句 ～。在追求梦想的道路上，即使面对再多的挑战，我们也不会退缩或放弃。

【不怕路远，就怕志短】 意思是不怕前进的道路多么遥远多么艰险，就怕自己意志不坚。同“不怕路长，就怕志短”。 例句 常言说：“～。”这件事不管有多大困难，只要我们下定决心，就一定能做成。

【不怕乱如麻，就怕不调查】 意思是说任何复杂的事情，只要经过充分的调查，就能理清思路，找到解决的方法。也作“不怕乱如麻，只怕不调查”。 例句 ～。调查研究的出发点和落脚点很明确，那就是能不能解决问题、能不能解决好问题。（选自万应慧《高质量调查研究要在“真”上下功夫》）

【不怕麻糖棍棍，就怕黄米包粽】 麻糖：用麦芽糖制成的小棍状的糖果。黄米：黍子去了壳的果实，比小米稍大，黄色，煮熟后很黏。我国某些地区的风俗习惯，腊月二十三要用麻糖祭灶王爷，端午节要吃用黄米和枣包成的粽子。旧指北方端午节后正是青黄不接的季节，穷人的日子很难过。 例句 当今是社会主义新中国，你们哪里还能体会到“～”的困难。

【不怕卖不掉，就怕话不到】 这句话说的是做生意要讲究说话的艺术，要把商品的特色交代清楚，更重要的是说话要和气，考虑客户的感受。 例句 没有拉不成的生意，～，话到了生意自然就成了。

【不怕慢，就怕站】 指做事慢一点不要紧，就怕中途停顿。也作“不怕步子慢，就怕中途站”。 例句 两个小时过去了，哥割到那头又回来，我们在中间位置碰头了。他笑着看看我说：“～。咱家的活儿咱自己干，没人替。”哥的一句话让我打消了磨洋工的念头，开始专心割麦。（选自余闯《麦收中的节日》）

【不怕难，就怕烦】 指做事不怕有困难，就怕失去耐心。 例句 坚持，坚持，再坚持，～，一旦失去信心，什么事情也干不成。

【不怕难，就怕懒】 指做事情不怕有困难，就怕懒惰不去办。 例句 听着王叔自豪地谈着曾经的创业史，让我明白了一个道理：～。

【不怕难办，就怕独断】 指需要共同去办的事情，不担心事情难办，就怕主事的独断专行，不听大家的意见。 例句 我提个意见，咱们公司的事情都要齐心协力，用大家共同的智慧去办，～，公司高层也听听基层员工的意见和建议。

【不怕念起，就怕觉迟】 觉：醒悟。指欲念产生不要紧，要紧的是欲念产生后要赶快觉悟。 例句 古人说的好：“～”。小姐你觉得念多，便可随时止灭，往后便渐渐少了。（选自海圃主人张曜孙《续红楼梦稿》）

【不怕耙子没齿，就怕匣子没底】 “耙子”象征着男人的挣钱能力，“匣子”代表女人的理财能力或家庭财务管理。意思是不怕男人挣钱挣得少，就怕女人把丈夫挣来的钱拿去乱花费。 例句 虽然父亲的收入不高，但他从不担心家庭的经济问题，因为母亲非常省俭。正应了那句话“～”。

【不怕千里远，只怕隔层板】 板，指棺材板。意谓距离再远也有见面欢聚的那一天，怕的是阴阳两隔，永无相见的机会。子女远行，只要身体健康，双方就能团聚；但一方出现意外，就会“隔层板”。这句话表达了亲人之间对亲情的珍视，和彼此之间的牵挂。也作“宁隔千里远，不隔一层板”。 例句 同伴一直催着小明一块再去南方打工，但小明看着卧病在床的母亲还是拒绝了。老话说“～”。虽然家里有父亲照顾母亲，他也不忍心这时候离开。

【不怕穷和贫，就怕没学问】 不怕家境贫寒，就怕没有文化，失去进取的根本。

【不怕人不敬，就怕己不正】 意思是只要自己行得端、做得正，就会赢得别人的敬重。 例句 为了不让孩子们辍学，她忍着疼痛，一瘸一拐地坚持劳动，直到脚底的“骨刺”被活生生地踩弯。她常常叮嘱孩子们“要对得起国家、对得起社会，对得起自己”“～”。（选自曾毅 任爽《淳美家风代代传——记吉林省道德模范樊桂英》）

【不怕人多心不齐，只要有人扛大旗】 只要有威信高的人领导，大家就会积极地同心协力。 例句 真应了“～”这句老话，班主任一声喊，全班同学齐动手，一会儿就把雪扫干净了。

【不怕人老，就怕心老】 意思是人的衰老是自然规律，不必怕，怕的是心态变老，丧失对未来的信心。 例句 “常言道：‘～。’刘露，我们刚进入壮年，千万不能服老哟!”（选自周肖《神箭故乡》）

【不怕人穷，就怕志短】 意思是人不怕穷困，就怕没志气。 例句 ～。咱没网没船，上级会扶持；他们有船没人，干瞪眼下不去海。还想着剥削咱穷艄公，死了那条心吧。（选自姜树茂《渔港之春》）

【不怕山高，就怕脚软】 山高不怕，就怕先自发怵，不去攀登。 例句 生活中的每一次挑战都是一次成长机会，不要因为一时的困难而放弃。“～”，只有勇敢面对，才能看到不一样的风景。

【不怕山高路远，就怕意志不坚】 意志坚定的人，即使困难重重，也都能克服困难，达到目的。 例句 在人生的旅途中，难免会遇到各种各样的挑战和困难，有时甚至让人畏惧退缩。然而，“～”。这时真正阻碍我们前进的，不是外界的艰难险阻，而是我们内心的犹豫和动摇。

【不怕山难移，就怕心不齐】 比喻齐心协力能够完成困难很大的事情。 例句 面对困难和挑战时，最可怕的是团队意志不统一，“～”，只要大家齐心协力，就可以战胜和克服前进道路上的艰难险阻。

【不怕少年苦，就怕老来穷】 年少时吃点苦不算什么，就怕因为年轻时贪图享受，而老来受穷。

【不怕生意小，就怕顾客少】 生意小、利润低无所谓，只要能吸引顾客光顾，就可以维持；就怕顾客少，没人光临店里。

【不怕事难搞，就怕办法少】 不担心事情难以完成，就怕不积极想办法。同“不怕事难搞，就怕不动脑”。　例句　～。推进棚改工作是面临一些困难，但问题的关键是我们要积极想办法解决，不能光动嘴不动脑。

【不怕事情难办，就怕懦夫懒汉】　不怕事情不好办，就怕不敢做和懒得做。

【不怕无能，就怕无恒】　一个人没有特别强的能力也不要紧，就怕他对解决问题没有持之以恒的毅力。例句　“～”。只要我们能够坚持不懈，不断努力，终将收获成功。

【不怕相貌丑，就怕心不善】　一个人长相丑陋也没关系，只要心地善良，一样会赢得尊敬。

【不怕学不成，就怕心不诚】　意思是说只要诚心求学，就没有学不成的。同“不怕学不成，就怕志不恒”。　例句　自古以来就是如此，～。学习是一项坚韧不拔的工作，要有毅力，不要中途放弃。

【不怕学不会，只怕不肯钻】　钻：钻研。指凡事只要肯钻研，都能学会。　例句　“俗话不是说吗：～。工夫到了，自然熟能生巧，巧能生妙啦。”（选自孔厥《新儿女英雄续传》）

【不怕学问浅，就怕志气短】　做学问就和做其他任何事情一样，需要恒心，需要志气。　例句　“～”。无论我们的知识储备如何，只要我们有决心、有毅力，就能够克服一切困难，实现自己的目标和梦想。

【不怕言语差，就怕说假话】　指说话不怕说不完全，就怕说假话、空话。　例句　～。小明虽然表达能力不太好，但人实诚，从不说假话、谎话。

【不怕夜猫子叫，就怕夜猫子笑】　喻指坏人叫喊时倒不用担心，反而他一笑说不定就有什么坏主意。例句　～。根半腿贼眼珠一转，脸带奸笑，香翠大姑却怵目惊心，不寒而栗。（选自刘绍棠《这个年月》）

【不怕一万，就怕万一】　意谓做事要预防偶然性的意外，不可掉以轻心。也作“不怕一万，只怕万一”。　例句　俗话说“～”，中老年人及冠心病患者，尤应认识有关诱发心梗的主要危险时刻。（选自王立祥《谨记！诱发急性心梗的10个危险时刻》）

【不怕衣服有补丁，只怕心灵有污点】　指人穷不要紧，心地纯净才重要。

【不怕有错，就怕不改】　人都有犯错误的时候，关键是知错就改，不再犯类似的错误。　例句　在学习的过程中，～。知错能改，就能进步。

【不怕有失利，就怕灰心气】　意思是不怕失败，就怕失败后产生了畏惧心理，丧失了必胜的信心。　例句　～。我们千万不能灰心，要从这次失败中吸取教训，调整策略，继续前进。

【不怕贼偷，就怕贼惦记】 喻指被别有用心的人盯上。 例句 “这贼呀，他盯上我啦。~嘛!”（选自张寿臣《贼说话》）

【不骑马不骑牛，骑着毛驴在中游】 骑马快，骑牛慢，骑毛驴儿不快不慢。意思是既不出风头，也不拖后腿，跟住大伙儿的节奏。也作“不骑马不骑牛，骑着毛驴赶中游”“不骑马不骑牛，骑着毛驴坐中游”。 例句 有些干部工作中专挑“因风吹火，费力不多”的小目标做，对需要出力流汗、下番苦功夫才实现的大目标退避不及，或者口号喊得震天响，行动上“~”。（选自柏建全《向高标杆看齐》）

【不勤于始，将悔于终】 做一件事开始不勤奋，到最后必然会后悔。 出处 吴兢《贞观政要·尊敬师傅》（节选）：“原夫太子，宗祧是系，善恶之际，兴亡斯在，~。”

【不求金玉重重贵，只愿儿孙个个贤】 表明有出息有作为的儿孙比黄金白玉更宝贵。也作“不求金玉重重贵，但愿儿孙个个贤”。 出处 元·关汉卿《陈母教子》（节选）：“我每夜烧一炷香，你那里知道也？我~。”

【不求无益之物，不蓄难得之货】 语出荀悦《申鉴·时事》。蓄：蓄藏。不追求没有价值的东西，不收藏难以得到的货物。指生活本分，没有奢求。 例句 “这件东西虽然珍贵，但对我没有一点实际价值。古人说：‘~。’你还是把它拿回去吧。”（选自何一粟《青雕》）

【不求有功，但求无过】 不要求有什么功劳，只要求不出差错。也指甘居中游，没有进取心。 例句 作为领导干部，如果总是顾虑“洗碗越多，摔碗越多”，信奉“多栽花少种刺，遇到困难不伸手”“为了不出事，宁可不干事”“~”，不仅与党对干部的要求严重背离，难以成事，还可能会在干部队伍中造成“破窗效应”，贻误大事。（选自李朝波《领导干部要有好心态》）

【不日新者必日退】 语出程颢、程颐《二程集·河南程氏遗书》。意思是如果不是天天在进步，就一定是天天在退步。 例句 当前，宣传思想文化工作的外部环境、社会条件、工作对象等都发生了深刻变化，做好宣传思想工作，比以往任何时候都更加需要创新，必须因时而变、随事而制。否则，“~”。（选自闻理《不日新者必日退》）

【不入地狱，不知饿鬼变相】 地狱：佛教认为人死后灵魂受难的地方。饿鬼：佛教认为人生前不干好事，死后要堕入饿鬼道，饱受饥饿的痛苦。常用来比喻如果不深入对方内部，就不了解内情。 例句 “我自家也想探听他们翻戏党的内容，存了个‘~’的意思，于是拿定主意，放心大胆的前去。”（选自王浚卿《冷眼观》）

【不入虎穴，焉得虎子】 语出

范晔《后汉书·班超传》。原义为不敢进入虎穴，就不能捉到小老虎。多比喻不亲临险境就不可能取得成功，也比喻不进行认真的实践就不可能得到真相。　例句　焦裕禄走在调查组的最前边，一边试探着水的深浅艰难前进，一边对同去的同志说："你们看，这水正向东边流去。~！走，咱们跟上它，找到它的老家。"（选自朱佳《县委书记焦裕禄如何调查研究》）

【不塞不流，不止不行】　语出韩愈《原道》。原指不堵塞佛老之道，儒道就不得流传；不禁止佛老之道，儒道就不能推行。现喻指不堵塞、禁止旧的落后的或者错误的东西，新的、先进的或者正确的东西就不能流行。　例句　这类反动文化是替帝国主义和封建阶级服务的，是应该被打倒的东西。不把这种东西打倒，什么新文化都是建立不起来的。不破不立，~，它们之间的斗争是生死斗争。（选自毛泽东《新民主主义的文化》）

【不烧香纸引不进鬼来】　指自己先招惹，才引来后面的是非。　例句　~，你要不在家里支这个麻将桌子，会招来那些不三不四的人吗？

【不施万丈深潭计，怎得鳌鱼上钓钩】　鳌：传说中海中的大龟或大鳖。说明没有高深的计谋就不能使有本事的人上当受骗。　出处　元·无名氏《连环计》（节选）："季旅去了，我料吕布必来赴席也。若来时，我自有个主意。正是：'~。'"

【不识庐山真面目，只缘身在此山中】　语出苏轼《题西林壁》一诗。缘：因为。不能认识庐山真实的面貌，只因为是身处在庐山之中的缘故。喻指看不清事物的真相，是因为局限于事物本身，即当局者迷。　例句　"~。"在国外，换一个角度看春节，拉开一段距离领略我们的传统节日，对春节这个传统节日的魅力有了更深的体会。（选自杨鸥《他乡过年寻别感》）

【不是吃粮食长大的】　人都是吃粮食的，所以"不是吃粮食长大"是暗骂对方"不是人"。　例句　手续合法，已经赔付，就能为所欲为，就能把一地好端端的快要成熟的庄稼铲平了，也就是说有钱就能"铲通一切"。说出这样的话语，也正说明这些人都~。（选自朱少华《有些官员不像是吃粮食长大的》）

【不是仇人不见面，不是冤家不聚头】　指冤家、仇人见面。　例句　好!真是~，让他们来吧，今天正好把他们一起收拾了。

【不是东风压倒西风，就是西风压倒东风】　指斗争中的双方总有一方会占上风。源自曹雪芹《红楼梦》中的"不是东风压了西风，就是西风压了东风"。　例句　~。在路线问题上没有调和的余地。（选自毛泽东《文汇报的资产阶级方向应当批判》）

【不是好惹的】　这是一句口

语，是说某人强悍，不受委屈。　例句　婆孙插队事件冲上热搜，“我们～”被做车贴售卖，律师：涉嫌侵犯两人肖像权。

【不是驴不走，就是磨不转】常常用来形容麻烦不断，刚解决了一个问题，又出现了新的问题。也作“不是驴不拉，就是磨不转”。　例句　母亲说一个人投错了门路，是“投军投了张士贵”。母亲说一件事处处不得法，是“～”。（选自马瑞芳《马老太语录》）

【不是什么好鸟】　通常用于形容人或物不太可靠、不太值得信任。例句　开发商无良，监理以及验收单位同样～。如果不是监理、验收单位的监管形同虚设，实在想象不出这样的楼盘是如何建成并顺利通过验收的。（选自夏熊飞《竹片代替钢筋，监管不能开玩笑》）

【不是省油的灯】　比喻不是省事的人或不是好对付的人。　例句　陈柱子开始没有找到扫帚，后来看春义在扫，也就任他打扫。他情知这是凤英教给他的，心里想：“这媳妇可～。”（选自李准《黄河东流去》）

【不是一番寒彻骨，争得梅花扑鼻香】　语出黄檗禅师《上堂开示颂》。争得：怎能。字面的意思是：如果没有经历一段寒冷入骨的冬月，怎么能闻到梅花扑鼻的馨香呢？其中蕴含着生活的哲理。现常用来表示，只有经过艰苦的磨炼，才能有所成就。流传过程中多有误记和讹传，比如“不是一番寒彻骨，哪得梅花扑鼻香”“不是一番寒彻骨，怎得梅花扑鼻香”“不是一番寒彻骨，哪来梅花扑鼻香”“不是一番寒彻骨，焉得梅花扑鼻香”“不经一番寒彻骨，争得梅花扑鼻香”“若非一番寒彻骨，哪得梅花扑鼻香”等等，　例句　孤寂，如果能将它变成淡泊、宁静之福地，必然可帮助我们明志致远；苦寒，倘若能把它化为梦想、信念之支柱，肯定会陪伴我们刻苦攻关。正所谓“～”。（选自张陈祎《不断冲破束缚》）

【不是一家人，不进一家门】指媳妇与夫家脾气、行事作风等，都十分相合。　例句　王太和一听姑娘已把眼瞎了，自己一想：“～”，该当要讨饭，我前边走，拉着一个瞎子，这倒也不错。（选自郭小亭《济公全传》）

【不是鱼死就是网破】　指双方将作最后的争斗，斗出个结果。　例句　“～，我总觉得固守，是坐以待毙。他们会把我们困死的!”（选自黎汝清《万山红遍》）

【不是冤家不聚头】　指仇人或不愿意相见的人偏偏相逢，无可回避。也指亲近或相爱的人在一起，是前世注定的缘分。　例句　“我这老冤家，是那世里的孽障，偏生遇见了这么两个不懂事的小冤家，没有一天不叫我操心的，真是俗语说的，‘～’了。”（选自曹雪芹《红

楼梦》）

【不是自己的肉，贴不到自己身上】 指不是用正当、合法手段获取的东西，不会属于自己。 例句 “不行!不行!你要记住，用千奇百怪的法子赚来的钱，好比～。”（选自郭明伦等《冀鲁春秋》）

【不受磨炼不成佛】 比喻不经过艰苦磨炼就不能成材。也作“不受磨难不成佛”。 例句 ～，要不是受了刘队长的那次教训，这些日子还不知得闯多少祸！（选自冯志《敌后武工队》）

【不说不笑，不成世道】 世道：正常的生活情理。说说笑笑是生活中正常的事，时时处处板着面孔，一本正经，倒是违反生活常情的，故说不成“世道”。 例句 笑为力量的亲兄弟，～；不玩不笑，不成老少。

【不说不知道，一说吓一跳】 指不说还好，说出来的事情令人大吃一惊。 例句 “‘哎呀，看看，都干了些啥事，咱这小南庄能好吧？’‘啧啧，真是～哇!’”（选自王忠瑜等《惊雷》）

【不淌河不知水深浅，不相处不知人心眼】 只有下了河才能知道河水的深浅，只有与人交往才能真正了解人的善恶德性。 例句 ～。虽然有的人有漂亮的外表，但并不代表他内心也一定善良。

【不听老人言吃亏在眼前】 老人的经验多，一般都是正确的，如果不听，说不定马上就会吃亏，或品尝失败的苦果。 例句 常言道：“～。”意思是年轻人应该善于听取老年人的意见，这样就可以少走弯路，少受挫折。事实上，不仅年轻人为人处世应该多听“老人言”，领导干部下基层、听民声，也应该多听听“老人言”，才能让自己时刻头脑清醒，更好地履职尽责。（选自李炳孝《下基层多听听“老人言”》）

【不图锅巴吃，不在锅边转】 要是不想吃锅巴，就不用在锅旁边转悠了。比喻不是为了某种利益的驱动，就不会有行动。 例句 宝三叔满意地望着红榜，“～”，“是呀”他的伙伴们附和着。（选自孔厥《新儿女英雄续传》）

【不为不知而羞，要为不学而愧】 不知道，没什么可羞耻的；不知道却不学习才是应该羞愧的。 例句 在当今知识爆炸的时代，我们更应该积极主动地学习新知识，把“～”当作一种原则。

【不为穷变节，不为贱易志】 这两句为互文。意谓不因为贫贱就改变自己的气节和志向。 出处 桓宽《盐铁论·地广》（节选）：“古之君子，守道以立名，修身以俟时，～，惟仁之处，惟义之行。”

【不畏浮云遮望眼，自缘身在最高层】 语出王安石《登飞来峰》一诗。缘：因为。不怕飘浮的云彩遮住视线，只因为自身站在最高层。后被用来表示：思想认识达到了一定的高度，就能透过纷乱的现象看到事物的本质，不会被种种假象所迷惑；一些伟人因其站位高，所以就能想常人所不能想，见常人之不能见，从而领导社会变革。流传中也被人误作“不畏浮云遮望眼，只缘身在最高层”。例句　习近平指出，“～。”只要大家登高望远，就能看清主流、把握大势，共同推动两岸关系克难前行。（选自陈键兴《习近平：“不畏浮云遮望眼，自缘身在最高层”》）

【不吸烟，不喝酒，病魔见了绕道走】　指不抽烟、不喝酒，就会减少患病的机会。说明吸烟、酗酒对健康有害。同“不吸烟，不喝酒，病魔见了躲着走”。

【不习为吏，而视已事】　习：熟悉。已事：过去的事例。不懂得如何当官，多看看以前的事例，就能学会。也指凡是不懂的事情，多看看以前人是怎么做的就会明白了。　出处　贾谊《新书·保傅》（节选）：“鄙谚曰：‘～。’又曰：‘前车覆而后车戒。’夫殷周之所以长久者，其已事可知也。”

【不下水，一辈子不会游泳；不扬帆，一辈子不会行船】　喻指只有亲自实践，才能真正掌握一项技能或知识。　例句　有句老话：“～。”“单飞”舰长练打仗，一如跃入水中学游泳，只有丢掉救生圈，在瞬息万变的战场环境中放开手脚、大胆应对，才能练就一身好水性，否则，折戟沉沙于未来战场的惊涛骇浪之中在所难免。（选自刘畅平《不要等真正上了战场才放手去打》）

【不下汪洋海，难得夜明珠】　意谓要想有所收获，就要勇敢克服前往收获道路上的困难。　例句　1980年到1984年间，年届七旬的杜润生为掌握农村发展实际，调研走访全国25个省份240个县，主持起草的5个中央“1号文件”对农村改革影响深远。“～”。忍受寂寞、抵制诱惑、潜心向学，留下的将是佳作巨著，成就的将是大家风范。（选自李斌《“把学问写进群众心坎里”》）

【不孝有三，无后为大】　东汉赵岐的《孟子章句》是最早的《孟子》注释文献，它解释：“于礼有不孝者三事……不娶无子，绝先祖祀，三不孝也。三者之中，无后为大。”继承祖祀的“子”在这里指男子，就是“子女”并称里的“子”。后世长期沿用他的说法。把“后”解释为“子”。把传宗接代与“孝”联系起来，是一种封建宗法思想，并不可取。　例句　在传统家风中，孝道表现为某种程度的愚孝，具体表现为“24孝”“父为子纲”“～”等等，这些表达形式不适合当今的家庭生活方式，存在明显不科学和违反人性的地方。（选自王杨《涵养新家风与弘扬中华传统美德》）

【不笑补，不笑破，只笑你日子不会过】　贫困不会让人耻笑，过日子没打算才会让人耻笑。　例句　20世纪60年代，我国社会上流传顺口溜："～。"从今天的角度看，"会过日子"就是学会理财，合理消费。

【不信但看筵中酒，杯杯先劝有钱人】 语出《增广贤文》。不信你到筵席上看看，人人都会先向有钱、有身份的敬酒。反映的是人情世态，体现了人们对财富的重视和对有钱人的尊重。

【不行万里路，难见痴人心】 意思是要经过长时间的考验，才能真正了解一个人。 例句 "都说父严子孝，我看未必。祖行孙效，倒是眼前所见。～。"（选自张皖《三姊妹》）

【不虚美，不隐恶】 语出《三国志·魏书·王肃传》。虚：夸大。隐：隐瞒。不毫无根据地加以赞美，也不隐瞒其过失。指评人论事实事求是，公正客观。 例句 《冰点》的宗旨就是通过对老百姓和社会命运的关注来追寻当今时代最缺乏的，也是最弥足珍贵的感动。这种全新的真实观反映在《冰点》人物的写作上，就是～。（选自张立勤《"冰点"热现象的冷思考 谈〈中国青年报〉"冰点"专栏的报道特色》）

【不虚心不知事，不实心不成事】 不虚心向别人请教，就难明白事理；不真心诚意，就做不成大事。 例句 就为人而言，～，我们需要谦虚谨慎，但更需要诚实、笃实、务实。（选自杨开华《做一个群众放心的"实在人"》）

【不学古人，法无一可；竟似古人，何处著我】 写诗作文如果不向古人借鉴，就没有定式可以遵循；如果和古人一模一样，又在什么地方体现自己的风格呢？这里强调的是，写诗作文，学古而不泥古，既要学习前人，但也要有自己的风格。 出处 袁枚《续诗品》（节选）："～？字字古有，言言古无。吐故吸新，其庶几乎？"

【不学礼，无以立】 语出《论语·季氏》。立：立身。不学礼，就不能立身处世。指礼是立身之本。 例句 "～"。中央最近颁布的《公民道德建设实施纲要》，在20字公民基本道德规范中，有"明礼"一条。（选自朽木《"明礼"是必修课》）

【不寻宅子不寻地，当紧寻个好女婿】 指闺女出嫁时，不要贪图男方的宅子和田地，只要人品好就好。 例句 媒婆对二妮说："你别光看那些高富帅，不一定好好地跟你过日子，～，这才是正理！"

【不要愁，不要恼，愁愁恼恼人易老】 告诫人们事事要想得开，不能发愁，负面情绪会影响人的健康。

【不要打，不要骂，以理服人威力大】 谈的是对孩子的教育方式。不打骂孩子，以理服人，是更有效的沟通方式，更容易被孩子所接受。把孩子当朋友，这是家庭教育中的重要原则。

【不要嫉妒人胜我，只要盼望我胜人】 别人比我厉害，不要对其心生嫉妒；只盼望自己通过不断努力，超过他人。

【不要人夸颜色好，只留清气满乾坤】 语出王冕《墨梅》一诗。原是借墨梅自喻，表达作者自己的精神志趣。后被用以表示人不图虚名，而注重内在品德修养的人格追求。 例句 “～”，只有“关键少数”发挥好关键作用，带头严格自律，守住规矩底线，自觉崇清守清，才能以自身两袖清风、一身正气引领社会风尚，从春天出发，努力去成就一个更加清新和谐的美好未来。（选自向贤彪《梅花“清”气满乾坤》）

【不要人容我，只要我容人】 容人，接纳。意思是不要做被他人接纳的人，要做有能力接纳他人的人。 例句 我特别喜欢“～”这句话，体现了一个人的志气。人不容我，是我无能；如果我可以容人，则表明了我的成长和强大。

【不要因为困难就失去勇气，困难常常是长志气的根子】 指遇到困难的时候要增强勇气，困难可以砥砺人的意志，让人树立志向。 例句 我第一次看见那位教练时，心里不只是紧张，而且害怕。因为我一直没有下过游泳池，是一只旱鸭子。那时，我一直对自己说：许芹芹，不要害怕，～，你一定能学好的。（选自许芹芹《攻克困难》）

【不以爱之而苟善，不以恶之而苟非】 苟：随便。不因为喜爱就随便地赞扬人，不因为嫌恶就随便地否定人。 出处 嵇康《释私论》（节选）：“是以君子既有其质，又睹其鉴；贵夫亮达，希而存之；恶夫矜吝，弃而远之；言无苟讳，而行无苟隐；～。”

【不以六律，不能正五音】 如果不依据“六律”，就不能校正“五音”。比喻做事要遵循一定的法则。“六律”“五音”均为古代音乐概念。 出处 《孟子·离娄上》（节选）：“孟子曰：离娄之明，公输子之巧，不以规矩，不能成方圆；师旷之聪，～；尧、舜之道，不以仁政，不能平治天下。”

【不以我为德，反以我为仇】 语出《增广贤文》。意谓不以为我有恩德感激我，反而视我为仇人怨恨我。 例句 给人家好处，人家不感谢我，还怨恨我为什么不把钱全给分了。这就是“～”。

【不以物喜，不以己悲】 语出范仲淹《岳阳楼记》。此句为互文。意思是不因外物（好坏）和自己（得失）而或喜或悲。表现的是一种豁达淡然的心灵境界。 例句 我们每个党员干部只有时时处处防微杜渐，在各种诱惑和考验面前，守得住贫穷，把得住操守，耐得住寂寞，“～”，“不以官惑，不以色迷”，始终保持政治上的坚定和思想道德上的纯洁，才能成为上不愧党，下不愧民，无愧于心的共产党员。（选自段天杰等《官德无小恙》）

【不以一眚掩大德】 语出《左传·僖公三十三年》。眚

（shěng）：本义为眼睛生翳；引申为过失，错误。意思是不因为一点小的过失就抹杀大的功绩。即对犯有过失的人要客观公正地评价。　例句　人非圣贤，孰能无过？古代就有“～”“不以二卵弃干城之将”的说法。（选自姬建民《为政何惧“洗碗效应”》）

【不义之饵，鳌将吐之】　饵：钓饵，引诱鱼上钩的食物。鳌：传说中海里的大鳌。意思是用不义之物作钓饵，鳌吞下去了，也会重新吐出来。比喻不守信义的事物，人们都会嫌弃。　出处　清·黄钧宰《金壶七墨·浪墨》（节选）：“李白海上钓鳌说，以天下无义丈夫为饵。后人有言，谓‘～’。”

【不因渔父引，怎得见波涛】　比喻没有某人或某事物的导引，就不会见到以前难以见到的世面。　出处　明·汤显祖《牡丹亭》（节选）：“老驼到了临安，京城地面，好不繁华，则不知那柳秀才去向。俺且往大街上瞧去，呀，一伙臭军踢秃秃走来，且自回避。正是：～。”

【不用霹雳手段，显不出菩萨心肠】　霹雳：云和地面之间发生的一种强烈雷电现象，响声巨大。比喻手段不强硬，好心肠就显不出来。又喻指恩威并济，才能达到预期目标。　例句　“哼，～，莫让这些人误认我们软弱可欺!”（选自姚雪垠《李自成》）

【不有臭秽，则苍蝇不飞】　臭秽：指腐烂发臭的东西。比喻没有客观条件，就不会给坏人干坏事的机会。　出处　范晔《后汉书·陈蕃列传》（节选）：“而今天下之论，皆谓狱由怨起，爵以贿成。夫～。”

【不诱于誉，不恐于诽】　语出《荀子·非十二子》。诱：诱惑。诽：诽谤。不为赞誉所诱惑，不因诽谤而惧怕。　例句　为官从政，首在做人，做人首在心境。正所谓“不以物喜、不以己悲”“～”，须得有一番修养的功夫，方能从容淡定，心平如镜。（选自陈小红《“骆驼夜吼黄云老”》）

【不与寒霜斗，哪来春满园】　喻指熬过了艰难困苦，才会换来胜利的喜悦。与“不是一番寒彻骨，争得梅花扑鼻香”义近。　例句　虽然我小，但不担三分险，难练一身胆，～？请放心，我会照顾好自己，不给组织添乱。（选自赖焰梅《同气连枝，共盼春来》）

【不遇盘根错节，何以别利器乎】　盘根错节：树木的根枝盘旋交错。不遭遇盘根错节难砍伐的树，怎么能识别哪个器具是锋利的呢？比喻不遭遇纷难复杂的事情，就不能识别人处理问题的能力。　例句　“～？”对领导干部来说，大事难事看担当，能否在艰难困苦、重大考验面前挺身而出、勇挑重担，往往折射出党性修养，反映出处置魄力。（选自胡世军《攻坚克难说“魄力”》）

【不遇至刻之人，不知忠厚之善】 至刻：最刻薄。不遇到最刻薄的人，就不知道忠厚之人的善良。告诫要珍惜身边普通人的厚道。 出处 史典《愿体集》（节选）：“不到极逆之境，不知平日之安；～；不遇别离之苦，不知聚处之欢。”

【不在被中睡，不知被儿宽】 指没有参与实践或调查，就不能了解事物的全面情况。 例句 自从亲自编写代码，才体会到了编程的乐趣和挑战性，也才体会到了以前的浮浅。正所谓“～”。

【不在哪里跌跤，不知哪里路滑】 意谓在什么事上有过教训，再遇类似的事就会格外谨慎。 例句 咬到舌头才知道吃东西不能太急，爱错过人才知道不是执着就能在一起，所有的经历都是必然，～。

【不在其位，不谋其政】 语出《论语·泰伯》。意思是一个人不在那个职位上，便不谋划那个职位上的政务。也就是说，一个人应该做自己该做的事情，不要思考自己不该思考的事情。 例句 从领导岗位上退下来的万里，对自己的要求是：“～，不问事、不管事、不惹事”。以此作为对在位领导干部工作的支持。（选自曾祥书《万里家风万里扬》）

【不沾烟和酒，活到九十九】 指吸烟喝酒，对人的健康有害。

【不蒸馒头争口气】 形容做人要有自信、要有骨气。 例句 “～。”江风益决定另辟蹊径，期望为我国LED技术自立自强、解决短板、打造长板作贡献。（选自郑少忠《江风益：胸怀祖国敢为人先》）

【不知道自己姓嘛好】 意思是狂妄无知，没有自知之明。含贬义。也作“不知道自己姓什么了”“忘了姓啥了”“忘了姓什么了”等等。 例句 别人给你留面子，你就觉得自己了不起了？～了，还拿着个不是当理了，你不尴尬吗？

【不知来，视诸往】 语出董仲舒《春秋繁露·精华》。诸：之于。不知将来怎样，那就看看以往。也就是说，历史是面镜子，对照以后就可预知将来的结局。 例句 我们总说，～。历史剧中古与今之间的这种契合，恰恰是最能牢牢抓住观众的心的关键。（选自邱唐《大处见景，细处见人——解读国产电视剧的“大年”现象》）

【不知其人，视其友】 语出《孔子家语·六本》。如果不了解这个人，可以看看他的朋友是些什么人就知道了。又作“欲知其人，视其朋友”。 例句 我想，幸而没和他套什么近乎，如果和这种人打得火热，即使不落入他那肮脏的毒网，至少也坏了我“一世清名”。人们都知道，“～”，物以类聚，人以群分的。（选自逸鸿《险履薄冰的一面之识》）

【不知香臭】 形容不能辨别好坏、善恶。 例句 一段时间来，以文艺从业者为主要构成的娱乐行业在审美观问题上出现一些偏差和乱象，主要表现在真假不辨，美丑不分，不问是非，~，价值观扭曲；审美流于形式，流于表面，缺乏思想，缺少深度；娱乐至死，情绪主宰，以庸俗为宝贝，拿低劣当有趣。（选自董学文《美丑不分、娱乐至死是文艺审美生态的毒株》）

【不知言，无以知人】 语出《论语·尧曰》。知：了解。不了解他说些什么，就不可能了解他是个什么样的人。 例句 “~”，领导者在与被领导者进行交流时，必须具备语言洞察力，通过对方的言谈而了解对方。

【不知者不怪】 意思是由于不了解情况而无意中做错事，不应怪罪。也作“不知者不为怪”“不知者不作罪”。 例句 我们这两位同志，为了捕捉杀人凶犯，进庙来时粗鲁了些，特向您道歉。不过我们的同志，出身工农，素不悉道门经坛规则，俗话说“~”，这一点还请道长原谅。（选自曲波《林海雪原》）

【不知者不罪】 语出钱彩《说岳全传》。罪：责备，怪罪。因事先不知道而有所冒犯，就不加怪罪。例句 比如说因为地面突然塌陷引起客车坠崖，就不能将驾驶员扭送大牢。此乃“~”的另一类解读个案了。（选自崔武《不知者不罪》）

【不种百顷地，难打万石粮】 意思是种的地广，打的粮才会多。也泛指下的本大，得到的收益就丰厚。例句 “~。地里出一石的，能跳到两石上去？”（选自李满天《水向东流》）

【不著一字，尽得风流】 语出司空图《二十四诗品·含蓄》。著：意同“着”。现也写作“不着一字，尽得风流”。原指含蓄的诗歌，没有一个字是直接说明要表现的事物的，但是却能完美地表现出事物的风神韵致。后也用以表示，在某事物上用心了却看似没用心，收到了非常好的效果。 例句 《归来》是一部言有尽而意无穷的影片，很多段落都是“~”，深得中国古典美学的韵味，意蕴往往隐藏于镜头之外。（选自郑娜《〈归来〉有味道 醇而不烈》）

【不撞南墙不回头】 比喻某人的行为固执，听不进不同意见，非得失败了才承认自己错了。同“一条道走到黑”“不见棺材不落泪”“不到黄河心不死”。 例句 美国历来欺软怕硬，“拣软柿子捏”是美国的历来做法，“~”是美国的习惯性思维。（选自赵长茂《中美贸易战：挑战和机遇》）

【不自满者受益，不自是者博闻】 意思是不自满的人会得到益处，不自以为是的人会增长知识。出处 宋·林逋《省心录》（节选）：“~。吉凶悔吝，非天然，无有不由己者。”

【不自重者致辱，不自畏者招祸】 语出申涵煜《省心短语》。自畏：畏，畏惧、害怕；自畏即自我警示，自我戒惧。意思是自己不珍重自己的会招致耻辱，自己不知戒惧的会招致灾祸。　例句　“～。”民心就是政权，畏民才能为民。（选自叶建军《为民须先畏民》）

【不作无补之功，不为无益之事】　语出《管子·禁藏》。无补：无益；无所帮助。不做没什么助益的工作，不干没什么好处的事情。　例句　“～”，应成为我们为民办实事的座右铭。（选自习近平《摆脱贫困》）

【不做高官不害怕，不享荣华不担惊】　不做高官不担大的责任和风险，因此不会害怕；不享受荣华富贵，别人不会算计，因此也不会担惊受怕。　例句　父亲常说：～。教我安分守己，学会知足常乐，明白平安是福。

【不做家雀蹲屋檐，要学雄鹰战天涯】　喻指做人做事不可缩手缩脚，要立志高远。

【不做贼，心不惊；不吃鱼，口不腥】　意思是没做坏事就用不着担惊受怕，没做过的事自然也没有把柄。或作“不做贼，心不惊；不吃鱼，嘴不腥”。　例句　俗话说：“～。”那李旺一见假伤被揭穿，掰开包子露了馅，顿时张口结舌，不能言语。（选自刘彦林《春风得意》）

【不做中人不做保，一生一世无烦恼】　意思是不做中人保人，可以避免麻烦缠身。中人：为双方介绍买卖、排解纠纷做见证的人。保：保证人。　例句　三太太又究起荐复畴的人，便唤邬老头儿痛斥了一顿，赶出不许进门。邬老头正是无处伸冤，回家叹口气道：“‘～’。我才信了这句话。”（选自孙希孟《轰天雷》）

【布谷枝头叫，种谷时间到】　谷雨是春天的最后一个节气，蕴涵着“雨生百谷”之意，是农耕文化对于节令的反映。谷雨节气后，气温升高，雨量增多，是庄稼生长的最佳时节。有农谚：“谷雨到，布谷叫。”布谷鸟的叫声，听起来很像“播谷播谷”，因此常被理解为催人耕种。

【布施不如还债，修福不如避罪】　指积德修福先从解决自身存在的问题做起。　出处　宋·洪迈《夷坚志·李绶祝火》（节选）“一日，寺中火延烧于外，将及绶宅，家人童奴荒窘奔走，徙置箱箧帑藏。绶叱之不听，出而索公服，焚香再拜祝曰：若李绶家有赃贿，愿天速焚之。火将近数步而灭。尝大书屏间曰：‘～。’真格言也。”

C

【擦嘴无恩，一抹拉溜净】 吃完别人给的东西，擦完嘴就忘了。比喻人薄情寡义。 例句 那些年我是怎么接济的你，你横竖不能“～”吧？

【才高必狂，艺高必傲】 狂：狂妄。有才气的人容易狂妄，技艺高超的人容易傲慢。也作“才高易狂，艺高易傲”。 例句 “哥哥久已知道此人，但未会面。今日见了果然好人品，好相貌。好本事，好武艺；未免～，竟将咱们家的谌卢剑褒贬得不成样子。”（选自石玉昆《三侠五义》）

【财大气粗】 指富有财产，气派不凡。也指仗着钱财多而气势凌人。 例句 花婶子的这项收入十分可观。～，盖起这座青堂瓦舍的大宅院。（选自刘绍棠《小荷才露尖尖角》）

【财大有险，树大招风】 财产多了，地位高了，势力大了，就有可能遭到他人的嫉妒和算计。 例句 ～；一省二市三县交界处的村民，看见老虎跳开店发财，一窝蜂涌向老蝈笼镇。（选自刘绍棠《这个年月》）

【采摘荷花牵动藕，打动牛角牛耳疼】 比喻互相牵掣，互相联系；如触动某人某事，便会牵涉到与之有关的人或事。与“索着藤藤瓜要动”“扯着耳朵腮帮子动”意思近似。 例句 这个事看似简单，其实并不好处理，～，这里面的关系复杂得很。

【菜能吃，糠能吃，气不能吃；金能让，银能让，理不能让】 指不能挨欺负受窝囊气，占理了还要受委屈。 例句 善良的中国农民一直以来就有着“～”的传统。吃什么，穿什么，少了多少钱，这个都不重要，重要的就是一个“理”字。

【参谋一群，当家一人】 出谋划策的人可以很多，但最终做决定的人只有一个。指遇事需要集思广益，但最后必须主事人拿定主意。 例句 “～。你要是下了决心，就自已上大喇叭宣布去，别人没法包办。”（选自陈昌本《“花脚王”开棺·云开一线》）

【蚕老一时，麦熟一晌】 熟蚕上簇时间紧张，必须提前准备好相关器具；小麦成熟很快，一晌的时间就有大变化，也应提前准备。 例句 “～”。因为地广人稀，几十万亩麦子要在尽可能短的时间内，割完、拉完、碾完、晒干、入囤，否则，一场风刮来，一场雨下来，这眼看到手的年成就会毁于一旦。（选自

晨枫《塬上“麦客”》）

【仓廪实则知礼节，衣食足则知荣辱】 语出《管子·牧民》。廪：米仓。粮仓充实百姓就会懂得礼仪规矩，衣食富足百姓就会懂得荣誉耻辱。用现在的话说，就是物质文明是精神文明的基础。 例句 ～。贫困是动乱之源，而繁荣是秩序的最好保障。（选自杨宁《我们决不可迟到》）

【仓廪虚兮岁月乏，子孙愚兮礼仪疏】 语出《增广贤文》。粮仓里没有粮食，日子就艰难；儿孙愚昧，礼义就荒疏。

【苍天有眼】 指上天能明察善与恶，给予公平合理的奖惩。 例句 ～，巨擘如风，总是在重重关上一扇门的时候，为你轻轻推开一叶窗。只是屈原没听到风吹窗启的吱呀声儿罢了。（选自刘汉俊《千古楚歌说屈原》）

【苍蝇不叮无缝蛋，糖弹专打私心人】 喻指有私心杂念的人才会让人有隙可乘。 例句 如果一个人情趣低下，则有可能由“小毛病”变成“大问题”，“～”，只要我们党员干部自律自爱，不法分子就无机可乘。

【苍蝇消灭光，肠胃得安康】 苍蝇是造成夏天肠胃病的因素之一。这是号召人们积极灭蝇的口号。

【操千曲而后晓声，观千剑而后识器】 语出刘勰《文心雕龙》。意谓练习很多支乐曲之后才能懂得音乐，观察过很多柄剑之后才懂得如何识别剑器。喻指通过实践积累经验是认识事物，掌握有关技能的重要途径。 例句 批评家需通过“～”的“博观”操练，才有达成探幽文学思想情感全貌的可能。（选自李占伟《回归文学、文本和文辞》）

【草把儿撞钟钟不响】 喻指身份低求人难得呼应，或才学浅不足以担负大的责任和使命。 例句 ～，咱们小老百姓求人办事难着呢。

【草膘料力水精神】 指牲口吃饱草料能上膘，多加饲料有力气，勤饮水有精神。 例句 如果黑夜喂不好，牲口就要受伤，一夜要喂五六次，我有的工夫一次接一次，直喂到天亮才算。这吃草料饮水还有讲究，常言说：～。（选自李满天《水向东流》）

【草铲净，茬拾光，管叫害虫无处藏】 指田地里，把野草铲除干净，把剩下的柴茬收拾光，害虫就没有可寄身的地方了。

【草锄不尽，终究是庄稼的害】 比喻除恶不彻底，会留下后患。 例句 你是个有潜力的人，所以才会邀请你，不过你拒绝的话，我就只能杀了你，以绝后患，因为“～”。

【草薅一寸，顶上一季粪】 野草疯长会消耗地力，在草刚长到一寸时就薅除，所省的地力能顶一季的粪。

【草若无心不发芽，人若无志不奋发】 就像草没有根难以发芽一样，人如果没有志向就会无所事事，难以奋发图强。　例句　小明深知“～”的道理，只有不断努力奋斗，才能在竞争激烈的环境中脱颖而出。因此，在职场上他始终以高度的热情去迎接挑战。

【草原好养千里马，高山才长万年松】　比喻适宜的环境才能造就出优秀的人才。　例句　～。经商的人要走遍全国，不能在这小圈圈里转悠，路在人走，事在人为！

【草遮不住鹰眼，水遮不住鱼眼】　喻指看似是阻碍的事物，对掌握了它习性的人来说就不是阻碍。　例句　侦察员总能在重重迷雾中找到真相。就如那句话说的“～”。

【草字出了格，神仙认不得】　草：指草书。草书本来就很难认，如果不按规则写，就更没法认了。比喻写字太潦草，别人认不出来。　例句　“看得出陈洪根本不懂草书的笔法，乱画一通，简直吓煞人!这真是俗语说的：‘～!’”（选自王有成《书法漫笔》）

【厕所臭味大，三天有雨下】　通常情况下，下雨之前会出现气压低的情况，不水道就会泛臭味，由此可预测将有雨天来临。

【恻隐之心，人皆有之】　语出《孟子·告子上》。恻隐：见人遭遇不幸，而生不忍、同情之心。意思是对不幸的人或动物表示同情的心意，是人人都有的。　例句　“～。”自古以来，人们就十分关注社会交往中的将心比心、换位思考、推己及人。在心理学中，这种感知、理解、分享他人情绪状态的能力被称作共情。（选自孙明源《男女共情区别或缘于社会分工差异》）

【曾着卖糖君子哄，到今不信口甜人】　着：遭，受。哄：欺骗。自从受了自称“君子”的卖糖人的哄骗后，到现在都不相信嘴上说甜的人。比喻自从受骗上当后，对甜言蜜语之人就不再相信了。与“受了卖糖公公骗，至今不信口甜人”义同。　例句　八戒摇头道：“莫说这话！俗语说得好，～。是便筑一钯，各人走路！”（选自吴承恩《西游记》）

【插起招军旗，就有吃粮人】　旧时生活艰难的时候，招兵只要把旗帜打出来，就有很多吃不上饭的人来当兵，只为了有一口饱饭吃。比喻只要有人号召，就有人立马响应。同“竖起招兵旗，不怕没有吃粮人”。　例句　～。有个吴先生是在阎锡山部下当过旅长的退职军官，家里很富，才死了老婆。他在奶奶庙大会上见过小芹一面，愿意续她，媒人向三仙姑一说，三仙姑当然愿意。（选自赵树理《小二黑结婚》）

【茶七饭八酒满盅】　待客礼仪。指的是在给客人倒茶的时候，要倒七分满，在给客人盛饭时，要八分满，而倒酒的时候就要倒满了。

【茶要浅，酒要满】　招待客人的时候，茶要倒得浅一些，而酒要倒满盅。

【察见渊鱼者不祥，智料隐匿者有殃】 察：明察，看得清楚。渊鱼：深潭中的游鱼。隐匿：隐蔽不为人所知的事。指能看清深水中游鱼的人不会有好运，能预知他人秘密的人定会招来灾难。比喻人过于聪明反受其害。 出处 《列子·说符》（节选）：俄而群盗谋曰：“吾所穷者郄雍也。”遂共盗而残之。晋侯闻而大骇，立召文子而告之曰：“果如子言，郄雍死矣。然取盗何方？”文子曰：“周谚有言：‘～’。且君欲无盗，莫若举贤而任之，使教明于上，化行于下，民有耻心，则何盗之为？”

【差之毫厘，失之千里】 指开始时虽然相差很微小，结果会造成很大的错误。也作“失之毫厘，差之千里”“差之毫厘，谬以千里”等。 例句 三藏合掌笑道：“万岁，‘～’矣。贫僧昨晚到于天府，一进城门，就见十数个枷纽之僧。问及何罪，他道是金光寺负冤屈者。因到寺细审，更不干本寺僧人之事。贫僧入夜扫塔，已获那偷宝之妖贼矣。”（选自吴承恩《西游记》）

【拆东墙补西墙】 比喻临时勉强应付。亦比喻临时救急，不是根本办法。 例句 值得注意的是，待到违规接待“东窗事发”后，有的领导干部第一时间想到的不是认真整改、引以为戒，反而是“～”，应付过关。（选自邹太平 廖培《迎来送往藏“猫腻”露头就打不停歇》）

【柴多火焰高，人多声势大】 比喻人多势壮。 例句 “～”。到时候，你多带一些人去给我们助威。

【豺狼当道，安问狐狸】 语出《东观汉记》。意思是豺狼当道伤人，消灭豺狼是当务之急，何必管那偷吃鸡的狐狸!比喻铲除恶人应当先除首恶。 例句 在宦官跋扈、混乱不堪的东汉顺帝年间，他（张纲）不畏权贵，弹劾奸佞，为忠良执言，为黎民请命，留下“～”的大忠大勇，立得一代忠臣清风大义典范。（选自李茜《东坡故里剑外眉山》）

【谗言败坏真君子，美色消磨狂少年】 指即便做事光明磊落，问心无愧，是个正人君子，但也架不住小人的造谣诽谤，不明真相的人就会信以为真；年轻人精力充沛，有点轻狂也难免，但是架不住美色的消磨。

【谗言误国，妒妇乱家】 谗言：挑拨离间的话。妒妇：嫉妒的女子。意思是谗言会贻误国家，妒妇会搞乱家庭。 出处 清·李雨堂《万花楼》（节选）：圣上未及开言，寇公怒曰：“‘～’，信有之矣!尔冯拯不过以文章耀世，军国大事，非尔所知也。如再沮疑君心，所误非浅。”

【馋人好上供，懒人好得病】 嘴馋的人喜欢上供，这样就能自饱口福；慵懒的人不爱运动，往往疾病缠身。

【馋死莫要摘菜秧】 采食菜秧等于自断一季的收成，是只顾眼前不顾长远的行为。所以，断不可做这样的事。

【铲草不除根，萌芽依旧发】 比喻除害不彻底，会留下后患。也作“削草不除根，萌芽依旧发”“斩草不除根，萌芽依旧发”。 出处 冯梦龙《醒世恒言·蔡瑞虹忍辱报仇》：“常言说的好，～。杀了他一家，恨不得把我们吞在腹内，方才快活，岂肯安心与陈四哥做夫妻？倘在人烟凑集之所，叫喊起来，众人性命，可不都送在他的手里。”

【铲掉四种阴树，子孙不富也发】 封建迷信说法。过去认为柏树、桑树、杨树、柳树为阴树，家中不能栽种，会影响子孙财运。

【铲尽不平天下平】 指铲除所有的邪恶不公平，国家才能安定太平。

【长袖善舞，多钱善贾】 语出《韩非子·五蠹》。贾（gǔ）：经商，做生意。袖子长有利于起舞，金钱多有利于做买卖。比喻底子越雄厚条件越优越，事情就越容易成功。 例句 他想：既然很快就要撤出红枫岭了，还整顿组织干什么呢？再说二十几个人，有什么好整顿的呢？“～”，谷部长一向是“韩信用兵，多多益善”的人，哪里会把二十几个人放在眼里？（选自黎汝清《叶秋红》）

【长夜酒能淹社稷】 社稷：古时君主祭祀的土神和谷神，借指国家的政权。帝王荒淫无度，彻夜饮酒，亵渎国政，会导致国家灭亡。 出处 明·杨慎《说宋辽金夏》（节选）：“～，琼林富不救饥寒。”

【长虫过路水缸浸，你要不信刨它根】 长虫指的是蛇。如果看见蛇过道，水缸外面被浸湿，那么很快就会下场大雨。

【长虫过路水瓮浸，蚂蚁分窝雨将临】 如果看见蛇过道，水瓮浸出水珠，蚂蚁搬家，那么很快就会下场大雨。

【长堤要防老鼠洞，大树要防钻心虫】 比喻做事要警惕来自内部的危害，或要从细微处加强防备，防患于未然。

【长短是根棍，大小是个人】 喻指不管人年纪大小或是有什么样的缺点、缺陷，都应尊重人的人格。 例句 ～，就算我做的再不对，你也不能把话说得这么难听呀！

【长江不拒细流，泰山不择土石】 长江之所以大，因为它容纳一切细小的水流；泰山之所以高，是因为不管什么土石都累积起来。比喻成大事者要有大的度量与胸怀；或成就大学问大道德，应该兼容并蓄。 例句 一个领导者要有“～”的胸怀，不能嫉贤妒能，只要是人才，都应吸收过来为我所用。

【长江后浪推前浪，世上新人赶旧人】 语出《增广贤文》。比喻世上新人在不断出现，老人在不断退出，生生不息。同“长江后浪推前浪，一代新人换旧人”。 例句 青春当奋进，青年当担时代重任，燃烧自我，奋力走好新征程。“～”，历史已经沉淀，我们自己的时代，要靠自己努力争取新的成绩，攀爬上新的高度。（选自梁伊韵《革命人永远年轻，青年人奋进征程》）

【长木匠，短铁匠，不长不短是瓦匠】 木可截短，木匠下料要长一点；铁可延展，铁匠下料可短点；而瓦匠用料，既不能长也不能短。

【长痛不如短痛】 指与其长期承受痛苦的煎熬，不如忍住短暂的痛苦，予以解决。通常用来鼓励人们在遇到比较难缠的问题时采取果断行动，以免长期受其困扰。 例句 顶着经济下行压力，湖南决策层痛下决心，向落后产能、老旧动能宣战。“～，问题解决得越晚，付出的代价就会越大。”（选自丁锡国 阳建 史卫燕《破旧“阵痛”之后——湖南探索高质量发展观察》）

【长五月，短十月，不长不短二八月】 指农历的五月白天最长，十月白天最短，二八月白天不长不短。

【长线放远鹞儿】 鹞：这里指风筝。喻指从长计议，可以有更大收获。 出处 俞万春《荡寇志》（节选）：“衙内息怒，并不是我二人不当心，只是这节事，不得不如此～。”

【常吃葱姜蒜，防病身体健】 在日常生活中，经常吃葱姜蒜，不仅可以起到顺养肝气的作用，还可以起到抗病防癌作用。

【常吃萝卜常喝茶，不用医生把药拿】 萝卜和茶具有丰富的营养成分和保健作用。

【常读口里顺，常写手不笨】 经常读，嘴巴顺溜；经常写，笔下利索。指学习要勤读勤写。 例句 不怕无知，就怕不学。～。一日读书一日功，十日不读一场空。（选自于进《传统学习法》）

【常将冷眼观螃蟹，看你横行得几时】 比喻常用蔑视的眼光观察横行霸道的人，看他还能横行多久。 出处 元·杨显之《潇湘雨》（节选）：“若差人拿他，也出不的孩儿这口气，须是我领着祗从人亲自拿他走一遭去。正是：～!”

【常将有日思无日，莫把无时当有时】 语出《增广贤文》。在物资丰富时要考虑到缺乏的日子，不要在物资缺乏时还当作物资丰富的时候。也就是说，物资丰富时要节约，物资匮乏时更不能浪费。 例句 我们在日常生活中，要养成节约的好习惯，在物资匮乏时更应如此，～。

【常将有日思无日，莫待无时思有时】 在物资丰富时，要常常考虑到缺乏的日子；不要等到物资匮乏了，才后悔而怀念物资丰富的时候。 出处 明·周怡《勉谕儿辈》（节选）：“不馋不寒足矣，何必图好吃好着？～，则子子孙孙常享温饱矣。”

【常开窗，迎日光，通空气，保健康】 家中经常开窗换气，增加光照，有益健康。

【常年养兔，穷家变富】 兔子饲养成本低，繁殖能力强，养殖兔子是脱贫致富的一条途径。

【常年植树常年富】 常年种植树木，可以让家中富裕起来。

【常下河方知水深浅，细调查才有发言权】 喻指亲自实践和调查研究，才能知道事物的根本情况，在讨论决策时才会有发言权。 例句 《党委会的工作方法》要求各级党委做到“胸中有数”。如何做到？调查研究是个好方法。～。

【常玉不琢，不成文章；君子不学，不成其德】 文章：花纹。普通的玉石不经过雕琢，就显不出华美的色彩和花纹；君子不学习，就不能成为有美德的人。 出处 班固《汉书·董仲舒传》（节选）：“臣闻良玉不琢，资质润美，不待刻琢，此亡异于达巷党人不学而自知也。然则～。”

【常在河边走，哪能不湿鞋】 比喻长期在不良环境中生活，免不了要染上恶习；或长期干危险营生，免不了要出娄子。也作“常在河边站，哪有不湿鞋”“久在河边站，怎能不湿鞋”。与“常走山路必遇虎，久走夜路必撞鬼”意思相近。 例句 “蜢虫飞过去还有影子，何况是个人？‘～。’我真怕你招祸。”（选自李准《黄河东流去》）

【厂长劳动工人高兴，厂长喝酒工人就走】 说明领导率先垂范的作用极其重要。

【场上选，不如田里选】 为庄稼选种子时，在场院里选不如在田地里选的更纯正。

【唱戏的不瞒打锣的】 比喻对跟自己关系密切、利害相通的人不瞒哄，也瞒哄不过。 例句 过了几天，杨大肚子按照药葫芦的吩咐，把几个亲信的班长叫到他家里。大吃大喝一顿之后，说：“～，跟兄弟们商量件事情。”（选自李晓明等《破晓记》）

【唱戏的是疯子，看戏的是傻子】 意思是演员在台上一会儿哭，一会儿笑，假戏实做，活像个疯子；观众在台下忽儿怒，忽儿骂，感情投入，活像个傻子。指舞台表演真实感人。 例句 “你看那戏台下边的观众，台上哭他哭，台上笑他笑；台上演到热闹处，他便手舞足蹈。俗话说‘～’，一点不假。”（选自晋善《艺术的魅力》）

【朝里无人莫做官】 如果自己在朝廷里面没有特殊关系的人，就不要做官。指旧时做官，得有靠山。也指朝廷里面如果没有主持正义的人，就不要做官。 例句 如今只是一帮寄生虫，除几个女子外，都是无才无德无功无事（业）。那么他们的地位，很大程度上要靠贾元春的关系了。～，有元春在，贾府也算是朝里有人了。（选自王蒙《说不清的贵妃元春》）

【朝里有人好做官】 喻指与自己关系亲密的人掌了权，自己也能得到推荐和重用。 例句 “恰恰的被一个旁不相干的有心人听见了，倒着实的在那里关切，正暗合了～的那句俗话。”（选自文康《儿女英雄传》）

【朝廷不打送礼人】 指送礼与人，只要不是贿赂，原是无可厚非的。 例句 “你呀，太直了。俗话讲：‘～。’你不能伤了人家的脸面。”（选自张兴元《喜丧》）

【朝廷不管娘娘的事】 比喻各干各的事。 例句 大春羞怯为难地说：“大嫂，我，我已经和人家新堂定下了，俺国泉大哥也说同意哩。”山里红：“他同意他的，我介绍我的，俺们～。”（选自曹随《远山》）

【朝廷还有三门子穷亲戚】 喻指穷苦的亲戚什么人家都会有，不应该嫌弃。也作“皇帝还有三门子穷亲戚”。 例句 “不过借赖着祖父虚名，作了穷官儿，谁家有什么，不过是个旧日空架子。俗语说～呢，何况你我。”（选自曹雪芹《红楼梦》）

【朝廷也不使饿兵】 使：使用，差遣。皇帝也不差遣没吃饱的士兵去作战。指托人办事之前得先让他吃好饭或说好报酬。也作“朝廷不差饿兵”。 例句 那黄千总皱眉道：“可巧我今天泻肚子，还没有吃饭，这是地方公事，说不得也要去走一遭，只是我要吃点饭才走得动呢？”翰昭道：“吃过饭，恐怕强盗去远了，追不着呢！”黄千总怒道：“‘～’，你们倒要使起饿官来了！”（选自吴趼人《九命奇冤》）

【朝有奸逆，山隐草寇；国有良臣，外有忠善】 指朝内奸逆当权，英雄豪杰就只能隐居野外；国家有忠良的大臣，百姓就会忠于朝廷，安分守己。旧时指社会的安定与朝廷大臣是否清廉有直接关系。

【炒豆大伙吃，炸锅一人担】 比喻好处大家有份，出了问题一个人担责任。同“炒下豆子众人吃，打烂炒锅一人赔”。 例句 他妈在一边吹风，说是依他三舅的没错。这下露了馅儿，谁都不吱声了，真是“～”。（选自毕方 钟涛《千重浪》）

【车船店脚牙，无罪也该杀】 旧时指车夫、船夫、店家、脚夫和牙纪这五种行业中，多有奸诈狡猾的人，常坑骗人。跟这些行业的人接触、交往、交易一定要提高警惕。 例句 ～。巧手白三儿虽不过二十冒头儿，可自打十三岁就闯江湖跑码头，在这五行里都混过一些日子，也就五毒俱全。白道黑道他都插得上脚。（选自刘绍棠《荆钗》）

【车到山前必有路】 比喻虽然有困难，但是到一定的时候总会有解决的办法。常与“船到桥头自然直”连用，既表达处于困境时的自我宽慰，也表现了对未知事物坦然面对的一种心境。 例句 “～——到时再说吧，反正现在苦恼也无济于事。”（选自路遥《平凡的世界》）

【车到山前必有路，船遇顶风也能开】 比喻事到临头自会有办法能够解决。也比喻只要奋勇前进，任何困难都能克服。常用来鼓励困难当前要坚定信心。 例句 赵铁锤听了，心中忿忿不平，忙从腰里掏出几张纸币，给高飞塞到手里，又从木箱里拿出一把新的瓦片递给他。劝道：“快别生闷气了，把肚皮气破也当不了啥。俗话说，~。这几块先拿去，赶集还没散尽，好歹先籴些粮食垫着牙……”（选自王厚选《古城青史》）

【车辙是路引】 车辙是指车辆在道路上行驶后留下的车轮压痕，顺着车辙走就不会走错。 例句 前有车，后有辙，~，你跟着车辙走就行了。

【车走车路，马走马路】 车和马各走各的路，互不碰撞。比喻人事上各行其是，互不相干；也比喻做事各有各的门路。 例句 “公是公，私是私。只要老亲家按时交款，咱们照样~!”（选自冯诚《“土地爷”认法不认人》）

【沉舟侧畔千帆过，病树前头万木春】 语出刘禹锡《酬乐天扬州初逢席上见赠》一诗。沉船旁边有很多船驶过，发病的树木旁边有很多树木欣欣向荣。比喻新生势力锐不可当。 例句 纵观人类文明发展史可以发现，文明的发展遵循交替更迭的规律，如同历史的长河滚滚向前。“~。”人类文明总是以千帆竞发、欣欣向荣的姿态永无休止地奔向未来。（选自曲格平《精心规划创建绿色文明城市》）

【陈醋老酒，味道独有】 陈醋老酒都有独特的味道，这是时间沉淀的结果。

【陈谷子烂芝麻】 比喻陈旧的无关紧要的琐碎话或琐碎事。 例句 “可是我糊涂了，正经说的都没说，且说些~的。”（选自曹雪芹《红楼梦》）

【陈年老账】 喻指很久以前的没有解决的问题，或时间拖得很久没法了结的事情。也作“陈年旧账”。 例句 也有人说，这都是十年八年前的事了，当时有当时的情况，何必翻~，搞“秋后算账”。（选自米博华《欠的账，躲不过赖不掉》）

【晨雾不过晌，过晌听雨响】 “晌”，指中午。大雾一般到中午就会散开，过了中午没散，可能会下雨。

【趁水和泥，趁火打铁】 趁着有水赶快和（huò）泥，趁着火旺赶快打铁。比喻趁着有利时机赶快行动。 例句 罗当才笑了笑，说：“这母货不早不晚，来的恰好。~，捎带着把她收拾啦吧。敬轩快下令!”（选自姚雪垠《李自成》）

【称一称知轻重，量一量知短长】 指只有经过实践的检验，才可以对事情作出判别。 例句 理发师傅满头是汗，脸红得像喝了酒，嘴里喃喃念叨着：“自不沾，怕不沾。”

乔兰弟说："～。你没上尺上秤，咋晓得不行？"（选自李英儒《还我河山》）

【撑痢疾，饿伤寒】 "撑痢疾"的意思是：吃的东西过多，易导致消化不良拉肚子；"饿伤寒"的意思是：不吃东西，或者吃东西少，可使身体抵抗力下降，容易患感冒（中医称温病或伤寒）。

【撑死胆大的，饿死胆小的】 指敢于冒险的人，可捞到许多好处；胆小怕事、谨小慎微的人，往往得不到一点好处。同"撑死胆大的人，饿死胆小的鬼"。 例句 "好不容易遇上眼下的日月，胆怯就别想过好日子。你没听人说'～'？我早就盼着这一天。"（选自崔巍《山里飘出一支歌》）

【成不成，吃三瓶】 指说亲之事，无论成功与否都得请媒人喝上三瓶酒。也泛指不管事情能否办成，得先请人喝酒。 例句 张三嫂想道："西街上大铺张员外单生一个儿子，年方一十七岁，只要说一个好媳妇，我且去走一遭。只怕他嫌胡家年长，～，且去哄杯酒吃也好。"（选自罗贯中 冯梦龙《平妖传》）

【成工不毁】 做好的工艺品不能随意毁掉重做。指工艺品制作耗时费财，极不容易。 例句 汪涵宇看了簪，甚是欢喜。接过戥子一称，倒反多了三厘。汪涵宇便疑心道："式样不好，另打做头吧！"银匠道："～，这样极时新的。"（选自陆人龙《三刻拍案惊奇》）

【成功是辛勤劳动的报酬】 指通过辛勤劳动可以实现个人目标、创造社会价值，并最终获得成功和满足感。 例句 有句话说"～"，所以不必为眼前一时的得失而焦虑。

【成家容易，养家难】 结婚建立家庭相对容易，维持和呵护这个家庭则是一项艰巨的任务。 例句 常言说"～"。年轻人结婚后，不仅要承担经济上的压力，还要面对来自工作、人际关系以及自我实现等方面的挑战。

【成全一对，多活十岁】 成全一桩婚姻，是一份功德，会有福报。

【成人不自在，自在不成人】 人要有所成就，必须刻苦努力，不可贪图安逸自在。 例句 "自古道：'～'，你好生记着我的话。"（选自曹雪芹《红楼梦》）。

【成事不足败事有余】 指办不好事情，反而把事情弄糟。 例句 "梅厂长这个人的能力～。"（选自周而复《上海的早晨》）

【成事莫说，覆水难收】 语出《增广贤文》。指事情已经成为事实，就不要再说后悔话了，像泼在地上的水难以收回，说也没用。 例句 "～"。既然事情已经这样了，还是顺其自然吧。

【成事在于勤思考，败事多因不动脑】 要想做成事情，就得勤于思考多想办法；失败的事情，常常是因为没有周密计划的结果。

【成物不可损坏】 凡是成了一个器物的东西就不能损坏。一则减少浪费，一则是对人劳动成果的尊重。 例句 困难时，妈妈嘴边的话是“粒米不成面”“～”。富裕后，妈妈常说的话是“靠山不可枉费柴，靠河不可枉费水”，告戒我永远不要忘记困难的过去。（选自孙洪林《妈妈留给我的宝贵遗产》）

【成也萧何，败也萧何】 指韩信成为大将军是萧何推荐，后韩信被杀也是萧何出的计策。比喻事情的好坏或成败都由同一人造成的。 出处 宋·洪迈《容斋续笔·萧何给韩信》（节选）：“信之为大将军，实萧何所荐。今其死也，又出其谋。故俚语有‘～’之语。”

【诚实受人尊敬，虚伪惹人厌恶】 一个人诚实，就会得到周围人的尊重和爱戴；一个人行为虚伪，就会被人讨厌和排斥。

【诚无垢，思无辱】 垢：通“诟”。诚实待人不会被人诟病，思虑周到不会带来耻辱。 出处 刘向《说苑·敬慎》（节选）：“谚曰：‘～。’夫不诚不思而以存身全国者亦难矣。”

【诚招天下客】 只要以诚实无欺的态度待人，自然会招来四面八方的顾客。 例句 “我卖的纱中，整包拆零我也卖，残品次品我包换，～嘛！多钱的我退，差钱的我赊，为难的我少赚。”（选自徐世立等《万元户大世界》）

【城门失火，殃及池鱼】 语出杜弼《檄梁文》。殃：祸害。池：护城河。本义是城门着了火，人们用护城河的水救火，水用完了，鱼受牵连而死。后比喻因受连累而遭到损失或祸害。 例句 “他们穷了，又是终年的闹饥荒，连我养老的几吊棺材本，只怕从此拉倒了，这才是‘～’呢！”（选自吴趼人《二十年目睹之怪现状》）

【乘人之车者载人之患，衣人之衣者怀人之忧，食人之食者死人之事】 载人之患：载，乘载，由“车”联想而来，意谓“担负”。衣人之衣：前一“衣”字为名词动用。死人之事：为他人的事情而死。乘坐人家车子的人就要担负人家的祸患，穿了人家衣裳的人就要想着人家的忧愁，吃了人家食物的人就要为人家的事情效命。体现了古人人与人交往的基本道德理念，即人要有感恩之情，要懂得知恩图报。 出处 司马迁《史记·淮阴侯列传》（节选）：“吾闻之，～，吾岂可以乡利倍义乎！”

【秤杆离不开秤砣，老头离不开老婆】 秤杆和秤砣，两者构成一个整体，互相为用，缺一不可。老头和老婆之间，在感情和生活上的关系，也像秤杆和秤砣一样，谁也离不开谁。也作“秤不离砣，公不离婆”。 例句 老两口似乎越来越分不开了：买菜遛弯儿养花访友，出双入对；看电视读报纸做手工练书法，形影不离。我逗他们："俗话说得还真好——～儿！"母亲瞥我一眼："去！他心脏不好，一个人出去时间长了你能放心？"（选自阿简《听不见山盟海誓，看得见地久天长》）

【秤能称轻重，话能量人心】 就像秤能称量物品的重量，听一个人说话能了解这个人的人格品质。 例句 "～"，言语不仅反映了我们的内心世界，也影响着他人对我们的看法和评价。所以我们要做到言必有信，言行一致。

【秤平斗满，货真价实】 指做买卖守规矩。不短斤少两，不卖假货，价格公道。

【秤平斗满不亏人】 指做买卖守规矩，不短斤少两。

【秤凭星，斗凭量】 这是对称量物品的要求，秤杆要凭着秤星，不能错位；官斗要凭着标准，不能少给。 例句 我们村做生意的人多，但都很实诚，"～"，没有昧良心坑人的。

【秤砣虽小压千斤】 秤砣看来一小块却能压住千斤之重。比喻外表虽不引人注目，实际很起作用。 例句 "俗语云：尿泡虽大无斤两，～。"（选自吴承恩《西游记》）

【秤砣小，坠千斤；胡椒小，辣人心】 意思是轻的能压住重的，小的能制服大的。常指不要忽视小人物。 例句 你可别瞧不起人，常言说"～"。

【吃罢冬至饭，一天长一线】 过了冬至，白天的时间变长，农村妇女做针线活，每天都能感觉多做出"一条线"。

【吃饱别忘带干粮，天好别忘拿衣裳】 指办事应考虑周全，在问题没有出现时，就预作准备。 例句 周末要徒步旅行，老婆边收拾行装，边说："～，出门在外，可得考虑周全。"

【吃饱了撑的】 形容人把（多余的）精力没有用到正地方或者用到了不该用的地方。有歧义，也可用于相熟朋友间的玩笑。 例句 若早就知道会是这样完蛋，我估计打死他，也不会干的。谁愿意～，自讨苦吃，有今天没明天，做那种没有几天蹦头的皇帝呢？（选自李国文《京城三末代皇帝，溥仪最幸运》）

【吃饱了混天黑】 指胸无大志，一天到晚，什么事也不干。 例句 一个个老眉咔嚓眼的，～，可谁也不打算让位。（选自苏叔阳《家庭大事》）

【吃不到葡萄说葡萄酸】 比喻达不到目的，以不好或自己不想要为由，来平衡自己失落的心情。也作"吃不着葡萄说葡萄酸"。 例句 现实中总有一些人"～"，对身边同志的闪光点不能抱着欣赏、学习的态度，而是"羡慕、嫉妒、恨"。（选自范嘉欣《戒除"酸葡萄"心理》）

【吃不了兜着走】 比喻不识

大局，惹出了事或造成了不良后果必须自己承受。 例句 “可是钱书记的脾气您知道，他要是怪罪下来，俺～。”（选自徐慎《四书记》）

【吃不穷，穿不穷，打算不到就受穷】 意谓不会计划，不会安排生活，就会受苦受穷。也作“穿不穷，吃不穷，计算不到定受穷”“吃不穷穿不穷，计划不周光受穷”“吃不穷，穿不穷，算计不到才受穷”。 例句 朱老星一年到头，总会找到活儿做。“两手不闲”是他的目的，他常说：“人，～。”他就成天价打算。（选自梁斌《红旗谱》）

【吃不言，睡不语】 嘴里嚼着东西不要说话，以防噎着；要睡觉了不要说话，以防兴奋失眠。源自《论语·乡党》中的“食不语，寝不言”。

【吃馋了，坐懒了，纺花车子搁散了】 东西越吃越香，所以嘴会越吃越馋；身体是有记忆的，所以会越歇越懒；纺线的纺车放坏了，也懒得动。是告诫后辈人千万不能养成好吃懒做的毛病。

【吃吃喝喝，人走下坡】 指吃喝玩乐会腐蚀上进的心，人就会退步。 例句 小明这些年总跟一些酒肉朋友混在一起，结果钱没挣着，身体还垮了。真应了那句话了——“～”。

【吃葱还是吃辣的，买卖还是干大的】 吃辣葱才会更刺激味觉，做大生意利润才高。 例句 刘刚出手不凡，刚刚接触稀有金属，就投资几百万，这真是“～”。

【吃得苦中苦，方为人上人】 出自冯梦龙《警世通言·玉堂春落难逢夫》：“不受苦中苦，难为人上人。”“苦中苦”意谓非同一般的苦；“人上人”是受众人尊敬的人。意谓不经受非常艰苦的磨练，就不会成为受人尊敬的人。 例句 “～”，这不仅是我们的追求，也应该是孩子的追求。“不吃苦，不成人”，这是社会的生存法则，也是成长成才的内在必然。（选自汤勇《“吃苦课”是青少年成长必修课》）

【吃得苦中苦，方知甜中甜】 只有吃了很多苦，才能知道甜蜜的味道。喻指只有经历过苦难的人才明白好日子的来之不易。也作“吃过苦中苦，才知甜上甜”。 例句 ～。听着他们的故事，里面满是艰辛和泪水，但这却是组成他们军旅生涯不可或缺的珍贵片段。只有吃过苦才会不怕苦，只有吃过苦方能懂得真正的甜。（选自陈史涌《吃得苦中苦 方知甜中甜》）

【吃得脏，穿得脏，又拉肚子又生疮】 饮食和穿戴不干净，容易引发腹泻或其他疾病。

【吃的河水管得宽】 指管的事超出权限范围。常用来指责或讥讽人多管闲事。 例句 你～，这碍着你什么事了，你出来多言？

【吃的盐和米，讲的情和理】 指做人要讲情义、讲道理。 例

句 “你讲理不讲理？人哪，～。你是吃什么长大的？好，你无理，我便无情，对不起，赔！”（选自方之《看瓜人》）

【吃多味不美，话多不值钱】 指说话做事都应适可而止。 例句 俗话说～，你说了大半天，他未必就听进去一句。

【吃饭不喝汤，身体必受伤】 汤水有润滑食道，减轻胃肠道的负担，促进消化的作用。吃饭时不喝汤，日子久了容易造成诸多健康问题。

【吃饭不偏食，多活五六十】 各种营养食材搭配食用，不偏好某种食物，能够长寿。

【吃饭吃饱，做事做了】 了（liǎo）：了结，完结。指事情一旦做起来，就一定要做完，不要半途而废。 例句 “常言道：‘～。’我抄起来就撂不下去，不把洋鬼子赶跑了，没完!”（选自鲍昌《庚子风云》）

【吃饭吃米，说话说理】 指既然作为吃米的人，就不同于低级动物，应该讲情义讲道理。 例句 慢些吧，自古道：～。你有个先来后到没？（选自辛民《黄河儿女》）

【吃饭穿衣量家当】 指平时吃什么档次的饭食，穿什么档次的衣服，都要根据家底的薄厚来决定。也泛指凡事要根据经济情况量力而行。 例句 “人常说：‘～。’大队有这种力量吗？我们的家底不富，说话不粗，再要干这玄乎事，能落个啥结果呢？”（选自聂海《靠山堡》）

【吃饭打湿口，洗脸打湿手】 吃饭时总会把嘴弄湿，洗脸时必然会把手弄湿。喻指做事总要付出一定的代价。 例句 ～。哪有天上掉馅饼的好事？

【吃饭多喝汤，强似开药方】 吃饭时多喝汤，是有益健康的饮食方式。或作“吃饭先喝汤，气死开药方”。

【吃饭防噎，走路防跌】 噎，食物堵住了喉咙。吃饭要防噎住，走路要防跌倒。任何看似平常的事都可能出意外，所以做任何事都应做防范意外的准备。 例句 林冲听了大惊道：“这三十岁的正是陆虞候。那泼贱贼，敢来这里害我!休要撞着我，只教骨肉为泥!”李小二道：“只要提防他便了。岂不闻古人言：‘～!’”（选自施耐庵 罗贯中《水浒全传》）

【吃饭没有不掉饭粒的】 指做事没有十全十美的。 例句 ～，砍草没有不碰到手的，世上哪有完美的人呀!

【吃饭泡米汤，自己作主张】 指遇到事情自己要有主见。 例句 俗话说“～”，你想成为一个什么样的人要自己有主见，自己把握好方向。

【吃饭生气，打嗝岔气】 吃饭的时候生气，吃完饭容易打嗝，胃不舒服；打嗝严重还会出现岔气现象。

【吃饭想撑死，做活怕累死】 形容好吃懒做。 例句 他这人~，吃的时候比谁都跑得快，干活的时候躲得连影子都见不到。

【吃饭想着种谷人，饮水莫忘掘井人】 指享受某种成果，不要忘记感恩那些开创或创造出这些成果的人。 例句 刚才咱们说过，~。让我们给咱们在延安辛辛苦苦工作的、在前线白天黑夜领兵打仗的大恩人们行个大礼儿吧！（选自柳杞《战争奇观》）

【吃饭像条龙，做活像条虫】 讽刺人好吃懒做。 例句 他是个典型的吃货，~，在他身上体现得淋漓尽致。

【吃饭要细嚼慢咽，学习要深钻细研】 吃饭时要慢慢地吃，才能品出滋味，也利于身体的吸收；而学习就要深入地钻研，才能收获知识、增长学问。

【吃个鱼头腥个嘴】 指鱼的头部虽肉不多，但吃了鱼头肉，嘴上也沾腥。比喻不好的事干多干少，担当的名声是一样的。 例句 俗话说“~”，你只要参与了那件事儿，就要承担责任。

【吃瓜莫吃蒂，做官莫作卑】 旧指做地位低下的官员就像吃瓜蒂一样苦。 例句 ~；瓜蒂十分苦，官卑万样亏。（选自金怀玉《望云记》）

【吃过的馍馍不香，嚼过的甘蔗不甜】 喻指说别人说过的话，走别人走过的路，没多少意思，只有自己独创的东西，才有成就感。 例句 “~”。总是跟在别人后面做事，最终只能得到平庸的结果。只有敢于挑战未知，不断创新，才能在竞争激烈的环境中脱颖而出。

【吃尽味道盐好，走遍天下娘好】 在所有的味道里没有比盐更好的，在所有的亲人里没有比亲娘更好的。 例句 “‘~’，看来还是共产党好，我一家准备搬回雷坪来住。”（选自罗旋《梅》）

【吃酒不吃菜，必定醉得快】 只喝酒不吃菜肴，就很容易醉倒。 例句 “老吴，快吃啊！~。来，咱老哥俩为预祝丁主任的胜利，干一杯！”（选自刘彦林《春风得意》）

【吃酒的望醉，放债的图利】 喻指人无论做什么事，都有自己的目的。 出处 元·无名氏《刘弘嫁婢》（节选）：“姑夫老人家，一法老的糊涂了。为什么要开这个解典库？常言道：‘早上栽下树，到晚要乘凉。’可不道：‘~。’也则是将本图利来。”

【吃亏人常在】 指不愿意占便宜的人一直站得住脚。 出处 李渔《十二楼·三与楼》（节选）：“我如今贱卖与他，只当施舍一样，放些欠账与人。到儿孙手里，他就不还，也有人代出。古语云：~。此一定之理也。”

【吃亏是福】 意思不是说吃亏本身是福，而是说通过对吃亏这种负面事情的反思，能够获得有助于人生成长的经验。 例句 研究结果表明，吃亏不仅会带来当下的精神福报，而且会带来现在和将来的物质福报，提示“～”不是传说，而是货真价实的现实。（选自辛理《“吃亏是福”？不是安慰是现实！》）

【吃了灯草灰，放轻巧屁】 讥讽人说轻巧话。与“站着说话不腰疼”义近。 例句 “我才说是这一案欠命的案定了，还有别的案子呢！我知道那一天是了期？像你这快活老儿，～哩！”（选自刘鹗《老残游记·续集遗稿》）

【吃了定心丸】 喻指事情有了转机而安下心来。或作“吃了颗定心丸”“吃过了定心丸”等。 例句 虽说庄稼长的没有旁的村出色，收到囤里，全村人的日子总可以过得去了。有了这样的年景，庄稼人就算～啦。（选自浩然《艳阳天》）

【吃了对门谢隔壁】 形容人糊涂，弄错了，不知谁对他好。 例句 你真是糊涂了，～，不知道到底谁是真心对你好。

【吃了迷糊药】 比喻做事糊涂，不理智。 例句 这人像是～，做事一点不着调。

【吃了砒霜药老虎】 砒霜：剧毒药。比喻因对敌斗争方法笨拙，敌方未受损害，自己却先遭殃。 例句 会不会弄成～，是我们应该考虑的。（选自叶圣陶《抗争》）

【吃了便宜穿了美】 此话原义就是吃了就是赚的，穿到身上就漂亮。指的是能享受就享受。

【吃了是福，穿了是禄】 指只有吃到嘴里，穿到身上才实在。 例句 “我看呀，徐老贵，还是多吃一点算了，常言道‘～’，吃在肚里，穿在身上，才算是自家的。”（选自陈残云《香飘四季》）

【吃了蒜瓣知道辣】 比喻吃了什么苦头就知道什么厉害。 例句 成长是需要付出代价的，～，不碰几次鼻子，怎么能知道世路艰难呢。

【吃了羊肉会惹膻】 比喻做了坏事就撇不清关系。 例句 他又很怕牵连他们，密嘱叶得胜：“你叫他们不要来，恐怕～。”虽这样说，可是没人听。（选自李六如《六十年的变迁》）

【吃凉不管酸】 指一个人极度懒散，不关心任何事。 例句 疫情两年，世界依旧活色生香，大自然～，该下雨时照样梅雨连绵，该开花时照样五彩缤纷。（选自肖复兴《乱书重理淡生涯》）

【吃米带点糠，老小都安康】 意谓吃饭粗粮和细粮搭配，有益于健康。

【吃哪行饭，说哪行话】 靠哪个行业吃饭的人，说起话来总离不开那个行业的话题。指人的言谈举止总受着自身行业的制约。 例句 “你这院子真宽敞，足够容纳八辆大车。我就喜欢这样的大院子。”“～。庄

户人家没有个院子就不中。”（选自白危《垦荒曲》）

【吃枪药】 形容说话态度不好，火气大，无缘无故地发脾气等。 例句 你~啦？冲我发这么大火儿？！

【吃秋不吃麦，吃麦不吃秋】 对病情严重者活不了多久的委婉说法。也就是说，患者的生存期限还有几个月。

【吃人不吐骨头】 比喻又残暴，又贪婪。 例句 “但此人一肚子坏水儿，~，成事不足，败事有余，只能拉拢，不能得罪。”（选自端木蕻良《曹雪芹》）

【吃人的嘴软，论人的理短】 受了人的好处就得说人家的好话，背后议论在道义上已经理亏了。 例句 这样子对自己对他人都好。~。如果经常喜欢谈论别人是非的人，在我们农村会被骂作长舌妇。

【吃人家的嘴软，拿人家的手短】 意思是拿了别人的好处，就会刻意礼让三分，即使人家有缺点或者错误也就不敢说、不敢管了。也作“拿人家的手短，吃人家的嘴软”“吃人嘴软，拿人手短”“拿人手短，吃人嘴软”。 例句 “常言说得好：‘~。’常二光是受人重托，难怪他要死乞白赖地替人求情。”（选自李晓明 苗冰舒《风扫残云》）

【吃肉不要看杀锅】 吃肉只是吃肉便好，不要去看宰杀动物的血腥场面，以免引起不适感。也就是古人说的“君子远庖厨”的意思。

【吃软不吃硬】 形容某人有个性，好言相劝容易服从，强硬压制绝不屈从。 例句 “从来小孩爱戴高帽儿，~。”（选自醉月山人《狐狸缘全传》）

【吃十穿八，嫖空赌半】 反映了古人的生活态度和对不良行为的警示。“吃十”，强调了食物的重要性，家庭开支首先应满足生存的需求；“穿八”，也称“二八穿”，指穿着方面主要（八成）是用来遮体和保暖，其次（两成）兼顾美观；“嫖空”，指的是沉迷于嫖娼会导致家财散尽；“赌半”，指的是赌博会导致家产损失一半以上。

【吃柿宜红黄】 吃柿子适合吃红柿子和黄柿子，即成熟和快要成熟的柿子。

【吃水不忘挖井人】 比喻得到幸福或利益时，不要忘记创造这些幸福或利益的人。强调人应有感恩之心。 例句 在江西瑞金沙洲坝，“~，时刻想念毛主席”的故事家喻户晓，如今成千上万来参观红井的人，都要喝一口红井的水，并得到瑞金人的祝福——“喝了红井水，前程无限美”。（选自丁晓平《幸福的“水管家”》）

【吃文为患，生于好诡】 吃：口吃，指磕磕巴巴。诡：奇异。文章读起来不顺畅，是喜欢怪异造成的。意思是文章贵在达意，没必要用奇字怪句标新立异。 出处 刘勰《文心雕龙·声律》（节选）：“夫～，逐新趣异，故喉唇纠纷；将欲解结，务在刚断。”

【吃五谷杂粮，哪有不得病的】 “吃五谷杂粮”意谓都是普通人，是普通人都有生病的可能。

【吃哑巴亏】 意思是自己遭受暗算或受损吃亏，不敢声张或无法申诉。 例句 天不怕，地不怕，绝对不低着头～。（选自老舍《骆驼祥子》）

【吃药不忌嘴，跑断医生腿】 吃中药就不能吃和药性犯冲的食品，不然会延宕病情，甚至加重。

【吃药不如防病，堕胎不如避孕】 指得了病再治不如早点预防，怀了孕再流产就不如预先采取避孕措施。

【吃药不如针法，针法不如真拿】 这句话的意思就是“药所不到针之可及，针所不到灸之可及”。中医的吃药、针灸、推拿都是治病的方法，会根据病情采用不同的方法辨证施治。

【吃要吃有味的，说要说有理的】 如同吃东西要吃有好味道的东西一样，说话就要说占理的话。 例句 ～。我们说话要有根有据，不能胡言乱语。

【吃一分亏，受无量福】 佛家认为，与人相处不沾别人的光，会得到很多福报。 例句 就是一时得利，暗中损福折寿，自己不知。所以佛家劝化世人，～。（选自冯梦龙《警世通言·王安石三难苏学士》）

【吃一亏，学一乖】 指吃亏能使人从中吸取教训，增长智慧。 例句 “如果我们行动迟缓，敌人就会逃跑。师长，‘～‘，我们应该接受上一次战役的教训啊！”（选自袁静《伏虎记》）

【吃一堑，长一智】 本为石匠师傅打石磨时，石胚吃一钎，石胚即长一齿之意。意思是说受到一次挫折，便得到一次教训，增长一分才智。是经过失败取得教训的道理。 例句 “～”战术改变了，战役发展也主动了。（选自关木《叶飞：战争实践中走出的优秀指挥员》）

【吃鱼先拿头】 比喻解决问题要抓住领头人或问题的关键所在。 例句 游击战争就在这锁井镇上打响第一枪。～，我们就先打冯老兰这个老封建疙瘩！（选自梁斌《播火记》）

【吃着碗里看着锅里】 形容人的贪婪性，本来自己已经拥有，但还想拥有更多。 例句 那薛老大也是“～”的。这一年来的光景，他为要香菱不能到手，和姨妈打了多少饥荒。（选自曹雪芹《红楼梦》）

【痴人畏妇，贤女敬夫】 意思是痴呆的男子怕老婆，贤惠的女子敬丈夫。 例句 “自古～。三从四德，乃妇道之常。”（选自兰陵笑笑生《金瓶梅》）

【池里无鱼虾为大】 比喻没

有强的，次一点的就算强了。　例句　老校长退休后由他来接任，其实他能力有限，但～，也只好让他当这个校长了。

【驰骋识骏马，患难见真情】通过马的驰骋，可以识别良马；经过患难，才能看出真心帮自己的朋友。出自明代东鲁古狂生《醉醒石》第十回："浦肫夫患难之交，今日年兄为我们看他，异日我们也代年兄看他。"后来民间衍生出"患难见真情"的说法。所谓"驰骋识骏马，患难见真情"，和"岁寒知松柏，患难见真情"一样，是由后人拼凑而成。

【迟干不如早干，蛮干不如巧干】　"迟干不如早干"是说做事要抢先机把握机会。"蛮干不如巧干"是说做事要讲究方式方法。　例句　有一句谚语说的好，"～"。巧干是敢干、苦干和实干的最终归宿。（选自姚雁明《学习和弘扬毛丰美"干"字当头的精神》）

【持满之道，抑而损之】　保持满足兴盛局面的方法，就是自己有所抑制。这是古人从历史和现实中出现的大量物极则反，满则倾、盈则损的现象中总结出的经验教训，也就是以损求益的"持满"之道。虽然看起来比较消极，但这里包含着事物发展的辩证法，封建时代位高权重的文臣们常将其作为明哲保身之道。也作"持盈之道，抑而损之"。　出处　韩婴《韩诗外传》（节选）："子路曰：'敢问持满有道乎？'孔子曰：'～。'"

【持身如泰山九鼎，应事若流水落花】　保持自身的情操，像泰山和九鼎一样坚定；应对万事万物，像流水和落花一样悠然。　出处　明·洪应明《菜根谭·应酬》（节选）："持身如泰山九鼎凝然不动，则愆尤自少；应事若流水落花悠然而逝，则趣味常多。"

【持萤烛象，得首失尾】　语出徐光启《刻〈几何原本〉序》。拿着萤火虫去照大象，照见头就照不见尾。比喻顾此失彼，不能看到事物的全貌。　例句　囿于自身素养底蕴，只能力求忠于原著，尽心勉力而为。画集中，或有～之弊，尚祈读者教正。（选自戴敦邦《古典文学插画创作手记》）

【持之有故，言之成理】　出自《荀子·非十二子》。故：根据。立论有根据，所讲有道理。指说话有理有据。　例句　许多思想家对名家多有非议，但却又无可奈何地称其"～"，这就从反面证明，在名家的论名谈辩中，确有许多看似乖戾但却使人不得不折服的论辩技巧。（选自张晓芒《三晋名家文化》）

【尺有所短，寸有所长】　本义指尺比寸长，但和比尺更长的东西相比，就显得短了；寸比尺短，但和比寸更短的东西相比，就显得长了。比喻各有长处，也各有短处，彼此都有可取之处。　例句　但古人云："～。"我们

只要尽忠辅佐闯王，总还是有可用之处。（选自姚雪垠《李自成》）

【虫拱的枣先红，奸巧的人先穷】 虫拱的枣会最先红，奸诈的人会早受穷。同“坏枣先红，尖头先穷”。

【重打锣鼓另开张】 重：重新。打锣鼓：演出开场前要打一通锣鼓；这里表示开始的意思。开张：原指商店等设立后开始营业；这里指开始。“另开张”即重新开始的意思。比喻振作精神，再从头做起来。 例句 再说“一朝天子一朝臣”，他们对着赵衰、狐偃等这一班人也怪害臊的。倒不如“～”，杀了重耳，另立个国君，再做一朝的功臣。（选自林汉达《东周列国故事新编》）

【重复是学习之母】 指复习在学习中起非常重要的作用，即所谓“温故而知新”。 例句 “～”，你不多做几道练习题，怎么能把知识点掌握熟练？

【重起炉灶另开张】 比喻一切重新开始或另做打算。 例句 宝庆对他们说，他想在南温泉～。他告诉他们，那镇子很小，就是能挣钱，也不过刚能糊口。（选自老舍《鼓书艺人》）

【重孙有理告太公】 只要有理，辈分或地位低的人也能状告辈分或地位高的人。 例句 “什么权位高，势力大，那全是第二位的；第一位的是‘理’。只要理在咱们一边，气就壮，胆就大。俗话说的：‘～。’不怕。”（选自孙怡平《公道自在人心》）

【宠狗上灶，宠子不孝】 对狗太宠爱，它就没规矩，上灶台找吃的；对孩子太溺爱，他就缺少教养，不懂得孝敬。也作“宠儿不孝，宠狗爬灶”。

【宠子未有不骄，骄子未有不败】 语出吴楚材、吴调侯《古文观止》。溺爱的子女没有不骄横的，骄横的子女没有不败坏的。 例句 “～。”科学的教育观和教育方法是孩子成长成才的基础。（选自乔彩《用法治帮孩子扣好人生第一粒扣子》）

【抽刀难入鞘】 刀已抽出来了就很难再插进去。比喻既成事实，很难更改。 例句 “常言道，‘～’，爹爹何不说与妹夫，只消他一屈黄金膝，自然开门。”（选自《天雨花》）

【抽薪止沸，剪草除根】 比喻从根本上解决问题。 出处 北齐·魏收《为侯景叛移梁朝文》（节选）：“若～，壶首囊头，叉手械足，返国奸于司败，归侵地于元武。非直恶之在今，天道人事，实弃无礼。”

【仇人相见，分外眼红】 仇敌碰在一起，彼此更加激怒。 例句 那太子～，赶上一步，揪住乌云宝髻，大骂：“贱婢！你是何等之人？”（选自冯梦龙《东周列国志》）

【愁人苦夜长，志士惜日短】 忧愁的人觉得黑夜太长，有志向的人叹惜白天太短。源自傅玄《杂诗》的“志士惜日短，愁人知夜长”。 例句 ～。只有无所事事的人，才以为人生是一条长河，而对奋发图强的人来说，倍觉生命的短促，这就是一些科学家之所谓“两次生命也是不够的”。（选自张起《十戒篇》）

【愁人莫向愁人说，说向愁人愁杀人】 忧愁的人不要和忧愁的人谈论忧愁的事，如果这样做，彼此会更加忧愁。 出处 九山书会才人《张协状元》（节选）：“[生白]衣食全无眼下忧，谁知今日祸临头！[旦]愁人莫向愁人说，[合]说与愁人辗转愁。”

【丑话说到前头】 意思指事先把需要提出的条件、可能出现的严重后果等向对方讲明白。 例句 “～，将令听洪先生和你的，我手下人马，还得归我管辖。”（选自顾汶光等《天国恨》）

【丑媳妇总要见公婆】 意思是儿媳妇要伺候公婆，长得再丑，总免不了要见公婆面。比喻避免不了的会见，不如索性一见。也作“丑媳妇总得要见公婆”“丑媳妇免不了见公婆”“丑媳妇免不得要见公婆”等。 例句 俗话说，“～”。行政首长出庭应诉，如此规定早已有之。为何许多地方专门就此出台制度规定，还是在于部分行政首长不愿“主动示人”。（选自唐铭《行政首长当“被告”并不丢人》）

【臭脚丫子掰不开】 比喻关系密切，臭味相投。 例句 王高子和李二两个家伙真是“～”，他俩经常在一块儿玩，简直就是形影不离。

【臭鱼烂虾，得病冤家】 泛指变质的水产品、肉类产品不可再吃，吃了容易致病。 出处 宋仁有《饮食卫生谚》（节选）：“学问学中得，富裕俭中来。～。冬食萝卜夏食姜，免请医生免烧香。”

【出汗不迎风，走路不凹胸】 人在出汗的时候，全身的毛孔都是张开的，被风吹到后，一冷一热，很容易生病。“走路不凹胸”是指我们在走路时要抬头挺胸，有益于心肺功能的健康。

【出家如初，成佛有余】 语出《增广贤文》。出家人一辈子修持，都像开始出家时一样精诚的话，就不愁修不成正果。喻指凡事慎终如始就能成功。 例句 所以佛家有一句话：“～。”第一念发心：我要出家，如果出家几十年，都像第一念那么诚恳的话，早就成功了。（选自南怀瑾《不忘初心，方得始终》）

【出家三天，佛在面前；出家三年，佛在西天】 出家三天，看到的是泥菩萨，所以是“在面前”；出家三年，有所修为、参悟，才有可能认识到“佛在西天”。喻指研修学术，起初往往觉得很容易，钻进去以后才知道任重道远。 例句 谚语说得好，～。做人做事一定要沉下心来，脚踏实地，持之以恒，方能得到真知，成就大业。

【出九一场霜，斗麦变斗糠】 指过完数九寒天的倒春寒，对小麦的影响非常大，在一定程度上影响产量。

【出了门不由人】 出门在外，有各种的不易，由不得自己。 例句 在杭州街头，刘会计拍了拍背包说：“～，没想到这么快钱就花光了。”

【出笼的鸟儿难寻找，出口的话语难追回】 比喻话说出口就得算数，或有可能造成后果。劝人言语谨慎。

【出门不弯腰，进家没柴烧】 出门看见柴火就要弯腰捡。指做人要勤快，点滴积累很重要。

【出门看日头，上路看风头，打铁看火头】 出门时先看天气情况，上路行走时要观察风向，打铁时要注意火候。意指做什么事情都要善于观察，见机行事。

【出门看天色，炒菜看火色】 喻指干什么行当，就要掌握这一行当相关的知识和技能。

【出门看天色，进门看脸色】 指出门要看天色阴晴冷热变化，及时作好适应性的安排；找人办事，进门要察言观色判断情况，以便见机行事。 例句 “常言说：‘～。’今天这两位一定有什么不顺心的事，心中有气。”（选自张德义《董小宛传奇》）

【出门问路，入乡问俗】 指出门要勤向人打听路径，以免走错；步入他乡，便要询问风俗，好入乡随俗，以防犯忌。

【出门先看云，免得大雨淋】 旧时经常看云的形态来预测天气，要出门时尤其注意。

【出门先问气象台，免得落个不自在】 出门时先看看或听听天气预报，免得出门后因天气变化耽误事。

【出门遇五事，无灾也有祸】 古人迷信，认为出门遇到碗碟破碎，遇到狗拦路，遇到黄鼠狼拦路，遇到拦路蛇，遇到乌鸦叫不停，都是不祥之兆。

【出其不意，攻其不备】 打仗要乘敌人意料不到、毫无防备的时候一举击破。 例句 小分队直插敌后，采取“～”的战术，炸毁了敌人的支援库。

【出水才看两腿泥】 从水里走出，才能看到两腿上的泥巴。比喻事情只有到最后才能见分晓。也作“出水方看两腿泥”。 例句 这人喜眉俊眼儿，不笑不说话，跟老年人知大论小的。不少人说大队里找了个好会计。他就有保留，说：“俺白洋淀有句俗话：～。”（选自王默讽《春近云蒙》）

【出头椽子先烂】 裸露在房檐最前头或最外面的椽子，由于经常被风吹雨打，所以它最先遭到损坏。比喻出头露面的人最先遭到打击。也作“露头的椽子先烂”。 例句 “还

有一些人，心里寻思着，韩老六是该斗争的，但何必自己张嘴抬手呢？‘～’，慢慢看势头。”（选自周立波《暴风骤雨》）

【出淤泥而不染】 语出周敦颐《爱莲说》。原指莲花从污泥里生长出来，却不被沾染。后多用来比喻在不良的环境中不受影响，依然保持纯洁品格的人。 例句 没有“腹有诗书气自华”的情怀，就不可能有“～”的境界。（选自荔红《书中自有“从政经”》）

【初生牛犊不怕虎】 指刚生下的小牛犊不怕老虎，因为不知道老虎的厉害。常用以形容年轻人思想上少顾虑，敢作敢为。 例句 年轻干部风华正茂、血气方刚，往往都有一股“～”的劲头。（选自孔昌生《年轻干部要在奋斗中成就出彩人生》）

【初一阴天阴半月】 意思是每个农历月的初一阴天下雨，这个月就会有半个月的阴雨天。没什么科学依据。

【除不净的草，拿不败的贼】 这话反映了旧社会的一种客观状况。贼就像除不净的草一样，一茬茬地出，捉拿不完。因为他们也是生活所迫。 例句 旧社会到处有贼，家里家外的东西经常丢。真是“～”。

【除患无至，易于救患】 祸患发生之前就解除，比祸患已发生再补救要容易得多。 出处 刘向《战国策·燕策》（节选）：“燕饥，赵将伐之。楚使将军之燕，过魏，见赵恢。赵恢曰：‘使～。伍子胥、宫之奇不用，烛之武、张孟谈受大赏。’”

【除了割肉疼，就是拿钱疼】 指人吝啬，舍不得出钱；或指贫穷，把很少的钱也看得很重。 例句 咱们都是穷出身，～，这个钱真不愿意撒手啊！

【除去醋做不酸，嘛事都能做酸】 讽刺人什么事情也做不成，做不好。 例句 他这人～，事事少让他办。

【厨中有剩饭，路上有饥人】 有的人家里饭菜吃不完，有的人饿着肚子在路边啼饥号寒。指社会贫富不均或提醒人要珍惜粮食，世上还有人吃不饱饭。也作“家里有剩饭，路上有饥人”“厨中有冷饭，路上有饥人”。 例句 “施主，～。贫僧是东土来，往西天取经的。我师父在路饥渴了，家中有锅巴冷饭，千万化些儿救口。”（选自吴承恩《西游记》）

【锄不使生锈，房不泥要漏】 锄头经常使用才不会生锈，房子经常上泥修缮才不会漏雨。比喻做事或对东西的维护要坚持经常。

【锄头上有三指雨】 锄地可防止水分蒸发，能起到保墒作用，就如同又下了场雨似的。

【处己不怨人，怨人不处己】 做好自己就不能怨恨他人，怨恨他人就做不好自己。

【处事让一步，明退实进步】 处事懂得忍让，表面是退让，其实是做人境界的进步。　出处　明·洪应明《菜根谭》（节选）：“处世让一步为高，退步即进步的张本；待人宽一分是福，利人实利己的根基。”

【揣着明白装糊涂】　指心里明白，表面上装糊涂。　例句　如果说“不懂装懂”者是缺少虚怀若谷的谦卑之心，那么“懂装不懂”者缺的则是一颗忠诚老实的敬畏之心、干事创业的责任之心。~，不严不实问题更严重、更恶劣，理当严厉查摆纠正。（选自燕祖涛《“不懂装懂”与“懂装不懂”》）

【川泽纳污，山薮藏疾，瑾瑜匿瑕】　语出《左传·宣公十五年》。山薮（sǒu）：山深林密的地方。瑾瑜：美玉。江河湖泽会容纳污水，深山密林会藏瘴疠之气，美玉也会藏有瑕疵。比喻伟大美好的事物也会有不尽如人意的一面，不可能尽善尽美。　例句　中国共产党自建党以来，极为重视自身建设，很早就提出了“三大作风”，把群众路线放在特别突出的位置。然而，“~”，一支庞大的队伍在长期的斗争中难免有理想丧失、斗志颓唐、精神松懈的落伍者，“四风”问题的出现也不可避免。（选自国平《制度机制是贯彻群众路线的重要保障》）

【穿山甲，王不留，妇人服了乳长流】　穿山甲：哺乳动物，鳞片可入药，主治乳汁不通等症。现已列为国家一级保护动物。王不留：又名王不留行，一年生草本植物，种子可入药。旧时中医认为穿山甲、王不留是产妇下奶的好药。　出处　明·李时珍《本草纲目》（节选）：“王不留行能走血分，乃阳明冲任之药。俗有‘~’之语，可见其性行而不住也。”

【穿新鞋走老路】　意思是形式变了，内容和实质没变，还是老一套。　例句　“几千年的封建社会，对中国的影响是根深蒂固的。如果我们不警惕，也会~呢!”（选自方云琴《南国情天》）

【穿一条裤子的交情】　比喻关系非同一般。同“穿着一个连裤裆”。　例句　老林：你看，我们俩~吧？刘麻子：嗯！老林：没人耻笑我们的交情吧？刘麻子：交情嘛，没人耻笑。（选自老舍《茶馆》）

【穿衣戴帽，各有一好】　穿什么样的衣服，戴什么样的帽，各有各的爱好。泛指在生活中各人有自己的喜爱与追求。　例句　“哈哈！你说你这叫什么瘾？茶楼掌柜的，天天惦记唱花脸，天天刮得像把大白瓷壶。这叫：‘~。’哈哈！”（选自马泉来《夜深沉·引子》）

【传家二字曰读与耕，兴家二字曰俭与勤】　读书和耕作可以当作传家宝，节俭加上勤奋就能发家致富。　出处　五代·章仔钧《家训》（节选）：“~，安家二字曰让与忍，防家二字曰盗与奸，亡家二字曰嫖与赌，败家两字曰暴与凶。”

【传男不传女】 指祖传的技艺或财产，只传授给家庭内部的晚辈男子，不传授给女子。是重男轻女的封建思想，不足为训。 例句 绝大多数水族人不懂水书，懂水书的人被尊称为水书先生，水书自古就有～的戒律。（选自李春惠《中国唯一水族自治县结束水书传承传男不传女历史》）

【船乘风破浪才能前进，人克服困难才能生存】 船只只有冲开了层层波浪才能前行，而人只有不断克服困难才能在这个社会生存。

【船到桥头自然直】 船在弯弯的河道里前行，到了桥下会自然垂直于桥通过。意谓事先不用着急，到时候问题总可以解决。常与“车到山前必有路”连用，表示任何事情都是有转机的，事先不用着急。 例句 二爷的话不错，事缓则圆，～，你放心好了！（选自高阳《草莽英雄》）

【船破有帮，帮破有底，底破有三千钉】 喻指事情还没到最坏的地步，还有许多转圜余地。 例句 ～，世上没有过不去的坎，加油！

【船头坐得稳，不怕浪来颠】 指只要稳坐船头，就不怕风浪颠簸。比喻只要自身为人正派稳重，就不怕任何闲言碎语。 例句 银花道：“随她说？她那黄口白牙，逢人就讲，遇人就说，讲的那些话难听死了。”金花道：“只要～。”（选自陈登科《风雷》）

【船无舵不行，人无志不能】 一个人如果没有远大的志向，就像船儿没有舵，虽然也在漂流也在行走，但终究因没有方向而失去了前进的意义。 例句 ～。我们每个人都应当及早确立自己的人生目标，并为之付出努力。浑浑噩噩，虚耗日月，必定抱憾终生。

【船小好掉头】 比喻人手少、规模小的单位，转型调整起来方便。 例句 围绕人民群众的吃、穿、住、行、娱乐等，有许多事情需要做。可以发挥自己“～”的特点，拾遗补缺，为群众服务。（选自郑茂生《说到做到》）

【船有好舵手，不怕浪头高】 比喻有好的带头人，再大的困难和风险也能克服。 例句 这个项目固然存在挑战和困难，但～，我们有经验丰富的项目经理带领，什么困难都不在话下，肯定能圆满完成。

【船载万斤，掌舵一人】 满载货物的船只，全靠一个人掌舵。指领头人极为重要。 例句 “你不能走，～，雷山人离不开你啊！”（选自罗旋《南国烽烟》）

【疮怕有名，病怕无名】 疮如果生在要害部位才会有名，自然严重了；而病最怕是无名的，找不到原因或缺乏经验，所以不好治疗。

【窗要勤开，铺要勤晒】 在家庭生活中，窗户要经常打开通风，被褥要经常拿去晒晒太阳光，有益于人的身体健康。

【床头打架床尾和】 指夫妻打架，不离开床头就会和好。也作“床头生气床尾和”。常在“夫妻没有隔夜仇”“两口子没有隔夜仇”之后连用。　例句　有道是～，你见过不吵嘴不打架的夫妻没有？（选自金庸《鸳鸯刀》）

【创业百年，败家一天】　指创业是艰难而长久的，而败坏家业只需极短的时间。　例句　“你这么个大人，还老叫我替你操心？～。我年过花甲，精力有限，这个家业，往后全靠你兄弟二人维持。”（选自冯德英《山菊花》）

【创业难，守成难，知难不难】　创业不容易，保持已有的成就和业绩也不容易，认识到难在哪里并努力克服，也就算不上难了。　例句　“～”，我们的事业到了今天，既然遇到了挑战，就要勇敢面对它。

【创业容易守业难】　指开创事业比较容易，但要保持、发展事业却很难。　例句　“俗话说，～，爸把你养这么大，花了那么多钱，不求你发展华昌，只要守住蓝屋保住华昌。”（选自程乃珊《蓝屋》）

【吹大呜呜，卖小馍馍】　呜呜：旧时卖馒头用来召唤买主的吹器，一般用牛角做成，一吹发出“呜呜”声。这句话可用以表示广告宣传与产品不符。　例句　这个商店过度宣传，～，没有丁点真事，都别信他。

【吹笛吹在眼儿上，打鼓打在点儿上】　比喻说话或办事要把精力放在关键地方。　例句　～。像你这样不动脑、没计划，只知道出傻力怎么行？

【吹胡子瞪眼睛】　形容人生气、发怒的样子。　例句　至于李应呢，岁数不大，偏板着面孔替老张～的管束同学。（选自老舍《老张的哲学》）

【吹着醭土找裂纹】　醭土，这里指附着在物体上的尘土。这句话形容过分挑剔，或故意找毛病。　例句　于阁老已经知道了张居正不断从京城派遣密探来东阿侦察他家居情况，并监视于阁老的一切行动，想“～”，抓着他的一点把柄，弹劾于阁老。（选自王鲁夫讲述　马文平整理《智斗权奸》）

【春不到，花不开】　春天不来，鲜花不会绽放。比喻时机不合适，事情就办不好。　例句　“人家是好心。～，春天一到雁就来。他真能了解我的心情呀！”（选自郭振有《牧人情》）

【春蚕到死丝方尽，蜡炬成灰泪始干】　语出李商隐《无题》。原比喻男女间彼此的思念会像春蚕吐丝、蜡烛流“泪”一样，除非死了或不存在了才会停止。现常用以形容人始终不渝、无怨无悔、不懈追求、奉献精神等方面的高尚品质，尤以赞美教师为多。　例句　当老师，就要心无旁骛，甘守三尺讲台，“～”。（选自习近平《在知识分子、劳动模范、青年代表座谈会上的讲话》）

【春除一条虫，秋增万粒粮】　春天下种时，做好了害虫的预防、处理工作，把病虫害消灭在萌芽状态，有利于秋天的粮食增收。

【春打六九头】 立春这一天，不是在五九的最后一天，就是在六九的第一天。立春在五九最后一天，就叫做“春打五九尽”；立春在六九的第一天，就叫做“春打六九头”。

【春打六九头，河里摸泥鳅】 指“六九”头上就到了打春的时候了。这时候天气变暖，可以下河摸泥鳅了。

【春到寒食六十天】 立春之后六十天就是寒食节了。

【春分麦起身，一刻值千金】 春分时刻，小麦刚刚成长的时候，要抓紧时间施肥、浇水。 例句 ～。时下，中原大地正值麦田管理的关键时期，各地农民积极投入到田间生产管理中。（选自张培奇 范亚旭《河南：科技“打头阵” 春耕气象新》）

【春分秋分，昼夜平分】 这句话表示在春分和秋分之日，昼夜的时间是一样的，不存在昼长夜短或者昼短夜长的情况。 例句 民间谚语曰：“～；吃了春分饭，一天长一线。”春分以后气温继续升高，强对流天气增多，北方天气忽寒忽热，一周之内相差6—10摄氏度，衣着不宜减得过快，以防着凉。（选自王国玮《节气养生：春暖花开 春分注意防春困》）

【春风得意马蹄疾】 语出孟郊《登科后》一诗。在和煦的春风里因为人的洋洋自得，从而觉得马的脚步也是非常轻快。后用以表达扬眉吐气、难以自持的情绪飞扬之情形。 例句 青年人的笔下，没有“～”的欢畅，唯有对时代的冷眼相观，在胸中郁结起一股热血豪气。（选自萧海川《王尽美：三首小诗与二十七年人生》）

【春耕不怕浅，就怕耕地晚】 抓紧时间春耕，比春耕时的深浅重要。

【春耕刨一片，秋天多一担】 春天开出一片荒地，秋天就多收一担粮食。同“春天刨一片，秋天收一石”。

【春耕一分忙，秋天多打粮】 春天耕种时忙一些，秋天才能多收粮食。

【春耕抓得早，地里杂草少】 提早抓好春耕工作，田间的杂草才会少。

【春寒麦薄收，夏凉不收秋】 春天天气寒冷，小麦收成就差；而夏天凉爽，秋粮收成就差。

【春季南风是雨娘，夏季南风干禾秧，秋季南风当日雨，冬季南风雪茫茫】 这是看风向预测天气的农谚。春季刮南风容易下雨，夏季刮南风容易干旱，秋季刮南风当天下雨，冬季刮南风容易下雪。

【春困秋乏夏打盹，睡不醒的冬三月】 指人在春天容易困倦，在秋凉时容易疲乏，在炎热的夏天容易瞌睡，在寒冬的季节又容易贪睡不起。 例句 脚癣、皮炎、沙眼、粉刺，甚

至连“～”，医学上都能联系到患者的心、肝、肺、脾，使贪生的懦夫感到来日苦短。（选自从维熙《白云飘落天幕》）

【春秋地震多，冬夏地震少】 一般情况下，地震多发生在春秋两季，而冬夏季节发生地震的几率小。

【春秋责备贤者】 语出汤汉《自儆》一诗。意思是《春秋》一书常常对于贤良的人多有批评，是希望贤良之才更加奋发图强。旧时对人提出批评常用这句话，以表对对方的敬重。 例句 仁宗号称贤主，而律以“～”之义，则虽谓宋之敝始于仁宗可也。（选自梁启超《王安石传》）

【春送千车粪，秋收万担粮】 春天田地里施肥多，秋天收成就好。

【春天风多，夏天雨多】 春天刮风较多，夏天下雨较多。这是北方的天气特点。

【春天耕三遍，潮气往上蹿】 春天田地多耕几遍，可以起到保墒的作用。

【春天划层皮，胜过秋天犁一犁】 春天对田地表面进行松土，胜过秋天的耕地。

【春挖一个蛹，夏少万只蝇】 苍蝇的繁衍较快，春天灭掉一个蛹，夏天可以减少很多只苍蝇繁衍。

【春捂秋冻，不得杂病】 春季气温刚转暖，不要过早脱掉棉衣；秋季气温稍凉爽，不要过早增加衣服。让身体逐渐适应气候的变化，才不会受到杂病的困扰。同“春捂秋冻，没灾没病”。

【春夏养阳，秋冬养阴】 语出《黄帝内经·素问·四气调神大论》。指养生要适应季节气候的变化。 例句 古人在认识到机体内环境与外环境统一的基础上，对四时的养生，提出了“～”的具体方法，对我们有很大启发。（选自杜婕惠等《起居养生法》）

【春宵一刻值千金】 语出苏轼《春宵》一诗。春宵：春天的夜晚；刻：古代计时单位，一昼夜分为一百刻。春天的夜晚每时每刻都像金子般珍贵。后常用来形容良辰美景的短暂和宝贵。 例句 江南才子唐寅《元宵》一诗，写出了元宵灯月相映之妙。天上月，人间灯，中有焰火如流星，这一夜的华夏大地是欢畅不眠的，真可谓“～”。（选自邹世奇《诗词里的元宵节》）

【春雨贵如油】 春天的雨像油一样可贵。因为这时农作物正是需要水的时候。 例句 “一年之计在于春”“～”，随着阵阵春雨的滋润，江西省上高县春耕备耕工作正紧锣密鼓地进行。（选自晏芒元 况勇强《江西上高：春雨润时备春耕》）

【春雨来得早，伏里雨量少】 春天下雨下得早，到数伏的时候雨水可能就少。

【春栽树，夏管护，秋冬护理别马虎】 春天适合栽树，夏天和秋冬时候要注意管理。

【春栽杨柳夏栽桑，正月种松好时光】 这是关于不同树种适宜在什么季节栽种的谚语。杨树、柳树适宜春天种，桑树适宜夏天种，松树适合正月里种。

【春燥风，夏燥雨】 春天发燥是刮风之兆，夏天发燥是下雨之兆。

【春争日，夏争时，一年大事不宜迟】 春天播种粮食不要误了农时，一天也不能耽误；夏天收割小麦，一会儿也不能耽搁；这是关系一年收成的大事，不可延迟。 例句 ～。连日来，永靖县红泉镇农田里机器轰鸣、热闹非凡：农用机械来回作业，旋地块、覆新膜，村民们抢时抢墒、整地施肥、起垄铺膜……奏响春耕备耕"进行曲"。（选自闫改琴《春好正是耕种时》）

【春种秋收】 春天下种，秋天收获。 例句 现代农业生产仍浸润着农业生产者的无数汗水和心血，仍然暗合着～的自然规律。（选自王立彬 叶卡斯 朱筱 王珏玢《立秋话农耕 劳者歌其事》）

【春种一粒粟，秋收万颗子】 出自唐·李绅《悯农》诗。春天播下一粒种子，秋天会收获很多粮食。同"春种一粒，秋收一穗"。 例句 "～"。做好春耕春播，是春天里的头等大事。（选自潘玲《春回大地耕作忙》）

【春种一日晚，秋收十日迟】 春天迟一天播种，秋季就会晚十天收获。说明及时播种很重要。

【椿花开，吃燎麦；椿花落，镰把翘】 这是农民总结的经验。每当椿花盛开的时候，地里种植的冬小麦就可以烧着吃了；当椿花落的时候，就可以收割了。同"椿花落地儿，麦子硬粒儿"。

【椿花落地儿，能搓麦穗儿】 椿花凋谢的时候，小麦也就快到成熟的时候了。

【椿树枣树不怕旱，红荆槐条不怕碱】 椿树、枣树耐旱，红荆、槐条耐碱，栽种时可因地制宜。

【纯钢折不弯，真理驳不倒】 是纯钢就不会弯曲，是真理就不会被驳倒。 例句 "～"。在探讨科学问题时，即使面对再大的争议和挑战，也要坚信真理的力量，因为真正的知识和真理是经得起实践检验的。

【慈不掌兵，义不掌财】 意思是心地慈善，掌管不了兵权；仁义好施，掌不得财权。或作"慈不带兵，义不养财"。 例句 "自古说'～'。施生虽是好人，却是为仁不富，家事也渐渐消乏不如前了。我的人家都做在会稽地面，到彼攀个高门，这些田产也有个依靠。"（选自冯梦龙《警世通言·桂员外途穷忏悔》）

【慈母有败子】 语出《韩非子·显学》。败子：败家之子。慈爱的母亲中有养育出败家儿子的。喻指过于迁就，会养成一些人的坏毛病。

例句　韩非子曾说："夫严家无悍虏，而～"，知爱而不知教，爱之太殷，忧之太勤都会导致孩子任性、骄狂、误入歧途，故而爱不可溺。（选自王亮《领导岂能"多角饰演"》）

【此处不留人，自有留人处】　语出《诗纪》转引《平陈录》载陈后主《戏赠沈后》一诗。原是陈后主与沈皇后关于留宿的戏语。现多用以表示这里不受欢迎，待不下去，总有用我的地方。也作"此处不留爷，自有留爷处"。　例句　先生道："若要奉承人，卦就不准了；若说实话，又惹人怪。～！"（选自冯梦龙《警世恒言·三现身包龙图断冤》）

【此地无银三百两】　比喻本想掩盖事实，反而暴露了真相。　例句　路德印当时驳斥他说："真的一点没剩吗？你这套'～'的把戏，胡弄谁呀？"（选自赵乃夫《初春》）

【此一时，彼一时】　这是一个时候，那是一个时候。表示时间不同，情况有了变化。　例句　许旌阳道："'～'大不同也。"（选自吴承恩《西游记》）

【葱辣鼻子蒜辣心，辣椒辣嘴唇】　葱、蒜、辣椒都是最常用到的辛辣食物，但它们刺激人体的部位不大一样，给人带来的感受也不尽相同。

【聪明不学也无能，笨拙苦练也成功】　成功不在于聪明或愚笨，而是在于勤学苦练终身成长。　例句　小时候听故事，老师让我们悟出道理，大家都千篇一律地觉得我们不能像兔子那样自大，要学乌龟脚踏实地才能成功。其实最大的道理就是"～"。

【聪明二字不可以自许，慷慨二字不可以望人】　语出李惺《西沤外集·药言》。意思是不要自以为聪明，不要指望别人慷慨。指做人既要有自知之明，同时也要有洞察人性的豁达。

【聪明反被聪明误】　意思是自以为聪明反而被聪明所耽误或坑害。　例句　近些年来，那些特别会"来事"和过于"聪明"的人，或被撕下面具，或自己掉入"坑"里，或占小便宜吃大亏，最终～，落个鸡飞蛋打、竹篮打水一场空的结局，不禁让人唏嘘。（选自徐文秀《聪明莫过"不聪明"》）

【聪明过了火儿，反倒害自个儿】　人不能太聪明，耍心眼儿，用心计，往往会害了自己。　例句　他过于精明，总是试图在商业谈判中寻找对方的弱点，结果反而暴露了自己的底牌，正所谓～。

【聪明人好惹，糊涂人难缠】　指聪明人通情达理，纵然惹了他，也容易讲说明白；糊涂人不通情理，不分是非，难以应付。或也作"明白人好说，糊涂人难缠"。　例句　"常言：'～。'窦松贵对皮二妈哭笑不得，哪怕浑身是嘴，也无法解释。"（选自曹玉林《苏醒的原野》）

【聪明一世，糊涂一时】　指

一向聪明的人，偶尔在某件事上犯糊涂。常用来形容人一时糊涂做了不该做的事情。　例句　六十九岁的人了，反倒～，教一群猴儿王八蛋给吃了。（选自老舍《骆驼祥子》）

【聪明在于勤奋，智慧在于用心】　一个人要想变聪明，就要努力，多读书，多学习；要想有智慧，就要用心钻研，巧于运用。同“聪明在于勤和奋，知识在于学和问”“聪明在于学习，天才在于积累”。　例句　正所谓“～”。华罗庚虽然只有初中学历，但他通过不断勤奋学习和积累，最终成为数学领域的天才。

【聪者听于无声，明者见于无形】　语出班固《汉书·伍被传》。聪：听觉灵敏。明：目光敏锐。听觉灵敏的人，在别人未说之前已经有所耳闻了；目光锐利的人，在事物未有征兆之前，就已经觉察到了。说明有智慧的人能发现隐微的未成形的事物，有先见之明。　例句　“～。”党的十一届三中全会前后，距21世纪还有20多年，邓小平就提出了到20世纪末世界将是什么面貌、中国将是什么面貌的问题。（选自李忠杰《邓小平眼中的二十一世纪》）

【从北京到南京，买家没有卖家精】　指无论在哪里顾客总没有商家精明，沾不了商家的便宜。

【从果看树，从事看人】　从果实的大小，可以看出树壮实与否；从做出的事情上，可以看出人的品格如何。　例句　～。这个项目的成功，说明你的项目管理能力，以及你们团队的执行力和团队合作精神都是非常棒的。

【从来纨绔少伟男】　纨绔：细绢做的裤子，借指富贵人家的子弟。伟男：有作为的杰出男子。指自古以来，凡是养尊处优的富贵子弟，很少有能成就大事业的。　例句　“第二句他总要背成‘伴花宿柳过前川’，真是朽木不可雕矣！真是应了‘～’这句古谚。”（选自孝廉　玉恒《血染凤阳宫》）

【从善如登，从恶如崩】　语出《国语·周语下》。从：顺随。意思是顺随善良像登山一样，顺随恶行像山崩一样。比喻学好很难，学坏极容易。　例句　“～。”高尚人品的形成，往往需要严格的自律和长期的修为，而品德的败坏却容易得多，有时甚至只在一念之间。（选自赵安华《重品行才能作表率》）

【从小差一岁，到老不同年】　指人之间的年龄差，不会随着时间的推移而改变。

【从小看大，三岁看老】　指人一生有没有出息，从还是小孩时的行为就能看出端倪。　例句　“俗话说：‘～。’他今年四十多了，吃喝嫖赌偷摸拿，啥事没做过？我最怕的，就是一个老鼠坏了一锅汤。”（选自张俊彪《山鬼》）

【凑针打把斧，凑纱织匹布】　比喻积少成多，积小成大。　例句　咱们庄户人家就是节约过日子，凑合着办点事，～，没有条件就得想法争取。

【粗茶淡饭能养人，破衣破裤能遮寒】 意思是粗茶淡饭才是最适合养生的饮食习惯，破衣破裤也能遮挡风寒。即没必要追求过度奢侈的生活，那样的生活对身心健康并没有什么好处，还是顺其自然的好。 例句 咱农村人都是这样，～，尽管没什么好条件，但也是凑合着能过。

【粗饭养人，粗活益身】 吃粗茶淡饭，经常干体力活，都有益于身体健康。 例句 当代社会，人们在追求奢华安逸的生活之后，越来越体会到了“～”这句话所蕴含的道理。

【粗柳簸箕细柳斗，世上谁见男儿丑】 旧时用柳枝编制器具，粗柳枝适合编制簸箕，细柳枝适合编制量粮食的斗。即各有其长，各有所用。这就同男人不分什么俊丑，看重的是有没有能力一样。 例句 驿丞道：“你虽是个男身，但只形容丑陋，不中我王之意。”八戒笑道：“你甚不通变。常言道：‘～？’”（选自吴承恩《西游记》）

【粗丝难织细绢，粗人难做细活】 粗糙的丝线难以织出精细的布绢，粗心的人难以做好严谨的工作。 例句 “～”。你让“马大哈”做这个细致活，显然不合适。

【翠竹千年不变节，云杉万年不弯腰】 比喻人应该具有翠竹、云杉一般的气节和品质。 例句 “～”。想当年，在隐蔽战线上，不少人暴露后，宁死都不肯出卖自己的同志。

【村无大树，蓬蒿为林】 村子里没有大树，就只能将蓬蒿野草当作树林。喻指没有杰出的人才，只能用平庸之人代替。 出处 清·翟灏《通俗编》（节选）：“《晋书》：‘解结问僚佐：河北何少人士？答曰：英伟大贤，多出山泽。河北土平地均，蓬蒿才高三尺，不足成林故也。’今谚‘～’，当由此演。”

【存人失地，人地皆存；存地失人，人地皆失】 强调在战争或冲突中，保存人的重要性高于保住土地。如果能够保存人力资源，即使暂时失去了土地，也有可能在未来重新夺回；反之，如果为了保住土地而牺牲了人力，最终土地也难以保住。 出处 晓山《领导干部要有智慧和勇气》（节选）：“1947年，面对国民党军大举进攻延安，毛泽东提出主动放弃延安，转战陕北。毛泽东对前来送行的西北野战兵团的领导干部们说：‘我军打仗，不在一城一地的得失，而在于消灭敌人的有生力量。～。’最终，用一个延安换取了全中国。”

【寸草铡三刀，料少也长膘】 饲草，特别是粗、硬的饲草，铡得越短，饲喂牲畜，越有助于其消化吸收营养成分。

【寸而度之，至丈必差；铢而称之，至石必过】 铢、石（dàn）：均为古代计量单位。二十四铢等于旧制一两（亦有其他说法，标准不一）；十斗为一石。意思是一寸一寸地量，量到丈一定会有误差；一铢一铢地称，称到石一定会有误差。喻指处理事物要着眼于大的方面，不可在细枝末节上纠缠计较。 出处 刘向《说苑·谈丛》（节选）：“～。石称丈量，径而寡失；简丝数米，烦而不察。故大较易为智，曲辩难为慧。”

【寸土寸金，地是老根】 意思是土地金贵，是农民活命和致富的根本。 例句 老话说的好“～”，这三亩口粮田，我谁也不给。

【矬巴子够枣】 矮人想吃高树上的枣。形容有心无力。 例句 不怕你笑话，咱就是～，有心无力。

【矬人高声】 个子很矮的人，说话的声音很大。 例句 这大老远地就听到你喊吵，真是～。

【错过此渡无好舟】 错过了这个渡口就没有好船了。比喻不抓住机会，错过就再没有好的机会了。 例句 白酱丹随即发表了一篇于己有利的时评。“娃娃！”他结束道，“你试试看，——～！”（选自沙汀《淘金记》）

D

【打不倒狐狸，惹着一身臊】 意思是除害未成或目的没达到，反惹出许多麻烦。也作“打不到狐狸惹一身骚”“打不着狐狸惹身骚”。 例句 倘若拿不住，得罪了他，闹的更凶了，岂不是自增灾祸？俗语说的好：～。这可不是儿戏的。（选自醉月山人《狐狸缘全传》）

【打不断的亲，骂不断的邻】 指与亲戚、邻居即使产生矛盾，也总还是要往来。 例句 “我们与他亲家礼道的，他便不好生怪。常言道：～。大家耍子，怕他怎的？”（选自吴承恩《西游记》）

【打不干的井水，使不完的力气】 井水一般情况下是由源源不绝的地下水补充，随打随出，不会枯竭。健康的人在劳动过程中，使用了力气，力气不会因此而减少，经过锻炼反会更有力气。力气用不完，就像井水打不干一样。也作“井水打不干，力气使不完”。 例句 很多人问他，能把本职工作做好就很不容易了，怎么还承担职责以外的很多工作呢？他总是说，“～”。（选

自佚名《平凡岗位默默耕耘的“老黄牛”》）

【打不还手，骂不还口】 指不作任何反抗。 例句 老方丈每到菜园转上一圈，瓜果多少都心中有数，一过眼就知道丢三缺四，不管是人吃、鸟啄、獾咬，都将单老双和刘二皇叔暴打一顿。单老双～，刘二皇叔却不肯低头死受。（选自刘绍棠《锅伙》）

【打柴问樵夫，驶船问艄公】 樵夫：打柴人。艄公：驶船掌舵的人。比喻在哪一方面没有知识，就要向在哪一方面内行的人请教。 例句 既然想学本事，就得找对人，俗话说“～”，刘麻子斗大的字不识几个，你找他有什么用？

【打得一拳开，免得百拳来】 语出《毛泽东年谱（1949—1976）》第一卷。是毛泽东在抗美援朝战争期间提出的著名论断。意思是面对敌方的欺压和凌迫，只有通过反击和抵抗，才能避免更加严重的后果。 例句 美军步兵枪支实现了自动半自动化；志愿军步兵装备的枪支仍然是“万国造”，自动枪极少。面对如此悬殊的物质条件，志愿军以“～”的强烈清醒和自信，毅然雄赳赳、气昂昂奔赴血火滔天的朝鲜疆场。（选自陈东恒《永续传承抗美援朝打出来的精气神》）

【打掉了门牙往肚子里咽】 比喻吃了苦头暗自忍着，不往外说。 例句 有心不卖吧，花钱住店，人吃牛喂，嚼裹过重，受不了；这就叫货到地头死，只好～，死逼着上这个当。（选自张长弓 郑士谦《边城风雪》）

【打爹骂娘，天下反常】 子女孝顺父母是天理，打爹骂娘是反常行为，天理不容。 例句 你这个不孝子，不听老人的话不算，还打骂他，真是“～”。

【打断骨头还连着筋】 喻指有血缘关系的人，即便发生了矛盾，也还是比其他人要亲近。也作“打折骨头连着筋”。 例句 “怎么说咱也是同胞手足，～呐！如今你不听哥的话，于震海到底有这么一天。”（选自冯德英《山菊花》）

【打狗还得看东家】 指在对人惩罚或者报复前要考虑到上层人际关系，不可轻易动手或下达指令让他人实施，以免造成不利的后果。同“打狗看主面”“打狗看主人”。 例句 他虽说是个仆人，犯了这样的错该当撵出去，可他的舅舅是省里的大员。“～”，这事还是慎重点好。

【打狗鸡上墙】 比喻打击这个人，使另外一个人也受到了惊吓。 例句 几朝皇帝抑此彼兴，抑彼此兴，～，不得已只好委曲求全，苟且偏好，这权宦怎的能除？（选自郭灿东《黄巢》）

【打狗就不怕狗咬，杀猪就不怕猪叫】 比喻既然想制伏对方，就不怕对方报复捣乱。 例句 “光天化日之下竟然如此般地为非作歹，这还

了得！～，我非得彻底揭发不可。”（选自原勇《太平庄上不太平》）

【打狗如打狼】 喻指降伏普通的敌人时，也不能轻敌，要拿出对付最凶狠敌人的办法和力量。 例句 守敌杨森部是被红军打怕了的，一触即溃。我军～，毫不松懈。（选自徐向前《历史的回顾》）

【打虎不成，反被虎伤】 比喻没有消灭敌人，反而被敌人伤害。也作“打虎不着，反被虎伤”。 例句 “除掉寨内的祸根刻不容缓，还必须将活儿做得干净利索，决不能～。”（选自姚雪垠《李自成》）

【打虎打头，杀鸡割喉】 指凡事必须从要害处入手，才能奏效。例句 “俗话说得好：‘～。’咱还得有个正经闹法。”（选自冰昆《那拉氏落魄记》）

【打虎还防虎伤人】 意思是打击凶狠的敌人要小心防范敌人反扑。例句 “我们此行是对付一大股地方恶势力，对头有黑帮，还有适应于他们的党政力量、法律、习惯保护着他们，要防个‘～’哩。”（选自欧阳平《雾都血雨》）

【打虎进深山，捕蛇下箐底】 箐：竹丛。比喻办事情要找对门路。例句 “～。不管是进深山还是下箐底，哪条路我都很熟。”（选自张昆华《魔鬼的峡谷》）

【打虎亲兄弟，上阵父子兵】 原指面临生死攸关的大事的时候，最可靠的合作者是自己的血亲。现常用来表达家庭成员之间的一种家国情怀，共同承担某项困难的工作或任务。 例句 常言道，～。在中国铁路郑州局集团有限公司新乡机务段月山运用车间，就有这样一对“父子兵”，父子同岗、风雨共担，一起战严寒、斗风雪，用责任和坚守共筑春运平安路。（选自田小强 潘建《打虎亲兄弟，上阵父子兵》）

【打虎先拔牙】 比喻要降服强敌，必须先攻击其要害。 例句 林祥谦却坦然地笑着说：“我们这是～，更大的斗争还在后头哩！”（选自刘章仪《铁魂》）

【打虎要力，捉猴要智】 老虎凶猛，打虎须有力气；猴子灵活，捉猴须用智谋。指处理不同性质的事情，要采取有针对性的不同策略。例句 俗话说：“～。”他只能采取鸭子踩水暗使劲的策略，巧妙而隐蔽地利用他人之力来达到加油的目的。（选自刘彦林《三月潮》）

【打架不能劝一边，看人不能看一面】 处理问题要公平，评价人应全面，防止片面。 例句 咱事事都讲个公道公平，“～”，今天把问题都摆到这里了，看你怎么解决吧！

【打江山容易，守江山难】 打天下只需要十数年，或几年就能打下来；治天下却是一项长久的系统工程。常用以比喻守住现有基业不易。例句 古训有云“～”，更是点出守住现有基业的困难，如果后世不能很好地发扬和传承老一辈的优良作风，

要想守住前辈打下的江山，的确困难重重。（选自普俊豪《当以任弼时“三怕”为镜》）

【打井如修仓，积水如积粮】 打水井就好比修粮仓一样，储存雨水就好比囤粮一样。指兴修水利为农业丰收创造了条件。同“修渠如修仓，储水如储粮”。 出处 张亮《农业“八字法”·水》（节选）：“～。大水大用，滴水归田。”

【打酒的跟提瓶子的要钱】 指谁实施了行为，就该找谁算账。 例句 儿子在外欠债，被债主找上门。父亲：～嘛，有我什么事！

【打开天窗说亮话】 比喻直率而明白地讲出来，无须回避。 例句 绅士们的奔走，呼号，要求编练乡勇，以抵抗这民族复兴的运动，其实，～，只要保护他们那一阶级的自身的利益而已。（选自郑振铎《黄公俊之最后》）

【打老鼠伤了玉瓶儿】 打老鼠砸坏了玉器。比喻打击坏人，误伤了好人。 出处 曹雪芹《红楼梦》（节选）：“如今就打赵姨娘屋里起了赃来也容易，我只怕又伤着一个好人的体面。别人都不必管，只这一个人，岂不又生气？我可怜的是他，不肯为‘～’。”

【打了盆说盆，打了罐说罐】 比喻发生了什么事就处理什么事，不要把不同的事搅进来。也作“打了盆说盆，打了碗说碗”。 例句 “～。既然事情闹成这样，众人光哭闹也不行呀。咱们得想个办法解决。”（选自马烽 西戎《吕梁英雄传》）

【打骡子马也惊】 借喻打击某一种人，与之有关的或情况相似的人，便自然受到惊动。或谓处理某问题，牵动到其他有关的方面。也作“打了骡子马也惊”“打骡子马惊”“打着骡子马惊”。 例句 “就是对弯弯绕、马子怀这些人，也不能不起一点儿‘～’的影响吧？”（选自浩然《艳阳天》）

【打马骡子惊】 比喻严厉地处罚某些荒诞不经的人或事，常常会意外地威吓到另外的一些人或事。 例句 小少爷念书不用心，淘气不听话，就拿这个伴读替罪，这叫～，杀鸡给猴儿看，小少爷也就乖乖地学而不厌了。（选自刘绍棠《瓜棚柳巷》）

【打破砂锅问到底】 “问”谐音“纹”，打破的砂锅裂纹会一直到锅底上。比喻不停追究事情的根底。 例句 她为什么不回到文工团去？不过我也并非喜欢～。（选自巴金《团圆》）

【打起来没好拳，骂起来没好言】 指一旦打骂起来，双方都会失去理智，态度很难冷静。 例句 “人常说：‘～。’俺说了两句气话，春芳她们就认真了。”（选自陈登科《风雷》）

【打人不打脸，骂人不揭短】 指与人发生冲突时应该掌握的原则。

脸面是一个人最在意的，打人打脸部，是对一个人尊严的冒犯，是极大的羞辱。每个人都会有不想为他人所知的事情，或者比较忌讳别人说什么。骂人揭短处，也是一种对对方极端羞辱的手段。这两种行为通常被认为是突破做人底线的行为，也最容易激化矛盾冲突。也作“打人别打脸，骂人别揭短”“骂人别揭短，打架别抓脸”“说人别说短，打人别打脸”。　例句　有的基层干部信奉“～”的处世哲学，对官兵现实思想问题不敢一针见血地当面指出，对矛盾不敢直言不讳地大胆揭露，要么绕来绕去兜圈子，要么避重就轻、蜻蜓点水。（选自潘好斌《经常性思想工作难在细微处》）

【打人不过先下手】　意思是双方发生争斗时应先发制人。　例句　郑伦自思：“主将言此人有异人传授秘术，即此是他法术。常言道：～。”……把手中杵在空中一晃，后边三千乌鸦兵一声喊，行如长蛇之势。（选自许仲琳《封神演义》）

【打人一拳，防人一脚】　打人家一拳去，要防人家一脚来。指在进击敌人时，要谨防敌方反扑。　例句　那人忙中有错，忘了“～”。只听“啪”，面上早已着了石子，“哎呀”一声，顾不得救他的伙计，负痛逃命去了。（选自石玉昆《三侠五义》）

【打入十八层地狱】　十八层地狱：指地狱的最下层、最深处。比喻受到最严厉的惩罚。　例句　如果说，你让白骨精来评价孙悟空的话，会出现什么情况呢？我想白骨精必然仇恨深深，恨不得将孙悟空～。（选自郭元鹏《别让“白骨精”评价“孙悟空”》）

【打伞不如云遮月，扇扇不如自来风】　自然或天然形成的物事往往要比人为的好。　例句　俗话说“～”，做事谁不图个轻巧、省事又省钱呀！

【打伞儿的，扇扇儿的，说书的，要饭儿的】　指各行各业都有自己的活法。　例句　这个顺德府干什么的都有，～，真是五花八门，各式各样。

【打蛇不死，自遗其害】　比喻除害不彻底，会留下祸患。　例句　众和尚不见杨元礼，也没工夫逗留，连忙向外追赶。又不知东西南北那一条路去了。走了一阵，只得叹口气回到寺中，跌脚叹道：“～。”（选自冯梦龙《醒世恒言·张淑儿巧智脱杨生》）

【打蛇打七寸，挖树先挖根】　比喻解决问题要从根本上、关键处入手，或做事一步到位，不留后患。　例句　～。扫黑除恶必须深挖彻查黑恶势力“保护伞”，让黑恶势力无“伞”可遮、无处可藏。（选自潘子荻《习近平这些话有深意》）

【打蛇先打头】　打蛇要先打靠近蛇头部的方位。喻指与敌人交战时要先攻其要害；或除恶要先除首恶。 例句 “常言说：‘～。’只要拿下青龙镇，那几个小据点的敌人吓也吓跑了。”（选自田东照等《龙山游击队》）

【打蛇先打头，擒贼先擒王】 喻指要想降服敌人，先要擒拿他们的领头人。 例句 群众斗争的胜利，给冯平以极大鼓舞，他决定乘胜追击，惩治那些为非作歹的土豪劣绅。他对农会干部说：“～。”通过多方了解，冯平掌握了一批作恶多端的土豪劣绅名单。（选自游宪军 程小斌整理《冯平：舍身为革命 视死忽如归》）

【打是亲骂是爱，不打不骂是祸害】 旧时指管教孩子必须严厉才能成人，不然会没出息，甚至成为祸害。现也用以比喻出于关心爱护，才会要求严格。 例句 俗话说：“～。”老百姓呼吁官员财产公开也是出于对官员特别是年轻官员的“爱”，有一种“恨铁不成钢”的心态。（选自叶青《公共资源掌控者都应公开财产》）

【打死胆大的，吓住胆小的】 指惩治了胆大的，胆小的自然会收敛。 例句 “常说：～。要是凿了何大拿，不光是解文华这个胆小鬼，别的坏蛋们也不敢动了。”（选自刘流《烈火金钢》）

【打死犟嘴的，淹死会水的】 在强者面前逞强不顺从，就会吃苦头；以为会游泳逞强，最终也会被水所害。也作“淹死会水的，打死犟嘴的”。 例句 要强没有用，“～。”好样的多了，不会来事吃不开。（选自韩振波《多余的人》）

【打死阎王，吓煞小鬼】 比喻镇压住头领，依附的人便不敢轻举妄动。同“打死阎王，吓死小鬼”。 例句 “～。往后敌人再来闹腾，就得犯犯掂量了。”（选自王厚选《古城青史》）

【打天下时靠人才创业，坐天下时用奴才享乐】 揭示了多数封建帝王的用人之术。打天下时需要有才能的人共同对付敌手，拥有天下后则猜忌有功之臣，喜欢奴才式的人物逢迎巴结。

【打铁的要自己把钳，种地的要自己下田】 喻指自己的事情要自己把握决定，别人不了解具体情况，指望不上。 例句 “～”。凡事靠自己，想要生活美满，想要实现梦想，想要收获成功，都要靠自己动手。

【打铁还需自身硬】 指处理人或问题时自身素质要过硬，不能有同样的问题。 例句 谈起维护人民军队形象，从将军到列兵，大家都有一致共识：～，关键还是要严以律己、作风过硬。（选自杨祖荣《根在人民是胜利之基》）

【打铁看火候，庄稼赶时候】 打铁和种庄稼都得看准时机。喻指做什么事，对时机的把握很重要。 例句 ～。在市场竞争中又何尝不是如此？正确把握市场趋势和消费者需求的变化，看准时机做决策，就可以为企业带来丰厚的利润。

【打铁要趁热，治病要趁早】 指办事要抓紧时机，及时采取行动。 例句 “俗话说：‘～。’打官司呢，第一要脑袋尖，才好到处钻营。”（选自吴越《括苍山恩仇记》）

【打退堂鼓】 原指封建官吏退堂时打鼓。现比喻跟人共同做事中途退缩。 例句 在这场战役中，八连官兵在“坑道党支部”的带领下，叫响“只吹冲锋号，不～”战斗口号，打出了中国军队的赫赫威名。（选自张科进 李建文《战旗高擎，冲锋号角不停歇》）

【打一巴掌揉三揉】 意谓欺侮伤害了人家，事后却装出亲近的样子；或指先惩罚后安抚的行为模式。 例句 “不……”祥子想说“不用～”，可是没有想齐全；对北平的俏皮话儿，他知道不少，只是说不利落；别人说，他懂得，他自己说不上来。（选自老舍《骆驼祥子》）

【打一枪换一个地方】 电影《地道战》中的台词，指用不断变换射击方位来迷惑敌人。现多用以比喻频繁调换工作岗位。 例句 她是～，在谁家也不长干。（选自艳齐《雇工世界》）

【打鱼的不离水边，打柴的不离山边】 表明干什么行业一定要遵循行业规律，不能脱离行业环境。 例句 有句话说“～”。对于作家来说，生活就是创作的源泉，要想写出有深度、有温度的作品，就必须深入生活，贴近人民。

【打鱼靠网，打狼靠棒】 干什么活儿就用什么工具。 例句 如同“～”一样，在网络安全领域，防范病毒攻击最有效的手段，还是得靠先进的防火墙和杀毒软件。

【打仗伤兵，锄地伤苗】 做任何事情都有伤耗，这是不可避免的。例句 你刚学这门手艺，技法还不熟练，“～”，出几件废品也正常。

【打着灯笼跑破鞋】 形容不分白天黑夜地为某件事奔波。 例句 下个月就到一年一度的考核时期了，各部门都要加班加点，～，也要把任务完成。

【打肿脸充胖子】 比喻宁可付出代价而硬充作了不起，为撑面子，做一些自己力不能及的事情。 例句 “老兄，你也不要在我老张面前～，硬不要朋友帮助。”（选自姚雪垠《李自成》）

【大白天说梦话】 指说的话不真实，荒诞不经。 例句 韩百仲感叹地说：“有人硬喊要饿死人了，这不是～吗！”（选自浩然《艳阳天》）

【大本事的当老板，小本事的摆地摊，不三不四就上班】 电视剧《我爱我家》中的台词。反映了改革开放之初，有的人把收入多少来评判人能力大小的一种现象。

【大不正则小不敬】 长辈或上

级如果不正派，小辈或下级就不会尊敬他。　例句　“～。母狗不掉尾，公狗不上身。大凡还是妇人心邪，若是那正气的，谁敢犯边？”（选自兰陵笑笑生《金瓶梅》）

【大材小用】　指大器物派小用场，表示使用不当。比喻才能很高的人屈就于低职位，不能充分发挥其聪明才智；也指人事安排不恰当，以致造成屈才和浪费。　例句　实际上他是不安心工作，他觉得以他那样的“才能”，干这个“小小的投递员”，简直是～。（选自峻青《老交通》）

【大吃大喝，当屋卖锅】　告诫人们大吃大喝，铺张浪费，就有可能造成把房子当掉、卖掉吃饭锅的下场。

【大吃大喝一时甜，细水长流常年香】　只顾大吃大喝，贪图一时享乐的日子是不会长久的；要想长久地过好日子，就得处处精打细算，时刻注意节约。

【大吃二喝，炒麻豆腐】　“炒麻豆腐”主要原料是绿豆渣，煎炒时须多放食用油，是穷困时期改善膳食的食物。意思是饮食铺张。

【大虫吃小虫】　比喻以大欺小，或恃强凌弱。也作“大虫欺小虫”。　出处　李宝嘉《文明小史》（节选）：“常言道：‘～。’我道是大官吃小官。”

【大虫欺小虫，蚱蜢欺蝗虫】　意思是指昆虫中总是大的欺小的。比喻人类社会强凌弱、大压小的不公平现象。　出处　胡祖德《沪谚》（节选）：“谚云：‘～。’慨世界但有强权而无公理，弱肉强食，各仗势力。”

【大处不算小处算】　只考虑小利益，不考虑大利益。指图小失大。　例句　“你真是‘～’!茶叶篓子算什么，一分家私值的多少，可省下了岂不乐吗？”（选自佚名《龙图耳录》）

【大处着眼，小处着手】　比喻既要从全局和长远的观点出发去考虑问题，也要在具体事情上一件件地做好。　例句　当前以治标为主打歼灭战，可以为治本赢得时间；当前～、实处着力，可以为治本创造空间。（选自钟建昌《大处着眼　小处着手》）

【大错不犯，小错不断】　指没犯大错误，但小错常犯。　例句　“是这样，营长，”他满脸堆下笑来，“我是～，有错儿你只管撸我好咧，可别生气。”（选自魏巍《东方》）

【大胆天下去得，小心寸步难行】　胆大的人能够闯天下走四方，胆小怕事的人却迈不开第一步。劝诫人做事情不能前怕狼后怕虎，过分谨慎小心。　出处　冯梦龙《警世通言·赵太祖千里送京娘》（节选）：“～。俺赵某一生见义必为，万夫不惧。那响马虽狠，敢比得潞州王么？”

【大盗沿街走，无赃不定罪】 偷抢财物的大盗明目张胆地走在街上，没有赃物作证据，就不能随便给他定罪。指惩办罪犯，要有证据。 例句 他料定窦蔻花绝不会也不敢吐露真相，于是爽爽快快承认个老光棍饥不择食，一时上当。“～”，没有真凭实据，谁也不能把他怎么样。（选自奚青《朱蕾》）

【大抵选他肌骨好，不擦红粉也风流】 语出《增广贤文》。看一个女子，若她的肌肤、骨架生得好，那么即使她不擦红粉，照样美丽动人。

【大都好物不坚牢，彩云易散琉璃脆】 语出白居易《简简吟》。世上大部分好事物都不太坚固，就像彩云容易散开，琉璃容易破碎一样。指美好的事物，往往是短暂不能持久的。 例句 白居易有诗云：“～。”青龙寺的樱花种类繁多且美得倾城，然而花期很短，错过了便只能等上一整年。（选自赵利辉《忆青龙寺赏樱》）

【大恩不言谢】 意思是别人对自己的恩情太过重大，不是说“谢谢”二字就能报答的，只好记在心里，容后再作报答。 例句 “唉，在下来常德访查仇人，被他们暗算，身中暗器，若非恩人搭救，焉有命在？～，在下想与恩公结为金兰昆仲，不知您意下如何？”（选自常杰淼《雍正剑侠图》）

【大凡读书，不能无疑】 一般来说，读书不能没有怀疑与疑问。古人读书，讲究独立思考，不盲听盲从。如果读书没有疑问，说明没有读进去。正确的读书方法是一边学习，一边独立思考，这样才能有收获。 出处 元·赵孟頫《叶氏经疑序》（节选）：“～。读书而无所疑，是盖于心无所得故也。”

【大风不过晌，过晌呼呼响】 大风一般不会持续到晌午，如果超过晌午，下午可能会刮得更大。

【大风吹倒梧桐树，自有旁人说短长】 意思是发生了不寻常的事情，自然会有人说短道长。 例句 地方邻里见是宦家，又是有名的剥皮公子，谁敢出头开口，只是背地里暗笑，正是～。（选自罗贯中 冯梦龙《平妖传》）

【大佛三百五，各有成佛路】 三百五：泛指多。比喻人在修行或事业的进取方面，各有各的门路，各有各的办法。 例句 “‘～。’你叫我又能咋办？咱们别跟老爷子过不去。”（选自陆大明《桑那高地的太阳》）

【大缸里打翻了油，沿路儿拾芝麻】 比喻丢弃大的捡拾小的，得不偿失。 出处 元·佚名《来生债》（节选）：“[卜儿云]居士，你将钱物都沉在海里了，俺四口儿如今回去，把甚么做盘缠那。……[正末云]我会编笊篱。……[卜儿云]这的是～也。”

【大姑娘上轿——头一回】 比喻人生第一次做或经历的事情。也作“大闺女上轿——头一回”。 例句 几年前，乡上决定调整种植思路时，鱼山村不少村民觉得意外。这也难怪，祖祖辈辈种小麦、油菜，改种蒜苗是～。（选自咸文静 张多钧 孙海玲《新街：“一村一品”奏响产业兴旺“交响曲”》）

【大官不要钱，不如早归田；小官不索钱，儿女无姻缘】 指旧时不论官职大小，官员都要榨取百姓的血汗钱。 例句 故俗谚说：“～。”可见贪婪的人，落得富贵；清廉的，枉受贫穷。（选自天然痴叟《石点头》）

【大官好见，衙役难搪】 搪（táng）：抵挡。指掌权者身边的人刁难起人来，往往比掌权者更难对付。 例句 “～”的现象，在古代官场中普遍存在。如今在我们的现实社会中仍未绝迹，个别小官僚利用手中权力刁难百姓的情况还时有耳闻。

【大海不怕雨水多，好汉不怕困难多】 大海有接纳雨水的容量，好汉有克服困难的勇气。 例句 “～”。面对工作中的困难和挑战，我们要以积极的态度勇敢面对，只有经历了重重考验，才能成就一番事业

【大海捞针】 在大海里捞一根针。比喻极难找到。 例句 这却是～似的，那里捉得他着。（选自吴趼人《二十年目睹之怪现状》）

【大海里翻了豆腐船，汤里来，水里去】 比喻从哪里来，还到哪里去。 出处 吴承恩《西游记》（节选）：“八戒道：‘这正是俗语云：“～。”如今难得他扇子，如何保得师父过山？且回去，转路走他娘罢!’”

【大海无风三尺浪】 大海即使无风，海面也有波浪。也作“海上无风三尺浪”。 例句 俗话说：“～。”这话不假。小船驶出港口，风送征帆，把船身都带斜了。（选自张凤雒《越海侦察》）

【大旱又大涝，地震要来到】 大旱之后又大涝，气象异常时要注意，有可能是发生地震的前兆。

【大河里有水小河里满，大河里没水小河里干】 比喻只有集体富裕了，个人才能富裕。 例句 俗话说：“～。”其实，这是翻过头来了，小河没水，大河也干了。（选自韶华《身边人物志》）

【大家马儿大家骑】 比喻大家的东西，大家应当共同享用。 例句 “这庙里是个～的地方儿，让大伙儿热闹热闹眼睛，别招含怨!”（选自孔厥 袁静《儿女英雄传》）

【大奸似忠，大诈似信】 非常奸佞的人看起来好像很忠贞，非常狡诈的人看起来好像很诚实。 例句 笑面虎呀笑面虎，今日总算见识到了什么叫做“～”，我问你昨天到底是怎么回事儿?

【大将保明主，俊鸟登高枝】 有才能的人会选择开明的君主辅佐，就像优秀的鸟儿选择高大的树木栖

息一样。比喻优秀的人才会到最能发挥自己才华的地方去施展才能。　例句　“元顺帝乃是无道的昏王，为此，我十年前就辞官不做了。可你，为什么非保他不可？‘～’啊！”（选自单田芳《大明英烈》）

【大将军怕谶语】　谶（chèn）语：迷信人相信的会应验的话。指大人物或大将军有时也怕不吉利的话会带来厄运。　出处　吴承恩《西游记》（节选）：“老妖听言，大惊失色。这正是‘～’。他闻得自家人这等说，安得不惊。”

【大将压后阵】　指将军不需要在前线冲锋陷阵，只要在后边压阵指挥就可以了。比喻重量级的人物最后出场或在后面指挥即可。　例句　～，这哪用你亲力亲为啊？你当领导的指挥我们怎么干就行了。

【大懒使小懒】　意思是懒人支使懒人做事，一个比一个更懒。　例句　“要你拿副纸笔来，替爸爸写个申请，就发懒筋了。”“你自己没有脚呀？”雪春翻他，“～，还骂人呢。”（选自周立波《山乡巨变》）

【大懒支小懒，小懒白瞪眼】　指懒人支使懒人做事，不会服气。另也有“大懒支小懒，小懒翻白眼”“大懒支小懒，小懒说气短”“大懒支小懒，小懒踢门坎”等等的说法。　例句　科长安排小明去前面行政科拿东西，小明就想让小强代劳，刚一开口，就遭到了抢白：“你没长着腿呀？”真是～。

【大浪淘沙澄真金】　大浪淘尽沙石，便露出里面的金子。比喻经过艰苦磨难考验，才可看出人的高尚品质。　例句　～。坚定理想信念不是一阵子而是一辈子的事，要常修常炼、常悟常进，无论顺境逆境都坚贞不渝，经得起大浪淘沙的考验。

【大里不见小里见】　指只看见小处，看不到大处，眼光短浅。　例句　（冯贵堂）气得立起来说：“咳!你的脑筋僵化了，过时了。你是～，你看那杂货铺院里，那粉坊、轧花房院里，不是都有了红军吗？大势已去，走吧!你快逃活命吧!”（选自梁斌《播火记》）

【大路不走草成窝】　壮族谚语。比喻做事不能中断，中断就会前功尽弃，就会荒废。　出处　柳州《刘三姐》剧本创作小组歌舞剧《刘三姐·第七场·抗禁》（节选）：“（众人唱）：～，钢刀不磨生黄锈，胸膛不挺背要驼。”

【大路朝天，各走一边】　大路朝着天，不是哪一个人的，可以各走各的。比喻人各有志，走什么道路，完全是自己的事。　例句　“桂元兄弟！眼下众人还是箭在弦上，刀在手中，没有工夫和你论理，你的嘴长在你自己脸上，愿说什么说什么吧！只是咱们～，你不跟大伙一块干可以走开，可决不准你假话欺瞒乡亲，破坏革命！”（选自冯德英《山菊花》）

【大买卖靠本钱，小买卖靠吆喝】　指大的生意靠本钱大挣钱，小的生意则主要靠知道的人多、需求广挣钱。 例句 “～”。咱是小买卖，必须得靠热情招呼、周到服务，赢得回头客才行。

【大门不出、二门不迈】 大门：指临街的门。二门：大门以内的第二道门。指从来不出家门与外人接触。 例句 “我一个妇道人家，～，哪来的熟人。”（选自陶承《我的一家》）

【大门朝八开，祸事滚滚来】 指农村大门不能朝着旱厕或垃圾堆开、不能朝着死水塘开、不能朝着采光不好的地方开等八处地方，否则会引来祸事。讲的是住宅的风水，有的内容从环境方面讲，也是有道理的。但“祸事”云云，不可信。

【大门对虎头，财散人也愁】 这里的“虎头”指的是房屋外表的尖锐部位，比如墙角等。这句俗语就是要告诉人们，起房盖屋，要留意开大门的位置，不要选在“大门对虎头”的位置，以免看着闹心。

【大门若朝西，寒暑受人欺】 意思是说如果房子的大门朝着西方，冬天不容易见阳光，夏天闷热不通风，如同受人欺负一般不舒心。其实，大门朝西的情况多了，并不能一概而论。

【大庙不收，小庙不留】 形容孤苦无依，无人收留。 例句 回到烟村，正划地包产；强手找能人，好马配银鞍。只剩下他们大杂院的这几户，老的老，小的小，不是等外劳力，就是歪瓜裂枣儿；～，只有包干到户了。（选自刘绍棠《烟村四五家》）

【大难不死，必有后福】 指遇巨大的灾祸而没有死掉，将来必定有福气。因为由此有了一份淡定的心态。 例句 “常言道，～。我想我的后半截该会越来越好了。”（选自余华《活着》）

【大能掩小，海纳百川】 指人的气量大，胸怀广阔能宽容人。 出处 元·李直夫《虎头牌》（节选）：“可不道：‘～。’看着狗儿面皮休打他，若打了他呵，我就恼也，饶了他罢。”

【大怒不怒，大喜不喜，可以养心】 逢着让人大怒之事也能心平气和，逢着让人大喜之事也不得意忘形，可以培养自己一种良好的心态。 出处 傅昭《处世悬镜》（节选）：“～。靡俗不交，恶党不入，可以立身。小利不争，小忿不发，可以和众。见善必行，闻过必改，可以畜德。”

【大欺小，不公道；大帮小，呱呱叫】 强大的欺负弱小的，不是公道的事；强大的帮助弱小的，会得到社会一致称赞。

【大其牖，天光入；公其心，万善出】 语出方孝儒《杂铭·牖》。牖：窗户。把窗户打开，阳光就会照进来；出于公心，就会做出许多善事。榆次县老县衙曾将这两句话作为庭院甬道上一座牌坊的楹联，以提醒为政者广开言路，办事公正。

【大屈必有大伸】 意思是长期不得志的人一定会有施展抱负的机会。 例句 “从前的事，我们都已占过。古语道得好：‘～。’第一个座位，定然要让乔家姐姐，请过来受封。”（选自李渔《凰求凤》）

【大人不华，君子务实】 语出王符《潜夫论·叙录》。内心强大的人不追求虚华，才德高尚的人致力于实干。 例句 “～”。在前进的道路上，力戒华而不实的虚浮之气，锻造求真务实的朴素本色，方可在辛勤耕耘中改变面貌、升华境界。空谈误国、实干兴邦，应是所有奋斗者的座右铭。（选自鲁平《“大人不华，君子务实”》）

【大人不记小人过】 敬称对方为大人，谦称自己为小人。希望对方不要与自己计较自己的过错，或者指地位高的人对地位低的人的过错加以原谅。 例句 “胡老爷，～，我说错了话，真正该打。”（选自高阳《胡雪岩全传·平步青云》）

【大事不糊涂，小事不纠缠】 指对大事要头脑清醒不糊涂，而对小事不要斤斤计较。 例句 作为领导干部处理问题要讲究领导艺术，其中重要的一条，就是“～”。

【大事不可谋于书生】 旧时认为读书人固执迂腐，优柔寡断，不能够与之共谋大事。 出处 《旧五代史·后汉·列传》（节选）：“隐帝与李业等谋诛杨邠等，议既定，入白太后，太后曰：‘兹事何可轻发，更宜与宰相议之。’业时在旁曰：‘先帝尝言，朝廷大事不可谋及书生，懦怯误人。’”

【大事化小，小事化了】 原指变大事为小事，变小事为无事。即事情最终得到解决。了：了结，结束。也指以折中调和的方式息事宁人。也作“大事化小，小事化无”。 例句 在现实生活中，有的党组织对违反党的纪律行为的人和事处理不当，甚至装聋作哑、避重就轻、～，给党的形象带来了很大的损害。（选自李新生《坚持用严明的纪律管全党治全党》）

【大手大脚】 原指人手大，脚大；后多用来形容花钱、用东西不节省。 例句 “成年家～的，替太太不知背地里赔垫了多少东西。”（选自曹雪芹《红楼梦》）

【大树不摇，鸟巢自安】 比喻只要有靠山在，附庸者自然平安无事。也作“大树不倒，鸟巢自安”。 例句 我还在这个位置上呢，你慌什么？“～”。

【大树底下不长草】 在大树下由于没有阳光的照射，所以野草无法生长。喻指有强势者压制，很难出头。 例句 纵观全国媒体，由于历史、体制的原因，新兴互联网媒体大多由传统媒体派生而来，处于从属地位，各种资源配置差，多年发展的结果是“～”。（选自何旭《创新体制，探寻融合新路径》）

【大树底下好乘凉】 比喻有所依托，就能沾上光或事情就好办。 例句 每日如是吃他家的，便好道这～。（选自元·无名氏《刘弘嫁婢》）

【大树底下好遮阴】 树大枝叶繁茂，可供人遮阳。也可喻指凭借有大势力的人作靠山，好办事，好遮蔽。 例句 他看得～，便坐下少憩，不觉靠在树上困着了。（选自张南庄《何典》）

【大树之下，草不沾霜】 大树下面的小草由于有树叶的遮挡霜打不到。喻指依靠势力强大的人会得到庇荫。 出处 九山书会才人《张协状元》（节选）：“～。奴家求庇荫于李大公大婆，庄家有甚出豁？”

【大水冲了龙王庙，一家人不认得一家人】 龙王庙：供奉龙王的庙宇；龙王是传说中能呼风唤雨的神。比喻自己人不认识自己人，发生了误会或冲突。 例句 那妇人听了，这才裂着那大薄片子嘴笑道：“你瞧，‘～’咧!那么着，请屋里坐。”（选自文康《儿女英雄传》）

【大水未到先治坝，休到河边再脱鞋】 在问题出现之前，就要采取措施预防；不要事到临头，才忙着应付。

【大蒜是个宝，常吃身体好】 现代医学实验也证明，常吃大蒜有益健康。

【大王好见，小鬼难当】 指头目见面好说话，喽啰们难缠。 例句 现在的人间也还是“～”的处所。（选自鲁迅《路》）

【大尾小头，重不可摇】 尾巴大头小，摇摆就会困难。比喻上级如果支配不动下级，一切号令就无法施行。亦即尾大不掉。 出处 焦延寿《易林·咸》（节选）：“～；上弱下强，阴制其雄。”

【大雾不过三，过三要变天】 有大雾的天气一般不会超过三天，超过三天就会改变。

【大象口里拔生牙】 从大象嘴里拔牙。比喻不好惹，惹不起。 例句 “这项银子，是你自己欺心不是处，黑暗里葬送了，还怨怅兀谁？那官员每手里东西，有进无出，老虎喉中讨脆骨，～，都不是好惹的，不要思想到手了。况且取得来送与行院人家，又是个填不满底雪井，何苦枉用心机，走这道路？”（选自凌濛初《二刻拍案惊奇·青楼市探人踪 红花场假鬼闹》）

【大雪不封地，不过三五日】 “大雪”节气，标志着仲冬时节开始。我国越来越多的地区会气温下降，寒冷加剧。如果到“大雪”节气，田地还没有冻住，三五天之内也会冻住。

【大眼瞪小眼】 指面面相觑，不知怎么办好。 例句 几句话，把个马连福说得张飞穿针——～，后脊梁背嗖嗖地冒凉气。（选自浩然《艳阳天》）

【大疫不过三，过三必有奸】 大的疫情一般不会超过三年，如果疫情持续超过三年，在旧社会就会有作奸犯科现象出现。

【大意失荆州，骄傲失街亭】 这两句话指的是《三国演义》中描写的关羽因为疏忽大意而失去荆州，和马谡因刚愎自用而丢失要塞街亭这两个故事。现比喻由于疏忽大意、刚愎自用而造成的失败。 例句 ～。人生在世，万万不能骄傲大意。一旦有此心，则必有破绽；有破绽，则必有失败。

【大勇若怯，大智如愚】 语出苏轼《贺欧阳少师致仕启》。至大的勇敢看起来像是怯懦，至大的智慧看起来像是愚钝。“大智如愚”现多作“大智若愚”。 例句 苏轼《贺欧阳少师致仕启》中说“～”。什么叫“大勇若怯”？看看司马懿就知道了。守而不战，向对方示弱，这是司马懿“大勇若怯”的第一步。（选自宋宗祧《大勇若怯司马懿》）

【大鱼吃小鱼，小鱼吃虾米】 旧指人与人之间的关系是大欺小，强凌弱。 例句 破风筝：那并不是您一个人那样儿啊。那时候，您也跟我们一样受上头的剥削，压迫呀！那叫作～。现在，可好喽，连蛤蟆骨朵都可以晃摇着小尾巴活着了！（选自老舍《方珍珠》）

【大丈夫当雄飞，安能雌伏】 语出《后汉书·赵典传》。雌伏：雌鸟伏在那儿不动。大丈夫应该像雄鸟一样振翅高飞，怎么能像雌鸟一样伏在那儿不动呢？比喻男子应该有远大的志向。 例句 “～？”要成为一个奋发有为的人，就不能仅仅考虑个人及个人的家庭，就必须把正确的理想信念落实到自己的工作与行动中。（选自李慎明《坚定信念、勤奋读书、奋发有为——寄语即将走进社会的青年学子》）

【大丈夫能屈能伸】 语出李伯元《文明小史》。一个真正的男子汉逆境时能受得委屈，得志时能施展抱负。 例句 俗话说～，其实小女子也是能温柔能强硬。（选自魏新丽《当代女官：从装男人到做自己》）

【大志非才不就，大才非学不成】 语出李诩《戒庵老人漫笔》。大的志向没有才干就不会实现，而大的才干没有勤学苦练是培养不成的。

【逮个雀儿还得丢把米】 比喻要做成一件事情，就得付出一定代价。 出处 柳青《创业史》（节选）：“我的天，过日子嘛，不摊点底儿还能行？～”

【逮住蛤蟆攥出尿来】 比喻人极其吝啬，或压榨到极致。 例句 那人就是个“～”的主，你想从他那里借钱？甭想！

【带箭野猪猛于虎，老鼠急时会咬人】 比喻受到打击或被逼到走投无路的人，会表现得非常凶狠顽强。 例句 有道是：“～。”这时的西军，知道后退无路，战斗非常英勇。（选自任乃强《张献忠》）

【待人宽一分，利人利自身】 待人懂得宽容，既有益于他人，也有利于自身。 出处 明·洪应明《菜根谭》（节选）：“处世让一步为高，退步即进步的张本；待人宽一分是福，利人实利己的根基。”

【单筷难挟菜，独翅难飞天】 喻指只有团结协作，才能完成任务。 例句 正所谓“～”。这个项目能够顺利完成，不是哪个人的功劳，而是我们团队共同努力团结协作的结果。

【单刃斧子两面砍】 比喻说话兼顾两方面，原则、立场不坚定。 例句 显然是反对老伴那～的话。他历来讨厌那种既坚持原则，又考虑个人得失而犹犹豫豫、顾虑重重的人。（选自申跃中《挂红灯》）

【单丝不成线，独木不成林】 一根丝合不成线，独株树成不了林。比喻人少势孤，形不成气候或办不成事。也作“单丝不成线，孤树不成林”。 例句 牛皋道：“～。你一个舞，终久不好看，待俺来和你对舞。”（选自钱彩 金丰《说岳全传》）

【耽误一夜眠，十夜补不全】 一夜不睡，十夜都补不回来。指夜晚睡眠十分重要，最好不要熬夜。 例句 “夜间的睡眠不可轻易耽误。俗谚说：‘～。’我建议你科学安排时间，提高工作效率，不要动不动就开夜车。”（选自陶仰侃《睡眠与健康》）

【胆大骑龙骑虎，胆小骑猫骑兔】 指胆量决定格局大小。 例句 常言说：“～。”就你那点胆子，能把企业做大吗？

【胆大天下去得，胆小寸步难行】 胆量大的人天底下任何地方都敢闯，胆量小的人死守家门哪里也不敢去。指胆大会有作为，胆小没有出息。也作“胆大走遍天下，胆小寸步难行”。 例句 李田想着，暗暗对自己说：“～。拿出勇气把任务要过来。”（选自罗瑞《平津之战》）

【胆大心细如有神，粗心大意害死人】 胆大心细的人，做事如有神助；粗心大意的人，做事误事，害人害己。

【胆是路子，智是财富】 有胆量的人敢闯，就能够找到解决问题的路子；有智慧的人点子多，总能发现创造财富的机会。 例句 王总摆了摆手，示意大家停止掌声，他接着说：“～。同志们都齐心协力，没有办不成的事情。”

【胆小不得将军做】 只有胆量大的、敢作敢为的人才可以领兵打仗。指胆小的人成不了大事。 例句 “孩子，你有这胆量？”梨花问。“有。常言道：～。”（选自《薛丁山征西》）

【但攻吾过，毋议人非】 语出《陈确集·别集·不乱说》。只是努力克服自己的缺点，不要议论别人的是非。指多做自我批评，不要眼睛只盯着别人。

【但行好事，莫问前程】 语出

《增广贤文》。源自冯道《天道》诗中的“但知行好事，莫要问前程”。只管做善事，不去考虑将来的结果。或也作“只行好事，莫问前程”。 例句 从门诊初设，到救人无数，再到如今成立了志愿服务队，王永甫初心不改，正如他所说，“治病救人，是医生的责任，~。”（选自尚明桢 霍亚平 赵春晖《中国好人王永甫：但行好事 莫问前程》）

【但看三五日，相见不如初】 指人与人经过一段时间相处，就会发现对方的缺点。 例句 “~。”渐渐我也发觉了他的毛病，就是太“白”了。（选自孔捷生《追求》）

【但立直标，终无曲影】 只要立的是直杆，就不会有弯曲的影子。比喻上面是正直的，下面的才会无私。 出处 《旧唐书·崔彦昭传》（节选）：“必使恩从下布，法自上行。~。”

【但能依本分，终须无烦恼】 语出《增广贤文》。指人只要老实本分，就不会有惹事后的烦恼。 例句 有句话说“~”。在工作中，我只是一心干好自己职责范围内的事，不管别人如何评价，于是便始终保持着心灵的平和与自由。

【但能依理求生计，何必欺心做恶人】 语出《名贤集》。指人要正大光明地谋求生存，不应该昧着良心去坑害他人。

【但有绿杨堪系马，处处有路通长安】 语出《增广贤文》。意思是哪里都有拴马的树，条条路都可以通向长安城。喻指事在人为，只要能正确面对，就没有能难得倒人的事情，通向成功的路不只一条。

【淡淡如水情常在，蜜里调油不久长】 朋友之间不以利益相交往，情谊就会一直维持；成天亲密无间腻在一起，反而不会长久。

【当差的官面上看气，行船的看风势使篷】 下级要看上级的脸色行事，就好比船家行船时要见风使帆一样。指人要看情况办事。 例句 常言道：“~。”若是韩通今日见了匡胤，破口大骂，喝令上前，这些军士自然要来帮助，各要见功。（选自吴璿《飞龙全传》）

【当断不断，反受其乱】 语出司马迁《史记·春申君列传》。意谓应当作决断的时候不决断，反而会因此而遭受祸害。同“当断不断，必受其乱”。 例句 “这是他走向革命的最好时机，要当机立断；~。”（选自薄一波《师长与战友——回忆刘伯承同志》）

【当耳旁风】 意思是对所听的话不放在心上。 例句 特别要注意倾听那些不同的声音，哪怕是个别人反映的情况都不能~，而要极其认真对待，进行必要的问询和认证，不让那些民意不高、反映不好、品行不正的考察对象进入任用程序。（选自胡军《在考察谈话中查“病号”》）

【当官不为民做主，不如回家卖红薯】 旧指做官一任，就应该为老百姓撑腰办事，造福一方，否则就应该辞官回家。 例句 “你忘了当初人家对咱们的救命之恩了？‘～’，我看你干脆回家卖红薯得了，你还当个官干么！”（选自刘林仙 黄国祥《英雄大八义》）

【当官的动动嘴，当兵的跑折腿】 上级领导一句话，属下就忙得团团转。常用来讽刺官僚主义作风。也作“当官的动动嘴，当兵的跑断腿”。 例句 “常说：‘～。’我和侯队长都是听城里吆喝的。”（选自冯志《敌后武工队》）

【当家才知柴米贵】 人只有掌管了家事，才知道柴米等的价钱有多贵。喻指不承担责任就不知道压力的沉重。 例句 “祝书记，‘～’。你是到俺家里看过的，不到俺家里来的人，是不知道俺的苦处的。”（选自陈登科《风雷》）

【当家才知柴米价，养儿方晓父母恩】 当家：管家。谓当了家才知道柴米的价钱，自己生儿育女了才懂得父母对自己的恩情。比喻只有亲身经历过，才能知道生活的艰难，才会有更深刻的体会认识。 例句 那呆子走得辛苦，心内沉吟道：“当年行者在日，老和尚要的就有；今日轮到我的身上，诚所谓‘～’。公道没去化处。”（选自吴承恩《西游记》）

【当家才知盐米贵，出门才晓路难行】 事不经手不知难。等自己当家做主后，才知道钱难挣却不经花；等自己在外打拼后，才体会到生活艰辛。 例句 “～”。接管家族企业之前，我从未料到管理一个企业竟然这么具有挑战性。

【当家三年狗也嫌】 语出兰陵笑笑生《金瓶梅》。一个人当家时间长了，家里人都会对他不满意。喻指掌权久了，难免会得罪人。 例句 俗话说，～。但他当村主任这么多年，村民没有说他不好的，由此也可知他的人品如何了。

【当局者迷，旁观者清】 比喻一件事情的当事人往往因为对利害得失考虑得太多，认识不全面，反而不及旁观者看得清楚。 例句 认真检视问题还要广泛听取人民群众的意见建议。俗话说，～。对党员、干部身上存在的一些问题，人民群众往往最有发言权。（选自李明《检视问题贵在认真》）

【当路莫栽荆棘树，他年免挂子孙衣】 喻指不要干违背公德的事，以免日后给子孙留下麻烦。 例句 这件事你如果真要那样做，可有点不地道，容易触犯众怒。“～”。请你三思。

【当面鼓对面锣】 比喻面对面地商量、对证或争论。也作“当面锣对面鼓”。 例句 “电视问政”在铁岭市党员干部中产生强烈震动。许多机关干部深受触动：这样的问政，没有预设，～，直面问题，真正看到了工作中存在的差距。（选自姜义双 王晓波《铁岭以“电视问政”推动干部作风建设》）

【当面是人，背后是鬼】 多用于贬义。形容为人不诚实，当人面就表现出自己好的一面，背地里却做着见不得人的坏事。 例句 人世间是有这样一种角色——～。（选自海涛《硝烟》）

【当面一套，背后一套】 当面说的是一样，背后说的干的又是一样。表里不一，口是心非。 例句 “台上一套，台下一套；～；心里有数就是了。”（选自周而复《上海的早晨》）

【当面银子对面钱】 指交割银钱时，必须双方当面点清，验对核实，过后不可再找后账。 例句 “有道是：‘～。’那当时你可是点清楚了——一沓五百，二沓一千，一点不错。”（选自孙殿英《乱世荒唐人》）

【当权若不行方便，如入宝山空手回】 意指掌权的人如果为别人提供不了便利，就如同进了宝山又空手而归一样。 出处 元·杨显之《酷寒亭·楔子》（节选）：“他本犯罪该刑一死灰，重翻招案却因谁？正是～。”

【当仁不让于师】 语出《论语·卫灵公》。意思是一个人承担了“仁”的事，就是在老师面前也不必谦让。后表示遇到应该做的事就积极主动去做。 例句 “～”，陈寅恪办得到的，我们掌握了马克思列宁主义的人为什么还办不到？（选自郭沫若《给北京大学历史系师生的信》）

【当省不用，当用不省】 应当节省的不可乱花，花费正当的就不可节省。 例句 咱这小家小户，～。既不能铺张浪费，还要维持生活。

【当时若不登高望，谁信东流海洋深】 语出《增广贤文》。如果不是当时登高远眺，谁会相信河水会一直东流，汇入到浩瀚大海呢？可用以表示，人只有年轻时努力学习，才能开阔眼界，增长见识。

【当堂不让父】 原指比武时即使是对尊长也不让步、留情。可引申为公堂之上，即使是对尊长也秉公办事。 出处 佚名《施公案》（节选）：“别论我是王爵，他是庶民，只管叫天霸有什么本领，与奴才较量较量。俗云：‘～，举手不留情。’”

【当一天和尚撞一天钟】 比喻做事情敷衍消极，混一天算一天，没有积极主动的精神。或是无可奈何，勉强从事。也作“做一天和尚撞一天钟”。 例句 这样的人信奉“为了不出事，宁可不干事”，顾虑“洗碗越多，摔碗越多”，如“庙里的泥菩萨，经不起风雨”。他们～，没有立场、不讲原则、不敢担当。（选自李浩培《力戒四种“怪”心态》）

【当用时万金不惜，不当用时一文不费】 钱花在有用的地方，再多也不吝惜；不该花的钱，一文钱也不乱花。 例句 李嘉诚应该对“～”这句话有深刻的理解。他曾说：“要我马上拿出一个亿，我面不改色。

但谁在地上丢一分钱，我会立即捡起来。”

【当着矮人，别说短话】 指面对着矮人，不要说有关“短”的话。泛指说话要看对象，注意回避别人的忌讳，以免刺痛人。也作“当着矮子，别说矮话”“守着矮子，不说短话”。 例句 “俗语说的好：‘～。’姑娘骂我，我不敢还言；这二位姑娘并不惹着你，‘小老婆’长，‘小老婆’短，人家脸上怎么过的去？”（选自曹雪芹《红楼梦》）

【当着真人，不说假话】 真人：泛指明白事理的人。当着明白事理的人必须诚心诚意，实话实说。例句 “我～，天理良心，的的确确是封山以前锯倒的，封山以后才劈成柴禾。”（选自周立波《山乡巨变》）

【当众教子，背后教妻】 教育子女可以当着人面，批评妻子却要避开他人。指教育批评的对象不同，方式方法也要随着改变。 例句 过去有一种很受推崇的谈话方法——“～”，我们至今还常认为这样的做法是正确的。（选自陆世龙《家庭问题》）

【当庄不认当庄货】 当地人对本地出产的货品司空见惯，购买欲就会差一些。

【刀不离手，弓不离身】 意思是每时每刻都处于高度的戒备状态。例句 尽管这群人队伍不齐整，有的站着，有的蹲着，却都是～，准备着随时厮杀。（选自姚雪垠《李自成》）

【刀不磨要生锈，人不学要落后】 刀长时间不磨砺，刀就会生锈；人长时间不学习，人就会落后。例句 “～”。在这个信息爆炸的时代，要想避免成为时代的落伍者，只有不断学习新知识，才能保持竞争力，不被时代所淘汰。

【刀搁在脖子上】 比喻面临死亡的危险或威胁。同“刀架在脖子上”。 例句 “我另说出两三件事来，你果然依了我，就是你真心留我了，～，我也是不出去的了。”（选自曹雪芹《红楼梦》）

【刀砍的伤痕易治好，诽谤的伤痕难治愈】 用利刃割伤身体，伤口容易愈合；而用恶语伤了人心，别人就会一直不忘、耿耿于怀。 例句 她哭着说：“这～，你们四处造我的谣，说我的坏话，这样的伤痛什么时候才能治好呀！”

【刀砍杉树不死根，火烧芭蕉不死心】 比喻正义的信念，坚强的意志，任凭怎么摧残都不会动摇。或比喻决不罢休。 出处 柳州《刘三姐》剧本创作小组歌舞剧《刘三姐·第七场·抗禁》（节选）：“（小牛唱）～，刀砍人头滚下地，滚上几滚唱几声。”

【刀快不怕脖子粗】 只要刀锋利，脖子再粗也能砍断。比喻只要能力强，事情再难也能完成。 例句 “不用，～，你们只管开会去，

我们保险够敌人吃喝的。”（选自郭澄清《大刀记》）

【刀山上爬，油锅里滚】 比喻有过种种危险的经历。 例句 “咱这老根据地里，四十岁往上的人，哪个不是～过来的？”（选自王愿坚《粮食的故事》）

【刀山敢上，火海敢闯】 比喻非常英勇。 例句 “我一生无遗憾，认定了共产主义这个为人类翻身解放造幸福的真理，就～”，从夏明翰烈士就义前写给大姐的信中，我们感悟到这位革命烈士鲜明的人民立场、深沉的为民情怀。（选自何虎生《坚定信念思奋进 永葆初心有担当——品悟革命烈士夏明翰的家书》）

【刀头争功，马背夺官】 指靠打仗立功来获取功名地位。 例句 自古武夫之道：～。只要拓得地大，裒得兵多，不愁讨不来高官做。（选自郭灿东《黄巢》）

【刀越磨越快，脑越用越灵】 刀要经常磨才锋利，勤动脑思维才会更敏捷。

【刀子不磨要生锈，水不流动要发臭】 比喻人必须经常运动，才能保持健康。

【刀子嘴，豆腐心】 比喻说话刻薄、言语尖利，但心地柔和、宽厚仁慈。嘴上说的很难听，其实心里也在滴血，这样的人很善良。说狠话的时候，嘴上说的和心里不一样。 例句 焦二菊是个～，硬的不怕，软的受不了。（选自浩然《艳阳天》）

【倒茬如上粪】 田地里不断调整种植的作物品种，相当于上粪增加地力。

【倒墙不倒基】 墙倒了，可是基础还在。比喻虽然受到损失，但重整旗鼓的能力还在。 例句 小明这桩生意可赔大发了，但～，凭这小子的能力，还有东山再起的机会。

【到处灵山都有庙】 灵山：佛祖居住的圣地，泛指佛地。比喻好人好事无处不在。 例句 俗话说“～”，在当代中国，到处都能遇到做好事儿的人。

【到处留心皆学问】 只要留心就会发现，时时处处都有值得学习的东西。也作“处处留心皆学问”。 例句 怪不得古人说得好，“～”。一切道理都要在实践中才能体会得更具体、更深刻。（选自柯岗《逐鹿中原》）

【到处绿葱葱，旱涝无踪影】 绿地多了，可以减少旱灾和涝灾。

【到哪儿说哪儿】 指随着事情的发展再决定对策。 例句 事情还没有发展到不可估量的地步，咱～，害怕解决不了任何问题。

【到什么火候使什么锤】 借打铁比喻根据事情的发展情况，采取相应的举措。 例句 别着急，“～”，事情还没到那一步。

【到什么山上砍什么柴】 指山不同，长出的柴木也不同；到了哪座山，就砍哪座山上的柴。比喻环境变了，人的思想、习惯也得跟着变。同“到什么山上唱什么歌”。　例句　“～。你们看这样好不好，中间的大船舱当‘化妆间’，船头、船艄两边用‘景片’隔一隔，分别做男女‘更衣室’。”（选自德咏　银剑《幕边春秋》）

【道不同，不相为谋】　语出《论语·卫灵公》。志向或主张不同的人不在一起商谋共事。　例句　我们不妨假定，人的心灵是有质和量的不同的。质不同，譬如说基本的人生态度和价值取向格格不入，所谓“～”，沟通就无从谈起。（选自周国平《人生哲思语编》）

【道儿是人走出来的，辙儿是车轧出来的】　比喻什么事只要敢干总会有办法，只要肯干总会有成果。例句　“～”。继续坚持，相信有一天你会做出成绩来的。

【道高一尺，魔高一丈】　道：道行，指佛家修行的功夫。魔：魔罗的略称，佛教指破坏修行的恶魔，如烦恼、疑惑、迷恋等。本为佛家语，告诫修行者必须小心世俗的诱惑。比喻取得成功之后，前进的道路上可能会有更大的拦路虎。也比喻总有压倒或打败对方的一着。还比喻正义总能打败邪恶。例句　风浪是意料中事；所谓“～！”他，吴荪甫，以及他的同志孙吉人他们，都是企业界身经百战的宿将，难道就怕了什么？（选自茅盾《子夜》）

【道虽迩，不行不至；事虽小，不为不成】　语出《荀子·修身》。迩：近。道路虽近，不走就不会到达；事情虽小，不做就不能成功。例句　“～。”任何蓝图都不会自动变为现实，实现上述目标，需要亚太各成员携手并肩、共同努力。（选自习近平《发挥亚太引领作用应对世界经济挑战——在亚太经合组织工商领导人峰会上的主旨演讲》）

【道虽近，不行不至；事虽小，不为不成】　比喻任何事情，如果不实际去做，永远也不会成功。　出处　韩婴《韩诗外传》（节选）：“～。暇日多者，出入不远矣。”

【道吾好者是吾贼，道吾恶者是吾师】　语出《增广贤文》。说我好、吹捧我的人其实是害我之人；说我不好、批评我的人是我的老师。例句　～。对待谈话提醒，干部需要正确认识，莫把提醒当耳边风。（选自吴桂桃《“谈话提醒”为干部接种“免疫基因”》）

【道院迎仙客，书堂隐相儒】　语出《增广贤文》。意谓修道之处常有学仙之人出入，书斋之内或隐居有宰相之才。

【道之以德，齐之以礼】　语出《论语·为政》。道：引导。齐：整顿，规范。用道德来引导人民的思想，用礼节来规范人民的行为。　例句　孔子说：“道之以政，齐之以刑，民免而无耻；～，有耻且格。”其意思是，仅仅用政令来引导，用刑罚来威慑，禁止人民做坏事，那么，民众充其量能做到不触犯法律，但不会有羞耻之心。如果用道德来引导民众，用礼节来规范民众的行为，民众就不但会有羞耻之心，而且能逐渐成为有道德的人。（选自赵修义等《论德治和法治的结合》）

【稻多打出米来，人多讲出理来】 指稻子多了，打出的米就多；人多了，办法、道理也就容易讲出来了。 例句 “俗话说：‘～。’战士们有战斗经验，有主意，有办法，有了困难和大家商量，总是可以解决的。”（选自黎汝清《万山红遍》）

【得宠思辱，居安虑危】 得到宠幸要想到屈辱，处境安乐要虑及危险。 出处 元·佚名《白兔记》（节选）：“古人有言：‘～。’刘智远自赘岳府……竟不知恩妻李三娘信息如何。”

【得道者昌，失道者亡】 做事符合道义的人昌盛，违背道义的人衰亡。 例句 “～”，是中国古代政治智慧与政治经验的高度凝练。

【得道者多助，失道者寡助】 语出《孟子·公孙丑下》。拥有道义的人得到的帮助就多，失去道义的人得到的帮助就少。在国际关系中，常用以表示正义的一方自然会得到大家的支持和帮助，而非正义的一方必然会失去人心，得不到大家的支持和帮助。也作“得道多助、失道寡助”。 例句 古人云，～，而如今，美国却依然逆潮流而动，这既不符合《联合国宪章》和国际法，又不得人心。（选自柳华文《美国滥评他国人权不得人心》）

【得黄金百斤，不如得季布一诺】 语出司马迁《史记·季布栾布列传》。季布：汉将，以信守诺言、讲信用而著称。得到一百斤黄金，也不如得到季布的一句承诺。形容人的诚信比黄金还要贵重。 例句 秦末大将季布一向说话算数，信誉很高，很多人都与他结下了深厚的友情。当时流传着这样的谚语：“～。”（选自侯玉波《人际交往黄金定律》）

【得了便宜还卖乖】 指得了好处还要显示自己聪明伶俐。卖乖：卖弄乖巧。 例句 他这个人，吃救济不认照顾，～哩。

【得了金马驹，还想要它娘】 形容人贪得无厌，不知足。 例句 沈万三是个“～”的贪狼。他一听才一千两，心说：这哪行啊，打了我的人，伤了我的面，往少说也得勒他个万八千的。（选自单田芳等《大明英烈传》）

【得理不让人】 指占了理，就不肯宽容、饶恕别人。 例句 “海霞，你不能～呵，你不是常说，不怕有缺点，改正了就好了？”（选自黎汝清《海岛女民兵》）

【得民心者得天下】 出自《孟子·离娄上》。在政权的争夺中，得到人们真心拥护的一方就能夺得政权。 例句 许多儒家学者都认识到～、“民为邦本，本固邦宁”的道理，先后提出民贵君轻、民本君末等君臣关系理论，虽然目的大都是为了“存社稷、固君位、达邦宁”，但客观上对于改善人民的生存状况、发展社会生产也有积极作用。（选自方克立《儒学给人智慧》）

【得民者昌，失民者亡】 得民心者昌盛，失民心者衰亡。指民心向背是决定兴亡的关键因素。 例句 “人心向背，这是决定战争胜负的非常重要的条件，您当然熟悉‘～’这句古训。”（选自杨沫《东方欲晓》）

【得便宜处失便宜】 意思是贪得好处的地方，也往往就是遭受损失的地方。 出处 冯梦龙《喻世明言·蒋兴哥重会珍珠衫》（节选）：“这首词名为《西江月》，是劝人安分守己，随缘作乐，莫为酒、色、财、气四字损却精神，亏了行止。求快活时非快活，～。”

【得趣便抽身】 指得到好处随即溜走。 出处 罗懋登《西洋记》（节选）：“古人说得好：～，莫待是非来入耳，从前恩爱反成仇。”

【得饶人处且饶人】 指能宽容别人，尽量宽恕别人，不把事做绝。 例句 “‘～’，得将就的就省些事罢。但只听见各屋里大小人等都作起反来了，一处不了又一处，叫我不知管那一处是！”（选自曹雪芹《红楼梦》）

【得人钱财，替人消灾】 指接受了人家的好处，就要为人家办事解决问题。也作“收人钱财，与人消灾”。 例句 万歪暗地里得到七大好处，“～”，自然也不再对许老头提什么百子之福的鬼话了。（选自司马文森《风雨桐江》）

【得意时毋太快意，失意时毋太快口】 语出纪昀《阅微草堂笔记》。毋：不要。称心如意的时候不要过于兴奋，不遂心的时候不要满口牢骚。指情绪波动时，说话越要谨慎。 例句 人在情绪失控时，说话容易失口，容易走极端，往往产生负作用，造成不好的影响。因而，古话告诫人们：“～。”否则，话一出口，泼水难收，后悔也晚了。（选自常殿龙《祸从口出》）

【得志犬猫强似虎，失时鸾凤不如鸡】 比喻小人得志，常常神气十足；英雄背时，往往受人冷遇。与“得志猫儿雄似虎，败翎鹦鹉不如鸡”“得势的猫儿凶似虎，失势的凤凰不如鸡”义同。 例句 郭总兵也不免叹道：“‘～’！我虽是个挂印总兵，这一时不见有甚么八面威风，且不如个府经历如此轩昂哩！”（选自西周生《醒世姻缘传》）

【得众则得国，失众则失国】 语出《礼记·大学》。得到民众的拥护，就会得到国家；失去民众的拥护，就会失去国家。 例句 党与人民风雨同舟、生死与共，始终保持血肉联系，是党战胜一切困难和风险的根本保证，正所谓“～”。（选自习近平《在庆祝中国共产党成立95周年

大会上的讲话》）

【德不孤，必有邻】 语出《论语·里仁》。道德高尚的人不会孤独，一定会有许多志同道合的人与他相伴。 例句 “～。”只要中日两国人民真诚友好、以德为邻，就一定能实现世代友好。（选自习近平《在中日友好交流大会上的讲话》）

【德不优者，不能怀远；才不大者，不能博见】 语出王充《论衡·别通》。怀远：安抚边远的人。恩德不优容的人，不能安抚边远地方的人；才学不大的人，不能有广博的见识。 例句 ～。广大哲学社会科学工作者要树立良好学术道德，自觉遵守学术规范，讲究博学、审问、慎思、明辨、笃行，崇尚“士以弘道”的价值追求，真正把做人、做事、做学问统一起来。（选自张浩《坚持用明德引领风尚》）

【灯不拨不亮，话不说不明】 话不说清楚，听话的人心里就不明白，这和油灯必须拨掉灯花才能明亮是一个道理。同“灯不拨不亮，理不辩不明”。 例句 常言说得好：“～。”真相一白，风吹云散，彼此都不再计较一言半语的偏激。（选自郭明伦 张重天《冀鲁春秋》）

【灯台照人不照己】 比喻对别人的问题看得很清楚，但对自己就没有自知之明。 出处 明·顾起元《客座赘语》（节选）：“南都闾巷中常谚，往往粗俚而可味者，漫记数则，如曰……‘～’。”

【蹬鼻子上脸】 一方给对方面子，对对方的某种出格的行为不计较，但对方非但不领情，反而越发骄横跋扈，张狂。 例句 都在一个县城生活，乡里乡亲的，谁想野蛮执法，谁天生想挨骂？但几乎所有的方式他们都试过，但没有一个顶用的，温情执法只会让对方～。（选自师忠元《不要戴着“有色眼镜”看城管执法》）

【低头不见抬头见】 低头见不到，抬头就能见到。形容经常碰面。一般用来劝矛盾的双方和解，要留有余地，不要把事情做绝了，以免以后相见时不好面对。也作“抬头不见低头见”。 例句 “咱们一个屯子的人，～，平日都是你兄我弟的。”（选自周立波《暴风骤雨》）

【低头的庄稼穗大，仰头的庄稼穗小】 比喻谦逊恭谨的才是有本事的，高傲自大的则没有什么真才实学。或比喻谦逊、努力的人收获大，高傲、不踏实的人收获少。 例句 小明踏实好学，考上了一本；小强咋咋呼呼，勉强上了个大专。真应了那句话了：～。

【低头拉车，抬头看路】 指拉车需要低下头使出气力，同时也要时时抬起头看清前边的道路。比喻做事既要踏实苦干，又要认准目标，明确方向。因此常被用作“既要低头拉车，也要抬头看路”“不能只低头拉车，还要抬头看路”等等。 出处 刘振华《新嫁娘夜话·飘飞的纸片》（节选）："他又常常自得，因为自己熟知各类术语。例如：'长流水，不断线'，'浇花要浇根，帮人要帮心'，'～'。"

【堤溃蚁孔，气泄针芒】 语出陈忠《清盗源疏》。一个小小的蚂蚁窝可以使堤坝渗水溃决，一个小小的针眼儿可以使气全部泄光。比喻小处不慎可能酿成大的祸端。 例句 "～"，精神支柱的倒塌，人生高地的失守，往往是从细节开始的。（选自仝俊元《党员干部要养浩然之气》）

【滴水不成海，独木难成林】 形容个体的力量是有限的，大家团结在一起，凝聚大家的力量，才能干成大事。 例句 ～，联动创新、互通共融才能谋取大发展。（选自赵琳《扩大沿黄"朋友圈"，共谱黄河"协奏曲"》）

【滴水成河，粒米成箩】 意思是一滴水一滴水汇集起来能成河，一粒米一粒米聚起来能装满箩。比喻积少成多。 例句 ～。此前曾有机构估算，按照10%的浪费率，每年全国瓶装水浪费量在千万瓶以上。在瓶装水的生产、运输、销售等环节，还需要耗费大量的社会资源。"半瓶水"看似不多，但浪费的资源远超想象，造成的危害也不容忽视。（选自李维俊《"半瓶水"也不该浪费》）

【底肥为主，追肥为辅】 种庄稼之前要提前施足肥料，这是主要的。禾苗长成后再慢慢施加肥料，这是相辅助的。

【地薄者大木不产，水浅者大鱼不游】 语出张商英《素书》。地薄大树便长不成，水浅大鱼便游不了。比喻没有合适的环境和条件，便产生不出俊杰高士。

【地冻车响，疙瘩萝卜长一长】 早年车轱辘都是使用木质车轮或是硬胎的车轮。初冬上冻后，车轱辘走在地面上会发出响声。这个时候其他植物很难生长，而疙瘩萝卜比较耐寒，还可以再长一长。

【地尽其力田不荒，合理密植多打粮】 种植庄稼，如果能做到地尽其力，所有的田都不撂荒，并且合理密植，就一定会多打粮食。

【地里多锄几遍草，颗颗麦粒似红枣】 把地里的杂草去掉，避免与庄稼争养分，收成才更好。

【地里谷茬拾个净，来年少生钻心虫】 钻心虫可以为害多种作物，而把地里的杂物收拾干净，可以减少它的寄生机会。

【地怕碱，人怕懒】 田地里怕泛碱，而人却怕懒惰。

【地声沉，大震临；地声尖，小震显】 这是有关地震前兆的谚语。根据地声沉尖判断地震大小。

【地声长，离得远；地声短，在眼前】 这是有关地震的谚语。根据地声长短，判断距震中的远近。

【地是刮金板，人勤地不懒】 指土地是最无私的，只要你勤于耕耘，它就不会亏待你。 出处 西戎

《灯芯绒》（节选）："他说起话来，三句离不了'人常说'，比如人常说：要饱家常饭，要暖粗布衣；人常说：财从细起，有从俭来；人常说：～，等等。"

【地头文书铁箍桶】 指当地审定的案件，就像铁箍的桶一样难以改变。 出处 吴敬梓《儒林外史》（节选）："你令兄现在南京，谁人不知道？自古'～'，总以当事为主，当事是彭府上说了就点到奉行的，你而今作速和彭三老爷去商议。"

【地误误一季，人误误一辈】 耽误种地会影响一季的粮食，耽误了孩子的学业就会影响他一辈子。 例句 "那怎么行？常说：'～'呀!俺可不能抓了庄稼，误了学生。"（选自刘厚明《粲然盛开的红梅》）

【地闲长草，人闲生事】 地一闲就会长野草，人一闲就会无事生非。

【地震快来到，猪在圈里闹】 这是预报地震前兆的谚语。意思是地震将要发生时，猪在圈里骚动不安。

【弟兄不和邻里欺，将相不和邻国欺】 "弟兄不和邻里欺"指的是家族兄弟之间不和睦，邻里都会欺负他们。"将相不和邻国欺"指旧时一个国家的文臣武将不和，邻国就会趁机欺负甚至入侵。

【弟子不必不如师，师不必贤于弟子】 语出韩愈《师说》。学生不一定不如老师，老师不一定比学生贤能。这里强调的是老师和学生在知识面前是平等的，如有必要老师完全可以向学生学习。 例句 随着电脑和网络在教学过程中使用得日渐频繁，很多老师在备课过程中不得不依赖一些学生提供"技术支持"。"～"，新科技以其飞速的演变，对此作了新的注脚。（选自金兼斌《电脑进家四岁小童露一手》）

【点灯爱油，耕田爱牛】 意思是凡对人有帮助的东西，都要懂得爱惜。

【点灯室明，念书心灵】 室内点亮灯火，一片通明；不断读书学习脑子就灵光。

【点点萝卜对对姜】 萝卜与萝卜排队，姜与姜为伍。形容同类的事物排列放到一起，没什么差别。 例句 你是工人，我也是工人，咱～，看看有什么区别？！

【店大欺客，客大欺店】 意思是指商店资格老、规模大，就容易慢待顾客；顾客财大气粗，又往往会刁难商店。 例句 他硬着头皮进了宴乐厅，在普通散座里选好自己的座位。他知道旧社会里有"～"的习惯，便争取主动，响亮地叫喊："来人，来人呀！"（选自李英儒《野火春风斗古城》）

【店有回头客，买卖不会错】 这句话说的是做买卖如果能吸引到不少的回头客，那么证明生意是成功的；顾客一去不回头，说明商品或服务有问题，做不长久。

【叨着粑粑橛子死拧】 不文雅的方言。比喻脾气固执任性。

【雕虫小技，壮夫不为】 出自扬雄《法言·吾子》。雕虫：本指雕刻虫书，是古代篆字的一种。“雕虫小技”意指微不足道的小技艺。这句话的意思是：微不足道的小技艺，豪杰之士是不屑做的。后常被文人墨客用作对自己从事职业的谦词。 例句 散文的历史是一个没有定论的悬案，散文也曾不被某些作者所认可——有所谓“～”的戏言。（选自王必胜《散文这个精灵》）

【雕鹰展翅入鸡场，绝对没有好心肠】 雕鹰：即鹞鹰，俗称老雕。比喻坏人到他容易作案的地方，就没安什么好心。

【钓鱼穷三年，玩鸟毁一生】 指玩物丧志，会荒废正业，毁掉自己的生活。

【爹好娘好，不如自强好】 意思是自己要奋发图强，不能依靠父母。

【爹死娘嫁人，个人顾个人】 指情况所迫，管不了那么多了，只能自己顾自己。 例句 “～，我是泥菩萨过江，自身难保了。”（选自浩然《艳阳天》）

【爹也白，娘也白，生个孩子雪里白；爹也黑，娘也黑，生个孩子像黑盔】 比喻父母基因遗传的能力很强大。

【爹有娘有，不如自个有】 爹娘再有钱，也比不上自己手里有钱。指人要靠自己，贵在自立。 例句 “你有顶个啥？俗话说：‘～。’就是你发了善心，供一饥，也不能供百饱。”（选自侯树槐《高山春水》）

【爹有娘有不抵自己有，两口子还隔着一只手】 自己有的，用起来得心应手，不仅指钱财，包括知识、经验、智慧等，这些父母给不了，夫妻的一方也给不了。也作“爹有娘有不如自己有，两口子还要过遍手”。与“爹有娘有不如自有，哥有弟有等于没有”“兄有弟有，不等于自己有，两口子有还隔着只手”同义。

【丁是丁卯是卯】 丁乃天干之一，卯乃地支之一，错了会影响农历；丁为凸者，卯为凹者，两者相配才能契合。形容做事认真，丝毫不含糊。 例句 “我看你利害，明儿有了事，我也‘～’的，你也别抱怨。”（选自曹雪芹《红楼梦》）

【顶凌耙地好保墒】 北方春季干旱多风。在早春土壤表层白天化冻、夜间仍结凌的情况下，及时进行耙地，以减少水分蒸发，具有很好的保墒抗旱效果。

【钉子碰着铁头】 意指双方都十分强硬。 出处 张南庄《何典》（节选）：“恰当～，两个牛头高，马头高。”

【丢了拐杖就受狗的气】 指手中没有木棍，狗就会来咬你。比喻失去倚仗就要受气。 例句 印月道：“有辣面三碗，你去对奶奶说声，

好请他来相会。”七宫道：“打得我好，我代你说哩!”印月道：“你看～，你不去我自家去。”（选自《祷机闲评》）

【丢下笸儿弄扫帚】 原指在麦场扬场时，下面负责清理的人，对长麦秸用笸子，笸子漏下的用扫帚，人没个空闲。后喻指人很勤快，手脚不闲。现常作“撂下笸子就是扫帚”“撂下笸子拿扫帚”“放下笸子拿扫帚”。 例句 “你一个媳妇，虽然帮着，也是天天‘～’。”（选自曹雪芹《红楼梦》）

【丢卒保车】 卒、车，中国象棋棋子名，卒的作用相对于车要小，必要时可以丢掉卒而保全车。比喻舍弃次要的以保全主要的。 例句 “为了堵江救旱，我们是会损失一些，这照我们下棋的说法，就叫做‘～’。”（选自京剧《龙江颂》）

【东方不亮西方亮】 比喻这里行不通，别的地方尚有回旋余地。也作“西方不亮东方亮”。 例句 中国是一个大国——“～，黑了南方有北方”，不愁没有回旋的余地。（选自毛泽东《中国革命战争的战略问题》）

【东虹日头西虹雨，南虹出来卖儿女】 意思是东边天空出现虹，往往是晴天的先兆；西边天空出现虹，则是下雨的先兆；南边天空一般不出现彩虹，若出现则可能是不祥之兆。 出处 清·李光庭《乡言解颐·天部》（节选）：“乡谚云：‘～。’以余所见，在东者多，在西者少，从未见在南时，不知何据。”

【东山的老虎吃人，西山的老虎也吃人】 比喻天下恶人都一样，没有不害人的。 例句 ～。吴尚荣是个坏熊，王一虎也不是个好东西。他在县委大院里摩拳擦掌，想回去把“农民赤卫队”再召集来干一场。（选自张贤亮《河的子孙》）

【东吴招亲，弄假成真】 罗贯中《三国演义》第五十四回载：孙刘联合，在赤壁之战中战胜曹操后，刘备借东吴荆州暂驻。周瑜设计赚备入吴招亲，欲以之为人质索回荆州。不料吴国太（孙权母）见备英姿出众，遂将其小女（权妹）嫁给刘备，是为孙夫人。后以“东吴招亲，弄假成真”比喻有违初衷，弄巧成拙。 例句 “～”。李春山在心里直骂自己：又干了一桩蠢事。（选自克非《春潮急》）

【东西越用越少，学识越积越多】 东西是可消耗的，所以越用越少；学问知识是通过不断学习积累而得，所以越学积累越多。

【东一榔头西一棒子】 指东敲一下，西敲一下。比喻做事没有计划或说话没有头绪。也作“东一榔头西一棒槌”。 例句 开常委会时他～说：“干革命就得像个干革命的样儿!为什么不早不晚，单等到这节骨眼上来病了？”（选自陈淼《危难之间》）

【东庄的土地到西庄不灵】 比

喻权力不在管辖范围之内就不起作用。　出处　李光庭《乡言解颐》（节选）：“（乡长、保正）乡人直谓之曰土地。新充者则贺土地，为土地作生，为土地演戏，类皆本保之人。或曰：‘～’，非所属故也。”

【冬不节约春要愁，夏不劳动秋不收】　旧时农民粮食不够吃，冬天不节约粮食，到了春天“青黄不接”的时候就没有吃的了，就要发愁；夏天不积极管理庄稼，不辛勤施肥、除草、灌溉，到了秋天就没有好的收成。

【冬不借棉，夏不借扇】　冬天不借别人的棉衣，夏天不借别人的扇子。指求人时，要设身处地考虑人家的情况，不要让别人为难。

【冬不冷，春不暖】　冬天不寒冷，春天不暖和，这是天气反常现象。

【冬吃萝卜夏吃姜，不用医生开药方】　冬天多吃些萝卜，夏季适当多吃些生姜，有益于养生。

【冬灌春不灌，产量减一半】　小麦或者果树，冬天灌溉而春天不灌溉，产量就会减少一半。

【冬天多树挂，来年雨水大】　“雾凇”俗称“树挂”，是北方冬季可以见到的一种自然现象。冬天“树挂”多，说明天气潮湿，来年的雨水也可能大。

【冬天冷得晚，来春必定寒】　冬天晚冷，次年开春或就会引发春寒。

【冬至十天阳历年】　冬至的时间在每年的公历12月21日至23日之间，阳历年是每年的公历1月1日，所以冬至之后十天左右是新年初始。

【冬至至长，夏至至短】　冬至这一天夜最长，夏至这一天夜最短。

【冬走十里不明，夏走十里不黑】　冬季里，早晨走十里路天还未明；夏季里，傍晚走十里路天还不黑。指冬季夜长，天亮得迟；夏季昼长，天黑得晚。也作“夏走十里不黑，冬走十里不亮”。　例句　在这时候，因为光线柔和，人的视觉最为舒适。人们常说“～”，现在正是“夏走十里不黑”的时候。”（选自李英儒《上一代人》）

【动了太岁头上土，无灾也有祸】　太岁：传说中的煞神名。古时认为太岁之神在地，如果要动土，就得避开太岁的方位，要不然就会遭受祸害。喻指触犯了有权势的人会遭受祸害。　例句　“常言道：‘～。’他今虽不在家，终有日回来。”（选自青莲主人《后水浒传》）

【动则三思，虑而后行】　做任何事情，都要经过周密的考虑，要三思而后行。　出处　陈寿《三国志·魏书·杨阜传》（节选）：“愿陛下～，重慎出入，以往鉴来。”

【冻死不烤打头火，饿死不吃猫剩食】　形容不接受别人屈辱的施舍。或作“冻死不烤灯头火，饿死不吃猫叼饭”。　例句　“你馋啦！告诉你，～！这个混账行子的东西，看

着我都生气！”（选自吴德永　车吉心《海的女儿》）

【冻死不烤灯头火，饿死不花丢人钱】 表示人有骨气，不愿意为了生存而做出有损于自己尊严的事情。

【冻死闲人，饿死馋人】 意谓好吃懒做的人，必然挨饥受冻。

【洞房花烛夜，金榜题名时】 旧指新婚大喜和科举得中，是人生最得意的事。　例句　此乃天从人愿，实系“～”也，真乃可喜可贺之至！（选自文康《儿女英雄传》），

【斗败的鹌鹑咬败的鸡】 意思指鹌鹑和公鸡虽都好斗，但一败之后便怯战了，不敢再斗。比喻被打怕了的队伍，再遇胜方，便会不战自乱。例句　“隋军是咱们‘～’，八成是长安城里活腻了，却跑到这儿来送死！”（选自李振鹏　刘化非《五困瓦岗寨》）

【斗大的字不识一升】 一斗等于十升。斗那么大的字连一升都不认识，也就是一个字都不认识。有时带有调侃意。　例句　汉字的发展源远流长。但在历史上，其使用一直为精英统治阶层所掌控，而绝大多数平民百姓却是“～”，但这也并没有妨碍平民百姓创造丰富灿烂的精神文化财富。（选自陈怀瑜《“失写”并非“失忆”》）

【豆锄三遍，结荚成串】 这句话强调了锄地对豆类植物的好处。

【豆腐一挤，出水出渣；地震一动，喷水喷沙】 这是关于地震现象的谚语。意谓大的地震会造成地裂并喷出泥沙，如同挤豆腐出渣水一样。

【豆是豆，瓜是瓜，豆角不开葫芦花】 喻指人的秉性各不相同，做事风格也就不同。　例句　你是你，我是我，虽然同样是人，但是区别又很大，就像“～”一样。

【豆田年年调，豆子年年好】 这是说豆子种植不能重茬。重茬会导致大豆生长期出现“火龙秧子”，减产相当严重。

【豆芽长得再长也是菜】 喻指人或物禀赋或品质差，难成才，不成器。　例句　就凭他那点墨水，有张文凭又能咋的？“～”。

【豆子不长当年墒】 种豆子不能用当年墒，不然湿度不能保证。

【独篙撑船难上难，群雁飞过万重山】 比喻凭个人的能力干事难，团结成一个整体才能干大事。　例句　面对生活中的困难和挑战，需要个人的坚持和努力，更需要团队的支持和合作。就像那句话说的：“～。”

【独贵独富，君子耻之】 君子以自己一家的高贵富有为耻辱。也就是说，君子是心怀天下的，希望和大家一起富。　出处　《大戴礼·卫将军文子》（节选）：“孔子曰：‘～，夫也中之矣。’”

【独行快，众行远】 一个人单独行动，没有负担与牵绊，可能走得很快；许多人并肩合作、一起行动，可以互相帮助、彼此支撑，共同

克服困难，因而会走得更长远。 例句 “～”，面对腐败这一日益突出和严峻的全球性挑战，除了加强合作没有其他选择。（选自王卓《擦亮“一带一路”廉洁底色》）

【独脚独手独根草，风霜雨雪抵不了】 指仅凭个人的力量，抵御风险的能力就弱。 例句 “～”。面对这么大的灾难，你一个人怎么能行呢？

【独脚难行，孤掌难鸣】 一只脚走不成路，一个手掌拍不响。比喻做事一个人的力量是不够的，要靠大家的力量。 例句 “～”。办大事没个帮手，可不行。

【独立不惭影，独寝不愧衾】 独自站立无惭于自己的影子，独自睡眠无愧于自己的被子。形容内心光明磊落，就会无惭无愧。 出处 南齐·刘昼《新论·慎独》（节选）：“故身恒居善，则内无忧虑，外无畏惧，～。”

【独木不成林】 比喻个人力量单薄，要人帮助，才能成大事。 例句 所谓“～”，仅仅靠记者来维权，有时会遇到一些知识瓶颈。特别是一些专业领域，如果没有权威部门的参与，很难给人一个说服力。（选自孙壮《地市级媒体如何做好消费维权报道》）

【独鸟做窝飞千转，群鸟做窝一趟完】 比喻个体的力量是有限的，而群体的力量非常强大。 例句 “～”。咱们人多力量大，争取用一个月的时间完成任务。

【读不尽的书，走不尽的路】 书是读不完的，如同路是走不完的一样。喻指学习是没有止境的，知识永远学不完。 例句 人生有～。爱书者如能尽心尽力，读必读之书，则不枉来世一遭。

【读十篇，不如做一篇】 读十篇文章，不如写一篇文章的收获大。 出处 清·唐彪《读书作文谱》（节选）：“谚云：～。盖常做则机关熟，题虽甚难，为之亦易。不常做，则理路生，题虽甚易，为之则难。”

【读书百遍，其义自见】 见：显现。语出陈寿《三国志·魏志·王肃传》裴松之注引《魏略》。指读书读得遍数多了，其中的意义和思想就自然弄懂了。 例句 “古人言‘～’，未易以浅近夺，信能反复涵泳，会当有得。”（选自薛季宣《答沈应先书》）

【读书不向自家身心做工夫，虽读尽天下书无益也】 语出魏裔介《琼琚佩语·为学》。意思是读书不修养自己的身心，读得再多也没什么用处。

【读书不知意，等于啃树皮】 对所读的书不理解，不明意思，与啃树皮无异，枯燥无味，劳而无功。

【读书贵精熟，不贵贪多】 语出胡居仁《居业录·学问》。意思是读书贵在精读熟读，不是多读就好。

【读书破万卷，下笔如有神】 读书读得多，下笔写作才会有好文章，如有神助一般。原为杜甫《奉赠韦左丞丈二十二韵》中的诗句，现理解已脱离原意。与“读书破万卷，便是活神仙”义近。　例句　中国人一直把阅读当作和生命一样重要的东西。从孔子的“学而不思则罔，思而不学则殆”，到杜甫的“～”；从于谦的“书卷多情似故人，晨昏忧乐每相亲”，到苏轼的“发奋识遍天下字，立志读尽人间书”；从“凿壁借光”到“囊萤映雪”，对书本的热情、对阅读的推崇以及读书之刻苦、学习之勤奋，从中可见一斑。（选自王京生《文化中国，从阅读开始》）

【读书起家之本，循理保家之本，和顺发家之本，勤俭治家之本】　这是朱熹的“四本”说。是以格言的形式对其治家思想和理念的高度概括。意思是：读书是兴家立业的根本，遵循天理是家族长久稳定的根本，和睦恭顺是发家致富的根本，勤俭是治家理业的根本。

【读书全靠自己勤，先生只是引路人】　旧时尊称老师为“先生”。读书全靠自己勤奋努力，老师只是教你如何读书的人。　例句　学好学赖关键还是自己勤奋不勤奋。“～”。

【读书如吃饭，善吃者长精神，不善吃者生痰瘤】　痰瘤：疾病。读书就像吃饭，会读书的人读后联系实际灵活运用，就像人吃了饭能长精神；不会读的人“食古不化”，就像人因吃生出疾病一样反而受害。　出处　袁枚《随园诗话》（节选）：“蚕食桑而所吐者丝，非桑也；蜂采花而所酿者蜜，非花也。～。”

【读书须用意，一字值千金】　语出《增广贤文》。意谓读书要专心并勤于思考，日后才可文采出众，一字千金。

【读书有三到，谓心到眼到口到】　读书首先应该用心，然后才是用眼看和用口朗读。　出处　朱熹《训学斋规·读书写文字》（节选）：“余尝谓：～。心不在此，则眼不看仔细，心眼既不专一，却只漫浪诵读，决不能记，记亦不能久也。”

【读万卷书，行万里路】　语出董其昌《画禅室随笔》。原指画家要想画好画，就必须提高自己的文化素养，到大自然中去陶冶性情，并将自然的山水装于胸中，这样才能“为山水传神”。现多用以表示人要广泛涉猎书本上的知识，而且还要到实际当中去调查研究，注重实践得来的经验。　例句　中华民族自古就倡导“～”，历朝历代都不乏游记佳作，这些不同体裁、不同风格的作品脍炙人口，传世不绝。（选自李金早《游记中的文化之旅》）

【读未见书如得良友，见已读书如逢故人】　语出陈继儒《读书十六观》。读没有读过的书就像新结识个好朋友获益良多，看到已读过的书就像遇见了老朋友旧情难舍。　例句　陈大师一生豁达超脱，诗书画皆

擅，留有许多人生感悟类的格言警句，如读书：~。（选自陆春祥《有精神曰富》）

【读有字书，却要识没字理】 语出鹿善继《四书说约》。意思是读书不能为读书而读书，要把书中的知识运用在实际生活中。

【赌博场里无仁义，酒宴桌上无朋友】 赌场里面都想着赢钱，不会讲仁义；酒宴之上敷衍应酬，逢场作戏，没有真朋友可言。

【肚里没病死不了人】 喻指自己光明正大，没什么过错，不怕别人说三道四。 例句 “这么些年，街面上人们说长道短，说的人出不了门儿，我也不听他们那个，~。”（选自梁斌《烽烟图》）

【肚里没冷病，不怕吃西瓜】 指肚子里没有寒症，吃下西瓜之类的凉食毫无关系。比喻人做事光明正大，无愧良心，就不怕三查六问，闲言碎语。或也作“心里没凉病，不怕吃西瓜”。 例句 “~。就算我这话是骂人的，为啥你康地保听了偏偏就不好受？”（选自刘波泳《秦川儿女》）

【肚量宽，身体坚；心胸窄，招病来】 指人宽容大度，有益于健康；心胸狭窄，容易招病。

【度德而处之，量力而行之】 衡量自己的德行是否能够服人，来摆正自己的位置；估计自己的能力是否能够胜任，来决定自己的行动。后有成语“度德量力”。 出处 《左传·隐公十一年》（节选）：“君子谓：郑庄公于是乎有礼。礼，经国家，定社稷，序民人，利后嗣者也。许无刑而伐之，服而舍之：~；相时而动，无累后人，可谓知礼矣。”

【蠹众而木折，隙大而墙坏】 语出《商君书·修权》。蠹：蛀蚀器物的虫子。隙：裂缝。蛀虫多了树木就会折断，缝隙大了墙壁就会倒塌。比喻有害的因素多了，就能造成大的祸患。 例句 “~。”反腐败斗争关系党的生死存亡。我们必须以背水一战的大气魄大担当，毫不动摇地推进反腐败斗争，做到干部清正、政府清廉、政治清明。（选自任天佑《勇毅笃行 开拓中国特色国家安全道路》）

【端起金饭碗，莫忘讨饭棍】 喻指生活幸福了，不要忘记从前的苦难，不可铺张浪费。与“得了金饭碗，别忘叫街时”同义。 例句 虽然现在日子好过了，但~，不能大手大脚，铺张浪费。

【端人家的饭碗，受人家管】 喻指为谋生受雇于人，就得听人家安排。 例句 “禁止买卖的东西，该没收的就得没收，该折价的就得折价。不是我心狠，~嘛！”（选自陈创《乡亲》）

【端午一阵雨，虫子遍地起】 端午之后天气渐热，如果下雨空气潮湿，就有利于虫子的滋生。所以端午节之后毒虫开始肆虐，有“端午节，五毒醒，不安宁”一说。

【短不可护，护短终短；长不可矜，矜则不长】 语出聂大年《座右铭》。矜：自夸。有了短处不可掩饰，掩饰短处，短处终会存在；有了长处不可自夸，自夸的长处不会长久。

【锻炼不刻苦，纸上画老虎】 这句话是说在锻炼的时候，不用心不刻苦，就如同在纸上画老虎一样，只是个样子并没什么用。

【对不识字人，莫作才语】 跟不识字的人讲话，要避开文雅的话题。 例句 语云："～。"读书人不可不知。（选自宣鼎《夜雨秋灯录·续集》）

【对牛弹琴】 比喻对不讲道理的人讲道理，对不懂得美的人讲风雅。也用来讥讽人讲话时不看对象。 例句 说起天地二字，只当是耳边风；说到关帝、城隍、直山圣母，都是当～的一般。（选自西周生《醒世姻缘传》）

【对人要宽，对己要严】 对别人要宽厚，对自己要严格。 例句 在面对挫折时，本着"～"的原则，我总是先自我反省，承担责任，而不是轻易责怪他人。我希望通过这样的方式，成为员工心中的理想领导者。

【对事不对人】 指只讲事情的是非对错，不是针对人，不讲人关系的亲疏远近。 例句 在处理工作中的问题时，我们应该遵行"～"的原则，即关注问题本身，而不是针对某个人进行批评或表扬。

【砘子不能跑到耧前头】 旧时耧在前面播下种子，砘子在后面把土压实，所以砘子不能跑到耧的前面。喻指事物的先后顺序不能颠倒。或作"砘子跑不到耧前头"。 例句 胡建说，"宋先生你别急，没人说你们是凶手。只是这两起谋杀案件之间存在太过于巧合的联系。要查谁杀了你儿子，就得查清谁、为什么杀了柳媚。上炕得先蹬上炉台子才成，～。"（选自申子辰《高手》）

【多拜一家师，多学一家艺】 多拜不同的师父，才能学更多的技艺。 例句 ～，技不压身嘛。

【多吃葱姜蒜，不用上医院】 葱、姜、蒜既是调味品，又具有药理作用，常吃有助于抵御疾病。

【多锉出快锯，多做长知识】 锯子要多锉才能够更快，人要多实践才能够得到更多的知识。 例句 "～"。你刚入这一行，还需要勤学苦练才行。

【多大头戴多大帽】 喻指能力应和职责相匹配。 例句 俗话说，～。但近年来，擅自提高干部职级待遇的情况却时有耳闻，这就违反了权、责、利一致的原则。

【多儿多女造下的罪，一儿一女修来的福】 多儿多女，父母受累负担重，就像上辈子造下了什么罪；一儿一女是最好的子女搭配，就像是父母上辈子修来的福分。

【多个朋友多条路，多个冤家多道墙】 指朋友越多相互帮衬，做事顺利容易成功；对头越多阻碍越多，做事困难越多。同“一个朋友一条路，一个冤家一堵墙”。　例句　“俗话说：‘～。’我们做人心胸总要豁达。不料蒋门神不肯听我的话，定要设计陷害于你。”（选自刘操南　茅赛云《武松演义》）

【多个香炉多个鬼】　喻指多一件事物就多一些烦恼。　例句　穿山狗说：“～，还是做点暗里的买卖好。”（选自陈残云《山谷风烟》）

【多行不义必自毙】　语出《左传·隐公元年》。指坏事做多了，必然会自取灭亡。　例句　《开罗宣言》可以让日本军国主义及其追随者、纵容者明白：～，倒行逆施终将自食其果。（选自华益文《日本在“照妖镜”前现了形》）

【多劳多得，少劳少得，不劳不得】　实行按劳分配制度，付出劳动的多少，决定了得到报酬的多少。

【多里捞摸】　从许多方面努力，以求得到好处。　例句　祖师说：“也罢，你要学那一般？有一般天罡数，该三十六般变化，有一般地煞数，该七十二般变化。”悟空道：“弟子愿～，学一个地煞变化罢。”（选自吴承恩《西游记》）

【多龙多旱】　指龙多不下雨。比喻人多互相推诿，做事效率反而降低。　出处　徐光启《农政全书》（节选）：“龙下频，主旱。谚云：‘～。’”

【多能者鲜精，多虑者鲜决】　具有多种本领的人很少有精通的，喜欢前思后想的人很少有快速作出决断的。　出处　刘基《郁离子·一志》（节选）：“～。故志不一则厖，厖则散，散则溃溃然，罔知其所定。”

【多年的媳妇熬成婆】　喻指经过多年的磨练，终于改变了从属地位，登上了主导地位。也用以形容苦日子熬出了头。　例句　一些在80年代接受大学教育的知识分子，他们造就了风云人物，却没能获得“国际知名度”。几十年过后，～，他们现在往往也成了各行各业的“骨干”，在文化传媒和高等教育领域尤其如此。（选自高波《知识界要剪掉“80年代的辫子”》）

【多情自古空遗恨，好梦由来最易醒】　自古以来多情的人总是白白地留下憾恨，而好梦从来都是很短暂容易醒来。　出处　清·魏秀仁《花月痕·第十五回》（节选）：“～。岂是拈花难解脱，可怜飞絮太飘零。香巢乍结鸳鸯社，新句犹书翡翠屏。”

【多权者害诚，好功者害义】　善于权变的人会伤害真诚，贪图功劳的人会伤害正义。　出处　晁说之《晁氏客语》（节选）：“～，取名者贼心。”

【多算胜少算】　多做谋划一定能胜过少做谋划的。指凡事应考虑周到。　例句　“臣闻兵以计为本，

故～。”（选自班固《汉书·赵充国传》）

【多言不可与远谋，多动不可与久处】 语出王通《文中子·魏相》。不可与喜欢多说话的人商谈远大的谋略，不可与轻举妄动的人长久相处。

【多一个铃铛多一声响，多一支蜡烛多一分光】 形容多少也是一份力量。喻指人或物多多益善，量的增加就会带来质的改变。 例句 中国自古以来就是一个充满着浓浓人情味的社会，互帮互助也是中国人的传统美德。“一方有难八方支援”“～”等都赞扬了团结的力量，肯定了互助的精神。（选自张冬香《慈善法禁“个人募捐”不阻“个人求助”》）

【多一事不如少一事】 指不管闲事，免惹麻烦。 例句 “我想你素日肯劝我～，自己保养保养也是好的。我因听不进去，果然应了，先把太太得罪了，而且反赚了一场病。”（选自曹雪芹《红楼梦》）

【多用兵不如巧用计】 指用计谋取胜比用武力取胜更高一筹。 例句 “人常说～，你拳头再硬，也顶不住人家枪子儿。”（选自刘江《太行风云》）

【多栽花少栽刺】 喻指与别人多讲和气，少闹矛盾。 例句 “都快老了的人，难道就不懂要～的道理么？”（选自刘醒龙《村支书》）

【多栽树，风沙住】 多栽树木，有利于拦风挡沙。

【多做出窍门，多思出智慧】 多实践就能找出窍门来，多思考就能想出办法来。

【躲得和尚躲不得寺】 指和尚能躲过，和尚住的寺院却躲不过。喻指出现了问题，当事人逃了，但事体依然还在。换句话说，虽然暂时可以逃避，但最终还是得面对。 例句 “你不要慌，‘～’，我自然有个料理。”（选自吴敬梓《儒林外史》）

【躲过初一，躲不过十五】 指即使能躲避一时，也终究有躲不过去的时候。 例句 “以后找机会再抓吧！～，将来总有抓住他的机会哩！”（选自马烽《吕梁英雄传》）

【惰而侈则贫，力而俭则富】 语出《管子·形势解》。侈：奢侈。力：勤劳。人懒惰而且奢侈，就会贫穷；勤劳而且节俭，就会富有。 例句 中华民族五千年的文明史，在一定程度上说就是一部勤俭史和持家史。从孔子的“礼与其奢也，宁俭”到管仲的“～”；……所有这些治家名言和民间睿语，无一不是中国人代代传、世世诵的修身、齐家乃至治国安邦的大智慧和大谋略。（选自肖童《勤俭持家久》）

E

【恶狗怕揍，恶人怕斗】 恶狗凶恶，是因为打得不狠；恶人猖狂，是因为打击不力。指对于危害社会安定的坏人，只有严厉打击，才能镇压得住。 例句 常言道：“～。”对流氓犯、盗窃犯、诈骗犯等各种犯罪分子，必须严厉打击，这才能张扬正气，保持社会安定。（选自程遂平《风浪》）

【恶虎难斗肚里蛇】 意思是再凶猛的老虎也打不过钻进它肚子里的蛇。比喻潜入到内部的敌人是很难对付的。 例句 “常言道：‘～。’只有打进他们的心脏里边去，这才是一着最好的棋子，包赢不输。”（选自李六如《六十年的变迁》）

【恶马恶人骑】 脾气暴躁的马，自有比它凶的人来驱使。比喻恶人会有更凶恶的人来制伏他。

【恶莫大于毁人之善，德莫大于白人之冤】 语出申居郧《西岩赘语》。最大的恶行是诋毁别人的善行，最大的恩德是申雪别人的冤枉。

【恶人先告状】 是指坏人或理亏的人抢先诉说或歪曲事实。 例句 经我强硬的答复，没法对付，便用最终的毒计，就是以退为进，先发制人，亦即所谓“～”也。（选自鲁迅《两地书》）

【恶言不出口，苟语不留耳】 语出《邓析子·转辞篇》。自己不说中伤别人的话，听到别人说自己不中听的话也不放在心上。

【恶云见风长，冰雹随风落】 形容天气恶劣，随时可能造成灾害。也可喻指恶势力十分猖獗，形势十分严峻。

【饿得死懒汉，饿不死穷汉】 指贫穷不可怕，只要勤劳不懒惰就会有生路。 例句 “傻丫头，有手有脚怕啥？自古说：～。别害怕，胆子大一些，有今天就有明天，只要活着，就有办法。”（选自草明《今天》）

【饿急了吃五毒，渴急了喝盐卤】 五毒：旧时称蝎子、蛇、壁虎、蜈蚣和蜘蛛为五种毒虫。盐卤（lǔ）：熬盐时剩下的黑色有毒液体。指人在处境危急时，做事往往只顾眼前不考虑后果。 例句 ～。叶三车从狗尾巴花手里，稀里糊涂借了一笔又一笔。（选自刘绍棠《花街》）

【饿了来馒头，困了遇枕头】 指所希望的所需要的，得到了满足或实现。 例句 赛虎大喜出望外，嘻！～，找法官，法官送上门了。（选自岳啸《武当山传奇》）

【饿死老鹳，饿不死老等】 “老等”指的是苍鹭。苍鹭捕鱼时，常在水中长时间站立不动，等待时机，故称“老等”。苍鹭捕鱼和鹳相比，能吃饱活下来的机会更大。喻指不用着急，等待时机是最好的方式。 例句 小明看似懒懒散散，其实他在等待时机。这次他一出手，就大赚了一笔。正应了那句话：～。

【饿死老子娘，不吃种子粮】 种子粮就是当种子用的粮食，是粮食再生的根本。这句话意在强调种子的重要性。

【饿死卖姜的，饿不死卖蒜的】 姜只能做调料，多了卖不出去容易坏；蒜可以当食品，且比姜保存期长。故有此说。 例句 大蒜不光是调味品，还可以当饭吃。俗语说：“～。”这是由清咸丰七年大饥荒时得到的证明。（选自花有迹《装蒜的故事》）

【饿死事小，失节事大】 语出《二程全书·遗书二十二》。失节：原指女子失去贞操，后泛指失去节操。贫困饿死是小事，失去节操事情就大了。 例句 从统治阶级的立场看，“忠言逆耳利于行”，忠臣到底是卫护着这个阶级的，而清高之士消纳了叛逆者，也是有利于这个阶级的。所以宋朝人说“～”，原先说的是女人，后来也用来说士人，这正是统治阶级代言人的口气，但是也表示着到了那时代士的个人地位的增高和责任的加重。（选自朱自清《论气节》）

【恩不可偏，爱不可溺】 语出徐桢稷《耻言》。给人恩惠不可偏心，对喜欢的人不可溺爱。指对所爱的人要爱得公平，适度。 例句 人说“天下老，偏向小”。黑子是个“老生子”，父母把他视为掌上明珠，要星星不敢给月亮，从小惯坏了。如今黑子进了“高墙”，他的父母才认识到“～”的道理，可惜悔之晚矣。（选自白亲梁《溺爱者不明》）

【儿不嫌母丑，狗不嫌家贫】 儿女不会因为母亲长相丑而嫌弃母亲，就像狗不会因为主人贫困就离开主人。指做人不忘根本，有感恩之心。也作“子不嫌母丑，狗不嫌家贫”“子不嫌母丑，狗不厌家贫”“孩不嫌娘丑，狗不嫌家贫”“狗不嫌家贫，人不嫌母丑”等。 例句 牛蒡大口啃着香瓜：“上有天堂，下有苏杭，我看都比不了咱们刘家锅伙的吃喝。”“你这是～，穷家难舍，热土难离。”（选自刘绍棠《荆钗》）

【儿大不由爹，女大不由娘】 指儿女长大就有了自己的主见，不像小时候那样顺从父母。 例句 （小白鞋）说：“我的好婶子呀！真是～呀！这丫头年纪大哩，自个疯了心，尽找做娘的出气。”（选自秦兆阳《说媒》）

【儿科自古最为难，毫厘之差千里愆】 愆：过失。自古以来给小儿看病是最难的，一点点失误就可能造成无可挽回的过失。中医儿科难就难在小儿发育尚未成熟，加之就诊时常啼哭叫扰，影响气息和脉象，难以问诊和把脉；又因精神意识发育未完善，不能表达病情，故主要凭医生观察面色来了解疾病的转归。　出处　吴谦《医宗金鉴·幼科心法要诀》（节选）：“～。气血未充难据脉，神识未发不知言。惟凭面色识因病，再向三关诊寒热。”

【儿女情长，英雄气短】　指男女之间恋情缠绵，消磨了男子的慷慨奋发气概。多用来形容应有作为的男子被女子牵绊，行事不够果断。　出处　明·许自昌《水浒记》（节选）：“人常说道～。宋公明为人倒是反这两句话，故此担阁了嫂嫂。”

【儿孙自有儿孙福，莫与儿孙作马牛】　意思是儿孙后辈的幸福要由他们自己去奋斗创造，长辈不必为他们做马做牛去劳作操心。也作“儿孙自有儿孙福，莫为儿孙作马牛”。　例句　儒、释、道三教虽殊，总抹不得孝悌二字。至于生子生孙，就是下一辈子，十分周全不得了。常言道得好：～。（选自冯梦龙《警世通言·庄子休鼓盆成大道》）

【儿行千里母担忧】　子女出远门在外，做母亲的心里总是牵挂不已。形容母爱真挚深厚。　例句　“你这个冤家，在何处饮酒，这早晚方回，全不知‘～’。”（选自褚人获《隋唐演义》）

【儿子的江山，闺女的吃穿】　儿子是父母家业的继承者，以后全部的“江山”都要传承给儿子；女儿长大要嫁人，在娘家时，管其吃饭穿衣，出嫁时给些陪嫁就够了。反映的是重男轻女的封建思想。也作“女儿的吃穿，儿子的江山”。　例句　在今天，很多父母还是有重男轻女的思想。他们可能给女儿吃好的，穿好的，可是却信奉一句老话：～。

【儿子疼小的，媳妇疼巧的】　如果家里有几个男孩，做父母的一般会疼爱小儿子，会疼爱心灵手巧的那个儿媳妇。　例句　“～”，这话一点没错。你看张三，对他那个小儿子忒溺爱了。

【耳朵里塞着驴毛】　嗔怪对方对自己说的话没反应，像是耳朵被东西堵上了。　例句　他怒斥道：“我说话为何不搭腔，～了？”

【耳朵磨出茧子】　茧子：趼子，手掌或脚掌的某些部位因摩擦过多而生成的硬皮。形容对某些话听得太多而厌烦。　出处　刘绍棠《荆钗》（节选）：“牛蒡左耳进右耳出，右耳进左耳出，两只耳朵磨出了茧子，一句话也没有记在心上，存进脑子里。”

【耳听为虚，眼见为实】　指耳朵听到的东西不可信，亲眼见到的才是真实可靠的。也作“眼见为实，耳听为虚”。　例句　她想：～，我何不自己走一趟，找到那王琦瑶，倘若真是这样，程先生也好死心了。（选

自王安忆《长恨歌》）

【二八月，看巧云】 指农历二月和八月的云彩奇巧多变，是观赏云彩的最佳时期。

【二八月，乱穿衣】 指农历二月和八月天气乍热乍冷，变化不定，加上体质差异，人们穿衣薄厚会差别很大。

【二百五】 指傻头傻脑、不很懂事而又倔强莽撞的人。 例句 “你还别跟我耍～。”（选自王朔《空中小姐》）

【二迷鸡看不见小粮食】 迷瞪糊涂的鸡看不见或者不屑于吃小粮食。指忽视某些小小的、普通的事物。 例句 你是～，别拿豆包不当干粮。

【二人同心，其利断金】 语出《周易·系辞上》。意思是只要两个人一条心，就能发挥很大的力量。泛指团结合作。 例句 古语云：“～。”对一支军队来讲，团结就是凝聚力、战斗力，团结就能打硬仗、打胜仗。（选自吕志强《真心融入，方能成功起跑》）

【二一添作五】 本为珠算除法的一句口诀，借指双方平分或平均承担责任和任务。“三一三十一”指三分之一。 出处 石玉昆《三侠五义》（节选）：“好好儿的‘～’的家当，如今弄成‘三一三十一’了。”

【二月二，龙抬头】 传说农历二月初二是蛰龙升天的日子，被称为“春耕节”“春龙节”。过了农历二月初二，“龙王”便开始活动，北方的雨量将逐渐增多。另有“二月二，龙抬头；大仓满，小仓流”的说法，体现了人们祈求神龙赐福、五谷满仓的美好愿望。

【二月清明不挂前，三月清明不挂后】 说的是清明祭扫风俗。挂：指挂纸，扫墓的俗称。意思是：如果清明节在农历二月，那么不要在清明节之前去上坟挂纸；如果清明节在农历三月，那么不要在清明节之后去上坟挂纸。

【二月清明一片青，三月清明草不生】 如果清明节在农历二月，那立春肯定是在春节之前，野草返青就早。如果清明节在农历三月，立春就是在春节以后，野草返青就晚。类似的谚语还有“二月里清明菠菜老，三月里清明菠菜小”“二月里清明花开败，三月里清明花不开”等。

【二月雪水流河，麦子收得单薄】 农历二月下雪就形成了典型的倒春寒，对小麦的生长不利，从而影响小麦产量。与“二月下雪麦黄疸”义同。

【二月茵陈三月蒿，过了四月当柴烧】 二月的茵陈是做药用的最佳时期，到三月抽苔就成大白蒿了，过了四月就只能用于烧柴做饭了。

F

【发愤忘食，乐以忘忧，不知老之将至】 语出《论语·述而》。发愤时会忘记吃饭，高兴时会忘记忧愁，连自己快要衰老了都不知道。 例句 终生学习并非新的观念，我国自古以来就有“活到老，学到老”的说法，更以“～”来形容与赞佩终身学习的精神。（选自林幸台《特殊教育与终生教育》）

【发现枯心苗，齐根来剪掉】 发现庄稼有枯心苗时，要及时连根割除，防止进一步蔓延。

【罚不择骨肉，赏不避仇雠】 骨肉：指父母、兄弟、子女等亲人。雠：对手，仇雠即仇人。惩罚的时候，不考虑是否是亲人；奖赏的时候，不考虑是否是仇人。指赏罚一视同仁，不分亲疏远近。 出处 元·李直夫《虎头牌》（节选）：“相公，～，小官每怎敢唐突？但老完颜倚恃年高，耽酒误事，透露贼兵，打破夹山口子，其罪非轻。”

【法不阿贵，绳不挠曲】 语出《韩非子·有度》。阿：迎合，偏袒。绳：墨线，木工打直线的工具。挠：屈从，迁就。曲：弯曲。法律不偏袒权贵，墨绳不迁就曲木。指法律是公正的，在法律面前人人平等。 例句 韩非的法律观，彻底否定了所谓“刑不上大夫”的宗法等级制传统，而是从维护封建地主阶级的整体利益出发，明确提出“～”，把法作为衡量、裁决所有功过曲直的准绳，无论智者、勇者、大臣、匹夫，凡犯法者皆受惩罚，凡有功者皆予奖赏。（选自李元庆《三晋古文化源流》）

【法不轻传，道不贱卖；师不顺路，医不叩门】 指心法、技艺、经验等，不会轻易传授、出卖给别人。风水师不去勘查顺道的风水，医生也不主动跑到病人家里行医——这是这两个行当里的规矩。

【法不责众】 指某种行为本应受到法律惩罚，由于触犯的人多，也就不好惩处了。 例句 一方面是参与者可以肆无忌惮地挑战法律规章的底线，另一方面是执法者面对群体事件的焦头烂额、束手无策。“～”似乎成了有意违法者的护身符，群体违法违规事件大有愈演愈烈之势。（选自克蓝《“法不责众”的思考》）

【法戒轻变，令贵必行】 语出《宋史·王信传》。法律戒忌轻易变更，法令贵在必须执行。指立法要相对稳定，执法要果断落实。 例句 “～”。因此，立法之前要慎重，要做大量的深入细致的调查研究工作；一旦确立，就必须毫不犹豫、坚定不移地贯彻执行。（选自佃学红

《中正为立法之本》）

【法立贵乎必行】 语出明·薛瑄《读书录》。法令的制订，贵在切实执行。指立法执行不力，便会形同虚设。 例句 他既把“法”看作是“天讨”，因此视“玩法”就是“玩天”，是“天理”不能容忍的。他极力主张“～”。（选自柴继光《薛瑄的从政思想与实践》）

【法令行则国治，法令弛则国乱】 语出王符《潜夫论·述赦》。意思是法令得以实行国家就会安定，法令废弛国家就会发生动乱。 例句 “～”。国家何以有序？首在法治。（选自高祖林《领导干部要带头厉行法治》）

【法律不能松，松了乱哄哄】 意谓建立健全的法制十分重要，要不然社会秩序就会混乱。 出处 蔡晓明《法律谚语趣谈》（节选）：“随着我国普法工作的不断深入，法律谚语也在不断丰富发展，其中不少条目说明了法律的重要性。新谚有：‘野马脱缰要乱跑，人无法律要乱套’，‘～’。”

【法施于人，虽小必慎】 语出欧阳修《春秋论下》。法律施加于人即使细微之处也必须谨慎。 例句 ～。在法律的天平上，六元钱的官司和上万元的官司所体现法的公正性是一样的。在审判实践中我体会到，执法重则涉及百姓的身家性命，轻则涉及人的声誉、财产。百姓眼里无小案。案件虽小，分寸却不好把握，我们更要认真细致。（选自顾双彦《实现人人心中的公正是我一生最高的追求》）

【法网恢恢，疏而不漏】 语出释道冲《偈颂五十一首》其一。恢恢：形容非常广大。天道的法网，看起来虽然稀疏，但实际上不会漏掉任何一个作恶多端的人。比喻作恶者终究会受制于法。 例句 ～。在党中央坚强领导下，紧紧依靠广大党员和人民群众开展反腐败斗争，腐败分子无论怎样伪装最终都难逃被揭穿、被惩治、被审判的命运，这是“两面人”贪官不可避免的结局。（选自姚桓《警惕和防止“两面人”现象》）

【法无三日严，草是年年长】 执法经常是开始严格后来松懈，罪犯却往往像青草一样不断滋生。 例句 那时如湖南便弄弥天蘑犯那等大案，浙江便弄成名教罪人那等大案，甘肃便有民变的案，山东便有抢粮的案。朝廷也曾屡次差了廉明公正大臣去查办，奈～。（选自《女英雄传》）

【法之不行，自上犯之】 语出司马迁《史记·商君列传》。原指商鞅变法实行的新法不能顺利推行，是因为上层人士老是触犯它。后也指任何法规、法条不能得到顺利执行，往往是领导阶层不愿意落实甚至触犯导致的。 例句 在全社会树立诚信，国家首先要树立诚信的榜样。商鞅说：“～。”这是对法治之兴废的经验总结，对于理解我国目前的“有

法不依，执法不严”的难题，不无启发。（选自谢鹏程《法治是国家的诚信》）

【法字没多重，万人抬不动】 指国家大法神圣而威严，不容侵犯，不可动摇。 例句 人常说：“～。”法律是尊严的，不论你是什么人，只要触了它，就要受到它的制裁。（选自司徒俊《走向法治》）

【帆海者不知山，驾陆者不知水】 语出何景明《赠杨静之南归序》。航海的人不了解山，陆地上行走的人不了解海。比喻人的认识能力有限，对某事物没有实践经验，就不能认识该事物。

【翻覆之水，收之实难】 语出《增广贤文》。打翻了的水，很难再收回来。比喻事情已成定局，难以挽回。 例句 “～”。事已至此，后悔无益，不如好好反省，吸取教训才是。

【翻过来，调过去】 比喻重复说没用的废话，或者形容辗转难眠。 例句 你看你～，不睡觉，想什么呢？

【凡举事无为亲厚者所痛，而为见仇者所快】 语出《后汉书·朱浮传》。举事：行事；办事。亲厚：亲近。快：高兴，痛快。做一切事情都不要让亲近的人感到痛心，而让敌对的人感到高兴。 例句 “～。”朱浮这句话提出了一个明确的政治原则，我们千万不可忘记。（选自毛泽东《和中央社、扫荡报、新民报三记者的谈话》）

【凡取人，当舍其旧而图其新】 语出《薛文清公要语》。大凡用人不要计较他的过去，而要根据他现在的表现。

【凡人坏品败名，钱财占了八分】 语出史典《愿体集》。造成一个人品格堕落、名声败坏的主要原因，十分里有八分在于贪图钱财。

【凡人之情，穷则思变】 语出司马光《资治通鉴·唐纪》。人的本性是在无路可走的时候，就要想办法改变现状。

【凡事不宜刻，若读书，则不可不刻】 语出张潮《幽梦影》。刻：苛刻，要求过于严厉。凡事不应太苛刻，唯有读书，要求不严是不行的。指读书必须高标准、严要求。 例句 “苛刻”本来是个贬义词，为人处世如果苛刻，那就是秉性不善，但是古话说：“～。”这是告诫人们，读书学习时对自己“苛刻”一些，还是大有好处的。（选自李冠雄《“悬梁、刺股”精神过时了吗？》）

【凡事皆当谨始虑终】 语出《薛文清公读书录·慎动》。每做一件事，都应当从开始的时候就谨慎并且考虑最终的结果。

【凡事留一线，他日好相见】 指做事要给人留点情面，便于以后好交往。 例句 有的人就是胆小怕事，不敢说；有的人就是世故，“～”，不肯抓破脸，不愿说；有的人得了人家的小便宜，嘴已被糊住

了，不肯说。（选自陆地《美丽的南方》）

【凡事要好，须问三老】 语出《增广贤文》。“三老”泛指有经验的老者。意思是要想把事情做好而不出差错，就必须询问有经验的老人。例句 古人有言“～”。工作中每当遇到困难时，我总是向公司里经验丰富的老员工请教，他们的智慧和经验对我帮助很大。

【凡事豫则立，不豫则废】 语出《礼记·中庸》。豫：同“预”，准备。立：成功。废：失败。一切事情，凡是预先做好准备的，就能成功；没有预先做好准备的，就会失败。指做事事先做好准备非常重要。也作“凡事预则立，不预则废”。例句 世界各国各民族，都在积极为争取自己的21世纪位置努力准备着。谁作好准备，谁准备充分，谁将是胜者。“～”，中华古训在这个时刻，字字尤其扣人心扉。（选自刘吉《世界正在发生什么？·序》）

【凡为教，目的在达到不需要教】 指培养学生的自学能力，才是教育的最终目的。出处 叶圣陶《语文教育书简》（节选）：“我近来常以一语语人：～。以其欲达到不需要教，故随时注意减轻学生之依赖性，而多讲则与此相违也。”

【凡治国之道，必先富民】 语出《管子·治国》。大凡治国的方略，一定要先让百姓富起来。例句 中国古代哲人说：“～。”发展的最终目的是造福人民，必须让发展成果更多惠及全体人民。（选自习近平《发挥亚太引领作用 应对世界经济挑战》）

【凡作诗文者，宁可如野马，不可如疲驴】 写诗作文应当像野马奔驰一样有生气，充满想象力，不可像疲累的驴子一样呆板疲沓。出处 袁枚《随园诗话·补遗》（节选）：“京江左兰城尝云：‘～。凡为士大夫者，宁可在官场有山林气，不可在山林有官场气。’有味哉其言！”

【繁采寡情，味之必厌】 语出刘勰《文心雕龙·情采》。意指文学作品如果只追求辞采华丽而缺少思想感情，让人读起来一定会心生厌烦。例句 刘勰《文心雕龙·情采》篇说：“～。”（辞采繁丽而缺乏情感，品味起来一定令人生厌。）穆益林的现代帛画恰恰相反，可以说是“重彩多情”，他的色彩与他的情感同样丰富、饱满、浓烈。色彩自身就富有情感的表现力。（选自王镛《穆益林的现代帛画》）

【反咬一口】 比喻干了错事或坏事不承认，反而诬陷受害方，企图嫁祸于人。例句 “袁世凯卖国也要一手包办。替他做掮客的人会被他～，说是汉奸。”（选自茅盾《锻炼》）

【返老还童灵芝草，不如早起把步跑】 即使吃返老还童的灵芝仙草，也比不上晨跑锻炼身体。

【饭吃八分饱，到老肠胃好】 平时吃饭吃七八分饱，有益于肠胃健康。

【饭合口，衣合身】 指女人手巧能干，做的饭菜合乎口味，做的衣服适合身材。 例句 这媳妇贤惠能干，~，真是里里外外一把好手。

【饭后百步走，活到九十九】 意思是饭后散散步，能帮助消化，有益于身体健康。与“饭后走百步，不用上药铺”义同。

【饭靠火候酒靠窖，百样佳肴靠调料】 把握好火的大小、时间长短，是做饭好吃的关键；决定酿酒质量的根本因素在于酒窖，深浅冷暖都有讲究；而炒菜需要各种各样的调料，才有味道。形容做任何事情都有一定的技术和方式方法。 例句 是的，这粉摊有些与众不同：只卖半天。倒不是怕忙，而是要用半天去预备调料。~嘛！这粉，绝就绝在调料上。（选自庞泽云《夫妻粉》）

【饭来张口，衣来伸手】 饭一到嘴边就张口吃，衣服来了就伸手穿。形容不劳而获，坐享其成。也作“衣来伸手，饭来张口”。 例句 现在的孩子大多数是独生子女，在家里，他们是“小皇帝”，~，遇到问题和困难，全权由父母包办。于是乎，孩子凡事都有了依赖性，以至于到了上大学生活还不能自理。（选自井长水《有种爱叫“拒绝”》）

【饭前不训子，睡前不骂妻】 在饭前不训斥孩子，以免影响孩子的食欲；在睡觉前不训斥妻子，以免影响感情，双方一夜别扭难眠。

【饭前不要跑，吃饭莫太饱】 吃饭前后不能剧烈运动，并且不能吃得太撑，以免引起胃下垂。

【饭前要洗手，饭后要漱口】 饭前把手洗干净，饭后及时漱口，是预防疾病和保持口腔卫生的好习惯。类似的说法还有“饭前洗洗手，病菌不入口”等。

【方木头不滚，圆木头不稳】 方木头不会滚，圆木头放不稳。比喻人或事物都有两面性，不可能十全十美。也作“圆木头不稳，方木头不滚”。 例句 周松山一口担保说：“这个没问题，我了解他。这个人虽有些偏激情绪，但革命的坚定性无可怀疑。”大老刘笑起来说：“~。那就让他去。”（选自罗旋《梅》）

【防病如防虎，大意必受苦】 指预防疾病不可轻视，一旦染病就得经受病痛的折磨。

【防虎容易防鬼难】 指暗中陷害人比猛虎害人还不容易防范。 例句 俗话说：“~。”你要是被小人盯上，是很难防住的。

【防患于未然】 防止事故或祸害于尚未发生之前。 例句 “昨天省里就来了密令，叫注意这个问题，说为了~。”（选自王西彦《夜宴》）

【防君子不防小人】 指关门上锁之类预防措施，对那些强盗是不起任何作用的。同样，不论什么制度和措施，对那些一心作乱的小人来说，都很难有约束力。　例句　在期待食品安全红黑榜的同时，我们还应清醒地认识到，榜单产生威慑效应，还需“高压”惩戒托底。从某种程度上讲，红黑榜是“～”。（选自张枫逸《食品安全红黑榜要通上“高压电”》）

【防民之口，甚于防川】　阻止人民进行批评的危害，比堵塞河川引起的水患还要严重。指不让人民说话，必有大害。　出处　《国语·周语上》（节选）：“～，川壅而溃，伤人必多，民亦如之。”

【防人疑众，不如自慎】　语出吕本中《官箴》。处处疑惧提防别人，不如自己谨慎待人处事。

【房坟相望，儿孙不旺】　家里建房选址应避免和坟墓相对相望。与“房子望见坟墓，儿孙应寻活路”同义。

【房无一间，地无一垄】　形容家境贫寒，一无所有。　出处　李满天《水向东流》（节选）：“他给赵焕卿喂养了半辈子牲口，眼熬烂了，腿闹风湿了，末了，还是落个～。”

【房住三代必走人】　说的是家族子孙昌盛，需要不断向外拓展生存空间。类似的说法还有“人过五代另起坟，房过三代必走人”“房过三代必走人，不走难上祖宗坟”等。

【纺车头上出黄金】　意思是纺车纺棉花也能产生财富。与“纺花车子是活龙，一年不拧就变穷”义同。

【放长线钓大鱼】　比喻做事从长远打算，虽然不能立刻收效，但将来能得到更大的好处。　例句　军统特务软硬兼施，最后使出一条～的毒计，假释张露萍，暗中安排便衣特务跟着她从周公馆门前经过，窥测她的动静。（选自叶青《张露萍：用热血染红七月的石榴花》）

【放虎归山】　比喻把坏人放回老巢，留下祸根。或作“放虎归山，必有后患”“放虎归山，必有后殃”。　例句　“倘他逃走了去，岂不是～？”（选自钱彩　金丰《说岳全传》）

【放屁添风】　喻指人虽然没什么大用处，但相随着多少也有点帮助。　例句　“兄弟，你虽无甚本事，好道也是个人。俗云：‘～。’你也可壮我些胆气。”（选自吴承恩《西游记》）

【放屁砸脚后跟】　形容人非常倒霉。　例句　人要是倒了霉，～，喝凉水塞牙。

【放情者危，节欲者安】　放纵自己性情的人危险，节制自己欲望的人身安。　出处　桓范《政要论·节欲》（节选）：“俭者节欲，奢者放情。～。”

【放下屠刀，立地成佛】　这是佛家劝人改恶从善的话。佛门的“屠刀”，指的是恶意、恶言、恶行及一切妄想、妄念、迷惑、颠倒、执着等。这句话的意思是指开始悔过以往的恶业，发愿走上成佛的道路。现一般用来比喻作恶的人一旦认识了自己的罪行，决心改过，仍可以很快变成好人。　例句　曾听“～”之说，谓人皆有佛心也，坏蛋也可以顿悟，改恶从善，不必长翅膀。（选自王乾荣《阅读而惊诧》）

【放着河水不洗船】　比喻有方便条件却不利用；或谓其中必有原因。　**出处**　清·吴敬梓《儒林外史》（节选）：“我是一片本心，特地来报信。我也只愿得无事，落得‘河水不洗船’；但做事也要‘打蛇打七寸’才妙。你先生请上裁!”

【飞来的鸽子漂来的鱼】　天上飞的鸽子和水里的鱼，谁捉住就是谁的。比喻好事不期而遇。　例句　这真是“～”，今天运气挺好呀。

【飞鸟恋巢，游子怀乡】　羁旅的游子怀念故乡，就像飞鸟思恋旧巢一样。　例句　～。漂泊的我，何时才能回去呢?

【飞沙再大也遮不住牧人的眼睛】　喻指政治目光敏锐的人有能力分辨清楚错综复杂的问题。　例句　～，那些目光敏锐的领导总能抓住事情的关键所在。

【非尽百家之美，不能成一人之奇；非取法至高之境，不能开独造之域】　写文章不把各家的风格融会贯通，就不能形成自己的特色；不借鉴最高境界的作品，便无法开创独特的天地。　**出处**　刘开《与阮芸台宫保论文书》（节选）：“～。此惟韩退之能知之，宋以下皆不讲也。”

【非理之财莫取，非理之事莫为】　指违背情理的钱财不可以获取，违背情理的事情不可以去做。　**出处**　冯梦龙《喻世明言·沈小官一鸟害七命》（节选）：“此一去，只因沈昱看见了自家虫蚁，又屈害了一条性命。正是：～。明有刑法相系，暗有鬼神相随。”

【非知之艰，行之惟艰】　语出《尚书·商书·说命》。惟：惟独。懂得道理并不难，实际做起来就难了。强调实践的重要性。同“知之非艰，行之惟艰”。　例句　～。不硬抓，公安教育训练不会有起色。一定要牢固确立公安工作和队伍建设必须依靠公安教育的思想，真正把公安教育训练放在优先发展的战略地位。（选自吕卓《以实际行动推进“科教强警”》）

【非莫非于饰非，过莫过于文过】　最大的不是是掩饰自己的不是；最大的过错是掩饰自己的过错。　**出处**　贯休《续姚梁公座右铭》（节选）：“艳殃尔寿须戒，酒腐尔肠须畏。励志须至，扑满必破。～。”

【非我族类，其心必异】　语出《左传·成公四年》。族类：指同族或同类。异：不同。古人认为不是同族类的人，心思必然不一样。　例句　虽然各国国情不同、制度各异，但不应存有“～”信条。（选自贾秀东《共创人类更加光明未来》）

【非学无以广才，非志无以成学】　语出《诸葛亮集·诫子书》。

无以：没有……可以用来；这里表示没有办法。不学习就没法增长才干，不立志就没法学有所成。 例句 我国古人说：“～。”大学的青春时光，人生只有一次，应该好好珍惜。（选自习近平《在北京大学师生座谈会上的讲话》）

【非宅是卜，唯邻是卜】 卜：选择。意思是不要选择住宅，而要选择邻居。古人非常重视邻居的选择，因为邻居是几乎每天都要面对的人，是家庭之外的又一个小环境。 出处 《左传·昭公三年》（节选）：“谚曰：‘～。’二三子先卜邻矣，违卜不祥。君子不犯非礼，小人不犯不祥，古之制也。”

【非知之实难，将在行之】 语出《左传·昭公十年》。原指懂得道理算不上难事，难在实行。今天我们理解这句话，则着重其“知行合一”的哲学意义，即理论必须和实践相结合。 例句 《尚书》说“非知之艰，行之惟艰”，《左传》说“～”，都论及知行难易问题，认为求知重在运用，这说明中华民族自古就是重视践行的民族。（选自赵建永《知而能之 知行合一》）

【肥了骡子瘦了马】 比喻一个讨便宜，一个吃亏。 例句 你这么分配，明明是有偏向，～，这不公平。

【肥水不流外人田】 意思是好处不能让给外人。 例句 这个活有得赚，揽下来我就想到了你，跟谁合伙都是干，咱是老乡，～。

【废一善则众善衰，赏一恶则众恶归】 语出黄石公《三略》。弃置一个贤人，众多的贤人便会引退了；奖赏一个恶人，众多的恶人便会蜂拥而至。指上层的奖惩对用人具有导向作用。 例句 古人语：“～。善者得其佑，恶者受其诛，则国安而众善。”如果国家对腐败分子不予惩处，反将良善之人关入监牢，就不是惩恶扬善，而是惩善扬恶，那么社会风气的败坏将一泄千里。（选自张英洪《涉农腐败、政治生态与治理精细化》）

【费了九牛二虎之力】 形容花费了极大的力气。 例句 后来常思俊得了肺病，老工程师在五六个工程界的朋友协助之下，～，才把常思俊送进北京一个医院。（选自杜鹏程《在和平的日子里》）

【费力不讨好】 指白费功夫，没有取得成效，相反带来坏的影响。 例句 这种～的差事，非得让我去吗？

【分钱不算重，赌场出人命】 赌博即使赌注不多，赌徒也会争个你死我活。

【纷华暂时好，淡泊味愈长】 纷华：指荣华富贵。淡泊：不追求名利。愈：越。荣华富贵只是暂时快乐，看淡名利意味愈加深长。指纷华只是一时快乐，淡泊才能得到长久快乐。 出处 欧阳修《读书》（节选）："纷华暂时好，俯仰浮云散。淡泊味愈长，始终殊不变。"

【坟头九两土，子孙代代富】 一种迷信说法。如果先人的坟头上有"九两土"这种密度好的土，那么子子孙孙就富足兴旺。

【焚膏油以继晷，恒兀兀以穷年】 语出韩愈《进学解》。晷：这里指白昼。兀兀：这里指刻苦的样子。意思是白天的时间不够用，晚上点起灯火继续学习，一年到头一直不间断地在刻苦用功。 例句 浏览他的选集，不禁想到一句古话："～"。以这样的态度对待学习和工作，成功是必然的。（选自米博华《用力多者功自远》）

【焚林而猎，愈多得兽，后必无兽】 焚烧树林，猎取野兽，开始虽然得到的多，将来一定就没有了。后"焚林而猎"为成语，比喻只图眼前利益，不作长久打算。 出处 《淮南子·人闲训》（节选）："（晋文公）辞咎犯，问雍季。雍季对曰：'～。以诈伪遇人，虽愈利，后无复。君其正之而已矣。'"

【粪是庄稼宝，缺它长不好】 意思是要想庄稼长得好，要有足够的粪作为肥料。

【丰年的兔子歉年的鼠】 庄稼长势好，就连野兔子也长得肥大；地里收成不好，人吃不上饭，老鼠也跟着遭殃挨饿。指年景的好坏，不仅影响到人，还会波及动物。

【丰年俭，歉年足】 丰收年也要节俭，这样在收成不好的年头，就可以用丰收年储存的粮食度日。

【丰年要当歉年过，有粮常想无粮时】 意思是要把丰收年当作歉收年过，有粮食时不要忘记挨饿时的苦。指生活富裕了，也必须注意节俭度日。或也作"丰年要当歉年过，免得歉年挨饥饿"。 例句 "这稀化看不见，浪费起来可了不得！咱们要把钱用在最当紧的事情上，正像俗语说的：'～。'"（选自李满天《水向东流》）

【风不吹，树不摇】 风不吹，树就不会摇动。比喻事情的发生总是有原因的。也作"风不吹，树不摇；雨不下，地不潮"。与"风不吹柳柳不摆，雨不洒花花不开"义同。 例句 "'～。'说你有缺点，也不是平白无故的。"（选自杜鹏程《保卫延安》）

【风吹鸡蛋壳，财去人安乐】 鸡蛋已碎只剩鸡蛋壳，任它被风吹走也不会在乎。指财富就像鸡蛋一样易碎，如果人不把财富看得那么重的话，不用对财富患得患失的话，心境自然就会快乐。 例句 魏璧看见巧云鬓发蓬松，还未梳头，遂说道："'～。'所少的首饰我明日办了来，你欢喜什么样式？"（选自邗上蒙人《风月梦》）

【风吹树叶根不动，风卷流沙山不惊】 形容有信念、立场坚定的人经得起考验。 例句 他是个"～"的人。

【风大伴墙走】 指遇到大风，贴近墙根走会比较安全。比喻遇到强敌，应暂时躲避一下。 例句 老高！～。人家兵多，又是一色的快枪，我们只好避避他的锐气！先退！（选自柯蓝等《风满潇湘》）

【风刮草帽扣鹌鹑，运气上来不由人】 风刮下去草帽就能扣住个鹌鹑。形容运气很好，好运来了挡也挡不住。也作“运气来了不由人，风吹草帽扣鹌鹑”。 例句 这笔生意能成功，有太多偶然因素了。真是～。

【风来竹梢动，雨到地皮湿】 形容发生过的事情总会留下迹象。 例句 ～。所有事情都不会空穴来风。

【风浪里试舵手，困难中识英雄】 只有在艰难困苦中，才能考验识别人的胆魄和处理问题的能力。 例句 通过这次疫情的考验，充分证明你们是一支值得依赖的队伍。这真是疾风知劲草，烈火见真金；～呀。

【风里来雨里去】 形容非常辛苦、劳累；或比喻经历过许多事情。 例句 耿冒龄听了很不受用，想想自己～，吃尽千辛万苦，到头来还是免不了受批评，真是哑巴吃黄连，有苦说不出。（选自白危《垦荒曲》）

【风流茶说合，酒是色媒人】 意谓风流之事常常是通过吃茶传递情意，饮酒则使男女乱性并借以勾搭成奸。 例句 谁想那婆娘自从和那张三两个搭识上了，打得火块一般热。……只因宋江千不合，万不合，带这张三来他家里吃酒，以此看上他。自古道：～。（选自施耐庵《水浒传》）

【风马牛不相及】 语出《左传·僖公四年》。风：走失；及：到。本指齐楚相去很远，即使马牛走失，也不会跑到对方境内。比喻事物彼此毫不相干。 例句 中风和肺癌看似两种～的疾病，其实，有相当一部分肺癌的首发症状表现为中风。（选自李杰《当心肺癌会拿中风做幌子》）

【风前不做墙头草，雪中要学山上松】 墙头草随风倒，松树则耐风耐寒。喻指人要有品格，不做没有立场的人，要像松树一样正直坚强，经得起各种考验。也作“雪中要像山上松，风前不做墙头草”。

【风沙何时住，处处长满树】 要想挡住风沙，就要多多栽树。

【风是雨兆，屁是屎兆】 比喻事情发生有预兆。也作“风是雨头，屁是屎头”。 例句 这小子偷东西被逮着，老实了几天，今天又鬼鬼祟祟地往外跑，～，八成手又痒痒了。

【风水轮流转】 意思是人不会永远走好运或走背运。 例句 由此可见，外官待遇不如京官。不过，～，到中晚唐时，出现了京官不如外官的情况。（选自刘黎平《唐朝官员薪水簿年薪月薪双轨制》）

【风无常顺，兵无常胜】 驾船不会总遇到顺风，带兵不可能老打胜仗。比喻人不可能总是一帆风顺，遇到挫折是难免的。　出处　冯梦龙《醒世恒言·一文钱小隙造奇冤》（节选）：“长儿是小厮家，眼孔浅，见了这钱，不觉贪心又起，况且再旺抵死缠住，只得又攧。谁知～。这番采头又轮到再旺了。”

【风箱里的老鼠两头受气】　老鼠钻进风箱后，不管风箱是推还是拉都要被风吹。比喻人处于矛盾的双方中，两面不讨好受委屈。　例句　现实生活中，基层干部常常有“压力山大”的感受，有“问题总出现在能力之外”的慨叹，有“～”的无奈，原因固然多方面，其中一个重要原因是上情下达中的选择性执行、下情上达中的信息失真。（选自杜明骏《当好“形象代言人”》）

【风雨之后见彩虹】　彩虹的出现必须是在风雨之后。比喻克服困难之后，就会赢得胜利或成功。　例句　我们相信，一个坚强的人，不论遇到什么困难，总会～，不会被困难所压倒。

【疯狗乱咬人】　比喻坏人胡说八道，陷害好人。　例句　他现在已经失去理智了，～，你们千万不要招惹他。

【疯傻不论，水火无情】　指无论疯癫痴呆，还是水和火，都是不讲情面的，如疏忽大意，容易造成灾祸。　例句　～，我们都要提高防范意识。

【逢桥须下马，过渡莫争先】　指过桥时要下马步行，渡河时不能争先上船。指外出行走要时刻注意安全，碰到危险要采取防范措施。　出处　元·柯丹丘《荆钗记》（节选）：“你未晚先投宿，鸡鸣起看天。～。古来冤枉事，皆在路途间。”

【逢人且说三分话，未可全抛一片心】　意思是与他人说话时，要留有余地，别把心里想的全说出来。面对纷繁复杂的人际关系，谨言慎行才能避免吃亏受挫。同“逢人只说三分话，不可全抛一片心”。　例句　李瓶儿尚不知堕他计中，每以姐姐呼之，与他亲厚尤密。正是：～。（选自兰陵笑笑生《金瓶梅》）

【逢山开路，遇水搭桥】　形容不畏艰险，克服旅途中的重重困难。后也泛指打通前进道路中的种种障碍。　例句　在脱贫攻坚这场与贫穷作斗争的硬仗中，党带领广大人民群众～、开拓创新，战胜了一个又一个艰难险阻，渡过了一个又一个巨大难关，以志在必得的信念和改天换地的气魄推动贫困地区的经济社会发展，使贫困群众的生活状况、精神风貌发生了历史性变化，这场规模浩大的伟大斗争实现了史无前例、载入史册的胜利。（选自路克利《赓续伟大的脱贫攻坚精神》）

【逢善莫欺，见利勿贪】　不要欺负善良软弱的人，不要贪图不该得到的利益。

【凤凰爱梧桐，仙鹤喜青松】　高贵的凤凰喜爱在梧桐树上栖息，吉祥长寿的仙鹤喜欢青翠的松树。这是中国传统文化里的一种认知。人们还常把仙鹤和挺拔苍劲的古松画在一起，作为延年益寿的象征。

【凤有凤巢，鸡有鸡窝】 凤：凤凰。指不同类别的人，各有各的去处。 例句 忠养点长的公馆门前，每晚聚集的都是些赤脚黑背之人；盘起利的杂货店里，每晚都聚了几个小地主和富农。真是～，各不相混。（选自吴有恒《山乡风云录》）

【奉法朝朝乐，欺公日日忧】 意思是奉公守法者心里坦然，欺瞒公众者天天担忧。 出处 明·王元寿《异梦记》（节选）：“～。我们是辇真国师差来缉拿王奇俊的。”

【奉法者强则国强，奉法者弱则国弱】 语出《韩非子·有度》。执法的人能够强有力地保证法律的有效执行，国家就会强盛；执法的人执法不力，国家就会混乱衰弱。 例句 “～”。再完备的法律，也要靠人去实施。领导干部作为“关键少数”，在推进依法治国方面肩负重要责任。（选自虞爱华《崇尚法治当把握五个问题》）

【佛靠金装，人靠衣装】 佛受人尊崇，靠的是外表的黄金涂饰；人要好看，靠的是穿衣打扮。比喻门面功夫很重要。 例句 “虽然如此，～，打扮也是很要紧的。”（选自沈自晋《望湖亭记》）

【佛门虽大，难度无缘之人】 度：僧尼引导俗人出家。没有佛缘的人不容易成为信徒。 例句 “真是‘～’，我怎么又动了尘念啦？阿弥陀佛！”（选自冯家文等《独臂武松》）

【否认一次过，多犯一次错】 在过失面前死不认错，不知悔改，或还会再犯一次同样错误。 例句 常言道：～。我们要知错就改，不能屡教不改、一错再错。

【夫唱妇随】 丈夫说什么，妻子就附和什么。比喻夫妻配合默契，关系和睦。 例句 这两人婚后～，小日子过得甜甜蜜蜜，快活极了。

【夫妻本是同林鸟，大难临头各自飞】 讽刺在危难时刻将配偶抛弃、只顾自己的行为。同“夫妻好比同林鸟，一遇灾难各自飞”。 例句 “他逃走时老婆也不要，我们也不理呢。”六姑叹道：“俗语说，‘～。’”（选自黄谷柳《虾球传》）

【夫妻没有隔夜仇】 夫妻之间没有隔夜解不开的仇怨。形容夫妻间的不和解决得快。也作“两口子没有隔夜的仇”。 例句 中国有句老话，叫“床头吵架床尾和”。也有人说，“～”。这些民间俗语，既是千百年来人们积累的经验，也是劝慰吵架夫妻的常用语。（选自杨思远《床头吵架，床尾能和》）

【夫人不言，言必有中】 语出《论语·先进》。意谓这个人平时不大说话，一说话就能说到点子上。 例句 在党的会议上，他倾听多于发

言，但却是“～”。（选自曾镇南《各分半面旗　坚守一生志——〈经略赣西南〉读后》）

【伏里划破皮，照秋后犁一犁】 意思是说伏天锄地，比秋天犁地所起的作用还强。

【伏里有雨好吃麦，九里有雪好吃菜】 伏天下雨，有利于麦子播种生长；数九寒天有雪，有利于来年蔬菜播种生长。

【伏天无雨难种麦】 伏天干旱无雨，秋庄稼收后墒情差，就会影响播种麦子。

【扶不起来的阿斗】 阿斗是三国时期刘备之子刘禅的小名，他碌碌无能，虽有诸葛亮等人全力扶持，也不能振兴蜀汉。比喻扶持不起来的人。　例句　有干部私下抱怨，有的贫苦户，真是～啊。我们好心给政策，人家不伸手；安排工作，也不愿意干，就希望等着吃现成的。（选自原韬雄《包办包不来真脱贫》）

【扶竹竿不扶井绳】 竹竿由于硬且有节，轻轻一推就能直立起来，而井绳则是软的，无法轻易扶直。喻指应该帮助有自强意识、能够自我提升的人，而不是那些依赖性强、无法自立的人。或作“宁扶竹竿一尺，不扶井绳一丈”。　例句　～，你不能管他，他就是一个懦弱无能、不思进取的家伙。

【服美不称，必以恶终】 语出《左传·襄公二十七年》。指人服饰华美同人的内在品质不相称，这样的人不会有好结果。　例句　漂亮服饰必须与美德相称，否则“～”。只有德性动于内，仪礼动于外，才可能显出君子的气质风度。（选自葛晨虹《中国古代的风俗礼仪》）

【浮生恰似冰底水，日夜东流人不知】 语出杜牧《汴河阻冻》一诗。浮生：短暂虚幻的人生。短暂的人生，就像冰层下面的河水，日夜向东流逝，人们却全然看不见。指时光总是在人不知不觉中悄然远去。　例句　时间就像小偷，往往在你不知不觉中偷走你最宝贵的东西。杜牧诗说：“～。”（选自白进芳《漫步沫水河畔》）

【福大命大造化大】 意思是命运好，福气多，命运和福气都很强。它表达了人们对幸福生活的渴望和追求。在中国传统文化中，命运和福气被认为是人类生活中最重要的两个方面，因此人们常常会用“命大福大”来形容一个人的人生运势和福气。“造化”既指自然界的变化，也指人生的机遇和命运。　例句　咸丰帝闻奏心头不悦，略微忖度了忖度，才破例吐口答应了。嘴上没说心里话，好你个胆大包天的走方郎中，你若果有真本事，治好朕爱妃的病，算你～。若没真本事，治不好朕爱妃的病，算你流年不利，朕定把你这胆敢欺君的奴才，喝令绑出午门，开刀问斩。（选自佚名《匡神医》）

【福无双至，祸不单行】 指幸运的事不会接连到来，祸事却往往相继发生。　例句　那金莲听了，心里犹如刀割一般，说道："公子，这叫～，总是我王金莲害了公子。"（选自佚名《说呼全传》）

【福在积善，祸在积恶】　福分在于累积善行，祸患在于累积恶行。　出处　黄石公《素书·安礼章》（节选）："怨在不舍小过，患在不预定谋。～。"

【福中有祸，祸中有福】　也称"福害相连"。意思是：福祉之中潜藏着灾祸，灾祸之中隐含着福祉。也就是好事和坏事都不是绝对的，可以互为因果、相互转化。　出处　《老子·五十八章》（节选）："祸兮福之所倚，福兮祸之所伏。"

【斧快不怕木柴硬】　比喻只要本领过硬，就不怕对手强硬或任务艰巨。　出处　黎汝清《万山红遍》（节选）："（谷敬文）想起了一句谚语：'～。'对了，为了劈开那些硬木柴，我要把斧子磨得更快。"

【辅车相依，唇亡齿寒】　辅：颊骨；车：齿床。"辅车相依"，颊骨和齿床互相依靠。"唇亡齿寒"，嘴唇没有了，牙齿就会感到寒冷。比喻两者关系密切，互相依存。　出处　《左传·僖公五年》（节选）：晋侯复假道于虞以伐虢。宫之奇谏曰："虢，虞之表也。虢亡，虞必从之。晋不可启，寇不可玩，一之为甚，其可再乎？谚所谓'～'者，其虞、虢之谓也。"

【腐木不可以为柱，卑人不可以为主】　不能用腐朽的木材做房屋的柱子，不能让地位低下的人来主事。指让卑微的人主事有可能坏事。　出处　班固《汉书·刘辅传》（节选）："今乃触情纵欲，倾于卑贱之女，欲以母天下，不畏于天，不媿于人，惑莫大焉。里语曰：～。"

【父母恩深终有别，夫妻情重也分离】　语出《增广贤文》。父母对待子女的恩情再深，终究会有离别的时候；夫妻感情再好，有时也难免分离。正视人生，珍惜当下。

【父母在，不远游】　出自《论语·里仁》。意思是父母在世，不出远门。　例句　转瞬间，我离开父母已多时，就这样在异乡悄然地长大了。每每我有佳讯，便会告知父母，他们会由衷地为我喝彩，也因我而骄傲。虽说"～"，但我既然选择了远方，便只顾风雨兼程，一路向前。而我认为，这也是父母期待看到的我的模样。（选自谢灵慧卉《父母在　远游必有方》）

【父母之爱子，则为之计深远】　语出刘向《战国策·赵策》。意思是作为父母疼爱孩子，就要为他们作长远打算。　例句　古人云，～。少一点功利和盲目，多一些培元固本，让每个孩子都成为最好的自己，这是最深远之计。（选自白龙《今天的孩子该比什么》）

【父在不留须，母在不庆生】　老者才留须，"父在不留须"，以示不在父亲面前称大；自己的生日是母亲的受难日，“母在不庆生”，以示对母亲的感恩。

【父债子还】 父亲生前的债务，由子女负责偿还。也指父亲的过错累及子女。 例句 民间借贷分为无息和有息两种。多数农民是讲信用的。如果他们欠了你的钱，可能会拖欠，但一般不会否认欠了这笔债。传统上的～这种家庭无限责任仍然有效。（选自冯兴元《中国农民：在传统与现代之间》）

【父子不和家不旺，邻里不和是非多】 父子不和睦家业就不能兴旺，邻里不和睦就会产生是非。指保持友好和睦的关系对家庭和邻里很重要。 例句 “大队长言之有理!古书上说‘和为贵，忍为高’，‘～’。”（选自侯树槐《高山春水》）

【父子同心山成玉，兄弟协力土变金】 喻指父子或兄弟之间如果能够同心协力，共同奋斗，在什么样的条件下都能发家致富。

【妇病不易治，儿科更难察】 妇科病由于涉及隐私，造成医治困难；儿科疾病，由于孩子哭闹，不会说话或表达不清，也难以诊断。

【妇女能顶半边天】 意思是男女平等，指妇女的潜力很大，凡男人能做到的，妇女同样能做到。 例句 现在～，你可别瞧不起我们女人。

【附耳之言，闻于千里】 附耳：贴近耳朵。贴近对方耳朵说的话，千里之外也能听到。比喻说出的话便不可收回，也不要指望有私密性。 出处 刘安《淮南子·说林训》（节选）：“田中之潦，流入于海；～也。”

【附小人者必小人，附君子者未必君子】 接近小人的人一定也是小人，接近君子的人不一定就是君子。 出处 《明史·梅之焕传》（节选）：“之焕廉觚自胜，尝言：‘～。蝇之附骥，即千里犹蝇耳。’”

【富不过三代，穷不过五代】 事物一直处在发展变化中。教育、环境等因素，都可使后代子孙思想观念发生改变，从而造成穷富易位。

【富不添丁，穷不添女】 富裕人家不希望生太多的男孩，以免因财产分割产生纠纷；穷人家不希望生太多的女孩，以免结婚时带走嫁妆。这句俗语体现了穷人家和富人家两种完全不同的生活状态和理念，反映了封建社会中男女地位的不平等。

【富不住大屋，子孙齐享福】 意思是即便是非常富有了，也不要住大房子，保留勤俭持家、艰苦奋斗的好作风，才能让子孙后代福荫长存。

【富从升合起，贫因不俭来】 升、合（gě），都是古代量粮食的度量单位，相对较小，10合=1升、10升=1斗。意思是富因有计划、从小处精打细算；而贫穷源于没有计划、不节俭。

【富得流油】 形容非常富裕。

例句　他家里~，却吝啬得很。

【富而教之，仁义以之兴；贫而为盗，刑罚不能止】　语出《隋书·食货志》。富裕之后施教，仁义之风就能兴起；因贫穷而沦为盗贼，严刑重罚也不能禁止。指施行教化要有一定的经济基础。　例句　振兴教育不能空谈，须要具备相应的经济实力，最起码也得解决了生存问题。史书上说："~。"（选自杨随让《民富则易教》）

【富贵本无根，尽从勤中得】意思是富贵"无根"，不能自己生长，都是从勤俭中得来的。同"富贵本无种，尽从勤中来"。　出处　冯梦龙《醒世恒言·徐老仆义愤成家》（节选）："那献世保的田宅，尽归于徐氏。门庭热闹，牛马成群，婢仆雇工，也有数百，好不兴头!正是：~。"

【富贵不傲物，贫穷不易行】语出《晏子春秋·问下》。傲物：骄傲自大，藐视一切。易：改变。行：品行。富贵的时候不骄傲自大，贫穷的时候不改变品行。指无论贫富，品行不能变。　例句　"~"意谓富贵时不狂妄自大，不盛气凌人；穷困时不阿谀奉承，不卑己求人。这种品行节操永远不会过时。（选自常小洁《论"富了口袋，穷了脑袋"》）

【富贵不能淫，贫贱不能移，威武不能屈】　语出《孟子·滕文公下》。是孟子认为"大丈夫"应该具有的品质，即：富贵不能迷乱他的思想，贫贱不能改变他的操守，威武不能压服他的意志。　例句　党员干部当胸怀"先天下之忧而忧，后天下之乐而乐"的政治抱负、"~"的浩然正气、"鞠躬尽瘁，死而后已"的奉献精神。（选自刘汉俊《"三严三实"是我们党固本培元的良方》）

【富贵不压乡里】　指人富贵了，有了权势，不应该欺压自己的乡亲。　出处　冯梦龙《醒世恒言·张廷秀逃生救父》（节选）："赵昂，富贵不压于乡里，你便做得这个蚂蚁官儿，就是这等轻薄！我好意要做出戏儿贺你，反恁般无礼！"

【富贵莫忘贫贱日，还钱常想借钱时】　富贵发达了不要忘了贫穷的时候，还钱的时候想想借钱时的难处和承诺。告诫人们不要迷失本性，要有感恩之心。

【富家穷养出贵子，穷家富养出败子】　富人家的"穷二代"，往往越来越富有；而穷人家的"富二代"，却往往越来越穷。要想孩子长大后有出息，就要让他们吃苦，经受生活的磨砺，不能宠着、惯着，否则多半是不成器的败家子。

【富看厨房，穷看厅堂】　经济条件优厚的家庭，连厨房也装修得很好；条件差的家庭，不会在厨房花很多心思，而是把客厅弄得漂亮些，这样客人来了有面子。

【富人怕死骡子，穷人怕死婆子】　婆子指媳妇。旧时代骡子是富裕人家的主要劳动力，害怕牲口死掉；穷苦人家生活困难，全凭媳妇在家里操持，娶媳妇也难，所以生怕媳妇有个三长两短。

【富人思来年，穷人思眼前】 富人没必要考虑当下的吃饭问题，而是更加注重长远规划；贫困的人首先要想办法，解决当下的温饱问题，无暇顾及长远规划。这句话揭示了不同经济状况的人在思维方式上的差异。

【富人四季穿衣，穷人衣穿四季】 旧时富人穿衣服都是一年四季，季季不同；而穷人穿衣服，一件就能穿四季。凸显了贫富之间在生活质量上的差距。

【富润屋，德润身】 语出《礼记·大学》。拥有财富可以装饰自己的屋子，拥有美德却可以修养自身的品行。 例句 古人云：“～”，“儒有澡身而浴德”。对当代人来说，澡身浴德也是一门修炼的功课。（选自李世君《“泡汤”之乐》）

【腹有诗书气自华】 语出苏轼《和董传留别》一诗，是赞扬董传的话。意指只要饱读诗书、学有所成，自会才华横溢，气质高雅光彩。后被用来表示，勤于读书的人身上总会有一种儒雅之气自然地流露出来，使他们看起来与众不同。 例句 ～——读书能改变人的气质，读书同样能改善一个团队的精神风貌——最是书香能致远。（选自王松苗《腹有诗书气自华》）

【覆巢之下，安有完卵】 出自刘义庆《世说新语·言语》：“岂见覆巢之下，复有完卵乎？”安：怎么。倾覆的鸟窝下面，怎么会有完整的鸟蛋。比喻整体所依赖的根本被毁后，其中的个体自然也无法幸存。也作“覆巢之下，岂有完卵”“覆巢之下，焉有完卵”。 例句 “～”。国之将亡，家以何存？无数的抗日志士用鲜血和生命保卫家园、捍卫民族尊严，他们所表现出的坚韧和大义，是我们宝贵的精神财富。（选自田文广《牢记历史 奋发图强》）

【覆水难收，话说难回】 说出的话像倒在地上的水一样难以收回。告诫人说话要慎重。 例句 “～”，这话可不是闹着玩的，你说话可得有根据，不能信口开河。

G

【该冷不冷，不成年景；该热不热，跟着挨饿】 指气候异常，违反了季节常态，会造成不好的年景，粮食减产。

【该默不默是狂妄，该说不说是软弱】 表示说话要根据具体情况，不该说的时候乱说不对，该说的时候不说也不对。

【该一是一，该二是二】 形容说话办事老老实实，毫不含糊。 例句 咱们～，我问你答，实事求是别害怕。

【改过不吝，从善如流】 吝：顾惜，舍不得。改正错误毫无保留，对待善言像流水向下一样遵从不逆。出处 苏轼《上皇帝书》（节选）：“～，此尧舜禹汤之所勉强而力行，秦汉以来之所绝无而仅有。”

【改过宜勇，迁善宜速】 语出傅昭《处世悬镜 · 止之》。改正自己的过错需要勇气，学习别人的长处需要尽快。 例句 要善于从真话中不断汲取养分，切实做到闻过则喜、闻善则拜，～。（选自赵爱明《以求真务实作风推进组织工作科学发展》）

【盖得住火藏不住烟】 喻指事情只要做了，是瞒不住的，总会留下蛛丝马迹。 例句 这事恐怕瞒不住，～，不如实话实说吧。

【盖棺始能定士之贤愚，临事始能见人之操守】 语出林逋《省心录》。盖棺：指人去世。一个人是好是坏，只有到他的生命结束后才可下结论；一个人的节操如何，只有遇到事情的时候才能看出来。

【甘瓜苦蒂，天下物无全美】 语出翟灏《通俗编》。即使是甜瓜，它的把儿也是苦的，天下的东西没有十全十美的。指任何事物都有两面性，不可求全责备。 例句 造化弄人，～，人事亦然。（选自王琪《悠悠古坡河》）

【甘泉知于口渴时，良友识于患难日】 人在口渴的时候，才会知道甘泉的可贵；人在患难的时候，才会看清谁是真正的朋友。 例句 ～。我这个朋友是在我最困难的时候伸手帮过我的，是最值得信赖的人，你尽可以放心。

【甘蔗出土节节甜，桂花盛开处处香】 喻指美好的生活或事物越来越好。

【甘蔗老头甜，辣椒老来红】 比喻人越老思想越进步，经验越丰富。也指老年人日子越过越好。

【赶得早不如赶得巧】 早，是一种努力态度。巧，是一种机遇。意思是说做什么事并不是越早越好，时机很重要。 例句 正说过去请她呢，~，没成想偏偏这时她来了。

【赶路最怕腿懒，学习最怕自满】 赶路最怕腿脚懈怠，学习最怕自满自足。

【赶先不赶后，宜早不宜迟】 指任何事情应该及早行动，给自己留下应变的时间。 例句 ~。这件事我们要抓紧进行。

【赶鸭子上架】 比喻强迫去做能力达不到的事情，或情势所迫不得不干。 例句 官员直播，带的是货不是“祸”。领导干部切忌跟风扎堆、“~”，而是要坚持实事求是、量力而为。（选自冯军福《官员直播带货，不能沦为“秀”》）

【敢开高价口，必有识货人】 好货即使要价高也会有识货的人来买。指有人识货才敢出大价钱。 例句 “也许是‘~’吧，这天，又有一女一男走进了刘万林的家。”（选自赵康宁《从“凤眼识宝”说起》）

【敢上南天门，就能摘星辰】 比喻既然有胆干，就能干成看来难办到的事。 例句 “~”，他敢揽下这个活，说明他有这能耐。

【干吃大鱼不费网】 干：白白地。比喻白得好处不付出代价。 例句 “主意是他想的，人是他杀的，咱们是~，连一条绳子也搭不上。”（选自浩然《艳阳天》）

【干锄田，旱浇园】 地皮干时，要锄田减少土壤水分蒸发，保持墒情；庄稼旱了，就要及时浇灌。

【干打雷，不下雨】 喻指人在哭的时候很大声，但是不掉眼泪；也指只有语言或声势而没有实际行动。 例句 “别拖泥带水的，~。”（选自董玉振《精明人的苦恼》）

【干点活儿就要利息】 意思是本来应该干的活，干完了却带来负面影响。同“干点活儿就要工钱”。 例句 唉，真是~，这孩子切菜把手切破了。

【干冬湿年下】 冬至如果是干燥天气，那么过年就可能是雨雪天气。

【干活不随主，活该白吃苦】 给雇主干活就得按主人的意愿去做，否则白白受苦不讨好。同“干活不依东，累死也无功”。 例句 ~。还是按东家说的做吧。

【干劲大，困难怕；干劲小，困难找】 指越是不怕困难，越容易克服困难；越是害怕困难，越难以克服困难。 例句 ~。越是困难的时候，越要鼓足干劲往前冲。

【干痨气鼓噎，阎王请就的戚】 患上血痨、结核、气鼓、噎膈等病的人，是阎王爷请来的亲戚。表示命不长久。同“干痨气鼓噎，阎王下请帖”。

【干犁湿耩，庄稼不长】 耩：旧式农具，用以播种或施肥。播种时田地太干或太湿，都不宜于种子发芽成长。

【干啥沾啥光，做啥被啥伤】 干什么工作，都会得到其带来的实惠；但是干久了，就会失去耐心和兴趣，或者承受其带来的损害。　例句　老田在这里工作十几年了，真是“～”，现在一到单位，就提不起精神来。

【干什么吆喝什么】　指干什么事情就要在这件事情上投入精力，专心做好。　例句　～，你现在是学生，就要好好学习，别瞎琢磨别的。

【干一行，爱一行；干一行，专一行】　无论从事哪一个行业，都要喜欢热爱这个行业，钻研这个行业，只有这样才能做出一番成绩。　例句　我们每个人都要做到～。

【干榆湿柳水白杨，杏桃栽在山坡上】　榆树要栽在干地，柳树要栽在湿处，白杨要靠近水边，杏树和桃树要栽在山坡上。意思是要根据不同树种，选择适合他们生长的地方栽种。

【刚强独自立，好汉众人服】　意思是说一个人性格刚强的话，自立意识和自立能力也比较强；被认可成为好汉后，刚强独立的人格魅力会使很多人服气。　例句　～。我们要养成刚强自立的好品格。

【刚则易折，柔则长存】　刚者容易折断，柔者可以长期存在。刚柔各有优势，各有缺陷。　例句　～。我们应该学会控制自己的情绪，切莫任性而为。

【钢刀砍头不动摇，泰山压顶不弯腰】　比喻在巨大困难或沉重压力面前，意志坚定，绝不屈服。　例句　多年的军旅生涯，铸就了他“～”的顽强精神。

【钢刀虽快，不斩无罪之人】　指国家的法律再严，但也不会向守法的人施以刑罚。同“钢刀虽利，不斩无罪之人”。　出处　明·范受益《寻亲记》（节选）：“[外]既招定了，你又来诉什么？[旦]正为‘～’，冤屈事难甘罢。”

【钢铁怕火炼，困难怕志坚】　意思是只要意志坚强，就能战胜一切困难。　例句　～。只要我们顽强拼搏，就一定能够成功。

【缸沿哪有不磕瓢的】　比喻在一起生活的人，难免会有摩擦和矛盾。同“马勺哪有不碰锅沿的”。　例句　小两口过日子，～。

【高傲的百灵飞不高，平凡的山鹰冲云霄】　喻指骄傲自满，再聪明也难以取得显著成绩；只有踏踏实实虚心学习，才能够有所收获、有所进步。　例句　～。只有谦虚谨慎，才能使你的事业走向辉煌，让你的人生更加完美。

【高不成低不就】　高者无力得到，低者又不屑迁就。形容不能正确认识自己，没有自知之明，导致自己陷入两难的尴尬处境。多用于求职或婚姻大事上。　例句　其实我也早留心了，不过总是～的。（选自冰心《冬儿姑娘》）

【高飞之鸟，死于美食；深泉之鱼，死于芳饵】　高空飞翔的鸟，会因贪美食而死；深水游动的鱼，会因贪香饵而死。比喻人也会因贪欲而败亡。　出处　赵晔《吴越春秋·勾践阴谋外传》（节选）：“臣闻‘～’。今欲伐吴，必前求其所好，参其所愿，然后能得其实。”

【高高挂挂门前站，不会做活也好看】　指女子长得身材高挑，面相姣好，即使手脚笨点，也招人喜爱。　例句　看看人家张二他媳妇，～。

【高粱地里耍扁担，一亩地打一石】　喻指高粱种植得太稀，亩产就会大大降低。

【高粱地里卧下牛，还嫌高粱稠】　这是一种夸张的说法，意在说明高粱种植宜稀不宜稠。

【高山出俊鸟，寒门出才子】　人迹罕至的山岭，往往生长着异常俊俏的禽鸟；家境贫寒的门庭，往往会培养出青年才俊。　例句　～。越是贫寒的家庭，往往就越容易培养出人才来。

【高山挡不住太阳转，困难吓不倒英雄汉】　比喻任何艰难险阻都挡不住真正的英雄好汉。同“高山挡不住太阳，困难吓不倒硬汉”。　例句　要相信～。面对困难只要找准方法，永不退缩，就一定能战胜它。

【高山松树核桃沟，溪河两岸栽杨柳】　这是关于植树的谚语。不同的树种，适合不同的土壤和生长环境。松树适宜种在高处，核桃树适宜低洼之处，杨柳适宜种在河边溪旁。

【搞好搞不好，关键在领导】　指出了带头人、指挥官的重要性。　例句　～。一个部门是否有个好领导班子，直接影响到该单位的整体工作。

【搞破鞋】　侮辱性脏话。指和不正派的女人发生性关系；也泛指有不正当行为的婚外恋男女。　例句　王小波的中篇小说《黄金时代》，由两个线索连接而成，一是王二与陈清扬的“～”的前前后后，一是为此罪名遭到农场军代表“革命群众”等批斗写交代认罪的经过。（选自赵毅衡《叙述在否定中展开——四句破，符号方阵，〈黄金时代〉》）

【告人死罪得死罪】　诬告别人犯死罪的人，自己也得死罪。意谓告状这种事责任重大，应当慎重。　出处　元·关汉卿《绯衣梦》（节选）：“大人可怜见，他告我孩儿是杀人贼，如今可不是我孩儿。告人死得死，大人做主咱。”

【疙瘩云，晒死人】　夏日，夕阳周围出现了像疙瘩状的云朵，第二天气温就会非常高。

【胳膊扭不过大腿】　力量弱小的胜不了力量强大的。多用于势力、力量的对比。也作“胳膊拧不过大腿”“胳膊别不过大腿”。　例句　“年头儿的改变不是个人所能抵抗的，～去，跟年头儿叫死劲简直是自己找别扭。”（选自老舍《我这一辈子》）

【胳膊折了往袖里藏】　喻指把自己不愿让人知道的事隐蔽起来；或是想把自己的缺点错误隐蔽起来，

不让人知道。也作“胳膊折了藏在袖里”。 例句 “我要往祠堂里哭太爷去。那里承望如今生下这些畜牲来！每日家偷狗戏鸡，爬灰的爬灰，养小叔子的养小叔子，我什么不知道？咱们～！”（选自曹雪芹《红楼梦》）

【胳膊肘子往外拐】 意思是说话办事不向着自己人，总向着外人。 例句 你这吃里扒外的家伙，怎么～？

【鸽子不出笼，天天雨不停；鸽子飞得高，预报天气好】 这是用鸽子的行为判断天气阴晴的谚语。

【鸽子向旺处飞】 指鸽子愿意到人烟兴旺的地方去。比喻势利人都愿意攀附有钱有势的人。 例句 可见～，连牌也要拣择人家，总是势利世界，纸糊的强盗，还脱不得势利二字！（选自酌元亭主人《照世杯·掘新坑悭鬼成财主》）

【搁旱不搁淹】 经得起干旱，受不了内涝。

【搁赚不搁赔】 做买卖赚得起赔不起。 例句 咱这是小本买卖，～。

【割了蒿子露出狼】 比喻弄清事实后，明白了谁是坏人。 例句 “～”，坏人终究是坏人。这回他再也藏不住了。

【隔辈不管人】 意思是爷辈尽量不要管孙辈的事情，以免招嫌。 例句 ～，你就不要再操心孙子们的事了。

【隔壁不偷隔壁鸡，朋友不逗朋友妻】 意思是不对身边的人或朋友作恶或做有违道德的事。 例句 “～。”他做这个事真是太不应该了。

【隔行如隔山，隔行不隔理】 行业不同，互不了解，像是隔着一座山；但是行业间有些道理却是相通的。 例句 都说～，我们虽然做的是不同的生意，但其中有些门道却是相通的。

【隔年的黄历不管用】 黄历：即皇历，一年一本，编入当年月、日、节气等资料供查考。比喻事物过时不起作用了。 例句 为了这件事，他常常深夜醒来就睡不着，老是翻来覆去地想：“究竟是世道变了，～啦，唉!”（选自白危《垦荒曲》）

【隔着梯子上房】 通常用来形容做事不按步骤来，想要跳过某一环节，导致失败是必然的。同“隔着门槛上炕”“隔着锅台上炕”。 例句 我们不能～，得一步一步来。

【各处各乡俗，一处一规矩】 意思是不同的地方都有各自不同的风俗习惯和规矩。 例句 惟独这个娶亲的事情，～。（选自《小五义》）

【各打各的算盘】 每个人都在打自己的算盘。意谓各人都在盘算各自的利益。 例句 “把你们送回老家，这叫个干净相，免得坏我的事，饶你们五十四个大包子，就算手工钱。哎，倒也罢了，各有各的想

法，～。”（选自王少堂《武松》）

【各打五十大板】 指给发生矛盾冲突的双方同样的处罚，或不分清责任，让双方共同承担。 例句 所以也就和和稀泥、抹抹光墙，～算了。（选自张平《抉择》）

【各人生死各人了，管人闲事受人磨】 意思是各自的事情各自处理，多管闲事反而容易被麻烦缠住。 例句 ～。这件事你就别插手了。

【各人头上一片天】 指每个人都有自己特有的生活空间。也作“人人头上顶块天”。 例句 咱们“～”，你当你的大官，我做我的教师，各不相干。

【各人洗面各人儿光】 指各人做事各人自己受益。比喻自己动手做事，自己先受益。 例句 这烧香可是神佛儿的事情，“公修公德，婆修婆德”，咱“～”。（选自文康《儿女英雄传》）

【各人自扫门前雪，莫管他家瓦上霜】 比喻只管自己的事，不管别人的事。 例句 扶倒地老太被告、送孕妇回家被杀、幼童被碾压无人管……种种恶劣事件导致人们“～”的心态越发多了，社会文化心理底线不断后退。（选自简彪《社会文明，需要“多做一点”》）

【给别人当枪使】 意思是指被人利用，去伤害他人。同“让人当枪使”。 例句 “不信您就往后瞧。我要是再跟老萧闹矛盾，再跟农业社当对头，再～，不用说您，连祖宗我都对不住了。”（选自浩然《艳阳天》）

【给点阳光就灿烂，给点洪水就泛滥】 指人特别容易满足，特别有激情。根据不同场合，或有知足常乐的褒义，或有得寸进尺的贬义。 例句 看你这个人，～。

【给个棒槌就当针】 “针”谐音“真”。指说话的对象太容易轻信他人，拿假的或者虚情假意当作真的。也作“给个棒槌认作针”。 例句 ～，你还真信了？

【给脸不要脸】 指双方之间发生争执的情况下，其中强势方故意多次退让，想给弱势方留点面子，以化解矛盾；而弱势方不但不领情，而且自不量力，得寸进尺。 例句 母亲好言相劝，孩子继续胡闹，母亲见状怒骂：“别～，是不是打你一顿就听话了？”

【给你锅台就上炕】 指不知进退，得寸进尺，不知好歹。与“蹬鼻子上脸”意思相近。 例句 你别不知好歹，～，还长你脸了。

【给你送来酒和肉，对你必定有所求】 指忽然间给你送礼物、对你客气恭顺的人，必定是有求于你。

【给朋友准备酒肉，给敌人准备拳头】 对朋友热情招待，对敌人狠狠打击。比喻爱憎分明，对朋友、敌人区别对待。 例句 我们分得清敌我，向来～。

【给钱不算对子亲，给德才是真关心】 意思是对孩子的教育十分重要，要重视培养品德而不是给予钱财。

【给缺钱人投资，为有钱人理财】 揭示了金融投资的理念，根据不同需求提供不同的服务。 **例句** 金融的本质就是~。

【跟吃了一嘴肉一样】 比喻感觉幸福，获得感强。 **例句** 小明~，心里甭提多高兴了。

【跟着好人学好人，跟着巫婆跳大神】 跟着好人就会学习好人的样子，跟着巫婆就会学装神弄鬼之类不正道的东西。比喻跟什么样的人接近，就受什么样的人影响。同“跟着啥人学啥人，跟着巫婆下假神”。 **出处** 李光庭《乡言解颐·人部》（节选）：“故曰一方水土一方人，又曰~”

【耕地耕得深，地力长几分】 说明种庄稼深耕的重要性。

【耕牛无宿草，仓鼠有余粮】 意指辛苦劳作却一无所有，不费力气却生活富裕。 **出处** 元·杨文奎《儿女团圆》（节选）“‘~’。……我如今泼天也似家私，无边际的田产物业，争奈尺男寸女皆无。”

【工欲善其事，必先利其器】 语出《论语·卫灵公》。工匠要把活儿干得好，必须先把工具弄得精良合用。比喻要做好一件事，就必须先做好相关的准备工作。 **例句** ~。要想在科学研究和技术开发中取得突破，先进的科研设施和仪器设备不可或缺。（选自赵永新《让创新活力激流奔涌》）

【弓是弯的，理是直的】 意思是真理是不容歪曲的。也指道理不怕反复辩论，越辩理越明。 **例句** “老弟，~，有话好说嘛！大家都在一个旗号下奋斗，分什么你们和我们！”（选自张行《武陵山下》）

【弓太满则折，月太满则缺】 语出《劝戒全书》。拉弓拉得太满就会折断，月亮圆满之后就会亏缺。喻指“物极必反”，任何事情超过一定限度就会走向反面。

【公道不公道，自有天知道】 意谓办事公正与否，无人知晓。 **例句** 群众：好！对！~！仙姑，把这里的衣服、布也分了吧！（选自老舍《神拳》）

【公道自在人心】 指不论什么事大家自有公正的评判。换句话说，公正的道理本身就在大家的心里，是非曲直自有公论。 **例句** ~。中国新疆人权事业取得巨大成就，中国新疆反恐、去极端化成果成为中国新疆社会欣欣向荣、人民生活美满幸福的重要保障，这些都是不容抹杀的真相。（选自钟声《尊重事实　摒弃偏见》）

【公鸡抱窝，母鸡打鸣】 抱窝：孵小鸡。比喻男人做了女人的事，女人做了男人的事。 **例句** “谁还不清楚你们杜氏门中，~啦！”（选自克非等《春

潮急》）

【公鸡不叫，天照样亮】 天亮是自然规律，不是被公鸡叫亮的。喻指事情离了谁，都能继续进行。 例句 ～。离了他难道地球就不转了吗？

【公鸡下蛋，母鸡打鸣】 指根本不可能出现的事情。 例句 他撇了撇嘴说："他要能走正道，那可真是～了。"

【公门好修行】 修行：本指学佛学道的修炼，此处指行善事。旧时认为在衙门里供职，固然做伤天害理的歹事容易，但要为百姓做好事也很方便。 出处 元·岳伯川《铁拐李》（节选）："人道公门不可入，我道～。若将曲直无颠倒，脚底莲花步步生。"

【公平交易，两合人心】 公平合理的买卖，买卖双方都会称心满意。 例句 做买卖就是～的事，不能缺斤短两。

【公平正直称君子，看风使舵为小人】 处事公正，为人正直的是正人君子，看形势变化或别人眼色行事，处事圆滑的是卑鄙小人。 例句 常言道：～。我们要做一个坦坦荡荡的君子。

【公人见钱，如蝇子见血】 差役看见老百姓手里的钱财，就像苍蝇看见血一样。指旧时的差吏敲诈勒索百姓，贪婪成性。也作"公人见钱，犹如苍蝇见血"。 例句 婆惜道："可知哩!常言道：～。他使人送金子与你，你岂有推了转去的？这话却似放屁!"（选自施耐庵《水浒传》）

【公生明，廉生威】 语出年富《官箴》。公正才能廉明，廉洁才会有威望。意思是做官应该公正廉洁。 例句 如何用权是为官的永恒课题，关键在"公""廉"二字。"～"。（选自魏亮《立起修身为官干事的标杆》）

【公生明，偏生暗】 语出《荀子·不苟篇》。公正就政治清明，偏私就政治昏暗。 例句 "～"，公平政治的推行和社会公平正义的实现，是中国社会未来和谐发展的必然要求。（选自桑学成《公正：实现中国梦的价值基石》）

【公事公办，私事私了】 公事要按公家制度办，私事就私下里解决。指公事私事、公家私人要分清。 例句 咱们关系是不错，但～。这个事我们有规定，不能含糊。

【公说公有理，婆说婆有理】 比喻双方争执，各说自己有理。 例句 你看这两口子，～，真是清官难断家务事。

【公则民不敢慢，廉则吏不敢欺】 语出年富《官箴》。公正，老百姓就不敢怠慢；廉洁，属吏就不敢欺诈。指做官一定要清正廉洁。 例句 古语云：～。时下，党的群众路线教育实践活动正在全国各地如火如荼地展开。如何进一步做好群众工作、密切党群干群关系，也成为党员干部间讨论的热门话题。（选自李传

开《工作偶得：公平公正是做群众工作的根本方法》）

【公众马，公众骑】 大家的马，大家都有权力骑。喻指公共财物大家都可以享用。 例句 “李支书和我一样，认为‘～’。如今，油茶以社为单位分配，下村要吃一点亏；将来分菜油，上村就要吃亏了。”（选自周立波《山乡巨变》）

【功不成，名不就】 功业没有成功，名誉也没有得到。比喻事情没成功，什么也没有得到。 例句 “若是老爷就是这样做去，到了～的时候，老爷说奴才没良心，有什么话，不告诉老爷。”（选自曹雪芹《红楼梦》）

【功不可以虚成，名不可以伪立】 语出班固《汉书·叙传上》。指功业和名誉不可靠弄虚作假来获取。 例句 “‘～’。我宁可丢掉这个乌纱帽，也不能昧了良心。数字，必须如实上报，不要有半点含糊！”（选自汪丹金《统计局长老郑》）

【功崇惟志，业广惟勤】 语出《尚书·周书·周官》。崇：高。指建立丰功伟业，需要远大的志向和勤奋的努力。 例句 广大青年一定要坚定理想信念。“～。”理想指引人生方向，信念决定事业成败。（选自习近平《在同各界优秀青年代表座谈时的讲话》）

【功到自然成】 下了足够功夫，事情自然就会取得成功。 例句 这师父原来只是思乡难息！若要那三三行满，有何难哉！常言道：“～”哩！（选自吴承恩《西游记》）

【功夫不负苦心人】 意思是只要用心去做一件事，就会取得成功。说明事情的成功，在于肯付出辛勤的劳动。也作“功夫不负有心人”。 例句 ～。“斤斤计较”的土方法，让数千吨的核潜艇的定重测试值与设计值分毫不差。（选自刘志伟《黄旭华：埋名三十载铸就深潜重器》）

【功高成怨府，权盛是危机】 “怨府”即众怨归聚之所。意思是功劳大了会招致怨恨，权力大了是潜在的危机。 出处 王迈《读渡江诸将传》：“读到诸贤传，令人泪洒衣。～。勇似韩彭有，心如廉蔺希。中原岂天下，尺土不能归。”。

【功名富贵，难比天高】 意思是求取功名富贵，比登天还难。 出处 钱德苍《缀白裘·青冢记·出塞》（节选）：“常言道：～……怎不教人惶惶心下焦？”

【功名富贵逐世转移，而气节千载一时】 意思是功名和富贵会随着时代的变迁而转移，但正直高尚的气节却能永远留在人间。 出处 明·洪应明《菜根谭》（节选）：“事业文章随身销毁，而精神万古如新；～。君子信不当以彼易此也。”

【功无枉费，力不白出】 用功了，就不会得不到任何收获；力气出了，也不会得不到任何回报。 例

句 ～。一分耕耘，一分收获。

【功者难成而易败，时者难得而易失】 建功立业困难，而失败却很容易；机会很难抓住，失去却很容易。 出处 司马迁《史记·淮阴侯列传》（节选）：“‘夫～也。时乎时，不再来。原足下详察之。’韩信犹豫不忍倍汉，又自以为功多，汉终不夺我齐，遂谢蒯通。”

【攻城不怕坚，攻书不畏难】 语出叶剑英《攻关》一诗。指读书学习要像攻打城堡一样，不畏艰难险阻。 例句 古人把“勤”作为书山之路，把“苦”作为学海渡船，我们今天仍需提倡刻苦的学习精神，像叶剑英说的那样：“～。科学有险阻，苦战能过关。”（选自田峰《华艺语论》）

【攻坚则瑕者坚，乘瑕则坚者瑕】 语出《管子·制分》。瑕：玉上的斑点，比喻薄弱环节。乘：攻击。攻击对方的坚固点，弱敌也像强敌一样难攻；攻击对方的薄弱点，强敌也像弱敌一样易攻。指进攻要选择对方的薄弱处下手。 例句 “～”这个道理不仅是对军事而言，其实，做任何事情都要掌握这个原则，先从容易处着手，然后步步紧逼，就会收到连锁反应。（选自张爱国《攻坚先攻瑕》）

【攻其无备，出其不意】 语出《孙子兵法·始计》。意思是在敌人没有防备的时候（地方）发动攻击，行动要出乎敌人的意料之外。同“攻其不备，出其不意”。 例句 在战斗中巧用谋略，先是造成敌错觉，或者积极利用敌人可能的错觉，往往可以～。（选自程静倩《抗日战争我军作战指挥显示鲜明谋略特色》）

【恭敬不如从命】 客套话。意思是对您表示恭敬，不如遵从您的命令。多用在长者对自己施加恩惠，自己不好意思，只得接受时的回敬语。 例句 我虽然平常不怎么吃鸡，这次因为是用人参炖的，主人上来就给我盛了一大碗。～，迫不及待地尝了一口。（选自斯雄《走向餐桌的人参》）

【觥饭不及壶飧】 觥饭：丰盛的肴馔。壶飧：壶盛的汤饭熟食。丰盛的肴馔没备好，倒不如壶盛的汤饭能解饥饿。比喻急需缓解眼下之急，无暇等待。 出处 《国语·越语下》（节选）：“谚有之曰，～。今岁晚矣，子将奈何？”

【苟利社稷，死生以之】 语出《左传·昭公四年》。意思是如果有利于国家社稷，可以牺牲生命去换取。 例句 张居正抱定“～”而决议“清丈”，要求全国人民对于国家义务有公允的负担；但成效甚微，官怨民不理解，几近失败，并遭到天下议论。（选自张首映《崇高的本质与特征》）

【苟利于民不必法古，苟周于事不必循旧】 语出《淮南子·泛论训》。苟：如果。法：效法。周：合；适合。如果对民众有好处，不一定效法古代的做法；如果有适合处理事务的方案，不一定遵循以前的惯例。同“苟利于民，不必法古，苟周于事，不必循俗”。　例句　改革要于法有据，但也不能因为现行法律规定就不敢越雷池一步，那是无法推进改革的，正所谓“～”。（选自习近平《加快建设社会主义法治国家》）

【苟日新，日日新，又日新】　语出《礼记·大学》。如果能够一天新，就应保持天天新，新了还要更新。原指洗澡除去肌肤上的污垢，使身体焕然一新；后引申为精神上的弃旧图新，强调不断革新和自我提升的重要性。　例句　广大青年一定要勇于创新创造。创新是民族进步的灵魂，是一个国家兴旺发达的不竭源泉，也是中华民族最深沉的民族禀赋，正所谓“～”。（选自习近平《在同各界优秀青年代表座谈时的讲话》）

【狗不跟鸡斗，男不跟女斗】　意思指男强女弱，以强欺弱，不是男子汉的做派。　例句　“咱看她是个无知无识的妇女，常言‘～’，也就算了。可是这会儿她又挑她儿子出来闹事。”（选自张贤亮《龙种》）

【狗不以善吠为良，人不以善言为贤】　狗不因为善于叫唤就认为它是好狗，人也不能因为他会说漂亮话就认为他是贤人。　出处　《庄子·徐无鬼》（节选）：“圣人并包天地，泽及天下，而不知其谁氏。是故生无爵，死无谥，实不聚，名不立，此之谓大人。～，而况为大乎！”

【狗吃麸子不见面】　麸子是麦子的皮壳，小麦磨面后的剩余物。主人只会给狗吃麸子，不会给狗吃面粉，所以它见不着面。这条歇后语借“不见面”，暗指见不着人。有贬损戏谑的味道。　例句　这么些天，你这家伙～，到底跑哪去了？

【狗肚子里盛不了二两香油】　狗如果吃了油，极容易拉肚子。形容一个人藏不住话，不能保守秘密。也可形容迫不及待地去做一件事。　例句　你真是～，刚给你说的事，随即你就到处传扬。

【狗改不了吃屎】　贬义。形容恶劣的本性难改。　例句　“我说这淫妇，死了你爹，原守不住，只当～。”（选自兰陵笑笑生《金瓶梅词话》）

【狗急了跳墙，兔子急了咬人】　比喻逼得走投无路或忍无可忍时，会不顾一切地采取极端行动，拼命反抗。　例句　～。别再逼他，差不多得了。

【狗怕弯腰狼怕棍】　狗看见人弯腰，以为捡石头打它，所以害怕；狼对棍棒也有恐惧心理。这对它们已经形成了条件反射。

【狗皮褥子没反正】　狗皮做的褥子两面都能铺。冬天毛面保暖，其他季节光面朝上，可以隔潮湿。借指说话办事不分对错。　例句　你这个人办事，真是～。

【狗肉包子上不了席】　狗肉虽

然美味，但是不能端上宴席待客。常用来形容某人素质低下难以扶持，有时也形容东西拿不出手。与“狗肉上不了席”义同。　例句　你这个人真是～，让你去哩，你又往后缩了。

【狗是百步王，只在门前狂】　比喻有的人只会在自家门前逞凶。　例句　“～”，说的就是你这样的人。

【狗是忠臣，猫是奸臣】　狗会永远跟着主人，而猫却是谁家有吃就往谁家跑。指狗性忠诚，猫性奸猾。

【狗偷嘴吃是放得低，媳妇偷吃是肚里饥】　如果东西放得低，狗能够到的话，它会受不住食物的诱惑而偷吃；女人“偷吃”，一般都是因为生理上的需求得不到满足。　例句　“～”。虽然她不该这样做，但也怪你没有尊重和满足她的需求。

【狗头按不到羊身上】　比喻谁的就是谁的，不可混淆；或不是同一类的事物聚合不到一起。与“羊肉贴不到狗身上”义同。　例句　谁的责任就是谁的责任，～，这件事早晚会真相大白的。

【狗尾下垂有阴雨】　有关天气的谚语。狗尾巴下垂的时候预示会阴天下雨。

【狗眼看人低】　形容人势利眼，小瞧了别人。　例句　这当儿店小二三脚并两脚赶了进来，一副～的神态拉着胡猕的手就要往外赶。（选自熊召政《张居正》）

【狗咬丑的，人敬有的】　对衣衫褴褛之人，狗也会对其大声吠叫；一个人强大富有，就会受到人的敬重。说明人要活得有尊严，必须要自身强大，注重形象。与“人敬有钱的，狗咬扤篮的”义同。　例句　“～”，历来如此。若想别人瞧得起，首先自己得争气。

【狗咬狗一嘴毛，鳖咬鳖一嘴血】　喻指两个都不讨好的人产生矛盾，相互争吵或打斗，导致双方都受到伤害，旁人懒得理会。　例句　他俩平日里狼狈为奸，今天不知为何打架了，真是～。

【狗仗人势】　狗依仗主人的威势乱咬人。比喻坏人依仗某种势力欺侮人。　例句　“～的瘟狗在这里放狗屁。”（选自洪深《香稻米》）

【狗走千里吃屎，狼走千里吃肉】　比喻恶人本性难移。也指没本事的人出门在外只能节衣缩食困难度日，有本事的人出门在外也可以花天酒地，活得自由自在。也作“狼走遍天下吃肉，狗走遍天下吃屎”。　例句　“～”，你看人家张三，到哪里也是吃香的喝辣的，自在逍遥。

【狗嘴里吐不出象牙】　比喻坏人嘴里说不出好话来。也用于讥讽或开玩笑。也作“狗肚子吐不出象牙”。　例句　“还有嘞，我替你说出来：～。”淑华调皮地笑道。（选自巴金《秋》）

【够喝一壶的】　比喻问题十分严重，责任人要受到严厉惩罚。也指手段厉害，让对手难以承受或应付。

例句　今天这个事你～。

【孤犊触乳，骄子骂母】　就像牛犊吃奶会触顶母牛的乳房一样，骄横的儿子会詈骂自己的母亲。比喻娇惯的子女容易忤逆不孝。“孤犊触乳”是“兴”，“骄子骂母”才是“所咏之词”。小牛犊吃奶时总是用嘴含着乳头向上一顶一顶的，以增加出奶速度。这应该就是所谓的“触乳”。这样的动作本来是动物的一种本能，却看似是小牛对母牛的不恭，所以才能和“骄子骂母”相比并举。因为牛是单胎动物，人们看到的总是一头小牛在吃母乳的情景，这也就是所谓的“孤犊”。　出处　范晔《后汉书·循吏传·仇览》李贤注引谢丞《后汉书》（节选）：“元少孤，为母所骄。谚曰：‘～。’乞今自改。”

【孤树结成林不怕风吹，滴水积成海不怕日晒】　一棵树只有处在树林之中才不怕被风吹倒，一滴水只有放进大海里，才不怕被太阳晒干，喻指一个人只有当他把自己和集体融合在一起的时候，才最有力量。　例句　“～”。一个懂得团结协作的集体，才内含希望、蕴藏生机。

【孤雁不成群，孤树不成林】　比喻个人力量有限，办不成大事。例句　“～”。只有依靠集体的力量，才能干成大事业。

【孤雁过天不成行，浅水窝儿不成塘】　比喻只有一个人或一个小团体好是不够的，人不能独立存在，脱离群体会一事难成。与“孤雁离群凄惨惨，人离集体孤单单”义近。　例句　“～”，应该通过团结协作使大家都好起来。

【姑姑侄女儿，亲哩有劲儿】　形容姑侄关系比较近。

【姑舅亲，辈辈亲，打断骨头连着筋】　指姑表亲戚之间的血缘关系很密切，就如同打断了骨头还连着筋一样不可分割。　例句　～。别看他两家平时打打闹闹，到了关键时刻也都会出手相助的。

【姑口烦而妇耳顽】　姑：此处指婆婆。妇：此处指儿媳。指婆婆的嘴如果整天唠叨个不停，媳妇的耳朵也就听腻了。也比喻如果领导说话太絮烦了，属下就会充耳不闻。　出处　张居正《请稽查章奏随事考成以修实政疏》（节选）：“顾上之督之者虽谆谆，而下之听之者恒藐藐。鄙谚曰：‘～。’今之从政者殆类于此。”

【姑妄言之，姑妄听之】　语出周召《双桥随笔》。姑：姑且。妄：胡乱之意。意思是：姑且随便说说，姑且随便听听（不一定是事实或不一定有道理，不必当真）。　例句　这些～的《聊斋》故事，当然纯属子虚乌有。（选自李国文《说伥》）

【谷锄九，饿死狗】　谷子地锄九遍，就会获得大丰收。“饿死狗”意谓都是米，没有糠可以拿来喂狗。与“谷锄三遍米冒油”“谷锄三遍打满仓，棉锄七遍白如霜”一样，说的都是锄地的好处。

【谷间寸，顶上粪】 谷子苗间距适当大一些，就跟撒了一层粪肥一样，有利于促进根系发育和形成壮苗。

【谷上垛，麦上仓】 指五谷丰登、颗粒归仓。

【谷上千，麦六十，豌豆收获八个粒】 说的是这三种农作物的结籽规律。一个谷穗最多上千个籽粒，一个麦穗最多60个籽粒，而一个豌豆角八个籽粒。

【谷小时旱个死，到老一包籽；小时水汪汪，到老一把糠】 谷子在苗期的时候耐旱不喜水，水大影响收成。

【谷秀天旱，秋后减半】 谷子在秀穗的时候遇到天气干旱，秋收的时候就会减产。

【谷要稀，麦要稠，背着干粮看秫秫】 秫秫：高粱。种植谷子的时候，谷子间距要稀疏一些；种植麦子，间距要紧凑一些；而种植高粱的时候，不仅间距一定要大，而且要垄宽。两棵高粱之间的间距背着干粮才能走到，极言垄要宽。意思类似的谚语还有“稠谷稀麦瞎喜欢”。

【谷要自长，人要自强】 谷子要自己长大，不要拔苗助长；人要自立自强，不能靠别人。 例句 “～”。我们从小就要培养自立自强的精神，依靠自己的努力，努力实现自我价值。

【谷雨谷，不收谷；小满谷，收满屋】 谷雨是春季的最后一个节气，小满是夏季的第二个节气。谷雨时节种的谷子歉收，小满时节种的谷子就丰收。表明种谷子掌握时机很重要。

【谷雨花，大车拉；立夏花，稀拉拉；小满花，不回家】 这句农谚说的是棉花产量和播种期的关系。大致谷雨节气是一条界线。谷雨播种就会丰收；过了谷雨，播种越晚，产量越低；如果迟到立夏甚至小满，收成就很难保证了。

【谷雨麦坐胎，立夏麦甩芒】 到谷雨节气，小麦就要结籽粒了；到了立夏节气，就会长出麦芒。一般立夏一个月后就可收小麦了。

【谷雨前后，种瓜点豆】 谷雨节气将谷和雨联系起来，蕴含“雨生百谷”之意，反映了“谷雨”的农业气候意义。此时正好适合播种瓜、豆等类的作物，在雨水滋润下茁壮成长。我国幅员辽阔，有的地方作“清明前后，点瓜种豆”。

【谷雨苦老鸹，芒种见麦茬】 老鸹即乌鸦。到了谷雨节气麦子长高，可以遮住老鸹；到了芒种节气，就可以看见收割麦子后的麦茬了。

【谷子顶破瓦】 谷子虽然种粒微小，但生命力极强。意思是谷子出芽不怕地硬。农人更夸张说，谷子出芽可以把瓦顶破。

【谷子老了吃米，高粱老了吃糠】 谷子收的时候越老越好，不能太青，这样才能有更多的小米吃；而高粱必须收得稍早些，否则老了之后，高粱粒都掉了，只能吃糠了。

【谷子破壳就见米，灯草剥皮才见心】 比喻在关键时刻才能看出一个人的真心。 例句 “~”。他这种人不可信。

【骨肉之亲，析而不殊】 语出《汉书·武五子传》。析：分开。殊：断、绝。意思是有血缘关系的那种亲情，即使暂时疏离了，但却不会断绝。 例句 两岸关系急不得，但也等不得。近20年两岸交流的起伏，使两岸人民真切感受到，~，是任何政治歧见无法隔离的。（选自褚静涛《“张王会”打开两岸“官方接触”之门》）

【鼓不敲不响，话不说不明】 意思是鼓不打，就不会发声；话不说出来，人家就不会明白。 例句 “~”，今天咱就打开天窗说亮话吧。

【鼓要打在点上，笛要吹在眼上】 比喻说话办事要抓住关键，切中要害，才会收到好的效果。 例句 ~。别看你手忙脚乱的，劲没用在正经地方。

【顾了吹笛儿，顾不得捏眼儿】 形容忙乱不堪，顾了这个顾不了那个。也作“顾上吹笛儿，顾不上捏眼儿”“顾了吹笛，顾不了捏眼”。 例句 “店家掌柜说的极是，这北京皇城的钱，可真不是好挣的!那穷卖艺的，光棍一根苔，~，真是住了铲铲干了畦。”（选自《大盗燕子李三传奇》）

【瓜不得过圆，人不能求全】 指世上没有完人，每个人都不可避免地带有这样或那样的缺点。 例句 “~”，差不多就行了。

【瓜地摘瓜，挑得眼花】 喻指面对同一类事物，难以分辨。同“瓜里挑瓜，挑得眼花”。 例句 我现在是“~”，不知道哪个好了。

【瓜好吃不说老嫩，人对眼不论丑俊】 瓜的老嫩不重要，好吃才重要；人的相貌不重要，合眼缘对心思才重要。 例句 真是“~”。你看张三他媳妇长那样，人家张三还觉得是个宝儿哩。

【瓜熟蒂落，水到渠成】 比喻人或事物发展到一定程度，时机一旦成熟，自然会获得成功。 例句 又过了一年多，十七岁的谷秸弃学出城，当了八路，正是~。（选自刘绍棠《孤村》）

【瓜甜不在皮，人美不在衣】 指一个人真正的美，不单单是看外表，更重要的是内在美。 例句 ~。别看她打扮得光光鲜鲜的，心眼儿孬着呢。

【瓜田不纳履，李下不整冠】 出自《乐府诗集·相和歌辞七·君子行》。纳履：穿鞋。整冠：整理帽子。经过瓜田不要弯下身来提鞋，免得人家怀疑摘瓜；走过李树下面不要举起手来整理帽子，免得人家怀疑摘李子。比喻在一些敏感、容易招惹嫌疑的场合和事情上，要规范自己的言行，主动避嫌，免得让人误会。　例句　“深感将军好意，争奈‘～’，相公男子，妾身女人，虽则结为义父，难免外人议论。”（选自陆采《明珠记·抄没》）

【瓜无滚圆，人无十全】　意思指世上没有完人，每个人都不可避免地带有这样或那样的缺点。　例句　俗话说，“～”，人难免有过失过错，有则改之无则加勉。（选自徐文秀《当领导的要敢于“认账”》）

【瓜子儿不饱是人心】　“人心”谐音“仁心”（指瓜子仁儿）。意思是瓜子虽然吃不饱（或瓜子仁不饱满），但赠送的人却是一片心意。比喻礼物虽轻，人情却重。也作“瓜籽不大是人心”“瓜子不多是人心”。　例句　～，这是我们的心意，你就收下吧。

【刮刮脸，长精神；梳梳头，长聪敏】　勤刮胡子人显得精神，常梳头可以健脑。

【寡妇门前是非多】　意思是守寡的妇女容易惹人议论，本人要检点，男人应避嫌。　例句　～。他看她娘几个过日子不容易，帮一把不是很正常吗？就是有人爱嚼舌头根子。

【寡妇三更磨豆腐，光棍半夜洗衣服】　意思是寡妇和光棍日子过得熬煎，夜里睡不着就起来做事打发时间，而且做的都是不擅长的事。　例句　“～”。家里少了另一半的人真可怜呀。

【挂羊头，卖狗肉】　比喻以好的名义做招牌，实际兜售低劣的货色。指表里不一，狡诈欺骗。也作“挂着羊头卖狗肉”。　例句　我们有句老话“～”，可见挂漂亮的招牌卖假货、劣货，古已有之。（选自巴金《随想录》）

【关公面前耍大刀，孔子面前卖字画】　喻指在能人专家面前，卖弄自己的本事。　例句　你看他“～”，真是不自量力。

【关键时候掉链子】　掉链子是自行车的一种常见故障。喻指在关键时刻出现失误，影响了最终的结果；或是在重要环节失去应有的状态，造成失败或窘迫的结果。也作“关键时刻掉链子”。　例句　你这是怎么了，～。

【关门写稿，害处不少】　比喻不考虑客观实际情况，只凭主观想法办事，这样是非常有害的。　例句　～。我们一定要走出去，和实践相结合。

【关西出将，关东出相】　关西：函谷关以西的地方，今陕西、甘肃二省。关东：函谷关以东的地方，约今河南省、山东省等地。该古谚语说出了从秦到东汉期间的一种现象，即函谷关以西地区产生的将帅之才比较多，函谷关以东地区产生的宰相之才比较多。究其原因，与当时函谷关以西战事多发，民风尚武，而函谷关以东地区受儒学影响，民风崇文有关。也作“关东出相，关西出将”。

出处 范晔《后汉书·虞诩传》（节选）：“窃闻公卿定策当弃凉州，求之愚心，未见其便。先帝开拓土宇，劬劳后定，而今惮小费，举而弃之。凉州既弃，即以三辅为塞；三辅为塞，则园陵单外。此不可之甚者也。喭曰：‘～。’观其习兵壮勇，实过馀州。”

【观今宜鉴古，无古不成今】 语出《增广贤文》。应该借鉴古人的经验教训来指导今天的行为，因为今天是古代的延续。 **例句** ～。古今通理的传承，为推进国家治理体系和治理能力现代化提供了文化养分。（选自肖家鑫《古为今用，儒风有新韵》）

【观棋不语真君子】 看人下棋而能不插嘴多话的人，是懂得克制、能自律的君子。 **出处** 冯梦龙《醒世恒言·陈多寿生死夫妻》（节选）：“说起来，下棋的最怕傍人观看。常言道：‘傍观者清，当局者迷。’倘或傍观的口嘴不紧，遇煞著处溜出半句话来，赢者反输，输者反赢者，欲待发恶，不为大事；欲待不抱怨，又忍气不过。所以古人说得好：～，把酒多言是小人。”

【官逼民反】 官府压迫百姓，迫使百姓起来造反。 **例句** 历代农民起义的共同特点都是～。

【官逼民反民自反，君正臣廉民自安】 官府腐败，就会逼得老百姓联合起来反抗；国君清明正直，大臣廉洁奉公，老百姓自然就安居乐业。 **例句** 俗话说：“～。”眼下陈野先把老百姓逼得走投无路，百姓们对官兵已恨之入骨。（选自单田芳等《明英烈》）

【官不差病人】 官府不差遣身体不适的人外出办事。指病人理当得到照顾。 **例句** “我心里很火，问为什么又不出工？她捂着头说病了。俗话说：‘～。’她既然有病，也就算了。”（选自朱剑《青石堡》）

【官不打顺民】 旧指官府不惩办顺从的百姓。 **例句** “～！咱规规矩矩领路，他打咱做啥？”（选自柳青《创业史》）

【官不打送礼的，狗不咬拉屎的】 旧指官府贪财，总喜欢送礼的人，就像吃屎的狗不咬拉屎者一样。 **例句** 但是自己又好烧两口，见他东西全送了过来，未免也有点想抽。况且俗语说：“～。”他既然送了礼，也不能给他太难堪。（选自张恨水《京尘幻影录》）

【官不打送礼之人】 当官的不会责打向他送礼物、表殷勤的人。意指给人好处不会受到对方的非议或责难。同“官不打送礼的”“官府不打送礼的”。 **例句** “自古云：‘～。’管情此去，酒饭之外，还赏银钱。”（选自蒲松龄《钟妹庆寿》）

【官不大，架子不小】 意思是职位不高，却装腔作势，官僚作风突出。 **例句** 看他那样，拿着鸡毛当令箭，～。

【官不离印，货不离身】 做官的官印不能脱手，做生意的货物不能离身。比喻必须看管好自己赖以谋生的物品。 出处 清·孔尚任《桃花扇》（节选）：“[小生]极妙了。带有鼓板么？[丑]自古~。”

【官不容针，私可容车】 比喻官场中办事没有通融的余地，人们私下交涉变通的可能性却很大。同“官不容针，私通车马”。 出处 《敦煌变文集·燕子赋》（节选）：“雀儿美语咀嗍，‘~’，叩头与脱，到晚衙不相苦。”

【官不私亲，法不遗爱】 语出慎到《慎子·君臣》。私：偏爱。遗（wèi）：赠予，引申为照顾、施舍。为官之人不能偏爱与自己亲近的人，制定法律和执法者不能对自己喜爱的人有特殊的照顾。 例句 法家的平等思想主要体现在法律方面，也最具现代意义。李悝提出治理国家应“食有劳而禄有功”，慎到主张事断于法：“~。上下无事，唯法所在。”（选自李飞跃《平等：平权天赋普同一等》）

【官不修衙，客不修店】 指旧时官员任满即离去，不会久住，所以不愿修缮衙门；旅客也不会帮人装修旅店。喻指没人愿做自己费力、别人得好处的事情。或也作“客不修店，官不修衙”。今天也有把“官不修衙”作正面理解的，即宁可在简陋的场所办公，而把资金用在更需要的地方。 例句 待十年浩劫期间刮起了奢侈风，而头头们又像走马灯一般，几乎三五月一换。“~”谁有心来搞一个华而不实的办公楼呢？（选自张之《红楼梦新补》）

【官差吏差，来人不差】 意指不管官差有多大差错，被差遣来办事的人本身是没有过错的。 例句 “常言道：‘~。’你快取生死簿子来我看!”（选自吴承恩《西游记》）

【官场如戏】 旧时居官者明争暗斗，弄得官场像演戏一样情节曲折、结果难料。 例句 人言“~”。电视剧《人民的名义》中贪官们的表现，就是这句话的注脚。

【官大不压乡邻】 旧指官职高的人，在故乡总要顾及情面，不宜摆架子，耍威风。 例句 “平时你是懂道理的，这回不是故意叫我为难吗？老话说‘~’，我咋能开口向人家要车呢？”（选自苏群《风雨编辑窗》）

【官大大不过理，树高高不过天】 比喻官职权力再大也应受到法规纪律和公序良俗的约束，不能滥用。 例句 “~”。我就不信没有讲理的地方。

【官大一等，理长一分】 指古时官职越高的人，越是飞扬跋扈，说出的话就是“理”。

【官大一级压死人】 旧时官场等级森严，官高一级，就能压得下级抬不起头。后指权力大的人压服权力小的人。 例句 常说“~”，大官管小官似是常态，但在如今的反腐斗争中，有时竟出现大官有求于小官，小官竟可以“管”大官的现象，从而造成新的贪腐大案。（选自许兴汉《小官何以“管住”了大官》）

【官法不容情】 指国家的法律容不得讲任何的情面。 **例句** 老套子说：“我也听得说了，哪舍不得也不行，～呀！人家要嘛，咱就得给，不给人家干吗？”（选自梁斌《红旗谱》）

【官风正，民风清】 意指为官的清正廉洁，社会风气就会清明。

【官官相护】 指官员之间相互包庇。 **例句** 出现了问题～，这样的腐败整治起来更难。

【官凭文书私凭约】 意思是官府办事凭的是公文，私下交易凭的是契约。泛指凡事凭的是证据。 **出处** 明·无名氏《开诏救忠》（节选）：“自古道：‘～。’就是我谋害了杨家父子，有何招状？”

【官清民自安，法正天心顺】 官吏清廉，百姓就安乐，法度公正，上天就顺应。 **出处** 元·关汉卿《哭存孝》（节选）：“常言道：‘～。’他那里家贫显孝子，俺可便各自立功勋。”

【官清司吏瘦，神灵庙主肥】 意思是官员清廉，身边的人捞不到钱物；神仙灵验，庙主会获得很多好处。《增广贤文》中作“官清书吏瘦，神灵庙祝肥”。 **出处** 元·佚名《看钱奴》（节选）：“～。……明日三月二十八日，是东岳圣帝诞辰，多有远方人来烧香。我扫的庙宇干净，看有什么人来。”

【官情如纸薄】 旧指官场里的人情很淡薄。 **出处** 冯梦龙《醒世恒言·李玉英狱中讼冤》（节选）：“常言道：‘～。’总然极厚相知，到得死后，也还未可必；何况素无相识？”

【官身不自由】 指有公务在身，一举一动由不得自己。 **例句** 知道你～，所以没给你打电话让你过来。

【官事随时变】 旧指官场上的事变化无常。 **例句** “～”，李五乘机会表示些当差的经验：“现在不时兴，过二年就许又复原。当差的不能不随着新事走。是这样说不是？大人！”（选自老舍《老张的哲学》）

【官土打官墙】 公家的土砌公家的墙。喻指公款要用在公事上。 **例句** “～，大铜钟是全村的财产，砸钟卖铜顶公款，官司打到京城，告了御状我也不怕！”（选自梁斌《红旗谱》）

【官无三日紧】 旧指官府办案经常是前紧后松，不会持久。 **出处** 冯梦龙《喻世明言·临安里钱婆留发迹》（节选）：“幸得县尉性贪，又听得使臣说道，录事衙里替他打点，只疑道那边先到了录事之手，我也落得放松，做个人情。收受了银子，假意立限与使臣缉访。过了一月两月，把这事都放慢了。正是“～”，又道是“有钱使得鬼推磨”。不在话下。”

【官向官，民向民，关老爷向的是蒲州人】 蒲州是地名，在山西，据说是关羽的故乡。当官的人互相包庇袒护，平民老百姓互相帮助扶持，连关老爷都向着自己的家乡人。意谓同类人之间互相关照提携。与“官向官，民向民，武松向着清河人”义同。 例句 “～”。这种族群观念或文化现象，在中国社会仍根深蒂固。

【官寻官，吏寻吏，扛活的寻个做饭的】 意思是物以类聚，人以群分。尤其在婚姻方面，同类人多会寻找同类人。 例句 “～”。在婚姻问题上，“般配”二字很重要。

【官中无人，不如归田】 指官场中若没有有权势的人作靠山，就做不长官。 出处 《艺文类聚》六六引晋·鲁褒《钱神论》（节选）：“夫钱穷者使通达，富者能使温暖，贫者能使勇悍。故曰：‘君无财则士不来，君无赏则士不往。’谚曰：‘～。’”

【管山吃山，管水吃水】 比喻管着什么就靠什么生活或从中捞什么好处。 例句 差人道：“沈姑娘，你也太拿老了!叫我们～，都像你这一毛不拔，我们喝西北风？”（选自吴敬梓《儒林外史》）

【管是亲，教是爱，不管不教要变坏】 意思是对子女的严格管教，是爱护他们；放任不管，反而是害了他们，会让他们变坏。 例句 “～”。小时候严格要求，孩子未来的路才宽广，能走得更远。

【管闲事，落闲事；管不成，落不是】 闲事指跟自己无关的事或无关紧要的事。指插手管闲事，往往会落得是非缠身，受人埋怨。 例句 ～。这件事你还是别管了。

【冠虽敝，必加于首；履虽新，必关于足】 语出司马迁《史记·儒林列传》。冠：帽。履：鞋。关：通“贯”，穿。帽子即使破旧，一定将其戴在头上；鞋子即使很新，一定将其穿在脚上。比喻上下分明，尊卑有别。

【惯使不论家豪富，风流不在着衣多】 惯使：慷慨大方。一个人是否慷慨大方不在于家境的贫富，是否风流倜傥不在于穿着打扮。 出处 施耐庵《水浒传》（节选）：“难得这位恩官，本身现自为事在官，又是过往此间，颠倒赍发五两白银。正是：当年却笑郑元和，只向青楼买笑歌；～。”

【光朝眼里戳棒槌】 比喻当面跟人作对，存心让人难堪；或明目张胆欺负人，让人承受不了。 例句 你看他～，明着这么欺负我。

【光棍不吃眼前亏】 意指平时强势或精明的人，在不利的处境下，避开风险，不让自己当下就吃亏受损失。同“光棍不跟官府斗，好汉不吃眼前亏”。 例句 他们人多势众，～，咱们暂且隐忍。留得青山在，不怕没柴烧。

【光棍扛锄，麦黄杏熟】 布谷鸟又叫“杜鹃”“杜宇”“子规”，因其叫声音似“光棍扛锄”“光棍好苦”，故北方乡下借以指代。每当布谷鸟鸣叫的时候，就到了麦黄杏熟的季节。

【光脚的不怕穿鞋的】 旧指穷苦人团结起来就不怕有钱有势的人。后也指人一无所有便无所顾忌。 例句 常言道得好：“~。”只要咱们穷人挺起腰来，不要说他一个门寿尊，再有十个八个，咱们也不怕。（选自臧伯平《破晓风云》）

【光看贼吃饭，不看贼挨打】 比喻只羡慕别人享受的一面，并不了解别人受罪的一面。或也作“只看见贼吃肉，没看见贼挨打”。 例句 大家都羡慕企业家，往往是“~”。其实企业家并不好当，因为创造财富必须冒险。

【光怕不乱哄】 意思是生怕不乱，好趁乱达到自己的目的。 例句 有的人~，抱着一种幸灾乐祸的病态心理。

【光说不练假把式，光练不说傻把式】 意思是光嘴上吹嘘实际动手能力不行，或者只会埋头傻干不会推销自己的人，都是不行的。只有理论和实践结合得好的人，才是有真才实学的人。 例句 虽然不能要嘴皮子，但你也不能光闷着头傻干。没听说吗？“~”。

【光阴似箭，日月如梭】 光阴就像射出去的箭一样一去不回，日月就像纺织机上运作的梭一样，来来回回不停歇。比喻时间流逝得非常快。 例句 ~，只等忙着吃了粽子，又吃月饼。（选自文康《儿女英雄传》）

【光阴无私，历史无情】 时间不会因谁而停留，历史不会因谁而改变。 例句 每个人都在用时间和生命书写自己的历史。~。所以要珍惜未来的光阴，不要愧对自己的历史。

【光栽不护，白搭工夫】 如果光种树而不养护，那将是无意义地耗费时间与精力，辛辛苦苦做了事却没有收获。

【广积不如教子，避祸不如省非】 大量积累资财不如教育好子女，想逃避灾祸不如时时反省自己的过错。 出处 李邦献《省心杂言》（节选）：“~。屈己者能处众，好胜者必遇敌。”

【逛庙不带钱，不如在家闲】 这是迷信思想。意思是人们到庙里就是要许愿花钱。

【归师勿掩，穷寇莫追】 掩：阻挡。穷寇：溃逃或陷于穷途末路的敌人。意思是对败退的敌人不可阻挡，对走投无路之敌不可过分追逼。 出处 《孙子兵法·军争》（节选）：“高陵勿向，背邱勿逆，佯北勿从，锐卒勿攻，饵兵勿食，归师勿遏，围师必阙，穷寇勿迫，此用兵之法也。”

【闺女大了百家问】 意思是家里女儿到了结婚年纪，就会有很多男方来提亲的。同“一家有女百家求”“养女百家问”。　例句　～，这是正常现象。不管人家条件怎样，咱都得尊重人家。

【闺女大了不可留，留来留去成了仇】　女儿到了一定的年龄，就应该离开父母组成自己的家庭；如果到了结婚年龄，还把女儿留在身边，耽误了婚姻大事，女儿与父母就容易结下仇怨。也作“闺女大了不中留，留来留去留成仇”。类似的谚语还有“闺女过了二十五，不出门子便是苦”等。　例句　～。闺女这么大了，谈个恋爱不是很正常吗？别老是舍不得，对男孩横挑鼻子竖挑眼的。

【闺女费了是巧的，小子费了是好的】　“费”指“发费”，调皮、让人费心的意思。孩子发费，说明是在挑战生活中的各种情况，从而积累经验，增长智慧。与“坏小子是好的，刁闺女是巧的”义同。　例句　～。你不要小看这小子，将来肯定有出息。

【闺女上轿娘嘱咐】　女儿出嫁的时候，母亲会告诉女儿到夫家应该怎样，不应该怎样。说些叮嘱、关怀、祝福的话语。

【闺女是父母的小棉袄】　比喻女儿可以给父母带来温暖和关爱。因为女儿比儿子心思细腻，温柔贴心。例句　都说～，你这怎么是漏风的小棉袄呀。

【闺女一大群，不赶小子一个人】　意思是一群女孩也比不上一个男孩。是重男轻女的封建思想。　例句　老说“～”。这回沾闺女的光了吧。

【鬼怕恶人】　比喻凶恶的人惧怕更凶恶者。　例句　他也不免有些～，席上有他内侄连赵完在内，那个主子一团性气，料得也不是善查。（选自西周生《醒世姻缘传》）

【鬼神可敬不可谄，冤家宜解不宜结】　喻指对某些惹不起的人可以敬而远之，但用不着讨好他。有矛盾的双方应该尽量化解矛盾，不要再做让仇恨加深的事。

【鬼头蛤蟆眼】　形容人长得很猥琐，很难看，从相貌上看就不是好人。　例句　你看他长得～，一定不是什么好人。

【柜台站几年，见人能相面】　“能相面”是指从外在形象上就能判断对方是什么样的人。意谓做生意和人打交道久了，就会积累下从外貌识别人的经验。　例句　～。我这些年也不是白干的，起码识别人好坏有个八九不离十。

【贵不忘贱，新不忘旧】　指富贵以后不要忘了过去的贫贱生活，有了新朋友不要忘了过去的老朋友。例句　“～”。你现在飞黄腾达了，可不能把我们这些老朋友给忘了啊！

【贵人不顶重发】　意思是有身份、有地位的、有财富的人，一般都是头发稀疏细软的。中医认为头发稀是肾虚的表现，所以这句俗语也有戏谑人肾虚的意思。也作“贵人不顶浓发”。 例句 那时大家都喊我黄毛，稀稀拉拉的头发贴在头皮上，像个小秃子，父亲调侃着说：～。（选自汪小京《梳齿里的岁月》）

【贵人多忘事】 高贵者往往善忘。原指人态度傲慢不念旧交，后也用于讽刺人健忘。也作“贵人好忘事”。 例句 刘姥姥一壁里走着，一壁笑说道：“你老是～，那里还记得我们呢？”（选自曹雪芹《红楼梦》）

【贵人抬眼看，定是福星临】 旧指受到地位高的人赏识的人，必有福运降临。也作“贵人抬眼看，便是福星临”。 出处 明·史槃《梦磊记》（节选）：“[净]朱先生，你若去时，待我奏过圣上，自有一个好官与你。[丑]多谢恩相抬举，小官就此告辞。……～。”

【贵足踏贱地】 指有身份、地位高的人光临无身份、地位低下者的住处。同“贵脚踏贱地”。 例句 他对来访者愤愤道：“你要找的局长在办公楼里，这是工棚，哪能～。”

【棍棒底下出孝子】 指对子女只有严厉管教，长大后才能孝顺。例句 如果说爸爸那种“～”的严厉父爱不会使儿沦为纨绔子弟的话，那么妈妈的拳拳慈母之情，则更使儿倍觉人间的温暖。（选自李存葆《高山下的花环》）

【锅里添水，不如釜底抽薪】 釜：古时的炊事用具，类似于现在的锅。薪：柴火。想要不让水沸腾，用往锅里加水的手段，还不如撤走锅底下的柴火。比喻解决问题要从根本上下手。 例句 俗话说：“～。”要解决黄河泥沙的淤积问题，最根本的办法就是大搞绿化，保持水土。

【锅里有米，碗里有饭】 比喻集体或国家富裕了，个人才能富起来。 例句 “富裕了大家有份，办穷了大家也有份！‘大河没水小河干’‘～’。大家的事，就和大家商量么。”（选自李准《冬天里的故事》）

【锅灶净，少生病；卫生好，病人少】 意思是干干净净搞好厨房及其他方面的卫生，就可以少生病。

【国不以利为利，以义为利】 语出《礼记·大学》。治理国家不应把财富当作利益，应该把道义当作利益。 例句 中国人历来主张“～”，“不义而富且贵，于我如浮云”，这种义利观至今仍有强大生命力。（选自梁鸿鹰《在新时代书写家国情怀》）

【国富民也强，国破家也亡】 国家富足了，人民才会强健；国家破败了，自己的家也就不存在了。同“国无宁日，家无安乐”。 例句 ～。只有国家富强了，我们才不会受到外人欺侮。

【国家多难之秋，壮士用命之时】 指国家多灾多难的时候，也正是勇敢豪壮之士为国效命的时候。例句 “～。若是真正为了国家民

族，而不是专务私利的话，打起抗日旗帜，保卫一方乡土，这是合乎时势，顺乎民情的。（选自郭明伦 张重天《冀鲁春秋》）

【国家将兴，必有祯祥；国家将亡，必有妖孽】 语出《礼记·中庸》。祯祥：吉祥的征兆。妖孽：妖魔孽障，泛指怪异不祥的事物。国家将要兴旺发达，必定会有吉祥的征兆；国家将要衰败灭亡，必定会有怪异不祥的事情发生。比喻重大的事情发生之前都有特定的征兆。 例句 自古～。方今满帝无道，信任嬖臣，烟尘四起，活似个亡国样子。”（选自黄小配《洪秀全演义》）

【国家兴亡，匹夫有责】 由顾炎武《日知录》中“保国者，其君其臣肉食者谋之；保天下者，匹夫之贱与有责焉耳矣”这句话概括而来。意思是国家的兴盛、灭亡，每一个普通人都有义不容辞的责任。也作“天下兴亡，匹夫有责”。 例句 人称“小白龙”的白乙化，在1929年考入中国大学，当九一八事变爆发后，他就向校长申诉：“大敌当前，还能有心求学吗？～。吾当先去杀敌，再来求学，如能战死在抗日杀敌的战场上，余愿得偿矣！”（选自宋淑玉《北平抗战时期的红色文化》）

【国家有难思良将，人到中年想子孙】 指国家有了外患内乱便指望有良将出来平息，人到中年便想到子孙的好处。 出处 元·佚名《白兔记》（节选）：“如今四方离乱，民遭涂炭，士民荒凉，朝廷有旨，着俺招军买马，积草聚粮。正是：君子有难思良将，人到中年忆子孙。”

【国将兴，听于民；国将亡，听于神】 国家将要兴旺，君主会听从民众的呼声；将要灭亡，会听从神的安排。这话是唯物史观的体现。意思是说，君主听从民众的呼声，这是国家兴盛的征兆；君主听从神的安排，这是亡国的征兆。 出处 《左传·庄公三十二年》（节选）：“史嚚曰：‘虢其亡乎。吾闻之，国将兴，听于民；将亡，听于神。神，聪明正直而壹者也，依人而行。虢多凉德，其何土之能得？’”

【国君死社稷】 社稷：社，土神；稷：谷神。古代君王祭祀社稷，随后便以“社稷”指代国家。指国君有理由为保卫国家而死。 出处 《礼记·曲礼下》（节选）：“～，大夫死众，士死制。”

【国难显忠臣】 当国家遇到危难的时候，才能考验出哪个人是真正的忠臣。 例句 公即令人割开，将旨取出。只见鲜血淋漓，高磐大叫一声，晕倒在地。……将士人役皆叹曰：“～。”（选自孙高亮《于少保萃忠传》）

【国强民不受辱，民强国不受侮】 国家强大了，人民就不会受到侮辱；人民自强奋进，国家就可以变得强大，避免受到欺侮。表达了国家和人民之间的相互依存关系。

【国虽大，好战必亡；天下虽安，忘战必危】 语出《司马法·仁本》。国家即使很强大，如果喜好战争也必然会灭亡；天下即使很安定了，如果忘记战争的威胁也必然很危险。 例句 ～。对中国而言，和平发展道路是一条和平与发展相互依存、内政与外交有机统一、本国利益与人类共同利益密切结合的新型发展道路，是国际关系史上的一大创举，也是人类社会发展的一大进步。（选自赵磊《中国和平崛起的战略框架》）

【国危思良将，世乱念忠臣】 旧指国家遇到危难、社会出现动乱的时候，朝廷就会想起或怀念良将忠臣。强调的是良将忠臣在国家危难时的重要作用。

【国无常强，无常弱。奉法者强则国强，奉法者弱则国弱】 语出《韩非子·有度》。国家没有恒常的强，没有恒常的弱。奉行法令强那么国家就强，奉行法令弱那么国家就弱。 例句 战国时期韩非子曾说："～。"这句话所揭示的"奉法"与国之强弱之间的关系，不仅被古今中外大量的历史事实所证明，而且为现代经济学研究成果所支撑。（选自杨福忠《在法治轨道上推进中国式现代化》）

【国无二主，天无二日】 指国家不能有两个国君，就如天上不可以有两个太阳一样。 出处 《礼记·坊记》（节选）："孔子曰：天无二日，土无二王。家无二主，尊无二上。示民有君臣之别也。"

【国以民为本】 意思是国家是以人民为根本的。指国家的建立，人民是基础；国家的建设与发展，人民更是根本动力。 例句 "常言：'～。'若还有失，难存正。"（选自欣欣客《还魂记》）

【国以民为本，民以食为天】 意思是国家把人民看作根本，人民把粮食当作生命。指执政者应特别重视粮食问题。 例句 ～。粮食安全一直是关系国计民生的重大战略性问题。（选自王春丽《胸怀"国之大者"青春的田野更广阔》）

【国有国法，家有家规】 一个国家有一个国家的法律，一个家庭有一个家庭的规矩。指范围不论大小，都必须有自身的法规，才能有所遵循。 例句 "你老说的，倒也是一番理。古话说'～'，不依规矩，不能成方圆。"（选自马烽《刘胡兰传·奶奶的"女儿经"》）

【国有王，家有主】 指大到国家，小到家庭，都有主事的人。 例句 "这正叫做～。金毛道兄见了真武帝，再敢胡闹？"（选自罗懋登《西洋记》）

【国正天心顺，官清民自安】 意思是国家政风淳正，就会风调雨顺；官吏作风清廉，人民自然安适。 出处 《名贤集》（节选）："～；妻贤夫祸少，子孝父心宽。"

【国之兴也，视民如伤】 语

出《左传·哀公元年》。意思是：国家要振兴，就要把百姓看作受伤者那样加以爱护，不能折腾他们。“视民如伤”体现的是一种民本情怀，在今天仍有现实意义。 例句 这份可贵的尊重与珍惜，说到底，是出自对百姓的信任和尊重，是真正的以人为本。古人云：“～，是其福也。”一个“视民如伤”的政府，必然是一个尊重人民知情权的政府。（选自陆侠《灾难中凝聚沉着的力量》）

【过耳之言，不可听信】 随便听到的话，不可就信以为真。 例句 “大王且息怒。常言道：‘～。’大王此去，必有云从，必有雨助，恐惊了长安黎庶，上天见责。”（选自吴承恩《西游记》）

【过伏不种秋，种秋也不收】 过了三伏天，就不可再种秋庄稼了；即使种了，气候也不利于庄稼生长，是没有好收成的。

【过河拆桥，卸磨杀驴】 比喻达到目的后，就把曾经帮助自己或为自己出过力的人一脚踢开。通常表示人的势利，不讲人情、道义。 例句 大家费尽心力，为他解决了这事儿，他却～。

【过河的卒子顶个车】 比喻原先不起眼的小人物或小事物，在机会来临或场合合适时发挥了大作用。也作“过河的卒子顶大车”“过河卒子顶车用”。与“卒子过河能顶车”义同。 例句 “～”，他说他就是那“过河的卒子”，不会退缩，无所畏惧。

【过河卒子扫千军】 卒：象棋棋子，属消耗兵种，掩护兵种。卒子过了河界，就有横扫千军的力量。比喻战争中如果指挥得当，普通士兵也会发挥无穷的威力。 例句 “用我的兵！”曹福用的口气很坚决，“～。我要是起手闹事，看我不拉出几万个兵卒才怪！”（选自鲍昌《庚子风云》）

【过了八月会种田】 经过一年中前八个月的农事活动，就学会种地了。

【过了寒食寒十日】 清明节前一二日是寒食节。意思是寒食节过后，还要冷几天。也作“过了寒食冷十日”。

【过了惊蛰节，耕田不停歇】 意思是惊蛰节气一过，春耕就开始了。

【过了夏至节，锄头不能歇】 意思是随着夏至节气来临，要不失时机地加强夏季田间管理，及时锄地保墒或清除杂草。

【过了这个村，就没这个店】 喻指机会难得，机不可失，要珍惜眼前的机会。 例句 “就说这么一句话……自己又能上剧团，何乐而不为呢？机会难得呀！～了！”（选自张国庆《亲仇》）

【过筛子过箩】 比喻一遍又一遍地挑选或审查，非常仔细。 出处 刘绍棠《小荷才露尖尖角》（节选）：“花碧莲心高，她娘多疑，花四季老谋深算，三口人三杆秤，三把尺；过了筛子又过箩，哪个小伙子能过这三关？”

【过头话少说，过头事少做】 超出自己能力范围的话不要说，超出自己能力范围的事不要做。 例句 你还是老老实实、本本分分做你的人吧，记住：～。

H

【蛤蟆打哇哇，六十天吃疙瘩】 疙瘩指一种面食。当春天听到冬眠的蛤蟆开始“哇哇”欢唱时，再过六十天，小麦就到了收获的时候，那时就可以吃上白面疙瘩了。

【孩子都是自己的好，庄稼都是人家的好】 农民都偏爱自己的孩子，羡慕他人的庄稼。 例句 ～。一畦萝卜一畦菜，自己的孩子自己爱。

【孩子哭了，抱给他娘】 比喻出了问题或有了矛盾交给上级处理。也作“孩子哭抱给他娘去”“孩子哭了抱给娘”。 例句 王连长无可奈何地摇摇头：“实在没办法，只好‘～’——按级向上报告。请‘志司’、‘志后’和朝鲜人民军总部去查吧。”（选自拾零《绞杀战的克星》）

【海枯终见底，人死不知心】 语出杜荀鹤《感寓》一诗。海水枯竭时还能显露出海底，但一个人即便是死了，也很难了解他生前内心的所思所想。喻指人的心思难以揣测。 例句 自古人心难测，面从背

违，知外而不知内，知内而不知心，正所谓“～”。（选自许仲琳《封神演义》）

【海阔凭鱼跃，天高任鸟飞】 大海广阔可以让鱼儿随意跳跃，天空空旷可以让鸟儿任意飞翔。常用来比喻在宽松的环境里，人才可以自由地施展才能。也作“海阔从鱼跃，天空任鸟飞”“海阔凭鱼跃，天空任鸟飞”。 例句 ～。改革开放，给无数人带来选择的机会，可以见识更广阔的天地、成就更丰富的人生、拥抱更美好的未来。（选自程昭善《改革开放，让梦想海阔天空》）

【海内存知己，天涯若比邻】 语出王勃《送杜少府之任蜀州》。指只要心灵相通，即使彼此距离遥远，也仍像比邻而居一样的亲近。 例句 中国有句古诗，“～”。从中国到阿塞拜疆，可称是万里天涯，但我到这里来，却有一种宾至如归之感。为什么？因为这里有你们这些热衷于中阿友谊的知己，你们是十三亿中国人的知己！（选自梅岱桥《域外手记》）

【海上风多舟难行，世上官多不太平】 风多浪大，船只颠簸难行；官多扰民，百姓得不到安宁。 例句 张世杰望着浩瀚的大海，说：“～。这朝代败就败在这些官儿身上！”（选自陆昭环《末代江山》）

【海水可量，人不可量】 海水本不可量的，与人不可量相比，反而可量了。极言人之难估测。 例句 曾记前十载到门前讨饭，孩儿尚幼，哭哭哀哀，被我痛骂，方才走去。早知她是当今太后，也不该如此轻慢她。果然是～。（选自李雨堂《万花楼》）

【海水无风浪不高，树上无风枝不摇】 比喻事情的发生必有原因，绝非偶然。 例句 “～。”如果不是事出有因，哪会弄得谣言满天飞。

【海燕不畏风暴，松柏不怕冰雪】 海燕不畏惧风暴雷电，奋勇搏击；松树柏树不畏冰雪严寒，傲然挺立。寓意人们要像海燕和松柏一样，经得起严酷环境的考验。

【海与山争水，海必得之】 海和山一起来争水，海必然会得到水，因为海处在低位。比喻人谦虚就会受益。 出处 《慎子·逸文》（节选）：“谚云：不聪不明，不能为王；不瞽不聋，不能为公。～。”

【害马去，群畜宁；稂莠锄，嘉禾植】 稂莠：形状像禾苗而妨害禾苗生长的杂草。嘉禾：指壮实的禾苗。植：草木生长。害群之马除去了，马群才会安宁；杂草除掉了，禾苗才会长大。指危害社会的坏人受到制裁，才能保证国泰民安。 出处 清·罗安《珥笔民》诗（节选）：“～。奈何容此珥笔民，扰我黎庶安有极。”

【害人之心不可有，防人之心不可无】 语出洪应明《菜根谭》。指人不可有害人之心，但防人害己的警惕性总要经常保持。 例句 常言说：“～。”面对复杂的人际关系时，我们应该保持一颗善良的心，但也必须保持一份警惕，学会保护自己，以防被他人利用或伤害。

【害人终害己】 存心伤害别人的人，到头来反而伤害了自己。同“害人如害己”。 例句 观此案可知：起心用心，反害己身。～，越害越隆兴。古云：“人善人欺天不欺，人恶人怕天不怕。”不诚然乎？（选自省三子《跻春台·双金钏》）

【憨瓜长得大】 比喻实诚厚道的人，发展壮大得更快。 例句 ～，别看他平日憨厚，将来你们几个谁也不如他有出息。

【鼾睡别忘槽头马，无事莫忘身边刀】 指居家或出门在外，要时刻警惕，注意财物和人身安全。 例句 张镖师经常对大家说：“～。出门在外不容易，一定要小心加小心。”

【含血喷人，先污其口】 嘴里含着血喷人，首先就弄脏了自己的嘴巴子。喻指捏造事实诬陷别人的人，自己也不会有什么好结果。成语“血口喷人”由此而来。 出处 宋·晓莹《罗湖野录》（节选）：“～；百丈野狐，失头狂走。”

【含在嘴里怕化了】 形容十分喜欢、疼爱。 例句 “如今，吓死他也不敢了!再说，要找像你那样的一个人，容易吗？我一个女人家，见了你，还动心哩!你跟了他，他准得～，捏在手里怕碎了，还不知道把你供在哪里好呢!”（选自王英先《枫香树》）

【韩信将兵，多多益善】 出自司马迁《史记·淮阴侯列传》中的故事。刘邦问韩信能领多少兵打仗，韩信回答：多多益善。意思是越多越好。现一般用于比喻对事物的需求量大，而且质量不受限制。 例句 机械化作战，在兵力兵器使用上一般都坚守“～”的原则。（选自杨罡《“弱点集成攻击战”的特点》）

【寒从足起，病从口入】 寒气常常因脚底受凉而侵入，生病往往因饮食不洁所导致。所以，应注意脚的保暖和饮食卫生。

【寒露百草枯】 寒露节气后，标志着北方进入深秋时节，野草停止生长，日渐枯黄。

【寒门出将相，草莽出英雄】 寒门：贫穷人家。草莽：山林僻野。将相栋梁之材，常出自贫穷人家；英雄豪杰之辈，常出自山林僻野。指真正有作为的人，往往出自社会下层。 例句 财主家的膏粱子弟没有一人用功读书，长大也都没有出息，反倒是“～”。（选自刘绍棠《豆棚瓜架雨如丝》）

【寒门生贵子，白屋出公卿】 白屋：古代指平民的住屋。指穷苦人家往往出达官贵人。同“寒门产贵子，白户出公卿”。 出处 清·佚名《小五义》（节选）：“天下各省，隐匿英雄壮士过多。古云：‘～。’”

【寒天不冻勤织女，饥荒不饿苦耕人】 指人只要辛勤劳动，创造积累财富，抵御自然灾害的能力就会增强。也作“寒天不冻勤织女，荒年不饿苦耕人”。与“天冷不冻织女手，荒年不饿勤耕人”义同。 例句 “咱们那儿有句老话：‘～。’只要肯找、肯干活，就有办法。”（选自鲍昌《庚子风云》）

【喊破嗓子，不如干出样子】 检验一个人的思想觉悟和工作能力，不只是光听他漂亮的演说和动听的高调，而是要看他在实际工作中能否言行一致，以身作则。也作“喊破嗓子，不如做出样子”。 例句 常言道：“～。”群众评价一名领导干部，往往是不看“唱功”看“做功”。（选自蒋希华《争当实干家》）

【汗珠砸脚面，吃啥都香甜】 靠勤奋得到的劳动果实，会特别有满足感，吃什么都觉得香甜。 例句 刘公子到乡下两年多，跟着张老汉种地，～，身上的疾病也没有了。

【汗珠子摔八瓣儿】 形容劳动强度很大，非常辛苦、劳累。多指劳动成果来之不易。 例句 我们的劳动成果是“～”得来的。

【旱不死的谷子，淹不死的高粱】 意思是谷子耐旱，高粱耐涝。

【旱了，一大片；淹了，一条线】 出现大旱的时候，会是整个区域下雨都比较少，所以受旱的时候是一片；而下雨太多，雨水多呈条状分布，所以洪涝一般是危害一条线。

【旱田改水田，一年顶三年】 旱地如果有条件改造成水田，一年的收益可以抵得上旱地三年的收益，比较划算。

【旱枣涝梨岗上杨，桃杏栽在山坡上】 这几种果树，对水分和土壤的要求不尽相同，栽在不同的地方，收获也就不一样。

【行家看门道，里巴看热闹】 “里巴”即外行的意思。内行人看事情主要是看方法、看本质，外行人看事情只能看看外表，看看热闹。 例句 “～”，一看你就是内行。

【行家一出手，就知有没有】 意指凡事经由专家出面作评估判断，就能明辨真假及价值。也作“行家一出手，便知有没有”。 例句 “不能天天坐着‘等活’。”中国医生们开始努力“拉活”，在查房、门诊时，他们主动参与、积极发表意见。～。“当地医生听过几次我们的意见，就对我们的水平有所了解了。”罗小辑说。（选自侯露露《巴巴多斯来了中国医生》）

【薅着谷子连着草】 谷子苗和杂草混杂在一起，必须用手一棵棵把谷子苗周围的草拔掉，非常辛苦，而且不容易。比喻处理问题要考虑方方面面的关系，不好处理。 例句 ～，这件事没那么简单。

【豪杰之士，所见略同】 意思是英雄豪杰对事物的见解基本上一致。 出处 宋·刘黻《追和渊明贫士诗七首》（节选）：“渊明有姱节，高迈疏与龚。大抵～”

【好茶不怕细品，好事不怕细论】 好茶可以任人仔细品味，好事可以任人议论评说。指办得圆满合理的事情，经得起各种各样的议论。 例句 “～”。你又没做错什么，不要怕别人的闲言碎语。

【好吃不如对口，好看不如对眼】 公认为好的事物，也得自己喜欢才算真好。 例句 ～。自己喜欢的就是最好的。

【好处安身，苦处用钱】 意思是出门在外的人遇到好地方可以安身，遇到麻烦或灾难之处就得靠钱解困。 例句 “他打是要钱哩。常言道：‘～。’如今与他些钱，便罢了。”（选自吴承恩《西游记》）

【好处人人有，不能一好遮百丑】 人人都有自己的优点，不能因有某项优点就不提其他的缺点了。 例句 人要正确看待自己，不能因为有长处就忽略自己的短处，～。

【好得穿一条裤子】 形容双方关系非常密切。 例句 他们两人情趣相投，关系～。

【好的不在多，一个顶十个】 指人或物贵在品质精而不在数量多。 例句 “常言说的好：‘～。’说不了就舍上一个。嫂嫂你就将我两个孩子抱去，无论哪一个，卖上一个。”（选自范紫东《三滴血》）

【好店三年不换客，好客三年不换店】 好的商家常有熟客光顾，有经验的顾客不轻易更换商家。这句话强调了在商业活动中建立和维护长期稳定的客户关系的重要性。

【好舵手会使八面风】 比喻经验丰富的人，能够充分利用身边各种有利条件。 例句 “当个三条线起飞的风筝有什么不好，适者生存嘛，～呢。”（选自李英儒《野火春风斗古城》）

【好儿不抵好媳妇，好闺女不抵好女婿】 如果媳妇或者女婿懂事儿，知道两边老人都要一样孝敬，主动对公婆或者岳父岳母好，小两口的关系就会更融洽，做长辈的也会很开心。

【好儿不用多，一个顶十个】 好的不一定在数量多。好儿子一个就够了。 例句 ～。再多的子女，如果不孝顺也没用。

【好儿好女，不如半路夫妻】 指夫妻之间的相互体贴胜过子女对父母的关心，哪怕是再婚的夫妻也是这样。 例句 “～”，一个能够相互扶持、共同面对生活风雨的伴侣，是儿女们的关爱所无法替代的。

【好饭不怕晚】 喻指好的事情不怕来得晚一些，精彩在后边。 例句 她虽说30多岁才结婚，但～，丈夫待她像个宝儿似的。

【好蜂不采落地花】 蜜蜂以采花酿蜜为天职，但它不采不洁不鲜的落地之花。比喻不贪安逸，洁身自好；或是不再去追求已经失去价值的事物。　例句　“～”，这个行业已经在走下坡路了，你就别再向他们投简历了。

【好钢靠炼，好刀靠锻】　形容即使一个人本性善良端正，也需要历尽各种考验和挫折，才能真正成长起来。　例句　“～”。他是有潜力，但也得经风雨、见世面、多锤炼、多摔打。

【好钢用在刀刃上】　把好钢放在刀刃上使用，才能更好发挥刀的斩切作用。比喻优势资源或优秀人才要集中用在最需要、最紧要的地方。　例句　在数字时代，既要保持对信息的认知敏感，不让重要信息擦肩而过；也要强化注意力管理保护，把“～”，让精神状态更加坚定从容。（选自路畅《注意力，“好钢用在刀刃上”》）

【好狗不挡道，挡道没好狗】　温顺通人性的狗，不会在道路中间挡住人的去路。有时用来骂人没眼色，不知道让路。同“好狗不在当道卧”。　例句　～。瞧你小子待的这地方，没看这儿背着东西吗？还不快闪一边去！

【好狗不咬鸡，好汉不打妻】　好狗不会咬主人家养的鸡，好男人不会动手打自己的妻子。　例句　“～”。你小子打老婆算什么能耐？！

【好狗护三村，好汉护四邻】　形容人能力强，急公好义，他身边或周围的人都能得到保护。

【好狗认道，老马识途】　好狗、老马认识曾经走过的道路。后者比喻阅历多的人富有经验，熟悉情况，能起到引导作用。

【好鼓不用重锤敲】　响亮的鼓用不着重锤敲打。比喻聪明人悟性高，一点就明，不用多说。　出处　李伯屏《黄海红哨》（节选）：“俗话说得好：‘～。’咱们老战友遇上了问题，用不着敲打就想通了。”

【好官易做，好人难做】　指做好官容易，做好人却很难。　例句　“‘～。’官有訾议，不过一任，改易地方，再能励志向上，即称为好官矣。好人变节，坏却一生，即晚年再要立德，訾议在人，人不相信。”（选自戚继光《练兵纪实》）

【好过的年，难过的春】　过去农历大年不管吃啥，也就那么几天，怎么着也能凑合；可到了春天，粮食青黄不接，需要花钱的地方又多，穷人就比较难熬了。同“年好过，春难熬”。　例句　“孩他爹，你说这斗大要的太多，叫我说还不多哩。你也知道～，你成年累月不归家，叫俺娘儿们吃什么？”（选自吴学勤《吵年》）

【好汉报仇，三年不晚】　意指有胆识的人，报仇雪恨不轻举妄动，等候时机成熟再行动。　例句　“我死了，她母女两个不更受人欺侮？常言：‘～。’我暗中下决心，一定要

亲手剁了钱伯炎这畜生，还要设法保住母亲和树妹。”（选自里汙《新绿林传》）

【好汉不吃眼前亏】 指平时刚强的人能识时务，在不利的处境下能忍耐避开风险，免得吃亏受损失。 例句 ～，老邢婆子嘴里还硬气：“你敢。”可脚底下真的加快了步子。（选自钟涛 毕方《千重浪》）

【好汉不打抄手人】 抄手：两手交叉，表示不动手。指真正的好汉不向没有恶意或无力还手的人动武。 例句 “呵呵!～。”王瑶不禁又对那人的骨气感到很欣赏，“等你腿伤好了，咱们再较量较量，那时叫你死也心服。”（选自蒋和森《风萧萧》）

【好汉不打上门客】 意谓真正的好男儿能宽恕登门示好的人。 例句 “常言：‘～。’金先生肯上门，肯来我们家，就是看得起我们，妈要你同对待朋友、对待战友一样对他。”（选自徐朝夫《最后一枪·战俘》）

【好汉不打坐婆婆】 指好男儿不欺凌毫无反抗能力的弱者。 例句 有几个也附和着殿福老汉打圆场儿：“算啦，算啦！常言说‘～’，人家又没还手。”（选自王厚选《古城青史》）

【好汉不怕出身低】 指有志气有作为的人不论出身。 例句 “～。那一行没有好人哪，就是强盗里也有不得已而落草的。”（选自文康《儿女英雄传》）

【好汉不贪色，英雄不贪财】 指英雄好汉不受金钱美女的诱惑。 例句 “～，贪色贪财就不是英雄好汉。”（选自巴人《乔秀才造反记》）

【好汉不提当年勇，老头含笑看后生】 真正的英雄好汉，不会夸耀自己以前的英勇；老人家知道属于自己的时代已经过去，会欣慰地寄希望于年轻人。 例句 “～”。我们这一辈还得指望你们这帮后生小子们。

【好汉不挣有数的钱】 表明一个男人的立世态度，即不愿意受雇于人，立志自己创业。同“有能耐不挣有数的钱”。 例句 ～，我要辞职下海，出去闯荡闯荡。

【好汉打不出村去】 “好汉”指勇敢坚强或有胆识、有作为的男子。指不能跑出自己的地盘欺负别人；也指强龙不压地头蛇，外人在自己村里打架没有占便宜的。 例句 “～”，他怎么还跑到咱村里打人呢？

【好汉饿不得三日】 指英雄好汉也得吃饱饭，谁也受不了连日饥饿。 例句 众僧怕太祖见怪，只得拿去与他吃，他只是不吃。厨头道：“‘～’，莫采他，他自来!”（选自陆人龙《三刻拍案惊奇》）

【好汉就怕病来磨】 即便是身强体壮的英雄好汉，也抵抗不过疾病的折磨。指疾病对人的生命极具杀伤力。也作“好汉也怕病来磨”。 例句 “谁也保不住有个三病四痛的。

俗话说：‘～。’瞧你老弟原来也是个硬铮铮的汉子，就这一场病，看把你折磨成啥样子了！”（选自吴越《括苍山恩仇记》）

【好汉没好妻，赖汉寻花枝】 指品行等各方面都好的男人，却娶不到漂亮贤惠的妻子；而好吃懒做品行差的男人，却总能娶到一个贤淑的妻子。指男女婚配往往不相称。 例句 ～。没想到他这样的人，却找了一个这么好的老婆。

【好汉面前无困难，困难当中出英雄】 指勇士在困难面前不会低头，不把困难看在眼里；正是在困难当中，才能看出谁是英雄。 例句 ～。在工作中，只要有迎难而上、艰苦奋斗的精神，就能取得优异成绩。

【好汉怕赖汉，赖汉还怕歪死缠】 指胡搅蛮缠不讲理的人，比什么都不干的人还难于应付。 例句 春芳道：“俗话说：～。和这样的人，有啥理好评的。天大的理，她一哭二闹，又骂又跳，啥理也没有了。”（选自陈登科《风雷》）

【好汉怕赖汉，赖汉怕急汉】 意思是好汉怕与赖汉搭伙计受其拖累，赖汉怕与急汉搭伙计怕其催逼。性急拼命的人是什么事都能做出来的。也作“好汉怕赖汉，赖汉怕烈汉”。 例句 “生拖软磨终究不是长法。俗话说：‘～。’逼急了，咱们也拉出去跟他干！”（选自王厚选《古城青史》）

【好汉凭的是志气刚强，骏马靠的是膘肥体壮】 意志坚强才称得上是好汉，体型健壮才称得上是骏马。

【好汉识好汉，英雄识英雄】 指英雄好汉有识别英雄好汉的眼力。 例句 他这一见，虽然不认得黄天霸，自古道“～”，他已猜着九分。（选自《施公案》）

【好汉死在战场，懒汉死在炕上】 指人应该有志气有作为，而不应该学懒人没出息。 例句 俗话说“～。”我们要实行生产自救，用自己的双手把洪灾造成的损失夺回来。

【好汉死在证见手】 证见：事件发生时亲眼目睹的证明人。指任凭你是怎样的英雄好汉，只要证人出面证明你犯罪，你就无法逃避罪责。也作“好汉死在证见上”。 例句 “麻雀屙我一嘴屎，又被你蹬了两脚。谁搅闹你府啦？可如今我是‘～’，有口难言，叫我咋说呢！”（选自郑永昌 许应群《黑虎闹东京》）

【好汉天下有好汉，英雄背后有英雄】 指强人中间还有更强的人。劝诫人不要骄傲自满，忽视他人的力量。 例句 张、罗二人道：“兄长不可造次，自古道：‘～。’此去倘有疏虞，如何处置？”（选自吴璿《飞龙全传》）

【好汉一言，快马一鞭】 意思是好男儿一诺千金，说到做到；这和快马只需一扬鞭就上道奔驰，不需再催促是一个理。 例句 陆长

安赶紧跟上一句："区长，军中无戏言！"马国本干脆地说："那当然！～么！"（选自吴强《堡垒》）

【好汉争气，赖汉争食】 好汉立志在事业上有所建树，赖汉只是为了混口饭吃。 例句 "我不就是为了嘴吗？人说：'～。'我天生是个下贱货呀，不就是一麻袋粮吗？"（选自宋清海《馕神小传》）

【好汉只怕病来磨】 指体魄健壮的男子也禁不住疾病的折磨。 例句 程咬金乃一员上将，今日就像一只落汤鸡，这叫做"～"。（选自《说唐》）

【好汉子不赶乏兔儿】 比喻有本领的人不以制伏已经疲惫的人为能。 出处 吴承恩《西游记》（节选）："行者情知是要取铃铛，收了铁棒道：'～，你去！你去！吃饱些，好来领死！'"

【好汉子不愿干，赖汉子干不了】 指有些事情不太好安排。有本事的人嫌报酬低不愿意干；没本事的人想干，却又完成不了。 例句 这是～的差事。

【好汉做事干到底，好马登程跑到头】 指做事情要善始善终。 例句 "～"。你这干了半截子活撂挑子，也太不地道了吧？

【好汉做事好汉当】 意思是光明磊落，敢做敢当，不推卸责任。或也作"好汉做事好汉当，不给赖汉招遭殃"。 例句 "但既然已经这样了，那就要～！你们先不要管，有什么差错我自己承担！"（选自路遥《平凡的世界》）

【好合不如好散】 好好合，不如好好散。指如果不能和睦相处，不如友好地分开。 例句 "老三家明天也不要另做饭!就回家里吃去!'～'哩!明天请登高叔和咱舅舅给咱当公正人，和和气气商量着分开。"（选自赵树理《三里湾》）

【好花不常开，好景不常在】 指美好的事物总是短暂或留不住的，应该珍惜。 例句 不到正午，大部分的树挂已在光晕下悄悄遁去了行踪。残存在背阴里的些许，也没了方才的生气，羞答答瑟缩着，似乎正无奈地为方才的绚烂唱着挽歌。倘若情绪消沉，难免会发出"～"的感喟。相反，如果心态积极，你会面对着朔风高歌："冬天来了，春天还会远吗？"（选自王慧敏《在花海中徜徉》）

【好花要有绿叶衬，好汉要有众人帮】 喻指再有本领的人也需要别人的帮助，才能成就大业。

【好话不背人，背人没好话】 是好话就不会背着人说；不敢当人面讲的，肯定不是好话。 例句 ～。不要背后嘀咕，瞒人的话不会是好话。

【好话搁不住重三重】 意思是即使是好话，如果说上多遍，听的人也会感觉索然无味，甚至产生歧义。 例句 ～，让你翻来覆去一说，我这好心变成歹意了。

【好话说尽，坏事做绝】 形容人表面上尽说漂亮话，实际上却干尽坏事害人。 例句 美国～，言行不一，早已信用破产，这种说一套做一套的把戏注定行不通。（选自高文成 刘锴《说一套做一套，奉劝美国少来这一套》）

【好货不便宜，便宜无好货】 指同类的商品，其质量通常会通过价格反映出来。好货价格就会高，差货价格就低。 例句 话又说回来，正是他不好弹弄，上面才出了大价钱，这叫“～”。（选自徐栩《大雪飘飘》）

【好货不愁卖】 质量好的商品不用发愁卖不出去。

【好货卖背巷】 偏僻小巷里也有好商品；好商品在偏僻小巷里也不愁卖。

【好记性不如烂笔头】 指不管一个人的记忆力多么好，都会有忘记的时候，不如用笔记下来，那就永远存在；想用的时候，就很方便。同“好脑子赶不上烂笔头”。 例句 “～”。会议内容最好还是记到笔记本上，别到时候真忘了。

【好家经不住三股子分】 指产业虽然殷实丰厚，但分成几份后就单薄了。 例句 ～。你看看他家原来多厚的底子，这也不行了。

【好借好还，再借不难】 意思是借别人的钱或物要及时归还，以后要再借的时候也就不困难了。 例句 “老孙可是那当面骗物之人？这叫做～。”（选自吴承恩《西游记》）

【好金不怕炼，有理不怕辩】 比喻正确的事物经得住考验，有理的人不怕争辩。 例句 因为～，咱占理走到哪儿也不怕。

【好酒不怕巷子深】 只要酒的质量好，哪怕酒店设在偏僻的深巷里，买主也会找上门。喻指只要货好，就不怕没买主；或指只要作品的品位高，不愁没有赏识的人。 例句 “其实，‘～’，只要你货真价实，你不搞什么花枝招展的展销，顾客也会挤破门的。”（选自李理言《关键在质量》）。

【好了疮疤忘了痛】 是说疤痕愈合以后，就忘记了伤病时的疼痛。比喻境遇变好之后，忘掉了过去的痛苦或教训。也作“好了疮痂忘了疼”“好了伤疤忘了痛”“好了伤疤忘了疼”。 例句 “你不该跟大军打架，大军是我们的亲人，你可不能～，把好人当歹人!”（选自张作为《原林深处》）

【好马不吃回头草】 形容有作为的人不走回头路或重新眷顾已经放弃的东西。有时与“老虎不吃回头食”“老鹰不吃落地食”连用。 例句 ～。既然他已经离开了老窝，就决心在外面的世界闯荡下去。（选自路遥《平凡的世界》）

【好马不吃回头草，好汉不夸旧功劳】 比喻立志做某件事情后，即使遭受挫折，也决不中途反悔；是英雄好汉就不把过去的功劳挂在嘴边，时时炫耀。

【好马不吃回头草，好女不嫁二夫男】 旧时代的封建道德思想，实不足取。意谓贤良淑德的女人应守节，不二次嫁人。

【好马不用鞭催】 比喻有高度自觉性的人，做事认真负责，用不着别人指使督促。有时与“好鼓不用重锤”连用。 出处 马继红等《石门开》（节选）：“俗话说：‘～。’一般情况下，王平根本舍不得打这匹马。眼下，也顾不得这许多了，他拼命夹着马肚子。”

【好马不在鞍辔，有志不在年高】 鞍辔：驾驭牲口用的嚼子和缰绳。鉴别马的优劣，不能根据马的装饰；一个人的志向，不在年龄大小。比喻判断一个人有无大志，不要光看外表，也不要从年龄大小来判断。

【好马不在铃铛响】 比喻真正的本领，在于实际运用，而不在于外表或名声的大小。 例句 “～”。你别光动嘴，有真本事就拿出来。

【好马配好鞍】 好马匹要用好马鞍来搭配，才显得相称。比喻任何事物都需要与其相匹配的伴侣或条件，才能达到最佳效果。 例句 船老大说：“～，好酒得有好菜，所以，宁都菜是闻名四方的名菜。”（选自张品成《十三根金条》）

【好马拖车不停蹄，好牛耕地不歇犁】 比喻有志气的人坚持不懈地前进，不会半途而废。

【好马走路稳，好人说话准】 意在说明好人说话讲信用，说到做到。 例句 有道是～。放心吧，他那人是实诚人，说话靠谱。

【好猫不跟狗斗，好男不跟女斗】 意思指男强女弱，以强欺弱，不是男子汉的做派。 例句 “算了算了!常言道：‘～。’男子汉大丈夫让个女的，不能算是下贱。”（选自侯树槐《大地的留恋》）

【好猫不叫，好狗不跳】 借物喻人。比喻到处炫耀自己的人，不是真正有本领的人。 例句 ～，一看他咋咋呼呼摞不稳的劲儿，就知道没多少能耐。

【好男不吃分家饭，好女不穿嫁时衣】 意思是有志气的好男儿不靠分得的家产过日子，有出息的好女子不靠出嫁时带来的衣服打扮自己。比喻有志气，有出息的人重在自尊自立。也作“好男不吃分时饭，好女不穿嫁时衣”“好男不吃分家饭，好女不穿嫁妆衣”。 例句 小姐道：“‘～。’依孩儿的意思，总是自挣的功名好，靠著祖父，只算做不成器！”（选自吴敬梓《儒林外史》）

【好男不跟女斗】 比喻男人不应该和女人争论短长。 例句 白巡长十分不喜欢听这种话，可是没敢反驳；～，他的威风不便对个妇人拿出来。（选自老舍《四世同堂》）

【好男不争财和产，好女不争嫁时衣】 一个男人，不要总想着依靠父辈留下的产业生活，要靠自己努力奋斗取得成功；一个女人，在嫁人的时候不要计较嫁妆多少。这句俗语告诫人们，做人要有志气，凡事要靠自己。

【好牛也要竹鞭打，好马也要笼头拉】 比喻再聪明能干的人，也需要有人提醒他改正缺点或错误。 例句 “～”。少数党员干部之所以走上贪污腐败的不归路，由“好同志”变为“阶下囚”，与没有得到及时、经常地鞭打提醒有着重要关系。

【好拳不赢头三手，自有高招在后头】 指有本领的人不露锋芒，为自己留有余地，关键时刻才出绝招取胜。 例句 栗刚终于找到了大显身手的机会，充分发挥了自己的专长，早就超额完成了任务。但是，“～”。在那大喜大庆的日子以后，在许多部门正忙着总结工作的时候，他却出人意料地又来了个“短促突击”，完成了他的“得意之作”。（选自苏群《风雨编辑窗》）

【好拳脚打不过赖戏子】 意谓唱戏的武生虽然是花架子，但是每天翻跟头、端架子，基本功扎实。力量、柔韧性、协调性等等，身体素质各方面，往往比大多数练了三两年的武术票友强。

【好人不长命，祸害遗千年】 通常用来表示对好人过早去世的惋惜。也作“好人不长寿，坏人活千年”。 例句 在现实中，存在善有善报的同时，还有“～”的情况。

【好人没好命】 指人的人品很好，但经历坎坷、曲折；或刚要过上好日子，却遭遇意外等情形。 例句 ～。他这么好的人却遭此不幸。

【好人扬名千载，坏人遗臭万年】 指好人的好名声永远流传，被人称颂；坏人死后恶名也会一直被人唾骂。 例句 ～。虽然名字都在流传，却人们对他们的爱憎之情，却有霄壤之别。

【好人争理，坏人争嘴】 好人与人争执，会讲道理；坏人与人争执，不讲道理还嘴上不吃亏。

【好事不出门，坏事传千里】 好的事情不易传出去，而坏事情则会传得远近皆知。也作“好事不出门，恶事传千里”“好事不出门，丑事传千里”等。 例句 不容忽视的是，反转新闻对集体情绪“投其所好”背后，是集体的消极情绪，正如“～”，负面的反转新闻更容易被热议。（选自黄帅《什么样的新闻容易反转》）

【好事不瞒人，瞒人没好事】 正大光明的事不会瞒哄人，瞒哄人的事不会是正大光明的。指做好事光明正大，做坏事偷偷摸摸。 例句 “鬼鬼祟祟做什么，～，一定又出什么岔子了。”（选自陈登科《淮河边上的儿女》）

【好手不敌双拳，双拳难敌四手】 敌：抵挡。指有力的一只大手抵挡不住两个拳头，而两个拳头却敌不过四只大手有力。比喻少不胜多。也比喻即使一个人本领再高强，也

会寡不敌众。　例句　他自家独力难撑，正是“～”。（选自吴承恩《西游记》）

【好树才能结好果，好铁才能铸好锅】　喻指有良好的素质，才能出好的成果。

【好说好散】　把话说明白，和和气气地分开，不相互责备。通常用于婚姻恋爱中男女的分手。

【好死不如赖活】　意思是活着总比死了好。指苟且偷生。　例句　慢慢的，他觉得终日躺在床上足以增加病痛，还不如起来活动活动。有些病是起于忧郁，而止于自己解脱的。时间会巧妙的使自杀的决心改为“～”。（选自老舍《四世同堂》）

【好物不贱，贱物不好】　意思是好货不会贱卖，贱卖的没有好货。例句　“‘～。’大哥既中意这件东西，不要论价，二哥添一锭，兄弟也添一锭。”（选自徐呕《杀狗记》）

【好心不得好报】　指一番好心被人误解，没有达到应有的效果，甚至给自己带来了损失。　例句　面对老人摔倒，具体分析人们不愿伸出援助之手的深层心理，可能会有两个层次的原因：一是大家习惯认为的价值迷失和道德失范，二是怕被诬陷、担心～。（选自毛建国《扶老人基金或是公益新模式》）

【好心当了驴肝肺】　比喻好心好意不被人理解，反被人误解。也作“好心做了驴肝肺”“好心当成驴肝肺”“好心认做驴肝肺”等。　出处　兰陵笑笑生《金瓶梅词话》（节选）：“妇人道：‘贼短命！我不见了，关你甚事？你怎的晓得？’敬济道：‘你看，我～，你倒讪起我来。恁说，我去了。’抽身往楼下就走。”

【好心自有好心在，恶心自有天不容】　人心善良自然会被人记在心里，人心险恶天理不容，不会有好下场。　例句　他劝慰李婶说：放心，～。

【好言难得，恶语易施】　语出《增广贤文》。想得到别人的好评非常困难，说别人的坏话则很容易。也就是说，话语对他人的影响很大，说话必须慎重。

【好雁总是领头飞，好马总是先出列】　喻指有作为有担当的人总是走在前列，带领身后的人。　例句　俗话说：“～。”你当班长的一定要带个好头哟！

【好在似是而非之间】　似是而非：好像是对的，实际上不对；好像是，又好像不是。意谓不偏不倚、折中调和的处世态度是最好的。

【好种出好苗，好树结好桃】强调的是因果关系。有了优良种子才有好的禾苗，有了好的桃树才会结出好的桃子。比喻素质好的人，才能培养成优秀的人才；或者有好的父母或老师，才会培养出好的孩子或学生。

【好主怕黑家，穷主怕亲家】好主：这里指富裕人家。黑家：晚上，夜里。富人到了夜晚就害怕，害怕贼人偷盗自己的钱；穷人生活窘迫，自然不愿意见到亲家，怕伤脸面。指不论贫富，每家有每家担忧的事情。

【好吃懒做，不愁挨饿】 指贪于吃喝，懒于做事，这样的人一定过不上好日子。 例句 ～。父母要教育孩子从小养成刻苦耐劳的好习惯。

【好高骛远，嘴勤手懒】 指人不切实际地追求过高过远的目标，而且只是动嘴说，没有实际行动。

【好客的朋友多，好说的废话多】 意谓喜欢待客的人往往朋友多，喜欢说话的人常常是废话多。 例句 "～"。看看他那么好说，又有几句说到点上了？

【好露能】 方言。喜欢显示并夸耀。 例句 他什么事都～，一点也不谦虚！

【好面誉人者，亦好背而毁之】 语出《庄子·盗跖》。喜好当面恭维人的人，也喜好背后诋毁人。

【好俏不穿棉，冻死不可怜】 指为追求外观苗条俊俏而不穿棉衣的人，甘愿受冷挨冻，不值得同情。也作"俊人不穿棉，冻死不可怜"。 例句 孙成文只好将诗人不愿脱喇叭裤的情况如实向马本德回禀。马本德眉头又皱出一个"川"字，脸色铁青。"那就叫他穿！～，让老天爷教训教训他也好。"（选自金河《穿喇叭裤的诗人》）

【好胜者必败，恃壮者易疾】 语出申涵光《荆园进语》。喜好逞胜斗强的人必然会有失败的那一天；自以为身体健壮无所顾忌的人容易得病。

【好说己长便是短，自知己短便是长】 语出申居郧《西岩赘语》。喜欢说自己的长处，这就是短处；自己知道自己的短处，这便是长处。

【好显摆】 喜欢夸耀、炫耀。

【好誉者，常谤人；市恩者，常夺人】 喜欢恭维别人的人，常常诽谤别人；喜欢给别人小恩小惠的人，常常从别人那里取得好处。 出处 明·彭汝让《木几冗谈》（节选）："～。其倾危一也。"

【喝口凉水塞牙缝，放屁砸脚后跟】 喝凉水绝不会塞牙，放屁也绝不会砸脚后跟。这样说，是极言走背运，没来由地倒霉。 例句 人要是倒霉，～。

【喝了白露水儿，蚊子抻了腿儿】 指白露节气过后，蚊子一般就不再咬人了。也作"喝了白露水儿，蚊子肿了嘴儿"。

【喝了迷魂汤】 迷魂汤：迷信所说地狱中使灵魂迷失本性的汤药。比喻人糊涂，不分是非曲直，昏头昏脑，神魂颠倒。 例句 周舍因为～，利令智昏，一时认不清对方的真面目，所以盼儿得以智取胜利。（选自黄克《〈救风尘〉中的赵盼儿》）

【喝了平乡水儿，就会拉锯齿儿】 河北平乡县木工多，到了此地不用专门跟谁学，耳濡目染也会学点木工活儿。说明环境对人的影响是潜移默化的。

【喝醉的都是贪杯的，淹死的都是会水的】 意思是说，擅长什么就容易逞能，就会放松警惕，就容易丢人现眼或酿成悲剧。与“河里淹死会水的，堂口打的有嘴的”同义。

【合抱之木，生于毫末；九层之台，起于累土】 语出《道德经》。合抱的大树由细小的幼苗长成，九层的高台由一筐一筐的泥土堆成。比喻大的功业是由小处一步步发展起来的。 例句 “～。”领导班子建设亦如此。要搭起“九层高台”，必然要夯实各方基础，进行精雕细琢勤打磨，才能把换届后重新搭建的“毛坯房”建成“精品房”。（选自岳勇《打基础强根本是关键》）

【合群的喜鹊能擒鹿，齐心的蚂蚁能吃虎】 比喻弱者齐心协力，也能产生巨大的力量。 例句 俗话说：“～。”只要我们心向一处想、劲儿向一处使，就一定能取得成功！

【合字难写，人心难齐】 指真正做到齐心合力，团结一致很难。 出处 洪丝丝《异乡奇遇》（节选）：“李世顺一面用手指在空中写起无形的‘合’字，一面说：‘上面两撇，太长不行，太短也不好；底下一个口，向上靠得太拢不行，离得太远也不像个样子。啊呀，真是：‘～！’你懂吗？”

【何水无鱼，何官无私】 意谓做官的总存有私心，就好比是河流就必定会有鱼。 出处 元·李致远《还牢末》（节选）：“二嫂，～，孔目既然救了他性命，那人怎得不来相谢。”

【和羹之美，在于合异】 语出陈寿《三国志·夏侯玄传》。整盆汤具有鲜美的味道，是因为把不同的调味品调配在了一起。可比喻把不同的元素聚合在一起，才具有丰富多彩的和谐之美。 例句 “～。”人类文明多样性是世界的基本特征，也是人类进步的源泉。（选自习近平《共同构建人类命运共同体》）

【和气生财】 指待人和善能招财进宝。多指买卖人善待客户才能生意兴隆。 例句 人与人之间讲“和气致祥”，做生意讲“～”，国家之间讲“和衷共济”。（选自张立文《“和”的文化内涵》）

【和气致祥，忍让增福】 和睦融洽，可致吉祥；忍辱谦让，可增福分。劝人与人为善，少些争竞出头之心。

【和尚多了没水吃】 庙里只有一个和尚，吃水可以自己挑；和尚一多，互相推诿，便没水吃。喻指人浮于事，你推我靠，办事没功效。 例句 “我们车间现有职工一千多人。但根据今年和明后两年的任务量来看，有五百人就够了。可现在呢，任务越少越完不成任务。”王一夫说：“对！～。”（选自程树榛《生活变奏曲》）

【和尚是色中饿鬼】 指和尚

最好女色。 出处 吴承恩《西游记》（节选）：“胡说!胡说!大家都有此心，独拿老猪出丑。常言道：‘～。’那个不要如此!”

【和尚无儿孝子多】 和尚虽然无儿无女，但受着众多善男信女像孝子一样的供养。 出处 清·烟霞散人《斩鬼传》（节选）：“～，那些粉头水蛋，就是俺的儿女，每日享他们的供献，受用无比，何必巴巴结结的为儿孙作牛马乎？”

【和尚在钵盂在】 钵盂：和尚用的饭具。比喻只要有人在，与他相关的东西也存在。 出处 元·白朴《墙头马上》（节选）：“倚定门儿手托腮，山长水远几时来？……恁时节知他是～。”

【河沟里的泥鳅成不了龙】 比喻身处恶劣环境，天赋资质也不太好的人，难以做成大事。 例句 ～，你再折腾也上不了天。

【河里没鱼市上看】 河里没有鱼，到集市上会看到很多鱼。比喻产地没有，售卖的地方会有；或这里没有那里会有。 例句 常话说“～”。到了医院就知道，眼里看到的多是病人。

【河里洗脸庙里睡】 形容非常贫困，无安身处。 例句 保他娘带着观音保下了岭，先是～，靠着讨饭熬日子。（选自刘江《太行风云》）

【河里淹死是会水的】 比喻越是有本领的人，越容易因疏忽大意而遭到失败。同“河里淹死会水的”“淹死的都是会水的”。 例句 走着走着，又转想道：“不好，不好！俗语说得好：惯骑马的惯跌跤，～。焉知他不是艺高人胆大，阳沟里会翻船，也是有的。可怜一世英名，却在此处倾生。”（选自石玉昆《三侠五义》）

【河水靠流，人群靠头】 就像河水需要流动一样，一个集体也需要有领导者引导一个明确方向。 例句 我们村自从老村长不干了，位置一直空缺着，“～”，是该选个村长啦!

【荷花出水才见高低】 比喻事情有了结果才好下结论。 例句 “你真正不是个东西！我才跟书记说几句正经话，你就七岔八岔，酒、酒、酒，我偏不信这个邪，～!”（选自方才《栽草记》）

【黑煞神撞着个霹雳鬼】 比喻恶人碰着了恶人。 例句 一个在河道东，一个在临路西，都不曾见过面答过话便相持不下，这不正似～嘛。

【荷花结子心连心，采动荷花牵动藕】 比喻人际关系密切复杂，如触动某人某事，便会牵涉到与之有关的人或事。也指处理或解决一个问题，会涉及相关的其他问题。 例句 “～”。这里面的关系太复杂了，先从哪里着手必须考虑周全。

【荷花虽好，也要绿叶扶持】 喻指人再有本领，也得需要有人扶助支持。 例句 人是要帮助的。“～”。（选自毛泽东《在中国共产

党全国代表会议上的讲话》）

【贺者在门，吊者在闾】 闾：里巷。意思是：祝贺的人尚在家里，而慰问的人已经在里巷了。也就是说人受福切忌骄奢，骄奢就离祸事不远了。 出处 刘向《诫子书》（节选）：董生有云“吊者在门，贺者在闾”，言有忧则恐惧敬事，敬事则必有善功而福至也。又曰“～”，言受福则骄奢，骄奢则祸至，故吊随而来。

【黑白分明】 黑色和白色两种颜色对比鲜明。比喻对是非和好坏分得非常清楚。 例句 这件事～，不用再说了。

【黑发不知勤学早，白首方悔读书迟】 出自颜真卿《劝学》诗。意思是年轻时不知道趁着年轻勤奋读书，到老明白了读书的好处再去读书，那时就会后悔读书读得太晚了。例句 “～。”如果我们让学习融入生活、进入工作、成为常态，当成一种境界来追求、一种品格来培养，一种习惯来养成，一种幸福来享受，我们的人生就会有金子般灿烂。（选自汪求知《学习才能更好地实现人生价值》）

【黑牛变不成白牛，敌人变不成朋友】 比喻事实不容歪曲或事物的本质属性不会发生改变。

【黑瞎子掰棒子，早晚剩一个】 “黑瞎子”，狗熊的别称。比喻得到的又失去了，多劳没有多得，顾此失彼瞎忙活。也作“黑瞎子掰棒子，掰一个扔一个”“黑瞎子掰棒子，掰一个丢一个”。 例句 你这样做不行，等于是～。

【黑夜下雨白天停，打的粮食没处盛】 晚上下雨白天出太阳，有利于庄稼生长，就会获得丰收。

【黑云黄梢子，必定下雹子】 气象谚语。如果出现乌云外边缘发黄的情况，就可能会下冰雹。

【狠绝户】 称没有后代的人做事很绝，不顾忌他人。

【恨不得找个地缝钻进去】 形容窘迫，无地自容。 例句 “刚学打靶时，我会脱靶，5发子弹，3发脱靶，真～。”陈秀不好意思地说道。（选自李龙《“90后”女特警陈秀：“舞刀弄枪”的别样青春》）

【恨人富，笑人贫】 这是一种小人心态：嫉妒比自己富的人，笑话比自己穷的人。

【恨铁不成钢】 恼恨铁老是炼不成钢。表示对所期望的人不争气不上进感到不满，急切希望他变好。例句 只为宝玉不上进，所以时常恨他，也不过是“～”的意思。（选自曹雪芹《红楼梦》）

【横草不动，竖草不拿，油瓶倒了也不扶】 比喻一个人十分懒惰，即使出现了紧急情况，也懒得动弹。例句 你看他真懒到家了，真是～。

【横犁竖耩，庄稼不长】 这是播种时的禁忌。指播种时不顺着犁地的方向播种，不利于庄稼生长。

【横挑鼻子竖挑眼】 比喻

百般挑剔，千方百计挑毛病。　例句　“他～，倒好像他立下汗马功劳，得由我跪接跪送才对。”（选自老舍《龙须沟》）

【横针不拈，竖线不动】　形容女人不做针线活。　例句　“你倒别和我拿三撇四的！我烦你做个甚么？把你懒的～。”（选自曹雪芹《红楼梦》）

【衡无心，轻重自见；镜无心，妍媸自见】　语出彭汝让《木几冗谈》。妍媸：美和丑。意思是衡器没有思想，但可以称出物体的轻重；镜子没有思想，却可以照出美丑。比喻人只要客观公正，就能判断是非。

【红粉佳人休使老，风流浪子莫教贫】　要让年轻俊俏的女子永远展示她的美丽，不能让举止洒脱的才子贫穷。　出处　《增广贤文》（节选）：“莺花犹怕春光老，岂可教人枉度春。～。”

【红柳不畏干旱，青松傲视严寒】　以红柳的不怕干旱，松树的岁寒不凋，来说明一种不畏艰难困苦的品格。

【红袖添香夜读书】　出自席佩兰《寿简斋先生》：“绿衣捧砚催题卷，红袖添香伴读书。”红袖：代指女子。添香：往熏香炉里添加香料。这是后来读书人拟想出的意象——夜里读书有女子陪伴侍奉左右，温馨、浪漫、风雅。　例句　泡上一杯茶，偎在满是阳光的沙发里读书，或是雨夜伏案写作，那美到极至的感觉，颇有～的意绪。（选自叶庆瑞《我和“茶夫人”》）

【洪前蚁迁，震前鲶跳；雨未来石先润，事未发兆已明】　洪水到来之前，蚂蚁会迁移；地震发生前，鲶鱼会有感应，不停跳动；下大雨之前空气水分增多，石头会潮湿。很多事情发生前都有预兆。

【哄死人不偿命】　旧指哄骗他人，不论后果如何严重，也不负法律责任。也作“哄死了人，不偿命”。　例句　“你是个老手，就不该同他闹。俗语道：‘～。’”（选自西泠野樵《绘芳录》）

【侯门似海】　出自崔郊《赠去婢》：“侯门一入深似海，从此萧郎是路人。”侯门：指显贵人家。指显贵人家居住的传统住宅庭院深深，门禁森严，普通人很难进入。比喻旧日的好友因地位的悬殊而疏远隔绝。同“侯门深似海”。　例句　刘姥姥道：“嗳哟！可是说的了：‘～’，我是个什么东西儿！他家人又不认得我，去了也是白跑。”（选自曹雪芹《红楼梦》）

【侯门一入深似海，从此萧郎是路人】　语出崔郊《赠去婢》。侯门：达官显宦之家。萧郎：泛指女子所恋的男子。喻指相爱之人因地位改变而造成分手或感情疏远的悲剧结局。也用作“侯门一入深如海，从此萧郎是路人”“侯门一日深如海，从此萧郎是路人”。　例句　谁算计谁，谁利用谁，谁又爱着谁，在邓

（邓文迪与默多克）的这场婚姻里，已经分不清楚。正应了那句话：再精也精不过商人，~。（选自万晓娟《名人婚变，围观不如反思》）

【猴不上竿，多敲会儿锣】 本义指为了使猴儿爬上杆子，耍猴人需不停地敲锣。比喻设好的计谋，某人却没入套，就继续采取诱使的办法。例句 只有不快的斧，没有劈不开的柴。~。

【猴年马月】 泛指无可指望的未来岁月。 例句 一直以来，用俗语“等到~”来形容一件事，往往代表着遥遥无期，成事渺茫，也多带调侃、灰心的色调。（选自斯涵涵《猴年马月与传统文化》）

【猴子穿人衣，依然是畜类】 比喻无论怎么掩饰装扮，都难改本质。常用来讽刺衣冠楚楚，却尽干坏事的人。 例句 就他干的那事，那是人干的事吗？看着光光鲜鲜人模狗样的，~。

【猴嘴里掉不出枣核来】 喻指从贪得无厌者那里想得到点儿什么，是办不到的。 例句 ~，甭想从他那里捞什么好处。

【后发制人】 意谓等对方先动手，再抓住有利时机反击，制服对方。 例句 秦晋淝水之战等等有名的大战，都是双方强弱不同，弱者先让一步，~，因而战胜的。（选自毛泽东《中国革命战争的战略问题》）

【后悔药卖不得】 指受挫后，后悔无益。 例句 ~。比赛既然输了，就吸取教训，以利再战。

【后来者居上】 语出司马迁《史记·汲郑列传》。原指后来的人反居于高位。现多指先前落后的反而超过了先前先进的。 例句 中国的航天事业，伴随着国家实力的崛起，逐渐“~”，在全球范围内跻身航天强国之列。（选自杨俊峰《后来者居上，中国靠什么？》）

【狐狸藏不住尾巴，狗嘴吐不出象牙】 比喻人或事物的本质是没有办法改变的。 例句 他起初不言不语的，可~，不一会儿终究还是忍不住，开始信口胡说，满嘴喷粪了。

【狐狸再狡猾也斗不过好猎手】 比喻不论敌人如何狡猾，也斗不过智慧的人民群众。也比喻恶人再狡猾，其阴谋终究会被他人揭穿。 例句 “不过，还是那句话：‘~。’这不，他的狐狸尾巴不是让我们老郑给揪住啦？”（选自田东照 罗贤保《龙山游击队》）

【狐埋之而狐搰之，是以无成功】 搰（hú）：挖，掘出的意思。狐狸埋下的东西狐狸又把它挖出来，所以没有什么结果。狐狸疑心重，埋下去的东西总是不放心，旋即又把它挖出来，所以劳而无功。比喻人刚决定干某事，随即又改变主意，所以不会取得成效。 出处 《国语·吴语》（节选）：“夫谚曰：‘~。’今天王既封植越国，以明闻于天下，而又刈亡之，是天王之无成劳也。”

【胡说八道，满嘴放炮】 指

没有根据或没有道理地瞎说。 例句 他这人向来～，他的话当不得真。

【葫芦里卖的什么药】 指打的什么主意。 例句 玉贞呜咽地说：“闺女，妈妈舍不得你呀！这些人说人话不做人事，谁知道他家～？天津那么个大地方，什么坏人没有啊！你爸爸回来商量商量再说吧。”（选自张孟良《扎女风尘记》）

【糊饼烂面不伤人】 烤得焦黄的面食和煮得稀烂的面条有助于消化，不仅不撑胃，反而能养胃。

【糊弄死人不偿命】 指明目张胆、毫无顾忌地骗人。 例句 这事你也敢瞎编？真是～。

【虎不离山，龙不离海】 喻指人不能离开自己的势力范围或有利于自己的环境。也作“龙不离海，虎不离山”。 例句 ～。做官也做地方官，县官不如现管。（选自古立高《隆冬》）

【虎毒不食子】 虎虽凶猛，但是不吃虎崽。比喻人都有爱子之心。例句 江湖上有言道：～。可是杭州的一名父亲，却因为发现女儿抄作业而将她体罚致死。这名父亲已经被刑拘。看到这样的新闻真是让人唏嘘不已。（选自董碧辉《有毒的爱》）

【虎口里探头儿】 意思是把头伸进老虎嘴里。比喻自蹈险境。 例句 香菱方向宝玉道：“裙子的事可别向你哥哥说才好。”说毕，即转身走了。宝玉笑道：“可不我疯了，往～去呢。”（选自曹雪芹《红楼梦》）

【虎狼挡道，在劫难逃】 喻指恶人当道，好人就要遭殃。 例句 “我们三个就是交不起寿礼、租税，逃门在外，被抓回来，送进州衙，判成抗旨犯上，定为死罪的！俗话说：‘～。’”（选自岳啸《武当山传奇》）

【虎离山无威，鱼离水难活】 比喻人失去了靠山或离开了特定的环境，就没有力量，发挥不了作用。例句 人只有在适合自己生存的环境中才能施展自身的才能。小明本来在当地发展得好好的，却非要到海南去闯，结果人生地不熟的，碰了一鼻子灰。正应了那句话“～”。

【虎落平阳被犬欺】 指老虎离开深山，落到平地里受困，狗也能欺负老虎。比喻有权有势者或有实力者失去了自己的权势或优势。也作“虎落平川被犬欺”。 例句 龙游浅水遭虾戏，～。纵然好事多磨障，谁像唐僧向西时？（选自吴承恩《西游记》）

【虎生犹可近，人熟不堪亲】 形容人心险恶，熟悉的人也未必知心。 出处 郑之珍《目莲救母·刘氏开荤》（节选）：“可恶，可恶！～！和尚道士尼姑，我家待他甚厚，安人开荤，何必都来讥诮。”

【虎瘦雄心在，人穷志不短】 虎即使再瘦也有捕猎的雄心，人即使再穷也应该有不受屈辱的志节。 例

句　~。别让他人看扁自己。

【虎头蛇尾】 原指装着虎头，拖着蛇尾。比喻为人诡诈，言行不一。后引申指头大如虎，尾细如蛇。比喻做事先紧后松，有始无终。　例句　近代那一篇文章，因为不能一直写下去，又难以逞心面谈，真弄得~，开初原想大发议论，但几天以后，竟急急的结束了。（选自鲁迅《致曹聚仁》）

【虎为百兽之长，人为万物之灵】 老虎是各种野兽中最厉害的，人更是世上一切物种中最有灵性的。

【花儿初放在春天，人的风华在少年】 春天是花儿绽放的时候，人一生最有风采的岁月是年轻的时候。

【花好就怕一场风】 指鲜花盛开时最担心大风的摧残。比喻好事怕出变故。　例句　王翠将嘴送到二婶子的耳边上，悄悄说："听说黑牛看上了春姐了。"二婶子说："~啊！她姐姐秋红还不是标志儿？我真替他们担心。"（选自张雷《变天记》）

【花见花，二十八】 这句农谚的意思是棉花自开花到摘花需要28天。

【花开花谢年年有，人老何曾再少年】 花每年都开放、凋谢，人年老了却不能再回到少年时代。慨叹年华一逝不返。　出处　钱德苍《缀白裘·绣编记·教歌》（节选）："八十公公是老年，手扳花树泪涟涟。~。"

【花开堪折直须折，莫待无花空折枝】 语出唐·佚名《金缕衣》一诗。鲜花开放可以采下欣赏的时候，就应该采下来欣赏；不要等待花期过了无花可采，只能空采花枝时已后悔无及。可借以比喻趁着大好时机，要有所作为，不然时过境迁会徒然悔恨。　例句　古人云："~。"在今天努力提高自主创新能力、建设创新型国家之际，我们更要注意用好人才的"黄金时段"。（选自贾西平《用好人才的"黄金时段"》）

【花开满树红，劳动最光荣】 意指劳动人民是最荣耀的人，就像满树花开一样光彩照人。

【花开引蝶，树大招风】 花开了就引来蝴蝶，树大了就招来风吹。比喻名声或目标大，就会引人注意，招来是非。　例句　"~"。他出了名以后，主动招聘他的信函如雪花飞来。

【花开在春天，学习在少年】 植物开花的最佳时节是在春天，人学习的最佳时段是在少年。

【花盆里长不出苍松，鸟笼里飞不出雄鹰】 比喻培养人才，就要营造适合人才成长的环境和条件。也作"鸟笼里飞不出雄鹰，花盆里长不出苍松"。　例句　好干部是"炼"出来的。~。事实证明，好干部的培养和成长，需要艰苦环境的磨练，需要基层实践的锻炼，需要严格组织生活的修炼。（选自徐月高《好干部的"来历"》）

【花钱买罪受】 指花了钱并没有享受到预期的服务效果，反倒让身心不舒服。 例句 五一假期各地景区人满为患，不少人觉得是在～。

【花无百日红，人无一世穷】 就像花开一季后就会凋谢，没有什么事情能够永久不变，人只要努力也不会一辈子受穷。

【花香自有蜂蝶来，货好顾客满柜台】 花香就会吸引蜜蜂蝴蝶前来，商品好就会吸引顾客购买。

【花有重开日，人无再少年】 花谢了有重开的时候，人老了不能返回到少年时代，所以应珍惜少年时光。 出处 陈著《续侄溥赏酴醿劝酒二首其一》：“～。相逢拌酩酊，何必备芳鲜。”

【华而不实，怨之所聚也】 语出《左传·文公五年》。华而不实：只开花不结果。比喻外表好看无实在内容，或说的好听没有实际行动。意谓有其名无其实，言过其行的人，会招来人们的怨恨。 例句 重表态、轻实效，本质是作风漂浮、懒政怠政，投机取巧心理作祟，只想当官不想干事，只想出彩不想出力。“～。”群众对这种不良风气深恶痛绝。（选自张国栋《言行一致方为真忠诚真看齐》）

【画地为狱，议不入；刻木为吏，期不对】 议：计议。期：希望。在地上画个牢房，人们也想法避开它；用木头刻个狱吏，人们也希望不要面对他。这一古谚形象地说明了严刑酷吏对人心的戕害。 出处 班固《汉书·路温舒传》（节选）：“是以狱吏专为深刻，残贼而亡极，媮为一切，不顾国患，此世之大贼也。故俗语曰：‘～。’此皆疾吏之风，悲痛之辞也。”

【画虎不成反类犬】 比喻不切实际地攀求过高的目标，好高骛远，终无成就，反成笑柄。亦喻仿效失真，反而弄得不伦不类。也作“画虎不成反类狗”。 例句 除此之外，还存在培养目标设定虽清晰但不准确的情况，以本科教育为例，有些高校青睐将学生培养成学术型，结果导致“～”的尴尬局面，培养出来的学生只会“纸上谈兵”。（选自刘吉涛《法治人才培养缺了什么》）

【画龙画虎难画骨，知人知面不知心】 语出《增广贤文》。龙和虎的形态好画，却难以画出它们的骨骼。了解人的表面很容易，但了解人的内心却十分困难。与“知人知面不知心，知树知叶不知根”义同。 例句 我与他处了这么久，竟没看出他是这样的人，能做出这样的事，真是“～”呀！

【画水无风空作浪，绣花虽好难闻香】 语出《增广贤文》。画中的水因为没有风，浪潮画得再高也是假的；绣的花再鲜艳，也闻不到花的香味。喻指假的当不得真。

【话不投机半句多】 语出《名贤集》。彼此心意不同，谈话不能相契，干脆就沉默不言。 例句 常言道，～。青年基层干部在和群众沟通时要学会换位思考，从贴心知己的话题切入，以群众的语言说话，才能使群众既会心又会意。（选自刘良军《学会与群众打交道》）

【话不要说绝，事不要做绝】 不要把话说得不留余地，把事做得没有退路。 例句 在处理人际关系时，切记“～”，要为自己留下转圜的空间。

【话多必有失】 话说多了一定有失误的可能。 例句 ～，人多的场合少说话。

【话多不如话少，话少不如话好】 一个语言精练、懂得适时缄默的人，走到哪里都会受人欢迎。而一个不分场合，总是喋喋不休的人，难免让人厌烦。 例句 “话说多，不如少，惟其是，勿佞巧。”《弟子规》告诉我们，～。说话要恰到好处，该说的就说，不该说的绝对不说，立身处世应该谨言慎行，说话内容要实事求是。（选自毛传来《官话套话，你改了吗》）

【话是开锁的钥匙】 比喻通情达理的话能够解决人的思想问题。 例句 ～，你这一说，我心里亮堂多了。

【话是开心斧】 开心：打开心扉，使心中豁亮、舒畅。比喻话能打开人的心窍，可以解开思想上的矛盾。以“斧”为喻，显示出话的力量。 例句 真是“～”。听了你的一番话，让我豁然开朗，心中的疑虑顿时烟消云散。

【话是一句，墙是一堵】 说话要注意分寸，错误的话会引起矛盾，就如一堵墙，影响自己的前行之路。 例句 这“～”，你这些话太伤人了，以后还怎么跟大伙儿混？

【话说三遍淡如水】 同一内容的话说上多遍，就会像清水一样淡而无味。指说话不宜重复啰嗦。 例句 “～，再说三遍如狗臭屁。我听过他这话，足足有五百八十回啦。”（选自刘江《太行风云》）

【话须通俗方传远，语必关风始动人】 语出冯梦龙《警世通言·范鳅儿双镜重圆》。话语必须通俗易懂才能传得广远，必须关涉风俗人情才能打动人心。可看作是从形式和内容两个方面，对文艺作品传播规律的概括。 例句 明代通俗文学大家冯梦龙“～”的警言和唐代诗人杜甫“随风潜入夜，润物细无声”的诗句，是对通俗艺术内涵品性和审美格范最为高妙的阐释与写照：内容关风，表达轻松；化育心灵，温润无痕。（选自吴文科《为文化娱乐三辩 误将通俗当低俗》）

【怀里抱着小娃娃，人家不夸自己夸】 比喻自己的东西自己会珍视，并引以为豪。也比喻自我吹嘘，没有自知之明。多含讥讽意。 例句 你看他～，在那儿一直嘚瑟。

【怀私心，千斤重；抛私心，一身轻】 如果怀有私心，就好像有千金重担压在心头；如果没有私心，就会觉得浑身轻松。 例句 ～。功名利禄都是身外之物，不要过分看重。

【怀重宝者，不以夜行；任大功者，不以轻敌】 重宝：贵重的宝物。以：凭借。任：担负。怀藏贵重宝物的人，不凭借夜色赶路；担负大功业的人，不凭借轻敌取胜。也就是说，责任越重、任务越大，越要恭谨小心。 出处 刘向《战国策·赵策》（节选）：“臣闻～。是以贤者任重而行恭，知者功大则辞顺。故民不恶其尊，而世不妒其业。”

【欢乐嫌夜短，愁苦恨更长】 更：旧时一夜分为五更，每更大约两小时。快乐的时候嫌夜晚的时间太短，愁苦的时候嫌夜晚的时间太长。比喻人在欢乐和忧伤时，对时间的感受是不一样的。 例句 “俗话说，‘～’。你走后我倒不愁苦。可是老觉得有很长时间——有一年啦？”（选自冯德英《迎春花》）

【欢娱嫌夜短，寂寞恨更长】 指欢乐的时间总感觉过得很快，而孤独寂寞的时候就觉得夜晚太漫长。 例句 半个更次，听得婆惜在脚后冷笑，宋江心里气闷，如何睡得着。自古道：～。看看三更交半夜，酒却醒了。（选自施耐庵《水浒传》）

【欢愉之辞难工，而穷苦之言易好】 语出韩愈《荆潭唱和诗序》。意思是诗词、文章写欢乐很难写得动人，写贫穷、苦难则容易写好。这是我国古代诗歌创作理论中的一个观点，即所谓的“诗穷而后工”。 例句 “国家不幸诗家幸”，这是清人赵翼的名句，意谓时局动荡、社会离乱的国家之大不幸，有时候反而会造成文学艺术的意外繁荣，催生优秀的艺术家和作品。这种说法有一定的道理。在某种程度上，文艺创作确实是“～”。（选自廖文《国家有幸诗家幸》）

【环境困不住志士】 有远大志向和高尚节操的人，能积极适应环境，不怕各种挫折和压力。 例句 ～。他这样的人早晚会出类拔萃的。

【换汤不换药】 比喻形式改变了，但实际内容还是老一套。有时与“换瓶不换酒”连用，作“换瓶不换酒，换汤不换药”。 例句 去了一个段派，复来了一个段派，仍然是～。（选自蔡东藩 许廑父《民国通俗演义》）

【荒山变林山，不愁吃和穿】 指在荒山植树造林，就会有经济效益。

【皇帝不急，急死太监】 当事人不着急，其他人却非常着急。讥讽人瞎操心。同“皇帝不急太监急”。 例句 虽然三十多了，姑娘仍然很淡定，非要自己找个称心的。父母亲却一再催促，不断让人张罗相亲，真可谓是“～”。

【皇帝的女儿不愁嫁】 比喻好的东西不愁卖不出去。 例句 在新媒体崛起的时代，传统媒体“～”“酒香不怕巷子深”的传统观

念也在发生着改变。（选自李雪昆《传媒转型：让新媒体为我所用》）

【皇帝轮流做，明年到我家】 喻指好处应该大家都有份，不能让人独占。 例句 阔气者的轮换更替，即“～”，不是社会的进步；争抢阔气机会者，也不是价值观的引领者。（选自戎国强《偶像、粉丝与阿Q》）

【皇天不负苦心人】 老天辜负不了苦心人的意愿。意谓只要肯下苦功夫，坚持下去，愿望就一定会实现。 例句 郭沫若先生书写的碑文，那凝重而又洒脱流畅的书风，倾倒了李铎，从此和郭体结下了不解之缘。“～”。李铎临摹郭体字惟妙惟肖，足以乱真。（选自张德林《脱胎换骨始成君》）

【皇天无亲，惟德是辅】 语出《尚书·周书》。古人认为，上天于人没有亲疏远近之分，只辅佑德行好的人。 例句 周人重德，认为“～”。“德”是和“天”联系在一起的，个人、家族、国家有德，便能得到上天的垂顾，成为“受命之人”、“受命之族”、“受命之国”。（选自李彦琴 张淑华《中国国粹礼仪智慧的发展脉络》）

【黄疸收，黑疸丢】 小麦生黄疸病，还可以有些收成；如果是黑疸病，就没有一点儿收成了。

【黄河尚有澄清日，岂可人无得运时】 黄河尚且有澄清的一天，人怎么会没有走运、得意的时候呢？ 例句 还归故里，依然是个胡员外。这才是：～。（选自罗贯中 冯梦龙《平妖传》）

【黄花菜都凉了】 比喻时机错过了，一切都晚了。 例句 小升初，每年五六月份才能确定。小升初话题，头年的九十月份就开始了。二者如果合拍，只怕这小升初话题的新闻～。（选自陈家兴《怨叹小升初》）

【黄花闺女】 原指还未婚嫁的女孩子。如今多指没有婚配无性经历的女子。

【黄金未为贵，安乐值钱多】 被《增广贤文》收录。安宁快乐的生活比黄金还珍贵。 例句 那女怪弄出十分娇媚之态，携定唐僧道：“常言：‘～。’且和你做会夫妻儿耍子去也。”（选自吴承恩《西游记》）

【黄金无假，阿魏无真】 指黄金容易辨别，阿魏不易辨别。阿魏是一种多年生一次性开花植物，阿魏胶具有药用价值，能治疗很多疾病，是灵药。但是它非常稀有，很难找到，再加上多数人没见过，所以过去药店里的阿魏多是假的。

【黄金有价，知识无价】 指知识是无法用金钱估量的，用以阐明知识的重要性。

【黄金有价情无价】 黄金可以估价，人的感情无法估价。形容感情深厚，珍贵。 例句 他们家虽然条件差点，但他对你可是一片真心，～，你可要珍惜。

【黄金有价人无价】 指人比黄金宝贵。 出处 清·佚名《寄生草》散曲（节选）：“沦湿了衣裳事小，冻坏了情人事大。常言说，~。”

【黄麻搓绳拉不断，毛竹成捆压不弯】 喻指团结起来的集体力量最强大。

【黄鼠狼单咬病鸭子】 借喻灾难偏偏落在不幸者的头上；不幸者偏遇不幸。也作“黄鼠狼专咬病鸭子”。 例句 “快急死了，还顾得歇歇？~，倒霉的事都教我遇见了！”（选自老舍《青年突击队》）

【黄土变黑土，多打二石五】 只要施肥让田里的黄土颜色变深，变成黑土，亩产就会增加，多打粮食。

【黄土埋半截了】 比喻人已年老，余生无多。 例句 我都~，金钱对我来说只是个数字，在钱上我不会跟你计较的。

【黄叶不落青叶落，黄泉路上没老少】 黄树叶没飘落，绿树叶反而飘落了；死亡的路上不分年老年少的。指人死不在岁数大小，年轻人反而死在了老年人的前头。 例句 ~。没想到他年纪轻轻，竟过早地离开人世。

【灰头土脸】 谓面容污秽。也形容很没面子或神情沮丧。 例句 突来的打击，让他~，与平日趾高气扬的样子判若两人。

【回头亲，穷断筋】 “回头亲”是指旧时两个贫困的家庭，因无力拿出彩礼娶亲，只能通过互嫁女儿，为自己的儿子完成娶亲，也称为“换亲”。因两家的人际关系和思想观念都没多少改变，所以很难摆脱穷困的命运。

【悔悟于后，不若省察于前】 语出胡居仁《居业录·学问》。事后有所悔悟，不如事前考虑周密。

【会怪怪自己，不会怪怪别人】 意思是懂道理会做事的人，出了事儿就怪自己，从自己身上找原因，以后接受经验教训；而不懂道理的人，出了事就只会怪别人。

【会嫁嫁对头，不会嫁嫁门楼】 对头：指合意的男方。门楼：门楼很高的高门大户。会嫁女儿的嫁一个合适的好女婿，不会嫁女儿的嫁一个“高门楼”。意谓嫁女要重视男方的人品才学，不要贪图男方的门第财富。

【会看的看门道，不会看的看热闹】 指外行只会看表面的热闹，内行才能看懂其中的诀窍奥秘。 例句 “常言说：‘~。’这些花鸟都有个讲究，你看：这上面是凤凰戏牡丹，这就叫‘花开富贵’。”（选自魏巍《东方》）

【会哭的孩子有奶吃】 比喻提出多次要求或者要求强烈的单位或下属能得到更多的照顾。处世之中，以弱示人，能最大限度地激发别人的同情心，从而让人对你格外恩惠。或也作“磨牙的孩子多糖吃”。 例句 领导，你这样做不公平吧？谁闹就给谁解决，这不成～了吗？

【会说的，不如会听的】 意思是说得再好，会听的也能听得出其中的真意。也指语言表达能力差，会听的也能听得出谁是谁非来。 例句 “真假虚实好辨别，到了紧要的节骨眼上，一下子就清楚啦！连福，～；会听的，不如会看的。”（选自浩然《艳阳天》）

【会说的不如会听的，会教的不如会学的】 指说话的人说得天花乱坠，善于听话的人也能揣摩出话中的真意，猜透说话人的心思；善于教学的教得再好，不如会学的举一反三，并能学以致用。

【会说的赶不上会听的，巧买的哄不了拙卖的】 说得再好，会听的也能听得出其中的真意；再聪明的买家也哄骗不了哪怕笨拙一些的卖家，因为赔钱他就不卖。

【会说的惹人笑，不会说的惹人跳】 能说会道的人说出话来让人开心，不会说话的人有时会激化矛盾。意在强调语言表达方式的重要性。

【会说说都是，不会说说无理】 能说会道的人说什么都对，不善言谈的人，有理也说得跟没理似的。意在强调语言表达能力的重要性。

【会选的选儿郎，不会选的选田庄】 女子选择丈夫首先要看人品，而不要只看重家产。也作“会选的选儿郎，不会选的选家当”。 例句 “当初你妈妈，想把你许给一个财主崽子，幸亏我劝她说：‘～。’她信了我的，把你嫁给了雨生。”（选自周立波《山乡巨变》）

【会者不忙，忙者不会】 是行家干活不慌不忙，从容自如；干活手忙脚乱的，不是行家。 例句 遇春是“～”。见他来得凶勇，叫声：“来得好！”将左手往上一挑，格过他的推山掌，趁势飞起左脚，正踢在段德小肚子上。（选自无名氏《乾隆皇帝游江南》）

【会走走不过影，会说说不过理】 一个人再怎么会走，也得让影子跟随；一个人再怎么会说，也得以道理服人。 例句 ～。事实胜于雄辩，你再怎么会说，也得讲道理吧。

【婚后的媒人，秋后的扇儿】 结婚后，媒人就不起作用了；秋天一到，就不用扇子了。形容过时的事物或被利用后的人受到冷落。 例句 求人帮忙的时候，低三下四的；如今用不着人家了，就把人家当～，不搭理人家了。也太不地道了。

【浑身的疤拉，光看别人的白破燎】 “白破燎”是指人皮肤上的小脓包。自身一身的伤疤，却笑话别人有小疾病。比喻不检视自身的问题，专挑别人的毛病。 例句 你是“～”。自己一身的毛病，还说别人，真不知道害臊。

【浑身是铁能打几个钉】 一个人即使是铁铸的，用来制成钉子也是有数的。比喻一个人力量有限，很难成就大事。 例句 众人拾柴火焰高，你～呀？

【浑身是嘴也难辩，跳进黄河也洗不清】 意思是受了冤屈，却无法自证清白。 例句 这件事儿事出有因，虽然没证据证明就是他干的，但当时他确实在现场。真是“～”。

【浑浊不分鲢共鲤，水清方见两般鱼】 比喻社会腐败动荡，就容易混淆是非；国家政治清明，就会善恶分明。 出处 明·高明《琵琶记》（节选）：“[净白]恁的，等他白吃饭时节，我两人去探一探，方知端的。[外]也说得是。[合白]～。”

【混吃等死】 比喻精神贫乏，找不到目标，失去了理想，从而没有动力做事，整天混日子的人。 例句 他整天～，哪会有出头之日？

【混水里，好拿鱼】 混浊的水里容易摸到鱼。比喻混乱的局面有利于做坏事。 出处 范寅《越谚》（节选）：“‘～。’注：水清则无鱼。”

【活到九十九，留着娘家做后手】 意指出嫁的女人，要和娘家搞好关系，或有不测给自己留条退路。 例句 ～。女人到老都不能和娘家断了亲戚关系。

【活到老，学到老，学到八十不算巧】 表达出一种生命不息、学习不止的进取精神，是一种乐观的激励。 例句 ～。我们不能满足已有的知识，还需要刻苦发奋。

【活到老学到老，学到老学不了】 人的一生都应该不断学习新的东西，即使学到老年，也有学不完的新知识。也就是说，学无止境。 例句 她常说“～”。虽然八十多岁了，还让孙子教她用智能手机。

【活人不能叫尿憋死】 指遇到问题总要设法解决，不能让事情把人难住。也作“活人不能让尿憋死”。 例句 “那你就去听他的好啰！反正我有我的主意，～，这里混不下去了，就得向外跑。”（选自老舍《王老虎》）

【活人读死书，可以把书读活；死书读活人，可以把人读死】 语出郭沫若《游太湖蠡园为游人题词》。指读书要多加分析，灵活运用；如果死搬硬套，盲目照搬，就不会产生好的效果。 例句 书只能帮助人思考，而不能代替人思考。郭沫若先生说过：“～。”（选自严雪梅《要善读“无字书”》）

【活越干越熟，书越看越精】 精：通达，有智慧。一件事情做久了以后，就会越做越熟练；读书读得越多，越会心明眼亮。

【活着人吃土，死后土吃人】 指人靠土地生产的粮食活了一辈子，死后却又得埋入土中，归于泥土。

【活着为众人，生命值千金；活着为个人，不如一根针】 比喻人生价值有轻有重并不相同。活着为大家，生命价值就重；活着为自己，生命价值就轻。

【火车跑得快，全靠车头带】 比喻一个集体走向成功的关键，是靠带头人或领导班子的引领。与“火车要靠车头带，禾苗要靠太阳晒”意思相近。　例句　常言道，~。建设好领导班子是夯实党执政组织基础的关键，也是抓好改革发展稳定各项工作的关键。（选自林伟《建强班子　带好队伍》）

【火吃云，晒死人；云吃火，没处躲】　火，指的是太阳。意思是天空无云，即“火吃云”，天气炎热；乌云遮住了太阳，即“云吃火”，可能会有雨。

【火到猪头烂，钱到公事办】　意思是火候到了，猪头就会煮烂；钱财花到了，事情就好办。　例句　常言道：~。西门庆、夏提刑已是会定了。次日到衙门里升厅，那提控、节级并缉捕、观察，都被乐三上下打点停当。（选自兰陵笑笑生《金瓶梅》）

【火冒三丈】　形容愤怒到极点。　例句　她一句话把他说得跳起来，~。（选自周而复《上海的早晨》）

【火怕浇油人怕激】　火上浇油，火会烧得更旺；人在愤怒时，有人怂恿会更加愤怒。　例句　~，他俩已经闹得不可开交，你不劝劝，怎么还拱火呢？！

【火烧芭蕉心不死】　用火烧芭蕉，芭蕉肉厚多水，所以烧不到心。比喻不甘心失败，不肯罢休。　例句　（他们）到山林蛰伏一阵子之后，真所谓~，这“山林”又勾起他们复辟的美梦。（选自梁信《龙虎风云记》）

【火烧眉毛顾眼前】　比喻迫于十分紧急的情况，只好先应付眼前的问题。也作“火烧眉毛，且顾眼前”。　例句　你怎么分不清个轻重？~，先解决当下的吃饭问题，再说其他！

【火心要空，人心要公】　火的中心要虚空，才会烧得旺；人的内心要公正无私，才能得到信任。与“火要虚，心要实”义近。　例句　~。只有处事公平，才能赢得人心。

【火形严，故人鲜灼；水形懦，人多溺】　语出《韩非子·内储说上》。严：威严。鲜：少。灼：烧。懦：软弱。溺：淹没在水里。火的形态很威严，所以很少有人被烧伤；水的形态很软弱，人常常会被淹死。喻指在对国家或人的治理上，威严看似严酷，实际上是在拯救人；软弱看似仁爱，实际是在祸害人。　例句　“~。”严问责、重惩治，是作风建设中最基础、最重要的内容。（选自宋黎明《把握三个维度　构建长效机制》）

【货比货，比不过；人比人，气死人】　货与货不同，人与人也不同。各人有各人的生活背景和命运，把自己的不足和别人的优势比较，就容易生气。这是劝告人必须想得开，不能盲目和别人攀比。

【货到地头死】　货物运到目的地，价格高低都得卖出去；一时售不出去，或转运他处，都会造成大的

亏损。 例句 有心不卖吧，花钱住店，人吃牛喂，嚼裹过重，受不了!这就叫“～”。（选自张长弓 郑士谦《边城风雪》）

【货换货，两家乐】 意思是以物易物互通有无，双方都很满意。

【货看三家知好歹，价问三家知贵贱】 买东西的时候，一定要多到几家卖家看看，在商品质量和价格高低上作一比较，就能知道各家的优劣了。

【货卖堆山】 意思是商家的货物齐全丰富，用堆积如山的卖场，来赢得客户。

【货卖回头客】 “回头客”是指对某种商品买了又买、用了又用的老客户。商家要从货品和服务质量上，重视吸引回头客源。

【货卖一张皮】 意思指货物固然要重在质量，但能够吸引主顾的美观的包装也不可忽视，包装美观的产品才能打动消费者。 例句 “唐矿长，你看，‘～’，现在喷上漆，看着也挺好。”（选自李云德《沸腾的群山》）

【货卖用家，货卖识家】 货物要卖给需要的人和识货的人，这样才能提高交易的成功率。

【货有高低三等价，客无远近一般看】 指对顾客应该一视同仁，不能歧视。 例句 行者道：“说得是。你府上是那三样待客？常言道：‘～。’你怎么说三样待客？你可试说说我听。”（选自吴承恩《西游记》）

【货有好赖，价有高低】 货物有质量好坏、价格高低之分。

【祸到休愁，也要会救；福来休喜，也要会受】 语出明·大围山人《新菜根谭》。灾祸到了不要发愁，要善于补救；福气来了不要欢喜，要知道如何消受。指遇祸不悲观，享受有节制。 例句 常人遇到祸事，总是忧愁不已；遇到喜事，又喜不自禁。须知古话说得好：～。一味忧愁，无济于事，要能想出解救的办法才好；欢喜过头，难免大意，或许招致祸端。（选自刘春江《要善于自制》）

【祸福无不自己求之者】 语出《孟子·公孙丑上》。灾祸或幸福没有不是自己找来的。你想得到幸福还是灾祸，就看你自己是怎么做的。 例句 其实，这些人一直没明白，阻碍日本成为“正常国家”的，并非“战后体制”，而是其从未对侵略历史进行深刻反省。古人云，“～”。（选自钧保言《谁否认侵略历史，谁就没有未来——写在世界反法西斯战争胜利68周年之际》）

【祸患常积于忽微，而智勇多困于所溺】 语出欧阳修《伶官传序》。忽微：指微小的事。溺：溺爱。祸患常常是由一些不良细节的累积而酿成的，而智勇双全之人也往往会因过分喜爱某种事物不能自拔而使其陷于困境。 例句 “～。”养成勤正衣冠的习惯，能收到防微杜渐之

效，能有效避免“积羽沉舟，群轻折轴”。（选自习近平《在党的群众路线教育实践活动工作会议上的讲话》）

【祸莫大于不知足，咎莫大于欲得】 语出《道德经》。咎：罪过。欲得：贪得无厌。祸患没有比不知满足更大的，罪过没有比贪得无厌更大的。指贪心不足是一切罪恶的根源。 例句 正是由于人们迷惑于权势、名利和地位，使人的生命受到损害，这都是不知满足、贪得无厌造成的。针对这些迷惑，老子疾呼：“～。”（选自胡峰等《道家始祖——老子》）

【祸莫大于轻敌】 语出《道德经》。指麻痹大意、轻视敌人，是导致失败的最大祸根。 例句 在战争中虽一再退让，对方却屡加攻击，这就会造成哀兵之势；而在战争中却是“哀者胜矣”的。“～”和“哀兵必胜”，已成为千古战史的名论。（选自景克宁等《东方智慧巨人——老子探奥》）

J

【击石原有火，不击乃无烟】 敲打火石就会产生火花，不敲打连烟都不会冒出。喻指行动才会产生效果。 出处 《增广贤文》（节选）：“～；人学始知道，不学亦枉然！”

【饥饱得当，寿命准长】 意思是吃饭时要把握好饥饱程度，才有利于身体健康、延年益寿。

【饥了吃糠甜如蜜，饱了吃蜜也不甜】 意指人在饥饿的时候，吃什么都觉得好吃，而在酒足饭饱以后，吃什么都觉得不香。同“饿了吃糠甜似蜜，饱了吃蜜蜜不甜”。 例句 因为他饿极了，俗话说“～”。他觉得从来也没有吃过这么好吃的东西。（选自康迈千《王莽赶刘秀的传说》）

【饥者易为食，渴者易为饮】 语出《孟子·公孙丑上》。饥饿的人什么食物都可以吃，口渴的人什么饮料都可以喝。比喻有急迫需要的人容易满足。 例句 幸福还是一种相对性很强的感受。“～”，对饱食者而言，食的幸福感受度就很低。（选自

黄晴《幸福应是民间的事》）

【机不可失，时不再来】 语出《新五代史·晋书》。指时机难得，必须抓紧，不可错过。 例句 ～。战机对于作战的胜负至关重要。尤其在已经进入“秒杀”阶段的现代战场，更是如此。（选自念红文 卜海深《红军长征是把握战机制胜的经典之作》）

【机关辈儿，没真事儿】 “辈儿”是指在家族、亲友的长幼先后中所居的地位，也指家族、亲友之间的世系次第。机关同事和街坊邻里之间的辈分，一般不会严格区分。同“街坊辈儿，没真事儿”。 例句 ～，你喊他哥哥就行。

【机器不转生锈，人不锻炼减寿】 意思是人必须要坚持锻炼身体，不然会像机器生锈一样，出各种毛病。

【鸡蛋里挑骨头】 比喻故意挑刺、找毛病。也作“鸡蛋里头挑骨头”“鸡蛋里面挑骨头”。 例句 “你成天这儿找毛病，那儿寻不是，～。”（选自王汶石《黑凤》）

【鸡蛋碰不过石头，胳膊扭不过大腿】 比喻弱者无论怎样都打不过强者。 例句 “大伯，使不得，使不得，～，还是避开为上策。”（选自武剑青《云飞嶂》）

【鸡多不下蛋，人多不出活】 喻指人多而相互推诿依靠，反倒干不成事。多用来批评人浮于事的工作作风。 例句 ～。这件事你俩做就行了，人多有可能坏事。

【鸡多不下蛋，人多吃闲饭】 鸡多了，常常吃食不均，下蛋就会少；人多了干活却不一定多。指人多反而效率差。 例句 “你们～，哪个会打仗？”（选自梁斌《播火记》）

【鸡儿不吃无工之食】 喻指不可以无功受禄，不劳而食。 出处 吴承恩《西游记》（节选）：“贤弟，常言道：～。你我进门，感承盛斋，你还嚷吃不饱哩，怎么就不与人家救些患难？”

【鸡发愁，雨点流】 气象谚语。如果鸡出现呆滞发愣的表情，预示要下雨了。同“鸡发愁，淋破头”。

【鸡飞蛋打一场空】 比喻两头落空，一无所得。 例句 我们现在必须尽快想办法先稳住对方，他们若逃跑了我们的计划就会～。

【鸡毛飞上天】 形容小人物通过努力和机缘巧合，最终取得了巨大成功。 例句 在电视剧《鸡毛飞上天》中，主角陈江河的小名“鸡毛”正是“～”的意思。他从一个被抛弃的孤儿长大，经历了无数的困难和挑战，最终成为一位事业有成的人。

【鸡毛蒜皮】 形容无关紧要的琐碎小事或毫无价值的东西。 例句 昨天晚上，他俩为些～的小事拌嘴了。

【鸡配鸡，鹅配鹅，鸭子配个拉拉婆】 喻指夫妇是同一类人才会相配。

【鸡贪食嗉破，人贪食惹祸】 比喻人如果贪“吃”，容易引来祸端。 例句 ～。他这人太贪，听说他进去了，一点也不意外。

【鸡豚狗彘之畜，无失其时】 鸡、小猪、狗、大猪这一类家禽家畜，不要错过它们的繁殖时节。 出处 《孟子·梁惠王上》（节选）：“～，七十者可以食肉矣。”

【鸡窝里打伞——撑不开】 这是歇后语。比喻受环境制约施展不了才能。 例句 把他这个高材生安排在这里，就是～。

【鸡窝里飞不出金凤凰，狗洞里爬不出刚强汉】 比喻在恶劣的环境下，出不了杰出的人才。说明先天遗传和环境的重要性。

【积爱成福，积怨成祸】 语出刘安《淮南子·人间训》。爱心累积起来就会为自己带来福分，怨恨积累起来就会为自己招来灾祸。

【积财千万，不如薄技在身】 语出颜之推《颜氏家训·勉学》。家里积累上千万的财富，也不如学一门技艺在身上。因为上千万的财富也是死的，只能坐吃山空；而技艺却可以随时随地谋生。 例句 “～”“一技在手，终身受益”，教育在促进扶贫、防止返贫方面的作用，可说是根本性的、可持续的。（选自刘传铁《教育是最根本的精准扶贫》）

【积谷防饥，蓄水防旱】 意思是积贮粮食，以防饥荒；平日蓄水，以防干旱。谓有备无患。 例句 ～。凡事都要未雨绸缪，防患于未然。

【积金千两，不如明解经书】 经书：指儒家的经典著作。原义为积蓄再多的金钱，也不如熟悉通晓经书。现可引申为积累金钱不如读书。

【积累好比针挑土，浪费好比水推沙】 比喻攒钱很不容易，花钱却很容易。告诫人们要珍惜自己得来不易的劳动成果，勤俭节约。 例句 ～。节约好比燕衔泥，浪费好比河决堤。

【积善之家，必有余庆；积不善之家，必有余殃】 语出《周易·坤·文言》。庆：福泽。殃：灾祸。积累善行的家族，一定会有福泽留给子孙；积累不善的家族，一定会有灾祸留给子孙。 例句 家风好，就能家道兴盛、和顺美满；家风差，难免殃及子孙、贻害社会，正所谓“～”。（选自习近平《在会见第一届全国文明家庭代表时的讲话》）

【基本吃素，饭后散步；胸怀宽广，劳逸适度】 这是有益于身心健康的生活方式。

【吉人自有天相】 “相”即帮助、保佑的意思。谓天佑善人，好人自会得到上天的帮助。同“吉人天相”。 例句 二姨太太道：“他的心术，你们难道不知？自古道：‘～。’任他怎么做去，我只是不管。”（选自黄小配《廿载繁

华梦》）

【即使狐狸流泪，也别与它交朋友】 指看清坏人的本质和伪装，不轻易上当受骗。 例句 这个人太歹毒了，他这会儿有求你了装可怜，记住：~。

【急惊风撞着慢郎中】 急惊风：中医指小儿因高烧引起的抽风。郎中：医生。比喻着急的事偏碰上慢性的人。 例句 “这真是~了，我家里死在床上，我如何等得急（及）你呢？”（选自《晚清文学丛钞·瞎编奇闻》）

【急难时救人，一善可当百善】 语出史典《愿体集》。在人危难时给予解救，这样的一件善举可以抵得上平时的一百件好事。喻指贵在急人之难。

【疾风知劲草，板荡识诚臣】 语出李世民《赐萧瑀》一诗。疾风：猛烈的风。板荡：政局混乱，社会动荡。当猛烈的风吹袭时，可以知道哪些草是坚韧有力的；当政局动荡不安时，能够识别哪些大臣是忠贞不贰的。指在险恶的环境下，才能显示出人的坚定的立场。 例句 周恩来同志《在鲁迅逝世二周年纪念大会的讲话》中，评价鲁迅先生的一生时，引用了“~”这句古诗，来表达中国人民在抗战年代对鲁迅先生的敬仰和怀念之情，意味深长。（选自梁国藩等《领导语言艺术实用全书》）

【疾风知劲草，烈火见真金】 在狂风中才能看出草的坚韧，在烈火中烧炼才能辨别出金子的真假。比喻只有经过严峻考验，才能认清事物的本质，看清人的品质。也作“疾风知劲草，烈火识真金”“疾风知劲草，烈火炼真金”。 例句 ~。关键时刻冲得上去、危难关头豁得出来，才是真正的共产党人。（选自周平飞《闻令而动党员上》）。

【集体是力量的源泉，众人是智慧的摇篮】 比喻人多力量大、主意多。强调团结合作的重要性。 例句 ~。只要发动群众，众志成城，就没有克服不了的困难。

【嫉财莫嫉食，怨生莫怨死】 语出《增广贤文》。可以嫉妒别人的钱财，不能嫉妒别人的食物，因为食物是人的生存之本；可以埋怨活着的人，但是不能埋怨已经死了的人，因为怨也无用，况且死者为大。

【己所不欲，勿施于人】 语出《论语·卫灵公》。自己不想要的，不要施加给别人。指凡事都应该设身处地地多为别人着想。 例句 愈是进步的国家，愈是讲求礼貌，因为那代表着尊重、体谅与包容，而没有这三者，社会不可能和谐，人际不容易和睦，民族将难以团结。由“~”，到“己所欲，施与人”，就是礼貌的真正精神！（选自刘墉《创造自己》）

【挤疮不挤脓，要受两回疼】 指在挤疮排脓的时候，必须清创干净，才便于新肉的滋生。否则，留有余脓在内，还会继续溃烂，需要再次清理排脓。喻指遇到问题就要彻底解决，不留后患。　例句　～。这次就狠狠心，弄彻底点吧。

【挤破了脑袋】　形容争先恐后，非常拥挤。也作“挤破了头”。　例句　“帮帮忙吧，金子这样涨，说不定中央银行又有什么玩意，就是照常的肯作黄金储蓄，恐怕也会～了。”（选自张恨水《纸醉金迷》）

【脊梁骨里冒凉气】　形容因吃惊或害怕而浑身发冷。　例句　叫开田老师家的门，开门的竟是安柳男，惊吓得徐芝罘一连倒退三步；安柳男脸上掠过一抹怪模怪样的笑影，更叫他从～。（选自刘绍棠《这个年月》）

【计利当计天下利】　出自于右任题赠蒋经国对联：“计利当计天下利，求名应求万世名。”意思是计算利益应当计算为天下人的大利益。　例句　“～。”中国愿在平等互利的基础上，扩大对东盟国家开放，使自身发展更好惠及东盟国家。（选自习近平《在印度尼西亚国会的演讲》）

【记吃不记打】　指只惦记利益，却不想有可能带来的苦果。　例句　“去挣那个功劳，看有谁说你一声好？！没准人家还说你想把那窟窿再往大里掏哩！过去的经验你还没受够！你就跟猪一样：～的货！”（选自张贤亮《男人的一半是女人》）

【记性不大忘性不小】　指人记性不好，容易忘记或者借故忘记。例句　你～，昨天不是告诉过你吗？

【忌酸不忌醋，忌辣不忌姜】　指忌口不适合吃酸、辣的东西，但醋和姜还是要吃的。

【季节不等人，一刻值千金】　指农事活动要紧跟季节，适时及时地播种或收割。

【既到灵山，岂可不朝我佛】　灵山：印度的灵鹫山，相传释迦牟尼曾于此讲过经。到了灵山，怎么能不朝拜佛祖。喻指到了一个地方不能不拜见主人。　例句　“到了那里，才知他就住在吾兄的宝庄上。我想：‘～？’倒把打听华忠消息这桩事搁起，径投宝庄，拜识尊颜。”（选自文康《儿女英雄传》）

【既堕釜甑，反顾何益】　语出《增广贤文》。釜和甑是古炊煮器名。既然釜甑已经掉地上打碎了，再回头看也于事无补。指对于做过的错事，悔之无益，关键是要吸取教训，改正错误。或也作“既坠釜甑，反顾无益”。　例句　“～”？事情已经这样了，后悔无用，关键是总结经验，吸取教训。

【既来之，则安之】　语出《论语·季氏》。原指既然他们来了，就要把他们安顿下来。现在则多表示既然来了，就要在这里安下心来。有时也表示对待突至的疾病或困境，要保持淡定的心态。　例句　对于糖尿病，每个病人都应本着“～”的态度正确面对，配合医生积极治疗。（选自丁以洲　朱维琦《积极应对糖

尿病》）

【既在佛会下，都是有缘人】 既然同在佛门相聚，那就都是与佛有缘的人。可用以比喻既然为同一目标聚在一起，就是彼此有缘分。 出处 吴承恩《西游记》（节选）：“你不济事。但是和尚，即与我们一般。常言道：‘~。’你且坐，等我进去看看。”

【家财万贯，带毛的不算】 家庭资产很多，但是牲畜动物不会计算在内，因为禽畜这种带毛的动物会跑掉或者死掉，是不确定资产。也作“家有万贯，带毛的不算”。 例句 俗话说“~”，随着保险体制改革的深入，活禽活畜也能投保了。（选自高云才《“带毛的”也能投保了 人保直投畜牧业保险250亿元》）

【家称万贯不算有，日进分文不算贫】 指固定的收入虽少，也比只出不进的很多死钱好。 例句 ~。你虽然有点家底儿，但坐吃山空可不行，怎么也得找点儿事干。

【家丑不可外扬】 意思是家庭内部发生的问题需要自己或内部解决，给外人说了会遭到算计或耻笑。 例句 刘婆方把那事细说，将刘璞气得面如土色。停了半晌，方道：“~，倘若传到外边，被人耻笑。事已至此，且再作区处！”（选自冯梦龙《醒世恒言·乔太守乱点鸳鸯谱》）

【家丑家丑，家家都有】 指谁家都可能有丢人败兴的事情。 例句 “至今，兄弟、叔嫂之间视为仇敌。~。”（选自蒋子龙《收审记》）

【家法大不过王法】 指家法必须服从于国家大法。 例句 “~。”邻居们好担心，怕他管女儿管得过了头，招下了灾星。（选自陈龄《此香悠悠》）

【家家都有一本难念的经】 比喻每个家庭都有自己的难处。常用来劝慰人家庭遇到难事时要想开一点。也作“家家有本难念的经”。 例句 “以心比心，以情比情，~，谁也不能替别人念呀!”（选自浩然《金光大道》）

【家进四人，祸入家宅】 “四人”指四种人：昔日情人（也有说是谎话连篇的人），酒肉朋友，借钱不还的人，唯利是图的人。遇到这四种人要尽量躲开，避免给家里招来祸事。

【家宽不如心宽】 心态好远远强于住房宽敞。 例句 ~。人生苦短，房子住得再宽敞，如果心情不好也不行。

【家累千金，坐不垂堂】 垂堂：靠近堂屋檐下；因檐瓦坠落可能伤人，故以喻危险的境地。家里积累有千金之富，坐卧不靠近屋檐下。表示富有的人会珍惜生命，不会自蹈险境。也作“千金之子，坐不垂堂”。 出处 司马迁《史记·司马相如列传》（节选）：“盖明者远见于未萌而智者避危于无形，祸固多藏于隐微而发于人之所忽者也。故鄙谚曰‘～’。”

【家里的土，地里的虎】 过去农家拆老房子的土坯是很好的肥料，上到地里庄稼长得像老虎一样有生气。

【家里有病人，不得不信神】 如果家里有人生病，就会想尽办法治病，包括拜神也宁可信其有。

【家怕三漏】 “三漏”指的是锅漏、屋漏、人漏。也就是说，家中害怕出现影响温饱、住房和健康的这三种问题。

【家贫显孝子，国难识忠臣】 意思是家境贫困，才会显出儿子孝顺；国家危难，才会识别出忠良之臣。与“家贫出孝子，国难出忠臣”义同。 出处 元·李直夫《虎头牌》（节选）：“但愿你扶持今社稷，驱灭旧妖氛。常言道：‘～。’”

【家勤则兴，懒则衰；国勤则治，怠则乱】 语出蔡锷《曾胡治兵语录·勤劳》。理家勤奋，就能兴盛，懒惰则会衰败；治国勤奋，国家就能安定，懈怠则会动乱。指理家和治国都必须勤奋。 例句 治家和治国范围不同，道理是一样的。“～”。同样，一个单位、一个企业要想兴旺发达，就要求每个职工都有一种敬业精神，奋斗拼搏精神，吃苦耐劳精神。（选自刘军《勤则兴，懒则衰》）

【家勤则兴，人勤则健】 语出曾国藩《谕儿妇》。一个家庭勤奋努力就兴旺，一个人勤勉不懈就健康。

【家雀过去还有个影】 家雀虽小，但飞过去也会留下影子。比喻无论多么小的事，做过总会留下痕迹。 例句 ～，做过的事怎么能瞒得住人？

【家雀雄鹰难共笼，黄牛野马难共棚】 比喻不是同一类人不可能聚在一起。 例句 ～。他和我们怎么能合作共处呢？

【家人说话耳旁风，外人说话金字经】 家里人说的话无论好坏都听不进去；而别人提的意见，却十分认真地去听去做。 例句 ～。他就是一个这样的人！

【家书抵万金】 出自杜甫的《春望》一诗。比喻家信的珍贵。 例句 中国的文化形态多种多样。古往今来，“～”，同样的，家学也可抵万金。（选自张首映《家学抵万金》）

【家庭和睦受人敬，家有不和外人欺】 和睦的家庭会受到尊敬，家庭不和的就容易受外人欺负。可引申为内部要团结一致，否则外部势力会有机可乘。 例句 ～。我们自己首先要团结起来。

【家无二主，国无二王】 指一个地方只能有一个主事的人。也作“家无二主，国无二君”。 例句 “一家子一位奶奶罢了，有这么些奶奶呀？少鼻子没眼睛的都成了奶奶，叫那全鼻子全眼睛的可做什么

呢？～。”（选自西周生《醒世姻缘传》）

【家无隔宿之粮】 形容家境十分贫穷，连第二天的口粮也没有。也作“家无隔夜粮”“家无隔夜之粮”。 例句 铁锁自从当了一次闾长以后，日子过得更不如从前了，三四年工夫，竟落得～，衣服也是千补百衲，穿着单衣过冬。（选自赵树理《李家庄的变迁》）

【家无主，屋倒竖】 家里要是没有个当家理事的人，就会乱得连房屋也要颠倒过来。指家庭少不了主事的人。 出处 凌濛初《初刻拍案惊奇·张溜儿熟布迷魂局 陆蕙娘立决到头缘》（节选）：“却又过了三个年头。灿若又要上京应试。只恨着家里无人照顾。又道是～。灿若自王氏亡后，日间用度，箸长碗短，十分的不象意。”

【家有百棵树，不愁吃穿住】 意思是家里多种树，就能解决温饱，甚至过上富裕的生活。同“家有万棵树，不愁吃穿住”。

【家有常业，虽饥不饿；国有常法，虽危不亡】 一个家有正当固定的谋生手段，在饥荒年代就不至于挨饿；国家有固定的法律，在危难之时就不会灭亡。 出处 《韩非子·饰邪》（节选）：“语曰：～。夫舍常法而从私意，则臣下饰于智能；臣下饰于智能，则法禁不立矣。”

【家有常业，虽饥不饿】 语出《韩非子·饰邪》。常业：固定的职业。饥：饥荒。一个家庭能有固定的职业，即使遇上荒年，也不至于饿肚子。 例句 “‘～’。你能把咱家祖传的这门手艺学到手，走遍天下都能混碗饭吃，就不要再三心二意了。”（选自聂玲《陶艺世家》）

【家有滴泪房，三年哭一场】 如果高房子房檐排出的雨水，恰巧滴在矮房子上，就叫“滴泪房”。这样的房子采光、通风、隔音方面都不好，旧时认为在风水上是不吉利的。同“家有滴泪屋，三年一场哭”。

【家有黄金用斗量，不如送子上学堂】 意思是家里黄金多得用斗来量，也不如送孩子上学学知识。指子女教育比财富更重要。 例句 没听人说吗？“～”。孩子正是上学的年纪，你就让他跟着你做生意，合着只认钱啊？

【家有黄金用斗量，不如自己本领强】 家里黄金多得用斗来量，也不如自己有好本事。说明有本领比有多少钱财都要好。 例句 ～。你还是学一门技术吧！父母又不能养你一辈子。

【家有家主，庙有庙主】 喻指不论哪个地方，都有主事负责的人。 出处 元·佚名《看钱奴》（节选）：“这厮无礼，甚么钱舍！～。……徒弟，拿绳子来绑了他送官去！”

【家有金屋银屋，不如没有忧愁】 家庭的幸福感并不是来源于财富，而更多的是无忧无虑。

【家有千金，不如日进分文】 家中即使有千金之富，也不如每天有微薄的收入好。同“家有千两，不如日进一文”“家有千贯，不如日进分文”。 例句 “俗语道：～；良田千顷，不如薄艺随身。我欲开一个酒肆如何？”（选自洪楩《清平山堂话本·风月瑞仙亭》）

【家有千金不算富，身无一技才是穷】 一个人家有千金也能坐吃山空，这样的富不算真富；如果没有一技之长，谋生就难，这样的穷才是真的穷。与“家有钱财万贯，不如一艺在身”“积财万千，不如薄技在身”义同。强调有技能在身，就不怕赚不到钱。

【家有千口，主事一人】 每家不论有多少人，只能有一个人掌管家事。泛指办事都要有为首负责的人。例句 小毛道：“～。有你男人在场，叫你做什么？走吧走吧！”（选自赵树理《李家庄的变迁》）

【家有三斗粮，不当孩子王】 “孩子王”指的是老师。旧时教书先生不好做。一般的观念认为，只要家中的条件还算可以，就不去做教书先生。也作“家有二斗粮，不当孩子王”。 例句 现在的学生，大多独生子女，骄横跋扈的不少，俗话说“～”，真是道出了教师行业的无奈。（选自王静《“吃空饷”缘何“盯上”教育岗？》）

【家有三件宝，丑妻薄田破棉袄】 丑妻不惹是生非还可以延续香火，薄田可以饱腹，破棉袄可以御寒。旧时农民借此自我宽解。也作“家有三宝，丑妻薄田破棉袄”。 例句 俗话说：“～。”在旧社会里，穷人家要娶上个漂亮媳妇，不是幸福，而是遭罪，轻则供地主豪绅玩乐，重则冲家丧命，人财两空。（选自陈登科《风雷》）

【家有三样，不富也旺】 “三样”指的是兄弟团结、子女孝顺、夫妻和睦。这三样美德全占的家庭，自会繁荣兴旺。

【家有四声叫，不是好征兆】 “四声叫”指的是狗叫、母鸡打鸣、乌鸦叫、猫头鹰叫。旧时认为，这些反常现象，是不好事情发生的预兆。

【家有万贯，不如开个铺店】 意思是家里即使非常富裕，也不如开个店铺，让钱生钱，每天有活钱进账。

【家有万贯不为富，人有正业不为贫】 家里有万贯钱财也会坐吃山空，不算是真正的富有；有正当职业的人有固定收入，哪怕少也不算是贫穷。

【家有一老，如有一宝】 家里的老人有丰富的人生阅历和经验，就如同是一个宝贝。要教育子女懂得尊重和珍惜老人。同“家有老是一宝”“家有一老，犹如一宝”。 例句 只要还有老人在，兄弟姐妹们不管相隔多远，逢年过节都会回家团聚，热闹欢乐；如果老人不在了，即便关系再好，也很难再聚起来了。可

见，中国人常说的“～”，是很有道理的。（选自李君《“家有一老，如有一宝” 做个快乐的家中宝》）

【家有一心，有钱买金；家有二心，无钱买针】 喻指一家人一条心，就会发家致富；一家人各怀心思，就会败家致贫。 出处 明·徐田臣《杀狗记》（节选）：“男子治家之主，女子是权财之主。俗谚云：～。”

【家有余粮鸡犬饱，户多书籍子孙贤】 家里有余粮鸡狗也都吃得饱，家里多藏书子孙耳濡目染就会贤孝。 出处 施耐庵《水浒传》（节选）：“看那庄院，但见：前通官道，后靠溪冈。……田园广野，负佣庄客有千人；家眷轩昂，女使儿童难计数。正是：～。”

【家有诤子，不败其家；国有诤臣，不亡其国】 无论家庭还是国家，只要有敢说实话的人，家庭就不会衰败，国家就不会灭亡。与“君有诤臣，不亡其国；父有诤子，不亡其家”义同。 出处 冯梦龙《东周列国志》（节选）：“大王内无良将，边备渐弛，以妾为王扬目而视之。妾闻‘～’大王内耽女色，外荒国政，忠谏之士，拒而不纳，妾所以炫齿为王受谏也。”

【家值万贯，吃不起咸菜拌蒜】 “咸菜拌蒜”指搭配不合理，浪费。一个家庭再富有，日常管理不善或消费观念不合理，也会有败落的一天。

【家中百事兴，全靠主人命】 旧时认为主人的命运决定着家中的百事。 出处 冯梦龙《警世通言·宋小官团圆破毡笠》（节选）：“自古道：‘～。’十个妇人，敌不得一个男子。自从宋敦故后，卢氏掌家，连遭荒歉，又里中欺他孤寡，科派户役，卢氏撑持不定，只得将田房渐次卖了，赁屋而居。”

【家中挂三画，不用去问卦】 “三画”指“福、禄、寿”三位神仙的画。他们是吉祥如意、多福多寿的象征。传统观念认为，家中选择与之相关的这种挂画，风水运势就会变好，不会碰上什么烦心事，自然就不需要去问卦占卜。

【家中无鬼万年安】 家中无鬼怪作祟，就可平安无事。指家庭出了邪佞，就会衰败。 出处 佚名《吴三桂演义》（节选）：“俗语说得好：‘～。’一家如此，何况一国。”

【家中纵有万两金，不如下边有子孙】 旧指家里有再多的钱财，也不如儿孙满堂，后继有人，并能享受天伦之乐。

【家种青龙树，子孙代代富】 “青龙树”是指栽种在房子东边的树木。旧时有一种说法，家里要是有这种“青龙树”，后代子孙就不会受穷。

【家住麻雀屋，栋梁辈辈出】 麻雀一般不会在人家里筑巢。若飞到人家筑巢，定会选择那些用土坯建的房子，墙面有不少裂缝、小孔小洞的家庭。所以，“麻雀屋”成了贫寒之家的代名词。这句话意谓艰难困苦玉汝于成，栋梁之材多出贫寒之家。

【夹着尾巴做人】 指老老实实做人。 例句 再看当初习仲勋之所以没让女儿乾平去光大公司，正如他自己所说的，人只要有才能，在哪里都可以发挥作用，就怕你没有本事，习仲勋的女儿就要“～”。（选自文秀《习仲勋的家风》）

【假传圣旨】 比喻假借上峰的旨意去达到自己的目的。 例句 他们～，说是奉了第三厅厅长郭沫若的命令搜查书店。（选自郭沫若《洪波曲·反推进》）

【假缎染就真红色，也被旁人说是非】 语出《增广贤文》。假的绸缎即使染成像真绸缎一样的红色，也还是会被人辨识出，从而被议论。喻指假的事物再怎么粉饰，也难改其本质，终会露出马脚。

【假话经不住调查】 指假话经不起事实的验证，一定会被拆穿。 例句 你知道～，你说的是不是真的，一调查就全明白了。

【嫁出去的闺女泼出去的水，回到娘家别多嘴】 传统观念认为，女儿一旦嫁出去了，就不算娘家的人了，就不宜对娘家的麻烦事参加意见了。 例句 ～。你哥你嫂子都不是省油灯，你到了那里少说话，多劝劝你娘，让她想开点就是了。

【嫁鸡随鸡，嫁狗随狗】 原为“嫁乞随乞，嫁叟随叟”。意思是一个女人即使嫁给乞丐或者是年龄大的人，也要随其生活一辈子。是封建时代“夫为妻纲”的流毒。 例句 “你难道没听见人说，‘～’，那里个个都像你大姐做娘娘呢？”（选自曹雪芹《红楼梦》）

【奸言貌似忠，忠言刺耳痛】 内心奸诈的人说出的话像忠厚的人；诚恳正直的规劝，往往刺耳而不易被人接受。 例句 他懂得“～”的道理，会虚心接受批评的。

【奸站街头无人理，忠居深山有亲朋】 一个奸诈的人，就算站在大街上，也不会有人搭理；一个忠厚的人，哪怕住在深山老林，也会有亲戚朋友拜访。指人们厌奸喜忠。

【捡了芝麻，丢了西瓜】 指抓住了小的或者次要的，却把大的或主要的给忽视了。比喻做事因小失大，得不偿失。同“抓了芝麻，丢了西瓜”。 例句 这边等着你签单呢，你却为了省几块钱快递费，跑邮局寄件去了。这倒好——～。

【拣日不如撞日，撞日不如今日】 刻意挑选日子不如碰日子，碰日子不如说干就干。指事情不能再拖延了，宜尽早行动。同“改日不如撞日，撞日不如即日”。 例句 青萍举着杯子笑道：“亚英，来呀！～，我们就举行这简单的仪式！”（选自张恨水《魍魉世界》）

【俭，德之共也；侈，恶之大也】 语出《左传·庄公二十四年》。共（hóng）：通“洪”，大。节俭，是美德之中的大德；奢侈，是恶行中的大恶。 例句 中国古人云：“～。”勤俭节约是中国传统美德，是社会道德建设的必然要求，而奢侈浪费必然败坏社会风气，滋生违法犯罪。（选自周中之《从节约开始移风易俗过春节》）

【碱地的萝卜甜，沙地的山药面】 萝卜适宜碱地，红薯适宜沙性土壤。种植的地方不同，品质会有变化。

【碱土压沙土，保苗不用补】 如果是碱土压沙土的土质，幼苗成活率就高。

【见不尽者天下事，读不尽者天下书】 看不完的是天下的事，读不完的是天下的书。比喻学习是无止境的。 例句 则那聪明二字，求之不得，如何说聪明不可用尽？～，参不尽者天下之理。宁可蒙懂而聪明，不可聪明而蒙懂。（选自冯梦龙《警世通言·王安石三难苏学士》）

【见出以知入，观往以知来】 语出《列子·说符》。看见外在的表现就知道内在的修养，观察以往就可以预知将来。也就是说，有智慧的人可以从事物的已知表现，推测其未知部分和将来的发展。 例句 “～。”我们要从50年前中美关系破冰中汲取智慧和力量，让公报初心照亮前行之路，中美关系就一定会行走在历史正确的一边。（选自关铭闻《中美关系合作共赢的大势不可逆转》）

【见缝插针】 比喻尽量利用一切可以利用的空间、时间或机会。例句 今天不很忙，我就～，跑你这里来了。

【见怪不怪，其怪自败】 看到怪异的现象不要大惊小怪，要冷静对待，时间久了真相自会显露出来。也作“见怪不怪，其怪自坏”。例句 所谓“～”，无人追捧，恶意炒作自会偃旗息鼓。（选自段思平《“土豪租女友”：一场粗鄙炒作》）

【见官莫向前，做客莫在后】 意思是碰见做官的人，让当官的走在前面，不要抢道；做客的时候，要走在主人之前。

【见官三分灾】 旧时百姓一旦被官府传唤，常常凶多吉少。 例句 王跑听说专员请他，先吓了一跳。他想着：常言说，～！他请我干啥？“左眼跳财，右眼跳挨”，右眼跳了两天了，莫非还要挨打？（选自李准《黄河东流去》）

【见火不扑火烧身，见蛇不打蛇咬人】 借喻见害不除，祸及自身。例句 “～”。你不知道他犯事了吗？还把他藏在家里？

【见可而进，知难而退】 语出《左传·宣公十二年》。看到形势有利就进攻，知道难以获胜就后退。意在说明用兵要审时度势。有时也表示三心二意。 例句 彭城之难，汉王战于濉水之上。士卒皆赴入

潍水，而楚兵大胜，何则？赵兵出国迎战，~，怀内顾之心，无必死之计。（选自荀悦《前汉纪·高祖皇帝纪》）

【见困难就上，见荣誉就让】 指遇到困难不退缩，在荣誉面前不争功。 例句 他是个~的好人。

【见礼眼像一条线，无礼两眼像鸡蛋】 这是讽刺某些人对待有求者态度的。有礼物眼睛能笑成一条线，没礼物则怒目圆睁像鸡蛋。 例句 他这人贪得狠，~，这是众所周知的事情。

【见利不亏其义，劫之以众，沮之以兵，见死不更其守】 见到货财也不损害大义，宁可牺牲生命也不改变操守。 出处 《礼记·儒行》（节选）：“儒有委之以货财，淹之以乐好，~。”

【见利思义，见危授命】 语出《论语·宪问》。意思是见到财利就想到道义，国家危急关头愿献出自己的生命。 例句 中华传统美德以处理道德与利益的关系为基点，认为“义利之说，乃儒者第一义”。在承认人不能离开“利”、应当“义利双行”的同时，强调要“义以为上”“重义轻利”；强调守住“以义制利”的红线，做到“~”。（选自陈瑛《中华传统美德的魅力》）

【见苗三分收】 意思是见到禾苗从土里长出，收成就有几分希望。

【见贫休笑富休夸，谁是长贫久富家】 休：不要。见人贫穷不要耻笑，见人富有也不要夸赞，谁又是永远贫穷永远富有的呢？意指贫富不是永恒不变的。 出处 元·王实甫《破窑记》（节选）：“我辈今日这贫，岂知他日不富。尔等今日之富，安知他日不贫乎。古语有云：~。”

【见人矮三分】 自己感觉身份低下，被人瞧不起。 例句 “文革”时因出身不好，他~，人们都绕着走。

【见人不施礼，多走三五里】 指人出门在外，不知礼貌地向人问路，就得多走许多冤枉路。也泛指待人粗野没礼貌，必定自己吃亏。

【见人说人话，见鬼说鬼话】 指人在说话办事时，眼皮活，能够做到对什么样的人都能说奉迎他的话。略带贬义。同“见什么人说什么话”。 例句 “无非‘~’，你要想他帮忙，就得先跟他做生意。”（选自高阳《胡雪岩全传》）

【见善如不及，见不善如探汤】 语出《论语·季氏》。探汤：把手伸进滚烫的水里，比喻戒惧。意思是见到好的人或事，就像自己来不及学习一样；见到不好的人或事，就像要把手伸进滚水里一样马上引起自己的警惕。 例句 孔子还有一句话：“~。”这是更进一步讲，你一定要在善与不善、贤与不贤之间做出鲜明的选择，形成好的道德习惯和反应的敏锐性，不能在涉及原则的问题上采

取“差不多就行”，好像无所谓的态度。（选自牟钟鉴《见贤思齐焉，见不贤而内自省也》）

【见善则迁，有过则改】 语出《周易·益·象传》。迁：变更，变动；这里指学习、效仿。见到好人好事就自觉学习效仿，自己有过失就努力改正。 例句 要立志报效祖国、服务人民，这是大德，养大德者方可成大业。同时，还得从做好小事、管好小节开始起步，“～”，踏踏实实修好公德、私德，学会劳动、学会勤俭，学会感恩、学会助人，学会谦让、学会宽容，学会自省、学会自律。（选自习近平《在北京大学师生座谈会上的讲话》）

【见蛇不打三分罪】 指见害不除，等同犯罪。比喻见到坏人坏事不去制止就等同于有罪责。 例句 “常言说：‘～。’你不打死杨林，他反过来还要杀死义军，祸害百姓。”（选自陈荫荣《兴唐传》）

【见事莫说，问事不知】 奉劝人谨慎处世，别惹事。遇到事情不妄加评论，别人问事也佯装不知。 出处 《增广贤文》（节选）：“～。闲事莫管，无事早归。”

【见头打头，见尾打尾】 一旦发现，立即打击，毫不留情。 例句 敌人不死心，我们就～。

【见者易，学者难】 在旁边看别人做觉得很容易，一旦真正学起来就觉出难了。 出处 《增广贤文》（节选）：“～。莫将容易得，便作等闲看。”

【建国君民，教学为先】 语出《礼记·学记》。君民：君临万民；“君”为名词动用。意思是建立国家管理民众，应把教育放在优先位置。 例句 中国自古就是一个重视教育的国度，《礼记·学记》说：“～。”就是对教育的地位的最好表述。（选自彭林《如何延续我们的“家风文化”》）

【箭在弦上，不得不发】 比喻在形势紧急的情况下，不得不采取某种行动。 例句 这件事已经是～了。

【江东子弟多才俊，卷土重来未可知】 语出杜牧《题乌江亭》一诗。原指项羽只要懂得利用人才，就会有东山再起的机会。后也用来表示失败并不可怕，只要积蓄力量，就有东山再起的可能。 例句 介入高风险高收益的股市，心理必须过关，赢得起，也要输得起。～。输者用不着太悲伤，应该勤于学习和思索，屡败屡战，最终打赢这场没有硝烟的战争。（选自尚笑《股市不同情弱者》）

【江山易打，民心难得】 指夺取政权容易，要得到人民群众的真心拥护却很难。 例句 自古“～”。像你们这样，连老百姓都不要，又怎么能够得民心、坐稳江山呢？ （选自吴越《括苍山恩仇记》）

【江山易改，本性难移】 改变人的本性比改变自然面貌还困难。

强调人的习性是很难改变的。　例句　“屡次说你，你总不听。真是～。”（选自巴金《家》）

【将不激，兵不发】　将领不激励士兵，士兵就不主动奋勇当先。也泛指人经受刺激才会行动。　例句　“信里头对马大棒子要多放几支冷箭儿!特别是要伏一笔马大棒子对小姐心怀叵测：这就叫‘～’!”（选自何岳《三军过后》）

【将军不下马，各自奔前程】　意指各人走各人的路，谁也不干涉谁。　例句　“我们如今招的招，嫁的嫁，取经的还去取经，走路的还去走路，莫只管贪杯误事。快早儿打发关文。正是～。”（选自吴承恩《西游记》）

【将军额前跑开马】　意思是将军的前额很宽阔，足以跑开马匹。指有地位、有度量的大人物，最能宽恕别人，最有容人之量。也作“将军额头跑开马”。有时与“宰相肚里能撑船”连用。与“将相胸前堪走马，公侯肚里好撑船”义同。　例句　“常言说：‘～。’不是大将军，能长这么宽的脑门儿么？”（选自安遇时《包公案》）

【将门必有将，相门必有相】　将帅的门下一定还会有将帅出现，丞相的门下一定还会有丞相出现。说的是家庭教育和家风对后代的影响。与俗语“龙生龙凤生凤”的意思相近。　出处　司马迁《史记·孟尝君列传》（节选）：“文闻～。今君后宫蹈绮縠而士不得短褐，仆妾馀粱肉而士不厌糟糠。今君又尚厚积馀藏，欲以遗所不知何人，而忘公家之事日损，文窃怪之。”

【将门出虎子】　比喻父辈有才能，子孙也身手不凡。也指后生子弟不辱门庭。　例句　看看老李家那个孩子，行事跟老李一样，真是～呀。

【将帅无能，累死三军】　意思是首领无谋略才能，部下要跟着受累，甚至会导致全军覆没。多用来埋怨领导软弱无能，导致属下受牵累，走弯路。同“大将无能，累死三军”。　例句　俗话说：～。编委会成员既为采编队伍之首，就应像“导师”一样，身体力行，带出一支政治坚定、业务精湛、作风优良、党和人民放心的新闻工作队伍。（选自丁浩宇　易赶帮　邓一凡《军师·导师·琴师——地市党报编委会成员如何提升领导能力》）

【将相本无种，男儿当自强】　意思是王侯将相都不是天生的，想有作为的男子汉应当奋发图强。　出处　宋·汪洙《神童诗》（节选）：“朝为田舍郎，暮登天子堂。～。”

【将相出寒门】　古时将相往往出身卑微。指贫寒之家出人才。　出处　元·王实甫《西厢记》（节选）：“你道穷民到老是穷民，却不道～。”

【将心比心】　意思是拿自己的心去衡量别人的心。指遇事设身处地地替别人着想。 例句 我们要～，设身处地地为他想想。

【将在谋而不在勇，兵在精而不在多】 意思是将帅在于谋断而不在于勇敢，军队在于精壮而不在于人多。现多用于表示领导者要善于谋划，而不是逞一时之勇；干事的在于精干，而不在多少。 例句 ～。中外古今，多少"以少胜多"的战例都证明了这一点。

【将在外，不由帅】 将领远征在外，可以应急作战，不必事事请示或等待主帅的命令再战。也指管不了在外面的人，所以只有顺其自然。 例句 ～。他都在外闯荡这么多年了，你就由他去吧。

【姜是老的辣，酒是陈的香】 姜生长的时间越长，辣味越大；白酒存放时间越长，香味越浓郁。比喻老年人人生阅历丰富，在工作、生活中处理事情时，往往比年轻人更有经验，更胜一筹。与"姜越老越辣，辣椒越老越红"义同。 例句 家有一老是一宝，俺家里的大事小事都得问问爷爷，他考虑事真是周全。谚语说的"～"，一点不假啊！

【姜太公钓鱼——等时辰】 歇后语。姜太公钓鱼是等待时机，施展抱负。指人心有想法，在等待机会。 例句 他这是～呢。

【姜越老越辣，人越老越滑】 比喻年老者经验丰富见识广，办事老练，不好对付。 例句 怪不得都说～，你看看他就是这样的人。

【降龙自有降龙手，捉鬼还得捉鬼人】 指要降服何种对手，就得起用何种人。 出处 冯家文等《独臂武松》（节选）："这就叫：'～。'凭商山二鬼这样的恶魔，他能被我降服？"

【犟驴怕恶鞭】 再倔强的毛驴只要用鞭子狠狠抽打，也会驯服它。比喻不论怎样固执的人，采取强制手段就能使他就范。 例句 "～。莫先生，这几天你配合我们的'恶鞭'，再慢慢开导开导你这位女同胞。"（选自罗石贤《白蝴蝶》）

【交春落雨到清明，一日下雨一日晴】 指立春这天下雨，那么今年春天的雨水就会偏多，时阴时晴，阴晴不定。这样的天气不利于农作物的生长。同"立春落雨到清明，一日下雨一日晴"。

【交了六月节，龙王不得歇】 六月节指六月初六。进入农历六月后，也就是逐渐进入伏天，在北方很多地区就到了一年雨水最多的时节。

【交浅不可言深，绝交不出恶声】 说的是交友之道。意思是对交情浅的人，不能说知心话；因关系不好中断交往后，不要恶语相向。另有"交浅莫言深，言深栽祸根"的说法。

【交浅而言深者，愚也】 对交情浅的人什么话都说，这是愚蠢的表现。 出处 范晔《后汉书·崔骃列传》（节选）："窦太后临朝，宪以重戚出内诏命。骃献书诫之曰：骃闻～；在贱而望贵者，惑也；未信而纳忠者，谤也。”

【交人交心，浇树浇根】 指与人交往要推心置腹，以诚相待，这道理就像浇树要浇到树的根部才能枝繁叶茂一样。也作“浇树浇根，交人交心”。 例句 “～。人不能不讲良心，也不能不识抬举。”（选自浩然《艳阳天》）

【交友分厚薄，穿衣看寒暑】 如同穿衣服要根据天气冷热一样，交朋友要看清对方是什么样的人，再决定两人交往的深浅。

【娇生惯养，不往好长】 从小受到长辈过分的宠爱和姑息，就长不好，不会成才。 例句 ～。看看小艳从小娇生惯养，什么苦都吃不了。

【骄傲的愚，自满的蠢，好学的总觉不如人】 骄傲自满，看不起别人，是一种愚蠢的表现；勤奋好学的人谦虚，总感觉自己在学问和才能技艺方面不如别人。

【骄傲来自浅薄，狂妄来自无知】 意思是骄傲自满是由浅薄造成的，狂妄自大是由无知造成的。

【骄傲是跌跤的前奏，谦虚是进步的起点】 如果骄傲自满，听不进别人的意见、建议，就会摔跤跌跟头；如果虚心听取别人的意见、建议，就容易进步。

【骄傲是胜利的敌人】 骄傲自满往往导致失败，所以说是胜利的敌人。

【骄兵必败，欺敌必亡】 骄傲轻敌的部队，肯定打不了胜仗。出处 明·罗懋登《西洋记》（节选）：“～，焉得不死。”

【骄富贵者戚戚，安贫贱者休休】 戚戚：忧虑貌。休休：安闲貌。以钱财地位为骄傲的人，常常忧心忡忡；安于清贫的人，常常悠闲自得。 出处 李邦献《省心杂言》（节选）：“～。所以景公千驷不及颜子之一瓢也。”

【胶多不粘，话多不甜】 意思是胶用得过量了，就没有黏性；话说得太多了，就容易出纰漏或没人爱听。指说话贵在简明扼要。也作“话多不甜，胶多不粘”。 例句 “我吴月仙要是当了西太后，照样的‘垂帘听政’！人们照样的喊我老佛爷！好啦，～，我支上烟灯等着你。”（选自李英儒《还我河山》）

【狡兔尽，猎狗烹；飞鸟尽，良弓藏；敌国破，良臣亡】 野外的兔子没得逮了，猎犬就被煮吃；天上的飞鸟没得打了，弓箭就得收藏起来不能使用；敌国被消灭了，功臣就被害死。指帝王夺取政权以后，功臣良将常常被谋害或受到冷落。 出处 司马迁《史记·淮阴侯列传》（节选）：“信持其首，谒高祖于陈。上令武士缚信，载后车。信曰：‘人言狡兔死，良狗烹；高鸟尽，良弓藏；敌国破，谋臣亡。天下已定，我固当烹！’”

【叫唤的鸟儿没肉吃】 叫唤的鸟儿只想着歌唱而忘了捕食。比喻往往因为爱闲谈笑话而误了正经事。

例句　可惜，~，这些叽叽喳喳的妇女们没等下手，早有一个躲在人丛中的姑娘溜过来，一声不响地向库玛丹靠过去。（选自张笑天《永宁碑》）

【脚踩两只船】 比喻对事物的认识不清而拿不定主意，或为了投机取巧而跟不同的两个方面都保持关系。同“脚踏两只船”。 例句　“河边那五亩麦子，您不能放手，头一年入社，谁不是~？”（选自刘绍棠《青枝绿叶》）

【脚踩西瓜皮，滑到哪里算哪里】 一种消极的处世态度。比喻做事心里无数或没有长远打算，做成什么样算什么样。“脚蹬棒棰头顶瓢，叽里咕噜往前熬”，也是这样的意思。 例句　你这么做纯粹就是~。

【脚上没鞋穷半截】 形容穿不穿鞋及鞋的优劣，可以显示出人的富贵贫贱。 例句　~，你怎么也得弄双好鞋穿。

【脚正不怕鞋歪】 比喻自己行为正派没毛病，就不怕别人说闲话。例句　~，你又没做错什么，别听他们胡咧咧。

【脚趾再长长不过脚】 比喻事物的部分超不过整体；或人的能力再大，也有约束你的人。 例句　他虽然能力比你差点，但人家是头儿，~，遇事多请示，省得给你穿小鞋儿。

【搅屎棍子】 原指农民用来搅粪的棍子。后引申为爱说闲话，喜欢兴风作浪的人。 例句　他就是个~，哪里有他也不得安宁。

【叫花子上坟烧杨叶——穷心尽到了】 歇后语。喻指对某事虽没有力量付诸实现，但也尽了一份心。例句　他虽然知道他那点钱对小明来说，是杯水车薪，但已经是倾其所有。说句不好听的，他也算~。

【叫花子也有三个穷朋友】 指每个人在世上多少都有几个朋友。例句　俗话说：~。李甲子虽然是个瞎子，可是他会说山南海北，为人也正直，赤阳岗一般穷人喜欢他。（选自李准《黄河东流去》）

【叫唤乖乖（蝈蝈）没肉】 比喻好夸夸其谈、炫耀自己的人，大都没有多少真本事。 例句　别听他瞎咋呼，他那点能耐谁还不知道？~。

【叫天天不应，叫地地不灵】 形容陷入困境，呼告、求救无门，无人帮助的绝望情形。 例句　当时的农民，~，才坚决的走上抗日的道路，并且建立了政治信仰。（选自孙犁《风云初记》）

【教的曲儿唱不会】 比喻别人出的主意，学不会。 例句　成珪道：“老弟既有好计，传我一个，还好摆布得转么？”周智道：“传便传你，只怕~哩!”（选自醉心西湖心月主人《醋葫芦》）

【教化可以美风俗】 语出王安石《明州慈溪县学记》。教育可以使风俗变好。 例句　文化的本体和本质在于“文”，它的作用和意义却在于“化”。~。有道是，化当世，莫

若口；传来世，莫若书。（选自李建永《文化在哪里？在历史中典籍里在传承中发展里》）

【教会徒弟，饿死师傅】 旧时有手艺的师傅不会轻易收徒弟，因为担心行业内多一个年轻竞争者，徒弟会把自己的饭碗抢走。 例句 他说："～。我三次带了十八个徒弟，徒弟的劳金贱，掌柜的就不用我，我就失了三次业。"（选自曲波《桥隆飙》）

【教员的天职是教化，自化化人】 语出陶行知《湘湖教学做讨论会记》。天职：应尽的义务。教化：教育感化。指教师的最高职责是教育感化，教自己往好里变化，同时也教别人往好里变化。 例句 "～。"变化自然是要越变越好，越变越新，越变越高，越变越美，越变越强。（选自王庆《也说"自化化人"》）

【教子不趁早，大来多颠倒】 语出陈其德《趁早歌》一诗。指教育子女一定要从小抓起。 例句 孩子小的时候，大人都是傻亲，即使发现有些毛病，总以为"孩子还小嘛，大了就好啦。"等到孩子十几岁的时候，才发现问题严重——管不了啦，又气得不行。这情况，正应了古诗中的一句话："～。"（选自顾如香《教子务必趁早》）

【教子不离书，种田不离猪】 喻指每个行业各有各的特点。 例句 "～"。卖东西还是有个店面才像回事儿。

【疖子出了脓，想疼也不疼】 这是医学经验。出了脓的疖子就不再疼了。

【接风的饺子，送行的面】 接风：迎接归来的人。指请刚从远地来的人吃饭一般吃饺子，寓意团圆和合；而请要去远地的人吃饭一般吃面条，寓意思念长远。各地风俗不同，也有"上车饺子下车面""送客饺子，迎客面"这样的说法。 例句 她正在冷灶锅台，手上包饺子，鼻孔里哼小曲儿。～，她掐算金秧儿今天放假，包得了饺子盼郎归。（选自刘绍棠《水边人的哀乐故事》）

【街谈巷说，必有可采】 语出曹植《与杨德祖书》。街头巷尾的议论，也一定有可取之处。 例句 从一定意义上说，牢骚就是一种谔谔之言，有"良药"与"忠言"的合理内核存在。古人强调"～；击辕之歌，有应风雅；匹夫之思，未易轻弃也"，大概就是基于这个道理。（选自吴撼地《牢骚声里辨民意》）

【节俭朴素，人之美德；奢侈华丽，人之大恶】 语出薛瑄《读书录》。指做人应节俭朴素，戒奢侈华丽。 例句 居官怎样才能"廉"呢？他说："～。""衣食取足者，天理之公；过于华侈者，人欲之私。君子谨之。"所以他提出"清心"、"少欲"并杜绝"外物所由"，是养廉的必由之路。（选自孟肇咏《论薛

瑄的“居官七要”》）

【节俭是个聚宝盆，取宝全靠勤快人】 比喻勤劳和节俭能够给家庭带来财富。

【节令不到，不知冷暖；人不相处，难知厚薄】 指到了一个新的节令才能感觉到气候的变化，与他人相互交往才能增进彼此间的了解。

【节令不饶人】 节气不会等待那些不按时令从事农业活动的人。意指农业生产活动应遵从节令。也作“节气不饶人”。 例句 “再有半个月就要入伏。‘～’，要是担水点种，见苗就有三分收。”（选自刘江《太行风云》）

【节食则无疾，择言则无祸】 饮食能节制，就不会得病；说话有选择，就不会招来祸患。 出处 宋·何坦《西畴老人常言》（节选）：“～。疾祸之生，匪降自天，皆自其口，故君子于口之出纳唯谨。”

【节约储粮，备战备荒】 节约存储粮食，以便应付可能发生的战争和灾荒。

【节约好比燕衔泥，浪费犹如河决堤】 节约就像燕子衔泥一样，一点一滴，铢积寸累，慢而不易；大手大脚地浪费财富，就像河水决堤一样快，一发而不可收拾。 出处 梁国栋《勤俭节约谚语》（节选）：“～。勤劳是幸福的右手，节约是幸福的左手。”

【结婚要彩礼，早晚害自己】 结婚要彩礼是一种旧习俗，对男女双方都有害无益。

【结交须胜己，似我不如无】 指结交朋友，对方必须有胜过自己的优点，好使自己学习、进步。 出处 《增广贤文》（节选）：“～。但看三五日，相见不如初。”

【结有德之朋，绝无义之友】 语出《名贤集》。意谓结识有道德的朋友，断绝不讲道义的朋友。

【桀犬吠尧，各为其主】 夏桀的狗朝贤君尧狂叫，是因为要向着自己的主人。喻指人各为自己的主人效力。 出处 《说唐》（节选）：“单二哥，～。可念当初朋友之情，满饮此杯，愿二哥早升仙界！”

【解铃还须系铃人】 比喻由谁引起的问题就由谁去解决。也作“解铃还是系铃人”“解铃须用系铃人”。 例句 “这都是汪太太生出来的事，～，我明天去找他。”（选自钱钟书《围城》）

【借个骡子还个马】 形容归还的东西比借的东西价值高，为人仗义，有感恩之心。 例句 您就对我放一百个心吧，我这人“～”，到时候保证让您高高兴兴的。

【借给他个胆子】 断定他不敢怎样做。 例句 “那倒是，～让他反，他也不敢了。”（选自浩然《艳阳天》）

【借花献佛】 借用别人送的花献给菩萨。比喻拿别人的东西做人情。 例句 “今有人送极新鲜的山鸡，烫了吃，很好的，我就～了。”

（选自刘鹗《老残游记》）

【借钱容易开口难】 借钱时很难开口。指开口求人帮助是一件很伤自尊的事，特别难为情。

【借钱是朋友，讨债是冤家】 借钱时把你当朋友，你若讨要就成了冤家。这是遇到借钱不还的人，常常出现的结果。

【借听于聋，求道于盲】 向聋子打听话，向瞎子打问路。比喻所求非人，不会得到满意的答复。 出处 韩愈《答陈生书》（节选）："足下求速化之术，不于其人，乃以访愈，是所谓～，虽其请之勤勤，教之云云，未有见其得者也。"

【今冬麦盖三层被，来年枕着馒头睡】 意思是如果今年冬天雪下得大，麦苗上盖着厚厚的积雪，那么明年的小麦就可以丰收。

【今年人栽树，明年树养人】 意思是现在人们去栽种树，以后树就能给人带来收益。同"现在人栽树，来日树养人"。

【今秋雨水透，来年霜推后】 如果秋季雨水非常多，下透了地，就会推迟降霜的时间。

【今日不知来日事】 今后的事情不能预料。 出处 宋代·释印肃《偈颂三十首》其七：～，贪嗔痴爱度朝昏。披毛戴角更相互，岂识修真般若门。

【今日事今日做，自己事自己做】 今天的事情今天做完，不要拖到明天；自己的事情独立完成，不要去依赖别人。

【今日是金，明日是尘】 意指某些事物今天看起来很贵重，明天可能就不值钱了。 例句 这个东西不易保存，～，趁着行情好，抓紧卖出去。

【今天来客，往日有意；今天打架，往日有气】 意指人际交往，没有无缘无故的恩怨。

【今晚火烧云，明天晒死人】 意思是太阳西下时，云朵像火烧一样红，明日一定天晴。

【今夜星眨眼，明日必晴天】 如果今天晚上满天繁星，明天天气也晴朗。

【今朝有酒今朝醉】 出自唐代罗隐《自遣》一诗。今天有酒今天就一醉方休。指及时行乐，也比喻只顾眼前，不考虑将来。 例句 "僧多粥少，好事轮不着我们。最好的办法就是打打小麻将，～。"（选自王火《战争和人》）

【金瓜银瓜一条藤，红花绿叶一条根】 喻指人或事物利益相关，关系紧密。

【金钱买不到好名誉】 名誉是靠个人修养和努力奋斗得到的，是金钱买不到的。

【金钱如蒿草，名誉值千金】 意谓名誉比钱财更可贵。 例句 这事虽然能挣着钱，但说出去不好听。～。劝你还是三思而行。

【金娃配银娃，西葫芦配南瓜】 指男女双方条件差不多，才能相互般配。 例句 ～。什么样的人找什么样的人，结婚就得门当户对。

【金窝银窝，不如自己的穷窝】 比喻别处条件再好，也比不上在自己家里舒服自在。指人总是留恋着自己的故居。同“金窝银窝，不如自己的狗窝”。或也作“金窝银窝，比不上家乡的穷窝”。 例句 “穷家难离，热土难舍嘛！常言‘～’啊。”（选自杜鹏程《保卫延安》）

【金无足赤，人无完人】 没有纯而又纯的金子，也没有任何缺点都没有的人。比喻没有十全十美的事物。 例句 要用全面的观点对待英雄人物。～，任何历史人物都不可能绝对完美。（选自班永吉《历史虚无主义透视》）

【金屑虽贵，落眼成翳】 语出宋·普济《五灯会元·黄华运禅师法嗣》。翳：眼睛上生的膜。黄金的碎末虽然贵重，但落到眼里却会导致疾病。指事物的价值和作用都是相对的。 例句 “～。”再好的东西，也要看用在什么地方。如果用错了，反而会弄巧成拙，使有利变成有害。（选自古高祥《哲理的燧石》）

【金以刚折，水以柔全】 金属因它的坚硬而折断，水却因它的柔性而得以保全。比喻过于刚硬反而会伤害自身，显示柔弱有时反而是保全自己的最好方法。 出处 葛洪《抱朴子·广譬》（节选）：“～；山以高陊，谷以卑安。”

【金玉其外，败絮其中】 语出刘基《卖柑者言》。比喻外表很华美，而里面一团糟。 例句 思想是文章、讲话的灵魂和统帅，如果思想苍白无力，无论外在形式多么华美，也只能是～。（选自成其圣《以高度的党性自觉改文风》）

【金针出杆儿，夏至不远儿】 金针菜长出杆来，夏至时节也就快到了。

【紧紧让让吃不了，争争抢抢不够吃】 指在东西紧缺的情况下，大家都节省着点，谦让一点，也就够用了；如果开始争抢，就会多寡不均，有的人会用不上。

【紧紧手，年年有】 花钱时手紧一点儿，年年就有盈余。意指要节俭，不要大手大脚，这样经济就会宽裕。 例句 勤俭节约，就是要会“抠”。～。“抠”，作为方言，表示小气的意思，不被多数人喜欢。但放在各级政府机关，用在节俭上来说，“抠”却显得意义非同一般。（选自徐仁元《杜绝浪费就要勤俭持家》）

【紧提酒，慢打油，卖菜卖瓜秤抬头】 快速的装酒，慢慢的打油，卖菜卖瓜的时候让秤杆抬得高高的。这是商家既不让自己吃亏，又想获得顾客好感的小手段。

【紧走赶不上慢不歇】 紧走一阵就停停歇歇，总是落在走得慢而不停歇的人的后头。比喻做事持之以恒有韧性，比时干时停效果好。

【谨言慎行，立德之基】 指

言行谨慎，是培养良好品德的基础。　例句　“～。”培养良好的品德，要从言行谨慎着手。谨慎就是保持理智、清醒，增强自我克制能力。遇事多思深思，力求全面、周到。（选自庄向东《思想修养通信》）

【尽得忠来难尽孝】　指忠孝不能两全。多用于奉劝人应以国事公务为重。　出处　元·秦简夫《剪发待宾》（节选）：“母亲，今学士大人要领您孩儿上京应举去，争奈母亲年高，孩儿～，孩儿去好，不去好？”

【尽听拉拉蛄叫，别种庄稼了】　拉拉蛄：即蝼蛄，昆虫，生活在泥土中，昼伏夜出，吃农作物嫩茎。指拉拉蛄是农作物的大害虫，可农民不会听到拉拉蛄的叫声就不种庄稼。比喻不能因为有人议论指责，就不敢做事。同“种麦子甭听蝼蛄叫”。　出处　曹禺《日出》（节选）：“别听这个！‘～’，打扮打扮，回头好见客。”

【尽信书，不如无书】　出自《孟子·尽心下》：“尽信《书》，则不如无《书》。”书：原指《尚书》，后泛指书本。完全相信书，不如没有书。　例句　从来有学问的人都懂得：“～。”何况盲目地靠读古书，那能够解决什么问题呢？（选自马南邨《燕山夜话·共通的门径》）

【进门一把火，出门一把锁】　形容单身一人。　例句　因为里头人走了，刘社长家里的事情，完全靠他一人单干了。群众说他“～”。（选自周立波《山乡巨变》）

【进入夏至六月天，黄金季节要抢先】　到了夏至节，就进入了夏收、夏种、夏管的繁忙季节，节气不等人，时间紧迫，要抢着干活。

【进山不怕虎伤人，下海不怕龙缠身】　比喻要想干一件事，就不能惧怕干事可能存在的风险。　例句　面对这样的情况，党员干部不能“躲进小楼成一统，管他冬夏与春秋”，而是要以“～”的胆魄，挺起胸膛、直面矛盾、担当尽责。（选自张奇《淬炼“难不住、压不垮”的品格》）

【近火卧伤脑，近窗睡伤风】　睡眠不能靠近发热源，否则会头昏脑胀；也不能对着风口，否则容易伤风感冒。

【近来学得乌龟法，得缩头时且缩头】　指人应向乌龟学习，在局势不利的情况下，要懂得退让保护自己。　出处　《增广贤文》（节选）：“忍得一时之气，免得百日之忧。～。”

【近邻不可断，远友不可疏】　近处的邻居和远方的朋友都要保持联系，不要疏远，万一遇到难事，就会有人帮扶。

【近水楼台先得月，向阳花木早逢春】　靠近水边的楼台因为没有树木的遮挡，能先看到月亮的投影；而迎着阳光的花木，光照自然好得多，发芽就早。现常用“近水楼台先得月”，比喻由于接近某人或某物而处于首先获得好处的优越地位。　出处　宋·俞文豹《清夜录》（节选）：“范文正公镇钱塘，兵官皆被荐，独巡检苏麟不见录，乃献诗云：‘近水楼台先得月，向阳花木易逢春。’”

【近水知鱼性，近山识鸟音】 语出《增广贤文》。喻指靠近什么环境，时间一久，就会对环境里事物的特性有所了解。　例句　～。组织部门知事识人，就要多些“近距离”考察考核，到一线去、到群众中去，才能见微知著、由表及里地全面掌握干部的德才与实绩。

【近朱者赤，近墨者黑】　语出傅玄《太子少傅箴》。靠着朱砂的变红，靠着墨的变黑。比喻接近好人可以使人变好，接近坏人可以使人变坏。指客观环境对人有很大影响。　例句　“～。老爷既能作赋，小人岂不能作歌？”（选自无心子《金雀记·临任》）

【劲草能抗疾风卷，松柏可耐霜雪寒】　比喻精神坚韧、意志刚强的人，就像劲草松柏一样，能经得起严酷环境的考验和折磨。　例句　～。他就是劲草，他就是松柏，没有什么艰难险阻是他克服不了的。

【浸种出苗早，干种苗不齐】 播种前可以先对种子进行浸泡，这样能促进早出苗。

【禁暴戢奸，莫先于刑】　语出《辽史·刑法志上》。戢：禁止。指制止暴乱，禁止奸邪，没有比刑法更能奏效的。　例句　“～”。刑罚的功能就在于平息暴乱，遏制奸邪。因此，无论事态多么严重，罪犯多么嚣张，执法人员都应无所畏惧，从容镇定，迎难而上（选自方前汉《国徽在我心中》）

【京官不如外放】　旧指在京城做官不如在外地做官。因为在外受制约少，容易搜刮钱财。　例句　“～”，在中央做个部长，起码有三个人管他，国府主席、行政院长和副院长。到了东北，就变成独当一面，好像满清时候的藩王。（选自宋乔《侍卫官杂记》）

【经不起风吹浪打，算不得英雄好汉】　指经不起困难和挫折的考验，不是真正的英雄好汉。

【经常洒扫，瘟神逃跑】　经常洒水扫地，保持干净的环境，就会减少染瘟疫的机会。

【经常洗洗澡，增岁不增老】 经常沐浴泡澡，对人的健康来说是有益处的。

【经得广，知得多】　形容人经历多，阅历丰富，知道的事物就多。例句　他走南闯北，～。

【经纪向贩子，老婆向汉子】 向：偏向、向着。经纪：经纪人，是介绍买卖双方交易，以获取佣金的中间商人。经纪人谈判偏向经常打交道的商贩，老婆说话偏向自己的丈夫。表明在人际交往中，亲情和利益关系，是影响公平公正的重要因素。

也作“老婆向汉子，经纪向贩子”。例句　那天，瓜爷还当着买主和骆驼三说：“你俩记住，你瓜爷站起来五尺多高，在古城村也是条汉子。咱做事凭良心，‘～’的事，你瓜爷这辈子都不会干。”（选自张申东《瓜爷》）

【经济要想活，必须搞联合】　要想把国家或者某个地方的经济搞活，不能闭关自守，必须改革开放搞联合。　例句　～。经验证明，关起门搞建设是不能成功的。

【经商不懂行，必定要着忙】　经商之人如果不懂行业经营的种种门道，就必定忙碌无业绩，做不好生意。

【经师易求，人师难得】　语出《周书·列传第三十七》。能讲解经书的老师容易找到，能以人格品行影响学生，教育学生怎样做人的老师很难找到。强调老师对书本知识的精通固然重要，但更重要的是要有高尚的品格和德行。　例句　古人云：“～。”一个优秀的老师，应该是“经师”和“人师”的统一，既要精于“授业”、“解惑”，更要以“传道”为责任和使命。（选自习近平《做党和人民满意的好老师——同北京师范大学师生代表座谈时的讲话》）

【经是好经，让歪嘴和尚给念歪了】　借喻好主意或好政策，让心眼不正的人歪曲，或在执行中走样，办了坏事。也作“好经都让歪嘴和尚念歪了”“歪嘴和尚把好经给念歪了”等等。　例句　上面的政策是好的，但执行起来就走样了。就像人们常说的那样，～。

【惊蛰不耙地，好比蒸馍走了气】　如果惊蛰时节不进行耙地保墒，庄稼就如跑了气的蒸锅蒸不好馒头一样，也不会生长得好。与“惊蛰不犁地，不过三五日”义近。

【惊蛰十日地门开】　意思是惊蛰节气以后，就像打开了地门一样，蛰伏在土中冬眠的动物，纷纷从地底下爬出来，开始活动。

【惊蛰阳气升，治虫莫放松】　到了惊蛰节气，地下的温度开始升高，虫子也开始活动了，所以农事上要注意防虫治虫。

【精神到处文章老，学问深时意气平】　清代诗人石韫玉所撰写的对联。意思是思想成熟，文章自然深沉老到；学问深厚，气质自然优雅平和。

【精收细打，颗粒还家】　意思是精心收割，细心晒打，把每一粒粮食都收进仓库里。

【井干才知水可贵】　比喻某种东西在极缺而又急需的时候，才知道它的价值。

【井里打水往河里倒】　比喻白费力气，办事没有效率。　例句　汉王老在荥阳一带对付着霸王，把关中完全交给了萧何。……万一萧何壮大起来自立为王，那汉王不是～，白费力气吗？（选自林汉达《前后汉故事

新编》）

【**井里的蛤蟆酱里的蛆**】 喻指很自然很常见的现象，不值得大惊小怪。 例句 ～，这个对他来说早已司空见惯，根本就不是事儿。

【**井水不犯河水**】 比喻界限分明，互不相犯。 例句 “我和他‘～’，怎么就冲了他？”（选自曹雪芹《红楼梦》）

【**井水是个宝，前兆来得早**】 井水在地震前能够预警。因为地壳变化会导致井水变浑浊，如果发现这样的情况，就要考虑是不是要地震了。

【**井掏三遍吃甜水，人从三师武艺高**】 “三”是多次的意思。一口井多掏几遍就能喝上甜水；人多跟几位师傅学习，就能博采众长，学到高超的技艺。也作“井掏三遍吃好水，人从三师武艺高”。与“井淘三遍吃甜水，人识调教武艺高”义近。 例句 “俗话道：‘～。’往后儿，你要注意随时随地向识字的人学习，多认些老师。”（选自郭澄清《大刀记》）

【**井无压力不出油，人无压力轻飘飘**】 油井没有压力不会出油，人没有压力时就会心浮气躁，是不会有成绩的。 例句 正所谓“～”，一个人如果没什么压力，每天都做一些轻而易举就能完成的工作，那么就会处于相对漂浮的状态：看似过得快乐、没有烦恼，实则限制了个人发展与成长的可能性。（选自尹立成《在心底装几块“压舱石”》）

【**敬鬼神而远之**】 语出《论语·雍也》。原指对于鬼神之说，可以信，但要保持敬畏之心，不可有过于亲近的想法。后也用以表示对某事物虽尊重但有所顾虑不愿接近。 例句 绝大多数人对艾滋病人群是～，直接后果就是更多的艾滋病人不去治疗，从而形成更大的恶果。（选自阿静《透视中国的“艾滋”现状》）

【**敬酒不吃吃罚酒**】 比喻好好地劝说不听，用强迫的手段却接受了。 例句 夜莺：“怎么怎么，你不讲理，用绳子捆我。”阿福：“郎个怪我呢，是你自己～。”（选自聂绀弩《天亮了》）

【**敬神如神在，不敬不妨碍**】 敬神就要像神存在一样有诚意，不敬神神也不会怪罪。 出处 李准《黄河东流去》（节选）：“这祭祀祖宗，就是个心意。俗话说‘～’，水有源，树有根，人不能忘本。”

【**敬时爱日，非死不舍**】 语出《吕氏春秋·上农》。舍：放弃。慎守农时，爱惜光阴；不到死时，决不放弃事业。 例句 “～”，不单是指珍惜时间，同时也反映了一个人的敬业精神，一种执着的追求，持久的恒心，顽强的毅力等等。（选自周海泉《“敬业”刍议》）

【**敬贤当远色，治国先齐家**】 语出方孝孺《题严陵钓台》一诗。礼敬贤人就应该远离女色，要想治好国应该先治好家。

【敬一贤则众贤悦，诛一恶则众恶惧】 语出《群书治要·体论》。敬重一个贤人所有的贤人都会喜悦，惩处一个恶人所有的恶人都会畏惧。 例句 用人导向最重要、最根本、也最管用。“～。”（选自陈训秋《坚持抓住领导干部这个“关键少数”》）

【静中念虑澄澈，闲中气象从容】 念虑：心绪。澄澈：清澈，清亮透明。气象：人的精神风貌。宁静中心绪才会清澈如水，闲暇中神态才会沉着镇静。 出处 明·洪应明《菜根谭》（节选）：“静中念虑澄澈，见心之真体；闲中气象从容，识心之真机；淡中意趣冲夷，得心之真味。观心证道，无如此三者。”

【静坐常思己过，闲谈莫论人非】 沉静下来要经常自省自己的过失，闲谈的时候不要议论别人的不是。 例句 ～。这是叶挺的优点，也是他的缺点。（选自黎汝清《皖南事变》）

【镜子越擦越亮，脑子越用越灵】 只有多动脑，勤于思考，人才会变聪明。也有“武艺越学越精，脑子越用越灵”的说法。

【九个月长虫吃耗子，三个月耗子吃长虫】 长虫：蛇。耗子：老鼠。意思是一年之中，有九个月是蛇吃老鼠；因为蛇要冬眠，冬季的三个月是老鼠吃蛇。比喻强者也有被弱势一方制伏的时候。 出处 吴越《括苍山恩仇记》（节选）：“～。一年中尽管是百姓怕官家的时候居多，但也有那么几天，官家见了百姓就心惊胆战。”

【九尽杨花开，春耕早安排】 当数九结束、杨花开放的时候，需要及时安排春耕等农活了。另有“九尽杨花开，栽蒜种大麦”的说法。

【九九阴一冬温，九九晴一冬冷】 在重阳节这天，如果是阴天，那么冬天可能比较暖和；如果是晴天，那么冬天就可能比较寒冷。并无科学依据。

【九月九盼十三，十三不下一冬干】 大家都盼望着九月九这天多少下点雨，因为如果九月九重阳节无雨，九月十三也不下雨的话，那么预示着整个冬天都是干旱的。

【久病成医】 指病久了对医理就熟悉了。比喻对某方面的事见识多了，就能成为这方面的行家。 例句 还真的是～，他这个老病号，现在各科的医药护理知识都懂一点了。

【久病床前无孝子，久贫家中无贤妻】 指家中老人长期患病乃至卧床不起，儿女难免会有不耐烦的时候；家里长期贫困，妻子难免会有发牢骚的时候。

【久病孝子离，家兴出恶犬】 家中父母长时间卧病在床，或有子女将会远离；暴发户家里的狗，有可能狗仗人势会变凶。指家境的改变，会影响人情世态的改变。

【久旱西风更不雨，久雨东风更不晴】 干旱久了却又吹着西风，那便不会下雨；雨一直下着却又吹着东风，那便不会放晴。

【久交无狎语，绝交无恶言】 语出梁绍壬《论交》。狎：态度轻佻。长久交往不说轻佻的话语，断绝交往不说恶毒的话语。 例句 交朋友必须保持一条原则：“～。”不能“好的时候你我不分”，连人格尊重都不讲了；翻脸的时候又恶语伤人，什么事儿都往出抖。这种朋友最令人伤脑筋。（选自刘思丰《买卖不成仁义在》）

【久经大海难为水】 出自元稹《离思》一诗：“曾经沧海难为水，除却巫山不是云。”比喻见过大世面，小人物或小事情就不会在意。 例句 “我马之悦是～的人，比你们厉害的人我经的多了！”（选自浩然《艳阳天》）

【久练久熟，越练越熟】 即熟能生巧的意思。长期的练习做起来就熟练，熟练之后自然就会形成技巧。 例句 ～。只要勤奋努力，没有学不会的手艺。

【久晴大雾阴，久阴大雾晴】 天晴的时间久了忽然出现大雾，大雾过后有可能出现阴天；阴天时间长了出现大雾，过后有可能出现晴天。这种自然现象的成因为：长时间晴天，空气干燥，不易形成大雾，如果出现雾，说明有暖湿气流、冷空气即将来到。反之，长时间阴天后，出现大雾是因为阴雨过后夜间转晴产生辐射，冷却了潮湿空气出现的雾，雾消散后，便是晴天。

【久视伤血，久卧伤气，久坐伤肉，久立伤骨，久行伤筋】 指用眼过度或卧、坐、立、行过久，都会对身体造成伤害。 出处 《黄帝内经·素问·宣明五气篇》（节选）：“～，是谓五劳所伤。”

【久雨雷鸣，雨住天晴】 长久下雨听到雷声，预示着天将放晴。

【久雨听鸟声，不久天转晴】 鸟对天气变化比较敏感，雨天当鸟出来觅食，说明天气要转晴了。

【久住令人贱，频来亲也疏】 语出《增广贤文》。在别人家住久了，难免会被怠慢；频繁过来打扰，亲密程度就会下降，变得不受欢迎。或也作“久住令人嫌，频来亲也疏”。

【酒杯虽小淹死人，筷条不粗打断腰】 告诫人们不要贪恋酒肉贿赂。别人供你吃喝无非是有求于你，想从你这里得到需要的东西，最终吃亏的还是自己。

【酒病酒药医】 指由于喝酒而引起的病，可以用酒来医治。也泛指人从哪方面引出的问题，还得从哪方面着手解决。 出处 兰陵笑笑生《金瓶梅词话》（节选）：“～，就吃些何妨。我前日也有些嗓子痛，吃了几杯酒，倒也就好了。”

【酒不醉人人自醉，色不迷人人自迷】 酒本不是用来醉人的，是人贪酒自己喝醉的；女色本不是要迷惑人的，是人贪恋女色自己迷惑的。表明贪酒贪色，纵欲伤身，责任在人不能自控，而不在酒色。而“酒不醉人人自醉”有时也表示人并没有真醉，不过是装醉，借酒闹事。　例句　争奈“～”，才有欢爱之事，便有迷恋之人；才有迷恋之人，便有坑陷之局。（选自凌濛初《初刻拍案惊奇·赵司户千里遗音　苏小娟一诗正果》）

【酒多伤身，气大伤人】　指喝酒多了容易伤害身体，火气大或生气容易伤害别人或伤害自己。

【酒逢知己千杯少，话不投机半句多】　语出《名贤集》。喝酒遇到知己，喝多少杯都嫌少；两个人意见不合，说半句话都嫌多。　例句　果真～！以前我觉得人好就可以交朋友，听从长辈“朋友越多，路越好走”的理论，满世界认识人，然后想当然认为自己的朋友遍天下。但有些朋友真正生活渐渐有了交集之后，疲惫感油然而生。（选自怀左《三观不合，不必尬聊》）

【酒逢知己饮，诗向会人吟】　酒要和了解自己的人一起喝，诗要向懂得它的人吟诵。　出处　《增广贤文》（节选）：“～。相识满天下，知心能几人。”

【酒肉穿肠过，佛在心中坐】　意思是只要人心中常存着佛经教义，纵然不守清规戒律饮酒吃肉也不害事。指行善重在修养善心，不在形式。　例句　“酒家，咱出家人讲的是心诚则灵。常言说得好：‘～。’洒家敬佛以诚，不忌五荤。”（选自赵博《花和尚演义》）

【酒肉弟兄千个有，急难之中无一人】　有吃有喝时称兄道弟的酒肉朋友很多，失意落难时却无一个真正的朋友。告诫人们，酒肉朋友不可交。也作“酒肉兄弟千个有，急难之中无一人”。　例句　末世人心险薄，结交最难。平时酒杯往来，如兄若弟。一遇虱大的事，才有些利害相关，便尔我不相顾了。真个是：“～。”（选自冯梦龙《喻世明言·吴保安弃家赎友》）

【酒肉朋友，柴米夫妻】　朋友交往靠酒肉维持，夫妻生活靠柴米维持。指人际关系，必须有物质条件作基础才能建立。　例句　“没有油水的结果是：大人小孩的肚子全成了无底洞，月月粮食不够吃。‘～’，这句中国的古语，谁也不能说它没有一点道理。”（选自曹玉林《苏醒的原野》）

【酒肉朋友不可交，交来交去多烦恼】　意指只是在酒场上吃吃喝喝的朋友是靠不住的，遇事帮助不了你，就会让你心生怨气。

【酒肉朋友好找，患难之交难逢】　能在一起吃肉喝酒的所谓朋友很好找，但是能共患难的朋友很难遇见。　例句　～，关键时候还是这些真正的兄弟吧！有困难的时候，你那些酒肉朋友哪里去了？

【酒梢儿，醋根儿】　“酒稍子”是醇酒浓度不断下降，到后来只有十几度了，叫“酒稍子”。“醋根儿”也是指最后的醋。喻指最后凑合能用，品质或资质较差的物或人。　例句　正值用工旺季招不到人咋办？这几个腿脚不灵便的“～”凑合用吧！

【酒是穿肠毒药，色是刮骨钢刀】　指嗜酒好色都对身体健康有害。　出处　《酒色财气歌》（节选）：“～。财是下山猛虎，气是惹祸根苗。”

【酒是冬天的火】　酒性热，冬天适量饮酒可以起到御寒暖身的作用。

【酒香不怕巷子深】　如果酒酿得好，就是在很深的巷子里，也会有人闻香知味，慕名前来。引申为只要产品好，即使它处在一个很偏僻的位置，通过自身的优秀品质，总能使人们知道它。　例句　在互联网时代背景下，“～”的命题早已转变为“酒香也怕巷子深”。传承非遗既需要保护传统技艺，更需要不断拓宽非遗传播渠道。（选自苗春《数字化传播，让非遗更“潮”》）

【酒要少饮，事要多知】　指少喝酒，多知道事情，对人有益。也作“事要多知，酒要少喝”。　出处　元·郑廷玉《忍字记·楔子》（节选）：“酒勾了也。老的每说来：‘～’。”

【酒中不语真君子，财上分明大丈夫】　语出《增广贤文》。指在喝酒时不胡言乱语才是真正有修养的人，在钱财上分得很清楚才是能干大事的人。

【旧的不去，新的不来】　人在损坏或丢失东西之后的自我宽慰语，认为旧的没有了，只好被迫去买新的，坏事变成了好事。　例句　“这些东西你拣着摔，反正羊毛要出到羊身上。瓷器店有的是，～！”（选自李准《黄河东流去》）

【旧书不厌百回读】　语出苏轼《送安惇秀才失解西归》一诗。意思是一本旧书反复阅读，总有新的收获。　例句　字字究竟，句句勘破，方是读书，又要熟读。古人云：“读书百遍，其义自见。”又云：“～。”（选自俞成《萤雪丛说》）

【救兵如救火】　意思是军事救助非常关紧，一刻也不能耽误。　例句　“～，待奏朝廷发兵，杨将军等皆饿死于谷中矣。”（选自佚名《杨家府演义》）

【救寒无若重裘，止谤莫若自修】　御寒最有用的东西就是上等的皮衣，制止诽谤最好的办法是加强自身的品德修养。　出处　陈寿《三国志·魏志》（节选）：“昶为兄子及子作名字，皆依谦实，以见其意。遂书诫之曰：谚曰：‘～。’”

【救火须救灭，救人须救彻】　救火必须把火扑灭，救人必须救彻底。比喻做好事要做完、做彻底。　例句　说着，回头又向安公子道：“俗话说的：‘～。’……这岂不是我不曾提你出火坑来，反沉你到海

底去了么？”（选自文康《儿女英雄传》）

【救急不救穷，帮笨不帮懒】 救助急需要救助的人，而不去帮助一直贫穷的人；帮助遇到困难的人，而不帮助懒惰的人。指钱要用在急需的人身上，力气要花在值得帮助的人身上。

【救了落水狗，反被咬一口】 比喻出于怜悯对做过坏事、错事而遭难失势的人进行援助或解救，却反被其诬蔑或诬赖。 例句 想当初我好心好意地把你救出来，今天你居然如此对待我，真是“～”。

【救苗如救火】 指抗旱保秧苗就像救火一样，一刻也不能迟缓。

【救人须救急时无】 指救助别人，必须要救助别人急需的东西。 例句 “哥若有好心，常言道：‘～。’省的他嫂子日夜在屋里絮絮叨叨。”（选自兰陵笑笑生《金瓶梅》）

【救人一命，胜造七级浮屠】 浮屠：佛教建筑形式，即佛塔。指救人性命功德无量。为死去的人造塔，毕竟不如“救人一命”的功德更大，更有意义。 例句 “～。快去救他下来，强似取经拜佛。”（选自吴承恩《西游记》）

【救死扶伤是人道，经常锻炼赛好药】 抢救生命垂危的人，扶助受伤的人，是做人最基本的道义；锻炼身体做到经常化，保持身体健康，赛过用任何好药品。

【就坡下驴】 骑驴时从驴身上下来，让驴停在坡下边，人就很容易下到坡上，而不至于摔倒。喻指有台阶就顺势下，免得尴尬。 例句 张步云部本来死伤严重，更没想到八路军会突然反攻，霎时间防线崩溃，狼狈逃走。这一来，赵保原也就有了撤退理由，于是赶紧“～”，带着手下“趁势”败退。（选自贾晓明《大青杨村五支队痛击来犯之敌》）

【就着箅子捏窝窝】 箅子，蒸食物用的、有空隙、能起间隔作用的炊具。窝窝，指窝窝头。意思是就便乘势做某事。

【居上位而不骄，在下位而不忧】 语出《周易·乾·文言》。处在尊贵的位置而不骄傲，处在卑微的位置而不忧愁。 例句 党员干部应当摆正心态、不骄不躁，以敬畏之心对待权力，以冷静头脑对待捧场，像古人告诫的那样，～；像雷锋那样，坦荡做人，勤恳做事，始终以火一样的热情投入工作，努力在平凡岗位上做出不平凡的业绩。（选自巴山《把“冷板凳”坐好》）

【居移气，养移体】 语出《孟子·尽心上》。移：改变。居住环境改变人的精神面貌，供养条件改变人的体质状况。人随着地位待遇的变化而变化。 例句 籍贯之都鄙，固不能定本人之功罪，居处的文陋，却也影响于作家的神情。孟子曰：“～”，此之谓也。（选自鲁迅《“京派”与“海派”》）

【鞠躬尽瘁，死而后已】 语出诸葛亮《后出师表》。鞠躬：弯着身子，表示恭敬、谨慎。尽瘁：竭尽劳苦。已：停止。指不辞辛劳，勤勤恳恳，小心谨慎，竭尽全力，贡献出全部精神和力量，一直到死为止。后常被用于表示为了某项事业竭尽全力的忠诚精神。 例句 “小官僚”谋一己得失，为部门利益，事事计较，天天算计；而大政治家忧党忧国忧民，殚精竭虑，～。（选自崔斌《青年干部要炼大格局》）

【菊花开，麦出来；椿花开，吃烤麦】 菊花开放正值农历九月，是冬小麦发芽的时候；椿树开花正值春末夏初，是小麦即将成熟的时候，麦穗可以在火上烤着揉掉壳吃了。

【橘生淮南则为橘，生于淮北则为枳】 语出《晏子春秋》。橘树生长在淮南就是橘树，移植到淮河以北就变为了枳树。比喻同一事物因环境条件不同会发生变异。 例句 单纯的拿来主义是行不通的。“～”，更何况是一个国家的教育制度。（选自张烁《他们挑选这样的学生》）

【举大事者不忌小怨】 语出司马光《资治通鉴·汉纪》。干大事的人不会计较一些小的恩怨。 例句 朱鲔因参与过谋杀刘秀的哥哥的事，害怕刘秀复仇，犹豫不决。刘秀知道后，立即派人告诉他说：“～”，朱鲔若能投降，不仅决不加诛，还会保其现在的爵位，并对河盟誓，决不食言。（选自冷成金《刘秀“柔道”兴汉二三事》）

【举秀才，不知书；察孝廉，父别居】 语出葛洪《抱朴子·审举》。当上了秀才，却不会写字；被推举为孝廉，父亲却独自住在别处。讽刺东汉后期推举制度腐败盛行，举荐的人才多名不副实。 例句 如果定学位，评职称也要徇私情，开后门，看“情绪”，搞“恩宠”，弄得名实相乖，搞得非驴非马，闹出“～”的笑话也就不足为怪了。（选自朱国良《职称与称职》）

【惧法朝朝乐】 指知法畏法，不会犯法，自然就天天过着心安理得的和乐日子。 出处 清·石天基《传家宝》（节选）：“必须视律令所禁，凛如雷霆，刑罚所在，赫若鼎镬，庶可保全身家，以为太平之良民也。谚云‘～’，即是此义。”

【锯快不怕木头粗】 借喻有过硬的本领，困难大也能克服。也作“锯快不怕树粗”。与“斧快不怕木柴硬”意思相同。 例句 面对这个错综复杂的工程，李队长说，～，我们有这个实力，这项工程能够按时完工。

【锯响就有末】 只要锯子一动，就会有锯末（木屑）。借喻为只要行动起来就有效果。 例句 有句俗语：～。意思是只要动手干就能见效果。（选自李光辉《锯响就有末》）

【涓涓之水，可以成川】 细小的水流，可以积聚成大河。比喻积少成多，积聚细微之力，也可以形成排山倒海之势。 例句 正所谓“～”。我们每天的学习量虽然不大，但长期坚持下来，知识的积累就会非常丰富。

【倦鸟知还】 出自陶潜《归去来兮辞》：“云无心以出岫，鸟倦飞而知还。”指疲倦的鸟也知道返回自己的窝巢。比喻长时间在外地生活、年事已高的人，想要返回家乡，落叶归根。 例句 在外奔波了几十年，如今他也是～，愈发想念家乡。

【军爱民，民拥军，军民鱼水情谊深】 军队热爱人民，人民热爱军队，军民之间的感情像鱼和水一样，谁也离不开谁。 例句 当地的百姓为抢险的子弟兵送去了雨衣、牛奶、方便面和蚊香等物资，表达了“～”的浓浓爱意。

【军不斩不齐，将不严不整】 军队不杀罚违抗军令的人，行动不会一致；将领不严格要求，部队的步调不会统一。 出处 元·佚名《飞刀对箭》（节选）：“俺这里～。……大小三军，听吾将令：到来日甲马不得驰骤，金鼓不得乱鸣，不许交头接耳，不得语笑喧呼，但违令必当斩首!”

【军令如山倒】 指军事命令一旦下达，就像山倒下来一样，不可更改，不可商量，必须执行。 例句 盛清明站起身来，立一个正，玩笑地说：“～，卑职马上去执行。”（选自周立波《山乡巨变》）

【军令无私亲】 军中法令不容私情。 例句 “～。倘若失了大峪谷，你不要活着见我!”（选自姚雪垠《李自成》）

【军令重如山】 指军令一出，就像山一样不可动摇，不管谁都必须服从。 例句 “‘～’，我山寨的人，一定听梁将军将令而行。”（选自王汝涛《偏安恨》）

【军赏不逾月】 逾：超过。指军队中应该及时行赏，不宜拖延。也有“兵赏不逾日”的说法。 出处 班固《汉书·陈汤传》（节选）：“司马法曰‘～’，欲民速得为善之利也。”

【军无粮自乱】 指军队中要是没了口粮必然不打自乱。 例句 “多谢丞相，我想马上起程。常言道‘～’，粮草运不上去不行。”（选自袁阔成《赵子龙》）

【军无媒，中道回】 媒：媒介，指向导或内应。士兵去袭击敌方，若没有向导或内应，即使已经走到半路，也必须返回。又指军队前行时若没有向导指路，就到达不了目的地。 出处 《新唐书·高丽传》（节选）：“谚曰：‘～。’今男生兄弟阋很，为我乡导，虏之情伪，我尽知之，将忠士力，臣故曰必克。”

【军有头，将有主】 指任何地方都有领头主事的人。 出处 冯梦龙《喻世明言·临安里钱婆留发迹》（节选）：“常言：‘～。’尊卑上下，古之常礼。”

【军中无戏言】 军队中没有玩笑话。指军队中商议军机大事，郑重严肃，说话必负责任。 例句 孔明曰："只消三日，便可拜纳十万支箭。"瑜曰："~。"孔明曰："怎敢戏都督！"（选自罗贯中《三国演义》）

【君不密则失臣，臣不密则失身，几事不密则害成】 语出《周易·系辞》。几事：机密之事。意思是：做君主的说话不慎密，则失信于臣；做臣子的说话不慎密，就会失去性命；机密之事不慎密，就会形成祸患。

【君不正臣不忠，父不正子不孝】 国君不公正，朝臣就不会尽忠；父亲不正派，儿子就不会孝顺。例句 俗话说："~。"要想后代成为一位忠国孝亲之人，就要从自己的一言一行做起。

【君不正臣投外国，父不正子奔他乡】 国君无道，做臣子的就会投奔别国；父行邪恶，儿子就会离家出走。指在上者如果行为不端，在下者离开就理所当然。 例句 "我王岂不闻古人云：'~。'我王失其政事，不想褒州筑坛拜将之时。"（选自洪楩《清平山堂话本·张子房慕道记》）

【君臣如父子】 指旧时君主与臣子的关系好比父与子的关系。 出处 宋·周紫芝《读淮阴传》（节选）："淮阴一世豪，勋业满天地。晚节不自全，遗恨在百世。~，焉得置猜忌。"

【君无戏言，出口成律】 指君王说话要算话，因为话一出口就会像律条一样被认真对待。

【君子爱财，取之有道】 君子喜爱财物，但得到财物的方式一定是合乎道义的。 出处 《增广贤文》（节选）："~。贞妇爱色，纳之以礼。

【君子报仇，十年不晚】 指有志之士报仇雪恨可等待时机再动手，没有成算就不必操之过急。 例句 "孩子，~！你把这笔账牢牢地记在心里！"（选自张孟良《儿女风尘记》）

【君子报仇三年，小人报仇眼前】 怀有心计的人，报仇等待有利时机；性急无远见的人，报仇只要快，不考虑时机是否有利。 例句 再旺怪长儿先前赢了他十二文钱就要走，今番正好出气。~。怎么还肯把这文钱借他？（选自冯梦龙《醒世恒言·一文钱小隙造奇冤》）

【君子不吃无名之食】 有品德的人不随便接受来历不明、不明不白的馈赠或食物。强调了君子应有的道德操守和自律精神。 例句 "你不说明，我也不吃。常言说的好：~。"（选自兰陵笑笑生《金瓶梅词话》）

【君子不跟命争】 君子对无能为力之事，会安时顺命。 例句 "自从领弟离乡以后，十多年来，我的生活里，缺少的，多余的，

都是明情的事。我认命，‘～’嘛。我只求个安宁、顺心就行啦。”（选自王汪《孤城残夜》）

【君子不跟牛致气】 指有道德修养的人，不会去和那些执拗无知的人争高论低，一般见识。也作“君子不跟牛治气”。 例句 “算了算了！～”，常景春白了辛凤鸣一眼，忙掏出一包撕破口的大鸡牌香烟，只抽出一支来，送到贾正手里：“抽吧！抽吧！这是我最后的一包胜利品了。”（选自冯志《敌后武工队》）

【君子不计小人过，宰相肚里能撑船】 比喻大人有大量，不计较小人物的过失，有着像江海一般宽阔的胸襟。也作“大人不计小人过，宰相肚里能撑船”。 例句 小李因为说错了话导致刘经理的客户毁约，因此小李特别不好意思地跟经理道歉：您～，不要跟我这不懂事的学徒工计较。

【君子不开口，神仙猜不透】 指某个人如果不开口说话，再聪明的人也不知道他内心的想法。 例句 罗汝明也哈哈大笑，在心里说：“来了!来了!我没喝醉，别想掏出我的实话。～。”（选自姚雪垠《李自成》）

【君子不立于危墙之下】 语出《孟子·尽心上》。字面意思是君子不站在将要倒塌的墙壁下面。喻指君子不会将自己置身于危险境地，会及时避开。 例句 房地产行业未来会很危险，～，我们还是先离开这个行业，不然不知什么时候就会出事情。

【君子不畏虎，独畏谗夫之口】 谗夫：在人面前说别人坏话的人。君子不怕老虎，唯独害怕搬弄是非之人的那张嘴。意在说明“谗夫”比能吃人老虎的危害还大。 出处 王充《论衡·言毒》（节选）：“故～。谗夫之口，为毒大矣！”

【君子成人之美】 语出《论语·颜渊》。意思是君子乐意促成他人的好事。 例句 ～，其实也在成全自己的幸福。（选自汪冰《跟孔子学幸福》）

【君子当权持正，小人得势欺人】 指品性高贵，心地善良，谦让有度之人掌握权力就会秉持正义；生性龌龊，阴险狡诈，心胸狭窄之人掌握权力就会欺负弱小者。 例句 你看他这飞扬跋扈的样子，真应了那句话“～”。这才当官几天呀？！

【君子得位，则斥小人；小人得势，则排君子】 品格高尚的人得到官位，就排斥小人；品格低劣的人得到权势，就排斥君子。指君子和小人不能共处。 出处 司马光《资治通鉴·唐文宗大和八年》（节选）：“夫君子小人之不相容，犹冰炭之不可同器而处也。故～。此自然之理也。”

【君子得志行其道，小人得志扬其势】 君子得了权位之后，会推行他的主张，发扬他的君子之风；小人得了权位之后，会张扬他的威势，显摆他的威风。 例句 ～。小人得志在老孙这里表现得淋漓尽致，自从提上副科后，直接就对手下立威，制定各种只有自己认可的规矩。

【君子动口不动手】 君子只用口来说理争辩，而不以拳头相向。 例句 无产阶级政党一般地还是要有两条，~，第一条；第二条，小人要动手，老子也动手。（选自毛泽东《做革命的促进派》）

【君子固穷，小人穷斯滥矣】 君子即便身处逆境，也会固守内心的操守；小人穷困，便会胡作非为。 出处 《论语·卫灵公》（节选）："在陈绝粮，从者病，莫能兴。子路愠见曰：'君子亦有穷乎？'子曰：'~。'"

【君子挟才以为善，小人挟才以为恶】 语出司马光《资治通鉴·周纪威烈王二十三年论》。挟：倚仗，凭仗。君子凭着自己的才能做好事，小人仗着自己的才能做坏事。 例句 除了健康的身体素质和良好的智力、知识结构这些充分条件外，思想意识和道德品质往往具有决定性的作用。这正如宋代史学家司马光所说："~。"（选自阎纲《领悟人生》）

【君子检身，常若有过】 语出《亢仓子·训道篇》。君子检点自身，常常像有过失一样。表示人应严于律己，就像自己有过失一样严肃认真。 例句 审慎是基本素养。人不要怕犯错，但要知道哪里犯错。所以要"~"，所以要"如履薄冰，如临深渊"。（选自原青《修心治身 为政之基》）

【君子交绝不出恶声】 君子在与人断绝交往时不会口出恶言。这就是所谓的君子风度。 出处 乐毅《报燕王书》（节选）："臣闻古之~；忠臣之去也，不洁其名。"

【君子居之，何陋之有】 语出《论语·子罕》。意思是有君子去居住，又怎么会闭塞落后呢？对于君子而言，他坚定的信念或智慧是不会被环境所左右的，相反地，他会以自身的修为及能力去改变所处的环境，甚至带动环境往良性的、美善的方向去发展。这句话可作为身居陋室者的解嘲语。 例句 刘氏写陋室，实为寄情志。内心少狂欲，无论之何方，皆适得其所。孔子尝曰："~？"（选自马力《陋室本色》）

【君子乐得为君子，小人枉自为小人】 君子自愿主动做君子，陶冶自己的身心；小人白白地做了小人，对人对己都没好处。 出处 《聊斋志异·库官》但评："如张公不过受馈遗耳，非受贿枉法之可比也；然犹且准其应得之数而折除之，况有甚于此者乎？谚有之：'~。'清夜思之，味乎其言。"

【君子群而不党，小人党而不群】 君子因共同爱好或志向而合群，但不结党谋取私利。小人因私利而结党，拉帮结派，做损人利己的事。

【君子坦荡荡，小人常戚戚】 语出《论语·述而》。戚：悲戚忧伤。君子总是胸怀坦荡，开朗乐观；小人经常患得患失，悲悲戚戚。 例句 总之，“～”，能守中和的人是会健康快乐的，他也是会给家人，给同事，给自己周围的其他人都带来他的这份健康和快乐的！（选自宁平《贵乎中和》）

【君子无故，玉不去身】 语出《礼记·玉藻》。君子如果没有特殊原因，不让佩玉离开身体。君子佩玉可以检点自己的行为动作是否合礼，同时也是一种有德的象征。 例句 人们佩玉，以玉修身示德，至今不少人仍沿袭着“～”的古训。（选自楚小侠《神秘古玉魅力无限》）

【君子一言，快马一鞭】 比喻做事一言为定，决不反悔。与“君子一言，驷马难追”义近。 例句 ～，人而无信，不知其可也。（选自兰陵笑笑生《金瓶梅词话》）

【君子一言，重于九鼎】 九鼎：传说夏禹铸九鼎，象征九州。形容大丈夫说话算话，极有分量。 例句 俗话说：“～。”你是个男人，怎能出尔反尔？

【君子以行言，小人以舌言】 语出《孔子家语·颜回》。以：用。君子用行动说话，小人用舌头说话。例句 按理来说，李仲华自有其不得已之苦衷，并非有意隐瞒其身世来历，可是在别人心中想法并不如此。～。燕雷等这些小人，却以舌度人。（选自樵子《丹青引》）

【君子用人如器，各取所长】 语出司马光《资治通鉴》卷第一百九十二。意思是君子使用人才就像使用器物一样，要用他们各自的长处。 例句 矫正“选才”偏见，需要树立辩证的人才观。“～。”各级领导和机关只有成为慧眼识才的“伯乐”，以开放、包容的姿态广开贤路、爱才惜才，把那些德才兼备、业绩突出、具有发展潜力的青年科技人才选拔出来、使用起来，才能进一步汇聚起助推发展的强大合力。（选自陈树浴《让青年科技人才挑大梁当主角》）

【君子有容人之量，小人存嫉妒之心】 指君子有宽宏容人的气度，小人则经常嫉贤妒能。

【君子喻于义，小人喻于利】 语出《论语·里仁》。喻：通晓。君子通晓道义，小人通晓利益。具体来说，就是君子与小人价值取向不同，君子于事必辨其是非，小人于事必计其利害。君子看重道义，小人看重利益。 例句 ～，这是中国古代传统的价值法则。（选自阎真《为知识分子画心》）

【君子之德风，小人之德草，草上之风，必偃】 语出《论语·颜渊》。意思是：在位者的道德像风，百姓的道德像草，风吹到草上，草就随着风倾倒。这里说的是上行下效的道理，当政者应该以自己良好的德行影响百姓。 例句 “～。”对于《论语》中的这句话，人们向来用以评价官员，希望官员在道德建设中承担更多责任，有更多的道德自觉。同样的期许，也被赋予在为人师表者身上。（选自乔杉《教授秀错场必被“笑场”》）

【君子之交淡如水】 君子之间以道义相合而交往，不存在功利之想，没有相互利用关系，彼此清清爽爽，淡如清水。 例句 一面说、一面拉着心印，进来客厅坐下。心印道：“～。淡则迹疏而可久，浓则情纵而难长。”（选自魏秀仁《花月痕》）

【君子尊贤而容众，嘉善而矜不能。】 语出《论语·子张》。嘉：褒扬。矜：怜恤，同情。君子尊重贤人，也容纳普通的人；赞美有能力的人，也同情能力差的人。也就是说，在人际交往中，应该持大度宽容的心态，从心里尊重任何一个人。不傲慢、不妒忌、不轻视。 例句 孔子说：“～。”在西方，柏拉图将“哲学王”治理尊为最理想的治理选择，与我国古代的贤能之治异曲同工。（选自王利明《善治是法治之目标》）

K

【开弓没有回头箭】 比喻事情一旦开始，就没有回头的余地。 例句 “～”。改作风，不能退也退不起，不能输也输不起，必须以壮士断腕、破釜沉舟的决然和断然，真抓实干，务求实效。（选自夏忠《改作风“开弓没有回头箭”》）

【开卷之初，当以奇句夺目，使之一见而惊】 意思是作品的开头非常重要，好的开头醒目提神，让人一见难忘，欲罢不能。 出处 李渔《闲情偶记·大收煞》（节选）：“～，不敢弃去。此一法也。”

【开空头支票】 开不能兑现的支票。常比喻不能实现的空话或许诺。 例句 “告诉你说吧，这两年，咱们的马主任是想吃鱼又怕腥，想偷汉子又害羞，光给我们～，不办真事儿，要这样，我们还怎么拥护他呀!”（选自浩然《艳阳天》）

【开锣容易收场难】 开锣：表演开始。收场：表演结束。比喻事情开头容易，但要有好的结局却十分困难。 例句 “五爷有所不知，非是小的没有办法，怎奈这件事大，闹将

起来，怕是如变戏法一样，～，故此小的不敢多言。”（选自秋梦侠《飞侠剑客》）

【开门见三物，家败人难旺】 指进门不能见到镜子、厨房、厕所。或说指大门口不要对三种地方：丁字路口、垃圾场、屠宰场。是风水学上讲究的忌讳。从环境美学的角度看，也不无道理。

【开起庙门敬不起神】 比喻大的开支一笔能支付，小的开支没完没了却付不起。 例句 这前期的一次性投入还好说，但后面的维护保养可是长期的。所以还得研究研究，就怕～呀!

【开水不响，响水不开】 喻指有真才实学的不会自我吹嘘；自我夸口的，不一定有真本事。 例句 人家都说～，像小张这样整天胡吹八拉的人，还真是没看出他有啥真本事。

【开头哈哈笑，不如最后微微笑】 指人际交往或谈生意，开始的时候交谈甚欢哈哈大笑，并不一定真能办成事情；而往往最后微微一笑，不事张扬的，虽然没有明说，可能基本确定已经成功。

【砍不尽的南山竹，烧不死的芭蕉根】 比喻生生不息、前仆后继的顽强精神。 出处 现代京剧《杜鹃山》（节选）：“杜妈妈：（刚强地）孩子！～！（扶起雷刚）我丈夫死了，有儿子。儿子死了，还有孙子。他叫小山，交给你们，磨筋炼骨，报仇雪恨！”

【砍草的没好的，不是溜瓜就是摸枣的】 旧时农村少年常在砍草时，偷摘个瓜枣啥的馋馋嘴。 例句 ～，别看他们装模作样跟干活的一样，他们的背包背篓都是暗度陈仓的工具。

【砍柴砍小头，问路问老头】 砍柴要砍树枝的小头，不影响树的生长；问路要问年岁大的人，熟悉路况不哄骗。

【砍柴上山，捉鸟上树】 要想得到什么，就必须找对门路，确定目标，不可盲目乱干。 例句 “让一部分人先富起来，这可不是我瞎编，是印上书了的。‘～’，长途贩运不算是投机倒把。”（选自莫伸《生命在凝聚·三岔镇风波》）

【砍倒大树有柴烧】 比喻朝着大的经济目标下手，自然就能得到很多附带的利益。 例句 这“吕家漆店”本是县里有名的一家大行，专门从山里采购生漆往上海一带运销。陆胡理想着：“～”，纵然没有别的东西，扛走两桶漆也值几十元。（选自李准《黄河东流去》）

【砍头如同风吹帽】 指为了理想可以牺牲个人的一切，看待砍头就如大风吹掉帽子一样不以为意。 出处 彭湃《李盖凡：砍头如同风吹帽》（节选）：“当时，许多革命人士闻讯疏散隐蔽，李盖凡仍坚持工作。群众劝他躲一躲，他笑着说：‘～，坐牢好比坐花园；革命不怕死，怕死不忠诚。’”

【看菜吃饭，量体裁衣】 比喻依据现有的条件做事，根据实际情况采取相应的行动和对策。 例句 “～。”我们无论做什么事都要看情形办事。（选自毛泽东《反对党八股》）

【看到眼里拔不出来了】 嗔怪人死盯着某个目标看。 例句 小明一直盯着人家姑娘看，小强笑着捅了他一下：“看什么看，～啊！”

【看风使舵常顺利，随机应变信如神】 根据客观情况的发展变化，适时调整自己的对策和行动，才能顺利办事。 例句 俗话说：“～。”你们的经历已经证明你们选择有误，应该适时调整自己的目标了。

【看风水的没好坟儿，当木匠的没好门儿】 原指旧时劳动者吃苦受累，却不能享受自己的劳动成果。现可喻指专业人士享受不到自己专业带来的好处。 例句 “～”，你成天给人家量体裁衣，自己却穿得这么不讲究。

【看闺女敬女婿，看儿子敬媳妇】 意思是为了女儿要敬重女婿，为了儿子要敬重儿媳。这是家中长辈要想处理好与晚辈的关系，应该采取的姿态。

【看花容易绣花难】 欣赏花容易，而一旦自己动手绣花就不那么容易了。喻指有些事情作为旁观者看起来似乎很容易，实际亲手做起来则并不容易。同“看事容易做事难”。 例句 ～。以前看别人开店挣钱就想着自己干，真正自己干了，才知道这并不是简单的事儿。

【看景不如听景】 亲临其境地观看景物，不如听人介绍那么吸引人。另有“看景不如听景，听景不如消停”一说。 例句 宝钗道：“听琴儿一说，就好上天了。人常说：‘～’”。宝琴不容她说完，便笑道：“那是她没有见过好景致。”（选自张之《红楼梦新补》）

【看热闹不嫌事大】 围观的人只嫌事情闹得不够大。反映了一种把别人的不幸当消遣娱乐的阴暗冷漠心态。 例句 统治者想怂恿大师们唱对台戏，邀请他们同时为大厅两翼画壁画，这一时成了最大的社会新闻。大众当然～，喝彩者有，各自拥趸两边撺掇者有；一时间到处架秧子起哄、成了佛罗伦萨一大盛事。（选自海龙《达芬奇斗画》）

【看人看心，听话听音】 指看人要看这个人心肠的好坏，听话要留心言外之意。 例句 “百安，～，我看着，道满那心对你是热的，道德这话对你是烫的，我全赞成。”（选自浩然《艳阳天》）

【看人下菜碟】 指招待客人，根据客人身份地位的不同，安排不同的菜肴。多用来形容对人不能一视同仁的势利眼做法。也作“看人下菜”“见人下菜碟儿”。 例句 “我家里下三等奴才也比你高贵些的，你都会～儿。宝玉要给东西，你拦在头里，莫不是要了你的了？拿

这个哄他，你只当他不认得呢！”（选自曹雪芹《红楼梦》）

【看似寻常最奇崛，成如容易却艰辛】 语出王安石《题张司业》一诗。奇崛：独特不凡。原是对张籍乐府诗的赞美。后也用以表示，看似“寻常”的东西，不可轻视，不可忽视，其“奇崛”可能就隐藏在看似平常的外表中；有些事情的成功看似很容易，其实却经过了艰辛的奋斗历程。 例句 “～。”用大白话讲清大道理，不仅是文风改进的要求，更是思想作风和工作作风改进的要求。练就这样的大本事，需要我们付出艰辛的努力。（选自闻理《以大白话讲清大道理是大本事》）

【看书如服药，药多力自行】 语出陈秀明《东坡文谈录》。读书就像吃药，能坚持“服药”，自然见效。指读书在于勤读博览。

【看树看根，看人看心】 看树木好坏要看树根如何，看人好坏要看心地如何。 例句 ～，经商做买卖寻找长期合作伙伴，必须注重人品，看心性，一锤子买卖就不用考虑这么多。

【看鹰看它的翅膀，看人看他的行为】 翅膀是体现鹰能力强弱的关键部位，为人做事的行为是表现人品和能力的关键。 例句 ～。从这人的行事作风，你还看不出他是个什么人吗？

【看着星星想月亮】 比喻贪心不足，得寸进尺。 例句 老汉说：“你能调拨着咱互助组永不散伙，就上了天啦!哼，买牛哩，真是～!”（选自康濯《买牛记》）

【慷慨捐躯易，从容就义难】 意思是慷慨激昂地献出生命比较容易，沉着镇静地为正义而牺牲则比较困难。 例句 “古人云：‘～。’女子而能从容就义，岂非可诵传？”（选自杜纲《娱目醒心编》）

【扛得住涅槃之痛，才配得上重生之美】 传说凤凰浴火燃烧，向死而生，在火中燃烧后重生重现，并得到永生。这就是所谓的“凤凰涅槃”。喻指熬过了艰难和痛苦，才能享受成功的喜悦。

【炕上养虎，家中养盗】 喻指养育、包庇恶人。 例句 “你的人道主义，就等于是～，等养壮了，虎会回过头来张开大嘴吃你，盗会拿起刀来杀你!”（选自梁斌《红旗谱》）

【靠大树草不沾霜】 长在大树下的草，不受霜侵。比喻靠着有权势者的庇护，没有人敢欺侮。 出处 西周生《醒世姻缘传》（节选）：“人都说他是陈公的伙计，谁敢惹他？他过着‘～’的日子，那晓得以外的光景？”

【靠人不如靠独立，求人不如求自己】 依靠别人不如依靠自己，乞求别人不如自己行动起来。 例句 ～。与其到处找关系谋职，还不如发挥自己的专业特长，自己创业呢！

【靠山不可枉费柴，靠河不可枉费水】 指即使面对物资充足的环境和条件，也不能随意浪费。 例句 困难时，妈妈嘴边的话是“粒米不成面”“成物不可损坏”。富裕后，妈妈常说的话是“~”，告戒我永远不要忘记困难的过去。（选自孙洪林《妈妈留给我的宝贵遗产》）

【靠山吃山，靠水吃水】 指自己所在的地方有什么条件，就依靠什么条件生活。指根据自己现有的条件，因地制宜。或也作“靠山吃山，靠水吃水；淹了吃鱼，旱了吃蚂蚱”。 例句 长期以来，“~”，是我国许多地方发展的基础。这没有错，关键是如何“吃”。若吃法正确，这山、这水就能一直吃下去。若吃法不正确，这山、这水不让再吃不说，还会让人尝到苦果。（选自马新萍《“靠山吃山”怎么“吃”？》）

【靠山的不怕没柴烧，靠水的不怕缺鱼吃】 靠山就有柴烧，靠水就有鱼吃。比喻身边什么资源丰富，生活中就不会缺什么。 例句 丈母娘也是爱寻快乐的，搬进城住在他的镶牙馆里。常言说：~，他媳妇儿和丈母娘都包上黄澄澄的满口金牙。（选自李满天《水向东流》）

【靠山山倒，靠河河干】 指人不走运，指望靠什么生活，结果总是出意外。也喻指别人指望不上。也作“靠山山会倒，靠水水会流”。 例句 “~”。无论我们依赖什么作为我们的支持或保障，都有可能存在风险或变化。在生活的道路上，我们唯一可以倚仗的就是自己。

【靠着大河有水吃，靠着大树有柴烧】 喻指依靠有权势的人，就可以得到相关的利益；或依靠有利的资源环境，日子好过。 例句 冯大有慑起眼睛说：“哪里？我也姓冯，~，冯家大院里有个财主，我冯大有吃了什么亏了？”（选自梁斌《播火记》）

【苛政猛于虎】 语出《礼记·檀弓下》。苛政：指繁重的赋税、苛刻的法令。苛刻的暴政比老虎还厉害。 例句 纵观中国历史，凡盛世往往都用“居敬行简”的办法，轻徭薄赋、让百姓休养生息。而那些衰亡的王朝都是烦民扰民多，所谓~。（选自李克强《在全国推进简政放权放管结合职能转变工作电视电话会议上的讲话》）

【科学出智慧，知识是力量】 科学知识能够丰富人的思想，能够让人更聪明。我们获得知识，通过思考，就能解决我们以前所不知道的很多问题，这时候，知识就是力量的一种。 例句 ~。只有学习先进的科学知识才能成就自己的未来。

【可怜之人必有可恨之处】 一个人让自己落到让人同情的地步，一定是出于自身的原因或是某种恶习，或是之前的过错造成；知道自己错了还屡教不改和咎由自取即是此类人的可恨之处。 例句 “作品发表后，有一些女性读者觉得，何必对女主人公这样刻薄。”理由在王海鸰看来则十分简单：~，“如果一味任由她去当怨妇，事情根本得不到解决，所谓哀其不幸怒其不争吧。”（选自上官云《王海鸰“婚恋小说第一人”》）

【可食以酒肉者，可随以鞭捶】 食（sì）：拿东西给人吃。鞭捶：鞭子。可以用酒肉来诱惑的人，也可以随后用鞭子抽打。也就是说，一个人不能洁身自好，能被人用物欲诱惑，说明他已丧失了自尊。所以，为了满足物欲，即使用鞭子抽他，他也不以为耻。 **出处** 刘向《烈女传·楚老莱妻》（节选）：“妾闻之：~。可授以官禄者，可随以鈇钺。今先生食人酒肉，授人官禄，为人所制也。能免于患乎！”

【可望而不可即】 即：靠近，接触。看似可以到达而实际上很难达到或不能接近。也作“可望而不可及”。 **例句** 他理想中的“绿色小岛”，虽然曾在黑浪中涌现出来，但一个既已被罡风吹沉，另一个却像“海上三神山”，只是~了。（选自茅盾《色盲》）

【可以不用，不可不学】 宁愿学到武功或知识不用，也不要到需要用的时候还没学。同“宁可学之不（无）用，不可用时未（无）学。”“宁可学而不用，不可用而不会”。 **例句** 现在很多学生说学的东西没用，这样理解很错误，生活如此艰难，不知哪里能用哪些知识，因此但凡能学到的知识，都要学习，不定什么时候就能用到，~啊！

【可着屁股裁褯子】 可着：就着，根据。褯（jiè）子：方言，婴儿的尿布，一般用布或旧衣服剪裁而成。意思是按照屁股的大小裁尿布，不多用一点儿材料，没宽裕。喻指一点儿富余也没有。 **例句** 王木匠告诉小马说：“下料时应多下一点儿，四外边多留点儿，到时候还得刨呢，别~，没宽裕。”

【渴时一点如甘露，醉后添杯不如无】 口渴时，饮一滴水也如同得了甘露一般；酒醉后再添酒还不如不添。比喻急切需要时，帮助点滴都非常珍贵；在已经多到成负担时，再给就不如不给。 **出处** 洪楩《清平山堂话本·杨温拦路虎传》（节选）：“求人须求大丈夫，济人须济急时无。~。”

【客不离货，财不露白】 “白”，银子的代称。在外旅行的人不能随便离开自己的行李，随身携带的钱财也不要在人前轻易显露。也就是防人之心不可无的意思。

【客不走，主不安】 客人不走，主人不能安歇。常用于做客离开时，向主人告辞的客套话。 **例句** 那我们就告辞了。~。你们也早点休息吧！

【客来不立起，主人不懂礼】 说的是待客的礼节。见客人来了，主人不站起来打招呼，是很不礼貌的行为。

【客来主不顾，应恐是痴人】 语出《增广贤文》。说的是待客的礼节。主人见客人来了不打招呼，也许是痴呆的人吧。也就是说，是正常人都应主动打招呼。

【肯在热灶里烧火，不肯在冷灶里添柴】 比喻非常势利，巴结权贵，不愿理睬失势、落魄的人。 例句 "你爹是～。他见韦郎今日富贵，又是接代的官，自然以女婿妆模样，自会对付。"（选自天然痴叟《石点头》）

【空对空没人听，实打实受欢迎】 空洞不着边际的话没人愿意听，实实在在的人受人欢迎。指人说话要实诚。

【空中无风树不摇，天不下雨地不潮】 比喻事出必有因。任何事物的变化、变动，都有其内部和外部的原因。与"风不吹不响，树不摇不动""风不来，树不动；船不摇，水不浑"意思相近。 例句 ～。既然外面有风言风语，你就应该自己反省反省，是不是有不检点的地方。

【孔雀美丽看花翎，人的品德看言行】 一根根花翎组合在一起，构成了孔雀的美丽；一点一滴的言行持续，形成了人的品德。所以，一个人的内在品质如何，很多时候可以从他做事情的细节上观察出来。 例句 ～。从那姑娘的言行举止上，你还看不出她是个什么样的人吗？

【口惠而实不至】 语出《礼记·表记》。口头答应给人好处，但没有实际行动。 例句 西方的援助承诺～，那些"由变生乱"的国家普遍面临日益严重的经济困难。（选自李伟建《"颜色革命"酿苦果"由变生乱"不胜愁》）

【口里蜜罐子，心里蒜瓣子】 形容嘴上说得很甜蜜，但内心里却很毒辣。 例句 谁还不知道她那个人？"～"。别看嘴上说得好，什么恶心事情都做得出来。

【口齐不如心齐】 合作干事情需要齐心合力，口号喊得整齐不管用，心往一处想，力往一处使才能合作成功。 例句 干工作口号喊得山响也没用，～，各有各的主意啥事也干不成。

【口善心不善，枉把弥陀念】 如果心地不善良，行为上做坏事，嘴上说的再好也没用，念多少遍经文也是没用的。 例句 "～"。别看她也烧香拜佛，可自私贪婪得很，哄骗敛财从不手软。

【口是祸之门，舌是斩身刀】 意指说话不慎会招惹是非甚至灾祸。 例句 只因这老狗失志，说了这几句言语，况兼两个儿子又是愚蠢之人，不省法度的。正是：～。闭口深藏舌，安身处处牢。（选自冯梦龙《喻世明言·沈小官一鸟害七命》）

【口说为虚，落笔为实】 指合同口说无凭，签字为准，有法律效力。也作"说话为空，落笔为实"。 例句 有合同吗？不签合同怎么行，～嘛。

【枯木逢春犹再发，人无两度再少年】 语出《增广贤文》。落叶的树木等到来年春天还会再次发芽，可是人生却不会有两次少年时光。指要珍惜青春时光，年轻时光虚度了，就再也弥补不了了。

【枯树没果实，空话没价值】 比喻不讲实际的空话就像不结果实的果树一样毫无用处。

【哭不得笑不得】 哭也不是，笑也不是。形容非常尴尬，不知该怎么办好。 例句 由哪面儿看，巡警都活该是鼓着腮帮子充胖子而教人~的。（选自老舍《我这一辈子》）

【哭了半天，还不知道是谁死了】 看到别人哭，就随着哭，也不问是谁死了。讽刺不清楚是什么事情什么原因，糊涂做事或乱发议论，最后闹了笑话。或也作“哭一回还不知道是谁死了”。 例句 “真是大马虎，~！我们说的是分麦子的事儿！”（选自浩然《艳阳天》）

【苦海无边，回头是岸】 语出《朱子语类》。原是佛教用语。苦海，指深重的苦难。岸，指彼岸。佛教把得到正果称作到达彼岸。比喻做坏事的人，只要弃恶从善，就会有出路。 例句 佛教有“~”的梵语，先前运动有“坦白从宽，抗拒从严”的说法，那些存在大大小小贪腐问题的当事人，应该放下臭架子认清现实，向人民低头认罪才是唯一出路。（选自杨花花《干扰组织审查不过是“垂死挣扎”》）

【苦莫苦于多愿。悲莫悲于精散】 痛苦中最痛苦的是欲望太多，悲哀中最悲哀的是精神离散。人的欲望一多，就总觉得不满足，因此而烦恼痛苦不已；人的精神离散就失去了生活的目标，这是最为可悲的，即所谓“哀莫大于心死”。 出处 黄石公《素书·本德宗道章》（节选）：“安莫安于忍辱。先莫先于修德。乐莫乐于好善。神莫神于至诚。明莫明于体物。吉莫吉于知足。~。”

【裤提腰，袄提领，张网提纲绳】 纲：提网的总绳。提裤子要提住裤子的腰，提上衣要提住衣服的领子，提网要提住网的总绳。比喻做事情要抓住关键，才会顺利而有成效。

【夸嘴跌嘴，骑马摔腿】 喻指在哪一方面夸口逞能，就会在哪一方面栽跟头丢脸。 例句 ~。之前看把你能的！这回傻了吧。

【挎着篮子去卖梨儿，总算是个买卖人儿】 调侃虽说进入了某个行业，但档次规模都还不成个样子。 例句 今年不好找活，只承包了个小工程，~，凑个数呗！

【快刀不削自己的柄】 喻指不能自己伤害自己，或自己人不会伤害自己人。也比喻虽有才能，却处理不好自身的事情。 例句 众人看了尽皆骇然道：怎么外感症好吃这种大补药？算来~，一定是他昏了，开错的，须接位高明的先生来评评看。（选自俞万春《荡寇志》）

【快马不用鞭催，响鼓不用重锤】 一匹上好的马，不用挥鞭催促，跑得也快；一面上乘的鼓，不用使劲敲，鼓声也很响亮。喻指自觉性强的人，遇事不用催促就会主动去干；聪明人悟性高，一点就明，不用多说。 例句 ～，小刘是个能干的人，不用催促，相信他能按时完成。

【宽桥好过，独木难行】 比喻干事业合作方越多越容易成功，单打独斗困难重重。

【狂夫之言，圣人择焉】 语出司马迁《史记·淮阴侯列传》。狂夫：狂妄、狂放的人。自谦之语。意思是“狂夫”我说的话，“圣人”您觉得有用的可以听，觉得没用的也可以不听。也作“狂夫之言，圣人择之”“狂夫之言，圣人取焉”。 例句 “自古上书不激切，不能动人主之心，所谓～，唯陛下裁察。”（选自司马光《资治通鉴·唐纪》）

【亏本生意无人做】 指做生意就是为了赚钱，无利可图的生意没人做。有时用来形容不仅得不到好处还会受损失的事情，没人愿意做；有时也用来提醒人，对有违这一人之常情的行为提高警惕。也作“亏本生意没人做”。 例句 这些小贩都说镇上人少，鲜货不能久放，卖不出去，不进了。辣椒嫂心里暗暗骂。怎么办呢？俗话说：“杀头生意有人做，～。”（选自赵彦昌《辣椒嫂》）

【亏众不亏一】 指亏损的事，众人分担还好说，一人承担受不了。如果必须有亏欠时，可以亏欠大家伙，不能单独亏欠一个人。 例句 “‘～’。把这份儿好事，全让你李、赵两家独吞了算啦，就亏了众人吧。”（选自刘江《太行风云》）

【困龙终有上天时】 借喻有才干、有本领的人，不会永远处于困厄的境遇之中，必有腾飞之日。也作“困龙也有上天时”。 出处 明·天然痴叟《石点头》（节选）：“时运未来君莫笑，～。”

【困难常常有，千万别低头】 困难的事总是难免的，关键是要勇敢面对，逃避是解决不了问题的。

【困难像弹簧，看你强不强；你强它就弱，你弱它就强】 意思是我们面对困难不要退缩，退缩困难仍在；勇敢面对，就可以战胜困难。

L

【拉到老虎当马骑】 喻指轻率地对待强者。 例句 “和游击队打交道，还是小心为上，不能等闲对待，‘～’是不行的。”（选自黎汝清《叶秋红》）

【拉断了弦】 原指拉胡琴的过程中琴弦断了，没了声音。喻指拉呱、说事、谈判因为分歧谈不下去了，没有了后续。 例句 说话必须讲究艺术，你这样生硬的说话方式，肯定又～。

【拉拢越广，买卖越活】 拉拢：交结，采用手段使人靠拢自己。结交的朋友行业越广泛，生意越活泛，越红火。 例句 虽然看上去买配件的跟卖羊毛的没关系，但是～，都是生意总有交集的时候。

【拉住状元叫姐夫】 比喻攀附权贵。 例句 只要他认为是用得着的人，即使“～”，也决不怕人笑他攀高结贵。（选自苏群《大别山人》）

【腊七腊八，出门冻煞；腊九腊十，出门冻直】 冻煞：也称“冻杀”，就是“冻死了”的意思。冻直：冻成直的冰棍。腊七腊八以及腊九腊十是一年中最冷的几天，出门有冻死人的感觉。

【腊七腊八，冻死叫花】 “叫花”指叫花子，即乞丐。意谓这几天最冷。旧时叫花子经常会在这段时间熬不过去，被冻死。

【腊月不说媒】 民间很流行的一种说法——“腊月不说媒，说媒死媒人”。有的地方是正月不说媒，有的地方六、腊月不说媒。腊月，家家户户都忙着准备过年。媒婆也可以借这个说法，给自家准备过年的东西。婚姻大事，图个吉利，因此就有了避讳的日子。

【来的容易去也快】 意谓轻易就可以得到的东西，失去它也会很快。多指得来容易的钱财不珍惜，很快浪费掉了。也作“来得容易去得快”。 例句 论钱财，谁不爱？公道取之人不怪，若用百计强求来，～。（选自袁连成《十把穿金扇》）

【来而不往非礼也】 出自《礼记·曲礼上》：“往而不来，非礼也；来而不往，亦非礼也。”原意谓别人施恩惠于自己，却没有报答，这不合礼数。现也用以表示对方对自己采取了某种不友好的行为，自己也要采用对等的方式进行回击。 例句 为什么这5家美媒被反制？中国外交部强调的是“对等行动”，笔者用中国一句古语形容：～。（选自冯创志《五家美媒被反制是“来而不往

非礼也”》）

【来说是非者，便是是非人】 来说别人是非的人，他本人就是个惹是生非的人。也就是说，只有这样的人，才会背后议论别人的是非。也作“来说是非者，就是是非人”。 出处 宋·普济《五灯会元》（节选）：“问：‘百文野狐，话又作么生？’师曰：‘～。’”

【来者不惧，惧者不来】 敢来的人是不会惧怕的，不好惹的。比喻不能轻视敢于前来挑战的人。 出处 冯梦龙《醒世恒言·一文钱小隙造奇冤》（节选）：“爹，自古道：‘～’，也莫轻觑了他!”

【来者不善，善者不来】 来寻事的人不怀好意，怀好意的人不会前来寻事。指对恶意寻衅的来人，要加倍防范。 例句 纪颖川听说潘一豹来请他，心想：～。他连眼皮也没有抬。（选自陈登科《赤龙与丹凤》）

【赖地怕好汉，好地怕懒汉】 不好的耕地在种地能手的管理下也能有好收成，再好的土地在懒汉手里也不会有好结果。

【赖人有赖命】 也作“懒人有懒命”。赖人或懒人不想主动担事，别人就会替他们操持。他们的“赖命”或“懒命”就是这么来的。 例句 这小子～，摊上个好媳妇，把这个家也操持得红红火火。

【癞狗扶不上墙】 比喻没出息的人，没办法扶助他长进。 例句 这张华也深知利害，先不敢造次。旺儿回了凤姐，凤姐气得骂：“～的种子！你细细的说给他，便告我们家谋反，也没事的。不过是借他一闹，大家没脸。若告大了，我这里自然能够平息的。”（选自曹雪芹《红楼梦》）

【癞蛤蟆想吃天鹅肉】 比喻人没有自知之明，一心想谋取不可能到手的东西。 例句 平儿说道：“‘～’，没人伦的混账东西，起这样念头，叫他不得好死！”（选自曹雪芹《红楼梦》）

【懒汉和稀泥】 懒汉和泥为了省力会多加水，泥太稀不能使用。形容人做事只图省事，不顾效果和结果。 例句 这活怎么能这么干呢？你这是～，光图省事了。

【懒驴不拉磨——欠抽】 “欠抽”，意思是欠抽打。拉磨的驴犯懒不好好干活，只要用鞭子抽打它，驴就会加快脚步。这里用“欠抽”来形容某某人欠管教。 例句 你也不是不能干，是不愿意干。我看你也就是～！

【懒驴上磨屎尿多】 懒惰的驴一上套干活总爱拉屎撒尿。多用来嘲笑劳动时总爱去厕所；或事前不做准备，干起事情便被小问题纠缠个没完的人。 例句 于是去找图章以便在收电回执上盖了，打发信差，偏是图章放失了方向。十几分钟没有找到。这时西门太太走到走廊上瞪了眼道：“～，我一个人走。”（选自张恨水《魍魉世界》）

【烂姜不烂味】 生姜腐烂后味道依然不变，但已经不能食用。可用以比喻坏人已经势败，但仍不改习性。 例句 他早已经不比先前了，但说话还是那么横行霸道的，真是“～”。

【烂泥本姓赵，干了就会掉】 “赵”指赵匡胤，黄色的泥巴落到身上，戏谑为“黄袍加身”。身上的泥巴，不用急着去弄掉它，干了自然就会脱落。可表示有的矛盾不用着急，可以自然化解。

【烂泥扶不上墙】 泥太稀了，抹到墙上糊不住。比喻能力差或水平低成不了气候，或见不得世面，失去斗志、躺平摆烂的人。同“稀泥糊不上墙”。 例句 俗话说“打铁还需自身硬”，同理，作风建设概莫能外，每一名党员干部皆为一枚钉子，若自身没有转作风的“决绝之心”，那么，再怎么敲打亦只会是“～”。（选自荼疆《“钉钉子”须找准三个“着力点”》）

【烂套子也能塞窟窿】 烂套子：使用过多年的旧棉絮。指烂套子再陈旧无用，还可以拿来堵塞窟窿。比喻能力再低下的人也总会能起上一点作用的。 例句 “世上的人真是得罪不起，再瞎的人，说不定真有用上的时候。这正应了古语‘～’啊！”（选自贾平凹《腊月·正月》）

【狼行千里吃人，狗行千里吃屎】 比喻坏人的本性是改变不了的。 例句 贾三在镇上被南东奎教训了一番后，老实了一阵子，但～，本性难改。（选自辰汾 梦龄《残夜》）

【浪费无底洞，坐吃山要空】 浪费就像无底洞，没有限制底线；只是消费而不从事生产，即使有堆积如山的财富，也有耗尽的一天。

【浪再大挡不住鱼穿水，山再高遮不住太阳红】 这句话鼓励人们面对困难时保持坚韧不拔的精神，相信自己的目标和理想终将实现。

【浪再高，也在船底；山再高，也在脚底】 不管有多大的艰难险阻，只要人努力，总是可以克服战胜的。 例句 生活中的风浪有时很凶猛，但只要我们把握航向，坚定前行，那么～，我们定会抵达心中的彼岸。

【浪子回头金不换】 指不走正道的人能改邪归正，难能可贵。 例句 “～”，不像中年人往往将错就错，一直沉到底里去。（选自朱自清《论青年》）

【劳动出智慧，实践出真知】 在劳动过程中增长智慧，在工作实践中获得真正的知识。

【牢骚太盛防肠断，风物长宜放眼量】 语出毛泽东《七律·和柳亚子先生》。风物：风光景物。指不良情绪有害健康，要放开眼界，用长远的目光来观察看待事物。 例句 “～。”凡事既要回头看，也要低头看，更要抬头看。希望蓬佩奥访

华，以及未来更多的对话，能够成为中美加强合作的新切入点。（选自海声《牢骚太盛防肠断　风物长宜放眼量》）

【老兵怕号，新兵怕炮】　指老兵怕冲锋的号声，知道马上就会与敌人短兵相接；而新兵听见炮声，就以为会有危险。也作“新兵怕炮，老兵怕号”。　例句　“～！”这样密集的炮火，20分钟的急袭，对工兵连的新老战士，都是一个下马威。（选自黎汝清《皖南事变》）

【老不拘礼，病不拘礼】　指对老人和病人要给予理解，不要拘泥礼节。　例句　“古人云：‘～。’我方才看见肴馔也还用些，或者酒略饮两杯，不致沉醉，也还不妨。”（选自吴敬梓《儒林外史》）

【老不看三国，少不看水浒】《三国演义》多表现算计谋略，老年人看“三国”不利于修身养性；《水浒传》多描写江湖义气，年轻人血气方刚，看“水浒”容易误解“义”字的真正内涵而走上歧路。也作“少不看水浒，老不看三国”。

【老巢难舍】　老巢：鸟的老窝，这里比喻人的老家。指人不愿远离自己的老家。　例句　真是～，谁愿意舍弃自己的家呢？

【老店里断不了陈货】　比喻年纪大的人，染有旧思想旧习气。　例句　俗话说～，你爷爷一说话，总是一些老掉牙的旧观念，思想太保守了。

【老掉牙了】　一般年龄很大的人，牙齿都会掉光。可喻指事物、言论等陈旧过时。也作“老掉了牙”。例句　这把二胡还是我爷爷年轻时买的，～。

【老而不死是为贼】　语出《论语·宪问》。原意是到老了还不死这真是害人精。是责骂老而无德行者的话。不过使用中，有时也被年长者用来自嘲。　例句　算算日子，胡某当时70多岁，那种感觉于是更加龌龊，完全是～，使人欲呕。（选自亦舒《胡兰成的下作》）

【老坟头上的土动不得】　坟墓作为亲人故去后的安身之地，一向受人重视，是一种尊严的象征。正常情况下坟头上的土是不允许动的，这个“动”一般指移动、去除，不是添土。这句话的重点是“动不得”，用老坟头的土来强调。常用以形容一些陈旧的事物，不可或不容易更改去除。　例句　一说改革，牵涉到利益问题，有的人是“～”，千方百计阻挠。

【老革命遇到新问题】　表达自己跟不上形势的心情。这句话在“文革”初期流传很广，使用率很高，反映了当时广大干部对“文化大革命”不理解、茫然无措的状况。后也用以表示在某领域、某行业很有经验和权威的人，遇到了解决不了的难题。例句　其间，出现了很多新事物，比如个体经济的兴起、市场行为的规模出现等。有的地方对此拿捏不准，政

策实施左右为难，可谓～。邓小平采取“允许看”、让事实说话的方法，推动了改革开放前行。（选自沈传亮《邓小平的破局智慧》）

【老鸹落到猪身上，谁也别嫌谁黑】 乌鸦是黑的，黑猪也是黑的，谁也别嫌谁。常用于讥讽产生矛盾的双方都不是好东西。还有一种说法是“老鸹落到猪身上，光看见别人黑了，看不见自己黑”，借指人只看到别人的缺点，却看不到自己的缺点。 例句 他们两个搭伙计也算是臭味相投吧——“～”。

【老鸹野雀旺处飞】 乌鸦、麻雀都爱往人烟稠密的地方飞。比喻人都愿意往兴旺发达的地方走。 例句 “俗话说，～。如今他看见咱们困在此地，有翅难展，他自然要另打主意，不肯回来。”（选自姚雪垠《李自成》）

【老虎不吃回头食】 意思是老虎不回转身去找食物吃。常比喻有志气的人做事，认定目标，勇往直前，绝不中途反悔。 例句 在下海经商失败的那两年，有人劝他还回去上班得了。他却说“～”，既然走出了体制，就断没有再回去的道理。结果还真干出了名堂。

【老虎不吃人，恶名在外】 老虎即使不吃人，但名声已坏。指坏名声流传在外面。也指被外人误解。 例句 她把扑克整理好，洗了洗，说：“我这个人，～。人家总说我精明，其实我一点也不精明，啥事体也不晓得。”（选自周而复《上海的早晨》）

【老虎不发威以为是病猫】 多用在被轻视或被欺负的情形下。强调即使在不表现出强势的情况下，也不应低估其真正的能力和实力。 例句 得给他点厉害看看，否则～。

【老虎不嫌黄羊瘦】 指强者对弱者的掠取，是不计多寡肥瘦的。比喻东西只要还有一点用处，就要抓住不放。 例句 “情况不同，这次水也要。我是‘～’哇！捞不干，让老百姓灌田，旱田改成水浇地。有什么不好？”（选自张天民《创业》）

【老虎吃天，没法下嘴】 喻指无从下手。 例句 我们的大计划是～。（选自韦任敏《穿云山》）

【老虎还有打盹的时候】 比喻人无论怎样精明强干，做事难免有计划不周或疏忽大意的时候。 例句 “三哥，别把话说满了，～呢！设若咱们走在树林，有个闷棍手抽后就是一棍，你敢准说躲闪得开吗？”（选自无名氏《小五义》）

【老虎花在背，人心花在内】 老虎的花纹长在皮毛上，人的主意、谋划藏在内心里。喻指人心难测。 例句 高则冬的老婆偏偏在这时候跳出来，尖声尖气地喊：“什么恩人呀仇人的？～！姓赵的话值几个钱？”那婆娘阴阳怪气一喊，立刻遭到大家的反对。（选自张行《武陵山下》）

【老虎金钱豹，各走各的道】 老虎和豹子外出觅食时，各有各的路线。喻指每个人有每个人的前程，各走各的路，互不干涉。 例句 “其实，用不着谁放话，如今这年头，是‘～’。”（选自王东满《漳河春》）

【老虎口中夺脆骨，蛟龙背上揭生鳞】 意思是冒险行事，成功的希望很渺茫。 例句 “我弟子舍身拼命，救解他的魔障，就如～。”（选自吴承恩《西游记》）

【老虎屁股摸不得】 比喻人自以为是，听不得批评意见，一触即跳。 例句 不许人讲话，～，凡是采取这种态度的人，十个就有十个要失败。（选自毛泽东《在扩大的中央工作会议上的讲话》）

【老虎头上拍苍蝇】 喻指触犯强横霸道的人。 例句 “今日为他得罪严老大，～怎的？落得做好好先生。”（选自吴敬梓《儒林外史》）

【老虎头上捉虱子】 比喻冒犯有权势的人。 例句 “别人是惹不得的，有人庇护着。我也不敢去～。”（选自曹雪芹《红楼梦》）

【老虎嘴里拔牙】 对强者挑衅或做十分困难、十分危险的事情。 例句 这项任务犹如～，你千万要小心。

【老虎嘴里掉不下肉，狐狸嘴里吐不出鸡】 比喻坏人抢劫去的东西很难再要回来；也比喻坏人的本性难改，总是要干坏事。 例句 “爹，别不分好歹，胡夸一气啦！俗话说：‘～。’又说：‘狼行千里吃肉，狗行千里吃屎。’说的都是江山易改，本性难移的意思。”（选自吴越《括苍山恩仇记》）

【老黄历看不得】 黄历：也称皇历，带有预卜当天吉凶的一种历法，每年都不相同。指不合时宜的东西或做法已经没用。不能因循守旧，按老一套办法行事。 例句 老兄，你说的是几年前的事了，情况不断变化，现在又有了新的规定，～了！

【老将不打头一阵】 古时作战，最先出兵行动的称为打头阵。在不知道敌军实力的情况下，先派遣年轻将领打头阵试探虚实，可免老将在头阵中失败挫伤全军锐气。“老将催后阵”和这意思差不多。 例句 ～，你先别出马，先派个人摸摸底再说。

【老将出马，一个顶俩】 顶：相当。指年长而经验丰富的人，做起事来效率高。 例句 “～。”看来这回非请老太太出山不可了。

【老姜辣味大，老人经验多】 老姜相比嫩姜，辣味更大；老人相比年轻人，经验要多。 例句 ～，招投标这件事还是先问问老领导什么意见吧！

【老马识归途】 老马认识曾经走过的道路。比喻经验丰富的人可以起到引导性的作用。

【老猫不死旧性在】 喻指人的本性难改。 例句 “他改了没有呢？我看还是‘～’，不光不改，更比过去胆大了。”（选自苏群《大别

山人》）

【老没出息】 嘲讽或责骂老年人做出不争气或丢脸的事。 例句 张三峰道爷把这苍蝇刷晃了两晃："无量天尊。冷然，你这么大岁数了，这是何苦呢？你有什么能耐跑到这里发威？撒什么野？真是寿星佬尿炕——～，你就不怕人笑话你吗？"（选自单田芳等《燕王扫北》）

【老牛拉破车】 形容人做事慢慢吞吞，不讲究效率；或生产力落后，效能低下。 例句 "人家都是坐汽车，坐飞机，可咱呢，～。"（选自胡天培《山村新人》）

【老牛怕过冬，老马怕春风】 借以喻指多病的老年人在冬春两季应格外注意。

【老牛肉有嚼头，老人言有听头】 老牛肉不易烂，耐嚼；老人言包含人生经验、生活道理，耐听。 例句 常话说，～。为人处世还是要多听听老人的话，可以少走弯路。

【老人不讲古，后生会失谱】 古：以前的故事，做人的道理。谱：标准，准则。指老年人讲讲过去的传统，有助于青年人树立正确的人生观和价值观，以免走邪路。 例句 高永太不觉叹了一口气："不是爷爷爱翻老皇历，俗话说，～嘛！"（选自张行《武陵山下》）

【老人是佛口，越吃家越有】 能善待家中的老人，使老人活得长久，他们能吃饭的时间越久，家里就越富有。这是因为能尊老爱老的家庭，会受人尊重。人际关系好了，一切都会顺风顺水。也作"老人金口，越吃越有"。 例句 老婆常说，～。因此带动妯娌三个，对老人都很孝顺，小日子也都越过越好。

【老人是条龙，向谁谁家穷】 指父母对于个别子女的过于溺爱，不但不能让他们拥有更好的人生，反而会养成他们好逸恶劳的恶习，不会创造财富导致受穷。

【老实常在，狡猾常败】 指老实人常常平安自在，狡诈之人常常遭遇挫败。与"老实常常在，奸狡是祸害""老实人常在，刁滑人常败""老实人常在，日月星常明"意思相同或相近。

【老鼠过街，人人喊打】 比喻害人的东西，人人痛恨。也作"过街老鼠，人人喊打"。 例句 如果我们连党八股也打倒了，那就算对于主观主义和宗派主义最后地"将一军"，弄得这两个怪物原形毕露，"～"，这两个怪物也就容易消灭了。（选自毛泽东《反对党八股》）

【老鼠急了会咬猫】 喻指人急了就会做出反常的事情来。 例句 "气急了，死人也会开口，何况高子清工程师是个血性男子汉大丈夫呢！'～'，任何人的忍耐都是有限度的。"（选自卞祖芳《高工奇遇记》）

【老鼠拉木锨——大头在后边】 "木锨"是翻晒粮食的工具，

锨头由木板制成。老鼠拉木锨，只能咬着木锨把儿退着拉，木锨头只能在后边。常用以形容事情的严重性还没有显现出来，重大的事情还在后面；或是重要的目标或重要的人物还没有出现等。也作“老鼠拉木锨——大头在后头”“老鼠拉木锨——大头在后面”。 例句 对于刚刚拿下的项目，赵工表示这只是开始，~，以后有的是钱赚。

【老鼠眼睛寸寸光】 意谓目光短浅，没有远见。 出处 清·王浚卿《冷眼观》（节选）：“你们真是~了。怎么身上穿的褴褛一点儿，就定是个白日闯呢？”

【老鼠再大也怕猫】 说明物性相克，一物降一物。常用来比喻作奸犯科的人，不管他职位多高，也会害怕对他进行法律制裁。 例句 “~”，受贿的事败露，一见到纪委的人，他的腿都吓软了。

【老鼠钻风箱——两头受气】 “风箱”，用来鼓风的木箱家具。老鼠钻进风箱后，不管风箱是推还是拉都要被风灌。“气”，谐音双关。形容人处于矛盾的双方中，两面不讨好受委屈。也作“老鼠窜进风箱里——两头受气”。 例句 谢庆元像是~。气得跟鸭公子一样，喉咙都嘶了，倒在床铺上，哼天，哼地。（选自周立波《山乡巨变》）

【老太太纳鞋底——磨磨蹭蹭的】 过去老太太纳鞋底，常把针在头发上磨磨蹭蹭，用头油使针变得润滑，扎下去省力。这里借以形容人做事动作迟缓或工作懒散拖沓不利落。“磨磨蹭蹭”为双关语。 例句 他做起事来，就像~，别指望他了。

【老太太纳鞋底——千针万针】 “针”谐音“真”。借指事情千真万确。 例句 这个事你就不用怀疑了，“~”，绝对没问题。

【老天爷不灭大傻瓜】 扎实肯干的人貌似傻傻呼呼的大傻瓜，可能会有一时的不如意，但终究会干出成绩来。

【老天爷饿不死瞎家雀】 家雀：麻雀。比喻人不管面对什么样的境遇，总会有办法生存下去。也作“老天饿不死瞎家雀”。 例句 大妈：别着急，~儿！要不然这么着吧，先打我这儿拿点杂合面去，对付过今儿个，教丁四歇歇，明儿蹚进钱来再还我。（选自老舍《龙须沟》）

【老天爷有眼】 指看到了理想的结果；为善的得到了善报或为恶的得到了恶报。 例句 这真是~，看穷人实在过不下去了，派共产党来打富济贫。

【老王卖瓜，自卖自夸】 自己夸赞自己，自我炫耀。 例句 “不是我~，嫂子，孔秀才窝里那些‘屎客郎’怎么能认出你这只金凤凰。”（选自冯德英《山菊花》）

【老乡见老乡，两眼泪汪汪】 指同乡在异地相逢，感到特别亲切。形容长时间在异地的人，见到了家乡的人非常激动。 例句 “这个马处长是关东口音，我听你的口音也是关东人。”龙抬头跟关省三悄悄耳语，“~，你被他抓住，也许他能高抬贵手。”（选自刘绍棠《敬柳亭说书》）

【老要精神，少要安稳】 人老了要有精神，没有了精神支柱，就真的老了；少年人要稳当一些，避免因为冲动而犯错误。

【老鹰不吃窝下食】 传闻老鹰不抓捕在自己巢附近出现的动物。比喻坏人不在自己居住的地方作案。也作“老鹰不打巢下食”“老鹰不吃窠下食”。 例句 秀才对于阿Q的态度也很不平，于是说，这忘八蛋要提防，或者不如吩咐地保，不许他住在未庄。但赵太爷以为不然，说这也怕要结怨，况且做这路生意的大概是“~”，本村倒不必担心的；只要自己夜里警醒点就是了。（选自鲁迅《阿Q正传》）

【老子天下第一】 自以为是天下第一号人物，认为谁也比不上自己。 例句 “狂”加“妄”，令人毛骨悚然。中西名家中，诸子百家也好，清华四大导师也好，亚里士多德、黑格尔、汤因比、海德格尔也罢，能看上的，没几个，偏激起来，~，目中无人。（选自张首映《未名湖是海洋》）

【老子偷瓜盗果，儿子杀人放火】 意谓如果做父亲的偷偷摸摸当窃贼，儿子就有可能明火执仗当强盗。指大人行为对小孩影响很大。**出处** 明·吕得胜《小儿语》（节选）：“老子终日浮水，儿子做了溺鬼。~。”

【老子英雄儿好汉，老子糊涂儿混蛋】 这句话强调的是家风对下一辈的影响。太绝对化，有一定片面性。也作“老子英雄儿好汉，老子孬种儿混蛋”。

【姥姥不疼，舅舅不爱】 最初的意思是指一个人糟糕得竟使姥姥和舅舅都讨厌。后指没人疼爱或喜欢。可以自嘲，也可善意嘲讽他人。也作“姥娘不疼，舅舅不爱”。 例句 早看中了村外那~的二十亩河滩地，秋二蔫子却一声不吭。（选自刘绍棠《京门脸子》）

【涝梨旱枣水栗子，不涝不旱宜柿子】 梨树、栗子树喜水，枣树喜旱不喜水，而柿子树适宜不涝不旱。这是农民从栽种这几种水果树中总结的经验。

【乐不可极，乐极生哀；欲不可纵，纵欲成灾】 语出《劝戒全书》。身逢乐事不可高兴过头，高兴过头就会生出悲哀的事来；私欲不可放纵，放纵私欲终会酿成祸灾。

【乐民之乐者，民亦乐其乐；忧民之忧者，民亦忧其忧】 语出《孟子·梁惠王下》。以百姓快乐为快乐的人，百姓也会以他的快乐为快乐；以百姓忧愁为忧愁的人，百姓也会以他的忧愁为忧愁。体现了孟子的“以民为本”思想。 例句 “~”，做好服务群众的“摆渡人”，就是和群众同一条船、同一条心，以群众的忧乐为自己的忧乐，以群众的成功为自己的最大荣耀，永远做一个坚毅、本分、无私的“摆渡人”。（选自刘芳《时代需要更多摆渡人》）

【勒紧裤腰带】 人饿肚子，裤腰就松，须把裤带勒紧。常借以表示紧缩开支，好度过当前的困境。 **例句** 三年困难时期，干部群众上下齐心，“～”过日子，大规模地精减职工、压缩城镇人口，并得到广大城镇职工的理解和支持，从而有助于当时较快地走出困境。（选自万立明《党在历史上如何过“紧日子”》）

【雷公先唱歌，有雨也不多】 先打雷的天气，一般不会下太大的雨。

【雷听八百，闪照三千】 雷声传得很远，闪电传播得更远。响雷的声传播速度远不及闪电的光传播速度来得迅速广远。

【冷粪水果熟粪菜，生粪上地连根坏】 冷粪是指没有经过堆沤腐熟的农家肥，熟粪指经过堆沤腐熟的农家肥。果树生长期用没经过腐熟的肥料可以延长营养供给时间，蔬菜要用腐熟过的肥料才能尽快供应营养。生粪也是指没有腐熟的农家肥，用生粪上地做肥料，肥料要在地里进行腐熟，产生热量，容易烧坏庄稼的根系。

【冷棺莫入村，热孝莫登门】 客死他乡人的棺材叫“冷棺”。在过去人们担心带有病菌，所以不让进村；至亲的人刚去世所服的孝叫“热孝”，服“热孝”的人不宜去别人家串门。

【冷了迎风站，饿了挺肚行】 这是一句表达人有气节的老话！意思是说，宁肯冻死也要迎风而站不退缩，宁可饿死也不愿告诉别人说自己没吃饭。形容意志坚强，有骨气，不向威胁屈服，不向困难低头。 **例句** “子刚，有志的青年，要有勇往直前的精神！‘～。’这才是好样儿的！”（选自古立高《隆冬》）

【冷眼观螃蟹——横行到几时】 螃蟹：节肢动物，横着爬。意谓横行霸道的恶人猖狂不了多久，不会有好下场。 **出处** 明·汤显祖《南柯记》（节选）：“〔生〕领命了。权重股肱相，恩光肺腑亲，满朝相造请，何日不醺醺。〔下右相吊场〕看驸马相待各位老国公王亲，气势盛矣。〔叹介〕且自由他。～。”

【冷在三九，热在三伏】 三九：冬至节后第三个九天。三伏：夏至节后分头伏、中伏、末伏。指一年之中，三九天最冷，三伏天最热。 **例句** 俗话说：“～。”大伏天里，刚露面的朝阳，就驱散了清晨的凉意，射出了炽热的光芒。（选自李良杰《较量》）

【冷桌子热板凳，苦熬的穷学生】 指以前读书辛苦，穷学生读书学习，长时间坐在板凳上一动不动地学习，不管天多么冷、桌子多么凉，也会生生用体温将板凳暖热。说明学生学习艰苦不容易。　例句　俗话说～，现在生活好了，不像以前，以前没有暖气，学生上学很苦的。

【离家三里远，别是一乡风】　风：风俗。指即使离家很近，风俗习惯也不一样。　例句　“正是‘～’。我那里人家，更无此善。”（选自吴承恩《西游记》）

【离了红萝卜，照样办酒席】　比喻没有某些无关紧要的人，事情照样能做好。也作“离了胡萝卜，照样办酒席”。　例句　“有的同志认为她是自命不凡，嫌研究所这个‘小庙’安不下她那个‘大菩萨’，说：‘要走就走，～！'可党委没有听信这些风言风语。”（选自蒋永武《梧桐青青栖凤凰》）

【离了谁地球照样转】　人不要太把自己当一回事。就像离了谁地球照样转一样，什么样的事，什么样的群体，缺了谁都照样进行，照样运作。　例句　不要以为技术高就目中无人，～，你走了公司照样运行。

【梨树都是杜树根，姥娘看着外甥亲】　梨树是在杜梨树的母本上嫁接而成，用此比喻姥娘痛爱外甥血浓于水的骨肉亲情。　例句　张婶听说姑娘要带孩子来看她，一大早就到村口去等外孙子。“～”，这句话一点没有错说。

【犁地看墒沟，打鱼看梭头】　墒沟：犁地时翻上土后留下的沟。梭头：渔网的浮漂。表面意思是地犁得好不好看墒沟就清楚了，渔网里有没有鱼要看梭头的晃动情况。借指判断事情、交易的成败，只要抓住关键的点，就能清楚地发现事情深层的真相。　例句　“～。”办任何事情都要有经验。

【犁地看拖头，耙地看牛头】　犁前端连接前方动力的部位为拖头。犁地的质量高低可以从拖头行进的方向确定；耙地看牛头的方向，就能确定耙体运动的轨迹。

【犁地犁到边，种地不留尖】　犁地时把边边角角都犁到，可以使播种时方便很多，尽可能地提高有效耕种面积，没有尖尖角角的空缺。

【犁耳仰天，使死黄犍】　犁耳是犁头上部控制土层翻出方向的部位，一般偏向右侧，如果方向向上，犁头就会深入地下，即使是健壮的黄牛也拖拽不动。表明调节犁耳角度很重要。

【篱笆破，狗进来】　比喻自身有问题，防范不严，就很容易被坏人钻空子。　例句　“不错，这几年敌人并没有敢明目张胆地活动，这是我们搞好了民兵工作的结果呢，还是说明搞民兵工作没有多大必要了呢？俗话说：‘～。’狗没有进来，只能说明篱笆严密，而绝不能说是狗不想进来。”（选自黎汝清《海岛女民兵》）

【篱笆破，野狗钻】　喻指如果防范不严密，坏人就会钻空子。出处　胡祖德《沪谚》（节选）：

“‘～。’喻欲御外侮，宜自固藩篱也。”

【篱笆扎得紧，野狗钻不进】 比喻防范严密，坏人就钻不了空子。 例句 “谁能想到堂堂军帅夫人，我的师妹竟是个大大的奸细！俗话说，～。望各位同心同德，与本王共存亡。”（选自汪运衡 筱云龙《铁臂金刀周侗传》）

【篱牢犬不入】 篱笆扎牢了，野狗就不会钻进去。比喻只要防备严密，坏人就没有钻空子的机会。 例句 “嫂嫂把得家定，我哥哥烦恼做甚么？岂不闻古人言：‘～。’”（选自施耐庵《水浒传》）

【礼到人心暖，无礼讨人嫌】 礼数周到会让人感到温暖愉悦，礼貌不周会让人嫌弃。 例句 你礼貌，别人会对你礼貌。你不礼貌，别人也会对你不礼貌。这正如俗话所说的“～”。

【礼之用，和为贵】 语出《论语·学而》。礼的作用，以使人的关系和谐为可贵。 例句 中华民族历来爱好和平，“和”的民族基因从未变异，“和”的文化源远流长。早在2400多年前，中国古人就提出“～”。和平的愿望扎根于中国人心中，融化在中华民族的血液里。（选自习近平《共同谱写中越友好新篇章——在越南国会的演讲》）

【里大外小，越过越好】 有三种不同说法。一说旧时家里穷，衣服都是套着穿，有时里面衣服大，外面的衣服倒小；一说是旧时的院落，里面的门大，外面的门小；还有一种说法是指妻子年龄大，丈夫年龄小。不管哪种说法，都是借此讨个口彩，表达对未来生活的祈盼。

【里里外外一把手】 形容人在内部管理和对外应酬方面都非常能干，能够独当一面。 例句 三嫂～，把饭店打理得井井有条。

【里言不出，外言不入】 内部的言谈不往外传，外人就不会议论纷纷。 例句 “我到他家，把得家定，～，他敢怎的奴？”（选自兰陵笑笑生《金瓶梅》）

【理不短，嘴不软】 指做事有道理，说话才能硬气。 例句 为人处事讲究个公道，～，办事公道说话才有底气。

【理乱易，治平难】 治理混乱局面容易，维持太平安定很难。 例句 俗话说：“～。”任何一个政权成立后，都要先实行休养生息的政策。

【理怕反思，事怕颠倒】 很多棘手的事情，难以解决的问题，也许只要颠倒一下，换位思考一下，就能想通或找出解决的办法。 例句 你不能只站在自己的角度看问题，～，如果你是受害的一方，你还会这么想这么说吗？

【理正不怕官，心正不怕天】 理由正当就不怕官府过问，心地纯正就不怕上天责怪。比喻只要为人做事走得正、行得端，就没有什么可怕的。 例句 有道是“～”。开发商如果对交房问题再没个答复，咱们就到上级部门反映去！

【力大只能胜一人，智多才能胜千军】 指做事情要多动脑子，不可仅凭蛮力；智慧比勇力更有效率，更容易出成果。

【力贵突，智贵卒】 语出《吕氏春秋·开春论》。卒，同“猝”，突然。用力贵在突然发动攻击，用智贵在迅速做出决断。 例句 古话说：“～。”我们要认真策划，充分酝酿，积蓄好力量，然后来个突发性的出击，使他们猝不及防，才有可能获得大胜。（选自余亮《一个老游击的传奇故事》）

【力能胜贫，谨能胜祸】 努力劳动，可以战胜贫穷；谨慎从事，可以避免灾祸。 出处 贾思勰《齐民要术·自序》（节选）：“语曰：‘～。’盖言勤力可以不贫，谨身可以避祸。”

【力气是压大的，胆子是吓大的】 力气是靠不断增加压力增大的，胆量是在多次惊吓中练大的。指人的力量和胆量是在艰难险阻中不断增强的。也作“力是压大的，胆是吓大的”“压大的力气吓大的胆”。 例句 “这也大惊小怪的！胡金榜，‘～’，你倒是往上爬呀！”（选自《倚天剑》）

【力田不如逢年，善仕不如遇合】 力田：努力耕田。逢年：遇到丰年。遇合：遇到赏识自己的人。努力耕田不如遇到好的年景，善于做官不如遇到赏识自己的人。讲的是天时和机遇的重要性。 出处 司马迁《史记·佞幸列传》（节选）：“谚曰‘～’，固无虚言。非独女以色媚，而士宦亦有之。”

【力微休负重，言轻莫劝人】 力气小就不要担负重的东西，说话分量轻就不要去劝说别人。也就是说，人应有自知之明。 出处 冯梦龙《万事足》（节选）：“我好言相劝反相仇，把六十岁老奴逐走。更逢邳二从旁诱，越引得河东狮吼。自古道：～。”

【历览前贤国与家，成由勤俭破由奢】 语出李商隐《咏史》一诗。遍览前代贤人治国治家的经验教训，成功多来自勤俭，破败多由于奢侈。也用作“历览前贤国与家，成由勤俭败由奢”。 例句 唐代诗人李商隐在《咏史》一诗中写道：“～。”能不能坚守艰苦奋斗精神，是关系党和人民事业兴衰成败的大事。（选自习近平《在第十八届中央纪律检查委员会第二次全体会议上的讲话》）

【立春好栽树，请君莫迟误】 “立春”也叫“打春”。天气变暖，这时栽树容易成活。

【立冬不倒股，不如土里捂】 “倒股”是比较抽象的说法，指小麦分蘖，“不倒股”指小麦尚未开始分蘖。这句话的意思是，如果在立冬的时候，小麦还没有分蘖，那么还不如让它在土里捂着不出芽呢！虽然没有出芽，但经过冬季低温处理，明年依然能够完成分蘖。出了芽却柔弱，冬天容易冻死。

【立冬不起葱，必定心里空】 在北方，立冬过后就要拔葱了。这里的“起”就是“拔起”收获的意思。如果立冬过后不起葱，那么这葱就容易冻坏，能食用的部分就会减少。与“立了冬，拔大葱”一个意思。也有“霜降不刨葱，越长心越空”的说法。

【立冬不收菜，必定要受害】 等立冬节气一到，北方的农民就要开始忙着采收蔬菜。如果不采收，蔬菜容易受到冻害，造成损失。

【立冬打雷，遍地是贼】 冬天打雷是不常见的现象。过去认为这预示着来年收成不好，有饥荒发生，导致盗贼出现。其实是有违科学的迷信说法。

【立法不可不严，行法不可不恕】 旧指制定法律要从严，执行法律要从宽。 出处 清·李渔《十二楼·生我楼》（节选）：“略其迹而原其心，苟有寸长可取，留心世教者就不忍一概置之。古语云：～。”

【立客难打发】 指来客站着说话，主人也只能陪着站着，不知时间会有多久，所以说“难打发”。 例句 闻小玉把几条板凳移到西墙下，说：“～，大家请坐吧！”（选自梁斌《翻身记事》）

【立了春，冻断筋】 立春后气候渐渐变暖，但是冷空气活动仍很频繁，强冷空气一来又像进入严冬似的。

【立了冬把地耕，能把土里养分增】 对春播预留地和其他冬闲地进行耕翻，有增加养分、保墒蓄水等多种好处。

【立了秋，把扇丢】 立秋以后，天气渐凉，就可以丢下扇子不用了。

【立了秋，别喜欢，还要再热二十天】 立秋也不会立即变凉爽，还有二十天的时间才会完全凉爽。

【立了秋，挂锄钩】 立秋后就不用继续锄草了，锄头就可以挂起来了。

【立了秋，一把揪】 指打花尖，控制棉花枝杈生长，促进棉花果实生长。棉花立了秋，大小（高矮）花尖一起揪。

【立镰芝麻卧牛黍】 芝麻种植密度要相对稠密，黍子密度要相对稀疏。“立镰”“卧牛”都是对稠密和稀疏的夸张说法。

【立片言以居要，乃一篇之警策】 出自陆机《文赋》：“立片言而居要，乃一篇之警策。”警策：指精炼扼要而含义深切动人的文句。写文章时，在关键、紧要处安排一句或几句精辟的话，就会成为一篇文章的警句。有了哪怕一句这样的话，就能够很好地传达作者所要表达的内容主旨。 例句 他说：一切较长的文电，均应开门见山，首先提出要点，先用极简要文句说明全文的目的或结论，这便是新闻学上称为的“导语”，亦即古人所谓“～”，以唤起阅者注意，使阅者脑子里先得一个总概念，不得不继续看下去。（选自胡为雄《毛泽东提倡良好的文德文风》）

【立秋不立秋，六月二十头】 不管立秋不立秋，到了农历六月二十，暑热天也就到头了。

【立秋不下万人愁】 “下”指下雨。立秋节气的到来，秋粮基本上已经生长到最后的紧要关头，对于水分的需求还是很大。这个时节缺乏雨水就会造成粮食减产。

【立秋花呲牙】 指立秋时节棉花开始成熟裂口，就像呲牙一样露出雪白的棉絮。

【立秋十八天，寸草结籽】 立秋十八天后，小草都已结籽。也作“立秋十八日，寸草结籽粒”。 例句 他不懂这些行话。他只懂得“枣芽发，种棉花”“～”。（选自李准《黄河东流去》）

【立秋下菜秧】 立秋这个时节是大白菜育秧的时节，不能错过。

【立善法于天下，则天下治；立善法于一国，则一国治】 语出王安石《周公》。在整个天下制定完备的法令制度，整个天下就会安定太平；在一个国家制定完备的法令制度，一个国家就会安定太平。 例句 “～。”要坚持立法先行，坚持立改废释并举，加快完善法律、行政法规、地方性法规体系，完善包括市民公约、乡规民约、行业规章、团体章程在内的社会规范体系，为全面推进依法治国提供基本遵循。（选自习近平《在党的十八届四中全会第二次全体会议上的讲话》）

【立夏不下，旱到麦罢】 立夏那一段时间如果不下雨，就会一直干旱到麦收结束。

【立夏麦甩芒】 立夏了，麦熟进入最后一个月的倒计时。麦芒从苞里伸出，进入灌浆乳熟期。

【立夏种麻，初伏就拔】 麻草的种植季节是立夏，到开始数伏就要拔下浸泡晾晒，制作麻绳等纤维织物了。也作“立夏种麻，数伏就拔”。

【立志欲坚不欲锐，成功在久不在速】 语出张孝祥《论治体札子》。立志贵在坚定而不在高，事业的成功贵在持之以恒而不是急于求成。

【利不百，不变法；功不十，不易器】 意思是利益没有增加百倍，就不变更法令制度；如果不能取得十倍的功效，就不要更换所使用的器具。古时抵制变革的一种借口。 出处 《商君书·更法》（节选）：“杜挚曰：‘臣闻之：～。’”

【利民之事，丝发必兴；厉民之事，毫末必去】 语出万斯大《周官辨非》。丝发：犹丝毫，形容细微。毫末：毫毛的末端，比喻极其细微。厉：害，虐害，损害。但凡于民有利之事，即使如丝发之细也要推行；但凡于民有害之事，即使如毫末之微也一定革除。 例句 树立正确的政绩观，各级干部还要秉承“～”的价值追求。（选自饶思锐《政绩在民意闲谈中》）

【利莫大于治，害莫大于乱】 语出《管子·正世》。利益没有比安定更大的了，祸害没有比动乱更大的了。 例句 “～。”维护地区安全稳定是上海合作组织合作的优先方向。（选自习近平《在上海合作组织成员国元首理事会第十六次会议上的讲话》）

【利器入手，不可假人】 拿到手的锋利兵器不可以转借给他人。比喻手中掌握的权力不可以让给他人。 出处 冯梦龙《东周列国志》（节选）：“臣闻～。主公已嗣爵为君，国人悦服，千岁而后，便当传之子孙。何得以居摄为名，起人非望？”

【利有多大，胆有多大】 利润有多大，那么人的胆子就有多大。指出了商人逐利的特点，有人为了利润可以铤而走险。

【利之所在，无所不趋】 意谓人们总是会千方百计地到有利可图的地方去。 出处 凌濛初《初刻拍案惊奇·卫朝奉狠心盘贵产 陈秀才巧计赚原房》（节选）：“又道是：～。为因那陈秀才是个撒漫的都总管，所以那些众人多把做一场好买卖，齐来趋奉他。”

【粒米积成箩，滴水汇成河】 一粒米一粒米聚起来能装满箩筐，一滴水一滴水汇集起来能汇成江河。比喻积少成多。 例句 中国人常说，～。中亚国家有句谚语，万众同心协力，可将顽石化成熔岩。我相信，只要各方秉持“上海精神”，同舟共济，不懈努力，就一定能够推动上合组织合作迈上新台阶，为各国人民创造更多福祉！（选自李克强《在上海合作组织成员国总理第十四次会议大范围会谈时的讲话》）

【联系群众鱼得水，脱离群众树断根】 比喻党与人民群众的关系密不可分。 例句 “～。”党员干部应转变观念，放下架子，多下基层，多接地气，和群众“同坐一条板凳”，真诚地听取群众的呼声和意见。（选自侯金亮《联系群众鱼得水 脱离群众树断根》）

【脸红脖子粗】 指发急或发怒时面部、颈部红胀的样子。形容人说话的时候很生气，或者和别人起了争执。 例句 郭全海气得～，说不出话来。（选自周立波《暴风骤雨》）

【脸皮薄吃不着，脸皮厚吃个够】 不顾羞耻的人能多吃到东西，害羞的人吃不上。比喻不顾羞耻的人能争到更多的利益，有羞耻之心的人得不到利益。在商业销售行为中，也指放得开不怕伤面子，才能争到客户。 例句 俗话说得好：～。在学习方面也是这样。有问题就要向同学和老师请教，只要是有利于高考得分的事就值得去做，不要怕伤面子。

【脸上三分笑，肚里一把刀】 指人表面和善，内心阴险。 例句 他这个人的品质不好，对人总是“～”，什么坏事都干。

【练出一身汗，小病不用看】 通过体育锻炼让身体出点汗，对身体有好处。

【练胳膊练腿，赶不上练嘴】 指舞台剧演员“唱念”功夫比“做打”功夫更重要。

【练武不练功，到老一场空】 练武而不注重身体素质和基本功的训练，到老也是花架子，没有真功夫防不了身。可喻指所有技艺，都应首先练好基本功。也作“练武不练功，到头一场空”“练拳不练功，到老一场空”。 例句 受苦的时候，往往也是能力、功力提升最快的时候。“～”，像扎马步这样的基本功，练起来最苦，也最能锻炼人。（选自李昌禹《“拼爹”难拼出美好未来》）

【良骥不好枥，美玉不恋山】 语出吴嘉纪《自淘上至竹西》一诗。骥：好马。好（hào）：爱好。枥（lì）：马槽。好马不喜欢老待在食槽边，美玉不留恋它的出产地。比喻人才志在建功立业。 例句 古人尚且懂得：“～。”作为现代人，怎么能守着家门、留恋安乐窝呢？大丈夫应当闯荡世界，有所作为才对。（选自伍军翔《民企的风采》）。

【良贾深藏若虚，君子盛德容貌若愚】 贾：商人。盛德：高尚的品德。善于经商的商人，总是把财货深深藏起，看着好像没有一样；君子具有高尚的品德，而外表看着却好像愚笨的样子。比喻有真才实学的人不露锋芒。 出处 司马迁《史记·老子韩非列传》（节选）：“吾闻之，～。去子之骄气与多欲，态色与淫志，是皆无益于子之身。”

【良禽择木而栖，贤臣择主而事】 好的禽鸟会选择理想的树木栖息，贤良的臣子会选择理想的君主侍奉。可借以比喻优秀的人才，会选择能赏识自己，或发挥自己才能的单位或领导供职。也作“良臣择主而事，良禽择木而栖”。与“良臣择明主，良鸟栖佳木”同义。 例句 “～。见机不早，悔之晚矣。”（选自罗贯中《三国演义》）

【良心让狗吃了】 是说人没有良心，忘恩负义或知恩不报。 例句 你～？师傅待你不薄，你却这样对他！

【良言一句三冬暖，恶语伤人六月寒】 一句善良劝慰的话，能使人即便在严冬也感到心暖；一句恶意伤人的话，即便在酷暑也使人感到心寒。 例句 古人云，一言可以兴邦，一言可以误国。艺人的言论也许没有“兴邦误国”的影响力，但“～”。作为公众人物，艺人的一言一语都会对社会和公众产生巨大影响，一旦失言、妄言甚至口出恶言，必然伤人害己。（选自杨卓远《艺人要学会“好好说话”》）

【良药苦口利于病，忠言逆耳利于行】 语出《增广贤文》。好药大多是苦的，却有利于治病；而教人从善的语言多数是不太动听的，但有利于人们改正自身的缺点。也作“忠言逆耳利于行，良药苦口利于病”。 例句 谔谔之言，就是直言、诤言和谏言，尽管有时可能比较刺耳难听，但是，“～”，它能够让人认清自身局限和问题本质，促进作风的转变和工作的改善。（选自桑林峰《多听谔谔之言》）

【良药难治思想病，好话难劝糊涂虫】 再好的药物也无法医治人思想上的问题；再真诚的话语，也难以劝醒头脑糊涂的人。 例句 “她向肖武斌面前冲了两步，虎着脸说：‘～’！你呀，已经病入膏肓，好不了啦！”（选自李良杰 俞云泉《较量》）

【良种壮苗长得快，速生丰产早成材】 强调良种的重要性。优良的种子才能生出茁壮的苗，才会长得快，才会产量高。

【凉了半截】 俗语。指在某件事情上兴致正高时，突然遭遇挫折受到打击后内心的失望状态。 例句 黛玉因为喉间有些甜腥，早自疑惑，方才听见紫鹃在外边诧异，这会子又听见紫鹃说话声音带着悲惨的光景，心中觉了八九分，便叫紫鹃：“进来罢，外头看凉着。”紫鹃答应了一声，这一声更比头里凄惨，竟是鼻中酸楚之音。黛玉听了，～。（选自曹雪芹《红楼梦》）

【梁园虽好，不是久恋之家】 梁园：汉梁孝王修建的一座名园。喻指繁盛华丽的地方虽然好，毕竟不是自己长久留恋的地方。也作“梁园虽好，不是久住之乡”“梁园虽好，非久留之地”“梁园虽好，不是久留之地”等。 例句 宋四公思量道：“～。”连更彻夜，走归郑州去。（选自冯梦龙《喻世明言·宋四公大闹禁魂张》）

【粮乃兵家之性命】 指粮草供应是军队的命脉。 例句 “常言道：‘～。’我不如去放把火，烧他娘个干净，绝了他的命根，岂不为美。”（选自钱彩 金丰《说岳全传》）

【粮是军中胆】 指粮草给养充足，军队的士气才能高涨。 例句 “军师言之有理。俗话说，‘～’。若进军幽州，一旦给养不足，就是再强壮的兵马也难免一击即溃。”（选自白佩玉等《大唐三侠》）

【两耳不闻窗外事，一心只读圣贤书】 形容读书人只顾读书，对外面的事情不闻不问。 例句 “你这老夫子呀，‘～’，怎么会知道这般重要的国家大事？”（选自杨沫《青春之歌》）

【两个“龙抬头”，乞丐也流油】 农历二月二称“龙抬头”。一个年份出现两个“龙抬头”，表示闰二月。预示这一年粮食会丰收，连乞丐都衣食无忧了。这只是逢闰二月时的吉利话，没人当真。

【两个好得穿一条裤子】 形容两人关系密切得分不开。 例句 他俩从小一起长大，~，什么事情都商量着一起做。

【两姑之间难为妇】 指夹在两个婆婆之间的媳妇最不好当。比喻夹在两个地位或辈分高的人之间，关系不好处理。 例句 “我这是~了。痛痛快快帮嫂子的忙吧，又得罪了大哥；不管这些闲事吧，又得罪了大嫂。”（选自张恨水《金粉世家》）

【两国相战，不斩来使】 意思是交战的双方不杀对方派来的使者。 例句 “自古‘~’。于礼不当。”（选自施耐庵《水浒传》）

【两好搁一好】 意思是双方都要好，才能好到一块儿。或也作“两好搁一好，一好两不成”。 例句 “桂英啊!常言说‘~’，有时候就得互相担待些，他也是为你好。”（选自李准《李双双》）

【两虎相斗，必有一伤】 喻指两个强者互相争斗，必然有一方会受到严重伤害，另一方也不会太好。也作“二虎相斗，必有一伤”。 例句 “~，陛下但默观动静。”（选自郭勋《英烈传》）

【两军相遇勇者胜】 指两军交战，勇猛无畏的一方会取得胜利。 例句 “打仗不光是靠人多，还要看肯不肯舍命上前。这就是俗话常说的：‘~。’”（选自姚雪垠《李自成》）

【两口子打架不用劝，放下桌子就吃饭】 指夫妻间的矛盾很容易消除。也作“两口子打架不用劝，放上桌子就吃饭”。另也有“两口子搁气不用劝，挽挽袖子就吃饭”的说法。 例句 ~。谷北大和桂丫儿是一对欢喜冤家。（选自刘绍棠《京门脸子》）

【两口子生气，床头不了，床尾了】 了：结束的意思。指夫妻产生矛盾，会和解得很快，在床上睡一夜的功夫就化解了。同“两口子没有隔夜仇”。 例句 ~。小两口的事儿，咱们少管为好。

【两口子一条心，黄土也能变成金】 夫妻齐心协力，就可以发家致富。

【两鸟进宅，无祸也有灾】 “两鸟”指乌鸦和猫头鹰。这两种鸟要是飞进家中，通常认为不吉利。其实并没有科学依据。

【两人一般心，有钱堪买金；一人一般心，有钱难买针】 两人一条心，有钱就能办大事；两人不是一条心，有钱小事也办不成。强调的是团结合作的重要性。

【两雄不能并立】 指两个强者在一起肯定要争斗，不能同时并存。 例句 “~。我希真堂堂大丈夫，只有天在上，更无与山马齐，岂肯寄人篱下？公明把忠义二字来哄我，我岂受他欺的？”（选自俞万春《荡寇志》）

【两眼一抹黑】 意思是对周

围情况一无所知。 例句 其时，这支部队的处境依然十分困难。四面受敌，孤立无援，悲观失望情绪日益弥漫。与上级党及地方党失去联系，～。（选自曹春荣《朱毛会师井冈山》）

【量小非君子，无毒不丈夫】 度量小的人不是君子，对敌人不狠毒的人成不了大丈夫。一些行凶作恶或野心家、阴谋家，常以此语作为自己狠毒行为的借口。 例句 “哈哈哈……”徐鹏飞也大笑起来，心里不禁浮现出一句被他奉为经典的格言：——～！（选自罗广斌 杨益言《红岩》）

【烈火才见真金】 在烈火中烧炼才能看出金子的真假。比喻通过严峻的考验才能看出人的品质。 例句 疾风知劲草，～。敢不敢斗争、能不能斗争，是检验党员干部党性修养的“试金石”。（选自朱海豹《练就斗争的真本领真功夫》）

【烈火炼真金，患难见真情】 只有真金才能不惧烈火，展现真品质；只有真朋友，才能在患难中显露真情。 例句 中国的对外援助真诚坦荡，不仅讲“投我以木桃，报之以琼瑶”，更坚信“～”，展现了一个负责任大国与世界各国命运与共的胸襟和担当。（选自李嘉宝《莫以小人之心度君子之腹》）

【邻居好，赛金宝】 和谐的邻里关系像黄金一样宝贵。也作“邻居好，一片宝”。 例句 “好哇!武二爷!～哩!”（选自王少堂《武松》）

【林子大了什么鸟都有】 指树林大了，有益鸟有害鸟，有善鸟有恶鸟，各种各样的鸟儿都有。比喻人多了，少不得就有邪恶的人。 例句 “十个指头伸出还不能一般齐哪，‘～’。这种人总归是一个半个，成不了大气候，您别往心上放就是了。”（选自浩然《艳阳天》）

【临财毋苟得，临难毋苟免】 语出《礼记·曲礼上》。苟：草率；随便。遇到钱财不要希望苟且求得，遇到危难不要企图苟且求免。这是儒家对待钱财和危难的态度。“临财毋苟得”就是君子爱财取之有道，不能见钱眼开，随随便便就想占为己有；“临难毋苟免”就是义字当先，勇于担当，不能贪生怕死，为了脱难不顾礼义廉耻。 例句 在义利取向上，“见义忘利，见危授命”“～”。对拜金主义、金钱至上，一切向钱看等思想的侵蚀，其抗击力闪着道德的光辉。（选自李山岗《传统文化对当代大学生成长的影响》）

【临敌不乱，临阵不慌】 指面对敌人或对手，在紧要时刻能够从容面对不慌乱。 例句 在这次商业谈判中，他充分展现了“～”的风度，即使对方提出了极具挑战性的条件，也始终保持冷静，巧妙应对。

【临官莫如平，临财莫如廉】 语出刘向《说苑·政理》。临：面对。面对当官没有比公平更得民心的官德了，面对财货没有比廉洁更好的节操了。　例句　刘向在《说苑·政理》中说道："~。"这句话的意思是：面临着做官，没有什么比公平端正更得民心；面临着钱财，没有什么比廉洁不贪更为可贵。为政之理在于公正廉洁，不偏私，不贪财，这样才能深得民心，为人民所拥戴。（选自林伟《"一级英模"因贪贿获刑14年催人反思》）

【临清猴，不如清河的慢拉牛】这是山东临清周边县市广为流传的俚语俗话。临清从截止到二十一世纪初的几百年以来，一直是方圆几百里的商品批发集散地。临清人精明被称为"临清猴"。这句话主要指的是买卖双方的谈判风格：临清人精明嘴巧，谈价砍价的功夫极深；但是清河人砍价也有一套，那就是拖延战术。"慢拉牛"也叫"慢抻牛""慢牵牛"，不急于成交，慢慢套出成交底线，再出价。同"十个临清猴，顶不过一个清河慢抻牛"。

【临上轿再扎耳朵眼儿】　扎耳朵眼儿：旧时妇女多戴耳环（耳坠），在小时候要在耳垂儿上先扎好耳朵眼儿。上轿：指出嫁。出嫁时戴耳环，现扎耳朵眼儿就迟了。指事先不做准备，事到临头才开始忙乱地行动。也作"临上轿扎耳朵眼儿""临上轿现扎耳朵眼儿""现上轿现扎耳朵眼"。　例句　"缺什么，今天趁着赶集，买一买，谁要是不去赶集呢，就让别人捎着买一下。千万别等着~。"（选自浩然《艳阳天》）

【临死还要拉个垫背的】　喻指自己出了事，还要攀扯上别人负责任或跟着受连累。也作"临死还找个垫背的"。另有"临死拉着个垫背的"说法，是以当事人的口气，表示找到了陪自己一起倒霉的人，以求心理上的安慰。　例句　"你们现在只有招架之功，无还手之力，到此你们也别~，咱们趁早各走各的路。"（选自李晓明等《风扫残云》）

【临崖失马收缰晚，船到江心补漏迟】　比喻大错已经铸成，无法挽回。也比喻事先没有预防，到处于危急情况时，才采取措施挽救，但为时已晚。另也有"临崖立马收缰晚，船到江心补漏迟""临崖勒马收缰急，船到江心补漏迟""悬崖勒马收缰晚，船到江心补漏迟"等等的说法。例句　"不听我也罢了，一发把我推出辕门，声声骂我，我如今到丞相大爷处打个关节，到大将军跟前撺掇一句，寻个计较，一詈儿杀他娘罢了，只教你~。"（选自徐复祚《投梭记》）

【临渊羡鱼不如退而结网】　语出《汉书·董仲舒传》。站在水边羡慕鱼的肥美，不如回家去结张渔网。比喻美丽的幻想不如切实的行动。例句　要改善空气质量，与其~——把对蓝天白云的渴望变为自觉自律的行动，"阅兵蓝"不在别处，就在你我手中。（选自赵永新《蓝天白云，就在你我手中》）

【临阵磨枪，不快也光】　到

了快要上阵打仗的时候才磨刀擦枪，尽管不会很锋利，但至少比不磨光亮些。指平时没准备，事到临头突击一下，也许能管点用。　例句　他发了一顿火。骂了一通街以后，还是识时务，从实际出发，急忙为宝贝女儿找来几个教师，突击辅导，“～”嘛！（选自王梓夫《被遗忘的党员》）

【零打油，整买盐，腰里少掖零花钱】　指的是生活不宽裕的时候，要精打细算勤俭节约。二十世纪九十年代以前，食用油都是用油壶零买，可以控制消费总量；而食盐的购买可以不拘数量，因为不可能食用太多；至于零花钱，只有腰包里少放才是最好的控制方式。

【领不让分，衣不让寸】　做衣服，衣领的领围大小不能超过标准一分，衣服大小不能超过标准一寸。超过这个限度便会明显不合体了。过去农村还流传着这样一句话，“鞋不差分，衣不差寸”。在误差之内勉强能穿，超过限度穿起来就会不舒服，甚至不能穿。

【领导带了头，群众有劲头】　干事领导带头是关键，有以身作则和表率作用。　例句　“～。”深化国防和军队改革，涉及很多深层次矛盾和问题，重点难点主要集中在领导机关。领导干部是精简整编的组织者，又是指挥体制改革的主要对象。领导干部能不能带头解放思想，带头自我革命，带头服从单位和个人利益调整，敢于割自己的肉，直接决定改革的成败。（选自徐云兰《面对改革，领导干部要踏浪而行》）

【令出山摇动，严法鬼神惊】　形容严明的法令威力很大，令人畏惧。　例句　“你们曾记得～。倘若不行，大家死倒不怕，闹一个没面目，又没有拿住他犯疑的大病。”（选自《小五义》）

【留得青山在，不怕没柴烧】　比喻只要还有生命，就有未来和希望。多用于劝诫人不要图一时之快，该忍就忍，只有积蓄力量，强大自己，才能做自己想做的事。　例句　“～。虽是遭此大祸，儿子官职还在，只要到得任所，便好了。”（选自凌濛初《初刻拍案惊奇·钱多处白丁横带　运退时刺史当艄》）

【留得五湖明月在，不愁无处下金钩】　保养好身体、保留了力量或掌握了知识、本领，就不愁达不到目的。或也作“留得五湖明月在，何愁没处下金钩”。　出处　毕魏《三报恩》（节选）：“初八夜间便要进场了，须索寓中静养一日，调理身子。正是：～。”

【留情不举手，举手不留情】　留情面就不举手打，举手打就不会留情面。指一旦动手打起来，就不会再顾情面。　例句　“常言道：～。你外公手儿重重的，只怕你挨不起这一棒！”（选自吴承恩《西游记》）

【留下斗合秤，为的是公平】　斗合秤：斗、合、秤，均为量具。古人留传下斗合秤这些量具，目的就是公平交易。指办事必须公平，否则就会招人议论。　出处　《施公案》（节选）："古人～。我原是德州人，相距不上七八十里，就是两样行事？"

【流水不腐，户枢不蠹】　户枢：门的转轴；蠹：蛀蚀。指流动的水不会腐臭，经常转动的门轴不会被虫蛀。比喻经常运动的事物不容易受到外物的侵蚀。　例句　古人认为："～。"加强体育锻炼，可以养精、益气、安神、活血，协调精气神血的相互关系，从而气机调畅、阴阳平衡、气血经络运行通达，减少或防止疾病的发生。（选自黄新生《诗词中的养生之道》）

【流水下滩非有意，白云出岫本无心】　语出《增广贤文》。水从滩头流下，不是有意为之；白云从峰峦间飘过，本也出于自然。用以表达一种淡泊的心境，或随遇而安的境界。

【流丸止于瓯臾，流言止于智者】　语出《荀子·大略》。瓯臾：瓦器，这里比喻地面洼陷不平之处。流言：没有根据的话。滚动的丸球到坑洼处会停止，没根据的话到明白人那里就不再传播。　例句　"～。"做人只有保持内心的纯净，才能成为消除谣言的"智者"。（选自顾洁颖《谣言考验智性》）

【柳蒿莛扎白根，长虫过道水瓮阴】　这是下雨的几个征兆。柳蒿的茎生长出白根，蛇在大路上经过，水缸外有水珠，预示着将要下雨。

【柳毛落地，不论干湿】　柳絮乱飞的时候，不论天气干旱与否。

【柳条编笸箩，媳妇随婆婆】　前一句是"比兴"的手法，表示受约束。意思是儿媳妇嫁过来会受到婆婆行事作风的影响。　例句　"～"，张家媳妇跟她婆婆学了不少东西，行为做派也越来越像了。

【六月的葫芦闷了尖】　指到了六月，葫芦必须掐尖打叉，才有利于果实的成长。

【六月的棉花，后娘的心，一个劲地直刨根】　进入六月，棉花生长需要大量的水分，这时候需要对棉花垄进行深耕，让棉花的根扎得更深。

【六月的天，猴子的脸】　形容六月天气无常，变化很快。

【六月里，车辙雨】　农历六月多阵雨，往往是局部有雨，车辙就可以是有雨和无雨的分界。　出处　清代河北《新河县志》（节选）："'～'，谓仅隔一辙，而阴晴异焉。"

【六月里立秋，早收晚丢】　如果是在农历六月立秋，那么早种的庄稼就会有收获，晚种的庄稼可能减产。

【六月六，家家猫犬水中浴】　旧时风俗，农历六月初六给猫狗洗浴以避免生虫虱。　出处　清·顾禄《清嘉录》（节选）："六月六日牵猫犬浴于河，可避虱蛀。浴猫犬词云：'～。'不知此语从何来，辗转流传竟成俗。"

【六月六，看谷秀；七月七，吃新米】 进入农历六月，是谷子生长旺盛阶段，开始抽穗。如果六月初六开始抽穗，到七月初七，也就是再有一个月时间，就能吃上新米了。

【六月十三道不干，不是下雨就是阴天】 农历六月十三是“雨节”，这一天阴天或下雨的概率最大，因此通常道路上都是潮湿的。

【六月天，道不干】 指农历六月雨水多，道路经常是潮湿的状态。

【六月天，小孩脸，说变就变】 六月的天气变幻莫测，前一刻还是晴空万里，下一刻就是大雨倾盆，就像小孩子的脸一样，说哭就哭、说笑就笑。

【六月小，收的瓜果吃不了】 如果六月赶上小进，也就是二十九天，这个月雨水不会很大，后期暑热的时间长，瓜果容易丰收。

【龙斗虎伤，苦了小獐】 比喻两强相互争斗，弱小的第三者遭殃。 例句 聂钺儿一口就说道：“你每多不知道，只我猜得着。此一定是西门官府和三官儿上气，噜档嗔请他表子，故拿俺每煞气。正是：～。”（选自兰陵笑笑生《金瓶梅》）

【龙多旱，人多乱】 传说龙在天空行雨，各管一方面，龙多了，便互相推诿，不施雨自然就旱了；人多互相扯皮，做事的功效反而不高。同“人多作乱，龙多主旱”。 例句 “这一入了社，我就不怕没有饭吃了。”亭面胡十分放心。“只怕～，反为不美。”佐二爷有点怀疑。（选自周立波《山乡巨变》）

【龙归沧海，虎入深山】 喻指各自回到有所作为的地方去。另也有“龙归大海，虎复深山”“龙归大海，虎进深山”“龙归大海，虎返深山”“龙投大海，虎奔高山”等等的说法。 例句 “～，各有所利耳。不可在此久停，可上白云山聚义。”（选自陈忱《水浒后传》）

【龙虎相争，必有一伤】 喻指强者之间的争斗，至少一方一定会受到损伤。 例句 今天这场比赛有看头，双方都是顶尖高手，～，就看最后鹿死谁手了。

【龙居浅水遭虾戏，虎落平阳被犬欺】 喻指英雄落难，就会受到势利小人的欺辱。或也作“龙困浅水被虾戏，虎落平阳被犬欺”。 出处 冯梦龙《古今谭概·谈资》（节选）：“梅、郭二令相同蜀人杜渭江朝绅令麻城，居官执法，不敢干以私。一日宴乡绅，梅西野倡令，要拆字入俗语二句。……又云：‘单其也是其，加点也是淇。除却淇边点，加欠却为欺。俗语云：～。’”

【龙生九种，九种各别】 传说龙生有九个儿子，各有特点，各不相同。比喻族大人多，好坏不一，各样人都有；或喻同一父母所生的孩子有好有坏。也作“龙生九种，种种有别”“一龙九种，种种有别”“一龙九种，种种各别”。 例句 行者道：“一夫一妻，如何生这几个杂

种？”敖顺道：“此正谓～。”（选自吴承恩《西游记》）

【龙生龙，凤生凤，老鼠的儿子会打洞】 指父母的言传身教，孩子的耳濡目染，对其一生职业的选择有重大影响。也用以比喻什么样的父母教养出什么样的儿子。 例句 “～，我当个大车把式或是大船舵把子，正是家传手艺，门里出身。”（选自刘绍棠《野婚》）

【龙眼识珠，凤眼识宝，牛眼识青草】 比喻有眼力的人识货，没眼力的人不识货。眼界的高低，决定了其辨别事物能力的高低。 例句 “嘿嘿，～。我金某人在这方圆几百里的地界看了十几年的风水，像这样好的山形地势见着的还不多。”（选自奚青《朱蕾》）

【聋子治成哑巴】 本想治耳朵聋，结果耳聋没治好，话也不能说了。比喻老问题没解决好，反倒闹出了更大的问题。 例句 电脑黑屏让你去送维修，你却自己瞎搞，这倒好，～，启动不了了。

【楼上楼下，电灯电话】 这是早前人们认为的美好生活。 例句 过去在农村，～，是大伙儿向往的生活；眼下，不再满足于吃穿，享受信息畅通带来的便利，在信息洪流中寻找致富的路径，成为信息时代许多人的“小目标”。（选自房健《农村父老也有触网梦》）

【卤水点豆腐，一物降一物】 卤水倒入熟豆浆中，就能凝固豆浆成块，挤压出水分就成豆腐了。比喻一种事物总会有另一种事物可以制约它。或用以形容一个人对谁都不服气，却偏对某个人言听计从。也作“一物降一物，卤水点豆腐”。同“盐卤点豆腐，一物降一物”。 例句 俗话说，～。相生相克现象在自然界相当普遍，人类战争史上有很多“以少胜多”“以劣胜优”的战例都暗合着这一法则。（选自李新《多点“相克式”军事创新——致人而不致于人》）

【路不常走草成窝，坐立不直背变驼】 比喻做事贵在坚持；坏习惯不纠正就能形成危害。 例句 武术练功是长期坚持的过程，～，日常的举手投足都是提升修炼的过程。

【路不平有人铲，事不公有人管】 道路不平，就会有人铲平；处事不公平，自会有人理论它。指凡遇到不公平、不公正的事，总会受到公众的干涉与谴责。也作“道不平有人铲，事不平有人管”。 例句 “～。你们无辜杀害两条人命，天理难容，这血债就不应该偿还吗？”（选自刘浩鹏等《龙公案》）

【路不走长草，刀不磨长锈】 比喻人要经常动脑并锻炼身体，不然就有可能出健康问题；或要不断学习更新知识，不然就跟不上时代发展。

【路逢侠客须呈剑，不是才人莫献诗】 语出《增广贤文》。在路上遇到了侠客，应该呈上宝剑；如果对方不是才子，就不该献上诗篇。比喻待人接物要明白对方的喜好，因人而异。 例句 有道是“～”。他是个唱京戏的，你跟他谈什么交响乐啊？

【路逢险处难回避，事到头来不自由】 遇到险处，没办法回避；事到临头，由不得自己。也作“路当险处难回避，事到头来不自由”。另也有“路逢险处须回避，事到头来不自由”“路逢险处须回避，事到临头不自由”的说法。 出处 杨潮观《吟风阁杂剧·感天后神女露筋》（节选）：“小灵台，自来无垢，劳断送，费绸缪。正是：～。”

【路见不平，拔刀相助】 在路上遇见欺负人的事情，就挺身而出帮助受害的一方。旧时为人们所称道的一种侠义行为。 例句 “他是个热心人，身上有一股军人的正气，～，看见同事有困难，伸手帮一把，都是常事！”（选自文洁《一个义举温暖一座城》）

【路上说话，草里有人】 在路上说话，说不定路旁草丛里会有人听见。提醒人说话时要分场合，不适合第三方听的话不要乱说。 例句 这正是：“～。”原来这泾河水府有一个巡水的夜叉，听见了百下百著之言，急转水晶宫，慌忙报与龙王道：“祸事了！祸事了！”（选自吴承恩《西游记》）

【路湿早脱鞋，遇事早安排】 指面对困难、遇到事情要早作准备，早打主意。 例句 “你这个人太憨实，你恐怕不晓得吧，现在自留地里边有菜的人家都拼命把菜出手。常言说：～，你要是手头有菜，也尽早打主意。”（选自莫伸《生命在凝聚·三岔镇风波》）

【路是人走的，事是人为的】 形容成事在于人为。事情的结果，是由人的努力程度决定的。也作“路在人走，事在人为”。与“路是人走出来的，法儿是人想出来的”义近。 例句 怎么就看不到指望了？～，一个七尺高的汉子，别遇到点事儿就蔫头耷脑的！

【路是弯的，理是直的】 指真理或道理永远不能被歪曲。 例句 ～。事情明摆着是你的不对，你能耐再大还能大过理去？

【路遥知马力，事久见人心】 路途遥远，才可以知道马的耐力如何；经历的事情多了，时间长了，才可识别人心的善恶好歹。也作“路遥知马力，日久见人心”。 例句 中国的成语说：“～。”我们的友谊是经得起时间的考验的。（选自周恩来《在缅甸总理吴努举行的国宴上的讲话》）

【路有千条，理只有一条】 指道路可以有很多条，但真理却只有一条。 例句 “～”，这个理指的是真理。（选自罗旋《南国烽烟》）

【露水灌不满井，灯头做不中饭】 比喻物资太少，解决不了大问题；或能力有限，与要完成的任务不匹配。 例句 近期温度骤降，面对天然气经常断气问题，用罐车拉气补充，解决不了根本问题。~，必须开辟新的能源渠道。

【露水见不得老太阳】 指露水碰见太阳就消失了。比喻恶人的时间长不了。 例句 “好好好，抗战快到头了。咱们拼命干吧，日本鬼马上就完蛋啦！”“嗨，小鬼子是~！”（选自孔厥 袁静《新儿女英雄传》）

【乱成一锅粥】 粥煮成以后，米粒全部混合在一起，分不清谁是谁。形容人群动荡、骚动不安的一种状态。 例句 小红兜肚儿身背着龙蛋子一出村口，就只见大火烧红了满天星，浓烟遮黑了天边月，人喊狗叫~。（选自刘绍棠《水边人的哀乐故事》）

【乱点鸳鸯谱】 鸳鸯：水鸟，比鸭小，栖息于池沼之上，雌雄常在一起。常用来比喻夫妻。这句话形容他人不考虑实际情况，把男女胡乱配对。 例句 由于一些婚介对应征者资格审查流于形式，或不负责任地“~”，对应征者的恋爱乃至婚姻生活埋下极大隐患。（选自金正波《无良婚介怎能当好红娘》）

【乱麻必有头，事出必有因】 纠缠在一起的麻线，必定有线头；错综复杂的事件，肯定有其发生的原因。喻指客观情况尽管错综复杂，但总可以寻出线索，找出头绪，查出原因。 例句 ~。对于近期销量急剧下降的原因，销售部必须调查清楚，下周一汇报上来。

【乱世出英雄，阵前识好汉】 指战乱动荡的年代可以造就英雄人物，两军对阵才能看出谁是英雄好汉。 例句 “~啊！现在正是两国交兵之际，我看看他们的本领如何，有没有出息。”（选自黄佩珠等《少西唐演义》）

【乱世多新闻】 指动乱年代常有新鲜事情发生。 例句 他有点怕事地对那商人笑说：“我们这是吹乱谈。”那商人说：“‘~’，这种话到处都有人谈哩。”（选自吴有恒《山乡风云录》）

【乱世群雄起，有枪便为王】 战乱年代杰出人物纷纷起事，谁有武装力量谁就能称霸一方。 例句 齐墨林踱了几步：“‘~。’现在，我的自卫军已有八十余人，所愁的便是枪支弹药，只要有枪，十数天内凑成百十人不成问题。”（选自王占君《大漠恩仇》）

【乱世显忠臣】 意谓动乱年代最能彰显人的忠诚之心。 例句 俗话说：~。环境好的时候，哪个村的人都敢喊：“打倒日本帝国主义！”环境变坏以后，这就看出哪个村老百姓的骨头硬了。（选自马烽《刘胡兰传》）

【萝卜拔了窝窝在，和尚走了庙子在】 人逃了，家却搬不走。比喻人最终难以逃脱。 例句 “他薛家‘~’，薛蟠那个挨刀的是跑不掉的。”（选自萧赛《红楼外传》）

【萝卜快了不洗泥】 萝卜卖

得快，就不用或来不及洗泥。喻指生意人在买卖好的时候，往往就不考虑商品的外观和服务质量了。　例句　可以想象的是，如果我们吃的是产地节令都不对的中药，炮制过程也是“～”，那么凭什么指望“药到病除”呢？（选自庞岚《别让中医毁在中药上》）

【萝卜青菜，各有所爱】　有人喜欢萝卜，有人喜欢青菜。比喻人的追求与志趣各不相同，不能强求一致。也作“萝卜白菜，各有所爱”。　例句　“说真的，我并不想当什么侦探。‘～’，我最关心的还是我的《麻风新医疗法》。”（选自贺慈航《寂静的麻风村》）

【锣不敲不响，理不辩不明】　就像锣不敲就不会响一样，道理不通过争辩，就不能明晰。指通过辩论就能辨明是非。　例句　“你要是讲理的，咱们就当着大伙儿评了这个理儿。这叫做‘～’。”（选自吴越《括苍山恩仇记》）

【锣齐鼓不齐】　形容行动不一致。　例句　除去几个头目喽罗和不懂事的孩子，谁也不拍手，稀稀啦啦，～。好像狗吠太阳——紧一声慢一声，真没劲！（选自张孟良《儿女风尘记》）

【箩里拣瓜，拣得眼花】　喻指可供选择的太多，致使人不好拿主意选哪个。　例句　他不会抢东西么？～，不晓得搬哪一项是好了。（选自王少堂《武松》）

【骡马架子大了值钱，人架子大了不值钱】　骡子和马这类牲口，个头儿骨架越大力气越大，最后卖肉卖皮卖骨头，值的钱也多些；人架子大，是指本事不大，却装腔作势耍派头，这样的人讨嫌，所以“不值钱”。　例句　你要知道～，别成天把自己弄得跟不是凡人似的！

【骡子驾辕马拉套，老娘们当家瞎胡闹】　骡子、马各有自己的使命，如果不安于现状可能会乱套；旧时一个家庭如果男人没有主意，女人当家作主，出现错误决策的可能性就会加大。因那时女性不能出头露面，处理社会事务的经验就少。现在再说这话，就是重男轻女的思想作怪，是对女性的歧视。

【螺蛳壳里做道场】　螺蛳：一种淡水生有螺厣和螺壳的软体动物。道场：指佛教规模较大的诵经礼拜仪式。在螺蛳壳子的狭小空间里办道场。比喻在狭窄简陋处做成复杂的场面和事情。　例句　“现在又是这么的人荒马乱，交通不方便，要等您的朋友们来信赞成，当作证据，真也比～还难。”（选自鲁迅《理水》）

【骆驼拉磨不如驴，砂锅和面不如盆】　骆驼善于在沙漠跋涉，毛驴善于拉磨；盆可和面，砂锅能烧菜。各有长处，替代不得。比喻事物各有长处，要因材使用。　例句　对于这个精细活，大施工队不一定能干好，～。让技术灵巧的小施工队干更合适。

【落椿花儿，拿镰把儿】 椿树花败的时候，小麦就成熟了，需要拿镰刀收割了。

【落花有意，流水无情】 形容一方有意一方无意。多用于形容恋爱中的“单相思”或“暗恋”现象。 例句 谁知朱重是个老实人，又且兰花龌龊丑陋，朱重也看不上眼。以此“～”。（选自冯梦龙《醒世恒言·卖油郎独占花魁》）

【落毛的凤凰不如鸡】 比喻失去优越地位的上流人物，境况还比不上普通人。或也作“落架的凤凰不如鸡”“凤凰褪毛不如鸡”“拨了毛的凤凰不如鸡”等。 例句 “如今到了这地步，‘～’，能改名换姓，在这块风水宝地上平平安安度过这下半生，也就心满意足了。”（选自张崇纲《杨贵妃崂山当道姑》）

【驴唇不对马嘴】 比喻答非所问或事物两不相合；说话写文章，前言不搭后语。也作“驴头不对马嘴”。 例句 一段话，说了个乱糟糟，～。（选自文康《儿女英雄传》）

【驴粪蛋子外面光】 多用以形容人或事物外表光鲜，内里却一团糟。 例句 人群爆发了一阵怒吼：蒋殿人，别装哭！你是～。（选自冯德英《迎春花》）

【驴骑后，马骑前，骡子骑在腰中间】 驴子背上偏前会有一块凸处，如果坐得靠前就坐不稳，所以只能靠后一点；马生性比较烈，跑起来非常快，坐得靠前一点更安全；骡子的性格不像马那么烈，背也不像驴子那么窄凸，所以可以坐到中间。

【履霜，坚冰至】 《周易》坤卦初六的爻辞。履：践踏、踩。坚冰：坚硬厚实的冰，指寒冬。至：到来。脚踏到轻霜上，就预示着寒冷的冬天就要到了。这是一种由此及彼，见微知著的思维方式。即通过细枝末节和事物的发展规律，预知未来可能出现的结果。 例句 《周易》说：“～。”当双脚踏上秋霜，就要知道寒冷的冬天快到来了。这就是从细小的现象出发，感知变化的大趋势。（选自李勇刚《讲辩证 整体关联 动态平衡》）

【绿了荒山头，干沟清水流】 绿化荒山，有利于水土保持，干涸的山沟或会有清水流淌。 例句 ～。家乡的山只要都能绿化了，我们的生活环境自然就会好起来！

M

【麻杆打狼两头怕】 麻秆儿容易折断，不能用来打狼；而狼看见人拿着麻杆，也害怕这个棍子对它造成伤害。指争斗双方互有顾忌，都不敢轻动。也作“麻杆儿打狼两头害怕”。 例句 土地流转为何迟迟无法推进，现状属于～。承包商怕长期投资没保障，流转农户怕控制权无法收回等，因此法律保护才是解决问题的根本。

【麻雀虽小，五脏俱全】 比喻事物的体积或规模虽小，具备的功能却很齐全。 例句 “‘～。’机器当然应有尽有，就是不大牢。”（选自钱钟书《围城》）

【马不打不奔，人不激不发】 就如马不抽打就不肯奔跑一样，人不加激励就不会发奋。 出处 元·无名氏《渔樵记·楔子》（节选）：“（刘二公上，云）冰不搭不寒，木不钻不着，～。”

【马不知自己脸长，牛不知自己角弯】 借以比喻人往往看不到自己的短处或缺陷。或也作“马看不见自己脸长，牛看不见自己角弯”。 例句 哈少甫一看是崔丰久，便狠狠将手一甩：“～。你崔大翻译还不知道自己玩了一套移祸东吴的把戏，让我替你背黑锅。”（选自马国超 张鸣《马本斋》）

【马儿抓鬃牛牵鼻，骡子要抓下嘴皮】 这三种牲口各有“软肋”，抓住这些关键部位，才容易制服它们。

【马乏嫌嚼铁沉，人困恨耳朵重】 极言人困马乏的时候感觉哪里都是累赘。 例句 我们行军已经一天一夜了，处于～的状态，这时候与敌交锋，恐无胜券。

【马放南山，刀枪入库】 把马放归山里，武器放进仓库。意谓天下太平，没有战事。 例句 其时天下太平已久，真个是～；五谷丰登，万民乐业。（选自钱彩 金丰《说岳全传》）

【马蜂窝捅不得】 拿着棍棒捅马蜂窝，马蜂就会群起而攻人。喻指对惹不起的人或事，要避开，别给自己惹麻烦。 例句 你知道你这样做的风险和可能造成的后果吗？告诉你吧，这个～！

【马好不在叫，人美不在貌】 马的好不体现在叫声上，人的美不体现在外貌上。 例句 ～。找媳妇就得找个心眼儿好能操持家的人，光模样好有啥用？又不能当饭吃。

【马好坏骑着看，友好坏交着看】 马的好坏，骑一骑才能知道；朋友的好坏，交往交往才能知道。

例句　～。只有在你遇到难处的时候，才能看出谁是真心帮你的朋友。

【马好全在腿，人好不在嘴】 优良的马表现在腿力上，优秀的人不在花言巧语上。　例句　别听他说得天花乱坠，～，他是什么样的人你还不知道吗？

【马看牙板，人看言行】 想了解一匹马还能不能干活，那就去看一下它的牙板年龄；想了解一个人的为人，就要从他的言行方面来判断。　例句　村民对熊军并不买账，他明白村民心里有创伤。“～”。于是，他和村干部本着骂不还口的原则，挨家挨户上门走访，了解全村252户村民的喜怒哀乐和种种诉求。（选自沈洋　赖星《不信民心唤不回——江西南昌村支书熊军“排雷”记》）

【马快不觉路远，友多不怕困难】 喻指干事有得力工具或帮手，完成任务就轻松；有很多朋友，就能帮着解决困难。

【马骑上等马，牛用中等牛，人使下等人】 旧时富贵人家以为，骑马要骑上等良马，可以跑得快跑得远；用牛要用中等性情的牛，稳妥；使唤人要使唤那些不精明的人，容易控制。　出处　元·陶宗仪《辍耕录》（节选）：“谚云：‘～。’马上等能致远，牛中等良善，人下等易驯。若其聪明过我，则我反为所使矣。”

【马上摔死英雄汉，河中淹死会水人】 被马摔死的往往是英雄好汉，在河中淹死的往往是会游泳的人。比喻在某方面本领高强的人，往往会因为不谨慎，在他熟悉的事物上栽了跟头，导致了悲剧。　例句　“老兄这次败就败在有勇无谋，骄气太盛。俗话说，‘～’，恃勇必败，骄兵必败。”（选自罗旋《南国烽烟》）

【马勺碰锅沿】 马勺：盛饭用的木制大勺。锅沿：锅边。比喻经常在一起的人难免产生小矛盾、小摩擦。由此衍生出的俗语还有“勺子哪有不碰锅沿的”“马勺没有不碰锅沿的”“哪有马勺不碰锅沿的”“马勺难免碰锅沿”“勺子免不了碰锅沿”等等。　例句　夫妻之间“～”是常事，但绝不应该互相吼叫、扔东西、长时间互不理睬。（选自孙开元编译《父母吵架，孩子看着呢》）

【马屎凭官势】 指衙役凭借官府的权力耀武扬威。　出处　清·黄小配《廿载繁华梦》（节选）：“怎奈差役们十居其九，都是～。”

【马王爷三只眼】 传说中的神魔马王长相凶恶，生有三只眼，以窥察人间的隐私。比喻人很厉害、不好惹。　例句　“狗汉奸，你要再敢戳我一指头，我叫你吃不了兜上!不给你点颜色看看，你也许不知道～哩!”（选自王厚选《古城春史》）

【马无夜草不肥，人不得外财不富】 想要马儿肥壮，就要让它在晚上多吃些草料；人要想变得富有，就要多得些意外之财。也作“马无夜草不肥，人无外财不富”“马不吃夜草不肥，人不得横财不富”“人无横财不富，马无夜草不肥”“人不得外财不富，马不吃夜草不肥”。 例句 “盖因是一由命，二由做。我则要千事足，百事足。常言道：~。”（选自郑廷玉《后庭花》）

【马行无力皆因瘦，人不风流只为贫】 马跑不起来都是因为太瘦、没力气；人不能扬眉吐气就是因为穷。指人贫穷就没有底气，说话做事就缩手缩脚。 例句 小生两日为风雪闭户，母子免捱冻馁。今日晴明，不免向街坊间步一回。正是：~。（选自李玉《永团圆》）

【马在软地上打前失，人在好话里栽跟头】 指马跑在软地面上容易失蹄，人处在恭维话中容易受骗吃亏、犯错误。或也作“马在柔草地上打前失，人在甜言蜜语中栽跟头”。例句 “把这东西还给你好了！真是‘~’，我再不想上你们的当了。”（选自冯国仁《草原上有座小屋》）

【蚂蚁搬家，大雨哗哗；蚂蚁筑坝，不阴就下】 蚂蚁搬家或筑起土堆，预示着将有阴雨天来到。

【蚂蚁啃骨头】 把小的力量集中起来，依靠一点一点的苦干来完成艰巨的任务。比喻人多力量大，可以创造奇迹。 例句 “学习一定要有~的精神。”刘少奇经常这样鼓励身边的工作人员。（选自周延玲《“学习！学习！再学习！”》）

【骂人不带脏字儿】 指骂人话中没有粗俗下流的词语，骂得含蓄。例句 “你这老太太，~，沟北边的人爱小便宜，沟南的人光爱大便宜是不是？”（选自浩然《艳阳天》）

【骂人无好口，打人无好手】 互相对打起来，就不会有饶人的拳头；互相对骂起来，就不会有中听的话语。指只要打骂起来，双方就很难克制，很难冷静。也作“骂人没好口，打人没好手”。 例句 “~，我是骂屈了你，那你再骂我一顿吧!”（选自董均伦等《四错和四屈》）

【嘛虫拱嘛木头】 比喻对哪一行精通的人就吃哪一行的饭。或用以比喻低俗下流的人专爱干低俗下流的事。也作“啥虫拱啥木头”“嘛虫钻嘛木头”“什么虫儿凿什么木头”，“什么虫爱拱什么木头”。 例句 他自己不愿意考公务员，你也不要硬逼他。~，他自己找个自己喜欢的职业顺心就好。

【埋头深钻，学问惊天】 做学问不断深钻细研，就会有出色的成果。

【买的没有卖的精】 揭示了在交易过程中，卖家通常比买家拥有更多的知识和信息。卖家为了追求利润，可能会隐藏对自己有利的信息，而买家由于缺乏足够的信息和专业知识，往往容易受到卖家的误导。 例句 ~，你就别多寻思了，相中了就要。

【买房看梁，娶妻看娘】 买房要注意房梁是否结实；娶媳妇要先看看丈母娘的人品，因为女儿的处事作风受母亲的影响很大。 例句 ～，她妈那人人缘好着呢，姑娘也错不了。

【买静求安】 指宁可吃亏，也愿意求得平安无事。 例句 “只消说他造谣生事，顶名告他一状，不怕不拿大锭大帛出来～。”（选自张南庄《何典》）

【买马看母子】 指买马驹，先看母马咋样；买母马，先看它生的马驹咋样。借指看闺女的为人，便知她的娘亲是什么样的人；看娘亲的为人，便知她闺女是什么样的人。 例句 “到明日，闺女屋里拿出孤老来，待不也说是自家哩？槽头～，这娘们母子也生得出好东西来哩？”（选自西周生《醒世姻缘传》）

【买卖不成仁义在】 指买卖双方即使没达成交易，也要讲仁义之德，彼此尊重，为以后合作创造条件。 例句 “嫌人家来做买卖，～，打倒人家干吗？”（选自梁斌《红旗谱》）

【买卖不隔寸地】 指做买卖地理位置很重要。顾客趋近避远的行为特点，决定了哪怕很短的一段路程，也会阻隔顾客的脚步，影响店里生意。

【买卖不养当乡人】 本地的东西，没有神秘感；再加上买卖双方太熟悉，无论讨价还价，还是褒贬东西的优劣，都会碍于情面不好意思。所以当地的生意难做。

【买卖长，盖楼房】 不论利润大小，只要买卖做得长远，就能积累不菲的财富，盖得起楼房。不要看不起小生意。

【买卖好做，伙计难搭】 伙计即合伙人。做买卖不难，难在能有合得来的合伙人。 例句 ～。咱村找我合伙的人多了，我之所以选择你，看重的是你的人品。

【买卖讲信誉，货物看质量】 这是经商办厂成功的最基本原则。

【买卖看行情，早晚价不同】 指做生意要随时注意行情。也比喻做事要随时注意情况变化。 例句 “～。如今大军天天增加，不由他王吉元不赶快替自己寻条活路。”（选自姚雪垠《李自成》）

【买卖情愿，方成买卖】 一方愿买，一方愿卖，这桩买卖才能做成。

【买卖做个公平，评理论个是非】 做生意要讲究公平交易才能形成良好的买卖市场，评论争端要有是非曲直的尺度才能树立良好的风气。

【买起猪搭起圈，娶起媳妇管起饭】 既然买得起猪就有搭得起猪圈的资本，既然娶了媳妇就有养老婆的能力。可用以形容基础性的大投入花得起，维持性的耗费自然也没问题。 例句 ～。不要这么看不起人，既然把机器安上了，我就有能力运转经营。

【买针看鼻儿，买马看蹄儿】 买针要看针眼是否穿得进线，买马要看马蹄是否有毛病。比喻办事要办在点子上或识别货物要看关键部位。例句 “～”。挑选电冰箱，光外表漂亮不行，要看它的制冷效果好不好。

【麦锄三遍没有沟，豆锄三遍圆溜溜】 麦田多锄几遍，麦粒就会灌浆饱满，麦缝不明显，麦粒不干瘪；豆田多锄几遍，豆子将来就会长得圆滚滚，不干瘪。

【麦耩深，谷耩浅，芝麻耩得苦住眼】 耩：读jiǎng。用耧播种或施肥叫耩。播种小麦要耩深一些，耩谷子要浅一些，耩芝麻更浅，遮住一点点土就可以。

【麦浇小，谷浇老】 小麦苗期浇水，利于苗全苗旺；谷子耐旱，苗期蹲苗利于扎根，后期浇水利于生长。

【麦捆根，谷捆梢，芝麻捆在半中腰】 过去收割这些庄稼都是打捆，但打捆也是有讲究的：麦子要捆得往下点，谷子要捆得往上点，而芝麻杆要捆在中间。

【麦怕二月雪】 二月份的时候，天气乍暖还寒。小麦刚生长出来的叶子抵抗力差，如果出现降雪降温，很容易被冻伤冻死，还可能爆发病虫害，特别影响产量。

【麦收八十三场雨】 农历八月有场好雨，保证底墒有利于小麦播种；十月有场好雨，有利于小麦扎根；三月有场好雨，有利于小麦拔节孕穗。这三个时段的雨，对小麦丰收非常有利。 出处 宛光《河东谚》（节选）：“农谚说：‘～。’这是农业生产的经验，也是有科学道理的。”

【麦收三月雨】 三月的雨有助于麦子丰收。另有“麦收三月雨，还得二月下”的说法，意谓最好二月就有雨。 出处 明·王象晋《群芳谱·谷谱》（节选）：“种麦，喜粪有雨佳，春雨更宜。谚云：‘～。’”

【麦收三月雨，棉收八月风】 三月的雨对麦子生长有利，有助于麦子丰收；八月干燥刮风，对棉花开苞绽放有利，有助于棉花丰收。

【麦无二旺，冬旺春不旺】 小麦不宜冬前旺，如果冬前小麦旺长，那么春后返青就不会旺长了。所以入冬时出现旺长现象，要及时进行压苗处理。

【麦在种，秋在管】 小麦，播种是关键的环节；玉米谷物等秋庄稼，管理是关键的环节。

【麦种霜降迟半月】 这种说法是以秋分种麦为宜，其实不能一概而论。我国冬麦区南北跨度较大，温差较大，播种时间由北部最先播种。大部地区都在霜降节气前后。

【麦子不返苗，叫化子扔了瓢】 小麦越冬后，麦苗在返青时出不全，甚至出现大量死苗，产量会严重下降。以叫花子要不到饭食——扔瓢，来比喻粮食歉收。

【麦子不怕草，就怕坷垃咬；打开坷垃包，麦子伸伸腰】 小麦生长过程中，田里有些草还不至于对小麦造成太大影响。如果田地里个头大的土块特别多，就会严重影响小麦生长。

【麦子不上场，只管种高粱】 麦子熟之前，就应该种高粱等秋粮，不能等小麦收割上场院后墒差了再播种。

【麦子撩倒，离不了棉袄】 旧时麦子收割后，需要看护防盗，夜里棉袄可以御寒防凉。

【麦子胎里富，种子六成收】 麦子丰收首先在于麦种好，麦种好就决定有六成的收成。指小麦选种非常重要，精选良种是小麦增产的关键。 例句 俗话说：“～。”精选良种是小麦增产的主要关键。（选自李准《参观》）

【麦子一熟不等人，耽误收割减收成】 小麦成熟很快，麦熟一晌，不及时收割耽误了会造成麦粒掉落，影响产量。

【卖菜不使水，买菜噘着嘴】 指卖菜的如果不往菜上洒水使菜看上去干净鲜嫩，买菜的就会嫌菜不好，不高兴。 例句 “‘～’，卖青菜全凭一个干净鲜嫩。你不放水，他占了便宜还不高兴，你把菜透透洒上水，赚了钱他还舒坦。”（选自李准《黄河东流去》）

【卖到云南也不知道怎么去的】 指被人哄骗了，还糊里糊涂。 例句 你还蒙在鼓里呢，真是把你～。你让人家骗啦！

【卖饭的不怕大肚汉】 指出售某物者欢迎需求者。 例句 常言道：“～。”店小二巴不得这一声……登时收拾打了两盘大饼，捍了一锅面汤，遂即送进客房。（选自吴璿《飞龙全传》）

【卖狗皮膏药的】 旧指江湖郎中推销名不副实的膏药。后比喻说得好听，实际上是吹牛，不实用，骗子。 例句 当时的73团作战勇猛，但有不少官兵却对政工人员持保留态度，称政工人员是“五皮主义”（皮带、皮鞋、皮包、皮鞭、皮手套），认为他们不善打仗又满嘴空话，甚至公开称他们是“～”。（选自戴和杰 何剑芳《陈毅的思想政治教育艺术》）

【卖瓜的不说瓜苦，卖杏的不说杏酸】 推销东西的人不会说自己的东西有毛病。喻指凡是自家的人或事，总不免要自夸自赞。 例句 看你把他夸得跟一朵花儿似的，～，他是你家亲戚，你当然不会说他的不是了。

【卖金的要遇见买金的】 比喻卖主要碰到买主才能成交。 例句 “您这匹骏马，非得找专要好马的主儿不可。常言说，‘～’。要是到了那里，不要说这一匹马，就是有个八匹十匹的好骏马，也能够卖出去。”（选自陈荫荣《闹花灯》）

【卖金须有买金人】 比喻出卖有价值的或贵重的东西，必须找到买得起的主顾。也就是说，生产或销售稀缺贵重的东西之前，应该预先考虑到当下人们的购买力如何。也比喻有价值的东西，只有在懂得赏识它的人眼里，才能体现出价值。　出处　宋·普济《五灯会元》（节选）：“僧问：知师父蕴囊中宝，今日开堂借看。师曰：不借。曰：为什么不借？师曰：～。”

【卖油的娘子水梳头】　意思是卖油的娘子有的是油，梳头时却只用水而不用油。形容人“抠门儿”（吝啬）、“善敛财”，也指放下自家的物质优势，却求助于别人的微小援助。　出处　曹雪芹《红楼梦》（节选）：“‘～’。自来家里有好的，不知给了人多少。这会子轮到自己用，反倒各处求人去了。”

【瞒上不瞒下】　真相不让上级知道，对下级却无所顾忌。　例句　“那还不是～，照例吃点缺！”（选自李六如《六十年的变迁》）

【瞒债必穷，瞒病必死】　隐瞒债务不及时偿还，必定会受穷；隐瞒病情不及时治疗，必定要身亡。指隐瞒事情真相不利于解决问题。　例句　“黄金有假，戏法无真。你这样的角色，还在我面前耍花招！～。再瞒下去就没有好下场，还是自己坦白吧！”（选自罗旋《梅》）

【满城文运转，遍地是方巾】　文运：本指文学盛衰的气运，此处指官运。方巾：明代读书人常戴的方形软帽。指一人侥幸科第，宗族姻亲并换儒巾。揭示了明朝科举制度带来的社会问题，讽刺了当时读书人普遍追求官运的现象。　出处　明·洪文科《语窥今古》（节选）：“至于诸人，亦僭用之，曰省钱帽也。一人侥幸科第，宗族姻亲并换儒巾，曰‘荫袭巾’也。故谚有～之诮。”

【满肚子花花肠子】　常用于比喻有奸诈心计之人，或形容男人好色，有时也用于开玩笑夸人聪明、主意多。也作“一肚子花花肠子”。　例句　一方面，解放军打援队伍拼死阻击，另一方面，国民党援军三心二意，～，比如李天霞，不愿为救张灵甫消耗自己实力，又不敢违抗命令，于是很“聪明”地让一小队人马带着电台靠近孟良崮，假装出很给力的模样。（选自关山远《从兵败谭家桥到孟良崮大捷，“战神”炼成记》）

【满瓶子不响，半瓶子晃荡】　水瓶灌满水，任你怎么摇晃，都没有声音；只灌半瓶水，轻轻一摇动就发出声响。比喻充实的人谦虚寡言，而浅薄的人偏偏爱显示夸耀自己。也作“一瓶不响，半瓶晃荡”“一瓶子不响，半瓶子咣当”。另外“满壶不响，半壶叮当”“一壶不满，半壶晃悠”也是这样的意思。　例句　这个专家也是～，糊弄一下外行还差不多，内行一眼就能看穿他那两下子。

【满堂儿女还不如半路夫妻】　半路夫妻：再婚后结成的夫妻。意谓即使是再婚夫妻之间的相互体贴，也胜过子女的关心。　例句　俗话说：～，何况你们还是自小的抓髻夫

妻。（选自李满天《水向东流》）

【满招损，谦受益】 语出《尚书·大禹谟》。意谓骄傲自满招致损害，谦虚谨慎得到益处。 例句 儒家从天体盈缩现象中悟出“~”的道理，故以谦敬为美德。（选自彭林《发挥礼仪导向规范作用》）

【漫天要价，就地还钱】 地：比喻非常低。指商业上的讨价还价，卖方把售价要得很高，买方则把价钱还得很低。 出处 清·李汝珍《镜花缘》（节选）：“~，原是买物之人向来俗谈。”

【慢工出巧匠】 意谓慢而细致的操作，能培养出精巧的匠师。或也作“慢工出巧匠，邋遢出快当”，后一句意谓干活马马虎虎，只能培养出很快完事的人。 例句 有的人很能写，但不辨平仄，于是写出来不能唱。~，多翻翻《国语字典》就行了。（选自老舍《习作小曲艺的一些小经验》）

【芒种火烧天，夏至雨连绵】 过了芒种节气，天气开始炎热；过了夏至节气，开始进入雨季。也作“芒种火烧天，夏至雨绵绵”“芒种火烧天，夏至雨涟涟”。 出处 清·梁章钜《农候杂占》（节选）：“~。见《古占年语》。”

【芒种麦子不可留，留来留去掉了头】 芒种节气前后，要视小麦的成熟情况，及时收割不能拖延，不然麦粒就会脱落，留下个空穗头。

【忙家不会，会家不忙】 忙乱的人不会干，会干的人不忙乱。 出处 宋·苏祐《迪旃堞言》（节选）：“谚云：~。尝闻东郡敖静之云：槐花黄，举子忙，闲时做下忙时用，管它槐花黄不黄。”

【茫茫四海人无数，哪个男儿是丈夫】 语出《增广贤文》。宇宙茫茫，世人无数，可是有几个男人算是真正的男子汉大丈夫呢？意在对男人进行激励鞭策。

【猫不跟狗斗，穷不跟富斗】 指旧时穷人不和富人作对，以免遭受凌辱。 例句 他觉得，自古道：“~。”这是老人们兴下哩。（选自刘江《太行风云》）

【猫不在家，老鼠造反】 比喻管事的人离开了，下属就开始放肆，无所顾忌。也作“猫不在家，耗子造反”。 出处 张恨水《金粉世家》（节选）：“这时，就听见屋里三人拉扯的声音，接上又是卜通一下响。燕西嚷道：‘呵唷！~了。’大家正闹得有趣，听得人的声音，忙停住了。回头看时，燕西已走进来了。”

【猫头鹰唱不出动听的歌】 比喻人品不正的人说不出好话，做事肯定也有不可告人的目的。 例句 ~，老美四处宣扬中国威胁论，就是怕影响自己的霸权，妨碍收割世界经济。

【毛巾不乱用，眼睛少生病】 毛巾不能和别人共用，否则容易造成细菌交叉感染，特别是眼睛最容易感染。

【茅屋出高贤，瘦地出黄金】 比喻越是艰苦的环境越能够培养锻炼出高品位的人才。

【帽子差不了一尺】 帽子本来不大，怎么也不能相差一尺。喻指事物大体不差。 例句 你办的这个事有点离谱啊！～，你给我的这个东西和你说的可差距太大了。

【没吃过猪肉，也看见过猪跑】 比喻对某事虽然没有直接经验，但也有间接经验，并非全然不懂。同“没吃过猪肉，也见过猪跑”“没吃过猪肉，还没见过猪跑呀”。 例句 “你也太操心了！难道大爷比咱们还不会用人？偏你又怕他不在行了。谁都是在行的？孩子们这么大了，～。”（选自曹雪芹《红楼梦》）

【没风树不响，无风不起浪】 说明事情的发生都有一定原因。 例句 外面传言很多，～，你解释一下吧！

【没话找话】 为了打发无聊或不冷场、缓解尴尬而强找话题说出的毫无意义的话。 例句 他第一次去女友家做客，很拘谨，只能～地东一句西一句地瞎聊。

【没家亲引不出外鬼来】 形容没有内部的人不正派，就不会招致外面不正派的人过来制造祸端或找麻烦。或也作“没有家亲引不出外鬼”“没有家贼引不来外鬼”“没家鬼引不了外祟来”。 例句 “如今里外上下，背着嚼说我的不少了，就短了你来说我了!可知‘～’。”（选自曹雪芹《红楼梦》）

【没理搅三分】 指人胡搅蛮缠，不讲理。 例句 谁给提意见，马上跟谁闹，～，吵得天塌了。（选自赵树理《锻炼锻炼》）

【没两个蛋坠着，早飞上天了】 滑稽语言，调侃的，没有恶意。夸赞某人高才，了不起。 例句 小于今年包工程赚了点钱，你看把他能得各处炫耀，～。

【没事找事】 指故意找借口滋事，惹是生非；也指自找麻烦。 例句 信访干的就是这工作。老百姓是明事理的，不可能～往这打骚扰电话，所以对每一个电话都要认真对待。

【没有冰天雪地寒，哪来梅花一季香】 比喻人经过许多艰难困苦，才获得成功；或勉励人只有经历过挫折考验，才可能取得骄人的成绩。 例句 “～”。你只看到了他今天的风光，不会知道他创业时经历过多少磨难。

【没有不败的家，没有不谢的花】 家族没有一直兴盛的，花儿没有一直不凋谢的。喻指没有什么事物是长盛不衰、恒久不变的。

【没有不吃腥的猫】 指凡是猫就没有不贪吃鱼肉荤腥的。比喻有贪财好色等恶习的人，任何时候都改变不了本性。与“没有不上钩的鱼，没有不上竿的猴”意思相近。 例句 前几天他俩闲拉呱，提起他爷爷

老在田和他爹满囤，老全差一点还掉下泪，他说：“～。”（选自刘江《太行风云》）

【没有不倒的捻悠转儿】 捻悠转：陀螺。陀螺尽管有时转动的时间很长，也会有倒下的时候。比喻有的人尽管善于见风使舵，总能得势，也终究会有失势倒台的那一天。 例句 别看他现在嚣张跋扈，～，早晚有他倒霉的时候。

【没有不开张的油盐店】 油盐为日常生活必需品，总有人来买。指买卖既已开始，自然会有顾主来。也指做事不可性急。 例句 ～，瞎猫早晚有一天碰见死耗子，深更半夜在牛蒡的柳篱小院外蹲坑，皇天不负苦心人，有一天终于有所发现，有所突破。（选自刘绍棠《荆钗》）

【没有不透风的墙】 喻指世上没有瞒得住的事，或没有永不泄露的机密。 例句 俗话说：“世上～。”如今果然露了馅，看来万岁已明真情。（选自《刘公案》）

【没有错配的姻缘】 婚姻的缘分就是姻缘，指婚姻是由月老提前安排好的，没有错配的。这是劝解处在不幸婚姻中的人要相信宿命的错误说法。 例句 婚姻不易，既然走到一起就要尽力，～，吵吵闹闹都是常有的事情，不要动不动就把离婚挂到嘴边。

【没有打虎将，过不得景阳冈】 景阳冈：《水浒传》里武松打虎的山冈。比喻没有本领高强的人，就过不了难关。 例句 “～!要劲的时候嘛，不拼出几身汗还行？”（选自张峻《擒龙图》）

【没有带头羊，羊群难过河；没有带头骡，马帮难得驮】 比喻做事情没有一个精明的领头人，就很难成功。 出处 李乔《破晓的山野》（节选）：“不错，不错。‘～。’”

【没有胆子，吃不了卷子】 卷子：由白面做的一种面食，旧时轻易吃不到。喻指敢闯敢干才能干成大事，赚到钱才能吃上好食品。 例句 经商做买卖除了资金和技术外，还要有胆识，～，瞻前顾后什么事情都做不了。

【没有二心不早起】 指人没有另外的想法或私心，就不可能那么勤快。同“无利不起早”。 例句 ～，小刘这阵子忙前忙后地为公司办事，不定啥目的呢!

【没有耕耘，哪来收获】 语出周恩来《生别死离》一诗。指不付出辛苦，就不会取得成就。 例句 不要老想着自己应该收获什么，而应该首先想想自己为社会奉献了什么？周恩来总理说：“～。”无论做什么事情，都必须勤奋努力，兢兢业业，才有希望获得成功。（选自安庆《一分耕耘，一分收获》）

【没有规矩不成方圆】 出自《孟子·离娄上》：“不以规矩，不能成方圆。”“规”指的是圆规，“矩”指的是曲尺。没有“规”和

“矩”，就无法画或做成圆形或方形的东西。喻指任何事情都要遵循相应的规则，不然便会出错。 例句 “～。”党员的最大规矩是什么？就是党章。开展“两学一做”学习教育，要把学习党章、遵守党章、维护党章作为终身必修课，用党章规范自己、以党规约束自己，恪守政治规矩和纪律。（选自苏玉友《全面唤醒党章意识》）

【没有过不去的“火焰山”】 火焰山：小说《西游记》中燃着火焰的山名，这里比喻极大的困难。指没有什么困难和问题是无法克服、不能解决的。与“没有过不去的山，没有攻不破的关”“没有锯不倒的树，没有拉不直的绳”意思相近。 例句 只要我们坚持逢山开路、遇水架桥的开拓精神，保持闯关夺隘、攻城拔寨的斗志锐气，就～，就没有挑不动的“千斤担”，就没有攻不下的“娄山关”。（选自张明刚《永葆攻坚克难的锐气和斗志》）

【没有假恶丑就没有真善美】 强调了真善美与假恶丑之间的辩证关系。只有在对立和冲突中，真善美才能显现其独特的价值和意义。 出处 毛泽东《在中国共产党全国宣传工作会议上的讲话》（节选）：“人们历来不是讲真善美吗？真善美的反面是假恶丑。～。”

【没有裤子先伸腿】 喻指本末倒置，前期工作没有做，就在安排后期的工作了。 例句 合同还没有谈下来你就开始张罗进料的事情，～，这样做八成要把合同搞黄的。

【没有骡子驴顶着】 骡子比驴有力气，而且耐力好。比喻没有优秀的人才，只好先用稍差一点的人来凑合。同“没有骡子用驴顶”。 例句 现在这情况，也只能～了，先干起来再说。

【没有三板斧，上不了瓦岗寨】 三板斧：瓦岗军将领程咬金的绝招。瓦岗寨：隋末翟让领导的农民起义军，以瓦岗寨[今河南滑县]为根据地。比喻没有特殊的本领和技术，就融入不进强者的集体，或担负不起艰难的任务。 出处 陈青云《浪子神鹰》（节选）：“浪子三郎竖起了大拇指，得意洋洋：‘没有三板斧上得了瓦岗寨么？这可不是吹的……’”

【没有闪电，雷不会响；没有刮风，树不会摇】 比喻事情的发生，总有相应的原因。 例句 俗话说：“～。”既然这事外面传得这么邪乎，总归是事出有因。

【没有弯弯肚，吃不了镰刀头】 没长出来吃那弯弯镰刀头的能力，就别吃用镰刀头谋生的那碗饭。比喻不要勉强去做力所不及的事；或人在某方面没有特别的本领，就不要去冒某方面的风险。 例句 我公司既然敢承接这个项目就有这个实力，～，我们有专业团队，也有这项技术。

【没有万斤肥，难打千担粮】 说的是肥料与粮食丰收的关系，只有多投入才有好收成。与“没有千顷地，难打万担粮”义近。　例句　有舍方有得，有投入方得回报，～。

【没有梧桐树，引不得凤凰来】　传说凤凰只在梧桐树上栖息。喻指没有必要的环境和条件，就招引不来所需要的人。也作“没有梧桐树，招不来金凤凰”“家中没有梧桐树，哪能引来金凤凰”。　例句　“俗话说：‘～。’单雄信在洛阳落住脚，就能把瓦岗寨英雄都引来。”（选自陈荫荣　金受申《兴唐传》）

【没有梧桐树，招不来金凤凰】　比喻家境不好娶不到好媳妇，或没有优越的条件，就招不到才华出众的人物。也作“家中没有梧桐树，哪能引来金凤凰”。　例句　～。咱们只有营造优越的营商环境，才能有大客户前来投资兴业。

【没有贼心逮不住贼】　这句话的意思是揣摩贼的心理，才能摸清贼的行为轨迹，进而把贼捉住。　例句　话说“～”。王警官就是通过看二黄的日记，揣摩他的心理，才终于把他绳之以法的。

【没有朱砂，红土为贵】　当朱砂没有的时候，次等的红土就变得宝贵了，有退而求其次的意思。喻指没有优秀的人才或优质的材料可用时，比较优秀的人或次一等的材料就变成可贵的了。与“此地无朱砂，红土子为贵”义同。　例句　“～。穷乡僻壤，没有知名的作家，我们就不自量力地在烽火遍野的平原上驰骋起来。”（选自郭志刚　章无忌《孙犁传》）

【没有走不着的路，没有求不着的人】　喻指什么样的事都可能遇到，什么样的人都可能用到，不可瞧不起任何人。　例句　不要小看任何人，～，谁也不知道谁将来会怎样。

【没脏没净，吃了没病】　旧时食物紧缺，掉在地上舍不得扔，就会用这句话自己安慰自己或安慰别人把它吃掉。

【没做亏心事，不怕鬼敲门】　亏心事：愧对良心、违背正理的事。指平时为人做事正道直行，光明磊落，即使半夜有人敲门，也会心情坦然，毫不惊恐。　例句　“徐妈可挺沉着的。～。她装得出那么一手。”（选自立人《证章》）

【眉毛胡子一把抓】　比喻做事没有条理，不分主次先后、轻重缓急一样对待。　例句　基层干部身处发展一线、民生一线、建设一线、攻坚一线，事情往往具体而琐细、繁复而纷杂。如果事无巨细，～，很容易按下葫芦起了瓢、捡了芝麻丢了西瓜。（选自袁崇安《增强基层干部推动高质量发展本领》）

【眉头一皱，计上心来】　形容略一思考，猛然想出了计策或主意。例句　《三国演义》上所谓“～”，我们普通说话所谓“让我想一想”，就是人在脑子中运用概念以作判断和推理的工夫。（选自毛泽东《实践论》）

【美不美，乡中水，亲不亲，故乡人】 语出《增广贤文》。外面的山水风景再美也不如自己的家乡，外面的人再亲也不如家乡人亲。形容对故乡和乡亲有深厚的感情，表达对家乡和乡亲的热爱和眷恋。 例句 老祖本是西天的佛祖爷爷，见了这个雷峰净慈寺，俱有西天的出身，正叫做是：“～。”（选自罗懋登《三宝太监西洋记》）

【美德可贵，缺德可卑】 道德高尚的行为，是值得倡导的；有违道德的行为，是令人不耻的。

【美酒不过量，好菜不过食】 再好的酒，也不可贪杯过量；再好的菜，也不可贪吃过多。指饮酒必须适量，饭菜必须节食；酒菜过量都不利于健康。 出处 宛光《河东谚》（节选）：“‘酒多伤身，气大伤人’，‘酒要少吃，事要多知’，‘～’。这类谚语，都直接关系着人们的身体健康。”

【美酒酿成缘好客，黄金散尽为收书】 语出《增广贤文》。因为好客，所以酿好美酒款待宾朋；为收藏好书，不惜耗尽钱财!同“白酒酿成缘好客，黄金散尽为收书”。

【美酒饮教微醉后，好花看到半开时】 亦即“花看半开，饮酒微醺”。意谓饮酒饮到微醉即可，好花刚开时欣赏最佳。 出处 邵雍《安乐窝中吟》：“安乐窝中三月期，老来才会惜芳菲。自知一赏有分付，谁让黄金无孑遗。～。这般意思难名状，只恐人间都未知。”

【美名胜于美姿，知识胜于权势】 好的名声胜过美丽的容貌，才学胜过有权有势。

【美男破老，美女破舌】 语出《逸周书·武称解》。老：老成之臣。舌：指谏臣之舌。意谓利用君王的男宠以谗毁老成的大臣，利用君王的宠姬以诋毁谏臣。指美男使人疏远老成人，美女使人拒绝忠谏之言。 例句 退之道：“你这里是恁么地方？”过买道：“唤做三山美女庄。”退之道：“～，从古所戒，为何取这样一个地名？”（选自杨尔曾《韩湘子全传》）

【美女入室，恶女之仇】 美女进了家，就是丑女的仇人。说明同类竞争，条件优越的一方，会成为条件较差一方的嫉妒和仇恨对象。 出处 司马迁《史记·外戚世家》（节选）：“于是帝乃诏使邢夫人衣故衣，独身来前。尹夫人望见之，曰：‘此真是也。’于是乃低头俛而泣，自痛其不如也。谚曰：‘～。’”

【美人绝色原妖物，乱世多财是祸根】 女人太过美丽是不祥之物，世道混乱财富过多是招祸的根源。前者宣扬的是“女人祸水”论，不足为训。

【美人卖笑千金易，壮士穷途一饭难】 美人用声色娱人可以很容易地获得金钱，而心雄胆壮的男人在处境艰危的时候，想得到一碗饭都特别地难。这句话意在强调英雄落难后的不易，但不该对女性有轻侮之辞。

【门当户对】 旧指男女双方家庭的政治地位和经济状况相当，适宜通婚结亲。 例句 “怎么这个天造地设、~的女貌郎才，你们倒想不到。”（选自金松岑 曾朴《孽海花》）

【门对窗，活遭殃】 对于平房的同一房屋，门口对着后窗会形成过堂风，会损害人的健康。

【门口立着打狗棍，多近的亲家也不认；门口拴着高头马，不是亲家认亲家】 打狗棍：讨饭的棍子。反映了旧时代的世态炎凉。意思是人穷困，近亲戚也不愿意靠近；人富有，本没有亲戚关系，也有人要强攀亲戚关系。

【门口有四物，堵了财神路】 风水学的说法。墙角、扫把、大树、烟筒这几种东西不能对着门口。

【门前不栽竹，屋后不种树】 门前种上竹子，会很快生长成一片，会影响到整座房子的采光和通风。房屋后面栽高大、枝繁叶茂的树，晚上给人一种阴森森的感觉；刮风时树叶的响声，也会使家中的小孩子感到害怕。

【门前结起高头马，不是亲来也是亲】 意思是门前拴着高头大马，有钱有势，不是亲戚的也会来认亲戚。旧指人情势利，有钱有势了，来巴结奉承的人很多。 例句 俗话说的：“~。”武大郎有了这样一个好兄弟，邻舍听见了，自然都来问长问短。（选自刘操南 茅赛云《武松演义》）

【门前三物是贵人，宅有三声贵人出】 影壁墙、石鼓、石狮子，过去只有富贵人家才置办得起；宅中有燕子、喜鹊和读书的声音，前两者有平安报喜的寓意，最关键的是家中有后辈人读书，就有可能科举高中。

【门前拴马并非富，家有子孙不叫贫】 意谓当下的财富算不上是真的富有，当下穷困但后辈有人，就不算真的贫困。

【门前种好树，子孙一直富】 家里种树讲究有美好的寓意，常常十分看重谐音和形态：柿子树，事事如意；石榴树，红红火火，多子多福；黄杨，富贵又吉祥；紫薇花树，花开富贵；桂花树，出门遇贵人；中华木绣球，华丽又高贵；葡萄树，人丁兴旺。也有忌讳：前不栽桑，后不种柳，当中不栽“鬼拍手”（杨树）。

【门神老了不捉鬼】 门神：即司门守卫之神。人们将其神像贴于门上，用以驱邪避鬼、卫家宅、保平安、助功利、降吉祥等。比喻人上年纪，体力衰退，反应不灵敏，办不成事了。 例句 “有我在，百不怎么的！别看我‘~’，我耳朵可灵着哩！”（选自孔厥 袁静《新儿女英雄传》）

【闷声发大财】 指有时候不说话不张扬，却能够较好维护保障自己的利益。也可解释为：避免让别人知道自己在做什么，避免让别人看到自己赚得的利益，而让别人眼红、妒忌或者羡慕。西方也有一句类似的古老谚语：要比他们聪明，但不要让他们知道。 例句 德国著名管理学家赫尔曼·西蒙早在1986年就首次提出“隐形冠军”理论。除了众所周知的世界500强企业以外，在全球范围内，尤其是在德国，存在着这样一批典型的优秀中小企业，它们更多的是一些~的行业冠军企业。（选自周及真《德国如何炼就“隐形冠军”》）

【闷头狗，暗下口】 比喻平时不怎么说话的人，常常是狠角色，他们会在背地里下手。 例句 别看这小子低着头不爱说话，阴着呢。~，说的就是他这种人。

【猛将军无刀杀不得人】 勇猛的将军手中如果没有武器也杀不了敌人。意谓没有必要的条件，办不成事。 出处 明·沈采《千金记》（节选）：“却不道~，巧媳妇无米煮不得饭。这等年成，那得本钱学做生理？”

【梦不离旧境】 做梦脱离不开曾经生活过的环境。

【米淘三遍砂粒少，文改数遍质量高】 指好的文章都是经过反复修改而形成的。

【密植是个宝，千万要用好】 种庄稼密植是提高单位产量的方法之一，但是密植有很多技术要求，要把握合理。密度掌握好了就能高产，反之就会减产。

【蜜蜂迟归，雨来风吹】 如果蜜蜂相较平时，久久不归巢，一直在采集，或就是将要下雨的征兆。

【蜜蜂窝里叫，阴雨就来到；蜜蜂不出窝，风雨快如梭】 对于蜂群中蜂蜜充足的蜂群来说，一般这些蜜蜂会在下雨前全部回巢，情绪躁动，嗡嗡乱叫；风雨交加时，蜜蜂不会出窝。

【蜜罐子嘴，秤钩子心】 形容人口蜜腹剑。 例句 这个人眼睛眨一眨，肚里想办法，眼睛闭一闭肚里打主意；~，手段十分阴险毒辣。（选自罗旋《南国烽烟》）

【蜜里调油】 蜜和油调在一起又香又甜。比喻人的感情亲密无间，或日子过得非常幸福。 例句 “宝玉一日家和我们姑娘好的~，这时候总不见面了，也不知是真病假病。”（选自曹雪芹《红楼梦》）

【棉改夹，夹改单，大人不穿了小孩穿】 指的是生活艰难、物资匮乏时期的生活状态。棉袄破了改成夹袄，夹袄破了改成单褂，旧衣服大人无法穿时小孩接着穿。

【棉花锄八遍，结得桃子像鸡蛋】 棉花喜欢土质疏松的土壤条件，进行中耕除草，有利于棉花生长发育丰产丰收。也作“棉花耪八遍，长得桃子像鸡蛋”。

【面誉者，背必非】 语出林逋《省心录》。当面夸你的人，背后一定说你的坏话。 例句 轻诺者，信必寡；~。那些善于在领导面前溜须拍马、阿谀奉承的人，并无多少是真

心钦佩。（选自谭用发《阿谀是涂着蜜糖的毒药》）

【苗好一半谷，妻好一半福】 苗如果长得好，相当于谷子有了一半的收获；妻子如果娶得好，相当于带来了一半的福气。指好女人能带给丈夫莫大的幸福。也作“秋好一半谷，媳好一半福”。与“籽种好，一半谷；婆姨好，一半福”义同。 例句 都说“～”，你寻了一个贤惠的好媳妇，以后的日子赖不了。

【妙药难医冤债病，横财不富命穷人】 好药治不好冤鬼、债鬼纠缠的病，横财富不了命中注定贫穷的人。 例句 “～。”……一月前公主生下孩儿，产后冒风，症候难医。（选自徐元《八义记》）

【妙于服食，不如寡欲】 语出陆游《剑南诗稿·思归引》。服食：指服用丹药。寡欲：减少欲望。善于服用丹药，不如清心寡欲。指节制私欲胜过一切灵丹妙药。 例句 陆游说：“～。”戒除贪心，减少各种额外的欲望，胜过服用药物，胜过修炼仙气。（选自刘福金《健身妙囊》）

【妙语者不在多言，善学者还从规矩】 语出王维《画学秘诀》。会说话的人不在话多，善于学习的人会遵从规矩。

【庙里猪头是有主的】 古时在庙里常常用猪头作祭品供神或供祖先。比喻人或事物已有归属。 出处 西周生《醒世姻缘传》（节选）：“（众人）又对孙氏道：你自己不长进罢了，你原不该把闺女这么等的。她‘～’。你不流水的认不是，还挺着脖子合人强哩!”

【庙小容不下大神】 比喻单位或团体规模小条件差，容纳不下高层次的人才。通常用于拒绝接收或辞退的情形，有讽刺挖苦的意味。也作“庙小容不下大佛”。与“小庙装不下大菩萨”“小庙放不下大菩萨”义同。 例句 你很有才干，可咱这儿“～”，你还是另谋高就吧！

【灭祸不自其基，必复乱】 消除祸患不从根本上着手，必定还会生出祸乱。 出处 《国语·晋语》（节选）：“伐木不自其本，必复生；塞水不自其源，必复流；～。”

【民保于信】 语出《左传·定公十四年》。指执政者讲信义，才能受到人民拥护。 例句 夫信者，人君之大宝也。国保于民，～。（选自司马光《资治通鉴·周纪》）

【民不举，官不究】 老百姓不检举揭发，官府就不追究过问。 例句 面对群租房，居民也不知如何解决才好。有句俗话是～，但是在人情世故面前，有时真的很难去举报自己的邻居。（选自王彬《群策群力治理群租房》）

【民不畏死，奈何以死惧之】 语出《道德经》。奈何：怎么。以：用。惧：恐吓，威胁。老百姓不怕死，又怎么能用死来威吓他们呢？可用以表示，本来对什么东西不畏惧，还怕你拿什么东西来威胁吗？ 例

句　中国人死都不怕，还怕困难吗？老子说过：“～。”（选自毛泽东《别了，司徒雷登》）

【民乱则国破，国破君主亡】　老百姓荒乱，国家就会破灭，君主就无法生存。　出处　许仲琳《封神演义》（节选）：“民一离心，则万民荒乱。古云：‘～。’只可惜六百年已定华夷，一旦被他人所虏矣。”

【民生在勤，勤则不匮】　语出《左传·宣公十二年》。民生：民众的生计、生活。匮：匮乏。民众的生计、生活在于勤奋，勤奋就不会出现物资匮乏。　例句　若夫生财之道，未有不本乎勤者。故曰“～”。苟至于勤，则室家妇子罔不勤，而财之用舒；苟安于惰，则室家妇子罔不惰，而财之用日以绌。（选自朱彝尊《大同府三皇庙新建财神祠碑》）

【民是国之本】　人民是国家的根本。　例句　多年来，两国刀兵四起，狼烟滚滚。致使百姓流离失所，痛苦难言。常言说：“～。”常此下去，于心何忍！（选自单田芳等《大明英烈传》

【民惟邦本，本固邦宁】　语出《尚书·夏书·五子之歌》。惟：为，是。邦：国家。民众是国家的根本，根本稳固国家才会安宁。　例句　～。安全是人民的基本需要，没有人民安全，就没有人民幸福；人民安全是国家安全的深层因素，没有人民安全，也难有国家安全。（选自颜晓峰《人民安全是国家安全的基石》）

【民心不可侮】　民众的意愿是不能轻视忽略的。　出处　董保存《赶考路上的“人民至上”》（节选）：“毛泽东对身边的卫士们说：我们无论如何不能伤害群众，……这些年，我们还不是靠这些老乡、这些老根据地的人民养活的。我们一定要记住一句话——‘～’。”

【民心是面镜，是非自有定】　民心就像一面镜子，评判是是非非自有标准。　例句　在这件事上，知道你受委屈了，可咱又惹不起他。但～。大家心里自有公论。

【民以食为天】　指百姓以粮食为生存的根本。形容粮食在人民生活中的重要性。吃饭问题不解决，社会就无法稳定。　例句　国以民为本，～。节约粮食，不是小事，而是事关民生大计、社会风尚引领、红色文化继承、国家长治久安的大事。（选自曲奕浓《足国之道节用裕民》）

【敏而好学，不耻下问】　语出《论语·公冶长》。敏：勤勉。不耻：不认为羞耻。意思是勤奋好学，不以向才能不如自己的人请教为羞耻。　例句　孔子说，“～。”又说，“三人行，必有我师焉。”这是一种虚心求教的精神。（选自张秀贤《学会倾听》）

【敏于事而慎于言】　语出《论语·学而》。意思是做事勤勉，说话却小心谨慎。 例句 做到表里如一，毋自欺也，做到克己复礼，诚意处世，做到～，那么，离慎独的境界，也就不远了，离君子之道，也就不远了，离成功，也就不远了。（选自曾彦彦《谈慎独》）

【名声在世上，行情在市上】 人名声的好坏由其为人处世的言行决定，商品行情的好坏由市场上的供求关系决定。指人在世上无论好坏总会留下名声。 例句 就像那句话说的“～”，每个人的言行，在社会上都会被评价。

【名师出高徒】 有名望的师傅培养出的徒弟也是高水平的。多用于称赞享有盛名的老师培养出了优秀的弟子。 例句 俗话说，～。有你这位高手指导，这些孩子的武术一定会突飞猛进。

【名心胜者，必作伪】 语出李惺《西沤外集·冰言》。名利之心太强的人，一定会弄虚作假。

【明法者强，慢法者弱】 语出《韩非子·饰邪》。明确法度的国家，国家强；怠慢法度的国家，国家弱。说明以法治国的重要性。 例句 古人云：“法令行则国治，法令弛则国乱。”“～。”在改革进入攻坚区和深水区的历史新阶段，如何更好地发挥立法的引领和推动作用，关系改革能否顺利推进，更关系改革的成果能否巩固和持久。（选自王香平《全面推进依法治国 努力建设法治中国》）

【明镜可以照形，古事可以知今】 明亮的镜子可以照见形体，参考古代的事情可以知道当今世事的发展趋势。 出处 陈寿《三国志·孙奋传》（节选）：“里语曰：‘明镜所以照形，古事所以知今。’大王宜深以鲁王为戒，改易其行，战战兢兢，尽敬朝廷，如此则无求不得。”

【明里抱拳，暗中踢脚】 抱拳：一种礼节。形容当面施礼恭维说好话，背转身就使坏做小动作。 例句 识人不能只看表面，“～”的人也很多，要注意提防。

【明理不用细讲】 很明白的道理用不着仔细讲。 例句 店掌柜喷出唾沫星子，说：“兄弟!～，我有磨扇压住手的事情，借你的车马使一下，你送客人再借别人的。”说着，不管三七二十一，走进马棚抓马套车。（选自梁斌《播火记》）

【明枪易躲，暗箭难防】 明处来的枪容易躲开，暗中射来的箭难以提防。比喻公开的攻击容易应对，暗地里的中伤陷害却难以防备。也作“明枪好躲，暗箭难防”。 例句 ～，不如跳入水内浮出去罢。（选自无名氏《闹铜台》）

【明人不说暗话】 光明正大的人说实在话，不转弯抹角。 例句 “我～，我是颇有点同意蒙田的意见的。”（选自季羡林《爱情》）

【明人不做暗事】 暗事：不想使人知道的事。光明磊落的人不做那偷偷摸摸的事。指为人处事光明正

大。　例句　“～，您这样叫我们小孩子瞧着也不好！”（选自冰心《冬儿姑娘》）

【明是一盆火，暗是一把刀】 形容一个人表面热情，却在暗地里使奸。　出处　曹雪芹《红楼梦》（节选）：“奶奶千万别去！我告诉奶奶：一辈子不见他才好呢！嘴甜心苦，两面三刀；上头笑著，脚底下就使绊子；～：他都占全了。只怕三姨儿这张嘴还说不过他呢！奶奶这么斯文良善人，那里是他的对手？”

【明堂如播米，子孙穷到底】 明堂泛指祭祀祖先之场所。大致意思是，在明堂里祭拜先祖，像播撒米粒般吝啬小气，子孙后代就会一直穷困。也就是说，家风是会传承的，上一辈对先辈有敬畏之心，下一辈子孙为人做事才会通情达理，在社会上才能站得住脚。

【明有王法，暗有神灵】 指对于做坏事的人，明地里有国家王法，暗地里有神灵问罪。告诫人们不要胡作非为。　例句　正说之间，只见一个人从阁子外抢将入来，劈胸揪住公孙胜说道：“好呀！～，你如何商量这等的勾当？我听得多时也。”（选自施耐庵《水浒传》）

【明者知人，智者知己】 通达的人可以知晓他人，聪明的人可以省察自己。

【明知山有虎，偏向虎山行】 明知道做某件事情有困难、危险，却还是偏要去做，仍然冒险前行。形容人勇敢，不畏艰险，具有挑战自我的拼搏精神。　例句　柳亚子写诗称赞毛泽东为了全国人民的福祉、涉险来重庆谈判的义举：“弥天大勇诚能格，遍地劳民战尚休。”毛泽东的这种“～”的勇气，是共产党领袖在国家、民族的紧要关头所表现出的大无畏精神，是面对沉甸甸的历史重任时义无反顾的使命感和担当意识。（选自李晓倩《肩负责任、敢于担当的勇气》）

【明中舍去暗中来】 明处用掉了，暗中又可以得到。指神灵会暗中帮助乐善好施的人获得钱财。　出处　凌濛初《初刻拍案惊奇·占家财狠婿妒侄　延亲脉孝女藏儿》（节选）：“磕头撞脑，拿差了拄拐互喧哗；摸壁扶墙，踹错了阴沟相怨怅。闹热热携儿带女，苦凄凄单夫只妻。都念道～，真叫作今朝那管明朝事！”

【命里有时终须有，命里无时莫强求】 命运中注定有的东西终究会有，命运里注定没有的东西是强求不来的。这句话劝诫人们不要过于执着，贪求那些自己力所不能及的东西。　出处　《增广贤文》（节选）：“竹篱茅舍风光好，道院僧堂终不如。～。”

【命如五鼓衔山月，身似三更无油灯】 性命像五更天快要被山吞没的月亮，身子像半夜里熬尽油将要熄灭的油灯。形容人已到了生命尽头。　出处　凌濛初《二刻拍案惊奇·任君

用恣乐深闺 杨大尉戏宫馆客》（节选）："任生此时醉中，不知好歹，口里胡言乱语，没个清头。早被众人抬放一张卧榻上，一个壮士，拔出风也似一把快刀来，任生此时正是：～。"

【命由己造，相由心生】 命运掌握在自己的手中，面相的善恶是人善念恶念心理变化长期积累造成的。 出处 《无常经》（节选）："～，世间万物皆是化相，心不动，万物皆不动，心不变，万物皆不变。"

【摸着石头过河】 事先不知道河的详细情况，又没有渡河工具，要想过河就只能以身试水摸索着河里的石头慢慢过去。喻指干事没有经验，先逐步探索着来。后成为以邓小平同志为核心的党的第二代中央领导集体在改革开放的探索中提出的改革名言。 例句 习总书记明确要求，重大改革举措牵一发而动全身，一旦出现偏差纠正很难，必须反复论证，使之行之有效、行之久远，不能随意"翻烧饼"，要坚持～，胆子要大、步子要稳，改革重大举措多听各方意见，最后是政治决断。（选自宁骚《坚持摸着石头过河 彰显中国制度优势》）

【磨刀不误砍柴工】 磨刀花费了时间，但不耽误砍柴。比喻事先充分做好准备，就能使工作加快。 例句 ～。党风搞得好，经济发展不会耽误，重大工作不会耽误，民生事业不会耽误，而且有了这个好的党风政风基础，有了群众的支持，才可以把各项事业搞得更好，后劲更足。（选自陈方《磨刀不误砍柴工，深刻认识反"四风"》）

【磨刀恨不利，刀利伤人指】 磨刀都想着要磨得锋利，但刀锋利了也会伤人的手指头。喻指事物都应一分为二地看待，有有利的一面，也会有不利的一面。 出处 《增广贤文》（节选）："～。求财恨不多，财多害自己。"

【磨要勤破，亲要勤串】 破：把石磨上磨光滑的条纹，再用工具凿一遍，谓之破磨。串：串门，走动。石磨要勤破，磨面的效率才高；亲戚要经常来往，才会更亲近。

【魔高一尺，道高一丈】 魔：指恶鬼，佛家称破坏修行的恶魔，或妨碍修行的烦恼、疑惑、迷恋等心理活动。道：道行，道法，佛家称修行的功夫。原是佛教用语，告诫修行的人要警惕世俗的迷惑。后用来比喻正义力量总能战胜邪恶的势力。 例句 ～。在粉碎日寇"驻屯清剿"的斗争中，冀中人民的天才创造——地道战，大显神威。（选自杨成武《层层火阵烧野牛》）

【末大必折，尾大不掉】 树梢太大必然折断，尾巴太大难以摆动。喻指部属势力过大，就不容易控制，产生威胁。 出处 《左传·昭公十一年》（节选）："王曰：'国有大城，何如？'对曰：'郑京、栎实杀曼伯，宋萧、亳实杀子游，齐渠丘实杀无知，卫蒲、戚实出献公。

若由是观之，则害于国。~，君所知也。’”

【莫待是非来入耳，从前恩爱反成仇】 指交友要把握好度，过于亲密就会生出是非，反而会反目成仇。 出处 《增广贤文》（节选）：“受恩深处宜先退，得意深处便可休。~。”

【莫道君行早，更有早行人】 喻指不要认为自己很勤奋了，一定还有比你更勤奋的。多指办事已被别人抢先下手了。 出处 《增广贤文》（节选）：“先到为君，后到为臣。~。”

【莫贪一时欢，酿成千古恨】 不要贪图一时的快乐，而造成永久的痛苦。

【莫为无人欺一物，他时须虑石能言】 不要以为无人在场就可以肆意妄为，要知道做下的事总会留下痕迹，到那时即便是石头也有可能成为证据而“说话”。 出处 李商隐《明神》：“明神司过岂令冤，暗室由来有祸门。~。”

【莫问收获，但问耕耘】 先不要问能收获多少，而要看你是否勤奋耕耘了。意谓做什么事情都像种地一样，有一分耕耘就会有一分收获；同时，“耕耘”的过程也是一笔精神财富。 出处 《曾国藩日记》（节选）：“不为圣贤，便为禽兽。~。”

【莫嫌海角天涯远，但肯摇鞭有到时】 意谓不要认为任重道远就产生畏难情绪，只要肯勤奋努力总会达到。 出处 袁枚《新正十一日还山》其六：“重理残书喜不支，一言拟告世人知。~。”

【莫向人前夸大口，强中自有强中手】 不要在人面前夸口说大话，因为你以为是这一行中的强手，其实肯定还有比你更强的强手。与“莫在人前夸海口，强中自有强中手”义同。 出处 罗贯中 冯梦龙《平妖传》（节选）：“~。续头神术世间无，谁料妖僧窃魂走。”

【莫笑他人老，终须还到老】 不要笑话别人老，自己总有一天也会老的。 出处 《增广贤文》（节选）：“~。但能依本分，终须无烦恼。”

【莫信直中直，须防仁不仁】 不要相信那些吹嘘自己正直而又正直的人，还要防备那些吹嘘自己仁义而实际上并不仁义的人。也作“不信直中直，须防仁不仁”。 例句 “老爷，妖精不精者不灵。一定会腾云驾雾，一定会出幽入冥。古人道得好：‘~。’”（选自吴承恩《西游记》）

【莫学池中浮萍草，不起不落不生根】 浮萍是一种常见的水面浮生植物。告诫人们不要像浮萍一样，终日漂荡，无所作为。也作“莫学池中浮萍草，终日漂浮不生根”。

【莫学灯笼千只眼，只学蜡烛一条芯】 运用了比拟和谐音两种修辞手法。意谓不要东张西望，左顾右盼，用情要专一。　出处　《桐城时兴歌·灯笼》："一对灯笼街上行，一个昏来一个明。情哥～。二人相交要长情。"

【莫学桐树半年绿，要学松树四季青】　喻指做事不可半途而废，要持之以恒，坚持到底。

【莫学杨柳随风摆，要学劲松立山崖】　喻指做人要意志坚定，不能人云亦云，见风使舵。

【莫学蜘蛛各牵网，要学蜜蜂共酿蜜】　做人做事不要像蜘蛛那样自私自利营造自己的小圈子，要像蜜蜂那样大家齐心协力创造甜蜜生活。

【莫饮卯时酒，昏昏醉到酉】　卯时：早晨五时至七时。酉时：傍晚十七时至十九时。不要在清晨喝酒致醉，这样会一整天昏昏沉沉，直到黄昏。

【墨写的谎言，决掩不住血写的事实】　语出鲁迅《无花的蔷薇之二》。指任何谎言都掩盖不住鲜血凝成的事实。　例句　鲁迅先生一生笔墨严谨，对一切滥情之作，笔下从不留情，特别涉及中国古今历史，他那句振聋发聩的呐喊："～"，至今仍有着它无可估量的现实意义。（从维熙《文化时评：目睹文坛之怪现状"假面舞会"种种》）

【谋度于义者必得，事因于民者必成】　语出《晏子春秋·内篇》。度于义：以义为法则。因：顺，顺应。谋划合乎道义的一定会实现，办事顺应民意的一定会成功。例句　中国古人说："～。"让我们把人民对美好生活的向往放在心头，把维护和平、促进发展的时代使命扛在肩上，携手前行，接续奋斗，构建更为紧密的中国—东盟命运共同体，共创更加繁荣美好的地区和世界！（选自习近平《在中国—东盟建立对话关系30周年纪念峰会上的讲话》）

【谋官如鼠，得官如虎】　谋取官位时如老鼠一样谨慎，取得官位后却如老虎一样凶悍。　例句　某人真乃"～"呀！刚刚上任，就摆上架子了。

【谋事在人，成事在天】　谋划事情，要尽人的努力；能不能成功，却要受到客观条件等诸因素的影响。多用于劝勉人们做事情首先要尽心尽力。　例句　"～，我只尽心竭力为之罢了，作此无益之思有何用处？"（选自夏敬渠《野叟曝言》）

【谋无主则困，事无备则废】　语出《管子·霸言》。主：主见。废：失败。谋划没有主见，就会陷入困境；做事没有准备，就会失败。例句　出谋划策的方案意见会有各种各样，关键还要看"拍板人"的主见。古话说："～。"（选自顾成玉《谋须多而断须明》）

【母大子肥颗粒饱，种庄稼要把种选好】　强调选籽粒饱满种子对庄稼的重要性。同"母大子肥颗粒大，要想多收优种化"。

【母鸡下蛋咯咯嗒，有了成绩莫自夸】　取得一定成绩后，不要像母鸡下蛋后叫个不停一样，各处去宣扬。

【牡丹花大空入目，麦花虽微结实成】 意谓有的事物中看不中用，有的事物虽然不入人眼，但却很有实用价值。与“牡丹花好空入目，枣花虽小结果多”义同。 例句 花架子经不起时间的考验，~，干工作一定要实打实。

【牡丹虽好，全仗绿叶扶持】 牡丹花虽然好看，但还得靠绿叶在周围衬托着才更美丽。比喻一个人的才能再突出，做事也得靠周围人的协助才能成功。 例句 独有李纨瞧出凤姐的苦处，也不敢替他说话，只自叹道：“俗话说的，~。太太们不亏了凤丫头，那些人还帮着吗？”（选自曹雪芹《红楼梦》）

【木不钻不透，话不说不明】 指有的事把话说开了，明白了事情的原委，误会也就解除了。与“木不钻不透，理不辩不明”意思相近。 例句 “是啊！”牛刚也说，“~，有什么事我看还是说出来的好。”（选自孔厥《新儿女英雄续传》）

【木匠的斧子一面砍】 木匠的斧子，一面是斜的，一面是直的，特点就是总砍向一面儿。可用以比喻思想偏执，只讲一面理，或言行主观武断，处理事情偏袒一方。 例句 对于合同谈判失败的原因，刘经理的意见~，有些片面，我们应该从多方面进行分析。

【木匠划暗号，谁划谁知道】 木匠做木活时画的标记，只有他明白是什么意思。喻指有些事情只有当事人自己明白是怎么回事。 例句 “~”，这么干是老板的主意，咱就按指令行动就得！

【木匠来，不缺柴】 有木匠来做活就有柴烧。比喻具备了充分的条件，相关问题自然就会解决。 例句 ~。工程师们都到齐了，这点技术难题还算事吗？

【木匠眼里无朽木，医生眼里皆病人】 木匠眼里没废料，在医生眼里没有完全健康的人。指对待同一事物，与普通人不同，专业人士总是有自己独特的视角。

【木偶不会自己跳，背后定有牵线人】 指木偶会跳动，可以生动有神，是因为幕后有人牵线操作。比喻某些人做坏事是因为背后有人指使操纵。 例句 “俗话说：‘~。’我看这根线定是牵在尤二狗身上。狐狸变人不管变得多么像，尾巴总是往外露的。”（选自黎汝清《海岛女民兵》）

【木受绳则直，金就砺则利】 语出《荀子·劝学》。绳：墨线。金：指金属所制刀剑。砺：磨刀石。木头打上墨线就能加工成端直的木料，刀剑在磨刀石上磨砺就会锋利。比喻具有优秀潜质也须借由外力帮助才能更好实现价值。 例句 制定纪律就是要执行的。“不以规矩，不能成方圆”，“~”，讲的就是这个道

理。（选自习近平《在十八届中央纪委三次全会上的讲话》）

【木朽虫生，墙罅蚁入】 罅：缝隙。意思是树木腐朽了，就容易生长蛀虫；墙壁有了裂缝，蚂蚁就可以乘隙而入。比喻内乱容易招来外患。 例句 古人说得好：～。似此荡荡中原，没有混一的主子，那时外夷从旁窥伺，乐得乘隙而入。（选自蔡东藩《五代史演义》）

【木秀于林，风必摧之】 语出李康《运命论》。树木高出树林，风肯定先把它吹断。喻指德行高于众人，有人肯定会对他进行非议。 例句 以“现实的人”为出发点，充分尊重每一个人创新主体地位和主人翁意识，尊重不同人的个性和特点，尊重自由的探索和首创精神，切实改变“～”的不良风气，改变不合理的评价机制，促进个性发展、鼓励个人冒尖。（选自陈晓《大力推进创新文化建设》）

N

【拿得起，放得下】 指在对待两难的问题上，做决定敢做敢当，当机立断；同时知道变通，该放手时就放手。 例句 自嘲需要胸襟和勇气。～的人，才敢于拿自己开涮。（选自徐文秀《不妨来点自嘲》）

【拿豆包不当干粮】 比喻小看了有本事的人。 例句 “我坐谁的车都得敲锣打鼓欢迎，就你小子～，想坏我，蹴我。”（选自董玉振《精明人的苦恼》）

【拿贼拿赃，拿奸拿双】 抓贼时要抓住赃证，捉奸时要抓住男女双方。指查处违法者要重证据。 例句 “常言道：‘～。’那怪物做了三年皇帝，又不曾走了马脚，漏了风声。……老孙就有本事拿住他，也不好定个罪名。”（选自吴承恩《西游记》）

【拿着鸡毛当令箭】 比喻玩弄权术，以假充真，公开发号施令。除此之外，也有小题大做、借题发挥等意思。 例句 有权力就有谋利空间，处于监督“暗区”甚至“盲区”的公共权力，最易沦为腐败“温

床”。有些部门正是“～”，谋求私利，滋生腐败，同时制约了市场活力。（选自孟德成《两个“一律”彰显改革决心》）

【哪个猫儿不吃腥】 比喻人总想捞些好处，或坏人总要干坏事。多指有贪财好色等恶习的人，任何时候都改变不了本性。与“哪有猫儿不吃腥”“哪家猫儿不吃荤”义同。 例句 “莫道出家便受戒，～。”（选自张国宾《合汗衫》）

【哪壶不开提哪壶】 本来应该提那壶开水，可是他却提不开的那壶。“提”是双关语。指聊天时，有人偏爱提别人不愿意让人提及的话题。比如个人隐私、生理缺陷等。也作“哪一壶不开提哪一壶”。 例句 早年杭州方言里，有一句话，叫做“挖脚底板”，意思是翻人老底，戳人痛处，～，让人难堪。（选自戎国强《挖顶梯哥的“脚底板”，不该》）

【哪里黄土不埋人】 指人尽可外出闯荡，活出自己的精彩，反正最后死在哪里都一样。意思相近的还有“哪棵树上吊不死人”。 例句 “无儿女也不过如此，～，你今太多此一举。”（选自《施公案》）

【哪凉快哪呆着去】 指斥人靠边儿站，与你无关。有点厌烦态度，通常对于那些话多比较碍事还不讲理的人，让他离远一点，别在面前晃了。 例句 甭跟你爷爷废话，出去！～，这儿没你的地界儿！

【哪有闲钱补笊篱】 比喻贫困时不能把钱用在不当用的地方。同“哪得闲钱补笊篱”“谁有闲钱补笊篱”。 出处 元·石君宝《秋胡戏妻》（节选）：“奶奶道：等货郎儿过来，买些胭脂粉搽搽。梅英道：秋胡去了十年，穿的无，吃的无。[唱]奶奶也，谁有那闲钱来补笊篱？”

【男大当婚，女大当嫁】 指男女到了一定的年龄，就应该谈婚论嫁，不可耽误终身大事。 例句 “～”，这句俗语反映了中国社会的传统婚恋观。事实上，不仅是中国，向前追溯几十年，全球各国的主流观念，几乎都认为结婚成家是理所应当的事。（选自杨鑫宇《那些说“不婚”的年轻人想要什么》）

【男儿膝下有黄金】 指男儿下跪就和黄金一样珍贵，所以不应随便向人下跪。表示男儿应该有尊严，不应该卑躬屈膝。这是一个男人骨气的象征。 出处 凌濛初《初刻拍案惊奇·袁尚宝相术动名卿 郑舍人阴功叨世爵》（节选）：“张客方才向前，看着林上舍，唱个喏便拜。林上舍道：‘～，如何拜人？’”

【男儿有泪不轻弹】 语出李开先《宝剑记·林冲夜奔》。指即使男儿有眼泪，也不会轻易表现出来。 例句 俗话说：“～。”我是男人，是男子汉，在生活和工作中，不论遇到再大的困难，或者挫折或打击，自己都没有哭过。（选自吕俊杰《男人的眼泪》）

【男女搭配，干活不累】 异性效应。男女一起工作，心情愉快，能够提高工作效率。 例句 常言说："～。"美国一项新研究发现，与女性一起锻炼不仅能加快男性的跑步速度，还让路程比平时更远。（选自郭亮《与异性搭伴跑得更快更远》）

【男怕穿靴，女怕戴帽】 穿靴：腿脚浮肿得像穿上靴子一样。戴帽：头脸浮肿得像戴上棉帽一样。男病人腿脚肿，女病人头脸肿，民间认为这通常是病重不治之征。 例句 人说"～"。从前天起，保他娘突然把头肿下砂锅大。人们看了，当面嘴里没说什么，可是心上都觉得这是一种不祥前兆。（选自刘江《太行风云》）

【男怕入错行，女怕嫁错郎】 男人怕选错职业，女人怕嫁错夫婿。职业对男人一生的命运很重要，嫁个什么样的人对女人一生的命运很重要。也作"女怕嫁错郎，男怕入错行"。 例句 高考填志愿选择专业，是比学校选择更为重要的战略环节。～。高考填志愿其实就是入行的又一个起点（第一个起点在初中毕业）。（选自张恒亮《从职业入手，为文理科男女生量身选专业》）

【男怕柿子女怕梨，母猪最怕西瓜皮】 谐音男怕"失子"女怕"离"，老母猪就怕"刮"了皮。男人老年丧子，女人半路离婚，都是人生中的不幸之事。

【男人三十一枝花，女人三十一个疤】 对三十这个年龄段，男人和女人所表现出魅力差别的夸张说法。其实每个年龄段，男人和女人都各有各的风度、各有各的韵致。多用来表示女性美丽的青春是短暂的。类似的说法还有"男过三十一枝花，女过三十烂冬瓜""男到三十一枝花，女到三十老人家""男过三十一枝花，女过三十豆腐渣"等等。 例句 区苏不知道那么些内幕，只是卖口乖地加上道："可不是么，正是——～!"陈文娣瞪起眼珠说："那也不一定。"（选自欧阳山《苦斗》）

【男人是搂钱的筢子，女人是存钱的匣子】 喻指一个家庭男人千方百计挣钱，女人精打细算持家管账。 例句 居家过日子一定要配合默契，～，小二媳妇做的就很好，过日子很精细。

【男人无妻家无主，女人无夫家无梁】 男人没有妻子，家里就没有主心骨；女人没有丈夫，家里就没有顶梁柱。也就说，夫妻团圆才是一个完整的家。 例句 常话说，～，你孤儿寡母的多不容易呀，还是往前走一步吧。

【男人心软一生穷，女人心软裤带松】 这里的"心软"，指内心没有坚持的原则。男人没有自己的坚持，就只能听命于人，一生不会有出息；女人没有自己的坚持，就会经不住诱惑，随便委身于人。

【南吃雁，北吃蛋，当间的干看】 天鹅，过去老人叫它大雁。在辽西有过这样的歌谣：“南吃雁，北吃蛋，当腰抻着脖子看。”就是说，天鹅去南方过冬，夏天到北方繁衍，作为中间地带只能仰视看它飞来飞去。天鹅和大雁现在都是国家二级保护动物，严禁捕猎。 例句 现在实体店太难了，淘宝抖音满天飞，～，实体店就剩干看了。

【南风吹，麦子黄，磨镰刀，割麦忙】 童谣。温暖的南风吹起时，小麦就要发黄成熟了，也就到了磨镰刀收割小麦的季节。

【南风午时煞，北风子时煞】 煞：极，很。刮南风一般中午的时候达到极点，刮北风一般子夜时分最疯狂。

【南风腰里壮，北风两头尖】 意思指南风刮来，两头势弱，中间势猛；北风刮来，两头势猛，中间势弱。借指任何事物总是有起有落，有强弱变化，不会一成不变。与“北风头大，南风腰粗”义近。 例句 “你我好歹都当了这么多年的干部，什么阵势没有经过？‘～’，现在这种风不会刮长的。”（选自曹玉林《苏醒的原野》）

【南和任县不靠天，旱了就把辘轳搬】 辘轳：以前流行于我国北方地区的一种井上汲水装置。南和、任县隶属河北省邢台市。因水资源丰富，地下水位浅，天气干旱时可以随时灌溉。

【南京到北京，买家没有卖家精】 意谓从南到北，买家都没有卖家精明。任你怎么砍价，最后成交价一定会高于成本价。也作“南京到北京，买的没有卖的精”。 例句 海老清叹了口气吃起面来，他没有说什么，他知道这大路边的买卖人，是哄死人不抵命的！反正“～”，吃亏上当也就在这一回。（选自李准《黄河东流去》）

【南人驾船，北人乘马】 南方水多，大家就擅长驾船；北方陆地多，大家就擅长骑马。喻各因其地而有所长。 例句 二人共览之次，江风浩荡，洪波滚雪，白浪掀天。忽见波上一叶小舟，行于江面上，如行平地。玄德叹曰：“‘～’，信有之也。”（选自罗贯中《三国演义》）

【南甜北咸，东辣西酸】 南方人爱吃甜的，北方人爱吃咸的，东部地区的人爱吃辣的，西部地区的人爱吃酸的。泛指各个地方的人的口味不一样。 例句 ～。闹不清客人的胃口，往往是费力不讨好。（选自马烽《吃饭引起的风波》）

【难将百镒金，挽留一寸晷】 语出周履靖《野人清啸》。镒（yì）：古代重量单位，合二十两。晷（guǐ）：日影，这里指光阴。即使用一百金也无法挽留住一寸光阴。说明时光宝贵，人应当争分夺秒。

【挠防寒，盖防浅，冬季轧麦防根断】 入冬前对小麦用三尺耙挠地松土可以防寒，松起的土盖在麦苗根部增加土壤厚度可以保暖，用石磙轧麦苗可以防止徒长使根系扎根牢固。

【脑袋大不见得心眼多】 喻指看人或看事物不能只看外表。 例句 ～。别看竞争对手公司规模大，干起这个精细活来，肯定不如我们公司。

【脑袋瓜子被驴踢了】 指一个人做了有违常理的错事，就像大脑受过伤害，导致智障一样。讽刺人愚蠢，无知，缺心眼，“二百五”，不开窍。同“脑袋瓜子被门挤了”。 例句 你～啊！这么简单的账目都算不清楚吗?

【脑袋砍了碗大个疤】 指没有什么了不起，即使要了命，也只小事一桩。表示视死如归。也作“脑袋掉了碗大的疤”。 例句 王铁牛：～！王铁牛不在乎这个，你何必猫哭耗子，装这些假慈悲呢？（选自老舍《国家至上》）

【脑袋掖在裤腰带上】 比喻冒着生命危险做事情。也形容人勇敢，不怕牺牲。同“脑袋拴在裤腰带上”。 例句 “连山，这种事儿得从长思量，～，闹得不好，家里也连累啦，你为哪一门儿？”（选自李满天《水向东流》）

【脑子怕不用，身子怕不动】 脑子怕的是不用，越不用越迟钝；身子怕的是不动，越不动越僵硬。指脑子越运用越灵活，身子越活动越健康。也作“脑怕不用，身怕不动”。 例句 脑子越使用越灵活，身体越活动越健康。这道理用一条俗语来说，就是“～”。（选自张子云《运动新解》）

【闹里求钱，静处安身】 闹里求钱，是因为人气聚集，需求多，交易比较频繁，赚钱比较容易；静处安身，是因为人少，烦扰也少，环境适宜，可以使身心得到放松。 例句 正所谓：“～。”退休了就想找个宁静安逸的地方，修身养性。

【内举不避亲，外举不避仇】 出自《吕氏春秋·孟春纪》中记载的祁黄羊荐贤故事。意思是举荐贤能的人，于内不回避亲属，于外不回避仇人。也作“外举不避仇，内举不避亲”。 例句 无论是像鲍叔牙推荐管仲那样襟怀坦荡、抑己裨人，还是像祁黄羊一样“～”，都说明只有树立包容开放的人才观念，才能广纳贤才，凝聚更多优秀智力资源。（选自孙沆《“责”字当先荐人才》）

【内练一口气，外练筋骨皮】 武术的练功方法。于内练气功，强健脏腑功能；于外锻炼筋骨皮肉，提高抗击打能力。 例句 粥多熬黏稠，汤多熬有味。有准备地熬，是看透时势地熬，犹如石上磨刀，越磨越锋利。“～”，熬得住，才有真功夫；“猝然临之而不惊，无故加之而不怒”，熬得起，方有大境界。（选自王晓河《熬得起，有大境界》）

【嫩草怕霜霜怕日，恶人自有恶人磨】 就像刚生出的嫩草怕冰霜打，冰霜则怕太阳晒一样，歹恶的人自然会有更歹恶的人折磨他。也就是说，自然界有一物降一物的现象，人类社会也是如此：不怕你强你恶，自会有更强更恶的人压制你。　例句　那敬济金命水命，走投无命，奔到家，把大门关闭如铁桶相似，由著杨二风牵爹娘，骂父母，拿大砖砸门，只是鼻口内不敢出气儿。又况才打了官司出来，梦条绳蛇也害怕，只得含忍过了。正是：～。（选自兰陵笑笑生《金瓶梅》）

【能打会算，钱粮不断】　周密计划，合理开支，就可最大程度避免钱粮断绝的情况出现。

【能大能小是条龙，只大不小是条虫】　比喻能屈能伸的是英雄，只能张狂不能受屈的是庸才。　出处　树叶《龙虫辨》（节选）："表兄，你来到上海，不比在乡下。这里情况复杂，人也复杂，你只拿出财主老爷的架势来是行不通的。人常说'～'啊！"

【能甘澹泊，便有几分真学问】　语出申居郧《西岩赘语》。澹泊：不重名利。能够不重名利，就会有点真正的学问。因为热衷于名利场的人，必然不会是能安心读书的人。

【宁以义死，不苟幸生】　宁可为道义而死，不愿意苟且偷生。　出处　欧阳修《纵囚论》（节选）："信义行于君子，而刑戮施于小人。刑入于死者，乃罪大恶极，此又小人之尤甚者也。～，而视死如归，此又君子之尤难者也。"

【能嫁两只手，不嫁柜里有】　"两只手"指能劳动有手艺的人；"柜里有"指钱柜里有钱的人家。意思是：宁可嫁一个靠两只手养家的人，也不嫁只是家里有钱吃现成饭的人。　例句　他有不错的手艺，～，比找个富二代强得多。

【能看戏头，不看戏尾】　戏曲开头虽然并不精彩，但是能够给人制造探索思考的兴趣；戏曲结尾一般比较精彩，但是直接知道了结果就会感觉索然无味。做事就是要享受整个过程，而不是直取结果。

【能人背后有能人】　指有能耐的人之上，还有更了不起的能人。告诫人不可自满。　例句　"我们该报仇雪恨，皆因没本领，只得吃亏。就让那人有法术，常言说：'～！'"（选自《施公案》）

【能容小人是大人，能自忍耐是君子】　意谓能与小人和平相处的称得上大丈夫，能够克己修身的可谓是君子。

【能胜强敌者，先自胜者也】　语出《商君书·画策》。能战胜强大敌人的人，是先自己战胜自己弱点的人。也就是说，只有修炼自己，不断克服缺点，才能使自己坚强有力，无往而不胜。　例句　～。"没有什么外力能够打倒我们，能够打倒我们的只有我们自己"。（选自何毅亭《论中国共产党的自我革命》）

【能说好话千句，不传闲语一言】　赞扬别人的话可以多说，但不传递容易惹是生非的闲话。

【能说会拉，搁不住一把死拿】 指再怎么能说会道的人，也拿就是不听你的人没有办法。

【能四通八达，不三通六达】 形容做事要竭尽所能，把作用发挥到极致。 例句 咱老少爷们都要努力，都各想各的法儿，~。

【能在阳间喝口水，不在阴间做富鬼】 喻指好死不如赖活着。 例句 ~。老张啊！千万可不要想不开，什么难关都能过去。

【能者多劳，劳者多能】 能干的人做事多、劳累也多；劳累的人，大多是能干的人。

【泥鳅上下游，大雨在后头】 雨天来临前，气压变低，水中氧气不足，泥鳅会游出水面换气。

【泥鳅掀不起大波浪】 比喻力量弱小者成不了大事。 例句 “量小非君子，无毒不丈夫。人说~，我偏要掀给你看看。”（选自岚晨《映山红》）

【泥鳅掀不起大浪，跳蚤顶不起被窝】 比喻根基浮浅、力量不足的弱小势力构不成很大威胁；或比喻能力有限，起不了多大的作用。多用作贬义。 例句 “现在谷存夫还剩了二三十个人，~，我们可以高枕而睡了。”（选自黎汝清《叶秋红》）

【泥人禁不起雨打，假话禁不起调查】 泥土捏就的假人，雨一打立刻形销架散；假话编造的事实，一调查马上水落石出。也作“泥人经不起雨打，假话经不起调查”。 例句 ~，美国反华政客的险恶图谋绝不会得逞。美国为其国内政治需要而不顾道德底线，蓄意编造和操弄虚假信息，杜撰“新疆人权”问题的伎俩不会得逞。（选自李燕飙《美立法已沦为政治操弄的反华工具》）

【你敬我一尺，我敬你一丈】 指人际交往中有感恩之心。别人礼敬自己，自己会加倍地礼敬别人。 例句 “九叔，你听着，我们出来捞世界，‘~’，你要眉精眼企，醒定一点呀！”（选自黄谷柳《虾球传》）

【你若花开，蝶自飞来】 比喻你只要把自己打造成有魅力的人，就自会吸引到仰慕者和合作者聚拢到身边。

【你要本事大，天王老子也不怕】 只要有本事有技能就无所畏惧。 例句 ~。就凭你的电焊技能，还愁找不到工作？

【你永远无法叫醒一个装睡的人】 如果人成心装睡，你是叫不醒的。喻指人明知自己做的事欠妥或不对，却还要成心那样做。也作“没有人能叫醒装睡的人”。同“伪装睡的人难唤醒”“永远叫不醒一个装睡的人”“装睡的人叫不醒”。 例句 有人说，~。对于那些戴着“规定”面具装死的人，道理也是一样。有效的办法就是让他们感到疼痛，用惩罚刺痛他们本已麻木的神经，并从此放下伪装的面具，找回良心发现的道德感。（选自周潜之《信用社规定

不应成服务的牢笼》）

【你有来言，我有去语】 形容善于应对。双方对话唇枪舌剑时，每句话都能接住。 例句 “～”的张金凤……还是绕了这半天的弯儿。（选自文康《儿女英雄传》）

【你有你的佛法，我有我的道行】 比喻各自都有各自的技能和本领，谁也不能制服谁。 例句 砂锅子说：“这，你就甭问了，～。你是治安员能弄出来，我当了十几年的兵痞就白当了？”（选自梁斌《翻身记事》）

【你有你的关门计，我有我的跳墙法】 喻指针对不同情况，采取相应的办法对付。 例句 俗语说：“～。”红军要来，总有他们的办法。（选自黎汝清《万山红遍》）

【你有千变万化，我有一定之规】 不管对方用什么办法或计谋，自己都坚持内心的原则和想法，以不变应万变。 例句 他知道自己嘴笨，所以在合同谈判时很少说话，～，不赚钱是不会干的。

【你有千条计，我有老主意】 指无论你怎么说，想什么办法，我只坚定不移按自己的想法做。 例句 有事商量着办，基础在商量，关键在办事。为什么有的单位和领导，座谈会、听证会开了不少，批评的意见、质疑的声音听了不少，可真正干起来，还是“～”？就是因为他们没有真正从“办成事”的角度积极协商，这样的“商量”只会“凉”了群众的心。（选自郝长清《商量，中国的民主智慧》）

【你有长箩索，人家有弯扁担】 箩索：棕索，多系于盛物之箩，故又称箩索。比喻不管你有什么计谋，对方总比你技高一筹。 例句 “我们特派员虽然计谋多端，终究比不过人家，真是你有七算，人家有八算。～。”（选自罗旋《南国烽烟》）

【你走你的阳关道，我走我的独木桥】 关系决裂，分道扬镳，表示决绝的态度：你过得再好，我不羡慕；我再苦再难，心甘情愿。 例句 “我们要把这桩事体谈清爽，从此一刀两断，～。今后，你要是再跨进我徐家的门，小心我一刀砍断你的腿!”（选自周而复《上海的早晨》）

【逆风行云天要变】 如果云的移动方向正好与地面风吹的方向相反，天气就将变坏。说明大气高低层风向不一致，易引起空气上下对流，产生雷雨等对流性天气。

【逆水行舟，不进则退】 逆着水流的方向行船，如不努力推进，则会随水流后退。比喻学习或做事。不努力前进就要被其他竞争者超过，从而相对位移会往后退，置自己于更不利的地位。 例句 正是在这个意义上说，任何一项事业都不能靠“守”来维系，必须靠不断的再创业来发展。～，惟有在奋进中继承事业，在创新中光大事业。（选自宣言《艰苦奋斗再创业》）

【蔫萝卜辣死人】 蔫：植物、水果因失去水分而萎缩。比喻不声不响地给人亏吃的手段，更为厉害。真正厉害的人，办事不张扬，不露痕迹。也作“蔫悠萝卜辣死人”。 例句 让你哑巴吃黄连——有苦说不出，只得放聪明些，今后别“刺儿头”，别动不动就提意见。因为明枪易躲，暗箭难防，所谓“～”是也。这种“补漏”式的报复，常常使受害者防不胜防。（选自文木香《说“蔫治”》）

【年老知事深】 老年人社会经历丰富，对事物的理解更深刻、更明白。 例句 ～，有事还得跟你老爸多商量。

【年年防歉，夜夜防贼】 指年年都要预防农业歉收和可能发生的饥荒，夜夜都得防备可能发生的偷盗。对荒年和盗贼要经常戒备，不可疏忽。同“夜夜防贼，年年防歉”。 例句 李鸿云又一想，不行。老人言：“～。”单靠村上这股势力，不保险。（选自刘江《太行风云》）

【年年岁岁花相似，岁岁年年人不同】 年年岁岁繁花依旧，岁岁年年看花之人却不相同。形容景物依旧，人事多变。 出处 刘希夷《代悲白头翁》（节选）：“今年花落颜色改，明年花开复谁在？已见松柏摧为薪，更闻桑田变成海。古人无复洛城东，今人还对落花风。～。”

【年轻贫，不算贫；老来贫，贫死人】 一个人年轻时经受贫穷和苦难算不上什么，毕竟还有机会；如果在年轻时不知道吃苦，没有财富积累，到老年时，生活穷困潦倒，那就真的很悲哀了。

【撵着下，不害怕】 随着群走不害怕，羊不离群就不会挨打。形容做事从众就会胆大些，就算是做错了也法不责众。与“随大流，不挨揍”同理。 例句 在这个小区买房子的很多，～，咱也跟着买吧！

【碾谷碾出米，讲话讲出理】 碾谷子要碾出米来才算成功，讲话要讲出道理才有说服力。

【碾子磨实打实】 “实”为“石”的谐音字。实实在在，一点虚假也没有的意思。形容一个人说话诚实可靠，或比喻说出的话能够落实。碾子：轧碎谷物或去掉谷物皮的石制工具，由碾砣和碾盘组成。磨：把粮食磨成面粉的工具，由两个圆石盘做成。 例句 用咱们的产品你放心，“～”，绝对没有一点掺杂使假。

【念了诗经会说话，念了易经会算卦】 熟读《诗经》，能提高语言表达能力；读通《易经》，就可以给人算卦。喻指学什么样的知识就可以在相关行业运用。也作“读了诗经会说话，读了易经会算卦”“学了诗经会说话，学了易经会算卦”。

【念念有如临敌日，心心常似过桥时】 每一个瞬间都如面临大敌，心里总像过独木桥时那样紧张。喻指时常警觉小心谨慎。 出处 《增广贤文》（节选）：“得宠思辱，居安思危。~。”

【娘们当家，房倒屋塌】 形容让女子成为当家人，会败坏家庭根基。是旧时“男尊女卑”观念的反映。现多用来调侃在家里什么都不能做主的男人。

【娘娘葱，独头蒜；仰头女，低头汉】 民间俗称“四大毒”。意谓需要提防的对象。“娘娘葱”是特指在开花期间的葱，吃起来非常辣；“独头蒜”没有蒜瓣，整个蒜就是一颗蒜子，比普通大蒜辣很多。“仰头女”指喜欢仰着头走路的女子，比较强势；“低头汉”指总喜欢低着头走路的男人，爱琢磨事，不知他在想什么。“娘娘葱，独头蒜”也可以认为是一种“比兴”手法，喻指后面的“仰头女，低头汉”。

【鸟多不怕鹰，人多把山平】 比喻单薄的个体组织起来，就不怕强大的个体；人多力量大，团结起来就能成就大事。

【鸟飞反乡，狐死首丘】 反：同“返”。首：头指向的方向。指鸟虽然飞得远，终究还是要返回旧巢；狐狸死时，总是把头朝着自己居住的山丘。比喻不忘本或怀念故乡。 **出处** 屈原《哀郢》（节选）：“曼余目以流观兮，冀一反之何时？鸟飞反故乡兮，狐死必首丘。信非吾罪而弃逐兮，何日夜而忘之？”

【鸟贵有翼，人贵有志】 鸟儿的可贵之处在于有翅膀，可以自由飞翔；人的可贵之处在于有志向，能够建功立业。 **例句** “小光，日子不是这么过法。你父母相继去世，家底又薄。人常说‘~’，你不勤苦奋斗，如何立门顶户？”（选自袁佑力《立身之道》）

【鸟靠翅膀兽靠腿，人靠智慧鱼靠尾】 指鸟靠翅膀飞翔，兽靠四肢奔跑，人靠智慧谋生，鱼靠尾巴游动。指人和动物都要凭着自身的特有条件谋求生存。也作“鸟靠翅膀马靠腿，人凭智慧鱼凭尾”。 **例句** “今后往任何岗位调人，都要经过考试，不及格者一律不许进岗位，‘~’。要凭真才实学，不能滥竽充数。”（选自刘彦林《春风得意》）

【鸟恋深山蝶恋花，鱼爱大海鹰爱崖】 指世上的生物各自热爱自己赖以生存的自然条件和环境。

【鸟美在羽毛，人美在学问】 鸟，是因为有了漂亮的羽毛才会美；人，是因为有了深厚的学问，才更美，也就是所谓的“腹有诗书气自华”。

【鸟随鸾凤飞能远，人伴贤良品自高】 鸾凤：鸾鸟和凤凰。指普通的鸟追随着鸾凤，也可以飞很远；普通的人伴随着贤人，品格自然就会高尚。比喻接近善类，自然就会习染为善。 **例句** 他在九松山松泉寺跟灵空长老在一处，又习学各样妙法，此时悟禅能为大长。有这么两句话：“~”，“近朱者赤，近墨者黑”。这话一点不错。（选自郭小亭《济公全传》）

【鸟为谷秕落网，鱼为诱饵吞钩】 比喻人经不住诱惑，因贪欲而自食其果。

【鸟向明处飞，人往高处走】 鸟飞向明亮的地方，人向优越的方向努力才是合乎本性的。同“鸟往明处飞，人往高处去”。 例句 这对周翠曼的冲击实在是太大了，她是堂堂正正的大学毕业生啊！“～”，她怎么能舍高就低呢？（选自刘彦林《三月潮》）

【鸟要紧的是翅膀，人要紧的是理想】 鸟因为要飞行，所以最紧要的是翅膀；人因为要有生活的方向，所以最要紧的是有理想。

【鸟有健翅飞云端，马有劲蹄驰千里】 比喻要想实现目标和理想，就必须充分利用发挥自身的特长和优势。

【鸟在飞翔时见高低，人在工作中看本事】 比喻人才能的大小只有在实际运用中才能看出来。

【尿不出丈二的泡来】 撒尿不可能太远。贬损人没什么了不起，不能把人怎么样。 例句 让他们折腾吧！～，倒要看看他们想要搞个啥！

【尿不到一个壶里】 比喻合不来，不能合作共事。 例句 “大敌当前，咱们的兵力有限，偏他们两个人～。你我都不去，这个仗怎么取胜？”（选自姚雪垠《李自成》）

【宁拆十座庙，不破一门婚】 宁可拆毁许多庙得罪神灵，也不破坏一门婚姻。不去劝一家离婚也不阻止一家人的结合。指拆散一对夫妻罪过深重。也作“宁拆十座庙，不破一宗婚”“宁拆十座庙，不拆一门亲”“宁拆七座庙，不破一门婚”。与“宁成千家事，不坏一门亲”义同。 例句 ～。郓兰渚大有君子成人之美的古风，亲自带领武黑翠和米赶三到县城办店。（选自刘绍棠《十步香草》）

【宁吃过头饭，莫说过头话】 意谓饭吃得过量危害没多大，超过分寸、夸大失实的话危害就大了，所以千万不能乱说。也作“宁吃过头饭，不说过头话”。另有“只吃过头饭，不说过头话”，也是想表达同样的意思，但这种说法不合规范。 例句 “你们如果能造出一条河，奶奶饭不吃，一口气把它喝干！”“奶奶啊，常言‘～’，人家要泡七八千亩田哩，喝干？”（选自刘澍德《同是门前一条河》）

【宁吃开眉粥，不吃皱眉饭】 开眉：心情舒畅。皱眉：愁眉苦脸。意谓宁可精神愉悦地过平淡日子，也不愿为了物质满足而精神痛苦。或也作“宁吃开眉粥，不吃皱眉宴”。 例句 “你一个人，劳动力又强，自己挣工分，自己吃饭，多自由，多快活！要是我，我早就分出来了。俗语说：‘～。’谁能受得住那股闲气啊！”（选自于逢《金沙洲》）

【宁吃鲜桃一口，不吃烂杏一筐】 比喻自己情操的不俗与追求事物完美的情怀。不愿意将就，宁缺毋滥。这是一种保有自己信念的人生态度。也作“宁吃好桃一口，不吃烂梨一筐”“宁吃仙桃一口，不吃烂杏一筐”。 例句 “常言：‘～。’走遍天下都是一个理儿，这能不懂吗？”（选自霍达《大西洋上打鱼船》）

【宁穿一年破，不挨一天饿】 意谓先得填饱肚子，才能去讲究体面。 例句 公司今年效益不好，装修办公室的事以后再说吧！～。先保证大家正常开支再说。

【宁当大船的水手，不当小船的舵手】 比喻在大的企业做一名普通员工，也比在私营企业当掌柜要安稳，抗风险能力强。这是一种甘愿平庸也不想承担风险的心态。

【宁得罪君子，不得罪小人】 君子克己修身，以直报怨；小人心胸狭窄，睚眦必报。故有此一说。意在强调近君子远小人，自然得君子之沾溉。 例句 失礼后果的大小轻重与失礼的对象有关，也与失礼的场合有关。在上述分送礼品“漏一人”的例子中，如果所漏者是一位豪爽豁达之人，很可能哈哈一笑而过。所以俗话说：“～。”（选自刘梦溪《礼的精神内核是“敬”》）

【宁得罪远亲，不得罪近邻】 比喻与邻居处好关系，比与远房亲戚处好关系还要重要。因为有急难，邻居相互帮得上手。 出处 马焊《简通录》（节选）：“族邻一有嫌隙，即不至仇怨相寻不了，朝夕出门相见，何以为情？语云：‘宁恼远亲，不恼近邻。’甚言邻之不可不睦也。”

【宁扶旗杆，不扶井绳】 旗杆是直的，可以扶起；井绳是软的，不能扶直。比喻帮人要帮有自强意识的人，不帮那些不能自立的人。 例句 “你要愿意干，三叔给你扯旗跑龙套。常言说‘～’，‘宁可给好汉牵马坠镫，不给孬种当活祖宗’，就是这话。”（选自王玉龙《清泉曲》）

【宁扶人一把，莫推人下马】 宁可做扶人一把的小的善事，也不可做推人下马之类的损人不利己的恶事。 例句 虽然在职场中存在竞争，但必须守住做人的底线。“～”，无中生有，诽谤中伤他人的事不能干。

【宁给饥人一口，不给富人一斗】 斗：容量单位，十升为一斗。指宁可救急，虽少顶用；不可济富，虽多无用。 例句 只因艾虎给的银两恰恰与锦笺救了急，所以他深深感激，时刻在念。俗语说的好，～。是再不错的。（选自石玉昆《三侠五义》）

【宁给君子看门，不替小人当家】 意谓给正人君子干活，哪怕看门也愿意；反复无常的小人，即使请求给他当管家也不干。表示处事有原则。 例句 “～”，你出去找工作时，一定要看清老板的品性。

【宁跟叫花子娘，不跟做官的爹】 宁可跟着讨饭的娘，也不跟做官的爹。指亲娘对孩子知疼知热最为关心。同“舍下做官的爹，不舍叫街的娘”。 例句 “休想！他做梦！要我的命可以，要我的女儿，不行！”大嫂说：“是啊，俗话说：‘～！’”（选自李纳《刺绣者的花》）

【宁跟明白人吵架，不跟糊涂人过话】 指和通情达理的人即使发生冲突，事后也能互相沟通；但糊涂人不明事理，不值得多费口舌。也作“宁和明白人打架，不和糊涂人说话”“宁跟明白人打一架，不跟糊涂人说句话”。 例句 火烧云嘴噘得像石榴，扭身要走，说：“～，我说给干爹听去。”（选自刘绍棠《敬柳亭说书》）

【宁管千军，莫管一夫】 宁可掌管千军万马，也不愿掌管一个自由散漫的人。 出处 明·徐光启《农政全书》（节选）：“谚曰：～。言无纪律而难御也。”

【宁喝朋友的白水，不吃敌人的蜂蜜】 强调对敌人给予的“恩惠”尤应提高警惕。

【宁嫁捎地的，不嫁过继的】 捎地，租种别人的田地。过去过继给人做继嗣的，会被人歧视，所以才有这样的说法，怕女儿受其连累。现在已没有这样的观念了。

【宁交双脚跳，不交眯眯笑】 在人际交往中，宁愿结交遇事非常情绪化地双脚跳起来的人，也不结交那些凡事总是眯着眼睛，面带微笑不表态的人。前者直爽，后者有城府。

【宁叫做过，莫要错过】 意思是宁可做过头，不可错过机会。也作“宁可做过，不可错过”。 例句 “是马也有三分龙骨，何况他是出洋在医学校毕业的，你我～呀!”（选自王浚卿《冷眼观》）

【宁教花下死，做鬼也风流】 花下：喻美人身边。宁可为了美人而死，即便做了鬼也是风流之鬼。是为男人贪色而张目的话，实不足为训。 例句 女怪道：“御弟，你记得‘～？’”唐僧道：“我的真阳为至宝，怎肯轻与你这粉骷髅。”（选自吴承恩《西游记》）

【宁可备而不用，不可用而无备】 宁愿准备好到时候用不上，也不能用的时候没有准备。强调要增强忧患意识。 例句 按照“～”的要求，强化应急力量和资源“冗余度”，建立常备不懈的应急物资、应急设施、应急队伍、应急能力储备机制。（选自钟开斌《全面推进韧性安全城市建设》）

【宁可悔了改，不可做了悔】 指做事要三思而行。宁愿思后后悔改变主意不再去做，不要做了错事之后再去后悔。也作“宁可悔了做，不可做了悔”“宁可悔了做，切莫做了悔”。

【宁可借屋停丧，不可借屋成双】 指丧事是一时之急，用后即还；喜事是成家过日子，如需用房，催对方还房，面子上就不好看了。

【宁可穷而有志，不可富而失节】 宁可做一个有志气的穷人，也不能做一个没有气节的富人。

【宁可人负我，不可我负人】 宁可别人辜负我，我也不要辜负他人。表明与人交往重情重义。也作“宁可人亏我，不可我亏人”。 出处 《增广贤文》（节选）：“～。再三须重事，第一莫欺心。”

【宁可身冷，不可心冷；宁可人穷，不可志穷】 就算挨冻也不能没热心，就算人穷也不能没志气。形容身处逆境也不降低自己的道德底线，不会忘记自己的志向。

【宁可食无肉，不可居无所】 宁可没有肉吃，也不能没有居住的处所。说明先要满足基本的生活条件，才可讲究生活质量。由苏轼“宁可食无肉，不可居无竹”衍化而来。

【宁可无了有，不可有了无】 意谓宁可在没有什么时，努力获得、拥有，不要在拥有什么时，不珍惜而失去。因为从无到有好过，从有到无难过。也作“宁可没了有，不可有了没”。 例句 俗语两句说得好：“～。”专为贫贱之人，一朝变泰，得了富贵，苦尽甜来，滋味深长。（选自凌濛初《初刻拍案惊奇·钱多处白丁横带 运退时刺史当艄》）

【宁可无钱，不可无耻】 宁可没有钱财，不能没有廉耻。

【宁可信其有，不可信其无】 面对可能有潜在风险的传闻，宁可相信其有，早做准备；不可相信其没有，放松警惕。 例句 “～。孩子去意已决，若留在家，也少不得害出场病来。”（选自元·佚名《盆儿鬼·楔子》）

【宁可要跑了，也不能要少了】 要：要价。宁可要价很高把顾客吓跑，也不能因为要价低而少赚钱。这是做地摊生意人的一句话。在从前信息不对称的年代，漫天要价确实可以唬到一些不懂行情的人，现在信息透明，这种销售策略大多已经不再适用。

【宁可正而不足，不可邪而有余】 语出《增广贤文》。宁可走正路而欠缺，也不能靠邪门歪道谋取盈余。

【宁肯给君子提鞋，不肯和小人同财】 宁愿放下自尊侍奉君子，也不愿与小人共享财富。体现了近君子远小人，洁身自好的高贵品质。

【宁肯正门出，决不钻狗洞】 表示做事堂堂正正，决不委曲求全。 例句 在村霸面前不能低头，～。让他们欺负惯了，你永远翻不了身。

【宁买不值，不买吃食】 宁可买一些现阶段看起来“不值”的物品，也不要买一些零食。“吃食”就是零食。过去日子紧巴，吃食吃完就没了，不如买当下看不值，但不定什么时候就能用得上的实用东西。

【宁卖九毛九，不卖一块一】 营销策略。九毛九和一块一实际数额相差无几，但在感觉上相差很多，各超市商品定价很多99就是这个原因。二者在销量上差距很大。顾客会认为九毛九是折扣价，而一块一则是商品的正价，所以自然会贪图便宜，购买九毛九的商品。

【宁念灶王经，不听枕头风】 《灶王经》为民间创作，内容大致是灶王爷对百姓的行为要求和规范。佛教界认为是伪经。“枕头风”即“枕边风”，喻妻子的话。这是存在性别歧视的一句话。意谓哪怕念念没啥用的假经，也不要听从老婆在枕头边上说的话。

【宁骑烈马，不使懒牛】 比喻宁可用难于驾驭的英才，也不用懒散无用的庸才。 例句 “我的好战友跃华就是这样一个人，‘～’。人家是不怕碰钉子，她还专门找钉子碰呢！”（选自赞民《女木工》

【宁弃千军，不弃寸地】 宁可牺牲千军，也不丢弃一寸土地。指维护国家领土的完整重于一切。 出处 《金史·始祖以下诸子传》（节选）：“不然，彼恃其众，非特恃险也。昔人有言：‘～。’故退兵不如济师。”

【宁欠阎王债，莫欠小鬼钱】 借指宁可欠当官的钱，也不要欠衙役的钱。比喻不要和难缠的人打交道。 例句 引出一个鬼来。这就是黄泉路上没老少，其名叫做短命鬼，亦小鬼。俗话说，～。即此人也。（选自惺惺居士《精神降鬼传》）

【宁娶二度花，不娶遗下人】 “二度花”，指离过婚的女人；“遗下人”则是寡妇。宁可娶离过婚的女人，也不娶寡妇。这是封建时代的传统观念。认为丧偶的妇女自带霉运，所以有此一说。

【宁娶穷，不娶脓】 宁可娶家境贫寒的，也不娶手脚笨拙的女人。

【宁人负我，无我负人】 指宁可别人辜负我，我不能辜负别人。比喻品德高尚的人不会做对不起别人的事。同“宁人负我，毋我负人”。 出处 元·张养浩《牧民忠告》（节选）：“～，此待己之道也。天下之善，不必己出，此待人之道也。能行斯二者，于道其庶几乎？”

【宁塞城门，不填狗洞】 “塞”“填”，谓将钱用在不当处。形容宁在正道上花大钱，也不愿在邪路上花小钱。 例句 “偏偏昨日的大风，把山门外亭子吹倒，坐道避雨的人，压死一个，受伤了几个。街坊人说，亭子年久失修，闹出人命，都是寺里的事，尸亲到来，听了这话，就来缠扰，闹了一夜，许下十吊钱，尚不甘休。我松庵的性子，～的!此刻正要进城，请县里出来相验。”（选自夏敬渠《野叟曝言》）

【宁少路边钱，莫少路边拳】 指在路途中遇到害自己的人时，必须狠狠打击他们。 出处 吴承恩《西游记》（节选）：“既见妖精，如何不打杀他，却就去解师父!常言道：~。”

【宁舍一锭金，不传一句春】 “春”指“春点”，绝活、行话。指掌握了手艺和技能的大师，宁愿给你一锭金子，也不愿传授你绝活、行话。

【宁舍一盘金，不舍一日春】 宁愿放弃一锭金子也不愿浪费这一日春光。形容大好春光用金钱也换不来，要珍惜。 例句 ~。春天是播种的季节，错过了就是一年的产量和生计没了着落。

【宁伸扶人手，莫开陷人口】 喻指宁可出力帮助别人，也不可不费力地中伤陷害别人。

【宁失一事，不失一时】 宁可错过一件事，不可错过一个时机。

【宁收麦青稍，不收麦花腰】 小麦大面积成熟后，即便是地边有几颗还发绿的麦子，也要及时收割，这叫“打青稍”。以防一旦下雨，麦粒内发生白斑，亦即“花腰”，造成小麦出粉率、面粉品质降低的情况。

【宁输一子，不失一先】 围棋谚语。意思是：宁可让对方吃掉一子，也不可以失掉先手权利。强调了先手在围棋中的重要性，宁可小有损失，也不能丢掉主动权。 例句 “‘~。’什么意思呢？就是说，输几个棋子问题不太大，要是失掉了全局的主动权，就全完了。”（选自朱小明《棋坛旋风聂卫平》）

【宁说玄话，不说闲话】 没事可以在一起吹牛皮或说一些打趣逗乐的话，但不要去议论别人的长短。

【宁为鸡口，无为牛后】 语出《战国策·韩策》。牛后：牛的肛门。宁愿做小而洁的鸡嘴，也不能做大而臭的牛肛门。比喻宁可在小范围内当家作主，也不愿在大范围里听命于人。同“宁为鸡口，毋为牛后”。 例句 大丈夫~。（选自张凤翼《红拂记·俊杰知时》）

【宁为太平犬，莫作离乱人】 宁可在太平年代当一条狗，也不做战乱时候的人。通常用以形容战争给人们带来的痛苦和人们渴求局势稳定的心情。也作“宁做太平犬，不做乱世人”“宁做太平狗，不做乱世人”等。 例句 程万里事出无奈，只得跟随。每日间见元兵所过，残灭如秋风扫叶，心中暗暗悲痛。正是：~。（选自冯梦龙《醒世恒言·白玉娘忍苦成夫》）

【宁为玉碎，不为瓦全】 宁愿做高贵的玉器而破碎，也不愿做低贱的瓦器得以保全。比喻宁愿为正义事业牺牲，也不愿丧失气节，苟且偷生。 例句 方志敏在狱中面对敌人的百般诱降和严刑逼供，依旧正气凛然，坚贞不屈，这是革命先烈“~”的坚韧气节。（选自康岩《磨砺始得玉成》）

【宁学三句唱，不学一句白；宁学三句白，不学一句笑】 学习戏曲的过程中，比唱功更难的是念白，而比念白更难学的是笑功。

【宁学桃源三结义，不学瓦岗一炉香】 宁愿学习刘备、关羽、张飞在桃园中结拜的深厚情谊，也不学习瓦岗寨的贾家楼四十六友结拜的表面义气。

【宁要男大一春，不要女大一辰】 在挑选结婚对象时，宁可男方比女方大一岁，不要女方比男方大一个时辰。也就是说，男大女小，是通常认为比较适宜的婚配组合。

【宁愿吃一刀，不和秦桧交】 秦桧：南宋“投降派”的首领。这里借代为心怀险恶的奸雄人物代表。形容嫉恶如仇，宁可命都不要，也不同奸险的阴谋家交往。

【宁愿疮流脓，不让嘴受穷】 讽刺好吃懒做的人。 例句 他可是个～的主，好容易挣几个钱，根本积攒不下，成天下馆子，都照顾他那张馋嘴了。

【宁愿站着死，决不跪着生】 宁可为正义站着英勇献身，也决不向敌人跪着屈服、忍辱求生。 例句 为了革命，为了中国人民的解放事业，在生与死的两条道路中，我～。（选自马识途《清江壮歌》）

【宁在人前会不多，莫在人前全都行】 宁可在人前表示会的不多，也不要在人前不会装会。意谓宁可谦虚，不可夸口。

【宁在直中取，不向曲中求】 宁愿用正当的方法获取，决不用不正当的手段去谋取。也作“宁可直中取，不可曲中求”“宁向直中取，不可曲中求”。 例句 “岂可曲中而取鱼乎!非丈夫之所为也。吾～，不为锦鳞设，只钓王与侯。”（选自许仲琳《封神演义》）

【宁增一斗，莫添一口】 宁可给别人增添一斗粮食，也不愿家里多添一口人吃饭。指添一口人吃饭，长年累月，比一次性给人添一斗粮耗费要多得多。 例句 “妹子是聪明人，俗语说得好：～。你一个人单吃饭也须一日一升，一年极少也要六、七两银子，叫我哪里赚来？”（选自《八段锦》）

【宁直毋媚，宁介毋通，宁恬毋竞】 语出王豫《蕉窗日记》。介：耿直。做人宁可正直而不谄媚奉承；宁可耿介不靠非法手段求得亨通；宁可恬淡不和别人争竞什么。

【宁走十步远，不走一步险】 宁可多走些路，也不走一步险路。意谓做事宁可多花费些成本，也要保证平安安全。也作“宁绕十步远，不走一步险”。 例句 “咱们与其涉险，莫若绕远。俗语说的好：～。”（选自石玉昆《三侠五义》）

【宁做鸡头，不做凤尾】 比喻宁可在小范围里为首做主，也不在外表光鲜大范围里让人支配。 例句 客观地看，错失“头班车”的责任主要在于均瑶、复星、阿里和万向。其中，四大民企各自掌门人王均金、郭广昌、马云、鲁冠球都在骨子里抱定“～”的思维定势，谁也不肯

轻言退让，造成两对发起人组合分别“内斗”。（选自邢理建《民营银行何以顺畅起航？》）

【宁做蚂蚁腿，不做麻雀嘴】 意谓宁做勤奋实干的人，不学只会动嘴说空话的人。 例句 我们庄户人家，要的是勤劳，怕的是馋懒。人常说“～”，这话是不错的。（选自吴韵《榜样》）

【宁做穷家牛，不做富家狗】 宁可辛苦劳作受穷，也不为了生活安逸，低三下四做摇尾巴狗。 例句 她还是老脑筋，不习惯干家政工作，在顾主家干了刚一个月就回来了，用她的话说是“～，还是回咱这穷窝自在”。

【牛刀可以割鸡，鸡刀难以屠牛】 宰牛的刀可以杀鸡，杀鸡的刀难以宰牛。形容大材可以小用，但小材难以大用。 出处 王充《论衡·程材》（节选）：“～；刺绣之师能缝帷裳，纳缕之工不能织锦；儒生能为文吏之事，文吏不能立儒生之学。”

【牛粪冷，马粪热，羊粪能得两年力】 “牛粪冷”指牛粪的肥效长，可以持续缓慢地给作物提供肥力；“马粪热”指发酵的时间短，从而肥效也不会长；羊粪发热性居于马粪与牛粪之间，含氮、钙、镁较高，肥效可持续两年。

【牛马年好种田，小心鸡猴那两年】 牛年和马年有利于农业生产，鸡年和猴年容易出现不利于农业生产的气候。这是农民以生肖动物的习性对年景的预判，并无科学依据。

【牛皮不是吹的，泰山不是垒的】 指光讲空话、大话是没有用的，只有干出实事才能令人心服口服。 例句 冯大有满嘴里喷着白沫说：“～！你看这棚子里，哪个牲口不是马壮膘肥？”（选自梁斌《播火记》）

【牛套马累死俩】 农家驾车或拉犁，要是把牛和马套在一起，马快牛慢，劲儿使不到一起，双方都受罪。比喻人事上条件不同，却强行搭配，对双方都有损无益。 例句 “我养活的是牛，走得慢，又不能跟马搁在一起拉车，～。”（选自周立波《暴风骤雨》）

【牛头高，马头高】 比喻互争高低，各不相让。 例句 恰正钉子碰着铁头，两个～，长洲弗让吴县的就打起来了。（选自张南庄《何典》）

【牛要蹄腿周正，人要心底宽宏】 一般来说，蹄腿周正的牛健壮有力，心底宽宏的人志存高远、大度容人。

【农夫不努力，饿死世间人】 农业是国家生存发展的命脉，农民不努力从事农业生产，粮食短缺就会造成社会混乱，民不聊生的后果。

【农夫怜蛇被蛇咬，东郭藏狼受狼欺】 帮助别人也要看被帮助的对象是谁，值不值得帮助，帮助恶人反而会伤害了自己。

【农家肥料全，一年顶三年】 农家肥的营养全面持久，用一年肥效可以持续三年。

【弄花一年，看花十日】 养育花需要一年的时间，而看花的时间不过十来天而已。与“台上一分钟，台下十年功”的意思差不多，都是表明短暂风光是长期辛苦换来的。 出处 陆游《天彭牡丹谱·风俗记》（节选）：“花盛于清明寒食时，最喜阴晴相半，谓之养花。栽接剔治，各有其法，谓之弄花。其俗有‘～’之语。”

【怒于室者色于市】 出自《左传·昭公十九年》：“室于怒，市于色。”室：家。市：街市；指家外。意思是在家里受了怒气，在家外面没有好脸色。 例句 “公叔之与周君交也，令我使郑，立韩扰而废公叔。语曰：‘～。’今公叔怨齐，无奈何也，必周君而深怨我矣。”（选自刘向《战国策·韩策》）

【暖春头，冷春尾】 如果开春暖得太快，那么到春尾就可能会偏冷。

【女不演会审，男不演夜奔】 指戏曲女演员怵演“会审”，男演员怵演“夜奔”。“会审”是指《三堂会审》，“夜奔”是指《林冲夜奔》。是难度较高的两出功夫戏（也说是考纲戏），非常考验演员的功底。也有“女不演‘思凡’”一说，“思凡”是指《尼姑思凡》，只有一个演员的折子戏。 例句 演戏也有难度大小，“～”，这是多年来行里形成的观念。

【女大不由娘】 指女儿长大了，自有主见，很多事就不听母亲的了。 例句 “你爹已经出口，让我当个和事佬儿。我来见你，就是想听听你的意见，‘～’，更不由爹。”（选自周恩惠《珠剑缘》）

【女大三，抱金砖；女大五，像个母】 喻指娶个年龄比自己大的老婆好。二人结婚，女方比男方大三岁，旺夫生财（古代迷信）；女方比男方大五岁，女方会像母亲一样照顾男方。还有“女大七抱金鸡”一说。

【女大十八变，越变越好看】 女孩子随着年龄渐长，会越变越俊美。 例句 俗话说：“～。”田芬到了十八九岁的时候，出落得脸像八月十五的一轮满月。（选自顾笑言《哑巴西施》）

【女发十八，男发二十】 女孩子十八岁，男孩子二十岁，是最好看最帅气的年纪。

【女顾娘顾不长，娘顾女顾不起】 指女儿出嫁后，想要顾及自己的母亲，因为不在身边是不能长久的；而母亲要顾及自己的女儿，会是有心无力。

【女嫁高门，妇聘低户】 传统观念认为，女儿应该嫁给家庭地位和经济条件比自己高的人家，而儿子则应该娶家庭地位和经济条件比自己低的人家。 例句 “还有璞玉的亲事，你们两口儿如何定了？古语云

'~'，你老爷可是还想着聘苏节度之女么？"（选自尹湛纳希《一层楼》）

【女子无才便是德】 语出陈继儒（号眉公、麋公）《安得长者言》。意谓女子没有才学是美德。这是封建社会歧视女性观念的反映。**例句** 眉公曰："丈夫有德便是才，~。"此语殊为未确。（选自张岱《公祭祁夫人文》）

【女子无性，乱草漫秧；男儿无性，钝铁无钢】 指女人没有烈性，就会受人欺辱；男子没有烈性，就不会刚强。与"男人无志，钝铁无钢；女人无志，乱草无秧"义同。**例句** 这位支书，就是这样一位不急不缓，气性和平的人物。男的和女的，都喜欢他。只有他伯伯看他不起，总是说他没火性，不像一个男子汉。"~。"他常常拿这话骂他。（选自周立波《山乡巨变》）

O

【沤了麦子收豆子】 虽然小麦受到雨淋，没收上来的只能沤到地里，不过也不会白白浪费，至少可以作为肥料，使下一季的大豆收成增加。

P

【爬得高，跌得重】 指人达到富贵地位，可能遭的灾祸也大。与“爬得越高，摔得越重”义同。 出处 明·陆粲《说听》（节选）：“弘治间，有贵戚封侯者，侍饮禁中。……伶人为一猴，乘高跳弄，指之曰：‘者（这）猴子～!’当宁谕意，为改容者久之。即敕罢宴。”

【怕见的是怪，难躲的是债】 害怕见到的是鬼怪，难以躲过的是债主。指旧时穷人无钱还债，想躲又躲不过。 出处 凌濛初《初刻拍案惊奇·卫朝奉狠心盘贵产 陈秀才巧计赚原房》（节选）：“陈秀才那时已弄得瓮尽杯干，只得收了心在家读书。到说卫家索债，心里没做理会处，只得三番五次回说：‘不在家，待归来时讨。’有道是：‘～。’是这般回了几次，他家也自然不信了。”

【怕什么就有什么】 人们内心的恐惧和焦虑会引发某些事情的发生。这种现象从心理学的角度来看，被称为“自我实现预言”或“心理学效应”。也作“怕什么来什么”。

【怕听蛤蟆叫，就别种洼地】 比喻不能因为有人议论指责，就不敢做事。 例句 事事自己得有个主意，～。

【膀宽腰细必定有力】 指长得膀宽腰细的男子，一定有力气。 例句 要说丁尚武是真行！常说：“～。”他真是有这么一条好身板儿。（选自刘流《烈火金钢》）

【刨根问底】 比喻查问根源，探究底细。 例句 “你～，是啥意思？你既不是治安组长，又不是民兵队长！”（选自柳青《创业史》）

【跑得了和尚跑不了庙】 比喻人可以一时躲开，但由于其他无法摆脱的牵累，还是无法脱身。也作“跑了和尚跑不了庙”。 例句 “你～！躲了又怎样？从今天起，咱们一家都团团圆圆地过日子，谁也不许走开！”（选自欧阳山《苦斗》）

【跑了的是大鱼】 比喻得不到的东西是好的。 例句 大凡人类，总有这样一种心理，越追求不到的东西，越觉得可贵，用俗话来说，那就是：“～。”（选自黎汝清《叶秋红》）

【赔本买卖】 亏损的生意。泛指吃亏的事。 例句 正如有网友所称，“杀头生意有人做，赔本生意没人干，那些花钱买官的人绝对不会做～，一旦权力到手，必然拼命捞钱”。（选自王石川《10万买官贪400万的“槽点”在哪》）

【赔本赚吆喝】 比喻吃了亏又受了累，什么也没得到。 例句 打下的粮食，除去支差交公粮，全在夜间背到田家。如果不方便，则由老蒋背到集上出粜，把粮价交来。老蒋想：这真是～的买卖，只是为了“交情”，他不好反驳。（选自孙犁《风云初记》）

【赔了夫人又折兵】 比喻便宜没占到反而遭受了双重损失。三国故事中，周瑜出谋划策，把孙权的妹妹许配刘备，让刘备到东吴成婚，想乘机扣留，夺回荆州。结果刘备成婚后带着夫人逃出吴国。周瑜带兵追赶，又被诸葛亮的伏兵打败。人们讥笑东吴是“赔了夫人又折兵”。 例句 可见世人须要斩绝妄想心肠，切不可～，学那欧滁山的样子。（选自清·酌元亭主人《照世杯·百和坊将无作有》）

【喷泉之水堵不死，爱情之火扑不灭】 真正的爱情来了就像喷涌的泉水，由发自内心的自然力量触发，外部力量无法压制。

【盆朝天碗朝地】 形容家庭中不打理，东西放置无序。 例句 “看，这里～，没人管。火灭了，开水没有一点，我连碗热茶都喝不到嘴。”（选自老舍《方珍珠》）

【朋柴火焰大，人多主意高】 朋柴：柴火堆。柴多了燃烧起来火焰就高，人多了讨论出的计谋就妙。指人多智广。 例句 “一个人的智慧和认识是有限的，俗话说：‘～。’这件事必须让大家出计献策。”（选自曾辉《八月雪》）

【朋友近者好，亲戚远来香】 朋友之间近处的，可以相互帮忙；亲戚之间相距远的相见时会更加亲热。

【朋友来了有好酒，豺狼来了有猎枪】 由1956年电影《上甘岭》插曲《歌唱祖国》中的歌词简化而来。意思是对待朋友热情招待，对待敌人绝不留情。 例句 ～——这是新中国通过抗美援朝宣示的价值观。（选自关山远《不可撼动的精神力量》）

【朋友妻，不可欺】 指对朋友的妻子不可欺辱。 例句 “自古道：‘～。’我打了你这禽兽!”（选自沈王景《红蕖记》）

【朋友千个少，敌人一个多】 意思是多交朋友少树敌。

【朋友似莲藕同根长，敌人如水火不相容】 意思是与朋友志同道合共同成长，与敌人针锋相对毫不留情。

【蓬生麻间，不扶自直；白纱入缁，不染自黑】 语出王充《论衡·程材篇》。缁：黑色。蓬草生在青麻中，不用扶持就会长直；白纱放进黑色的染料中，不用操作就黑了。比喻人在什么样的环境中就会受到什么样的影响。

【捧着金饭碗讨饭吃】 比喻有现成的好条件不利用，却向别人伸手。 例句 “我们是～的叫花子，有这许多的优秀工人不去培养，却叫

干部不够。”（选自周而复《上海的早晨》）

【碰了一鼻子灰】 比喻遭到拒绝或斥责，感到尴尬，或是受到打击。 例句 因为军民一心，靠了地道，到处狙击，勇敢坚持，结果，鬼子每次都～。（选自冯志《敌后武工队》）

【批龙鳞易，捋虎须难】 批：刮。比喻对皇帝直谏容易，触忤权臣却很难。 出处 清·陈康祺《燕下乡脞录》（节选）：“钱南园通政，复有疏劾东抚国泰一事，甚有益当时大局……于是国泰与藩司于易简，俱拿交刑部治罪。高宗嘉之，许为敢言。语云：‘～。’通政是举，若非圣君在御，贤相同舟，其不为珅所搏噬也几希。”

【劈柴要顺茬，教子要得法】 劈柴顺着茬口下刀才省力，教育孩子因材施教才有效果。

【皮之不存，毛将焉附】 出自《左传·僖公十四年》：“皮之不存，毛将安傅？”焉：代词，哪里。皮都没有了，毛长在哪里？比喻事物失去了借以生存的基础，就不可能存在。 例句 “倘若朕的江山不保，你们不是也跟着家破人亡？～。”（选自姚雪垠《李自成》）

【脾气难改性难移，弯弯棍子难直立】 就像弯曲的棍子是很难直立起来一样，人的脾气本性也难以改变。同“江山易改，秉性难移”。

【匹夫而为百世师，一言而为天下法】 语出苏轼《潮州韩文公庙碑》。是对韩愈的赞扬。匹夫：泛指普通人。意思是：身为普通人而成为千百代的榜样，说出的话而让天下人效法。 例句 自如之境并不是可望而不可即的海市蜃楼，也不是个人的专利，而应该是全体老师共同的教育追求。苏轼《潮州韩文公庙碑》有这样两句话：“～。”讲得多好！为我们明确地点示教育追求的实践价值。（选自余全立《教师治教三种境界》）

【匹夫舍命，勇将难敌】 一个普通人不怕死，即使是猛将也抵挡不过。指人只要不怕死就很难对付。 例句 有道是“～”，没料到小姑娘真有点大无畏的精神，大周傻眼了。（选自李英儒《女儿家》）

【匹夫无罪，怀璧其罪】 语出《左传·桓公十年》。古代周地谚语。意思是百姓没有罪过，因为他身上有玉璧才为他招致了罪过。现在有时用它的本义，指财宝能致祸；有时也用以比喻有才能、有理想反而因此受害。 例句 3000多万阿富汗人民究竟犯了什么错，要不断经受战争的伤痛？“～。”阿富汗重要的战略位置和丰富的能源储备注定了这里很难平静。（选自张红《阿富汗苦难没尽头》）

【偏方气死名医】 指民间一些土方子好用，胜过名医的药。这是夸张的说法。与“偏方治大病”义同。

【偏听生奸，独任成乱】 偏听偏信，就会被邪恶的人钻空子；独断专行，就可能造成祸乱。 出处 邹阳《狱中上梁王书》（节选）：“故～。昔鲁听季孙之说逐孔子，宋任子冉之计囚墨翟。夫以孔、墨之辩，不能自免于谗谀，而二国以危。”

【偏于爱者，儿受其害】 语出李西沤《老学究语》。指偏于宠爱，只会使子女受害。 例句 两口子晚年得子，喜不自禁，含到口里怕化了，捧到手里怕摔了，本指望他成龙变虎，万没想到养大了却是个“三进宫”的逆子。正是：～。（选自严全炯《少年犯罪案例分析》）

【便宜不到外家】 比喻好处或利益虽有变动，还是在自己人的圈子里。

【便宜不过当家】 当家：本家，自家。指利益不能落到没关系的人手中。换句话说，有好处要让自己人受益，不能便宜了别人。 例句 三姐看了这样，越发一叠声又叫：“将姐姐请来！要乐咱们四个大家一处乐！俗语说的，～。你们是哥哥兄弟。我们是姐姐妹妹，又不是外人，只管上来！”（选自曹雪芹《红楼梦》）

【便宜没好货，好货不便宜】 指价格过低的商品，保证不了质量；质量好的商品，价格不会便宜。泛指轻易得到的东西，往往有问题。 例句 他认为真正的爱情要靠自己去苦苦地追求，靠别人介绍和征婚是不可能找到理想的伴侣的。同时他还想到了“～”这一句俗话，进而认为文竹主动应征就是一个很确凿的例证。（选自晓苏《情场》）

【骗朋友只有一次，害自己却是终身】 骗朋友哪怕只有一次，却会一辈子失去友情和信任。 例句 谚语说：“～。”即使朋友反应慢点，过后也会醒悟。所以说，人太精明了反而不好，聪明反被聪明误。（选自张爱香《交友贵在长久》）

【飘风不终朝，骤雨不终日】 语出《道德经》。飘风：狂风，暴风。朝：早上。骤雨：暴雨。狂风刮不了一早晨，暴雨下不了一整天。原意是说自然界的事物一直处在变化之中，后也用来形容凡来势迅猛或坏影响的事物，都不会长久。 例句 中华文化更是早就认识到了过犹不及，不为已甚，物极必反，否极泰来，～的法则，这也正是自信法则，它同时进一步定下了反对极端、分裂、恐怖的中庸理性基调。（选自王蒙《旧邦维新的文化自信》）

【贫贱之交不可忘，糟糠之妻不下堂】 出自范晔《后汉书·宋弘传》：“贫贱之知不可忘，糟糠之妻不下堂。”意思是富贵时不要忘记贫贱时的朋友，不要抛弃共同患难过的妻子。 例句 古人云～，似这等畜类这行止，着小老婆尽都丢了也。（选自元·无名氏《渔樵闲话》第二折）

【贫居闹市无人问，富在深山有远亲】 语出《增广贤文》。穷人住在闹市也无人理睬，富人住在深山也有人攀亲。反映的是人情冷暖，世态炎凉。也作“穷在闹市无人问，富在深山有远亲”“穷在大街无人问，富在深山有远亲”。

【贫穷自在，富贵多忧】 贫穷的人过得自由自在，富贵的人反而面对很多忧愁烦心的事。富贵的时候会更在乎自己比他人是不是更富有，反而失去了快乐；穷人虽然没有钱，但是他能享受自己的快乐。

【牝鸡司晨，惟家之索】 古谚语。牝鸡：雌鸡、母鸡。司晨：报晓。索：尽。意思是母鸡像公鸡那样鸣啼报晓，这个家庭就要破败。母鸡打鸣报晓是生物的一种性变异现象，是反常不合常理的，因此古人认为这是不祥之兆，家门将有不幸。古人信奉男尊女卑的观念，男人作为一家之主或一国之主被认为很正常，而女人如果在家里或朝廷里主事，就会被认为是“牝鸡司晨”，是败亡之征。也作“牝鸡之晨，惟家之索”。 **例句** “陛下荒淫酒色，征歌逐技，穷奢极欲，听谗信佞，残杀忠良，驱逐正士，播弃黎老，昵比匪人，惟以妇言是用，此‘～’。以此为宝，乃倾家丧国之宝也。”（选自许仲琳《封神演义》）

【平地里起风波】 比喻突然发生意外事件或无中生有。 **例句** 想人生～，争似我乐清闲，支着个枕头儿高卧。（选自关汉卿《鲁斋郎》）

【平生不作皱眉事，世上应无切齿人】 切齿：咬紧牙关，形容非常愤恨。指一生不做伤害人、让人皱眉的坏事，就不会有痛恨自己的人。现多作“平生不做亏心事，世上应无切齿人”。 **出处** 宋·吴曾《能改斋漫录》（节选）：“邵尧夫居洛四十年，安贫乐道，自云未尝皱眉，故诗云：‘～。’”

【平生只会说人短，何不回头把己量】 语出《增广贤文》。不要只会议论他人的短处，为什么不反思一下自己身上的缺点呢？也作“平生只会量人短，何不回头把己量”。

【平时不用心，用时就发昏】 比喻平时不作准备，事到临头才急忙应付，晕头转向，无法完成。

【平时省一口，缺时顶一斗】 平时或者充足的时候就注意节约粮食，当粮食短缺时就可以把省下的一口当作一斗看待了。意谓平时就应注意节约，以防不时之需。

【平则虑险，安则虑危】 在平坦的道路上就要想到前面可能有险途，在安全的时候就要考虑可能出现的危机。 **出处** 《荀子·仲尼》（节选）：“故知者之举事也，满则虑嗛，～，曲重其豫，犹恐及其祸，是以百举而不陷也。”

【泼水容易，收水难】 把水泼出去容易，但是把泼出去的水再收回来就困难了。多用来表示说出去的话，或事情既成事实，没法再改变了。

【破鼓乱人捶】 比喻人失势受到大家的欺侮。 例句 “好啊！～呀！等三爷把傻巴儿的辫子揪下来，就砸你的铺子！”（选自冯骥才《神鞭》）

【破罐子熬过柏木筲】 耐用的柏木做的筲都坏了，破罐子却还在使用。常用以比喻平时没病的人走了，经常生病的人还活着。

【破罐子破摔】 罐子已经破了，又往破里摔。比喻犯错误或名誉受损等挫折以后，不积极挽救，反而更加放任自己。 例句 “不能讲怪话，千万千万，不要拿～的态度。”（选自莫应丰《将军吟》）

【破家值万贯，一搬三年穷】 指家用什物平时用惯了很珍惜，搬一次家难免就得丢失损坏，重新置办花销不少。 例句 “前日老师傅说留俺，在寺西有位宅子叫去住着，倒也方便。因在这里委下了，那里又去搬匙弄碗的，从来说‘～’哩！”（选自《续金瓶梅》）

【破裤子先伸腿】 喻指不懂藏拙，还主动暴露自己的短处或不足；有时也指在不利条件下乘机先发制人占上风。 例句 方亦鹏看出吴策做贼心虚，来个“～”，便也不轻不重地刺了他一句。（选自郭明伦 张重天《冀鲁春秋》）

【破山中贼易，破心中贼难】 语出王阳明《与杨仕德薛尚谦书》。意思是剿灭山中的匪贼是容易的，但要灭掉人们心中的贼念就困难了。这里的“心中贼”，狭义理解，可以认为是人们的作贼之念；若从广义理解，可以认为是人们心中的所有贪念、邪念。 例句 应当说，在正风反腐的高压态势之下，权力的“任性”大为收敛。但不能不看到，“～”，一些人很难发自内心地具备那种谦恭谨慎的低姿势。（选自马祖云《干部当有“低姿势”》）

Q

【七不烧八不燎】 祭祀上坟，民间传统认为七、八不是吉利数字。按河北清河风俗，遇到农历初七、初八、十七、十八、二十七、二十八这几天不宜祭祀，可以提前或者延后。

【七打核桃八打栗，九月柿子红了皮】 指农历七、八、九月，核桃、栗子和柿子等相继成熟，陆续上市。 例句 看着集市上的新核桃，我突然想起“~”这句俗话。

【七大姑八大姨，三婶子六妗子】 泛指一般的亲戚。 例句 过个年，所有~都会见个面，团聚一回。

【七个不服，八个不忿，一百二十个不在乎】 形容某种人对什么人都不服气，对什么事都不在乎的那种精神状态。 例句 年轻人不要到处~的，要有真本事，才能让人信服。

【七九八九，河岸看柳】 “数九歌”中的两句。意谓到了七九、八九这个时段，就可以看到河岸上的柳色发绿了。

【七十不打，八十不骂】 指对年纪大的人不可打骂，不论他们犯了什么样的过错。这是一种尊老理念。 例句 “我这枪下不肯伤你这条老命，不忍心将你置于死地。常言说得好，‘~’，你都这么大年岁了，还是换一员战将来吧！”（选自刘林仙 黄国祥《薛丁山征西》）

【七十不留宿，八十不劝饭，九十不看座】 这是在招待岁数大的客人时，应该注意的事项。对普通客人来说是一种热情的礼节，对他们就并不适用了，以免发生不测对其亲属无法交代。

【七十二行，种田为王】 农业是国民经济的命脉，在所有行业中是最重要的。

【七十七，八十八，看不了孩子看不了家】 指对年龄大的老人，就别指望他们给家里帮什么忙了。

【七收谷，八收麦，九收果木十收菜】 旧俗以为，从正月初七到初十哪天天晴，预示其对应的植物会丰收。

【七岁八岁换狗牙】 “狗牙”，对孩子亲昵的玩笑话。指小孩子到了七八岁（虚岁）就要换乳牙了。

【七岁八岁万人嫌，到了九岁嫌半年】 七、八岁是孩子人生的第二个叛逆期。这时期的孩子精力充沛，爱调皮，不听话，就是所谓的“万人嫌”。这样的状态一般会持续到九岁半结束。

【七月半八月半，蚊子嘴像个钻】 农历七月十五到八月十五期间，蚊子叮人最厉害，形容蚊子嘴就像钻头一样。

【七月犁金，八月犁银，九月犁铜】 七月是农民犁地的最佳时期，八月其次，九月犁地就会影响庄稼收成。

【七月里立秋，植晚一齐收】 在农历七月立秋，时间相对延后，农作物可以在盛夏充足的光照条件下再生长一段时间，种植较晚的作物也能够获得丰收。

【七月七，掐谷吃】 到了农历七月初七，谷子就开始逐渐成熟了，可以挑选着掐下来食用了。

【七月十五定旱涝，八月十五定收成】 指年景是天旱还是雨涝，在农历的七月十五就见了分晓；农业是丰收还是歉收，在农历的八月十五就有了定局。 例句 “俗话说：‘～。’这一年，七月平平安安过去了，八月得了个好收成，人们喜得合不住嘴。”（选自史围强《三娘子舍身救百姓》）

【七月十五枣红腚，八月十五打个净】 七月十五的时候枣就开始逐渐变红，到了八月十五，树上就打干净了。另外还有“七月十五，枣红屁股”“七月十五打枣吃，八月十五挛枣吃”“七月十五花红枣，八月十五打个了”的说法。

【七月是钢嘴，八月十五挺了腿】 指蚊子七月里叮人最厉害，到农历八月十五天气转凉后，蚊子就不再叮人了。

【七月枣，八月梨，九月的柿子红了皮】 指的是这几种水果成熟的大致农历月份。

【七嘴八舌】 形容人多嘴杂，说法不一；也形容饶舌，多嘴。 例句 “送点子东西没要紧，倒没的惹人～的讲究。”（选自曹雪芹《红楼梦》）

【妻贤夫安】 妻子贤惠，丈夫就安心。 例句 俗话说“～”，一个贤惠的好女人就是一个家庭的风水。

【妻贤夫祸少，子孝父心宽】 妻子贤惠，就不会给丈夫带来惹是生非的祸事；子女孝顺，父母的心情就舒畅。 出处 宋·汪洙《神童诗》（节选）：“国正天心顺，官清民自安。～。”

【欺负小秃没头发】 指刻意抓着别人的弱项或者短处不放，嘲笑或借故欺负、打压。 例句 他父母离婚碍你什么事了？老是“没爹孩子”长“没爹孩子”短的，你这不是～吗？！

【齐不齐，一把泥】 意思是泥瓦匠砌墙齐整不齐整，也就是通过一把泥就可以纠正过来的事。

【齐嘴吃不了磨眼食】 磨眼：指石磨的进料口。不是尖嘴就吃不着磨眼里的粮食。喻指自身缺乏某项技艺或条件，就不可能实现需要相应技艺或条件才能达到的目的。贬义。与“齐嘴的老鼠光想吃磨眼里的粮食”意思相近。　例句　老话说“～”，你那屁大点能耐就不要痴心妄想了。

【其身正，不令而行；其身不正，虽令不从】　语出《论语·子路》。当政的人自身行为正当，不发布命令，下面的人也会去干；自己行为不正派，虽然发出了号令，大家也不会服从。也就是要以身作则。　例句　有句话说得好，自己满脸脏东西，怎么号召人家讲卫生？“～。”（选自夏建平《常用“四镜”严律己》）

【其言之不怍，则为之也难】　语出《论语·宪问》。怍：惭愧。为：做。说大话不感到惭愧的人，那么他做起来也难。

【其作始也简，其将毕也必巨】　语出《庄子·内篇·人间世》。简：简易，微小。巨：大，很大。大凡事物起初时会很微小，但在结束时一定发展得很大。揭示了事物发展的规律。　例句　一个政党、一个国家的发展，都要经历“～”的过程，也始终面临着“其兴也勃焉，其亡也忽焉”的考验。（选自宣言《人间正道是沧桑》）

【骐骥一跃，不能十步；驽马十驾，功在不舍】　语出《荀子·劝学》。骐骥：骏马，千里马。驽马：劣马，不出众的马。十驾：谓马驾车走十天的路程。不舍：不停止。骏马跳跃一下，跳不了十步远；劣马驾车不停走十天却能走很远，其成功就在于一直不停。喻指干什么事情只有坚持才能成功。　例句　“～。”管党治党只有加油站，没有停靠站，更没有终点站。全面从严，贵在坚持，难在坚持，成效在坚持。（选自刘志辉《推动全面从严治党向纵深发展》）

【骑驴的不知赶脚的苦】　赶脚：赶马赶驴的脚夫。不同的处境造就不同的心境。形容处境好的人不理解处境不好的人的辛苦和难处。也作“骑驴的不知推车的苦”。　例句　“你别‘～’啦，你困难，我更困难。你去北京一趟，你晓得首席顾问给我的任务吗？”（选自李英儒《野火春风斗古城》）

【骑驴看唱本，走着瞧】　唱本：以演唱形式为主的剧本。“走着瞧”语义为双关。借人骑在驴上看唱本，边走边看，来形容会时刻关注事物发展结果究竟怎样。表示一种胸有成竹、预料到事物必然结果的不让步的语气。　例句　特朗普的“政治成功学”能否助他冲到白宫，到底算不算成功，都还得“～”。（选自徐剑梅《特朗普“政治成功学”的背后》）

【骑马寻马】　比喻就在身边，却到处寻找；或比喻同时干两项工作；或比喻在保住已到手的地位或利益的同时，寻找更好的去处。　例句　“如果收了我的实收，他自然照应我。彼时间～，只要弄到一笔大大的银款，赚上百十两扣头，就有在

里头了。”（选自李宝嘉《官场现形记》）

【骑马坐轿，不如扳倒睡觉】 骑马和坐轿再舒服，也比不上躺倒睡上一觉。指人在疲困的时候，只有睡觉才是唯一有效的解困方法。也作“骑马坐轿，不如睡觉”。 例句 “你睡了一觉？这就是战士们常说的‘～’，我知道你睡得多舒服！”（选自杜鹏程《保卫延安》）

【骑在脖子上拉屎】 比喻肆无忌惮地欺压或侮辱人。 例句 以前他怎么欺负咱，咱就不说了，像这次这种～的事儿，咱可不能再忍了！

【骑着驴找马】 意谓在没找到目标之前先将就着，能用就用，等找到了再把现有的换掉。 例句 这工作你先干着，咱得～，有好工作了再换。

【棋错一步，满盘皆空】 弈棋的时候，有可能因为错走一步，导致全盘棋输掉。比喻处理事情稍有不慎，会把整个事情弄糟。同“棋错一招，全盘皆输”“错走一步棋，满盘皆是输”。 例句 这次谈判是机会也是挑战，他知道“～”，因此他提前对每一种可能出现的状况都做了预案。

【棋逢敌手难相胜，将遇良才不敢骄】 指强者遇到强者，难以取胜，彼此不敢相互轻视。 出处 罗贯中《三国演义》（节选）：“懿仰天长叹曰：‘孔明效虞诩之法，瞒过吾也!其谋略吾不如之!’遂引大军还洛阳。正是：～。”

【棋逢对手，将遇良才】 比喻交战或竞技的双方本领相当，不相上下，或实力难分强弱。 例句 他两个在半空中，这场好杀。～。（选自吴承恩《西游记》）

【棋高一着，缚手缚脚】 着：下棋时走一步或下一子称“一着”。缚：捆绑。同棋艺高的人下棋，总感觉手脚如同被捆住了一样，水平不能发挥。比喻技术高人一头，对方就无法施展本领。 例句 要知草上飞的本领，远胜于他，正是～，所以跟在背后，狄洪道并未知觉。（选自唐芸洲《七剑十三侠》）

【旗开得胜，马到成功】 战旗一展开，战马一到，就取得了胜利。喻指事情发展迅速、顺利。 例句 叶赫也出兵二万名，会合前进，只望～。（选自蔡东藩《慈禧太后演义》）

【岂能尽如人意，但求无愧我心】 表示做事情不会达到所有人都满意，只求扪心自问的时候，没什么可惭愧的就够了。 例句 王立平不确定爸爸会给《红楼梦》音乐打多少分。不过有一点他是确定的，那就是他为这部作品倾尽了全力。“～。”王立平说。（选自郭超《王立平：妙乐演红楼》）

【起得比鸡早，睡得比狗晚】 公鸡清晨打鸣，狗到半夜还值班。形容起早贪黑地忙碌，十分辛苦。 例句 “你怎么上课时老睡觉？”“因为我是特‘困生’！”这是网上流传的一个段子，更是现实生活中“～”的中小学生的真实写照。（选自方桂琴《别把孩子逼成特“困”生》）

【起了个五更，赶了个晚集】 五更：天快明的时候。晚集：集会将要散场。喻做某事虽然着手早，却没有获得好的效果或结果。也作“起了五更，赶了晚集”“起了个大早，赶了个晚集”。 例句 到了次日，偏偏起得太早了，不辨路径，只顾往前进发，及至天亮，遇见行人，问时，谁知把路走错了。……自己暗道：“这是怎么说？～，这半天工夫算白饶了。”（选自清·佚名《龙图耳录》）

【砌墙先打基，吃蛋先养鸡】 要砌墙先要打好地基，想吃鸡蛋先要把鸡养好。喻指想要达到什么目的，就要预先打好基础创造条件。 例句 “林业科技要想取得长远进步，必须从加强基础研究做起。俗话说‘～’，林业科学的基础研究尤其需要时间，而且不是所有的科技成果都能产业化应用，不能急功近利、仓促求成。”（选自宋湑知《林金星业精于勤的璀璨》）

【千仓粮，万顷地，不如嫁个好女婿】 男方家里富有，不如男方本人好。指女孩子择偶，不应该看重男方的家庭条件，而应看重他本人的人品和能力。

【千层单不如一层棉】 指天冷御寒，穿多件单衣也不如穿一件棉衣暖和。比喻无关紧要的东西再多也不顶用。同“十层单不如一层棉”。

【千差万差来人不差】 即使有千条错万条错，被派来谈判的人本身是没有过错的。 例句 差人忙报说道：“～。我们清早起，就在杜相公家伺候了半日，留你脸面，等你轿子回来。你就是女人，难道是茶也不吃的？”（选自吴敬梓《儒林外史》）

【千槌打锣，一槌定音】 打锣：敲锣。比喻在众说纷纭的情况下，最终还必须由一人作出决定。同“千锤打锣，一锤定音”“千锤子打锣，一锤子定音儿”。 例句 “宝根，～；船在险滩，掌舵一人。鱼放在舱里，咱伙计大眼瞪小眼靠着，不是个章程，现在就等你当组长的拿主意了。”（选自姜树茂《渔港之春》）

【千锤成利器，百炼成纯钢】 锋利的刀剑是锤打出来的，成色好的钢是反复炼制而成的。比喻人只有经过千锤百炼，才能成为优秀的人才。也作“千锤成利器，百炼变纯钢”。例句 要知道：人在世上炼，刀在石上磨；～啊。不要怕锻炼，锻炼得棒棒的，将来还是个好党员。（选自孔厥《新儿女英雄续传》）

【千金不传无义子，万财不度忘恩人】 即使富有千金，也不能传给无情无义的不孝儿子；即使家财万贯，也不救助忘恩负义的小人。

【千金难买回头看，文章不厌反复改】 文章写好后，往往会在回过头来再审查时，发现不妥之处，要不厌其烦地反复修改。

【千金难买天下稳】 指社会安定最为可贵难得。 例句 ～。只有国家安定了，人民才能过上好日子。

【千金难买心，万金不卖道】 “道”，这里指做人的原则和底线，也就是做人的良心。为人处世，就算有再多的金钱，也难买到人的忠诚和真心；无论面对怎样的诱惑，都不能丢掉原则，更不能违背良心。

【千金用兵，百金求间】 指作战时离间对方相当重要。

【千军易得，一将难求】 征集众多的兵士很容易，寻求一个好的主帅却很难。形容将才难得。也作“千兵易得，一将难求”“三军易得，一将难求”。 例句 在经济全球化背景下，发达市场经济体及各个大型跨国集团为了保持和提升竞争力从而在激烈的国际竞争中占据优势地位，千方百计通过高薪、高福利来吸引人才。所谓～。（选自刘瑞《国企高管高薪合乎情理》）

【千里不贩葱，贩葱一场空】 旧时交通不便，运输距离长则成本增加，而大葱又属于低利润的蔬菜，所以长途贩卖很难赚钱。

【千里不同风，百里不同俗】 形容各地风俗习惯不同。 例句 所谓～，现在我们的城市越来越大了，可是却丧失了一定的多样性，变得千篇一律，找不到那抹有差异的对比色。（选自杨雪梅《浓妆淡抹总相宜》）

【千里居官，为的吃穿】 旧指千里迢迢到外地做官，就是为了谋生过好日子。也指只要能解决衣食问题，到遥远的地方做事也可以。同“千里做官，为了吃穿”。 例句 绝大多数党员干部都有宗旨意识和民本理念，然而，少数人仍持有“～”“一人当官，仙及鸡犬”等官本位思想，甚至幻想高高在上、过颐指气使的生活。

【千里馈粮，士有饥色】 馈：赠送。缺粮时从千里之外送来，士兵难免挨饿。比喻远粮不解近饥。 例句 “臣闻～；樵苏后爨，师不宿饱。”（选自司马迁《史记·淮阴侯列传》）

【千里送鹅毛，礼轻人意重】 比喻礼物虽轻而情意深厚。也作“千里送鹅毛，礼轻情意重”。 例句 “我们时常承穆老先生礼物不缺，今元宵在即，我们也该买点东西去才是，虽穆老先生不在乎我家这点东西，也不过是～。”（选自佚名《忠烈全传》）

【千里姻缘一线牵】 语出唐李复言《续玄怪录·定婚店》。本说的是唐朝的一段故事。经后人流传为缘分的象征语，指夫妻婚配是命中注定，由月下老人暗中用一红线牵连而成。 例句 就这样，机缘巧合，我的父母走到了一起。而让他们～的红线是共同的革命理想。（选自罗援《父亲罗青长和母亲杜希健的红色

爱情》）

【千里之堤，溃于蚁穴】 蚁穴：指蚂蚁的洞穴。意思是千里长的大堤，可以因蚂蚁的洞穴而溃决。比喻微小的隐患会酿成大的灾难或损失。 例句 “如今，强敌压境，在大战中倘若有一股非嫡系人马发生叛乱或作战不力，后果不堪设想。正如古话所谓‘～。’”（选自姚雪垠《李自成》）

【千里之行，始于足下】 语出《道德经》。走一千里的路程，也是从迈第一步开始的。比喻事情的成功，必须锲而不舍地逐渐积累。 例句 夫～。苟自强不息，亦何远而不届哉？（选自白居易《温尧卿等授官赐绯充沧景江陵判官制》）

【千零凑一整，凑整有大用】 阐释了聚少成多、积沙成丘的道理。

【千难万难，有志不难】 世上多少种难事，只要下定决心去做，就算不上是难事。 例句 ～。你只要下定了决心，努力去奋斗，就一定能够成功。

【千年大道走成河】 千百年的大道，走的人多，越来越低陷，也能变成河道。喻指世间万物一直在变。 例句 托儿所墙外有一条南北大道，这条路因为走的年代久了，已经走成一条沟了。夏秋多雨的季节，这沟经常积水，水消了也有半尺多深的泥泞，这真是“～”了。（选自陶钝《为了革命的后代》）

【千年的野猪老虎的食】 野猪寿命再长，也是老虎的食物。喻指弱者始终逃脱不掉被强者吞食的命运。 例句 “我看这个地方，所谓‘～’，看来终为梁山所有，竟不如开城迎接。”（选自俞万春《荡寇志》）

【千年松，万年柏，不如老槐歇一歇】 比喻老人大病痊愈是福寿征象。“老槐歇一歇”指老槐貌似枯死，后又发芽。 例句 ～。别看老太太病恹恹的样子，活到九十九都不成问题。

【千年田地八百主，田是主人人是客】 田地还是那块田地，但田地的主人倒像做客一样一直在换。说明没有人能把财富带到另一个世界。

【千年王八万年龟，一百年的老刺猬】 较为夸张的说法。意谓甲鱼、刺猬这类动物都比较长寿。

【千年文约会说话】 指年代很久的字据、协约仍是凭证。 例句 “你把文约拿出来嘛，～！咱们去请个人来当面看看，究竟是怎么说的？”（选自李准《十八亩地》）

【千钱赊不如八百现】 赊：赊欠，延期交付。指卖东西赊欠一千块钱，还不如现场交清八百块钱实惠。比喻与其指望将来得更多的好处，还不如现在就得少一点的实惠。 例句 “做公的买卖，～。我们也不管你冤屈不冤屈，也不想甚重报，有，便如今就送与我们，凡事自然看顾十分。”（选自冯梦龙《醒世恒言·张廷秀逃生救父》）

【千顷地一棵苗】 形容在广阔范围内存在的极为稀少或重要的事物，需要特别呵护和重视。常用来比喻独生子。 例句 他是~，可宝贵着呢。

【千顷庄窝万顷地，不如学个好手艺】 意思是无论拥有多少田地或者财富，都不如有一门独到的手艺有价值。 例句 真是~。这些年旅游业的兴起，让小明的家传泥塑手艺终于有了广阔的发展空间。

【千人唱，万人和】 领唱的人多，随唱的人更多。喻指响应的人很多。 出处 汉·司马相如《上林赋》（节选）：“建翠华之旗，树灵鼍之鼓，奏陶唐氏之舞，听葛天氏之歌，~，山陵为之震动，川谷为之荡波。”

【千人吃药，一人还钱】 很多人买药，让一个人来结账。比喻众人受惠，却由一人承担责任，出钱出力。 例句 “他是一概行善，若干人沾了他的恩惠，不独我们一家。~，我们当恁般晦气？”（选自冯梦龙《警世通言·桂员外途穷忏悔》）

【千人拉弦，一人定音】 在团体演奏中，总得有一个人担任指挥。意谓大家意见再多，总得有一个最后拍板的。 例句 金鹏见本斋默不作声，知道他在想心思，在他没有考虑成熟以前，他是从来不轻易发议论的，这已经是他的老习惯啦。于是，便提醒大伙说：“~，还是听听本斋哥的吧!”（选自国强《英雄马本斋》）

【千人所指，无病而死】 语出班固《汉书·王嘉传》。意思是被众人所怨恨，没有病也会死掉。比喻众怒不可犯，人心不可违。 例句 杨孝廉却始终跪在那里静静的听着，等这帮人叫嚣完了，突然叹了口气：“~，众口铄金，余亦莫辩。”（选自呼延云《清代女讼师“疙瘩老娘”：十六字促成寡妇改嫁》）

【千人同船共条命，千朵桃花一树生】 比喻众人已结为一个利益共同体，一损俱损，一荣俱荣。 例句 现在我们是“~”，大家一定要拧成一股绳，共渡难关!

【千人之诺诺，不如一士之谔谔】 语出司马迁《史记·商君列传》。谔谔：直言争辩貌。众多唯唯诺诺之人，不如一名诤谏之士可贵。也作“千夫诺诺，不如一士谔谔”。 例句 如此可解书中为何说“~。”意思就是，迎合、奉承的人再多，也顶不上一个敢讲真情说实话的人宝贵。（选自怀銮《谄谀者宜惕》）

【千日打柴不能一日烧】 比喻辛勤多日积累的劳动成果，要有计划地耗用，不能不计后果地浪费。 例句 过日子要懂得精打细算，细水长流，~。

【千树万树，哪愁不富】 栽下了千棵万棵的树木，还愁生活不富裕吗？形容植树造林的重要性。

【千淘万漉虽辛苦，吹尽狂沙始到金】 语出刘禹锡《浪淘沙九首·其八》一诗。漉：过滤。经过千万次的淘洗过滤，才能吹尽泥沙得到真金。指事情的成功，需要付出巨大的努力。 例句 人行天地间，只有不图安逸，不惧困苦，爬过高山，蹚过激流，拼搏过，奉献过，才能感受“～”的喜悦与充盈，才能体会生而为人的自在与尊严。（选自杜羽方莉《劳动成就梦想——劳动精神述评》）

【千闻不如一见】 指听上一千次，比不上亲眼看见一次真实可靠。喻指亲身观察体会远比道听途说好。 例句 王氏想道：“‘～。’虽说丈夫已死，在几千里之外，不知端的。”（选自冯梦龙《警世通言·吕大郎还金完骨肉》）

【千学不如一看，千看不如一练】 指学习书本上的知识，不如到生活中考察印象深刻，考察则不如亲身实践理解透彻。 例句 ～。她这一身本领，都是从实践中得来的。

【千羊在望，不如一兔在手】 在望：谓远处的东西在视野以内。远处看到的一千只羊，不如实际得到的一只兔子实惠。比喻到手的实惠比将来有可能获得的很多利益更实际。例句 “我们第一步是恢复和利用现有的设备。～。我们应该实际点，许文同志。”（选自周立波《铁水奔流》）

【千羊之皮不如一狐之腋】 一千张羊皮也不如一张狐狸腋下的毛皮珍贵。比喻众多的庸人不如一个杰出的人。 出处 司马迁《史记·赵世家》（节选）：“吾闻～。诸大夫朝，徒闻唯唯，不闻周舍之鄂鄂，是以忧也。”

【千丈之堤，以蝼蚁之穴溃】 以：因为。蝼蚁：蝼蛄和蚂蚁。溃：水冲破堤坝。千丈长堤，会因为蝼蚁的洞穴渗水而决溃。比喻小事上不注意，会酿成大祸。 出处 《韩非子·喻老》（节选）：“～；百尺之室，以突隙之烟焚。”

【千阵万阵，难买头阵】 指临阵打仗，头阵最重要。 例句 老爷道：“～。今这一阵，就是马将军出去。”马将军道：“大丈夫马革裹尸，正在今日，何惧于此!”（选自罗懋登《西洋记》）

【千枝万叶一条根，人多心齐土变金】 比喻大家属于同一个集体，只要大家团结一心，就能改变面貌，创造效益。 例句 ～。为了公司的发展壮大，我们一定要精诚团结，共创未来。

【迁出旧屋先跪墙，搬进新家先净房】 跪墙，即跪拜墙上的神位。意思是从旧址搬出要先祭祀神灵和祖先，告知他们一同迁往新址；搬进新家前先要将房屋打扫干净，有驱除鬼怪之意。这是一些地方在乔迁新居时，祖辈传下来的礼仪。

【牵牛要牵牛鼻子】 牵牛鼻

子：指牵拉穿过牛鼻子的铁环。比喻做事要抓主要矛盾或关键问题。　例句　～，抓问题要抓主要问题，现在粮食的问题是产区的问题，是产区的关系没有理顺，产区的矛盾积累太多，诱发了其他问题。因此，新一轮粮食流通体制改革要将解决问题的重点放在产区。（选自邓大才《关于粮改的几个重大判断》）

【牵一发而动全身】　比喻动极小的部分就会影响全局。　例句　新一轮改革以加强法律制度建设为突破口或重点任务，具有～的作用。（选自刘树成《新一轮改革应以加强法制建设为突破口》）

【牵着鼻子走】　指人盲目地听从别人的指挥，好像牛被人牵着鼻子一样。　出处　刘白羽《第二个太阳》（节选）：“不能打草惊蛇，不能让敌人牵住鼻子走，这是兵家最忌！”

【牵着不走，打着倒退】　比喻人甘心落后，无论用软的还是硬的办法都不能使其上进。与“撵着不走，打着倒退”义近。　例句　“放着排场不排场，放着光荣不光荣!我就见不得‘～’，‘狗肉不上桌’这号人。”（选自李准《李双双小传》）

【谦虚的人常思己过，骄傲的人只讲人非】　谦虚的人常常思考自己的过失和不足，以此修养身心；骄傲的人只知道把过错推在他人身上，看不到自己的错误和欠缺。同“谦虚者常想自己的过，骄傲者光说他人的错”。　例句　大虎只知道埋怨这埋怨那，从来也不在自身找原因，看起来他根本不懂得“～”的道理。

【谦虚是成功的朋友】　谦虚是一种有修养的表现，谦虚做人，认真做事，就会走向成功。

【前车覆而后车戒】　覆（fù）：翻倒，翻转。前面的车翻了，后面的车要引以为戒。比喻前人失败了，后人应该从中吸取教训，避免再犯同样的错误。　出处　贾谊《新书·连语》（节选）：“周谚曰：‘～。’今前车已覆矣，而后车不知戒，不可不察也。”

【前怕狼，后怕虎】　形容做事瞻前顾后，犹豫不决。　例句　他明白，上了年纪的人都是～，事事有顾虑。（选自周立波《暴风骤雨》）

【前人撒土迷了后人的眼】　比喻前边的人做了糊涂事，却给后边的人留下麻烦。同“前人扬沙子，迷了后人眼”。　例句　“因为我想着后日是二姐的周年，我们好了一场，虽不能别的，到底给他上个坟烧张纸，也是姊妹一场。他虽没留下个男女，也不要～才是。”（选自曹雪芹《红楼梦》）

【前人栽花后人戴，前人种果后人摘】　比喻前人的劳动成果，后人来享受。可用来形容前人的恩惠或形容生态环境保护的重要性。同“前人栽树，后人乘凉”。　例句　～。今天的幸福日子，离不开老一辈人的艰苦奋斗，我们一定要珍惜。

【前三十年看父教子，后三十年看子孝父】 父子、母子间，前三十年是父母疼爱子女，后三十年看子女如何孝敬老人。 例句 小刘事业有成，而且对父母的孝顺就甭提了，和当初父母对他的严格管教有很大关系，这真是～。

【前事不忘，后事之师】 语出《战国策·赵策》。师：借鉴。记取从前的经验教训，作为以后工作的借鉴。 例句 一些领导干部被“拉下水”，甚至甘于被“围猎”，就是因为缺乏对法纪的敬畏，轻视法纪，心存侥幸，放纵自我。～。领导干部要从心中有“戒”做起，切实算好政治账、经济账、家庭账、自由账，有权不“任性”、掌权不“妄为”，留一个清清白白的好名声。（选自齐家滨《领导干部要勤修为政之德》）

【前有车，后有辙】 辙：车轮轧出的痕迹。意思是指前边有车行过，后边就有车辙。比喻前人取得了经验教训，后人就有了可以遵循的榜样。 例句 “大哥，～么，我的三哥四哥都是这样出世，我张明岂能例外？”（选自刘林仙 黄国祥《英雄大八义》）

【钱不是万能的】 不是所有的事情都可以用钱来解决。 例句 “～，但没有钱是万万不能的。”用这句俗语来形容薪资福利等金钱因素对保留员工方面的作用也许比较恰当。（选自李平《怎样让最优秀的员工为你工作？》）

【钱财如粪土，人格值千金】 意思是人生在世，不要太看重金钱，一个人的人品、人格才是最有价值的和最重要的。 例句 胡员外二话不说，将王小送来的一百两银子丢到门外，在他看来，～，自已绝不能为了几个臭钱而干昧良心的事情。

【钱财如粪土，仁义值千金】 意思是把钱财看得像粪土一样轻贱，把仁义看得像千锭金银一样贵重。 例句 “况以官家之爱女下赘贫友之孤儿，支翁真盛德之人也!这才是：‘～。’”（选自冯梦龙《警世通言·桂员外途穷忏悔》）

【钱有三不借，手有三不插，傻有三不犯】 钱有三不借，即非病非灾的钱不借，投资理财的钱不借，入股持股的钱不借；手有三不插，即不插手亲戚经济上的事，不插手老家亲戚的家务事，不插手朋友婚姻感情的事；傻有三不犯，即让别人当猴耍的傻不犯，为人担保借钱的傻不犯，隔人帮忙的傻不犯。

【遣将不如激将】 用命令差遣将领比不上激将之法管用。 例句 王神姑看见祖师爷是个不肯下山去的意思，心里想道：～，待我把几句话儿来激他一激，看他如何。（选自罗懋登《西洋记》）

【遣泰山轻如芥子，携凡夫难脱红尘】 芥子：芥菜的种子，佛教用以比喻极微小。红尘：佛教指人世间。搬动泰山像芥子一样轻巧，带着凡人却难脱人世间。意指纵然道行很高，度人脱离尘俗也比搬动泰山还难。 出处 吴承恩《西游记》（节选）：“自古道：‘～。’像这泼魔毒怪，使摄法，弄风头，却是扯扯拉拉，就地而行，不能带得空中而去。”

【欠了一屁股债】 形容欠外债多得数不清。 例句 张三～，都泥菩萨过河，自身难保了，还怎么可能帮得了你?

【枪打出头鸟】 出头鸟：飞在鸟群前面或把头先从窝里伸出来的鸟，比喻表现突出或领头的人。喻指冒尖的人容易受到打击。 例句 对科学家不能求全，而要求尖；在合法和合规的情况下，提供自由创造的环境，任其飞翔。“～”的社会习俗是科学创新的死敌。（选自饶毅《“枪打出头鸟”是创新的死敌》）

【枪对枪，刀对刀】 比喻双方在冲突中针锋相对。也作“刀对刀，枪对枪”。 例句 “谁敢来折我们一根肋条，我们要打断他的脊椎骨，牙还牙，血还血，～，半点不客气!”（选自李英儒《女游击队长》）

【强出头】 谓遇到可以不管的事而硬要出来管。 例句 做人当三思而后行，无故～没有一点儿好处。

【强词难夺正理】 无理的狡辩永远战胜不了真正的道理。 例句 有道是“～”，我相信真理永远站在正义的一边。

【强弓拉得满，才能射远箭】 形容只有付出巨大的努力，才能走向成功的彼岸。 例句 你经常偷懒，怎么可能取得好的成绩？～。

【强光下不写字，灯暗时不读书】 强光下写字，灯暗时读书，都比较容易使眼睛受到伤害。

【强将手下无弱兵】 指英勇的将领部下没有软弱无能的士兵，比喻好的领导能带出一支好的队伍。 例句 要让大家真正懂得严是爱、松是害，严师手下出高徒、～的道理，就要认真贯彻落实严格要求、严格管理。（选自于泽良 孟雷磊《找准“厚爱”与“严管”的平衡点》）

【强龙不压地头蛇】 强龙：比喻力量强大的人。地头蛇：指在当地有势力、横行霸道的人。比喻实力强大的外来者也难对付当地的势力。 例句 “昨日教场骂，争端已起。自古道：‘～’，他在唇齿肘臂之间，早晚生心，如何防备。”（选自孔尚任《桃花扇·赚将》）

【强扭的瓜不甜】 比喻条件不成熟而勉强去做，往往不会有满意的结果。 例句 一些强势的家长认为孩子不敢做，就逼他，认为有压力才能发挥出孩子潜能。但其实～，家长越是逼迫孩子去做，孩子越是心理上有抵触的思想。（选自吴小熊《父母五种行为让孩子丧失自信》）

【强弩之末，势不能穿鲁缟】 弩：古代的一种冷兵器，比弓的射程更远。势：力量，威力。鲁缟：缟是一种白色的薄绢，以古时鲁国所产为最薄最细，故称鲁缟。强劲弓弩射出的箭到了最后，其力量连鲁缟也不能穿透。喻指多么强大的力量，到了最后也会变得非常衰弱。同“强弩之末力，不能入鲁缟”“强弩之末，力不能入鲁缟”。　出处　陈寿《三国志·诸葛亮传》（节选）：“曹操之众远来疲弊，闻追豫州，轻骑一日一夜行三百馀里，此所谓‘～’者也。”

【强迫不成买卖，强求不成夫妻】　指如果用强迫的手段，很难办成事情。　例句　“古话说‘～’，你还是放了她。”（选自杨明《二龙传》）

【强身之道，锻炼为妙】　强身健体的诀窍在于加强锻炼。

【强贼怕弱主】　指盗贼再厉害毕竟心虚，对弱小的主人也会害怕。　例句　王朝低声喝道：“大胆贼人，竟敢到此刺杀包大人，尔往哪走！”有这么句话，“～”，这人才发现外间床上还有四个人哪！垫步拧腰往院里跑了。（选自伍心铭《包青天》）

【强中更有强中手，恶人终被恶人磨】　强者之中还有更强的人，凶恶的人自然有凶恶的人来对付。劝人莫逞强，勿作恶。也作“强中更有强中手，恶人须用恶人磨”“强中更有强中手，恶人自有恶人磨”。　出处　元·佚名《桃花女》（节选）：“我想有这桃花女，怎显我的阴阳。只等问成了亲事时，不怕不断送在我手里。正是：～。”

【强中自有强中手，能人背后有能人】　意思是说，世界之大，随处可能藏龙卧虎。办事做人，都要留有余地，即使自己很强大，也不能以为天下第一，举世无双。　例句　老道当时手中掐诀，口内念咒，要跟济公斗法。正是～。（选自郭小亭《济公全传》）

【墙倒众人推】　比喻人一旦失势或受挫，就会有许多人乘机打击他，使他彻底垮台。　例句　佣人们也呼唤不灵了，总之“～”了。（选自朱自清《笑的历史》）

【墙里说话墙外听】　人在墙里说话，须防墙外有人窃听。指人说话，特别是说秘密的话，谨防走漏消息，必须处处留神。同“墙有逢，壁有耳”。　例句　常言：“～。”来玉在院里悄悄地笑了。他抱住哥哥的肩膀，把嘴塞到他的耳朵眼里：“嘻嘻！哥哥。这就是我那对象。”（选自赵新《庄稼观点·呐喊呐喊》）

【墙内开花墙外香】　墙里种的花，幽香却传到墙外，让人无限向往。比喻人才、技术发明、成绩等等，不受内部重视，却在外面盛传或受人赏识。也作“墙内花开墙外香”“墙里开花墙外香”等。　例句　针灸是中医药的瑰宝，如今却是“～”。据报道，美国在多种疾病的治疗指南中推荐使用针灸，甚至连综合医院的急诊也引入针灸。（选自白剑峰《莫让针灸成“古董”》）

【墙头草，随风倒】　形容反复

无常、见风使舵，或人云亦云、没有主见的人。同“墙头草，两边倒”。 例句 他总是按照规矩做人行事，不随波逐流，既不羡慕别人的富贵，也不妒嫉别人的荣耀。他说脑袋要长在自己的脖子上，切不可～。（选自高深《操守要有真宰》）

【抢收抢收，不收就丢】 指庄稼成熟季节要抓紧时间收割，不然就会有损失。

【敲锣卖糖，各干一行】 旧时卖糖的靠敲锣招引买主。意谓每个行业有每个行业的特点，各人喜欢就好。或比喻各干各的，互不相扰；各有各的职责，各有各的事做。也作“敲锣卖糖，各爱一行”“敲锣卖糖，各管一行”。 例句 俗话说得好：“～。”行业者需要增强认同的窗口，社会也需要表达敬意的出口，这样的节日，颇得人心。（选自赵松《凝聚人心的节日》）

【桥归桥，路归路】 比喻互不相干的事应该严格区分开来。 例句 “王老哥，我们做这件事的要诀是，～，切忌扯在一起，混杂不清。”（选自高阳《李鸿章》）

【桥下有水桥上凉】 桥下有水，桥面上就会感觉清凉。比喻事物的存在，总会产生影响，不怕没人发现。 例句 都说～，经常和你们这些文化人打交道，就连我这大老粗感觉都会转几句了。

【巧妇难为无米之炊】 即使是聪明能干的妇女，没米也做不出饭来。比喻做事缺少必要条件，再能干的人也很难做成。同“巧媳妇难做无米之炊”。 例句 “支队长，～，我现在两手空空，需要你的支援啊！”（选自李国文《冬天里的春天》）

【巧买哄不了拙卖】 买东西的人再聪明，也聪明不过卖东西的人。因为卖东西的人了解进货的成本，赔钱的事情是不可能去做的。 例句 ～的，赔本的事情商场肯定不会做的，所以这“赔本甩卖”基本上是假的。

【巧妻常伴拙夫眠】 谓夫妻不相配。用以比喻男方条件比女方条件相差太多，根本配不上女方的婚姻。 出处 元·武汉臣《生金阁》（节选）：“这浑家十分标致。便好道：～。”

【巧媳妇难打发倔婆婆】 再聪慧能干的儿媳，也难以和倔脾气的婆婆相处。可用以形容能干的下属遇到了外行却又自以为是的上级。

【巧语惊四座，妙计服八方】 赞扬人说话的技巧高超，精妙的计策使大家信服。 例句 真是～，诸葛亮凭着独具的智慧和三寸不烂之舌，终于说服了东吴，和刘备联合，共同抗曹。

【巧诈不如拙诚】 语出《韩非子·说林上》。再巧妙的诈伪也不如朴拙的诚实。指虚伪终将暴露，诚实终将受益。同“巧伪不如拙诚”。 例句 ～，虚心好学、不耻下问才是

一个党员干部的“标配”。学识“虚胖”、学风“注水”，越早改掉越好。（选自燕祖涛《“不懂装懂”与“懂装不懂”》）

【巧种不如拙上粪】 种庄稼的技巧再好，也不如给庄稼上足肥料更有效果。

【俏也不争春，只把春来报】 语出毛泽东《卜算子·咏梅》。梅花的俏丽不是为了同百花争夺春光，而是为了向大家报告春天即将到来的喜讯。可比喻高尚的人不计较名利得失，甘愿默默无闻地为社会做贡献。 例句 解放了！开国了！已经倒在地下，主根垂老，而支根蜿蜒横陈的唐梅，其生命力之强盛，历一千三四百年而不衰，乃睁开了她惺忪倦眼。她～，给新中国的人民呈献了她的香雪海光。（选自徐迟《生命之树常绿》）

【窍门遍地跑，看你找不找】 谓干什么事情都会有技巧，就看你用不用心钻研。 例句 写好材料究竟有没有“窍门”？肯定有。常言说：～。找窍门可以使你少走弯路，踏上坦途。

【茄子不开虚花，真人不说假话】 虚花：不结籽实的花。心口如一的人不会说假话，就像茄子开花就会结果一样。指诚实的人说一是一，说二是二，绝不掺假。 例句 “二娃，‘～’，我是来给你通风报信的。你这个人太憨实，恐怕还不晓得吧。”（选自莫伸《生命在凝聚·三岔镇风波》）

【怯生于勇，弱生于强】 语出《孙子兵法·兵势》。“怯”可以由“勇”产生，“弱”可以由“强”产生。指怯和勇、弱和强，在一定条件下可以相互转化。 例句 “激气”是指调动将士内心深处的自尊、自爱、好胜等潜在因素，使其升华为战斗热情，积极实现既定目标的一种谋略。孙武在《作战篇》中提出的“故杀敌者，怒也”，在《九地篇》中提出的“并气积力”和在《势篇》中提出的“～”等都是“激气”思想的具体表述。（选自李宏军《强敌当头需“激气成勇”》）

【窃钩者诛，窃国者侯】 语出《庄子·怯箧》。侯：诸侯。偷窃钩子的人要被杀头，窃取政权的人则成为诸侯。 例句 在长期的阶级社会中，荣辱的观念，不能不打上阶级的烙印，造成了许多是非的颠倒。“～”。明明是窃国大盗，却俨然高居于王侯的宝座之上。（选自余心言《荣辱辨》）。

【挈瓶之知，不失守器】 挈瓶：汲水的小瓶。知：同“智”。像挈瓶那样的浅薄见识，也不会丧失自己汲器的功能。比喻慎其所有，忠于职守。 出处 刘向《战国策·赵策》（节选）：“人有言：～。王则有令，而臣太守，虽王与子，亦其猜焉。臣请悉发守以应秦，若不能卒，则死之。”

【锲而不舍，金石可镂】 语出

《荀子·劝学》。锲：用刀刻。镂：雕刻。只要不停地一直刻下去，即使像金石一样坚硬的东西，也能雕刻成功。后用来表示学习或干其他什么事，都应该持之以恒才会成功。 例句 荆师傅成功的秘诀，就在他一口咬住不放松的坚持劲。他用了整整十年的工夫，夏不避酷暑，冬不避严寒，硬是把一条人老几辈荒凉的“红眼沟”，开发成桃李成荫的“花果园”。古人说“～”，正好用来形容荆师傅这种精神。（选自王生桂《“锲而不舍”精神赞》）

【亲爱之言，不可偏听】 语出薛瑄《从政名言》。对于亲近喜爱的人所说的话，不可片面地听信。指听取意见要力求公正、客观。 例句 不管遇到什么事情，都要保持清醒、理智、冷静，“～”，偏听偏信，就容易做出错误的决策，导致事业的最终失败。（选自戴文庆《择言不可不慎》）

【亲不过父母，近不过夫妻】 指父母对儿女的感情最深，夫妻间的关系最亲近。也作“近不过夫妻，亲不过父母”。与“亲莫如父子，爱莫如夫妻”义近。 例句 “真是～，现在我才明白，你不是给我亏吃。”（选自董玉振《精明人的苦恼》）

【亲家不共财，共财上不来】 意谓亲戚之间无论关系多么亲近，不要共同经营和金钱有关系的事情。否则有利益纠缠，就容易产生矛盾。同“亲家不共财，共财合不来”“亲戚不共财，共财断往来”。 例句 我不止一次地劝他说：～。他就是不听，结果怎么样？闹掰了吧？！

【亲人眼里有影壁，情人眼里有西施】 影壁：大门或屏门内做屏障用的墙壁。西施：古代美人。意谓亲人看亲人，感情就像影壁一样，影响对对方做出客观评价；相爱的人之间，男方看女方就像西施一样美丽。也就是说，相亲相爱的人，往往只看到对方的长处，看不到存在的短处。 例句 常话说：～。他们这会儿正是热恋中，好得谁也离不开谁。时间长了会怎么样？还得再等等看。

【亲仁善邻，国之宝也】 语出《左传·隐公六年》。与仁者亲近与邻邦友善，就是国家的“珍宝”。“亲仁善邻”是一种治国理念，并不是物质的财富，但如果秉持了这样的理念，就会为国家争取到和平的周边环境，相当于是国家的“珍宝”。 例句 中俄两国山水相连，是好邻居、好伙伴、好朋友。～。我和普京总统一致决定，把扩大各领域务实合作作为今后两国关系发展的重点，为提高两国人民生活水平和质量提供重要推动力。（选自习近平《在俄罗斯“中国旅游年”开幕式上的致辞》）

【亲兄弟，明算账】 喻指人际关系再亲密的人，也要在钱财方面算清账目。 例句 “～。人情归人情，生意归生意。请你仔细盘算一下，运费出公账，何必放着河水不洗船！”（选自高阳《红顶商人》）

【琴瑟不调，解而更张；为政不行，变而更化】 瑟：古代一种弦乐器。调：协调。琴瑟的弦音不协调，就要重新调整；政策法令行不通，就要变革更新。指施政如同弹琴，须要随时调整变革。 出处 汉·董仲舒《贤良策一》（节选）："今汉继秦之后，如朽木粪墙矣，虽欲善治之，亡可奈何。法出而奸生，令下而诈起，如以汤止沸，抱薪救火，愈甚亡益也。窃譬之琴瑟不调，甚者必解而更张之，乃可鼓也；为政而不行，甚者必变而更化之，乃可理也。"

【勤惰俭奢，是成败关】 语出吕坤《呻吟语·修身》。勤奋还是懒惰，俭朴还是奢侈，是决定事业成功和失败的关键。 例句 李姓家族传到根昌这辈，就算彻底败落了。一个远房亲戚用一张破席卷了他，埋在乱坟岗上，告诫后人道："～。你们应该牢记这个教训。"（选自侯晨音《李家兴衰记》）

【勤奋的人汗水多，贪嘴的人口水多】 辛勤劳动的人会流下艰辛的汗水，好吃嘴馋的人会流下贪婪的口水。

【勤俭，勤俭，吃喝保暖】 只有懂得勤劳节俭，才能吃穿不愁，生活才能越过越好。与"勤俭度日，好过一世"意思相近。

【勤俭节约光荣，铺张浪费可耻】 这应该成为我们时刻牢记和遵循的观念。

【勤苦俭约，未有不兴；骄奢倦怠，未有不败】 语出《曾国藩诫子书》。指拥有勤苦俭约这些美德，没有不兴盛的；沾染上骄奢倦怠这些恶习，没有不败落的。 例句 勤劳好比开源，节俭好比节流。二者结合起来，就能一步步兴旺发达，走上幸福之道。古话说得好："～。"

【勤劳人人敬，懒惰人人憎】 勤劳的人受人尊敬，懒惰的人让人厌憎。

【勤能补拙，笨鸟先飞】 后天的勤奋努力能够弥补先天的不足、缺陷。

【勤能补拙，俭可养廉】 勤劳能弥补自己的笨拙不足，俭朴能培养自己廉洁的德操。指勤和俭不仅可以摆脱贫困，更可以培养美德。与"勤是摇钱树，俭是聚宝盆"义相近。 出处 缪德《清廉谚语》（节选）："懒馋贪占，万恶之源。～。"

【勤洗脚，寿命高；勤洗头，壮如牛】 意思是经常洗脚洗头，有益身体健康，延长寿命。

【勤学得来知识，汗水换来丰收】 知识的取得要靠勤奋学习，丰硕的成果离不开汗水浇灌。

【勤学加好问，不怕头脑笨】 一个人如果能够坚持勤奋学习和不耻下问，就是头脑不太灵活也能取得好成绩。同"勤学又勤问，不愁没学问"。

【勤有功，嬉无益】 语出宋·王应麟《三字经》。指凡事只要勤奋，就会收到功效；如果一味贪玩，没有一点好处。　例句　有些年轻人一味地讲究休闲，贪图安逸享受。他们不明白~，许多大好时光都在嬉闹玩耍中度过了，四肢是发达了，但头脑却简单了。（选自关焕新《好活不能赖活》）

【勤则寿，逸则夭】　语出《曾国藩诫子书》。寿：高寿。逸：淫逸。夭：短命。勤劳，人就会长寿；淫逸，人就会早亡。　例句　曾国藩屡屡告诫家人："~。"基于这个道理，退休后的老同志应当积极参加社会活动，使自己的生活丰富多彩。（选自关秀亭《生命在于运动》）

【勤则有材而见用，逸则无能而见弃】　勤奋就能成才而被社会所用，贪图安逸就身无所长被社会所遗弃。　出处　《曾国藩诫子书》（节选）："大禹、墨子皆极俭以奉身而极勤以救民。勤则寿，逸则夭；~。勤则博济斯民而神祇钦仰，逸则无补于人而神鬼不歆。"

【擒贼先擒王】　杜甫《前出塞》之六中的诗句："射人先射马，擒贼先擒王。"指作战要先抓主要敌手。也比喻做事首先要抓关键。　例句　由于土匪的残忍，受到土匪威胁的百姓敢怒不敢言，因此必须做到~，坚决打击匪贼头目。（选自李海龙　王瑞杨《"真不简单"的上将李天佑》）

【青出于蓝而胜于蓝】　靛青是从蓝草里提取的，可是比蓝草的颜色更深。常用于比喻学生超过了老师，或徒弟超过了师傅。　例句　~。你虽然曾经是我的学生，但是所取得的成就，是我难以达到的。

【青酒红人面，白银黑人心】　青酒使人脸红，白银能使人心黑。意谓酒能让人情绪冲动，钱能让人心狠手辣。　例句　~。出门在外，切不可露财，以免勾起歹人的贪念。

【青山处处埋忠骨，何必马革裹尸还】　马革裹尸：典出《后汉书·马援传》，指军人战死沙场。诗句的意思是：青山到处可以埋下烈士的忠骨，何必像马援那样要让尸体运回呢？！表现了以身许国，可以死不还家的英雄豪气。　出处　杨志明等《毛岸英的牺牲经过》（节选）："1954年就毛岸英遗体安葬问题，毛主席曾批示：'~。'"

【青山遮不住，毕竟东流去】　语出辛弃疾《菩萨蛮·书江西造口壁》词。滔滔江水是青山遮挡不住的，毕竟还是滚滚向东流去了。原表示怀念故土，收复失地的心情是什么力量也阻挡不住的。现多用以比喻历史发展的必然规律是任何力量都阻挡不了的。　例句　历史的长河充满曲折，但"~"。无论国际形势激荡起怎样的冲波逆折，经济全球化的历史规律不会改变，各国人民要求和平与发展的强烈愿望不会改变，世界和平与发展力量不断壮大的前景不会改变，合作共赢、共同发展的历史大势也不会改变。（选自步超《和平与发展的历史潮流不可阻挡》）。

【青松爱长高山顶，海鸥喜逐大海波】 青松喜爱在高高的山顶上生长，海鸥喜欢在大海中追波逐浪。形容意志坚强的人面对恶劣环境无所畏惧。义同“青松不怕狂风吹，石狮不怕暴雨淋”。

【青蛙夜夜叫，有雨小不了】 这是一则有关气象的谚语。意思是青蛙夜夜叫个不停，恐怕就会有大雨要下了。

【青云道是不平地，还有平人上得时】 语出李频《自遣》一诗。青云：高空。平人：平常人。都说高空不是平地，难以上去，但还是有平常人上得去的时候。指困难再大，有志气的人也能克服它，夺取最后胜利。 例句 “～”。他们也都是极平常的人，却有着非凡的意志和胆识，从而攀登上一个又一个事业高峰。（选自冯洁《河东英才剪影》）

【轻财足以聚人，律己足以服人】 语出宋·李邦献《省心杂言》。看轻钱财就能使人团结到自己周围，严于律己就能让人敬服。 例句 古人说：“～。”只要廉洁自律，保持思想上的清醒、行为上的清廉，两袖清风朝天去，在群众中就会有威信，就能得到群众的支持，擦亮新时期基层党员干部的干净形象。（选自肖智杰《浅谈村书记必备的六项素质》）

【轻诺必寡信，多易必多难】 轻易许下的诺言，一定很少能讲信用；把事情看得过于容易，做起来一定会遇到很多困难。 出处 《道德经》（节选）：“夫～。是以圣人犹难之，故终无难。”

【轻诺者，信必寡】 语出林逋《省心录》。轻易就许诺的人，一定很少能信守诺言。 例句 ～；面誉者，背必非。那些善于在领导面前溜须拍马、阿谀奉承的人，并无多少是真心钦佩。（选自谭用发《阿谀是涂着蜜糖的毒药》）

【轻伤不下火线】 受到轻微伤害，绝不从前沿阵地撤下。通常用于各种需要高度责任感和担当精神的场合。 例句 “你的腿怎么了？受伤了就回去歇一会儿吧”，“一点小伤没关系，我是党员，～。”每次被问及伤情，香河园街道西坝河西里社区服务站站长杨辰总是这么回答。（选自王成《“轻伤不下火线” 朝阳这些防“疫”战士奋战在一线》）

【轻霜打死单根草，狂风难毁大树林】 比喻个人的力量单薄，只有依靠集体才有力量。

【清官不到头】 指古时清官受到金钱的诱惑，做不到底。也指清官不同流合污，必受到同僚排挤，保不住官位。 出处 明·冯惟敏《僧尼共犯》（节选）：“奉公守法当如此，争奈～。”

【清官难出猾吏手】 旧指廉洁的官员难免被奸猾的吏卒所蒙骗和捉弄。 例句 他做官虽是一清如水，只是才具浅促些。那伙提草鞋公人，

见本官软弱，便都将嘴骗舌头的来弄怂他。……正是～。（选自张南庄《何典》）

【清官难断家务事】 意思是家庭事务错综复杂，虽廉洁公正的官吏亦难论断其是非。同“清官难断家窝子事”。 例句 “你说他对你不老实么，没有旁证，我们难断定，这叫‘～’。”（选自周立波《山乡巨变》）

【清酒红人面，白财动人心】 饮了酒的人容易冲动，看到钱财的人容易引起贪心。同“白酒红人面，帛财动人心”“清酒红人面，财帛动人心”。 例句 谁知“～。”一顿奉承，一顿响许，把一个爆铁般的高四嫂，不觉湿渌渌的软了半截。（选自西周生《醒世姻缘传》）

【清明“三人”不上坟】 “三人”指的是三类人：上了年岁的人、孕妇和小孩子。旧说此三类人清明节不宜上坟。

【清明到，蛤蟆叫】 清明前后，随着天气转暖，蛤蟆结束冬眠，开始鸣叫。

【清明断雪，谷雨断霜】 中原地区到了清明这个节气，天气回暖，不再有下雪天气；谷雨是春季中最后一个节气，此时气温明显回升，也基本没有霜冻了。

【清明有雨好年景】 年景：指一年的收成。清明时节下雨，有利于庄稼生长，预示着农业会有好收成。

【清早下雨当天晴】 清晨下起雨来，一般雨不会下很久，当天会晴天。

【蜻蜓低飞鱼儿跳，大雨眼看就来到】 看到蜻蜓低飞，或者鱼儿在水面乱跳，或许就是下大雨的前兆。

【蜻蜓千百绕天空，不过三天雨濛濛】 看到众多的蜻蜓在天空乱飞，预示着过不了三天，就会下雨了。

【情人眼里出西施】 西施：古代美人。意思是在有情人的眼里，男子看女子像西施一样美丽。比喻由于有感情，不论对方外表如何，都会觉得对方很美。 例句 对于有好感的人，我们通常会对他们的外貌评价偏高，“～”和“妈妈眼中孩子最好看”都是这个道理。（选自丁思远《合影中的你更漂亮》）

【情忧不在多，一夕能伤神】 语出孟郊《偶作》一诗。情思和忧虑的事情不在于很多，一个晚上就能伤害精神。 例句 “～。”情思和忧虑对人的伤害很大也很快，一个晚上就能使人憔悴衰老。因此，要切记大怒不怒，大喜不喜，平心静气，怡情养性。（选自成晴波《幸福是一种感觉》）

【情知不是伴，事急且相随】 明知对方不是伙伴，因事情紧急，只得暂且随顺着。也作“明知不是伴，事急且相随”。 出处 凌濛初《二刻拍案惊奇·徐茶酒乘闹劫新人 郑蕊珠鸣冤完旧案》（节选）：“郑蕊珠惧怕，思量无计，只得随他去。正是：才脱风狂子，又逢轻薄儿。～。”

【晴带雨伞，饱带干粮】 天晴时上路，也得带上防雨的伞；吃饱后出门，也得带上充饥的粮。指凡事要预作准备，要把眼光放远。类似的谚语还有“晴带雨伞饱带粮，雨季未来先修房”“晴天防阴天，丰年防歉年”“晴天防雨，丰年备荒”“晴天防雨天，丰年防荒年”等。 例句 “老百姓的话，叫做‘～’。月亮缺了会圆，圆了会缺。生意人可要把眼光放得远，才能成大器。”（选自弓戈《华子良传奇》）

【晴天不见山，不过三五天】 晴天不见山是因为云雾把山遮住了，所以不过三五天就要下雨。

【晴天不肯去，只待雨淋头】 语出《增广贤文》。比喻事情在方便的时候没有抓紧办，在变得难办的时候，却又不能不办。也作“晴天不肯走，只待雨淋头”。 例句 那些在纸媒竞争中失去竞争优势的传统媒体，应当抓住数字化转型的机遇，重塑品牌形象。“长尾霍霍”，形势逼人，晚改不如早改，否则“～”。（选自杜羽《媒介融合路在何方》）

【晴天铺好路，雨天不踩泥】 晴天的时候把道路修好了，也就避免了下雨时的泥泞难行。比喻做事情要懂得未雨绸缪，早做打算。 例句 ～。这件事你提前做足了功课，所以减少了实际操作中的好多麻烦。

【请将不如激将】 意思是用话语刺激别人去干事，要比正面请他去干事来得好。 例句 “我有道理，～，且待我激他一激，或者激些主意出来，也不可知。”（选自李渔《怜香伴·鞅望》）

【请来镇山神，哪怕妖作怪】 比喻请来了有威势的人坐镇，就不怕坏人捣乱。 例句 “～。有你毛巡长在此，哪个敢动我一根火柴？”（选自姚自豪 毛一昌《特殊身份的警官》）

【请神容易送神难】 原指将神像请回家中供奉，当神满足了自己的愿望后，再想将神送走就变得困难了。后比喻将某人或某事物请来容易，想要送其离开却很难。 例句 电子垃圾是一个不容回避的问题，政府要知道电子产品这个东西“～”，智慧城市不是电子设施搞得越多越好，绿色城市也不是多栽几棵树就完事大吉。（选自苏文洋《请神容易送神难》）

【穷搬家，富挪坟，不穷不富修大门】 说的是旧时农村不同经济条件家庭出现的三种现象。穷人无恒产总是搬家，富人希望更富便看阴宅风水，家庭条件一般的喜欢把大门装修得体面些。

【穷不怪父，孝不比弟，苦不责妻，气不凶子】 说的是做人应有的教养。不要因为生活不如意埋怨父母贫穷或没本事；孝敬父母，自己尽力就好，不要和兄弟相攀比；生活出现了问题，要努力寻找解决办法，而不是责怪自己的妻子；情绪不好的时候，不要无故向子女发火。

【穷不失志，富不癫狂】 指贫穷不能丧失志气，富贵不可得意忘形。与“穷莫失志，富莫癫狂”意近。 例句 那腊君全靠着左右一班的穷文富武辅佐。说得好：～。（选自邹必显《飞跎全传》）

【穷不要脸】 人被贫困所逼，就会不顾羞耻。

【穷大辈】 指以前富裕家庭可以早早娶妻生子，穷人家难讨老婆，生育后代就晚。所以，富人家辈份越来越小，穷人家辈分越来越大。

【穷当益坚，老当益壮】 语出《后汉书·马援传》。穷：困厄，不得志。益：越发，更加。困厄的时候，意志应当更加坚定；年老的时候，精力应当越发旺盛。 例句 事关富民强省强国等事，决不可以“难得糊涂”来应对，无论在位与否，均应旗帜鲜明，采取各种形式予以关注……如东汉马援所言“丈夫为志，～”。（选自柏木《“看得淡”和“不糊涂”》）

【穷急眼】 因为生活所迫，心中急躁，容易做出出格的事儿来。

【穷家富路】 谓居家应节俭，出门则要多带盘缠，免遭困窘。 例句 “家里要什么钱，～，你带上吧！”（选自张贤亮《牧马人》）

【穷家难舍，热土难离】 热土：住久了的乡土。指贫穷的家园难以舍弃，有深厚感情的地方难以离开。同“穷家难舍，热土难分”“穷家难舍，熟地难离”。 例句 她在这片东西八篙宽，南北十篙长的瓜园里长大，心儿系拴着千丝万缕的瓜秧，～呀！今晚一走，明年就再也看不见满园的瓜秧遍地的瓜。（选自刘绍棠《瓜棚柳巷》）

【穷家值万贯】 指过日子的家业，看着便宜买着贵。也作“破家值万贯”。 例句 “俗话说得好：‘～’哩!缸缸罐罐，盆盆碗碗，哪样东西不得带走？”（选自《陈圆圆传奇》）

【穷寇勿追】 语出《孙子兵法·军争》。意思是不追无路可走的敌人，以免敌人情急反扑，造成自己的损失。比喻不可逼人太甚。 例句 “且莫赶他，正是～。他被细犬咬了头，必定是多死少生。”（选自吴承恩《西游记》）

【穷没根，富没苗，全凭人勤劳】 穷和富并不是什么上天注定的事，穷人完全可以通过自己的努力拼搏而成为富人，而富人也可能由于自己的挥霍无度变成穷人。同“穷没根，富没苗，全在勤懒上边跑”。 例句 宋师傅紧紧握着徒弟的手说道：“～，事在人为，将来的事情就全靠你自己了。”

【穷莫改门，富不迁坟】 意谓穷并不是门的风水不好，改门也没用；富了也没必要通过迁坟，光宗耀祖地炫耀。

【穷人肚里无杂粮】 旧社会老

百姓家中粮食困乏，能填饱肚子就不错了，根本没有能力储存多种粮食调换着吃。

【穷人肚子里没犟筋】 犟筋：形容倔脾气，一根筋。喻指穷人往往没有资格固执己见。 例句 ～。咱们还是忍一忍，退一步海阔天空吧。

【穷人求饭吃，富人胀破肚】 指旧社会存在的贫富悬殊现象。穷苦人家难以维持温饱，富人却过着花天酒地、纸醉金迷的生活。 例句 旧社会“～”，所以老百姓才团结了起来，跟着共产党打天下！

【穷人手脚黑，富人心眼黑】 多数穷人每天劳作，风吹日晒，所以手是黑的；有的富人为富不仁，所以称心眼黑。

【穷生奸计，富长良心】 意思是说一个人穷的时候，很可能为了生计去干坏事；而当一个人有了钱以后，反而会开始思考自己的社会价值。

【穷生虱子富生疥】 疥：一种以疥虫引起的传染性皮肤病。穷人生活条件差，脏乱差的环境易生虱子；富人生活条件好，饫甘餍肥不爱动，时间久了就容易染上疥疮。也作“穷长虱子富长疖”。 例句 他又满不在乎地说：“生虱子有什么丢人？嘿，～，你知道什么？”（选自冯德英《苦菜花》）

【穷算命，富烧香】 人贫穷想转变命运，会去算卦；人富贵希望富贵永在，感恩还愿，便烧香拜佛。也作“穷算卦，富烧香”。 例句 “常言道：‘～。’穷人指望富，谁知富人还想再富。”（选自嘿生《玉佛缘》）

【穷巷多怪，曲学多辨】 曲学：囿于一隅之学或学识浅陋的人。居住在贫穷小巷的人少见多怪，学识短浅的人往往喜欢争辩。说明人的居住环境决定了他的眼界认知，人的学识水平决定了他的胸襟气度。 出处 《商君书·更法》（节选）：“吾闻～。愚者之笑，智者哀焉；狂夫之乐，贤者丧焉。拘世以议，寡人不之疑矣。”

【穷养儿子富养女】 男孩子以后要走上社会，承担社会责任与家庭责任，所以要穷养以励其志；女儿走上社会将面临各种诱惑，富养可使其不贪小利，气质傲人，不可轻侮。 例句 在教育女儿方面，曹先生一直本着“～”的古训，尽量满足女儿的要求。几年下来，曹先生发现女儿并未按照家人期许的方向成长，反而染上了“公主病”。（选自刘运喜《“穷养富养”何必贴上性别标签》）

【穷有好时，富有倒时】 意思是穷人有转运的时候，富人也有衰败的时候。指穷富不会恒久不变。 例句 大姐你不要整天唉声叹气的，俗话说“～”，大姐夫那么能干，我相信你家的好日子还在后头呢。

【穷则变，变则通，通则久】 语出《易经·系辞下》。穷：终极，尽头。通：通达。事物发展到极限，就会引起变化，变化就能通达，通达就能长久。　例句　世界上没有不变的东西，这就叫作“～”。事物达到极限，就要发生变化，变化就能发展，发展就能创新。（选自胡峰等《变易之学》）

【穷则独善其身，达则兼善天下】　语出《孟子·尽心上》）。穷：困厄，不得志。达：显达，得志。指人不得志的时候要修身养性，自我完善；显达得志的时候要济世救民，以自己的才学为国效劳。也作“穷则独善其身，达则兼济天下”。　例句　——中国梦是奉献世界的梦。“～。”这是中华民族始终崇尚的品德和胸怀。（选自习近平《在中法建交五十周年纪念大会上的讲话》）

【穷则思变，物极必反】　穷困会使人思考转变；事物发展到了极致，就会向相反的方面转化。

【秋锄一株草，春少十日忙】　秋天正是杂草产籽粒的季节，这时候除掉杂草，可以起到事半功倍的效果，来年春天就可以少长一些。

【秋分刮东风，来年干生生】　意思是秋分时节刮起了东风，第二年易发生干旱。是没什么科学依据的说法。

【秋分麦入土】　意思是到了秋分节气，在有些地方已经是种小麦的时候了。

【秋耕深，春耕浅】　秋天耕田应该深，此时雨水比较多，能够蓄积水份保墒，而且有利于土壤的肥化，消灭杂草虫子；而春天的时候为了减少春耕跑墒，应注意尽早进行，适宜浅耕。

【秋后的蚂蚱蹦不了几天了】　形容人或势力得意猖狂不了多久了。秋天蚂蚱繁殖后，冬季马上来临，蚂蚱会停食，直至死亡。　例句　王队长说：“别看小鬼子现在闹腾得欢。已经是～。”

【秋后算账】　比喻等事情发展到最后阶段再判断谁是谁非，或事后等待时机再对反对自己的一方进行清算处理。　例句　“市委市政府保证不会追究责任，更不会～，揪辫子，穿小鞋。”（选自张平《抉择》）

【秋后一伏】　指立秋后还有一个伏天，天气仍然炎热。

【秋口、麦口，腊月二十八九】　秋收、麦收还有年关，是乡下人最忙的时候。

【秋仨月，麦十天】　过去秋收、秋播要断断续续干上三个来月；夏收、夏播十来天时间。这一经验今天被大规模的机械化作业所打破。

【秋天地里猫猫腰，强似春天走一遭】　猫腰：弯腰。秋天是收获的季节，只要弯下腰，就能捡拾到一些秋收落下的果实，比春天往地里跑有收获。同“秋天弯弯腰，能顶闲时走几遭”。

【秋天雾大扑人脸，当日太阳火炎炎】　秋天的早晨即使浓雾弥漫，只要雾气一散，这一天多半是晴天。

【求财恨不多，财多害自己】 谋财恨不得把所有的财都据为己有，殊不知财多了反倒有可能伤害自己。 出处 《增广贤文》（节选）：“磨刀恨不利，刀利伤人指。～。”

【求来雨，下不大】 祈求而来的雨不会下得太大。比喻求人得到的帮助是有限的，不会很大。 例句 俗话说得好，“～”。我们不能完全依赖外援，而要自力更生。

【求人不如求自己，拜佛不如长志气】 求谁都不如自己努力，烧香拜佛不如自己下决心改变自己的命运。

【求友须在良，得良终相善】 语出孟郊《求友》一诗。寻求朋友必须选择品德好的，结交了好人才能将友谊保持到底。 例句 随着年龄的增长，孩子的生活范围不断扩大，人际关系越来越多。我反复叮嘱他：“～”。品德不好的人，一定不要交。（选自孔武《如何引导孩子交朋友》）

【求则得之，舍则失之】 语出《孟子·尽心上》。指追求就能得到，放弃就会失去。 例句 “～”，培养仁义礼智等善性，修养自己的道德，维护个人的崇高理想，这些是求之有益于得的事，它的得失与否的责任和主动权在人们自己。（选自张奇伟《先秦儒家、道家的解除苦恼思想》）

【求治之道，莫先于正风俗】 求得治理国家的最根本办法，没有比端正社会风俗更重要的了。 出处 《明史·叶伯巨传》（节选）：“～。正风俗之道，莫先于守令知所务。”

【求忠臣必于孝子之门】 语出《后汉书·韦彪传》。寻求忠臣，一定要到那些出孝子的家中寻找。 例句 爱天下人，谓之大孝。为政的人以孝子之心来为政，也就是我们所讲公务员是人民公仆的道理一样的，所以后来发展下来，唐宋以后的论调：“～。”一个人真能爱父母、爱家庭、爱社会，也一定是忠臣。因为忠臣是一种情爱的发挥。假使没有基本的爱心，你说他还会对国家民族尽忠吗？（选自南怀瑾《论语别裁·以孝治天下》）

【曲不离口，拳不离手】 练武的人应该经常练，唱歌的人应该经常唱。比喻只有勤学苦练，才能使功夫纯熟。也作“拳不离手，曲不离口”。同“拳是练出来的，戏是唱出来的”。 例句 我注意到文人学者中，凡到老年还能产出好文章的，十有八九是养成经常写作的习惯，类似“～”。（选自刘艳辉《知所进退陈平原》）

【曲木恶直绳，重罚恶明证】 曲木：弯曲的木头。恶：憎恶，害怕。直绳：木匠用来打直线的墨绳。意思是就像弯曲的木头惧怕用墨线来测量一样，犯了重罪的人惧怕确凿的证据。 出处 汉·王符《潜夫论·考绩》（节选）：“南面之大务，莫急于知贤；知贤之近途，莫急于考功。……谚曰：～。此群臣所以乐总猥而恶考功也。”

【取法于上，仅得为中；取法于中，故为其下】 语出李世民《帝范》。以上等作为标准，只能收到中等的效果；以中等作为标准，只能收到下等的效果。指选择要效法的榜样很重要，要学就要向顶尖的学。 例句 标准决定质量，有什么样的标准就有什么样的质量，只有高标准才有高质量。“～。”（选自习近平《在河南省兰考县委常委扩大会议上的讲话》）

【取之有道，用之有节】 （对于钱财）获取它要通过正常的渠道，使用要有节制。

【娶妻不讲丑和俊，勤劳致富是本分】 娶妻不要只看样貌，要挑人品，要挑会过日子能持家的女人。

【娶妻娶德不娶色，交友交心不交财】 娶媳妇应该看重对方的德才而不是其美貌，交朋友要交志同道合的，而不是看他有多少财富。

【去甚去泰，身乃无害】 语出《韩非子·扬权》。甚：特别安乐。泰：奢侈。去掉安乐和奢侈的生活方式，身体才会不被伤害。例句 我们应深刻理解“～”的古训，大力弘扬富而不骄、富而好礼的传统美德，反对挥霍无度、穷奢极欲等“甚”与“泰”的生活方式；坚持勤以修身、俭以养德，将勤俭节约作为一种责任义务、一种精神追求、一种生活方式。（选自张忠家 梅珍生《富强：历久弥新的价值追求》）

【去时终须去，再三留不住】 语出《增广贤文》。要离去的终究要离去，想留也留不住。

【全是生姜不辣，全是花椒不麻】 如果全都是一样的生姜就选不出最辣的了，全都是一样的花椒就选不出最麻的了。比喻同一类事物，很难选出与众不同的。 例句 ～。在这些业务尖子中优中选优，实在是太难了。

【泉水挑不干，知识学不完】 泉水无论怎样挑都挑不干，知识无论怎样学都学不完。指学无止境。

【泉水最清，谚语最精】 泉水是清澈的水，谚语是精炼的语言。

【拳头里攥着两把指甲】 形容两手空空，身无分文。 例句 二十五年前，当他从山东逃荒到这儿，光杆一人，～。（选自浩然《金光大道》）

【拳头上无眼】 指拳头不认识人，谁挨上谁吃亏。 出处 元·无名氏《独角牛》（节选）：“那独角牛可利害，～，倘若还有些高低，可如之奈何。”

【拳头硬的是大哥】 谁的拳头硬，谁就是老大。比喻在竞争中，谁的实力最雄厚，谁就是强者，谁就是霸主。 出处 黎汝清《湘江之战》（节选）：“端纳知道，在中国，没有强大的军事力量作后盾，任何政治人物都是政客式的傀儡。‘～’，端纳在笔记本上写着这句极为普遍又极为深刻的中国民谚。”

【劝赌别劝嫖，劝嫖白瞎了】 如果身边有人参与了赌博，可以善意提醒、劝两句；但如果对方是嫖娼，因为涉及隐私，那就不要劝，一劝等于你拿住了对方的短处，关系就不好处了。也作“劝赌不劝嫖，劝嫖两不交”。

【劝君不用镌顽石，路上行人口似碑】 语出宋·普济《五灯会元》。镌：凿刻。奉劝世人不必镌刻顽石自我标榜，路上行人的口传才是真正的记功碑。指真正的丰碑应刻在人们的心里。也指是非褒贬无须自己辩白，自有舆论公断。 例句 这时改革的成果已显示出来，人们对子产的态度也变得拥护和热爱了。真是人心如秤，“～”。（选自吴尘《古代民谣漫说》）

【劝君莫做亏心事，世上应无切齿人】 奉劝世人不要做于心有愧的事情，世上也就不会有痛恨你的人了。由“平生不作皱眉事，世上应无切齿人”衍生而来。

【劝人终有益，挑拨害无穷】 劝人和睦，对各方都有益；挑唆离间他人感情，终究会害人害己。

【缺德带冒烟】 “冒烟”是指祖坟上冒烟。指一个人缺德透顶坏到极点了，就像是从祖辈传下来的。 例句 严重事故车做一番修缮后，再转手流入市场，对于购买到这样车的车主潜在危害非常大，这种做法可谓是“～”。

【群居终日，言不及义】 语出《论语·卫灵公》。大家成天聚在一起，净说些无聊的话，不涉及一点正经的道理。 例句 有的是“饱食终日，无所用心”，有的是“～”。（选自鲁迅《在小钟楼上》）

【群雁无首难成行，羊群走路看头羊】 比喻集体或团队必须有领导或带头人。也作“群雁无首不成行，羊群出圈看头羊”。 例句 紧抓“关键少数”，发挥“率”的作用。～。一个地方的“关键少数”在推动全面从严治党工作中发挥了关键性、决定性的作用。（选自王攀《筑牢全面从严治党“责任墙”》）

【群蚁能搬山】 比喻人多心齐力量大，集微弱的力量可以成就大事业。 例句 你可不要小瞧了对方的力量，须知人多力量大，～。

【群众是真正的英雄】 语出毛泽东《〈农村调查〉序言》。指人民群众创造了历史，是最值得崇拜和学习的英雄。 例句 “～，而我们自己则往往是幼稚可笑的。”当遇到矛盾、碰到困难一筹莫展时，不妨放下架子、迈开双腿，拜群众为师，向群众问策，找到破解难题的方法。（选自向贤彪《学贵日新，政贵日进》）

R

【染缸里扯不出白布】 从染布的缸里拿不出白布来。比喻在坏的环境中，好人也会受到影响，容易变坏。同“染缸里倒不出白布来”“靛缸里拉不出白布”。 例句 “这桩亲事，我不认账；老槐树下刘家的媳妇，没有一个是二婚改嫁，也没有一个是窑姐儿从良。”“张三儿一不是二婚，二不是窑姐儿。”“～，土匪窝子还能有黄花闺女？”（选自刘绍棠《水边人的哀乐故事》）

【染于苍则苍，染于黄则黄】 苍：青色，包括蓝和绿。放在青色染缸里染就会变成青色；放在黄色染缸里染就会变成黄色。可比喻人的成长受环境影响很大。 出处 《墨子·所染》（节选）：“子墨子言见染丝者而叹曰：‘～。所入者变，其色亦变。五入必而已，则为五色矣。故染不可不慎也。’”

【让礼一寸，得礼一尺】 对人以礼相让，就能获得人们更多的礼敬。 出处 《太平御览》引曹操《礼让令》（节选）：“里谚曰：‘～。’斯合经之要矣。”

【让人戳脊梁骨】 指做让人感到不满或者不道德的事情，被人在背后指责、批评。也作“让人指脊梁骨”“被人戳脊梁骨”。 例句 “人活一张脸，树活一张皮。我担任村支书25年，最看重的是让乡亲们过上好日子，要做到这样，就要清白做人、端正做事，决不能～！”（选自付文《一心为民清廉如水——追记湖北黄石老鹳庙社区原书记刘伦堂》）

【让人卖了还帮人数钱】 喻指被人哄骗利用了，还蒙在鼓里，觉得对方是在帮自己，非常感激。也作“被人卖了还帮人数钱”。 例句 快别傻了，～，这事儿千万不能干。

【让人一寸，得理一尺】 比喻以礼相让，在道义上已经占了上风。例句 在这场争论中，你主动退让了一步，却赢得了更多的理解和支持。正所谓“～”

【让一让二，不能让三让四】 指忍让是有一定限度的，不能一直让下去。 例句 “你已年过八旬，年老体衰，我正在年轻力壮，因此让你第三刀。俗话说：‘～。’我劝你最好收兵还朝。”（选自单田芳《大明英烈》）

【饶人算之本，输人算之机】 能饶恕别人是与人交往取得胜算的根本，能忍让别人是与人交往取得胜算的智谋。也作“饶人算人之本，输人算人之机”。 出处 《增广贤文》

（节选）：“息却雷霆之怒，罢却虎狼之威。～。”

【惹不起，躲得起】 指对蛮横霸道的人，采取不予理睬的态度也是一种策略。 例句 俗话说：“～。”当夫妻一方的霸道、蛮横或恶习、怪癖反复对配偶形成不良刺激时，受伤害的一方感情不断受挫，最易产生排斥心理。（选自李平《夫妻关系为何淡漠》）

【惹祸招灾，问罪应该】 指人行为不轨而惹下了祸，招来了灾，就应该受到法律的惩处。 出处 蔡晓明《法律谚语趣谈》（节选）：“许多法律谚语都奉劝公民要奉公守法，如‘毒人的药莫吃，犯法的事莫做’，‘～’。”

【热出油，冷出酒】 夏天温度高，油料温度高，出油率高；冬天气温低，浓香、清香之类的白酒发酵好，出酒率也高。

【热带衣服饱带粮，丰收年月备灾荒】 蕴含的道理就是人要居安思危，有危机意识，有长久的打算。同“热了拿衣裳，饱了拿干粮”。

【热脸贴上冷屁股】 比喻自己的热情讨好，换来的却是对方的不领情，甚至冷漠对待。也作“热脸贴个冷屁股”“热脸贴上个冷屁股”“热脸贴了冷屁股”等。 例句 想做好事夸夸城管，却“～”，被城管抢走手机，这种事情无论发生在谁的身上，都会觉得特别憋屈，难免感慨：“为城管做好事咋这么难呢？”（选自于治国《“怕传到网上”的心态不可取》）

【热生风，冷生雨（秋季）】 这种现象的成因是：气温高，空气膨胀变轻，气压就降低，周围某一处气压高的空气就会向气压低的地方流动，因而就形成了风；而气温下降越多，凝结出来的水汽数量就越大，降雨的条件就越充分。

【人薄土，土薄人】 人不厚待土地，土地也不会厚待人。比喻不对庄稼进行施肥浇水等管理，庄稼就不会有好收成。

【人比人得死，货比货得扔】 指人如果与比自己过得好的人相比，就会无地自容；把自己手里的货物和别人手里同类的高品质货物相比，就觉得简直不能要了。意谓人安时顺命做自己就好，不可盲目攀比。同“人比人该死，货比货该扔”。 例句 有一回，两人喝酒，邵如珪提起一大串名单，报出一个个官衔儿，最后慨叹一声，叫着郓兰渚的名字：“兰渚，你怀才不遇，我时运不佳，～呀！”（选自刘绍棠《十步香草》）

【人不辞路，虎不辞山】 喻指人最好不要离开熟悉的行当或环境。 例句 人们常说，～。禁捕全面实施，渔民不仅离了鱼，更离开了水，数十年的惯性生活，猛地一刹车，总有人会摔跤。（选自刘政宁 黄亚辉《重庆万州：渔民退捕上岸迎新生》）

【人不得全，瓜不得圆】 人不可能十全十美，就同瓜没有绝对的圆一样。 例句 俗话说："～。"你只要努力进取，有一两项长处就了不得了，不可能做到十全十美。

【人不犯我，我不犯人】 意思是别人不冒犯我，我就不冒犯别人。 出处 毛泽东《论政策》（节选）："对于国民党军队，应继续采取～的政策，尽量地发展交朋友的工作。"

【人不负地，地不亏人】 人不亏待地，地就不会亏待人。人辛勤耕耘劳作了，就会有好收成。 例句 "～"，今年麦子亩产之所以增收了几十斤，是因为多浇了一遍水，多施了几担农家肥。

【人不该死就有救】 意思是不该死的人，在最危急的时候总会有人来搭救。激励人应该对自己有信心。 例句 杨宗保身陷重围，危难之际，还是在穆桂英的帮助下成功脱险，真是～啊。

【人不哄地皮，地不哄肚皮】 哄：哄骗。意思是人种地肯实实在在出力，土地自然就会多产粮，让人吃饱饭。 例句 ～。你把这五亩地侍奉好了，全家老小的吃穿也就保住了。

【人不见，自心知】 别人没看见，自己心里知道。提醒人要慎独、自律，不要以为没人看见就胡作非为。 出处 郑愚《大沩虚祐师铭》（节选）："～。动便是，莫狐疑。"

【人不可貌相，海水不可斗量】 语出元·无名氏《小尉迟》。比喻不能只根据相貌、外表判断一个人，如同海水是不可以用斗去度量一样，不可根据人的相貌就预估其未来。 例句 "陛下，～。若爱丰姿者，如何捉得妖贼也？"（选自吴承恩《西游记》）

【人不可有傲气，但不可无傲骨】 画家徐悲鸿的座右铭。傲骨：比喻高傲自尊、刚强不屈的性格。人不能骄傲自大，但不能没有骨气。 例句 他从不画膘肥体壮的鞍马，而酷爱画瘦骨嶙峋、放浪形骸的野马。他一贯主张"～"，笔下那些豪放不羁的奔马，正是他自己人格的写照。（选自裔萼《悲鸿马：中西融合的成功典范》）

【人不劳动没饭吃，鸟不觅食饿肚皮】 指人和动物都需要自食其力。

【人不离乡，鸟不离枝】 指人不愿意离开自己的家乡，就像鸟儿离不开树枝一样。表示人们都留恋自己的故土。 例句 "老乡们整天东跑西颠地也不是个长法，常说'～'，水流千遭还得归大海，树叶还得落到树底下，所以你们回村来，这算走对了。"（选自李英儒《战斗在滹沱河上》）

【人不能一日无食，店不能一日无货】 人每天都要吃饭，开张的店铺每天都要有货物。比喻做事情要有持续性、连贯性。

【人不凭嘴，狗不凭尾】 指看一个人不能光凭他嘴上说得好，如同看一条狗不能光看尾巴摇得欢一样。 例句 “老朋友，怎么样？我敢保证那教官对它没有看准。‘～’，你瞧着吧。”（选自李传锋《退役军犬》）

【人不亲土亲，河不亲水亲】 指居住在同一块土地上，喝着同一条河里的水的人，即使彼此不是亲人也胜似亲人。 例句 “俗话说：‘～。’都是邻家邻舍，一出门就见面，胳膊肘折了总要袖子盖，事情已做到了这步田地，大家商量着办吧，怎么着好就怎么着来。”（选自马烽等《吕梁英雄传》）

【人不通古今，马牛而襟裾】 襟裾：泛指人的衣服。人如果不通晓古今事理，就像穿了衣服的马牛一样。 出处 《增广贤文》（节选）：“同君一席话，胜读十年书。～。”

【人不为己，顶天立地】 一个人如果没有私心，一心为国家为人民，这样的人就堂堂正正，无所畏惧，令人敬仰。 例句 ～。像焦裕禄、孔繁森就是这样的英模人物，令人敬仰。

【人不为己，天诛地灭】 旧时指人不替自己打算，就会为天地所不容。通常是作为为自己自私自利和个人主义行为的辩护词。 例句 这种人的脑筋，浸透着剥削阶级的思想意识。他相信这样的话：“～”，“人是自私自利的动物”，“世界上不会有真正大公无私的人，如果有，那也是蠢才和傻瓜”。（选自刘少奇《论共产党员的修养》）

【人不知春草知春】 指人是从小草返青真正体验到了春天的到来，所以是草比人先知道。完整歌谣为：“打了春，赤脚奔，棉袄棉裤不上身；打了春，脱了瘟，人不知春草知春。”

【人不知鬼不觉】 形容事情做得很秘密，没有人发觉。 例句 “正经明儿你打发小子问问王太医去，弄点子药吃吃就好了。～的可不好。”（选自曹雪芹《红楼梦》）

【人不知死，车不知覆】 指人不能预知死亡的来临，就像车不能预知颠覆的危险。 例句 顽童一阵着疼，蹬踏了几下，早就四肢不动，呜呼哀哉。谚云：～。（选自醉月山人《狐狸缘全传》）

【人不自爱，必有一害】 人不懂得自爱自重，必定在这方面要吃亏。

【人不自强，必定平常】 一个人不努力奋斗，奋发图强，必然碌碌无为。

【人才有高下，知物由学】 语出王充《论衡·实知》。人的才能有高有低，认识事物要通过学习。 例句 “～。”梦想从学习开始，事业靠本领成就。（选自习近平《在知识分子、劳动模范、青年代表座谈会上讲话》）

【人才之兴，在开学校】 语出梁启超《变法通议·论变法不知本原之害》。人才的兴盛，在于开办各种类型的学校。指学校是培育人才的重要基地。 例句 国家需要各种各样的人才，而人才不是天生的，谁也不会自然成才。梁启超说过："～。"各种人才，需要各种类型的学校。（选自秦世华《兴教与育人》）

【人才自古要养成，放使干霄战风雨】 语出陆游《苦笋》一诗。干霄：直上云霄。自古以来要培养杰出的人才，就应该放手让他们经风雨见世面去接受锻炼。 例句 "～。"一个人要成长成才，不能只读"有字之书"，还要多读"无字之书"，在实践中经受历练，在经风雨、见世面中壮筋骨、长才干。（选自张凡《在全社会树立科学的成才观》）

【人倒霉，喝凉水都塞牙】 指人在时运不好的时候，总遇到意外的倒霉事。也作"人若倒了霉，喝口凉水也塞牙""人走背点，喝口凉水也塞牙"。 例句 "我是石景山第九水果站副主任，～！"大胖子挥汗如雨，"我雇了两辆130汽车，从乡下运西瓜，谁想半路都抛了锚。我看你这辆车正闲着，能不能给我跑一趟，捞点外快？"（选自刘绍棠《青藤巷插曲》）

【人到六旬，不做两事，不碰两物】 六旬：六十岁。"不做两事"指不要与人有财产的纠葛，不要与人争吵怄气。"不碰两物"指不碰烟酒、不赌博。

【人到中年万事休】 一种比较消极的说法。意思是人到了中年，人生基本定型，就没有志向了。 出处 元·关汉卿《不伏老·隔尾》（节选）："子弟每是个茅草冈、沙土窝初生的兔羔儿乍向围场上走，我是个经笼罩、受索网苍翎毛老野鸡蹅踏的阵马儿熟。经了些窝弓冷箭镴枪头，不曾落人后。恰不道～，我怎肯虚度了春秋。"

【人的名儿，树的影儿】 意思是人的名声像树的影子一样，是伴随终身的，非常重要。 出处 明·兰陵笑笑生《金瓶梅》（节选）："金莲道：'南京沈万三，北京枯柳树。～，怎么不晓得？雪里埋死尸——自然消将出来。'"

【人低成王，地洼成海】 海处低处能容纳百川，人如果拥有宽广的胸怀，虚心待人，就会有团结聚集人的人格魅力。 例句 ～。王大虎谦虚谨慎，将来一定能成就一番事业。

【人对眼不说丑俊，瓜好吃不说老嫩】 意思是人与人的情意相投，就不在乎外貌长相如何，就像吃瓜只要好吃，不在乎它是老是嫩一样。 例句 王五和赵六，一拍即合，非常默契，真应了那句老话：～。

【人多出韩信】 韩信：汉初帮刘邦建立帝业的元勋。指人多智谋多，人多就会出人才。 例句 "不能单看几个先进的积极分子。发动群众，越广泛越好。打江山不怕人多，

老百姓说：‘～。’”（选自周立波《暴风骤雨》）

【人多出圣人】 圣人：此处指智谋深远的人。指人多出智慧。也指群众中蕴藏着大智大慧。 例句 “可不，‘～’。只要大家肯用脑筋，也许会生出个巧法儿来的。”（选自王厚选《古城青史》）

【人多出正理，谷多出好米】 大家公认的道理往往容易使人信服，就像稻谷多才能出好米一样。同“人多讲出理来，谷多碾出米来”。 例句 ～。你要多听听大家的意见，不能这么武断。

【人多多干活，人少吃馍馍】 指干活人多有效率，可利益分配人少就比人多能多得好处。与“人少好吃饭，人多好做活”意思相近。

【人多力大办法多，蚂蚁能把大象拖】 比喻人多智谋广，团结的力量很强大。同“人多力量大，天塌也不怕”“人多齐了心，定能扭乾坤”“人多智谋广，柴多火焰高”。 例句 ～。有这么多兄弟姐妹们帮忙，这件事一定能成功。

【人多没好饭，猪多没好食】 当人或猪的数量过多时，往往会导致食物的质量下降。通常用来形容当资源或空间有限时，人的数量一多反而会导致每个人的份额减少，从而影响到整体的生活质量。 例句 陈财主站在高台上，翻着一双鲶鱼眼大声说道：“～，有招待不周的地方，大家多多担待。”

【人多遮黑眼，兵多吃闲饭】 指有时人多反而办不好事。 例句 “～。自私自利的家伙们，只知巩固个人的地盘，发展个人势力，谁是为国家民族的？我不教这个书，回家当老百姓，眼不见心不烦，等着当亡国奴算了！”（选自梁斌《红旗谱》）

【人恶人怕天不怕，人善人欺天不欺】 作恶的人，人都怕他，但是公道不怕他；善良的人可能会被人欺负，但公道不会欺负他。意谓善人恶人最后都会受到公正对待，各得果报。 出处 凌濛初《初刻拍案惊奇·恶船家计赚假尸银 狠仆人误投真命状》（节选）：“若不是前世缘故，杀人竟不偿命，不杀人倒要偿命，死者、生者，怨气冲天，纵然官府不明，皇天自然鉴察。千奇百怪的巧生出机会来了此公案。所以说道：‘～。’”

【人而好善，福虽未至，祸其远矣】 语出徐干《中论·修本篇》。人如果好行善事，即便福泽没有到来，但却会远离灾祸。 例句 古话说：“～。”人们发现，经常为善的人，心绪安宁，心胸坦荡，在受到人们尊敬与爱戴的同时，自己的身心得到慰藉，精神会感到愉悦。（选自熊经浴《为善最乐 读书便佳》）

【人而无信，不知其可也】 语出《论语·为政》。意思是人如果连信用都不遵守的话，不知道这个人还能够做成什么事。 例句 《论

语》中说："～。"守信是多少钱都买不到的高尚品质和人格魅力。（选自徐文秀《做人做事做官"再十悟"》）

【人法地，地法天，天法道，道法自然】 语出《道德经》。法，即以……为法则。人是效法于地的，地是效法于天的，天是效法于道的，而道则纯任自然。也就是说，人必须遵循地的规律特性，地生长万物必须服从于天，天以道作为运行的依据，而道就是自然而然，不加造作。 **例句** 道家思想特别重视人与环境、人与自然的关系。道家的创始人老子说："～"。（选自熊铁基《重视对道家思想中生态智慧的研究》）

【人非圣贤，孰能无过】 圣贤：圣人和贤人，旧指智慧超群、才能出众的人。孰：谁。出自陈宏谋《训俗遗规》，是从《左传·宣公二年》"人谁无过，过而能改，善莫大焉"化用而来。一般人不是圣人贤人，谁能没有过失呢？指人总免不了犯错误。 **例句** ～。出现缺点、错误是难免的。（选自沈小平《有话要放到桌面上来讲》）

【人非行无以成，行非信无以立】 语出刘昼《刘子·履信》。行：实践。人必须实践才能成就事业，而实践必须靠信誉才能站得住脚。指信誉是人的立身之本。 **例句** "～。"离开了诚信，人就会变得虚伪，如一篇作文所写："生命变得生气全无，友谊之花在凋敝，亲情之果在陨落。"（选自刘炎仑《信之所贵在诚》）

【人逢喜事精神爽，闷上心来瞌睡多】 意思是人遇到喜庆之事心情舒畅，遇到烦心之事就郁闷光想睡觉。也作"人逢喜事精神爽，闷向心来瞌睡多"。 **出处** 吴承恩《西游记·第三十五回》（节选）："那老魔惭惶不已，一步一声，哭入洞内，只见那什物家火俱在，只落得静悄悄，没个人形；悲切切，愈加凄惨。独自个坐在洞中，蹋伏在那石案之上，将宝剑斜倚案边，把扇子插于肩后，昏昏默默睡着了，这正是～。"

【人逢喜事精神爽，月到中秋分外明】 人在遇到高兴事的时候，总是精神焕发，就像月亮一到了中秋，总是分外明亮皎洁。 **出处** 冯梦龙《醒世恒言·施润泽滩阙遇友》（节选）："施复因掘了藏，愈加快活，分外兴头，就吃得个半醺。正是：～。"

【人该省事，不可怕事】 省：减少。没事的时候，尽量减少一些不必要的麻烦；有了事情也不害怕，要积极地想法解决。 **出处** 贾进鸣《有事不怕事》（节选）："清人申居郧在《西岩赘语》中引用的'～'一语，实出于明人的《新菜根谭》一书，同俗语'没事不找事，有事不怕事'是一个意思。"

【人格教育，端赖六岁以前之培养】 语出陶行知《中华教育改进社创设乡村幼稚园》。端：的确。赖：依赖。指品德教育应从幼儿做起。 例句 幼儿十分的纯真，这个时期的耳濡目染，会造成先入为主的效果，为他一生的成长奠定基础。因此，陶行知先生指出："～。"（选自李桂香《德育要从幼儿抓起》）

【人贵见机】 见机：看机会，看形势。指人的难得之处在于能够做到见机行事。 例句 "～，如今他们是有人保护的了，况且我目前就要到外洋去，正同他们打交道，倘若贪心不足，把名气弄坏了，反倒不好。"（选自李宝嘉《官场现形记》）

【人贵有志，学贵有恒】 指做人贵在有志气，学习贵在有恒心。 例句 这以后潘俊明工作、学习的劲头更大了。～。（选自刘彦林《三月潮》）

【人贵有自知之明】 指人可贵的是能正确认识自己。 例句 ～。我这本"小说"之所以"小"，就是与"大策划""大预测"之"大"相对而言的。（选自张贤亮《小说中国》）

【人过留名，雁过留声】 人走过会留下名声，如同雁飞过会留下叫声一样。比喻人的一生不能虚度，要留下好的名声。 例句 "在我们流浪的时候，你就常说，'～'，我就觉得你的个人名利心太严重了！"（选自魏巍《火凤凰》）

【人活一口气，佛争一炷香】 指人活着就要有尊严，不能叫人看不起；佛祖也会在意有多少人给自己烧香。 例句 所谓～，这件事绝不能就这样不明不白结束，我一定要去讨个说法。

【人活一张脸，树活一张皮】 人活在世上靠的是脸面，就像树活着靠的是树皮一样。喻指人的尊严很重要。 例句 俗话说："～。"人都是要面子的，体面的生活，不仅是老百姓的期盼，官员也期盼，这本身没什么。但，如果官员把面子建立在贪腐的基础上，其绷起来的面子，就如鼓吹的气球，一戳就破。（选自李长安《用贪欲支撑的"面子"一戳即破》）

【人急投亲，鸟急投林】 人遇到了困难，会找亲戚帮忙渡过难关；鸟儿遇到了危险，会去森林里躲避。同"人投人，鸟投林"。 例句 一场意外的大火将她家烧了个精光。～，万般无奈，她只好来到舅舅家暂住一时。

【人家吵嘴莫偏言，人家打架莫添拳】 指和自己无关的事情不要多管闲事、招惹是非。 例句 ～。你自己的一头烂事还处理不清哩，就别再节外生枝了。

【人家的肉安不到自己身上】 比喻不图指望他人，要靠自力更生；或不是自己的东西就不要有非分之想。 例句 人家有房有车是人家的，～。你争口气比他过得还风光，算你有能耐！

【人家的事看得清，自己的事马虎灯】 “马虎灯”即模糊灯，不亮堂。意思是作为旁观者看别人的事能分清是非，在自己的事上就犯糊涂了。 例句 为人处世往往都是这样，～，对别人评头论足容易，放到自己身上就不好拿捏了。

【人家牵牛你拔橛】 喻指别人做坏事得到了利益，你留下代人受过当替罪羊；也表示做事没有抓住重点。 例句 你的脑子是不是进水了，专干～的蠢事儿。

【人见白头嗔，我见白头喜；多少少年亡，不到白头死】 语出《增广贤文》。表现一种知足的心态。人老是不可避免的，不必为老而烦恼。自己虽然老了，但比起好多年轻人还没有活到老就死了，还有什么不知足呢？

【人见财亲，狗见屎亲】 对财迷心窍、见钱眼开人的轻蔑话。 例句 为了这点儿蝇头小利，他居然连基本的礼义廉耻都不顾了，真是～。

【人见利而不见害，鱼见食而不见钩】 人总是只看到利益，看不见利益背后可能潜在的危害；鱼总是只看见钓钩上的食物，而看不见钓钩。喻指贪欲会对人构成祸患。 例句 兰言道：“每见世人惟利是趋，至于害在眼前，那里还去管他。所以俗语说的：‘～。’就如黄雀一心要捕螳螂，那知还未到口，而自己却命丧王孙公子之手，岂非为螳螂所害？”（选自李汝珍《镜花缘》）

【人讲礼义为先，树讲根叶为源】 意思是礼义对于人的重要性，就像树根树叶对于树的重要性一样。

【人叫人千声不应，货叫人点首而来】 指人靠吆喝招揽顾客，不如靠好商品招揽顾客效果好。同“人叫人千声不应，货叫人不叫自来”。 例句 北京过去闻名的穆家寨，是个小小的饭铺，天天顾客盈门。为什么？就因为它的货色好，有特点。这叫做“～”。（选自吕传祥《货快不在会吆喝》）

【人敬有钱的，狗咬挎篮的】 挎篮的：旧社会一手拖棍、一手挎篮沿街讨饭的乞丐。指在金钱社会里，人情势利，敬重的是有钱有势的人，凌辱的是穷苦无告的人。类似的谚语还有“人敬的是富的，狗咬的是破的”“人爱富的，狗咬穷的”等。 出处 顾力强《午夜的梦》（节选）：“这一切，使我想起了《镜花缘》中的两面人，还想起了小时就听说的‘～’这个谚语。”

【人绝粮必死，鱼无水自亡】 指人没有粮，鱼没有水，都必死无疑。常用来指粮草是部队的生命线，粮草一断，部队自乱。 例句 常言道：“～。”只要岳家军绝了粮草，就是不死也只好投降。（选自《扬州说书选·牛皋戒酒》）

【人靠理想船靠舵，大风大浪能闯过】 人有了志向就如同行船有了舵手，多少的困难和阻力都能够克服。　例句　~。只要你坚定信心，带领大家克服困难，勇往直前，就一定能够到达成功的彼岸。

【人靠粮食养，麦靠水肥长】 人靠粮食养活，小麦靠吸收水分和肥料成长。　例句　俗话说“~”，你总是挑食，身体缺乏营养，怎么能健健康康成长呢？

【人靠人帮，花靠叶捧】 人的成长离不开朋友的帮助，鲜花的美丽离不开绿叶的衬托。　例句　~。我出任这个会长离不开各位领导、老师、朋友们的关怀信任和热心支持！

【人靠心好，树靠根牢】 人在社会上立足，靠的是有一颗善良的心；大树的茁壮成长，离不开发达的根系。　例句　~。林老师的心地善良是十里八乡出名的，未来她一定会有一个好的归宿。

【人靠衣服马靠鞍】 人穿上一身得体的衣服，就会显得分外精神；马备上一副讲究的鞍鞯，就会显得特别骏美。指衣服对人体的形象美有极大的影响。也就是说，门面功夫很重要，可用以形容营销推广时，商品包装的作用。　例句　人常说：“~”，这一身盔甲穿在薛仁贵身上那就更显得威风凛凛了。（选自如莲居士《薛仁贵征东》）

【人苦不自知】 指人苦于不能正确地认识自己、评价自己。　出处　《四库全书总目提要·子部·杂家类》（节选）：“《七修类稿》书中极诋《说郛》《辍耕录》，然此编实出此二书下。所谓~也。”

【人老奸，马老滑】 奸：自私自利，投机取巧。滑：耍滑。贬义用语。意谓有的人老了做事爱投机取巧，同马老了爱耍滑，干活儿不出力一样。　例句　他光知道唱高调，就是不卖力气，真是~。

【人老思故乡】 在外的游子，上了年岁后对故乡的思念之情日益浓厚。　例句　黄老汉喝了一口酒，望着天空的圆月，长长地叹了一口气说：“都说~，可是我什么时候才能有机会回到老家去看一看呀。”

【人老惜子，猫老吃子】 惜：爱怜。指人老了特别爱怜儿女，不像猫老了反而吃掉小猫。　例句　~。于二甲子溺爱他这个花狗儿，也还是人之常情。（选自刘绍棠《豆棚瓜架雨如丝》）

【人老心不老】 年龄虽然大了但是有一颗年轻的心。　例句　都是他自己，一心还想弄两个年轻的，~，不晓得在交什么墓库运！（选自高阳《胡雪岩全传·平步青云》）

【人离乡贱，货离乡贵】 人离开了家乡，在外面闯荡，将会面临很多的困难，少不了低三下四求人帮忙；产品如果离开了原产地，流通到了不产此物的外地，价钱会变得很贵，因为物以稀为贵。同“物离乡贵，人离乡贱”。　例句　“我请你调教我这一双不成材的子女。”他坚决地摇头，说：“抱歉，俗语

说：～。我到南京访亲之后，要回开封做买卖。”（选自云中岳《剑垒情关》）

【人美不怕衣裳粗，好酒不怕巷子深】 意思是只要人长得漂亮，就算衣服破旧也掩盖不住天生的丽质；只要酒的质量好，哪怕酒店设在偏僻的深巷里，买主自会找上门。 例句 ～。这粉摊天天都挤满了食客。座位有限场地无限，人们宁肯站着吃，从街沿这边站到街沿那边，也要来光顾。（选自庞泽云《夫妻粉》）

【人美不在貌，美在心意好】 人美不在于容貌，而在于心地善良。 例句 一个人的美有十分之一是父母给予的天生丽质，而另外的十分之九则是来自那自身的心灵美。所以说～。

【人命关天】 指有关人命的案子关系重大，应当重视。 例句 庄大老爷一听～，虽然有点惊慌，幸亏他是老州县出身，心上有的是主意，便立时升堂。（选自李宝嘉《官场现形记》）

【人模狗样】 形容举止形象不像样的人却装出一本正经的样子。 例句 祥子在棚里坐着呢，～的，脸上的疤被灯光照得像块玉石。（选自老舍《骆驼祥子》）

【人莫知其子之恶，莫知其苗之硕】 恶：恶行、恶习。硕：硕大、茂盛。人总看不到自己儿子身上的恶习，总不认为自家的禾苗硕壮。指人都有自私和偏见，认为自家的儿子好，别人的庄稼好。 出处 《礼记·大学》（节选）：“好而知其恶，恶而知其美者，天下鲜矣。故谚有之曰：‘～。”

【人脑越用越灵，人手越用越巧】 指人的手脚、头脑都需要经常锻炼。也作“脑越用越灵，手越使越巧”。 例句 俗话说：天才出于勤奋。～。事实证明，只要努力学习，刻苦钻研，即使原来基础差，也可以赶上去，获得良好的学习成绩。（选自熊小元《勤能补拙》）

【人怕出名猪怕壮】 人出了名会招致麻烦，就像猪长肥了要被宰杀一样。 例句 “咱们一日难似一日，外面还是这么讲究。俗语说的‘～’，况且又是个虚名儿。”（选自曹雪芹 高鹗《红楼梦》）

【人怕理，马怕鞭，蚊虫怕火烟】 人会折服于道理，马会服从于鞭子，蚊虫害怕火烟。比喻像动物有它们畏惧的东西一样，人应该对道理存有敬畏心。 例句 ～。假如一个人没有了敬畏之心，很难在社会上立足。

【人怕没脸，树怕没皮】 人不顾及自己的脸面，就会威信尽失，与大树没有了树皮就难以存活差不多。同“人有脸，树有皮”。 例句 “维持会要能给百姓作主，它也不叫维持会了。～。汉奸队这号东西，他娘养他时，就忘记给他一张脸皮！”（选自李准《黄河东流去》）

【人怕齐心，虎怕成群】 指

众人齐心协力就能产生巨大的能量。 例句 “俗话说：‘～。’起手闹事，第一先要人多。真要是几千口人一齐站出来，再有人登高一呼，那可就算是成啦！”（选自鲍昌《庚子风云》）

【人怕起外号，地怕踩斜道】 给人起外号，多带有戏谑、调侃之意思，所以大家通常忌讳被人起外号；田地里怕有人带头抄近路踩出一条小道，影响庄稼收成。

【人怕千人指，没病也得死】 指受到众人的指责诅咒，难以长寿。 出处 班固《汉书·王嘉传》（节选）：“里谚曰：‘千人所指，无病而死。’臣常为之寒心。”

【人怕三长两短】 三长两短：指意外的灾祸或事故，也是对人死亡的一种委婉说法。人就怕出意外或死亡。

【人怕伤心，树怕伤根】 伤心：这里指感情被辜负而失望难过。人怕感情被伤害如同树怕树根被伤害一样，影响深远。 例句 常说“～”。你这件事做得太过分，你得让她缓缓，用你的实际行动慢慢让她化解怨恨。

【人怕上床，字怕上墙】 人怕的是躺在停尸床上，字写不好怕挂在墙上被人评点。 例句 不是我不愿意给你的客厅题字，只是～，我担心字写不好，挂在客厅里惹人笑话。

【人怕输理，狗怕夹尾】 狗害怕时会夹起尾巴，人自知理亏就没有底气，不敢嚣张。也作“人怕没理，狗怕夹尾”。 例句 俗话说：“～。”黑墩虽然是个壮汉，可是当他发现把电视机里的人当成老丁和老郑谈情说爱以后，他完全吓瘫了！（选自李辈《瓜棚风月》）

【人怕私，地怕荒】 人一有私心，就做不出公正的事来；地一撂荒，就长不出庄稼。 例句 ～。你总是偏向着儿子，对他未来的成长未必是好事。

【人怕虚，火怕实】 人太虚伪，便交不到朋友；燃烧物堆得太实，火便着不旺。指人应该实实在在。

【人怕引诱，塘怕渗透】 人经受不住金钱等等的诱惑，就如同水塘坝体渗透会溃决一样，终会落入陷阱，前途尽毁。

【人配衣裳马配鞍】 意思是人要靠衣裳来打扮，马要靠鞍鞯来装饰。 例句 俗语说～。袁三这么一装裹打扮，还真有点儿人模狗样儿的了。（选自张孟良《袁文会与刘广海》）

【人平不语，水平不流】 语出释惟白《续传灯录》。人受到公平对待，就不会有怨言，就像水处在平面上便不再流动鸣响一样。 例句 领导干部“替众人做事”“做众人之事”，心中尤其要装一杆“良心秤”，为民用权、为民服务，做到公平公正。“～。”群众信得过，领导干部才能走得稳。（选自凌焕新《用

心写好“两横一竖”》）

【人凭一张脸，货凭一张皮】 指人应该在注重品格修养的同时，也要注意外在形象；商品在注重质量的同时，也要注意外观包装。 例句 同样的商品，换了个包装放到大型商超，价格翻了五倍还供不应求，真是～啊。

【人凭志气，虎凭威势】 指人要成功靠的是坚持不懈的意志，就像老虎为兽中之王靠的是威势。 例句 ～。只要你吃别人所不能吃的苦，忍别人所不能忍的气，就没有做不成的事。

【人起心发，树起根发】 人的雄起源于内心的发奋，树的长大源于根系的发达。 例句 ～。你想把企业做大做强，首先要坚定信心，不能遇到困难就打退堂鼓。

【人前做得出的方可说，人前说得出的方可做】 语出史典《愿体集》。在人面前做得到的才可以说，在人面前说得出的才可以做。指不说办不到的空话，不做在人前说不出口的事。

【人勤百事巧，人懒百病搅】 人勤快做什么事都能成为巧手，人懒惰做什么事都毛病百出。与“人勤春来早，一勤生百巧”意思相近。

【人勤春来早】 指人干活勤快，象征着希望的春天就会提前到来。 例句 农谚云：“～。”春节一过，家家户户都忙着修整犁、耙、耖和缆索。（选自李德复 陈金安《湖北民俗志》）

【人勤地不懒，种上还得管】 意思是出一分劳力就一定能有一分收成，播种以后管理也不能放松。同“人勤地生宝，人懒地生草”。

【人情大于王法】 人情比王法还大。说明在封建时代的司法实践中，人情面子起重要作用。 例句 过去，有“～”之说，所以“熟面孔”有效，这两年情况有变化，“利益至上”主义压过了“人情”，“熟面孔”就难以通行无阻。（选自陆焕《“圆图章”与“苦面孔”》）

【人情归人情，公道归公道】 指不可以因为顾及情面而丢掉公道。 例句 “说来也有些难开口，可是～。看来我不提，你们好像忘了这么回事似的。”（选自黎汝清《万山红遍》）

【人情莫道春光好，只怕秋来有冷时】 语出《增广贤文》。不要说人情关系如同春光一样温暖美好，只怕在遇到困难时也有像秋天一样冷漠的时候。这是参透世态炎凉的话。指周围的人际关系，会随着你人生际遇的改变而改变。

【人情似纸张张薄，世事如棋局局新】 指世俗人的感情像纸一样薄，在急难时鲜有人伸出援手；人世间的事像棋局一样在变化，一次跟一次都不相同。 出处 《增广贤文》（节选）：“有茶有酒多兄弟，急难何曾见一人！～。”

【人情是把锯，你不来，我不去】 指人的交情就像锯木头，在有来有往中逐渐加深。 例句 俗话说：~。人情往来最忌讳的就是有去无回。

【人情一匹马，买卖争分毫】 分毫：很少的数量。指送人情要慷慨大方，做生意就得斤斤计较。与"人情送匹马，买卖不饶针"义同。 例句 俗话说："~"。在价格问题上，和对方经过反复协商，终于成交，仔细一算，整整一车货，价值一万多元，就不是便宜几分钱的事了。（选自西企《杨月英》）

【人穷不说话，位低不劝人】 指人贫穷或没有社会地位，就尽量少说话。因人微言轻，无论对人对事的评论，还是劝人的话，都难以让人信服。也作"人穷别说话。位卑莫劝人"。

【人穷当场卖艺，虎瘦拦路伤人】 人穷了不得不在街头卖艺为生，就如饿瘦了的老虎不得不在路上伤人一样。 例句 花短了路费，又欠下了店账，走不了了，没法子，才把这点武术撂到地摊上了，这叫"~"。（选自段少舫等《朱元璋演义》）

【人穷多干活，刀钝石头磨】 人在事上练，刀在石上磨。越是艰苦环境越要勤学苦干，才能增长才能。 例句 ~。咱没别的本事，只能多卖些力气了。

【人穷失志气，天旱失阴阳】 人缺乏经济基础，往往谋划一些事情会信心不足；天久旱不雨，万物缺乏滋润，会导致阴阳失调。

【人穷志不穷，烂麻搓成绳】 指人即使处在贫困境地，只要意志不消沉，就能把烂摊子收拾好。 例句 俗话说：~。就算勒紧裤腰带，我们也要把这座房子盖起来。

【人人都知黄金贵，黄金难买真学问】 黄金虽然金贵，却买不来知识。说明学习知识的重要性。

【人人心里都有一杆秤】 意思是对与错、是与非，大家都在内心里衡量，公道自在人心。也作"人人心里有杆秤"。 例句 劳教分子们也是人。"~"，在那些不被干部注意的角落，他们每天在窃窃私语，评议着那些管理他们的干部。（选自从维熙《远去的白帆》）

【人若不要脸，神仙也难管】 一个人如果不知道礼义廉耻，就是神仙也拿他没办法。表示无可救药。 例句 ~。这两个狗男女把两个家挑散，私奔了。

【人善被人欺，马善被人骑】 人过分善良，就容易受到别人欺负，就像品性温良的马容易被人骑一样。多用来鼓励人要有斗争勇气，不宜太老实；也用来表示自己不能让人欺侮。 例句 俗语说：~。他们想欺负我？办不到！我可不是那么好欺负的！

【人生百年，立于幼学】 语出

梁启超《论幼学》。人生这一辈子，建树立足在于幼年所受的教育。强调幼年所受的教育会影响人的一生。 例句 不少人有一种错觉，以为高等教育比幼儿教育高深复杂。其实恰恰相反，“~”，幼儿教育远比其他阶段教育更为深奥、微妙和复杂。（选自储朝晖《直面幼儿教育十大观念冲突》）

【人生不读书，活着不如猪】 比喻人如果不学习就会变得愚蠢。意指人与动物区别的重要标志在于有智慧，而要有智慧，就要读书学习。 例句 俗话说，“~”。年轻人不能整天玩，要珍惜时光，好好学习。

【人生不满百，常怀千岁忧】 意思是人生不满百岁，却常忧虑千年后的事。与“生年不满百，常怀千岁忧”（《古诗十九首》）义同。 出处 《汉乐府·西门行》（节选）：“~。昼短苦夜长，何不秉烛游。”

【人生究竟归何处，看破放下随万缘】 人生就是一场旅行，看透这一点，放下执念，一切随缘便是大自在。

【人生七十古来稀】 出自杜甫的《曲江二首》。人生能活到七十岁，自古以来就很稀少。因为古代人均寿命较短。流传中也作“人活七十古来稀”。 例句 “~”曾是国人对长寿的奢侈向往，如今这早已成为街巷寻常。（选自孙亚慧《70年一切为了人民健康》）

【人生似鸟同林宿，大限来时各自飞】 人生就像鸟儿一样，大家都栖息在一个林子里，一旦死期来临，便要各奔东西。 出处 《增广贤文》（节选）：“父母恩深终有别，夫妻义重也分离。~。”

【人生为一大事来，做一大事去】 语出陶行知《介绍一件大事》。指人活着应该做一些有益于社会的事情，才能无愧于生命的价值。 例句 为了大多数人的利益，他毅然以“~”的气魄，弃医从政，立志“把党的阳光送到群众手中”，其言可敬，其行也壮。（选自《光明日报》评论员《村支书的好榜样》）

【人生一世，草木一秋】 意思是人生一世像草木经过一春一秋一样非常短暂。同“人生一世，草生一春”。 例句 人生需要一颗平常心，在追求中懂得取舍，在纷繁中保持本真。~，懂得知足，才能快乐；懂得取舍，方可轻松；懂得珍惜，得以幸福。（选自乐其《别在“成功焦虑”中迷失——让我们的人生更开阔》）

【人生在勤，不索何获】 语出《后汉书·张衡传》。意思是人的一生在于勤奋，不积极求索就什么也得不到。

【人生知足何时足，人老偷闲且是闲】 人生总是期待着满足，什么时候才能满足？人老得享空闲，才是真的空闲。 例句 ~。李经理退休后每天跑跑步，下下棋，打打太极拳，真是悠闲快活。

【人生自古谁无死，留取丹心照汗青】 语出文天祥《过零丁洋》一诗。留取：犹留存。丹心：赤诚的心。汗青：指史册。人生自古以来谁能免于一死？只求留下一颗赤胆忠心光照史册！ 例句 从古至今，中国的仁人志士崇尚舍生取义。“～”“粉身碎骨全不怕，要留清白在人间”等诗句，就是这种价值尺度和道德标准的反映。（选自柳建辉 李庆刚《弘扬伟大抗战精神》）

【人事有代谢，往来成古今】 语出孟浩然《与诸子登岘山》一诗。世间的人和事都在不断更替变化，旧的去，新的来，这种变化形成了从古到今的历史。 例句 任何一个民族和国家都有自己割不断的历史，都有自己千百年来所形成的共同记忆。“～。”鉴古方能知今，继往方能开来。（选自马敏《学史明智 以史育人》）

【人视水见形，视民知治不】 语出司马迁《史记·殷本纪》。不：同“否”。就像人从水中可以看到自己的形象一样，当政者通过民众可以了解国家治理得如何。 例句 司马迁在《史记》上说，“～”，说的是人从水中能看到自己的形象，观察人民就能知道国家治理得好不好。（选自习近平《在党的群众路线教育实践活动第一批总结暨第二批部署会议上的讲话》）

【人是旧的好，东西新的美】 人与人之间经历了时间的考验后，相互了解，产生了默契，感情愈加深厚；而购买物品，人们则喜欢挑选新潮时尚的。

【人是铁饭是钢，一顿不吃饿得慌】 指人的生命和能量是靠饭食维持的，一顿不吃也不行。 例句 ～。工作再忙，也不能不吃饭啊！

【人是要有一点精神的】 指人无论在什么情况下，都应该具有一种高尚的思想境界。 出处 毛泽东《艰苦奋斗是我们的政治本色》（节选）：“我们的纪律就建筑在这个自觉性上边。这是我们党的领导和教育的结果。～，无产阶级的革命精神就是由这里头出来的。”

【人是衣裳，马是鞍】 意思是衣着服饰的打扮也能为人增添美。 例句 “～，一点不假，这人品配上这衣裳，要算是咱们屯里的头一朵花了。”（选自周立波《暴风骤雨》）

【人是英雄钱是胆】 英雄有了钱胆就壮。指人要干事业要有一定的经济实力做支撑。 例句 “‘～’。既然老板他肯破费银两，这事儿好办。”（选自鲍昌《庚子风云》）

【人瘦体弱面发黄，地瘦力弱不打粮】 人的身体瘦弱了，就会面色发黄，看起来没什么精神；土地贫瘠了，粮食就会减产。

【人熟是一宝】 指凡事人地

生疏难行动，人熟地熟好办事。同“人熟好办事”。 例句 常言道：“～。”这几年更是“公章有碗大，不如熟人一句话”。（选自崔巍 钮宇大《爱与恨》）

【人死不结冤】 指人死冤解，生者不和死者记旧恨， 例句 “不管怎么说，薛仁贵为大唐朝的江山社稷，立过十大汗马功劳。万岁，你不要记恨前仇，这就叫‘～’啊!”（选自刘林仙《薛丁山征西》）

【人死如灯灭】 人的生命消失，就像灯熄灭一样，不复存在。 例句 ～，悲伤也无济于事，你一定要坚强起来，好好活着。

【人随王法草随风】 王法：封建时代的国家法律，泛指法令。指在法律面前，人人必须知法畏法，遵守法度，就像草顺着风势一样，违抗不得。 例句 “你别不识抬举！俗话说：‘～。’小胳膊硬和大腿别劲，那可是‘木匠带枷——自作自受’！”（选自高玉宝《高玉宝》）

【人抬人高，水抬船高】 指人受到别人的扶持抬举，声望和地位就会相应提高，就像水涨了船身会被抬高一样。 例句 “承蒙三朋四友的帮助，～，我混得很好。”（选自杨杰《牡丹血》）

【人听甜言易上当，马踏软土易失蹄】 人爱听奉承话就容易上当受骗，就像马踩到软土上容易摔倒一样。指爱听奉承恭维的话，别有用心的人就会有机可乘。 例句 ～。别听他花言巧语拿话填乎你，心里不定打什么主意呢。

【人同此心，心同此理】 指合情合理的事，大家想法都会相同。例句 “俗话说的：‘～’。若说照安公子这等人物，她还看不入眼，这眼界也就太高了，不是情理。”（选自文康《儿女英雄传》）

【人外有人，天外有天】 喻指能人之上往往还有能人。 例句 “～”。有些人确实不如你，但你也确实不如很多人。

【人往高处走，水往低处流】 与水向低洼的地方流动不同，人应该攀高向上，向好的方向发展。也作“水往低处流，人往高处走”。 例句 你，凌云，难道忘了你的外祖父中过举人，你的父亲作过中学校长？～，你怎么会想去卖针头线脑、三个钱的姜两个钱的醋呢？（选自老舍《女店员》）

【人微言轻】 指地位低，言论主张不受人重视。 例句 这时，在春旺心里，没有任何地位悬殊、～的世俗观念，没有一点患得患失的个人考虑。（选自谌容《万年青》）

【人为财死，鸟为食亡】 意思是为了追求金钱，连生命都可以不要。引申为为了得到财富会想尽办法，以至于不择手段。 例句 俗语说得好：“～。”当时袁伯珍听得这些说话，便要从此发一宗洋财。（选自佚名《官场维新记》）

【人无害虎心，虎有伤人意】 语出纪君祥《赵氏孤儿大报仇》杂剧。人没有伤害老虎的心思，而老虎却想伤害人。喻指坏人心底险恶，须加提防。　例句　“向华，大丈夫当断不断，反受其乱！人家都骑到咱们的脖子上啦！我劝你还是早下决心，要知道～哪！”（选自易宇祥林徐雁《红色起点——南昌起义全记录》）

【人无笼头拿纸拴】 人不能像牲口那样用笼头拴住，但立下契约字据却能够相互牵制约束。指契约字据具备法律效力。　例句　“走，到连队签合同去！”这是在拾花期间棉区最时髦的一句话，当然，小小的一纸合同，还真应验了“～”的古训。（选自韩东海等《八十九团职工喜欢“签合同”》）

【人无千日好，花无百日红】 比喻好景不长或友情难以持久。　例句　“要知‘天道岂全，人情岂满’‘美景不长，良辰难再’‘～’，保不住‘杯中酒不空’，又怎保得住‘座上客常满’？”（选自文康《儿女英雄传》）

【人无前后眼，祸害一千年】 指人做事若只顾眼前，没有远见，就可能贻害无穷。　例句　“‘～’。你将来再想进去就难啦。”（选自陈登科《风雷》）

【人无善志，虽勇必伤】 语出刘安《淮南子·主术训》。人没有正确的志向，即使很勇敢也一定会受到伤害。　例句　一般来说，有志的人都有勇，志向要通过勇敢来实现，勇敢要服从于志向。汉朝的刘安说：“～。”可见，勇敢也要看用到什么地方。（选自吴增旺《善志必成》）

【人无书气，即为粗俗】 语出梁章钜《退庵随笔·政事》。书气：学问渊博的气质。指人应不断用知识充实提高自己。　例句　“～。”就是砸锅卖铁，也要供娃儿上学念书！（选自计猛亮《再苦不能苦教育》）

【人无头不走，鸟无头不飞】 比喻没有领头的人就办不成事。也作“鸟无头不飞，人无头不走”。　例句　“～。只要你老挺身而出，领个头，掌起舵，下龙潭，入火海，我们跟着你。”（选自陈登科《赤龙与丹凤》）。

【人无贤愚，非学曷成；理无精粗，惟学乃明】 语出陆以湉《励学箴》。曷：怎么。惟：只有。人无论聪明还是愚笨，不学怎么会有成就；道理无论精细还是粗糙，只有学习才能辨明。　例句　在现代世界中敏锐观察世界、分析环境、深刻认识事物本质及发展动向，是每一个想做好工作、想成功的人的重要前提。能够熟练地做好这些，唯一的办法：一是实践，二是学习。所以清人陆以湉说：“～。”（选自杜肇昆《随想·序》）

【人无笑脸休开店】 指开店做生意，必须做到笑脸迎顾客，和气待来人。同“人无笑脸莫开店”。

例句　服务行业的人，最要紧的是要有为顾客服务的观点。人常说的“～”，这“笑脸”，就是尊重顾客，和气生财。（选自晋仰山《谈和气生财》）

【人无远虑，必有近忧】　语出《论语·卫灵公》。意指如果没有长远的考虑，就必定会有马上到来的忧患。同“没有远虑必有近忧”。　例句　权曰：“～。子明之见甚远。”（选自罗贯中《三国演义》）

【人无志不立】　意思是人没有志向就失去了立足的根本，就会一事无成。　例句　树无根不长，～。人从小就确立自己的人生理想很重要。

【人误地一时，地误人一年】　人一时错过了播种的良机，土地这一年就没有好收成。比喻一旦错失时机，就可能造成无可挽回的损失。　例句　“～。”由于见事迟，行动慢，丧失机遇，所造成的政治资源的损失比“误了农时”的后果要严重得多。（选自邓伟志《政治资源配置问题简论》）

【人闲生病，石闲生苔】　人闲得无聊就容易生病，就像闲置的石头很容易长出青苔一样。指人应该活得充实而有意义。与“人闲生懒，地闲长草”义近。　例句　永生撂下瓦刀，礼貌地站起身来，两手抓住对襟褂子扇着风，龇着两排整齐的白牙笑咧咧地说：“～。干点营生儿心里痛快！”（选自郭澄清《龙潭记》）

【人心不同，各如其面】　意思是人心思的不一样，就像人的面孔一样。人的面目谁和谁的也不一样，人的想法也像人的面目一样，各自不同，体现了各人性格的独特性。　出处　《左传·襄公三十一年》（节选）：“人心之不同，如其面焉。吾岂敢谓子面如吾面乎？”

【人心不足蛇吞象】　人贪心不足，就会做出蛇去吞象之类的事情。指人贪心，就会被自己的欲望所害。俗语也作“人心不足蛇吞象，登了锅台想上炕”。　例句　古人说得好：“～。”当初贫困之日，低门扳高，求之不得，如今掘藏发迹了，反嫌好道歉起来。（选自冯梦龙《警世通言·桂员外途穷忏悔》）

【人心都是肉长的】　指人都有感情，都能体会别人的情意。　例句　“杏花！～，你对我的情意，我还看不出来吗？”（选自李英儒《战斗在滹沱河上》）

【人心隔肚皮】　指很难了解一个人的心思，所以防人之心不可无。例句　可是，～，有些事儿，哪能想到呢。（选自端木蕻良《曹雪芹》）

【人心换人心，八两换半斤】　旧秤十六两为一斤，八两等于半斤。意思是你待他真心，他也以真心待你。　例句　“人常说，～。自古道，两好合一好。亲戚总是亲戚。”（选自刘江《太行风云》）

【人心齐，泰山移】　意思是只要人们的心往一处想，共同努力，就能移动泰山。比喻只要大家一心，就能产生极大的力量。　例句　“～。”齐则有序，齐则有效，齐则有力。面对复杂的舆论生态，只有增强看齐意识，才能在思想上辨明方向，政治上站稳立场，传播上同气同声。（选自王燕文《让党性原则立起来强起来》）

【人心似铁，官法如炉】　语出《增广贤文》。指人心就是像铁一样坚硬，也经受不住像熔炉一样的法律。同“不怕人心似铁，难逃王法如炉”。　例句　传统文化意义上的规矩，主要体现在“礼”与“法”两个方面。礼者，履也，礼仪三百，威仪三千，文绉绉地，是软规矩。法者，刑也，～，威赫赫地，是硬规矩。（选自李建永《须从规矩出方圆》）

【人心所归，惟道与义】　语出《晋书·熊远传》。人心所归属向往的，只有道义。　例句　何为“道”？《晋书》有云：“～。”中华民族历来主张“君子义以为质”，强调“不义而富且贵，于我如浮云”，“国不以利为利，以义为利”……这些都是中国文化里的“道”。（选自汪晓东　肖伟光　于洋《打造中国经济新增长极——党的十八大以来推进三大战略述评》）

【人心未泯，公论难逃】　泯：泯灭，消失。人们的良知尚未泯灭，公众的评论就难以逃脱。指只要人间有良知，就会有公道。　例句　古人说得好：“～。”为了居正夺情，各官受谴等事，都上人士，各抱不平。（选自蔡东藩《明史演义》）

【人行千里，不战自弱；马行千里，不战自疲】　指长距离行军是很大的自我消耗，即使不打仗，人马也会疲弱。　例句　“咱大队人马刚刚来白良关，还没来得及休息。常言说：‘～。’依我之见，休兵三日，然后再战。”（选自石印红等《罗通扫北》）

【人行千里路，胜读十年书】　意思是在实践中更容易学到真正的知识。　例句　～。张老板走南闯北这么多年，他的见识和智慧真是今非昔比。

【人养玉三年，玉养人一生】　玉在长时间与人体的接触中，吸收了人分泌的油脂与热量，会变得愈加温润；而人与玉的长期接触，也会修炼人的品性涵养，也就是所谓的“君子无故，玉不离身”。另也有“人养玉，翡翠养心”的说法。

【人一能之，己百之；人十能之，己千之】　语出《礼记·中庸》。别人一次就能做到的，我反复一百次；别人十次就能做到的，我反复一千次。意谓人应以勤奋不懈的努力，以弥补天资之不足。　例句　如果能力不足，或接受新的东西不那么敏捷，就应以“～”的态度来战胜它，要兢兢业业，使自己所担负的任务能出色地完成。（选自李凌《从“放炮”谈起》）

【人一走，茶就凉】　喻指关系随人离开而疏远。反映的是人情世态。同“人在人情在，人走人情走”。　例句　“你和你的那些老战友有私人联系吗？能互相推心置腹吗？”“没有。”他承认，“都是‘～’。”（选自张贤亮《男人的一半是女人》）

【人应为生而食，不应为食而生】　人应该为了生存而吃饭，而不应该为了吃饭而生存。即吃饭是生存的条件而不是目的，生存的目的是实现人生的价值。　例句　你脑子里怎么老惦记着吃吃吃呢？～。现在又不是吃不饱饭的困难时期。

【人有不为也，而后可以有为】　语出《孟子·离娄下》。人只有对某些事舍弃不干，然后才可以有所作为干成一些事。　例句　“～。”对领导干部来说，时间和精力毕竟有限，不必要事必躬亲，有会必到，更不能越俎代庖，大包大揽。（选自辛士红《有种忙叫“只是看起来很忙”》）

【人有贵贱，不可概论】　指人有高贵、低贱之分，不可等同而论。出处　高明《琵琶记》（节选）：“（旦）怎道～？娘子是香闺绣阁之名姝，奴家是荆钗布裙之贱妾；况承君命而成婚，难让妾身而居右。”

【人有恒心万事成，人无恒心万事崩】　恒心：指持之以恒的毅力。人只要持之不懈地追求，什么事都有可能成功，否则什么也做不好。

【人有几等人，佛有几等佛】　指世人有等次级别之分，佛同世人一样，地位级别也互不一样。　例句　俗话说得好：“～。”也有过去佛，也有现在佛，也有将来佛。（选自《后西游记》）

【人有千算，天有一算】　指人的谋算再多，还要看时运如何。例句　天下事常出人预料，所谓“～”。往往说来万无此理的，却会真有其事。（选自杨绛《倒影集·鬼》）

【人有三不亲，姨夫姑夫舅妈】　意思是姨夫姑夫舅妈与自己都没有血缘关系，不是最亲的人。是旧时农村看待亲戚关系时存在的狭隘观念。

【人有三起三落，马有三肥三瘦】　三：虚指，表多次。人的命运有时顺利，有时受挫折；马在生长过程中有时肥壮，有时瘦弱。谓人生没有坦途，经历些坎坷很正常。　例句　～。虽然现在正处于逆境，请不要灰心，我坚信你一定会有东山再起的时候。

【人有善愿，天必佑之】　人如果心存善念，上天是会保佑他的。也就是说，行善必有善报。　例句　你资助这些孩子们，这是好事！别听那些闲言碎语，要相信～。

【人有失手，马有漏蹄】　失手：比喻意外的失利。漏蹄：失蹄，因踩空或脚软而跌倒。指人难免会有意外的失利，就像马有因踩空或脚软而跌倒的时候。也作“人有失手，马有失蹄”。　例句　“俺曹正今天打一套拳。常言道：‘～。’倘有不到

之处，望各位原谅一二，不要当场见笑。”（选自刘操南　茅赛云《武松演义》）

【人誉我谦，又增一美；自夸自败，还增一毁】　语出张鉴《浅近录·名语》。听到赞誉，自己表示谦虚，等于又增加了一分美德；自我夸耀，等于自我败坏，反而又增加了一分过失。指谦虚使人增进美德，自夸使人加重过失。　例句　别人夸你，只是肯定你某一点好，而不是说你就十全十美了。因此，别人越夸你，你就越应该检点自己，切不可洋洋得意。有句格言道：“～。”（选自成永灵《人无全，瓜无圆》）

【人越歇越懒，猫越吃越馋】　人越休息越慵懒，猫越吃好吃的嘴越馋。　例句　～。他已经老大不小的了，千万不能再这样惯着他了。

【人在福中不知福】　指人生活在幸福之中，往往由于没有经过艰难困苦，便不觉得这是享福。也指人的欲望是无穷的，已经享福了，还嫌不受用。同“生在福中不知福”。　出处　星火《旧时民歌》（节选）：“俗话说：‘～。’这话确实有道理。福里生福里长的年轻一代，对于当代的幸福生活习以为常，并不觉得有什么特殊的意义。”

【人在火上别加炭，人在难处别加盐】　指别人遇到了困难和问题，不要去落井下石。　例句　做人要有同情心、同理心，～。

【人在难处拉一把，强似烧香拜菩萨】　别人有困难时，你拉别人一把，其善行比烧香拜佛更实在。　例句　他媳妇住院了，正需要钱，～，把这个存折上的钱取出来，给他拿过去吧。

【人在时里，鳖在泥里】　人遇到好的时运，就好像鳖在泥水中一样自如。

【人在事上练，刀在石上磨】　指人在实践中经受锻炼才能增长才干，就像刀在石头上磨砺才能锋利。　例句　“缺点是有，那不要紧，克服了缺点，就是优点。古话说得好：‘～’，你们今天就好好儿检讨检讨吧！”（选自袁静　孔厥《新儿女英雄传》）

【人在屋檐下，不得不低头】　喻指人在对自己不利的特定环境下不得不忍耐，来保全自己。也作“人在矮檐下，不得不低头”。　例句　华人目前的发展方式与西班牙商家是无法做到互利双赢、和谐共存的。而这种态势对于华人在这里的长期发展是不利的，毕竟作为移民，我们是在人家的地盘上谋生，求发展，在很多时候是要“～”的。（选自欧浪《“百元店”非改不可》）

【人在做，天在看】　意思是举头三尺有神明，做坏事的人，终有一天会有报应。　例句　信仰是什么？老百姓有自己的理解和准则。“～，头顶三尺有青天”，这样的表述也许不为学者所认同，但它作为一种信仰却实实在在，许多人实际上做得也

不错。（选自李秀宝《高歌强军梦想凝聚不懈力量》）

【人争一口气，豁出去二亩地】 做人要有骨气有志气，宁可付出沉重代价也不能丢了尊严。 例句 这件事我要和他们硬扛到底，~，大不了拼个你死我活。

【人正不怕影子歪】 比喻为人做事走得正、行得端，不怕人说三道四。 例句 有余阿娘说："我相信有什么用呢？嘴巴长在人家身上！"有余说："嘴巴长在人家身上，不怕。手脚长在自己身上，最要紧！~。"（选自王跃文《漫水》）

【人之患在好为人师】 语出《孟子·离娄上》。患：毛病。好：喜好。人的毛病在于总喜欢当别人的老师。指缺乏自知之明不利于自己进步。 例句 孟子说"~"，我提倡当先生，但又反对当先生，所反对的是自称先生。（选自毛泽东《当学生，当先生，当战争领导者》）

【人之将死，其言也善】 语出《论语·泰伯》。人快要死的时候，他的话往往是真心而充满善意的。运用时常含贬义。 例句 那些临死前才认错的皇帝，大概像是俗语所说的"~"，临死前有了些良心发现吧。（选自李乔《皇帝的自我批评》）

【人之为学，不日进则日退】 语出顾炎武《与友人书》。人做学问，如果不是每天进步，那就会每天退步。强调学习必须努力坚持，不可松懈，就像逆水行舟不进则退。 例句 古人说："~。"学贵有恒，锲而不舍、滴水穿石才是真读书、善学习。（选自沈小平《"白天走讲干"与"晚上读写想"》）

【人之欲善，谁不如我】 语出《左传·僖公九年》。如：本义为顺从，引申为支持。意思是人想要做善事，谁不支持我呢？ 例句 真是古人说得不错："~？"便有几个小康之家，听得秦家散赈，也送了几担米来。（选自吴趼人《情变》）

【人之知识，若登梯然，进一级则所见愈广】 语出《陆象山集·语录》。人学知识，就像登梯子一样，每上一个台阶眼界就会开阔一些。

【人直不富，港直不深】 指爽直的人不可能发财致富，就如同港道笔直的地方水浅一样。 出处 清·王有光《吴下谚联》（节选）："人之生也直，无愧生理，当获美报：何以有'~'之谚。"

【人中吕布，马中赤兔】 吕布：东汉末年群雄之一。赤兔：好马的代表，可日行千里，还能夜走八百。夸赞杰出人才，万里挑一。 例句 经过战争的反复磨砺和筛选，贺炳炎和他那一代将军过关斩将，横空出世，成了这支伟大军队中罕见的精英，成了响当当的战略家、军事家，正所谓"~"。（选自贺捷生《闻鼙鼓而思良将》）

【人走时气马走膘】 时气：运气。人走了时运，就如同马吃了好料开始长膘一样，事事称心如意。 例

句 ～。该着牛皋露脸，喝醉了还把金将杀了。（选自刘兰芳 王印权《岳飞传》）

【人嘴两张皮】 指人说话不分是非，爱怎么说就怎么说。 例句 “真是～，愿说什么说什么。”（选自姜树茂《渔港之春》）

【仁义值千金】 比喻讲仁义的价值比千金的价值都高。 出处 吴承恩《西游记》（节选）：“纵有钱没处买呵，常言道：‘～’，教他赔你个礼，便罢了。”

【仁者爱人，义者循理】 语出《荀子·议兵》。仁就是爱护人民，义就是遵循事理。 例句 卿曰：“～。故兵者所以禁暴除害也，非争夺也。”（选自吴乘权《纲鉴易知录》）

【仁者必有勇，勇者不必有仁】 语出《论语·宪问》。有仁德的人一定是勇敢的，然而勇敢的人却并不一定有仁德。 例句 这种有历史责任感的道德自觉所构成的“仁”，确实达到一种人格力量的最高要求：“志士仁人，无求生以害仁，有杀身以成仁”；“～”。（选自李锐《“略通国学”与评说孔子》）

【仁者见仁、智者见智】 出自《易经·系辞上》：“仁者见之谓之仁，智者见之谓之智。”仁者看见它说是仁，智者看见它说是智。比喻对同一事物，不同的人从不同的立场或角度去看，会有不同的观点。 例句 什么是美？～，古今中外很难统一。（选自胡抗美《浪漫的美感》）

【仁者莫大乎爱人，智者莫大乎知贤】 语出《孔子家语·王言解》，意思是：仁的最高境界是爱护人才，智的最高境界是了解人才。 例句 “故～，政者莫大乎官能。”要爱护人才、了解人才的不同能力，然后才能正确地使用人才。（选自舒大刚等《一代经师——王肃》）

【仁者以财发身，不仁者以身发财】 仁爱之人用财富发扬自身的德行与事业，不仁的人不惜丧身以求发财。 出处 《大学》（节选）：“生财有大道，生之者众，食之者寡，为之者疾，用之者舒，则财恒足矣。～。未有上好仁而下不好义者也，未有好义其事不终者也，未有府库财非其财者也。”

【仁之所在，天下归之；德之所在，天下归之】 出自《六韬·文韬·文师》。谁有仁爱、施德政，天下的百姓就会归附谁。 例句 有句古话：“～。”作为领导，我以为文韬是最重要的，武略还在其次。《孙子兵法》第一章即讲文韬，这是有道理的，文师第一嘛！（选自边锡明《我的总结》）

【忍得一时忿，终身无恼闷】 忿：生气，发怒。指人要学会忍耐，不发怒，这样才能免去许多烦恼和苦闷。 例句 宝玉还不依，定要磕头。贾瑞只要暂息此事，又悄悄的劝金荣说：“俗语说的：‘～!’”（选自曹雪芹《红楼梦》）

【忍一句，息一怒；饶一着，退一步】 语出《增广贤文》。这是一种处世哲学。有争吵时少说一句，不动怒气；饶恕别人的过错，退让一步，便一切风平浪静，海阔天空。 例句 当一个人懂得～之时，就说明你的格局变大了，心胸更宽广了。

【忍一时之气，免百日之忧】 指能够忍受一时的怒气，而不感情冲动，就可以避免因冲动而付出长久的代价。同“忍得一时怒，免得百日忧”“忍得一时之气，免得百日之忧”。 例句 《景行录》云：“～。”一切烦恼，皆从不忍生。（选自石天基《传家宝》）

【忍之一事，众妙之门】 语出宋·吕本中《官箴》。指克制、忍耐是做好事情的奥妙所在。 例句 “～”。遇事能忍耐，是取得成功的秘诀。观察一个人的忍耐力，可以了解他的涵养程度。（选自钟松亮《百忍堂中有太和》）

【认理不认人】 只认谁有道理，不论亲疏远近。指办事公正，不讲私情。有时与“帮理不帮亲”连用。 例句 他是出了名的“倔脾气”，只～，好几次让顶头上司都下不了台。

【认理不认人，不怕不了事】 只要认准道理，不讲人情，就没有平息不了的矛盾。 例句 不过他摸得着支书的“性格”是“～”的，所以他没有把真心话说出来，只勉强承认说：“算了算了，都算我的错!咱们还是快点布置一下明后天的生产工作吧!”（选自赵树理《锻炼锻炼》）

【任凭风浪起，稳坐钓鱼船】 比喻随便遇到什么险恶的情况，都信心十足，毫不动摇。也作“任凭风浪起，稳坐钓鱼台”。 例句 “你应该以不变应万变，～。”（选自张贤亮《习惯死亡》）

【任它狗儿怎样叫，不误马儿走大道】 任凭狗在路旁狂叫，马照样奔跑在大道上。比喻不管坏人如何滋事破坏。也阻挡不了正义的事业向前发展。 例句 “嗨！‘～’。真的‘不怕虎生三只口，只怕人怀两样心’。”（选自孔厥《新儿女英雄续传》）

【日光不照临，医生便上门】 意思是经常不晒太阳的人，恐怕就要生病了。

【日落乌云涨，半夜听雨响】 意思是说太阳下山时，西边有云发展起来，半夜可能会下雨。同“日落云里走，雨在半夜后”。

【日落胭脂红，无雨便是风】 意思是日落时出现的晚霞像胭脂那样红，第二天即使没有雨也必然有风。

【日日行不怕千里远，时时学能读书万卷】 指做任何事情只要持之以恒，就能达到目的，就会有收获。与“日日行不怕路途远，常常学不怕知识浅”“日日行不怕万里远，朝朝做不怕万事难”意思相近。

【日头倒笑，明天晒得猴叫】 夏天时傍晚是个大晴天，第二天会非常炎热。

【日头落入云，明个晒死人】夏天太阳落入晚霞中，第二天天气容易炎热。

【日月虽明，不照覆盆之内】覆：翻倒。日月的光辉虽然很明亮，也照不到翻倒的盆子下面。比喻君主或上司再圣明，也难免有冤案发生。 出处 元·王仲文《救孝子》（节选）：“他本是一个寒儒，怎犯下十恶大罪？方信道：‘～。’”

【日月钻圈，天要变脸，有口为风，无口有雨】当天空出现了日晕或者月晕，就容易迎来下雨或刮风的天气。与“日晕三更雨，月晕午时风”类似。

【日中则移，月满则亏】移：改变。太阳到了中午就会向西改变，月亮圆满了就要亏缺。比喻事物发展到极致，就会向相反方向转化。 例句 “语曰‘～’。物盛则衰，天之常数也；进退、盈缩、变化，圣人之常道也。”（选自刘向《战国策·秦策》）

【日中则昃，月盈则食】语出《周易·丰·彖传》。昃（zè）：太阳偏西。盈：满；食：通“蚀”。太阳到了中午就要偏西，月亮盈满了就要亏缺。比喻事物发展到极致，就会向相反方向转化。也作“日中则昃，月盈则亏”。 例句 ～，天地盈虚，与时消息；是以圣人不敢当盛。（选自刘向《说苑·敬慎》）

【柔能克刚】指以柔弱的手段能够制服刚强的人。 例句 “某素知刘备宽以待人，～，英雄莫敌。”（选自罗贯中《三国演义》）

【肉贱鼻子闻】价钱便宜的肉要用鼻子闻一下，以防变质。 出处 郭小亭《济公全传》（节选）：“有一位买了四块肉，心中甚喜。心想：‘这肉足够一斤一块。’走两步，他闻一闻。俗语说的不错：‘～’。”

【肉烂在锅里】比喻对抗或矛盾化解在内部，无所谓谁得谁失；或比喻好处或便宜未被外人占去。 例句 这件事就到此为止了，～，谁也不许传扬出去。

【肉眼不识神仙】肉眼：普通人的眼睛。比喻普通人辨识不出杰出人物。 出处 元·辛文房《唐才子传》（节选）：“复唱二绝，皆之涣词。三子大笑。之涣曰：‘田舍奴，吾岂妄哉!’诸伶竟不谕其故，拜曰：‘～。’三子从之酣醉终日。其狂放如此云。”

【如不知足，则失所欲】如果不知道满足，就会失掉想得到的。 出处 陈寿《三国志·魏书·王昶传》（节选）：“语曰：‘～。’故知足之足常足矣。”

【如蜜蜂一样，采过许多花，才能酿出蜜来】语出鲁迅《致颜黎民》。比喻创作必须深入生活，广泛搜集素材。 例句 “必须～。”蜜蜂酿蜜虽然是一种常见的生活现象，但把它借来用在文学创作上，却阐

发了一个极其深刻的哲理，概括了文艺创作的一条基本规律，即典型化问题。（选自艾斐《采得百花酿蜜来谈典型化》）

【如切如磋，如琢如磨】 语出《诗经·卫风·淇奥》。古代把兽骨加工成器物叫“切”，把象牙加工成器物叫“磋”，把玉加工成器物叫“琢”，把石头加工成器物叫“磨”。所以后世有时用它的本义，表示高尚品德的修养过程；有时比喻互相研讨，取长补短；有时又表示对学问的勤奋钻研或对艺术的精益求精。 例句 在赞比亚广电公司、赞通社、《时报》、《每日邮报》和《邮报》，代表团成员与赞比亚朋友交流新闻业务，共谋合作发展，大家~。（选自蒋安全《紫薇花开时节——在赞比亚感受中非务实合作》）

【如入宝山空手回】 比喻本来可以大有收获结果却一无所得。 出处 元·杨显之《酷寒亭·楔子》（节选）：“正是当权若不行方便，~。”

【如鱼饮水，冷暖自知】 语出岳珂《桯史·记龙眠海会图》。比喻自己经历的事，自己知道甘苦。现也作“如人饮水，冷暖自知”。 例句 细数这二十个年头，时而顺畅，时而坎坷，一路迤逦走来，~。（选自南牧马《说逆境》）

【入国问禁，入里问俗】 指到另一个国家或地方，要先了解有什么禁忌和风俗，以免触犯。 例句 “古语说‘~’，你问也不问一声，为何就大胆走到这里来？”（选自《后西游记》）

【入门休问荣枯事，观看容颜便得知】 荣枯：指草木的茂盛和萎败，比喻人的处境顺利与否。意思是进门不用问过得怎么样，只需察看一下对方的脸色就知道了。 出处 九山书会才人《张协状元》（节选）：“[丑白]苦!孩儿，快把火艾丸炙脚后根（跟）。[外]扶入兰房看我儿，[丑]急忙须早去求医，[净]入门休问荣枯事，[合]观看容颜便得知。”

【入山不怕伤人虎，只怕人情两面刀】 比喻两面三刀的人对人的伤害，比老虎还要可怕。 例句 “俗话说得对：‘~。’我向你说过多次；能媚你者，必能害你，要加倍防备；肯谏你者，必肯助你，要倾心细听。”（选自曲波《桥隆飙》）

【入山问樵，入水问渔】 语出庄元巨《叔苴子·内篇》。进入山中遇到问题就得向樵夫请教，到了湖海遇到问题就得向渔夫请教。喻指遇到哪方面的问题就要向哪方面的内行请教。 例句 唯有深入思考学、反复研究学，发扬“~”精神，由表及里、由浅入深、层层递进，才能把零散的东西系统化，让感性的认识上升为理性认识。（选自杜勤俭《改造学习 改进学风》）

【入深水者得珍珠，涉浅滩者捞鱼虾】 喻指付出多大努力，得到多大回报。　例句　采访要到基层去，到生产一线去。“～”。与实际生活距离的远近，在一定程度上决定了新闻稿件的质量。

【入田观稼，从小看大】　观稼：观察禾苗的长势。指到田地里观察禾苗的生长情况，就能预料到庄稼长成后是否丰收。比喻事情的发生发展都有征兆，从目前情况可以预测未来。　出处　明·李梦阳《空同集》（节选）：“孟章弟为儿时，业自言，火蒸蒸自丹田起，冲脑眩，乃后恒病热。卒死。彼谚有之曰：‘～。’言有兆必先也。”

【入乡随俗】　指到一个地方，就顺从当地的习俗。常用于形容外乡人尊重、适应和主动融入当地风俗文化。　例句　八路军每到一个新的地方，都～，与当地的老百姓打成一片。

【软的怕硬的，硬的怕横的，横的怕不要命的】　指的是性格懦弱的人害怕强硬的人，性格强硬的人害怕比自己更有实力和霸道的人，霸道并有一些实力的人还是很害怕一些亡命徒之类的人。也就是说，人们在面对不同类型的对手时，会根据对方的性格、态度和行为方式来调整自己的行为和心态。

【软面饺子硬面条儿，紧下笊篱慢下勺儿】　包饺子要把面和得软一些，饺子熟了赶紧盛出来；擀面条要把面活得硬一些，在锅里多煮一会儿，这样做出来的饺子和面条才好吃。

【软硬不吃】　使用软和硬的方式都不奏效。　例句　一周下来，英国学生的顽皮和不服管着实把中国老师难为得牙根痒痒，真是有点儿拿这群～、油盐不进的熊孩子没招儿了。（选自戴军《中英教育对比实验的启示》）

【瑞雪兆丰年】　瑞雪：指应时而下的雪量适中的雪。意思为适时的冬雪为麦田补充了墒情，预示着来年是丰收之年。　例句　“俗语道：‘～’，明年的小麦一定收成好。”（选自曲波《桥隆飙》）

【若登高必自卑，若涉远必自迩】　语出《增广贤文》。意思是登高一定从低处开始，走远路一定从近处开始。喻指做事须扎扎实实、循序渐进。　例句　这么大的事不能急，得慢慢来。“～”。欲速则不达。

【若要捕小鸟，先与闻甘歌】　指要想逮小鸟，先得用美妙的歌声诱惑它。比喻要想制服对方，先得投其所好诱惑对方。　例句　王化冰很懂得中国那句古谚：“～。”他不再从正面进攻了，正面进攻，容易碰壁，而迂回奔袭，却往往成功。（选自黎汝清《冬蕾》）

【若要不生病，锅碗瓢勺要干净】　意思是平时注意饮食卫生，可以有效预防疾病。

【若要断酒法，醒眼看醉人】　语出《增广贤文》。意思是如果想戒酒，好的办法是用清醒的眼光，去看看醉酒者醉后的丑态。

【若要好，大做小】 意思是要想把事情办好，就应服低做小。 例句 行者道：“~”。沙僧道：“怎么叫做大做小？”行者道：“若要全命，师作徒，徒作师，方可保全。”（选自吴承恩《西游记》）

【若要好，问三老】 意思是如果想办好事情，就要先请教几位有经验的老人。 例句 “常言道：~。俺与您去寻着三个老的问他，道是该吃也不该吃。”（选自康海《中山狼》）

【若要人不知，除非己莫为】 出自枚乘《上书谏吴王》：“欲人勿知，莫若勿为。”意思是要想别人不知道自己做的事情，除非自己不去做。指干了坏事终究要暴露。也作“要想人不知，除非己莫为”。 例句 “旁边人听了这边的，又听了那边的，四面印证起来，便知得个清清楚楚。古语说的：‘~’，果然说得不错。”（选自吴趼人《二十年目睹之怪现状》）

【若要有前程，莫做没前程】 如果要想让自己的前程美好，就不要做妨碍前程的事。 例句 “古人云：~。你既上界违法，今又不改凶心，伤生造孽，却不是二罪俱罚？”（选自吴承恩《西游记》）

【若依佛法，冷水莫呷】 呷：喝。如果依照佛教法规，连冷水都不可以喝。指修养德性不必过于拘泥，小事上不必循规蹈矩。 出处 冯梦龙《醒世恒言·薛录事鱼服证仙》：“凡人修善，全在这一点心上，不在一张口上。故谚语有云：‘佛在心头坐，酒肉穿肠过。’又云：‘~。’”

【若争小可，便失大道】 语出《增广贤文》。小可：寻常的。大道：正确的道理。只纠缠枝节末端的小问题，就会迷失更重要的道理。 例句 ~。这种得不偿失的事情，老兄千万不要去做。

S

【撒泡尿照照】 嘲讽人没有自知之明。 例句 你也不～，你有什么资格与我说短论长。

【撒网要撒迎头网，开船要开顶风船】 比喻不怕困难，知难而进。 例句 ～。干事业就要有敢创伟业，事争一流的英雄气概。

【三百六十行，行行出状元】 比喻不论干哪一行，只要热爱本职工作，都能做出优异的成绩。 例句 这次，只有姑夫一个人在那里说话了："勉之，别的不说，有一句古老话，大概你还相信，～。况且在造纸厂做工，到底也学点真本事。"（选自茅盾《少年印刷工》）

【三杯通大道，一醉解千愁】 意思是三杯酒下肚可通晓人生的大道理，大醉以后就能解除所有忧愁。形容人在不得意时，靠饮酒来安慰自己，自我陶醉。 出处 《增广贤文》（节选）："有花方酌酒，无月不登楼。～。"

【三步并做两步】 形容快步行走，步子迈得很大。 例句 吴宗笠一见他爹迎了出来，连忙～，跑上前去给他爹请安。（选自刘绍棠《地火》）

【三步没有两步近】 形容亲戚朋友之间远近亲疏有别。 例句 常话说"～"。我跟他只是普通朋友，怎么能和咱俩的亲戚关系比呢?

【三长两短】 常指意外的灾祸、有生命危险的事故。也是对人死亡的一种婉转说法（多用于假设、虚拟）。 例句 "要是万一李嫂子有～，真是可惜！"（选自姚雪垠《李自成》）

【三尺柜台量天下】 比喻商店的三尺柜台不大，却可以阅尽人间百态。

【三寸不烂之舌】 形容能说会道，善于辞令的口才。 出处 司马迁《史记·平原君虞卿列传》（节选）："毛先生以～，强于百万之师。"

【三寸气在千般用，一旦无常万事休】 三寸气：犹言一口气。无常：死的委婉说法。休：完结。人只要有一口气在，可以做各种各样的事情；一旦死了，就所有的事都别想干了。也作"三寸气在千般用，一日无常万事休"。 例句 到了正月二十一日，五更时分，相火烧身，变出风来，声若牛吼一般，喘息了半夜。挨到巳牌时分，呜呼哀哉，断气身亡。正是：～。（选自兰陵笑笑生《金瓶梅》）

【三分在治，七分在养】 意思是人的身体不要指望病了再去治疗来恢复，而是要注意平时身体的调养和遵行各项规律来防止疾病的发生。

【三分造，七分管】 指植树造林的后期管理，比种树还费事耗力。

【三伏不尽秋来到，六九不到春来临】 三伏：出现在小暑与处暑之间，是一年中气温最高且又潮湿、闷热的时段。六九：数九中第六个九天。意思是三伏天还没有过完，就会立秋；六九还没开始，就会立春。

【三个饱一个倒】 每天吃三顿饱饭，睡一次觉。形容人庸庸碌碌没有作为，或过着很舒适的日子。 例句 他整天无所事事，就知道～，将来能有什么出息。

【三个臭皮匠，顶个诸葛亮】 “皮匠”实际上是“裨将”的谐音。“裨将”在古代指“副将”。原意是指三个副将的智慧能顶一个诸葛亮。民间流传中被说成了“皮匠”。意谓几个普通人的智慧合在一起，也能抵得上一个超级聪明人的智慧。比喻人多出智慧。也作“三个臭皮匠，抵个诸葛亮”。 例句 “～”，群众中蕴藏着巨大的智慧和力量。领导干部下基层，要拜师于民、问“题”于民，找问题所在、寻破题之法。（选自张砥《问“题”于民》）

【三个和尚没水吃】 出自俗语“一个和尚担水吃，两个和尚抬水吃，三个和尚没水吃”。比喻人多了互相依赖，互相推诿，事情反而没有人做。 例句 长江流域的过度开发和污染，以及地方各打算盘、各行其是，让共饮一江水成了一种无奈的相互捆绑。长江保护之困，恰如“～”。（选自杨绍功《“三个和尚没水吃”的保护之困》）

【三个女人一台戏】 意思是几个女人聚在一起，会有各种各样的话题，就像是一台好戏一样。 例句 她们三个遇到一块儿，就说笑个没完，平时冷清的院子一下就热闹了，真是～啊。

【三滚饺子两滚面】 煮饺子的时候，通常在锅开三滚之后，饺子就熟了；煮面条的时候，通常锅开两滚之后，面条就熟了。

【三棍子打不出个屁】 形容人老实，不爱讲话。 例句 他别的都好，就是不爱说话，～来。

【三教元来是一家】 三教：儒教、道教、佛教。元来：原来。在中国的文化中，儒、道、佛所宣扬的教义相差无几，三位一体。 例句 自古说得好：“～。”待贫僧看他，不免把些善言劝他归山去罢。（选自罗懋登《西洋记》）

【三句话不离本行】 行：行当，职业。形容一说话总离不开所从事的职业范围。 出处 李宝嘉《官场现形记》（节选）：“每到一处，开口～，立刻从怀里掏出捐册送给人看。”

【三军可夺帅也，匹夫不可夺志也】 语出《论语·子罕》。三军：军队的通称。匹夫：泛指平民百姓。夺：改变，换。意思是一国军队的首领可以被改变，但是男子汉的志向是不能被强迫改变的。也简作“三军可夺帅，匹夫不可夺志”。 例句 气节是人生的灵魂支柱和精神脊梁。孔子用“～”称赞气节，孟子倡导“善养吾浩然之气”涵养气节。（选自林永兴《共产党人的政治气节》）

【三里不同乡，五里不同俗】 就算距离很近的乡村，风俗也并不完全一样。同“三里地乡俗不同”。 例句 ～。咱们闺女出嫁了，就要入乡随俗，多学学人家男方那边的规矩。

【三里地没真信儿】 三里地远近就没有真消息。比喻传言容易失真。 例句 ～，你千万不要听信那些嚼舌头根子的人瞎说。

【三埋两踩一提拉】 种植树苗的基本步骤。 例句 种植树苗说难也难，说容易也容易，总之就是难的不会，会的不难，对于行家来说，也就是～的事儿。

【三年不开张，开张吃三年】 指做特殊行业的生意，长时期无人问津，一旦开张卖出一次，所赚利润异常丰厚。多指做古玩字画生意，长时间不开张，一旦开张，所赚利润颇丰。 例句 王润身道：“这就合了中国人说古董商人那句话了。～。他们那些军火，存在本国，反正也是废物，封在库里，迟卖早卖，也和本利无关。现在只拍一个电报或一封信，委托在中国的一个侨民进行，又花得了什么呢。”（选自张恨水《京尘幻影录》）

【三年不上门，当亲也不亲】 意思是亲近的人如果长时期不来往也会变得疏远。 例句 “常言道：～哩。你与他相别五六百年，又不曾往还杯酒，又没有个节礼相邀，他那里与你认什么亲耶？”（选自吴承恩《西游记》）

【三年笛子，二年笙，半年胡琴不能听】 意思是学习吹拉弹奏乐器要经过日积月累，短时间不可能取得大的成绩。

【三年清知府，十万雪花银】 是讽刺标榜廉洁的官员，实际上也在大肆榨取民脂民膏。 例句 王太守笑道：“可见～的话，而今也不甚确了。”（选自吴敬梓《儒林外史》）

【三年学说话，一生学闭嘴】 人出生后两三年可以学会说话，却要用一生的时间学习不让自己乱说话。 例句 俗话说病从口入，祸从口出。～。有些时候能少说就尽量少说，学会闭嘴是重要的人生课题。

【三贫三富不到老，十年兴败多少人】 人生会有多次贫富变化，十年之间有很多人兴盛起来，也会有很多人败亡了。指人的命运变化无常。 例句 ～。人生在世，还是到哪山砍哪柴，随缘就好。

【三拳打出亲人来】 与人打架，有血缘关系的人会站出来相帮相助。 例句 他与人产生了争执，他二哥闻讯立刻赶来帮腔，真是～。

【三拳敌不过四手】 意思是人

少的敌不过人多的。 例句 “人家人多势众，有洋枪洋炮，就凭你们这几个民兵还能顶住？～呀！”（选自马烽 西戎《吕梁英雄传》）

【三拳难敌四手，独虎难胜群狼】 意指少难胜多，寡不敌众。或也作“好拳难敌四手，恶虎斗不过群狼”“双拳难抵四手，一虎难抵群狼。” 例句 “常言讲：‘～。’我已经胜了四道，又献绝技。如再会他们二丐，就非吃亏不可。”（选自刘浩鹏《洪武剑侠图》）

【三人成虎，众口难捂】 城里本没有虎，但只要有三个人说有，听者就信以为真。比喻谣言说的人多了，就能使人们把谣言当成事实，而大家的嘴难以堵上，很难禁止谣言流传。 例句 ～。谣言真是太可怕了。

【三人行，必有我师】 语出《论语·述而》。意思是几个人一起走，其中必定有人可以做我的老师，有我值得学习的优点。 例句 尊敬师长是传统文化的精髓。“～焉。”孔子的千古名言已经成为中华民族尊师风气的佐证。无论是至圣先师，还是君王将相，无不对老师心存尊重和感激之情。（选自刘志新《贵师而重傅》）

【三人一条心，黄土变成金】 比喻团结力量大。 例句 有些人羡慕郭振山，说他弟兄“～”。（选自柳青《创业史》）

【三日无粮不聚兵】 部队三天没有食物，士兵就会解散。也借指如果物资供应不上，一个团体就可能会散伙。 例句 “为今之计，只有一着，须向这边太守讲了，叫他出张禁止屠沽的告示，这叫‘～’，这伙人没酒吃，自然散亡。”（选自烟霞散人《斩鬼传》）

【三声鼓响，不如雷吼一声】 比喻普通人的千言万语，比不上关键人物的一句话。 例句 李孝生阴险地笑笑，“～，我可全是为了你，劳模！”（选自吴飞舸《泪土》）

【三十不发，四十不富，五十将来寻死路】 意思是如果一个人在30岁的时候，不进取，那在四十岁的时候就没有累积资本，在50岁的时候，就只能混吃等死。也就是说，人要趁年轻奋发图强，才能有幸福的晚年。

【三十六计，走为上计】 “三十六计”是中国古代兵法的三十六个计策，“走为上”是其中的一计。原指无力抵抗敌人，以逃走为上策。后也指事情已经到了无可奈何的地步，没有别的好办法，只能出走。也作“三十六计走为上”。 例句 女婿比较机灵，一看形势不妙，～，溜之大吉。（选自余易木《初恋的回声》）

【三思而行事必成】 指经过反复考虑，然后再行动，就一定能够成功。 例句 无论做什么事，一定要经过深思熟虑，～。

【三岁打娘娘含笑，廿岁打娘娘上吊】 意思是孩子小时候举起小手去打妈妈时，妈妈会觉得小宝贝好可爱，挨了打还很开心；可是当孩子长大成人再打生养自己的母亲，母亲会生气得要死。

【三岁的小孩都知道】 形容尽人皆知，无人不晓。 例句 这么浅显的道理，就连~，你就不要再反复啰嗦了。

【三岁看大，七岁看老】 看一个人三岁时候的样子，就可以看到他长大之后的样子；看一个人七岁时候的样子，就可以看到他老了之后的样子。指看一个人小时候的行为表现，性格品德，就可以大概预测这个人的将来怎么样。 例句 俗话说的“~”，指的多是为人个性。但可能不是太多人知道，这句话也正可以用来描述我们的骨骼。（选自伍彻游华玲《诊断骨质疏松 DXA最靠谱》）

【三天不打，上房揭瓦】 喻指孩子调皮；也形容无人管束便张狂不守规矩的行为。 例句 在乡村上小学时，我们一群男孩子真的是“~”。印象里，老师的教鞭是震慑学生的“法器”，是树立权威的道具。（选自张春波《老师的“武器”》）

【三天不念口生，三天不练手生】 指诵书和写字要经常练习。

【三天打鱼，两天晒网】 比喻对学习、工作没有恒心，经常中断，不能长期坚持。 例句 “四风”问题时抓时不抓，~，时松时紧，会给人一种心理暗示：混一阵，挺一阵，躲一阵就过去了，如此这般，难以取得作风建设的持久效果。（选自陈乃举《抓常·抓细·抓长》）

【三条腿的蛤蟆不好找，两条腿的人有的是】 指人有很多，很容易找，不稀罕。同“三条腿的蛤蟆没见过，两条腿的人有的是”。 例句 老王上下打量了秦天几眼：“小伙子，天底下~，你为什么要录用这么一个女人？不怕她把你的公司变成鸡窝吗？”（选自刘小征《医鼎天下》）

【三下五除二】 珠算中最基本的加法口诀之一。现多形容做事干脆利索。 例句 三个孩子像土匪一样扒在锅上，~就吃得差不多了。（选自路遥《平凡的世界》）

【三星挂正南，家家贴春联】 参宿三星高悬南方天空时，农历新年就到来了，家家户户就该贴春联了。

【三月南风不过三，四月南风只一天，五月南风当日雨，六月南风遍地干】 农历三月刮起南风，三天之内或将出现降雨；四月出现南风，一天之后或会下雨；五月刮南风当天或就会下雨；六月刮南风天气会很干旱。

【三月清明榆（钱）不老，二月清明老了榆】 如果清明是在阴历三月，则榆钱不老，仍可食用；如果清明节是在阴历二月，则榆钱就老了，食用不美了。

【三月桃花一时红，风吹雨打一场空】 桃花开的时间很短，正常的天气也不过二三天的时间，如果碰到风雨天就更短了。

【三早抵一工，三补抵一新】 起三个大早就可以抵得上一天的工作量；衣服破了缝补三次就相当于又买了一件新的。分别强调了勤奋和节俭的重要性。

【三指深、一指浅、二指种棉才保险】 种植棉花太深不容易出土，太浅种子易落干或“戴帽”出苗，保持在二指的深度，不深不浅正合适。

【三追不如一底，年外不如年里】 意思就是多次的追肥都不如施一次底肥，等到开年再施肥，不如年内就施齐全了。

【三锥子扎不出血来】 形容反应迟钝、麻木，或极不爱说话。 例句 “嘎子多年不回来，你就找不着一句话？真是～！”（选自魏巍《东方》）

【扫把不放四处，日子越过越富】 不要把扫帚放在四个地方——门外边、正对着窗户、卧室和客厅、卫生间，日子就会越过越好。是一种迷信说法，并无科学依据。

【扫墓不过三代】 扫墓祭祖仪式基本都是由三代之内的人进行的。

【扫帚响，粪堆长】 因为人勤快，经常打扫，秸秆、树叶之类的可以沤肥，所以粪堆日益见长，积累的土肥就会增多。

【扫帚云，泡死人；乱搅云，雨淋淋】 因空气对流旺盛而形成的积雨云，其白色顶部像一把倒插着的扫帚，故称为“扫帚云”；在同一时间内空中存在着互相重叠高低不同的云，即所谓的“乱搅云”。出现以上两种云，都是有雨的前兆。

【僧不离寺，道不离观】 僧：和尚。道：道士。和尚不能离开寺庙，道士不能离开道观。常用来比喻人不能擅自离开自己的岗位。 例句 俗话说：“～。”你怎么总是擅自离开你的岗位呢？

【杀兵不如惩将】 为了严明纪律，惩罚士兵不如处罚将领。喻指处罚要自上而下，才有威慑力。 例句 他正想杀几个人以儆众，这时，一名千总带着两名士兵慢悠悠地走来，腰间挂着几只野鸡、斑鸠之类的猎物。向荣想：“～。”脸一沉，杀气腾腾地盯着那个千总。（选自顾汶光等《天国恨》）

【杀鸡给猴看】 比喻惩罚一个人来警告其他人。是一种管理手段或计谋。 例句 当时，有人主张杀掉外公，遭到了毛泽东的坚决反对。毛泽东说：“打击萧劲光是为了打击我，是～。”（选自李江《外孙眼中的开国大将萧劲光》）

【杀鸡何须用牛刀】 杀只鸡何必用宰牛的刀。比喻办小事情用不着花大气力。 例句 ～，招聘清洁工还用得着要本科学历吗？

【杀鸡焉用牛刀】 本自《论语·阳货》的“割鸡焉用牛刀”。意思是杀只鸡何必用宰牛的刀？比喻大材小用或办小事情用不着花大气力。

例句　轻痛重治会造成医疗资源的极大浪费，正像俗语说的一样，～？（选自高琪《为癌症病人创造无痛世界》）

【杀老牛莫之敢尸】　尸：执掌，主持。宰杀老牛没有人敢作主。喻指对有威望或有贡献的人，没有人敢加害于他。　出处　《左传·成公十七年》（节选）：召韩厥，韩厥辞，曰："昔吾畜于赵氏，孟姬之谗，吾能违兵，古人有言曰，'～'，而况君乎，二三子不能事君，焉用厥也。"

【杀了头，碗大的疤】　指砍头了，脖子上仅仅是个碗大的伤疤而已。比喻视死如归，对死亡不在乎。　例句　～，二十年后还是一个小娃娃。（选自李宝嘉《中国现在记》）

【杀人不过头点地】　杀个人不过是头掉在地下。意谓没什么大不了的。常用来告诉对方不要怕死，或比喻做人或者做事情要留有余地，不要太过分。　例句　宝玉还不依，偏定要磕头。贾瑞只要暂息此事，又悄悄的劝金荣说："俗话说的好，'～'，你既惹出事来，少不得下点气儿，磕个头，就完事了。"金荣无奈，只得进前来与秦钟磕头。（选自曹雪芹《红楼梦》）

【杀人不见血】　指杀人不露一点痕迹。形容害人的手段非常阴险毒辣。　例句　那李林甫混名叫做李猫儿，平昔不知坏了多少大臣，乃是～的刽子手。（选自冯梦龙《醒世恒言·徐老仆义愤成家》）

【杀人不眨眼】　杀人时眼睛都不眨一下。形容极其凶狠残暴。　例句　杨林是个～的魔头，见了不觉毛发直竖，身子寒抖不定。（选自陈忱《水浒后传》）

【杀人偿命，欠债还钱】　意思是杀人者须抵命，欠债者要还钱，二者俱是一理。　例句　"咱们也不用欺侮他。只不过～，那是天公地道的事。"（选自金庸《鹿鼎记》）

【杀人可恕，情理难容】　恕：宽恕，原谅。指宁可宽恕杀人的行为，也不能容忍伤天害理的作为。　出处　元·杨梓《豫让吞炭》（节选）："未出语心先痛，～。"

【杀人一万，自损三千】　打仗时即使杀了对方很多人，自己损伤也不少。表示战争对双方都有害。另也有"杀人三千，自损八百""杀人一千，自损八百"的说法。　出处　《元史·洪君祥传》（节选）："谚云：'～。'愿勿费国力，攻夺边城。"

【沙土岗子要想富，只有多栽果木树】　沙土地缺少水分，种植庄稼容易歉收，栽植果木树，既可以防风固沙，还能产生经济效益。与"沙区要想富，先得风沙住"意思相近。

【纱帽底下无穷汉】　旧指官员及其亲友都不会受穷。　出处　清·王有光《吴下谚联》（节选）："～。一切官之父族母族妻族，甚至婢妾族，以亲及亲，坐幕立幕，皆在纱帽底下。粮制巨斛，餉勒浮收，词讼通关节，馈送索门包，肉食罗绮，挟妓呼卢，无所不至，故曰‘无穷汉’。”

【砂锅不捣不漏】 比喻事情出现了不好的结果，是人为造成的。例句 ～。希望你将事情的来龙去脉给他好好讲讲，避免造成不必要的误会和麻烦。

【傻小子睡凉炕，全凭火气旺】 喻指干有风险的事情，因偶然因素才没有出问题。例句 没干过你就敢接这活儿？得亏没出问题，纯属侥幸，是～。

【山不厌高，海不厌深】 语出曹操《短歌行》一诗。山不会嫌自己高，海不会嫌自己深。曹操以山、海作比，表明自己有山聚微尘、海纳百川的气度和胸襟来广纳贤才。后常用以形容虚心学习和有包容胸怀。例句 中华文明的历史告诉我们，文明的发展需要包容，“～”，惟包容才能百川汇海，惟包容才能不断壮大。（选自袁行霈《中华文明的历史启示》）

【山不在高，有仙则名】 语出刘禹锡《陋室铭》。山不在高低，有神仙就会出名。后常用来表示，不要因一些事物表面不起眼就小瞧，关键是要看它的品质。例句 “～；水不在深，有龙则灵。”一座城市不在大小，有地域文化的特色和传统就好。一项赛事不在水平高低，有为人乐道的战例和人物就行。（选自汪大昭《比赛终归是给观众看的》）

【山不转水转】 喻指事物都是运动的、变化的、发展的，不要被当下的现象所迷惑。例句 “～。他把根扎牢了，到时其他事说不定都可以解决……”（选自路遥《平凡的世界》）

【山重水复疑无路，柳暗花明又一村】 陆游《游山西村》诗句。现常用于形容在陷于困境几乎失望时，事情竟出现转机，开始向好的方向发展。例句 “～”。毛泽东终身喜欢这种转变和转折，终身都在做转变工作，以求实现历史大转折。（选自曹应旺《长征，毛泽东诗词创作高峰期》）

【山大无柴，树大空心】 山特别高自然不适合树木生长，树木大了一般就会空心。比喻人要注重修养，不要总是特别的高调。例句 ～。人若自大，尤为可悲。

【山高挡不住愚公，困难吓不倒英雄】 比喻困难和挫折难不倒真正的英雄汉。与“山高挡不住南来雁，墙厚挡不住北来风”义近。

【山高树高，井深水凉】 比喻人处在什么样的环境中，就会受到什么样的影响。

【山高有攀头，路远有奔头】 指目标越是高远，越能磨炼意志，成就大的事业。例句 创业自然是艰苦的，要有足够的勇气迎着困难上。“～”，这才能见出男子汉的气魄！（选自蒋志强《爬山要爬高》）

【山高遮不住太阳，儿大大不过爹娘】 比喻尊卑有序，不可僭越。 例句 ～。这小子就算能挣一百个亿，也得管你叫婶，管我叫叔。

【山高自有客行路，水深自有渡船人】 比喻人可以在任何艰苦的自然环境中图存谋生。同“险山不绝行路客，恶水仍有渡船人”。 例句 “师父说那里话，自古道：‘～。’岂无通达之理？可放心前去。”（选自吴承恩《西游记》）

【山鸡不敢配凤凰】 比喻在婚姻上地位低下的人家不敢高攀名门贵族。 出处 清·步月主人《两交婚》（节选）：“臣闻物必有偶，非偶则不相宜，故知‘～’。事冀相安，不安则将生怨。”

【山鸡飞起来好打，兔子跑起来好打】 比喻打击敌人最好的时机，是其在活动过程中暴露出阴谋诡计之时。 例句 “所以我们要派人去参加，看他们玩什么鬼花样，俗话说：‘～。’捉奸要捉双，抓贼要抓赃，到时候我们把他们的阴谋一揭露，群众就会醒悟过来。”（选自黎汝清《万山红遍》）

【山里孩子不怕狼，城里孩子不怕官】 比喻人对司空见惯的事物就没有了畏惧感。

【山上毁林开荒，山下必定遭殃】 毁坏山里的森林资源会破坏生态环境，容易造成滑坡、泥石流等自然灾害，所以山下的老百姓就会遭殃。

【山上无老虎，猴子称大王】 比喻在没有出色人才的情况下，差一些的也可以去充当主要角色。有讽刺意味。同“老虎不在家，猴子称大王”。 例句 “靠著老子做过上海道，在城里面～弄惯了的脾气，陪著朋友来吃台把酒，就像是连四块下脚钱都是冤枉花的。”（选自王浚卿《冷眼观》）

【山上栽满树，等于修水库】 山上栽满树后，同水库的功能一样，树的根系也有强大的蓄水功能。

【山外有山，天外有天】 意谓某一境界之外更有无穷无尽的境界。比喻杰出的人物之外还有更杰出的。也作“天外有天，山外有山”。 例句 这爿孙家店，竟有人敢来打！真是～，能人之外还有能人！（选自刘操南 茅赛云《武松演义》）

【山要绿化，人要文化】 指山绿化好了，才能保护生态；人有了文化，才能做出贡献。也作“人要文化，山要绿化”。 例句 ～。山的绿化改造和人的文化修养相辅相成，共同构成了生态文明建设和精神文明建设的重要内容。

【山鹰不怕峰峦陡，海燕不惧劈头风】 比喻勇敢坚强的人不怕任何艰难险阻。 例句 ～。困难是怯懦者的绊脚石，是坚强者的垫脚石。

【山有顶，路有头】 比喻任何事物都有极限。 例句 “‘～’，就是革命没有顶，没有头。有的同志只看到自己的仇人，自己的家，

这叫看得小。”（选自黎汝清《万山红遍》）

【山有高低，水有深浅】 任何事物都有优劣好坏，各不相同。 例句 ～。这些东西虽然是一个地方产的，也不可能完全一样。

【山有山神，庙有庙主】 喻指每个地方都有管事的人。 例句 俗话说：“～。”来到我这里，你就要听我的安排。

【山有松柏郁葱葱，河有源头水溶溶】 山上长满了松柏就充满了生命力，有了源头的河水就会丰盈而不枯竭。

【山中打猎不怕虎，草里捉蛇不怕毒】 喻指既然从事了某一行业，就不会惧怕这一行业存在的风险。 例句 “～”。我行走江湖多年，这点小风浪算不了什么。

【山中人不信有鱼大如木，海上人不信有木大如鱼】 居住在山中的人不相信有大树那样大的鱼，居住在海边的人不相信有大鱼那样大的树。比喻受环境条件限制，人的认知也会相应受到局限。 出处 颜之推《颜氏家训·归心》（节选）：“何故信凡人之臆说，迷大圣之妙旨，而欲必无恒沙世界、微尘数劫也？而邹衍亦有九州之谈：～。”

【山中无老虎，猴子称大王】 比喻没有贤能之人，普通人物也可以充当主要角色。也作“山上无老虎，猴子称大王”。 例句 我们可以看得到的危机是大量的传媒精英从传统媒体流向新媒体，而很少看到新媒体的精英向传统媒体集团返流。如果这一资源流动持续下去，传统媒体终将陷入“～”的行业衰退境地。（选自朱春阳《新闻操守与专业尊严》）

【山中也有千年树，世上难逢百岁人】 山里千年以上的树是有的，但世间百岁以上的人却很难碰到。指百岁老人不常见。同“山中常有千年树，世上并无百岁人”。 例句 听说您老已经105岁了，我非常羡慕，“～”，今天我也算是开眼了。

【杉木尾子做不了正梁】 杉木尾子：杉树木材的末段。比喻小人物不能做大事情。 例句 “我是个大老粗，泥腿子，～，我怎行？”（选自罗旋《南国烽烟》）

【闪光的不全是金子】 比喻中看的，诱人眼目的东西并不都具有很高的价值。 例句 别看他穿西服打领带，胳膊夹个包，就把他当老板。“～”，妹子，你可得长点心。

【闪他闷棍着他棒】 喻指躲避不开打击。 出处 元·关汉卿《钱大尹智宠谢天香》（节选）：“罢、罢、罢，我正是闪了他闷棍着他棒，我正是出了箪篮入了筐。直着咱在罗网，休摘离，休指望，便似一百尺的石门教我怎生撞？”

【善除害者察其本，善理疾者绝其源】 语出白居易《策林一·兴五福，销六极》。善于消除祸患的人，总是先查找其根由；善于调理疾病的人，总是先断绝疾病产生的源头。比喻解决问题要找到问题的症结，才能根治。 例句 “~。”所以，解决作风问题，要像人防止疾病复发一样来抓。（选自习近平《当前工作中需要注意的几个问题》）

【善恶不同途，冰炭不同炉】 比喻两种对立的事物不能同处。 例句 咱俩根本不是一路人，“~”，还是分开各自安好吧。

【善恶到头终有报，只争来早与来迟】 善有善报，恶有恶报；行善和作恶都必然会有报应，只是时间迟早而已。也作“善恶到头终有报，只是晚来与早到”。 例句 行刑之日，看的人如山如海。都道赵昂自作之孽，亲戚中无有怜之者，连丈人王员外也不到法场来看。正是：~！（选自冯梦龙《醒世恒言·张廷秀逃生救父》）

【善歌者使人继其声，善教者使人继其志】 语出《礼记·学记》。善于歌唱的人能使人情不自禁地跟着他的声音唱，善于教学的人能使人潜移默化地接受他的思想。 例句 黄大年以为国家培养紧缺人才的紧迫感和责任感践行“师道精神”。“~。”他常说，“我有一身本领，想尽快教给学生”。（选自钟超《成为“自燃型”的人》）

【善攻者，敌不知其所守；善守者，敌不知其所攻】 语出《孙子兵法·虚实》。善于进攻的军队，敌人不知道防守在哪里好；善于防守的军队，敌人不知道进攻它哪里好。 例句 进攻和防御是作战的基本类型，一名将领在情况有利时，应善于进攻，在情况不利时要善于防守。孙子曰：~。（选自倪志祥《眼中无己，同样是败军之源》）

【善化不足，恶化有余】 对于恶行，如果教育不足以感化，那么由法律来惩处便显得足够了。 出处 《增广贤文》（节选）：“人心似铁，官法如炉；~。”

【善气迎人，亲如弟兄；恶气迎人，害于戈兵】 语出《管子·心术下》。戈兵：兵器。以和善的态度对待人，亲热如同兄弟；以恶劣的态度对待人，伤害如同兵器。指人际交往，贵在和气。 例句 古训说：“~。”善气和恶气首先表现在脸上。有人说过：微笑是打动人心弦的最美好的语言，微笑是通行全世界的护照。（选自蒋春香《和颜悦色买人心》）

【善琴弈者不视谱，善相马者不按图】 善于弹琴、下棋的人，不会死盯着琴谱、棋谱；会相马的人，也不会按图上画的马去寻好马。喻指实践出真知，不能拘泥于书本、教条。 出处 魏源《默觚·学篇》（节选）：“~，善治民者不泥法。无他，亲历诸身而已。”

【善人在患，弗救不祥；恶人在位，不去亦不祥】 意思是好人处患难，不去援救不吉祥；坏人居高位，不除掉他也不吉祥。 出处 《国语·晋语》（节选）：“有人不难以死安利其国，可无爱乎！……吾闻之曰：‘～。’必免叔孙。”

【善人者，人亦善之】 语出《管子·霸形》。对别人好的人，别人也会对他好。 例句 “～。”或许，我们之所以感觉这个社会还不够友善，正是因为作为社会一分子的我们，对这个社会还不够友善。（选自荷露《善人者人亦善之》）

【善事可作，恶事莫为】 语出《增广贤文》。人要多做好事，不要去做坏事。

【善说不如善做，善始不如善终】 说得好不如做得好；开始做得好不如一直做得好。 例句 这位高僧化缘修庙，十年如一日，真可以说是“～”。

【善所当为，羞谈福报】 语出魏裔介《琼琚佩语·修己·座右编》。凡是善行就应当尽力而为，以谈报答为羞耻。

【善为国者，藏之于民】 语出陈寿《三国志·魏书·赵俨传》。善于治理国家的，总是把财物储藏在人民手里。 例句 如果财富都聚集在少数人手里，而老百姓普遍处于贫困状态，怎么可能认为这个国家是强大的呢？古言道：“～。”只有人民普遍地富裕了，才是国家强盛的标志。（选自岳根庄《欲强国者先富民》）

【善学者尽其理，善行者究其难】 语出《荀子·大略》。善于学习的人会彻底了解其中的道理，善于实践的人会探究其中的艰难之处。 例句 中国古人说：“～。”构建人类命运共同体是一个美好的目标，也是一个需要一代又一代人接力跑才能实现的目标。中国愿同广大成员国、国际组织和机构一道，共同推进构建人类命运共同体的伟大进程。（选自习近平《共同构建人类命运共同体》）

【善弈者谋势，不善弈者谋子】 善于下棋的人注重整个局势，不善于下棋的人只看到单个棋子的得失。可借以形容做事要从宏观上看大的发展趋势，而不必计较小的得失。 例句 谋定而动，好像对弈，首在夺势。～。一个单位的领导，既要抓大事、把方向，又要出思路、抓落实。（选自汪晨《“谋定而动”善抓善成》）

【善有善报，恶有恶报；不是不报，时辰未到】 谓行善和作恶到头来都有报应。做好事终究有好的回报，做坏事终究会有坏的报应。也作“善有善报，恶有恶报；不是不报，时候未到”。 出处 元·无名氏《庞居士误放来生债》（节选）：“小圣恰才见此人积功累行，施仁布德，俺神灵如何无一个报应。便好道～。”

【善于恕人，勇于克己】 善于宽恕别人的过错，勇于克制和约束自己。 例句 一个有修养的人，其待人的恩怨观常常是以恕人克己为前提的，也就是“～”。

【善于学舌是鹦鹉，花言巧语是媒婆】 形容人传闲话或说虚伪而动听的谎话。

【善政民畏之，善教民爱之】 语出《孟子·尽心上》。好的政令民众敬畏它，好的教育民众喜爱它。 例句 “善政不如善教之得民也。~。”要不断增强“四个认同”，就要加强思想政治工作，营造昂扬向上的社会氛围，引导各族群众追求现代文明生活。（选自人民日报评论员《不断增强各族人民文化认同》）

【善治人者，能自治者也】 语出桓宽《盐铁论·贫富》。善于管理别人的人，是对自己严格要求的人。例句 组织部门掌握重要权力，全党关注、社会瞩目。“~”。讲规矩、守纪律必须成为组工干部基本的职业操守。（选自周玉祥《突出“四从严” 建设过硬组工干部队伍》）

【善猪恶拿】 指即使是稍微驯服的猪，也得用狠劲去抓。比喻应付敌手不能心慈手软，不可轻敌。例句 “轻不成！顾你不得！常言道：~。只等见了我师父，果自真心，方才放你。”（选自吴承恩《西游记》）

【伤筋动骨一百天】 指人在出现骨折、脱位、肌肉、韧带等损伤后，恢复时间在3个月左右。

【伤其十指，不如断其一指】 语出毛泽东《中国革命战争的战略问题》。比喻处理工作，解决问题，宁可少一些，但是一定要彻底。 例句 惩治是最严厉的监督。纪律不带电、监督不长牙，就很难有效果。~。监督的最好办法就是找出违纪违法的人和事，严厉惩治、形成震慑。（选自任建华《真正把监督职责履行到位》）

【伤人一语，利如刀割】 语出《增广贤文》。一句伤人心的话，给他人带来的痛苦就跟被刀割伤了一样。 例句 做人要与人为善，将心比心，不能动不动就出口伤人，要知道~。

【商场如战场】 指商业竞争如同在战场作战一样，有勇有谋才能取胜。 例句 商业行为自有商业规则，即便是赌钱，怕也要有个愿赌服输的心态。虽然所谓~，脑子要转得快，但成功的商人定是大智若愚的。（选自刘溟《“野蛮人”的规则成就不了并购》）

【商道即人道】 商道：指经商之道。做生意和做人的道理是相通的。 例句 商业活动不仅仅是经济行为，企业在追求利润的同时，还应该对社会承担责任，所谓~，就包含了这样的理念。

【商品假，门市垮】 不讲诚信，弄虚作假，门店必然办不下去。

【上边放个屁，下边唱台戏】 意谓上级官吏发一个号令，甚至随便说一句话，下级官吏便唯命是从，兴师动众，忙得不可开交。讽刺的是权力崇拜、盲目服从的现象。　例句　到公司入职不到三个月，有个现象他就有点看不惯。明明领导提出的是一个不切实际的想法，下面的员工也会立刻忙碌起来，真是“～”，每个人都在急于证明自己的忠诚。

【上不紧，则下慢】　指办理公务，上边不抓紧，下边的人就会行动缓慢。　例句　“～。……限十日内，须要捕获各贼正身，完备解京。”（选自施耐庵　罗贯中《水浒传》）

【上不正，下参差】　在上位的人行为不正，下面的人就会跟着为非。　出处　晋·杨泉《物理论》：“语曰：‘～。’，古者所以不欺其民也。”

【上车饺子下车面】　是指送行的时候给被送行的人吃饺子，接风时给被接的人吃面条。有盼望团圆和长长久久的寓意。同“送客饺子，迎客面”“出门饺子，回家面”。各地风俗不同，也有“接风的饺子，送行的面”这样的说法。

【上打下，不费蜡】　喻指身在高处比低处占有优势。　例句　我们占据了两侧的山峰，～，必能将山谷的鬼子消灭光。

【上当只一遭】　指人上一回当、吃一次亏，就会学乖长记性。例句　“敢去！～，吃亏只一回，不能不长记性。咱女婿怎么跟咱们说的？咱得看人家贫农的眼色行事！”（选自浩然《艳阳天》）

【上刀山，下火海】　指奋不顾身去做非常危险、非常艰难的事情。例句　“此事已经如此紧迫，你就是让我～，我也得干了。”（选自郭泳戈　海草《刘公案》）

【上顿不吃饱，下顿省不了】人对食物的需求是定量的，上顿没有吃饱，那么下顿就吃得多，因而总体来说并不能节省什么。可用于表示事情若将就凑合，返工起来更费事。例句　我看你做事是能拖就拖，能将就就将就，殊不知自己的事情早晚要完成，“～”。

【上房看梁，娶媳妇看丈母娘】就像盖房的时候要看房梁正不正一样，娶媳妇的时候一定要了解丈母娘的人品。也就是说，通过丈母娘是什么样的人，大致可以知道她闺女是什么样的人。

【上粪不浇水，庄稼噘着嘴】“噘着嘴”，不高兴的样子。庄稼施肥之后，必须经水溶解，庄稼才能更好地吸收肥料中的养分而茁壮生长，否则“肥火攻心”就会出现烧苗现象。

【上赶着不是买卖】　紧追着买主硬要把货卖给人家，这不是做生意，不会成交。指做事要等待恰当的时机，不能强求。　例句　“我是汉人，又受过皇上的处分，即使肝脑涂地，为皇上卖命，也不会得到信任。俗话说‘～’，只好等待时机，再成大事。”（选自单田芳等《百年风云》）

【上课蔫，下课欢，放了学一溜烟】 形容不认真学习的顽皮学生，一上课就困倦，课间就放松，放学觉得是解放了，溜得比谁都快。

【上梁不正下梁歪】 比喻在上面的人行为不正，下面的人也会跟着做坏事。另也有“上梁不正下梁歪，中梁不正掉下来”“上梁不正下梁歪，丑葫芦锯不出好瓢来”的说法。 例句 落实从严治党的“严”字，首先要从领导干部自身做起。领导干部特别是“一把手”，必须做到率先垂范，严于律己。～，打铁需要自身硬。领导干部特别是“一把手”就是上梁，就是打铁的榔锤。（选自张韬《从严治党“八条”，知道更要做到》）

【上马管军，下马管民】 指权力很大，文武大权都集中到一个人身上。 例句 原来北京大名府留守司，～，最有权势。那留守唤作梁中书，讳世杰，他是东京当朝太师蔡京的女婿。（选自施耐庵 罗贯中《水浒传》）

【上卖一张皮，下卖四个蹄】 意思是卖牛马之类的牲畜，关键是皮毛和四蹄。皮毛发亮，四蹄没毛病，就能卖出好价钱。

【上面千条线，下面一根针】 比喻上级政府许多政策和要求，最终都需要通过基层干部来传达和落实。 例句 ～。基层工作细小繁琐，但却直接关乎中央政策落地，直接关乎群众对党的感受。（选自羽生《疏通每一根毛细血管》）

【上明不知下暗】 指即便上级贤明，也不十分清楚下级官员的黑暗之处。比喻身居高位的人不易得知百姓的疾苦。 例句 “怎么将我的功劳填在张总管名下？枉了唐天子这般神圣，也还～哩。”（选自张国宾《薛仁贵》）

【上命差遣，盖不由己】 意思是受上级的差遣，自己不能做主。 出处 元·佚名《谢金吾》（节选）：“老夫人，～。我直从朝门外拆起，多少王侯宰相家，连片拆了，单单拆不的你这一家儿也？”

【上气不接下气】 形容因为劳累或焦急而气喘得很厉害。 例句 一霎时漂流数百里外，直把一个好义急公的老鼠淹得～。（选自无垢道人《八仙全传》）

【上求材，臣残木；上求鱼，臣干谷】 君主要木材，臣子就得毁掉树林；君主要吃鱼，臣子就得排干河谷的水。比喻上级求取什么，下级就会有增无减、不惜毁坏一切地搜求。 出处 刘安《淮南子·说山训》（节选）：“楚王亡其猿，而林木为之残；宋君亡其珠，池中鱼为之殚。故泽失火而林忧。～；上求楫，而下致船；上言若丝，下言若纶。上有一善，下有二誉；上有三衰，下有九杀。”

【上人不好，下人不要】 好：喜好。上司不爱好某样东西，他手下的人就不会去搜求。 出处 冯梦龙

《东周列国志》（节选）："俗谚云：'～。'因懿公偏好那鹤，凡献鹤者皆有重赏，弋人百方罗致，都来进献。"

【上山不怕山顶高，上树不怕树枝摇】 意思是决定要干的事，就不惧前进路上的困难和挫折。

【上山敢打虎，下海敢擒龙】 喻指英勇无畏，勇往直前。 例句 "大队长，不要隔着门缝看人！我们钻井队～，我就不信钻不成甜水井。"（选自马春《龙滩春色》）

【上山弯弯腰，回家有柴烧】 上山弯弯腰就可以捡拾到木柴，回家就能生火做饭。比喻不费什么力就可以有收获的事。

【上山问樵，下水问渔】 指要知道某方面的情况，就必须向有实践经验的人请教。 例句 那人站在小毛面前，随便叫了一声就算打了招呼。他说："～。这是高天坳吗？"（选自李晓明等《风扫残云》）

【上什么山，打什么柴；进什么庙，念什么经】 喻指遇到不同的情况，要随机应变，见机行事。 例句 "俗话说：'～。'往小村，不合咱的行当，会露馅！走大道，前面是三岔大路，有座大车马店，那是好地方。"（选自曲波《桥隆飙》）

【上台容易下台难】 指上任容易，卸任时能有好的业绩却很难。或指有职有权办事容易，罢免丢官办事就难。 例句 "大王既有大志，料妾亦无能挽回，但'～'，大王总宜三思而行。"（选自蔡东藩《五代史通俗演义》）

【上天无路，入地无门】 形容无路可走的窘迫处境。 例句 真个是～，对着那浩浩的赣江，竟想喊出两声蹩脚的秦腔了。（选自郭沫若《南昌之一夜》）

【上孝养志，其次养色，其次养体】 养志：承顺父母的意志。养色：使父母愉快，常有笑容。养体：供给父母生活所需。孝的最高境界是承顺父母的意志，其次是使父母常有笑容，再其次是供给父母身体所需之物。也就是说，孝顺父母是要让父母精神上愉悦，仅满足物质需求是不够的。 出处 桓宽《盐铁论·孝养》（节选）："善养者不必刍豢也，善供服者不必锦绣也。以己之所有尽事其亲，孝之至也。故匹夫勤劳，犹足以顺礼，歠菽饮水，足以致其敬。孔子曰：'今之孝者，是为能养，不敬，何以别乎？'故～。"

【上牙打下牙】 形容害怕或寒冷。 例句 他一直处于恐惧中，全身抖得厉害，～，已经发不出完整的声音了。

【上游最吃苦，下游打屁股，中游最幸福】 特别优秀的人最累，一无所成的人被人责怪或者瞧不起，比上不足比下有余的人，是快乐幸福的。这是不求上进人的一种消极享乐心态。

【上有所好，下必甚焉】 语出唐·杜佑《通典》。上司有什么喜好，属下为投其所好会喜爱得更加厉害。指上行下效，影响深重。　例句　“～”，所谓领导干部，在一个地方、某一领域是旗帜、是方向，其个人喜好可能会影响和带动周围一大批人，甚至会关系到一个地方的政治生态。（选自王京凯《别在“爱好”上“栽跟头”》）

【上有天堂，下有苏杭】　赞叹苏州、杭州之美景，可与天堂相媲美。　例句　～。等有了时间，我一定会带着一家老小去苏杭游览一番。

【上贼船容易，下贼船难】　比喻和坏人在一起干坏事容易，想摆脱坏人就不容易了。　例句　“不干！能行吗？～啊！你不想干坏事，又不跟坏人翻脸决裂，怎么能不再犯罪？”（选自朱剑《青石堡》）

【上知天文，下知地理】　形容学问渊博，无所不知。　例句　夫道者，～，中知人事，可以长久。（选自《素问·气交变大论》）

【尚俭者开福之源，好奢者起贫之兆】　语出《魏书·李彪传》。崇尚节俭的人等于开辟了幸福之源，喜好奢侈的人等于开启了贫困的兆头。也可用作“俭开福源，奢起贫兆”。　例句　“～”。戒奢以俭不是“小气”、“老土”，而是我国经济现状的客观需要。（选自陈成云《论戒奢以俭》）

【烧石灰见不得卖面的】　见不得：嫌恶。石灰和白面放在一起相比，就显不出石灰白了。比喻同等资格的人容易互相嫉妒。　例句　人常说“～”，多是比喻那些同行业相互排斥、轻视、拆台的事情。（选自王彦民《你仁他义》）

【烧香引出鬼来】　比喻本想做好事却招致坏结果。与“烧的香多，惹的鬼多”义近。　例句　“别他娘‘～’，送不清闲礼。”（选自曲波《桥隆飙》）

【艄公多了打烂船】　掌舵的人太多了，没了专一的航行方向，船就会失事。喻指管事的人多了，意见不统一，反而会把事情搞砸。　例句　“只怕社一办起来，人多嘴杂，反倒搞不好。俗语说：‘～。’”（选自周立波《山乡巨变》）

【少不勤苦，老必艰辛】　年轻时不勤劳刻苦，年老后日子一定会艰难辛苦。劝诫人要趁年轻时发奋图强。　出处　林逋《省心录》（节选）：“～；少能服劳，老必安逸。”

【少吃多餐，病好自安】　有的病人消化能力差，少食多餐有利于恢复健康。

【少吃多滋味，多吃坏肠胃】　吃东西，碰到喜欢吃的，不要暴饮暴食，要有节制，不然对肠胃不好。

【少不惜力，老不歇心】　意思是年轻人不要不舍得花力气，年轻，有的是力气；人老了不要放弃思考，思考可以减缓脑力退化。

【少而不学，长无能也】　年少时不学习，长大后就没有才能。　出

处　《孔子家语·三恕》（节选）：“君子有三思，不可不察也：～；老而不教，死莫之思也；有而不施，穷莫之救也。”

【少戒之在色，壮戒之在斗，老戒之在得】　戒之：以之为戒。年轻时要戒女色，壮年要戒争斗，到了老年要戒贪得。人生的不同阶段，生理特点不一样，易犯的毛病也不一样，因此在某个年龄段就要对某个毛病特别引以为戒。　出处　《论语·季氏》（节选）：“孔子曰：君子有三戒：少之时，血气未定，戒之在色；及其壮也，血气方刚，戒之在斗；及其老也，血气既衰，戒之在得。”

【少年不学堕复堕，壮年不学亏复亏，老年不学衰复衰】　语出明·魏裔介《琼琚佩语》。少年不学习，就会越来越堕落；壮年不学习，就会越来越亏损；老年不学习，就会越来越衰老。　例句　“～。”“无志无识，永为人奴。”希望你好好领会、琢磨这些格言，刻苦学习，增长知识，不断进步。（选自廉水宾《家书抵万金》）

【少年不知勤学苦，老来才悔读书迟】　意思是年少的时候不知道勤奋刻苦地学习，到老了才知道读书，那时后悔就晚了。　例句　～，你现在正是读书的黄金时节，此时不努力，更待何时？

【少壮不努力，老大徒伤悲】　语出《汉乐府·长歌行》。意谓年轻力壮的时候不奋发图强，到了老年再悲伤也没用了。　例句　青年是国家的未来，民族的希望，大好年华正是读书求知的好时节。～。趁年轻，读书吧。（选自李军《读书趁年轻》）

【奢者富不足，俭者贫有余】　奢侈的人发了财还时时会收入不够支出，节俭的人虽然贫穷但还常常会有积余。　出处　《慎子·外篇》（节选）：“～；奢者心常贫，俭者心常富。”

【舌头底下压死人】　指流言蜚语可以伤人，甚至把人逼上绝路。　例句　我知道你同情她寡妇失业的，带着孩子不容易，你帮她总要别让人念出闲话来才好，～哩。

【舌头是肉长的，事实是铁打的】　比喻事实胜于雄辩，花言巧语或恶意诽谤都改变不了事实。　例句　～，就算你能够口吐莲花，也改变不了事实的真相！

【蛇无头不行，鸟无头不飞】　多用于比喻一个群体不能没有带头人。同“鸟无头不飞，兽无头不走”。　例句　“古话说：～。我看生旺年轻力壮，敢说敢干，西山上又有熟人，推他当头目吧！”（选自马烽　西戎《吕梁英雄传》）

【蛇走无声，奸计无影】　喻指凶猛的敌人和阴险的诡计无声无形，难于防御。　例句　俗语说：“～。”对于那些奸诈分子，我们是很难防备的。

【舍不得孩子套不住狼】　比喻要达到某一目的必须付出相应的

代价。也作“舍不得孩子打不到狼”“舍不得孩子打不得狼”“舍不得孩子就骗不住狼”。与“舍不得金子弹，打不来金凤凰”“舍不得苗，抱不到瓢”意思相近。 例句 “俗话说，～，要想把煤多多地运到东京，不拼命不行!”（选自向春《煤城怒火》）

【舍得一身剐，敢把皇帝拉下马】 比喻无论多难的事，拼着一死也敢干下去。 例句 对于不正之风，要有不怕丢官、不怕打击报复、“～”的勇气，与歪风邪气进行坚决的斗争。（选自凌河《不要过分爱惜自己的羽毛》）

【舍命不舍财】 情愿丢掉生命也要保住钱财。比喻过分贪财，非常吝啬。 出处 清·石玉昆《续小五义》（节选）：“徐良就跳下房来，进了屋子，把十两银子收在兜囊之内，说：‘俺老西～。’”

【舍命陪君子】 指不惜一切陪伴与跟随对方。 例句 有些干部认为，招待上级领导和兄弟单位，不喝酒则不成宴席；不喝多则意味招待不周。为了陪好领导和同行，也得“～”，来个一醉方休。（选自惠铭生《靠什么约束官员不再“每天喝得醉醺醺”》）

【射虎不成重练箭，斩龙不成再磨刀】 比喻事情没有成功是因为技艺不精或准备不够，需要再做努力。 例句 “～”，我们要吃一堑长一智，重整旗鼓再出发!

【射人先射马，擒贼先擒王】 杜甫《前出塞九首·其六》诗句。意谓要想射人，必先射倒他骑的战马；要想制服敌人，必先逮住敌人的首领。可用于比喻在解决事情上抓住关键，解决主要矛盾，其他问题和矛盾便可迎刃而解。 例句 古语虽说“～”，可在严肃党纪、严惩腐败时，绝不能只是“杀一儆百”“抓大放小”，必须坚持“苍蝇老虎一起打”，正视一切贪腐现象。（选自霁时语《“察官”需要下好“三步棋”》）

【涉浅水者得鱼虾，入深水者得蛟龙】 比喻付出多少的辛苦，就有多少的收获。 例句 俗话说：“～。”企望舒舒服服，不下苦功，哪有成就事业的道理？（选自金马《青年生活向导·总论》）

【伸出五个指头，不如攥成一个拳头】 喻指人多团结在一起才有力量。 例句 大家要力戒个人英雄主义思想，要知道“～”，团结协作才能把这项工作做好。

【伸手不打笑脸人】 意思是当有错的对方向你赔着笑脸认错了，就不忍心让人家难堪了。 例句 民间还有句俗语“～”，面对干部的热心肠，群众心里再有牢骚、不满，也会迅速冰释。（选自刘杰《党员干部有热心肠方能解群众“疙瘩”》）

【伸手不见五指】 形容光线非常暗，看不见四周围的事物。 例句 夜黑得太周密了，真是～！在这

种夜里，鬼都得要碰鼻子拐弯。（选自钱钟书《围城》）

【伸手三分利，不给也够本】 指只要动手就会得到好处和收益，即使得不到，也没有失去什么。 例句 “不妨试试看。能炸掉更好，万一不成，也比等死强。‘～’嘛！”（选自肖玉《战鼓催春》）

【伸着脖子挨】 比喻坐等着任人宰割、欺辱。 例句 他们欺人太甚了，我们必须给予强力的反击，决不能～！

【身安不如心安，心宽强如屋宽】 语出石成金《传家宝》。心灵的安宁和宽解，比肌体的安适和屋宇的宽敞更重要。

【身安莫嫌瘦，家安莫嫌贫】 没有病痛折磨，不要嫌自己瘦；家庭平安，就不要抱怨穷。意思是做人要知足常乐。 例句 ～。现在你身体健康，家庭和睦平安，还有什么可抱怨的？！

【身病好医，心病难治】 指身体上的疾病容易医治，精神上的创伤却难以愈合。 例句 正在恢复调养，可不要引起他的心病来。这可不妙！“～”，怎么也不能犯这个忌讳。（选自张毅《源》）

【身处江湖，心存魏阙】 魏阙：古时宫门外的阙门，代指朝廷。自己在偏远的地方，但心中却牵挂着朝廷。也作“身居江湖，心系魏阙”“人在江湖，心系魏阙”“人在江湖之上，心系魏阙之下”等等。 出处 《庄子·让王》（节选）：“中山公子牟谓瞻子曰：‘身在江海之上，心居乎魏阙之下，奈何？’瞻子曰：‘重生。重生则利轻。’”

【身大力不亏】 指人身材高大，力量也不会小。 例句 “瞧他这样，～的，还和小孩一样呢，倒是真着急！”（选自老舍《骆驼祥子》）

【身教胜于言教】 指以身作则比单纯用语言进行教育更有效果。 例句 坚持领导带头“抓”。～，领导干部先行示范是无声的教育。（选自夏国东《用心用情用力做好经常性思想工作》）

【身怕不动，脑怕不用】 经常运动经常用脑有利于健康，防止脑力退化。

【身上有屎狗跟踪】 比喻自身有弱点，坏人就会想方设法利用。 例句 俗话说，～。那时候，虾仔在职业、前途的问题上，正在十字路口徘徊。朱锡瞅准了这个机会，鬼魂似地缠着他。（选自陈绍基《金十字架》）

【身在曹营心在汉】 原指关羽被曹操扣留，但仍心系蜀汉。现常用以比喻身子虽然在对立的一方，但心里想着自己原来所在的一方。 例句 “～，他就是上马金，下马银，也别想把我买动。”（选自刘波泳《秦川儿女》）

【身在福中不知福】 生活在幸福之中，并不感到幸福。也形容对优

裕的生活不满足。 例句 真是~，这么好的孩子，还要罚！要是没有他，你又不知道该怎么样了。（选自老舍《四世同堂》）

【身正不怕影儿斜】 如果做人正派正气，哪怕有很多人说坏话都不用怕。通常用来比喻只要为人做事走得正、行得端就没有什么可怕的。也作“身正不怕影子歪”“身正不怕影儿歪”“身正不怕影子斜”。同“身正不怕影斜，脚正不怕鞋歪”。 例句 “~，别说咱没一块儿住，咱就是明铺夜盖的在一块儿滚，也不过只差一张结婚证。”（选自张庆田《老坚决外传》）

【身子掉到井里了靠耳朵也挂不住】 比喻大势已去，或局面非常危险，靠一些小措施已经无法挽救。同“身子掉下井耳朵挂不住”。 例句 我说“你真他妈的是好人！我~，人死了要双好手有什么用？咱们先舒服一阵再说。我口袋里有烟，劳驾你给我掏出一根来点着”。（选自张贤亮《习惯死亡》）

【身子都掉下去了，耳朵还挂住喽呀】 比喻大势已去，或局面非常危险，靠一些小措施已经无法挽救。 例句 这场比赛在大比分落后的情况下，教练才决定换人。大家都以为~？没想到最后还真是反败为胜了。

【深耕加一寸，等于上茬粪】 土地合理深耕可以加深耕层，增强土壤蓄水、保肥的能力，如同上了一茬粪。

【深耕细耙，旱涝不怕】 深耕细耙后，土壤不再板结，故耐旱耐涝。

【深山毕竟藏猛虎，大海终须纳细流】 语出《增广贤文》。深山之中人迹罕至，却藏有猛虎；大海之所以成其大，终究是需要汇聚万千细流才行。喻指人要收敛锋芒，潜心钻研，广收博采，才能有所成就。

【深山藏虎豹，乱世出英雄】 凶猛的虎豹往往隐藏在深山里，英雄豪杰往往产生于乱世中。 例句 话说到这里，来成点了点头，寻思着：“~，古辈潮流，这草野庄田里，可也出过不少英雄好汉，光是顾绊自己个家，可不，就是成不了什么气候!”（选自刘江《太行风云》）

【深栽茄子浅栽菜】 种茄子要深栽，种菜要浅栽。

【深栽硬砸，棒槌能发芽】 指栽树时，坑挖得深一点，土砸得实一点，容易成活。

【什么娘，什么女，什么谷子什么米】 比喻什么样的家风，就会培育出什么样的子女。与“什么藤结什么瓜，什么树开什么花”“什么铁打什么钉，什么元帅带什么兵”“什么种子出什么苗，什么葫芦结什么瓢”意思相近。 例句 她的行事跟她娘一样，怪不得人说“~”。

【神不知鬼不觉】 形容事情做得很秘密，没有人发觉。也作“人不

知鬼不觉”。　例句　李自成和刘宗敏等～地率领着队伍过了洛南，埋伏在华山东麓的深山密林中。（选自姚雪垠《李自成》）

【神龙见首不见尾】　原是谈诗的神韵，诗文跌宕多姿。后用来比喻人行踪神秘，不露真相；也比喻言辞闪烁，使人难以捉摸。　出处　清·赵执信《谈龙录》（节选）：“昉思（洪升）嫉时俗之无章也，曰：‘诗如龙，然首尾爪角鳞鬣一不具，非龙也。’司寇哂之曰：‘诗如神龙，见其首不见其尾，或云中露一爪一鳞而已，安得全体是雕塑绘画者耳。’”

【神山佳话多】　神仙居住的地方，流传的奇闻逸事也多。　例句　蓬莱、长山列岛的神山佳话，“八仙过海”“海市蜃楼”的怪诞传说，流传至今。常言说“～”，此山此景果然名不虚传呀！（选自马国超等《马本斋》）

【神仙打仗，凡人遭殃】　比喻上级人物争夺权利，倒霉的却是下面的普通人。　例句　“唉，四川的事情也难呀，刘湘他们打来打去，俗话说‘～’，四川民众早已生活在水深火热之中了。”（选自鄢国培《漩涡》）

【神仙鬼怪全是假，巫婆治病瞎害人】　巫婆：以通鬼神，为人祈福消灾、占卜等为职业的女子。意思是封建迷信不可信，巫婆更不会给人治病，只会害人。

【婶子大娘一大群，当不了亲娘一个人】　指旁系亲属再多，也抵不上母亲一个人的爱。　例句　都说“～”，这话也有点绝对。小慧从小没娘，二婶儿知冷知热，待她不也跟亲生的一样吗?

【慎终如始，则无败事】　语出《道德经》。意思是在事情快要结束时还能像开始时那样谨慎，就不会失败。　例句　老子曾经说：“～”。也就是说，在干事业时，如果能够做到图始图终，矢勤矢勇，强心强志，不屈不挠，对于既定目标锲而不舍，毫不放松，就一定能够取得成功。（选自李伯箫等《领导手册·用人编》）

【生不带来，死不带去】　人空手生下来，死后也不带走什么东西。劝人在钱财上要想得开些。　例句　“一个人有钱，是该招待朋友的！‘～’。”（选自艾芜《南街记·海》）

【生成的豆芽长不成树】　比喻人从生下来就小家子气，长大也不会有大出息。　例句　“你在我面前，说得比黄连还苦；到了正场儿上，嘴里像含了豆腐，吞也不吞，吐也不吐，～！”（选自苏群《大别山人·追鱼》）

【生葱熟蒜，老鱼嫩猪】　意思是说葱应该生吃，取其芳香去污避腥之功效；大蒜只有煮熟了才能散发香味，而生的则太辣了，会刺激肠胃；鱼的年数越久越好吃；猪肉则选择乳猪最好吃。

【生当作人杰，死亦为鬼雄】 语出李清照《夏日绝句》。亦：也。活着应当做人中的豪杰，死了也要做鬼中的英雄。指人活着要有志气。 例句 在爱国主义精神激励下，一代接一代的军人高唱着“捐躯赴国难，视死忽如归”“～”的战歌，义无反顾地走向了保家卫国的战场。（选自黄天信《从优秀传统文化中汲取血性营养》）

【生看衣衫熟看人】 指不了解的人，第一次见面是从穿着上来判断身份；相识以后，就要看他的为人如何。 例句 “常言‘～’。咱这一身穿罩儿，土里土气的，怕不合适。”（选自李英儒《还我河山》）

【生米做成熟饭】 比喻事情已经做成了，不能再改变。 例句 “小姐，如今～了，又何必如此推阻。”（选自沈受先《三元记·遣妾》）

【生男如狼，犹恐其尪；生女如鼠，犹恐其虎】 尪（wāng）：孱弱。生下男孩像狼一样矫健，仍然害怕他软弱；生下女孩像鼠一样胆小，仍然害怕她像虎那样凶暴。意在表明，男人以刚强为美，女子以温柔为德。 出处 范晔《后汉书·烈女传·曹世叔妻班昭》（节选）：“阳以刚为德，阴以柔为用，男以强为贵，女以弱为美。故鄙谚有云：‘～。’”

【生气催人老，笑笑变年少】 生气给身体带来的伤害是全方位的，容易使人衰老；而开心快乐、笑口常开容易使人精神焕发。

【生人不生胆，力大也枉然】 人胆小不敢任事，力气大又有什么用呢？ 例句 ～。关键时刻我们一定要勇敢地站出来，奋不顾身地冲上去！

【生是故乡人，死是故乡鬼】 表达了离乡游子对魂牵梦绕故乡的思恋之情。 例句 奶奶在信中说，她出门不慎摔了一跤，现在生活不能自理，而我父亲唯一的兄长又在外县，她不想去那个地方，她说老了要落叶归根，～。（选自寄白《父亲》）

【生死有命，富贵在天】 出自《论语·颜渊》，原句为“死生有命，富贵在天”。指人的生死等一切遭际皆由天命决定。常用作事势所至，人力不可挽回之意。 例句 “～，也不是人力可强的。”（选自曹雪芹《红楼梦》）

【生铁不炼不成钢】 喻指人不经过艰难困苦的磨炼，就不会成为有用的人才。 例句 俗话说：“～。”不经历艰苦的磨练，你怎能成为一位对社会有用的人？

【生土变熟土，一亩顶二亩】 生土经过翻耕变成熟土后，庄稼产量就会大增。

【生意不怕小，就怕顾客少】 做生意不怕本小利薄，就怕没有顾客光顾。

【生有益于人，死不害于人】 语出《礼记·檀弓上》。活着做对人有益的人，死了则也不损害人。

【生于忧患，死于安乐】 出自《孟子·告子下》："入则无法家拂士，出则无敌国外患者，国恒亡。然后知生于忧患而死于安乐也。"意思是忧患能使人奋发图存，安逸享乐可使人败亡。 例句 "～"，暗合千古兴亡之道，历史上的王朝更迭均与此有关，留下了诸多经验和教训。（选自刘舒《生于忧患，死于安乐》）

【生子不养父有过，养子不教更为错】 对孩子生而不养，是做父亲的过失；抚养而不教育，父亲的错就更大了。因为在这样环境里长大的孩子，如果走上了歪路，会危害社会。

【声誉比金子更可贵】 好名声是金钱买不来的。 例句 ～。不论有多大的诱惑，你都不能为了利益而坏了名声。

【绳锯木断，水滴石穿】 绳子能把木头锯断，水珠可以把石头滴穿。比喻力量虽小，只要坚持不懈，再难的事情也能做成。 出处 罗大经《鹤林玉露·一钱斩吏》（节选）："乖崖命杖之，吏勃然曰：'一钱何足道，乃杖我耶？尔能杖我，不能斩我也！'乖崖援笔判曰：'一日一钱，千日千钱，～！'自仗剑，下阶斩其首，申台府自劾。"

【绳捆三道紧，帐算三遍稳】 比喻做事谨慎小心就不容易出差错。 例句 ～。任何事情都粗心大意不得。

【省吃餐餐有，省穿日日新】 懂得节俭的人生活就不容易困窘。

【省了盐，酸了酱；攒下柴禾，睡凉炕】 比喻只图节省反而做不成事情。 例句 他这个人不沾弦，节省也节省不到地方，经常是～。

【省了油，废了轴】 指车轴因舍不得膏油而报废。比喻因小失大，得不偿失。 例句 早就给你说，车闸不好使让你换，你非得凑合，挨了摔受了疼，不还得换么？真是～。

【省事不如省官】 删减事务，不如裁减官员。指官僚系统过于庞大，会影响工作效率。 例句 巡抚大理卿胡概请增设杭、嘉、湖管粮布政司一员。上曰："粮税自有常赋，朕方裁抑冗滥。古语：～。……不许。"（选自《明史纪事本末》）

【省着省着，窟窿等着】 意思是人平时注意节俭，不料却有意外的大花费。同"攒着攒着窟窿等着"。 例句 真是～。手头刚活泛点儿，偏又害了这场病。

【胜败兵家事不期，包羞忍耻是男儿】 语出杜牧《题乌江亭》一诗。期：预期，预料。战场上的胜败，常常是兵家难以预料的事情；面对败仗能够容羞忍耻，才算得上男子汉。指有志气的人经得起失败，不灰心，不气馁，能够重新振作。 例句 "～。江东子弟多才俊，卷土重来未可知。"但项羽毕竟是项羽，而不是刘邦，在生死关头，他没有选择

生路，而选择了死亡。他对江东父老有情，对虞美人有情，对战马也充满了深情。（选自孙勇进《史论还是不要太随意》）

【胜败乃兵家常事】 胜利或失败是带兵作战的人经常遇到的事情。指不要把偶然一次的胜利或失败看得太重。也作“胜负乃兵家常事”。 例句 虑败并不是散布失败主义论调。~，在战役或战斗上吃败仗总是难免的。（选自李伟 张银涛《多一些虑败思维》）

【胜不骄，败不馁】 馁：气馁，丧气。胜了不骄傲，败了不灰心。 例句 “不但要发扬勇敢顽强、~的好风格，还要通过全队的高度团结协作，密切配合，互相支持。”（选自张百振《排球》）

【胜非其难也，持之者其难也】 语出《淮南子·道应训》。取得胜利不是困难的事，保持胜利才是困难的事啊。 例句 “~。”今年上半年将累计有430多个贫困县宣布摘帽。考核中发现，一些摘帽县去年以来出现松劲懈怠，有的撇摊子、歇歇脚，有的转移重心、更换频道，有的书记、县长希望动一动，一些已脱贫的群众收入不增甚至下降。贫困县摘帽后，要继续完成剩余贫困人口脱贫任务，实现已脱贫人口的稳定脱贫。（选自习近平《在解决“两不愁三保障”突出问题座谈会上的讲话》）

【胜人者有力，自胜者强】 语出《道德经》。能战胜别人，只是有力量；能战胜自己，才算得上刚强。指能够战胜自身的种种弱点，才是真正的强者。 例句 敢于真正回答“我是谁”的问题，不仅需要真诚，而且需要勇气。做到这一点，不仅要战胜自己的伪饰，而且要战胜自己的怯懦和自私。难怪中国的思想先哲老子说：“~。”（选自田峰《华艺语论》）

【胜者王侯败者贼】 旧指在举事或政权争斗中，成功的就是王侯，失败的就是贼寇。现多指评价人物时以成败论英雄。也作“胜者王侯，败者贼寇”“胜者王侯，败者寇盗”。 例句 “自古道：‘~。’古今一理，你骂他是匪，他说你是盗。”（选自曲波《林海雪原》）

【盛年不重来，一日难再晨】 语出陶渊明《杂诗八首其一》。美好的青春岁月一旦过去便不会再重来，一天之中永远看不到第二次日出。意在提醒人们要珍惜青春，不要虚度光阴。 例句 “~”。用当其时是选人用人的重要原则，把对的人在对的时间放在对的工作岗位上，能最大限度激发人的斗志，调动人的积极性。（选自檀耀军《抓住干部成长的“三个时期”》）

【失败是成功之母】 指事业的成功往往是在汲取失败的教训之后取得的。 例句 的确，~，“通往胜利的道路上从来都是坑坑洼洼”，与失败后的自怨自艾和毫不在乎相比，能够在跌个跟头后捡个明白，这

样的“痛”也算是进步的代价。（选自杨建懿《“长一智”不能总靠“吃一堑”》）

【失之东隅，收之桑榆】 东隅：指日出处，借指早晨。桑榆：日将落时余光在桑榆之间，因用以指日落处，借指傍晚。比喻开始时或暂时在某一方面失利，但最终得到了补偿。 例句 尽管政治失意、岁月蹉跎，纵游巴蜀、放旷诗酒的蜀中生活给了“四杰”们迥异于中原或者关中的生活体验，可谓“～”。（选自杨博 智超《“初唐四杰”政治失意后入蜀 开创清新质朴文风》）

【失之毫厘，谬以千里】 毫、厘：两种极小的长度单位。开始稍微有一点差错，结果会造成很大的错误。 例句 孙先生却把它看成先有文人，而后变成弄臣。这一来，真是“～”了！（选自闻一多《屈原问题》）

【师傅领进门，修行在个人】 拜师学艺虽然主要靠师傅传道授业，但是最终能否修成正果却是全靠个人的钻研努力。同“师傅领进门，巧妙在各人”“师父领进门，学艺在个人”。 例句 “俗话说，～。看看我自己是不是用功夫，这回盗占花宝，也是我学习的好机会。”（选自刘林仙 黄国祥《英雄大八义》）

【师克在和，不在众】 语出《左传·桓公十一年》。军队取胜在于团结，不在人多。 例句 “～”，协同活动是把作战力量聚力一处的黏合剂。（选自马树新《论体系作战协同》）

【师徒如父子】 意思是老师与学生的关系就像父亲与儿子一样，有教育、管教的责任，学生也要像尊敬父亲一样尊敬老师。 例句 我们应该看到，如今的师生关系早已不再是“～”，正逐步走向新型的现代师生关系。构建现代新型师生关系，既不能隔断历史文明，也不能固守所有文化传统，更不能不讲条件地全盘西化。（选自程骞《“师生断交”没有赢家》）

【师也者，教之以事而喻诸德也】 语出《礼记·文王世子》。意谓身为老师的，就是教人以谋事之才，并使其明白立世之德的人。 例句 老师的人格力量和人格魅力是成功教育的重要条件。“～。”老师对学生的影响，离不开老师的学识和能力，更离不开老师为人处世、于国于民、于公于私所持的价值观。（选自习近平《做党和人民满意的好老师——同北京师范大学师生代表座谈时的讲话》）

【师者，人之模范也】 语出扬雄《扬子法言·学行卷第一》。模范：本指制造器物时所用的模型，引申为值得人学习或取法的榜样。教师，是人们学习的榜样。 例句 “～。”教师的职业特性决定了教师必须是道德高尚的人群。（选自习近平《做党和人民满意的好老师——同北京师范大学师生代表座谈

时的讲话》）

【诗贵情思而轻事实】 语出李东阳《怀麓堂诗话》。诗歌的创作贵在抒发情思而不着重写实。

【诗品出于人品】 语出刘熙载《艺概·诗概》。诗歌的品质好坏是由创作者的人品决定的。

【诗无达诂】 语出董仲舒《春秋繁露·精华》。诗：《诗经》。达：把意思表达得晓畅明白。诂：用当代的话解释古代的语言叫“诂”。意思是后人对《诗经》没有确切的训诂或解释。也就是说，《诗经》所提供的文本具有多义性，各人所处的时代或阅历不同，对《诗经》的解释也会不同。后世又被引申为审美鉴赏中的差异性。即同一部作品，鉴赏者可以仁者见仁，智者见智。 例句 虽说“～”，诗的好坏很难定出一个严格的计量标准，但我赞同清代张问陶说的“天籁自鸣天趣足，好诗不过近人情”。（选自易行《为作诗而读诗》）

【诗须识高，诗须力厚，诗须学富】 语出李沂《秋星阁诗话·勉读书》。指要想写好诗，必须见识高超，功力深厚，学问渊博。 例句 想当诗人是好的，但要记住一点：“～。”要真正做到这三点，非静下心来好好读书不可。（选自赵清爽《学富五车须读书》）

【诗言志，歌永言】 语出《尚书·舜典》。永：同“咏”。诗表达人的情感志意，歌咏唱人的心声。例句 古人云：“～，声依永，律和声。”歌曲是人们以审美思维把握世界的一种覆盖面最广、影响力最大的艺术形式，历来为人民大众所喜爱。（选自仲呈祥《让那些美好的歌声代代相传》）

【诗要避俗，更要避熟】 语出刘熙载《艺概·诗概》。写诗要避免落入俗套，更要避免人们熟知久厌的东西。指创作贵在构思新颖，独具特色。 例句 “～。”就是说，写诗最忌老生常谈、似曾相识，贵在独特、创新，构思新颖。（选自苏灵《论“诗眼”》）

【虱多不痒，债多不愁】 常比喻麻烦事多了，反而不在乎无所谓了。同“债多了不愁，虱子多了不咬”“账多了不愁，虱子多了不咬”。 例句 徐义德心中笃定，不慌不忙地说，“让他告到法院也没啥了不起。常言说的好，～。福佑欠的债也不止信通一家，干脆让大家去告，也增加不了延年多少罪过。”（选自周而复《上海的早晨》）

【施恩图报非君子，忘恩负义是小人】 给别人恩惠图要报酬的，不是君子的作为；但接收恩惠却忘恩负义，就是小人之行了。

【施肥一大片，不如一条线，一条线不如一个蛋】 意思是集中施肥，有利于作物吸收，充分发挥肥效，优于分散施肥。

【施人慎勿念，受施慎勿忘】 施恩于人千万不可记在心里，受恩于人千万不可忘记。 出处 崔瑗《座右铭》（节选）：“无道人之短，无说己之长。~。世誉不足慕，唯仁为己纲。隐心而后动，谤议庸何伤？”

【施人勿念，受施勿忘】 施恩于人后不要念念不忘，而受人恩施后应该铭记在心。 出处 宋·袁采《袁氏世范》（节选）：“古人言：~。诚为难事。”

【施舍不倦，求善不厌】 施舍：指给人财物。接济穷人不知疲倦，追求善德不知厌烦。 出处 《左传·昭公十三年》（节选）：“从善如流，下善齐肃，不藏贿，不从欲，~，是以有国，不亦宜乎？”

【湿柴难烧，娇孩儿难教】 前句为“比兴”手法，后句才是重点。娇惯的孩子任性，所以难教。 例句 ~。这孩子从小娇生惯养，一身的毛病，想把他管教好，难啊。

【湿锄干，干锄湿，锄头上有水又有火】 天旱时，通过锄地可减少土壤中水分蒸发，起到保墒作用，即锄下有“水”；雨后土壤水分过大，通过锄地可加快水分散失，即锄下有“火”。

【湿锄谷子干锄花，不湿不干锄芝麻】 谷子不耐涝，棉花不耐旱，芝麻则没什么苛求。所以土壤水分过大要去锄谷地，天气干旱时要锄棉花地，土壤水分适宜的时候锄芝麻地。

【湿打黍稷干打谷】 对黍稷脱粒不需要晒干，对谷子脱粒则需要晒干。

【湿了粘，干了硬，不湿不粘整不动】 形容胶泥地难以侍弄。

【湿里干里挨不着】 意思是局外人，与某件事没有任何的关系。 例句 这件事是经理一手操办的，我是~，一无所知。

【狮子大开口】 语出褚人获《隋唐演义》。比喻要价或所提条件很高。 例句 正因司法鉴定意见作为一项法定证据，具有很高的证明效力，正因为那一纸鉴定事关当事人切身利益——要“仰仗”它或许才能打赢官司，司法鉴定机构才有了“~”的“底气”。（选自何勇海《“狮子大开口”的鉴定费损害司法形象》）

【十帮一易，一帮十难】 意谓困难的人少容易帮，困难的人多就很难帮了。 例句 这次这么多人受灾，虽然你为人仗义，但靠你一个人的财力是不行的，“~”，还是求助于政府吧。

【十步之泽必有香草】 语出刘向《说苑·谈丛》。十步之间的草泽内，一定会有芳香的花草。也作“十步之内，必有芳草”。常用来比喻处处都有人才。 例句 “~，十室之邑必有忠士”，党员干部葆有“先不入廨”的敬才意识，贵在放下姿态、淬炼识珠慧眼。（选自段官敬《葆有“先不入廨”的敬才意识》）

【十分伶俐使七分，常留三分与儿孙】 意指人不要太精明，耍小心眼儿，给儿孙留下不好处的人际关系。

【十分惺惺使五分】 惺惺：机灵，聪明。指聪明才智不能用完，必须留有余地。 出处 元·李文蔚《燕青博鱼》（节选）：“可不道这姐姐今年个断荤，休将你那精神来使尽。〔带云〕常言道：‘～。’”

【十个罗花女，顶不了一个颠脚儿】 旧时重男轻女的一种说法。意思是有十个聪明的女儿，也不如有个哪怕腿脚有毛病的儿子。

【十个梅子九个酸，十个官儿九个贪】 形容旧时的官府多有腐败的官员。

【十个钱要花，一个钱要省】 当用十个钱也要花，不当用一个钱也不花。 例句 “～”。花钱关键要用对地方，好钢用在刀刃上。

【十个衙门九个赃】 指旧时官场大都存在贪污腐败现象。

【十个指头不一般齐】 形容人或事物总有区别。与“十个指头有长短，荷花出水有高低”“十个指头有长短，山中树木有高低”意思相近。 例句 “黄豆里边也掺着绿豆，‘～’。俺家也有在都市搞地下工作的，他们可没有你说的这么排场。”（选自李英儒《野火春风斗古城》）

【十个指头咬着都疼】 意思是骨肉亲人，伤着哪个都心疼。也作“十个手指头咬咬哪个都心疼”。 例句 “死了的也是侄儿，活着的也是侄儿，～。”（选自兰陵笑笑生《金瓶梅》）

【十个指头咬着哪个都疼】 比喻对自己的每个儿女都很疼爱。 例句 她既疼二楞，又疼志勇，这真是俗话说的：～。（选自郭澄清《大刀记》）

【十个指头有长短，一树果子有酸甜】 比喻人和人是有差别的，不能要求一样。也作“一树果子有酸甜，十个指头有长短”。 例句 处在同一阶段的儿童由于个体和成长环境等因素的影响也具有明显的不同。谚语云：“～”，儿童个体本身就存在差异性；古语云：“橘生淮南则为橘，生于淮北则为枳”，不同的成长环境也可以造成儿童发展轨迹的不同。（选自钟传平 尹少淳《不拘一格的儿童美术》）

【十个嘴把式，顶不上一个手把式】 把式：精于某种技术的人。十个能说会道的人，也顶不上一个真正能干的人。指泛泛空谈不如埋头实干。同“一千个嘴把式，顶不上一个手把式”。 例句 “有人说，人家那叫脑力劳动。要我说，如果那也算劳动的话，至多只能算嘴力劳动。‘～’！”（选自刘彦林《春风得意》）

【十句谚语十句真】 不同时代不同地域有不同的谚语，每一句谚语都是一个时代一定区域人们生活的反映。

【十里不同俗】 指一处有一处

的风土民情，即使两地相隔很近，风俗也不完全一样。　例句　俗话说："～。"中国地方大了，一方水土养一方人，各有各的风俗习惯。（选自刘绍棠《关中第一面》）

【十里地赶个嘴，不如在家歇歇腿】　跑很远的路去吃一顿饭，还不如在家休息舒服。

【十里没真信】　意思是即使相距不太远，经过人们口耳传播扩散的消息也可能失真。也作"十里没准信"。　例句　俗话说："～。"那些住在乡下的，住在附近州县的，听说这样谣言，大快人心，所以也就越传越凶。（选自姚雪垠《李自成》）

【十里认人，百里认衣】　比较近的人知底细，凭人品判断人；比较远的人就凭外表来判断了。　例句　～。从穿着打扮看，这个人来自遥远的新疆。

【十六两，俩半斤，闺女媳妇一样亲】　告诫公婆不要偏心，闺女媳妇要一样看待。　例句　～。姑娘不过常来往，媳妇时常伴你身。

【十亩挖一井，能顶旱地种一顷】　指的是打井灌溉对农作物生长的重要性。

【十年寒窗无人问，一举成名天下知】　原意谓十年的寒窗苦读无人问津，科举考试中举名扬天下。现指学子功成名就之前，须耐得寂寞。也作"十年窗下无人问，一举成名天下知""十年寒窗无人问，一朝成名天下知"。　例句　每到高考放榜，状元们都会成为耀眼的明星。在激烈的高考竞争中拔得头筹的状元们，生动地诠释了"～"。（选自杨朝清《围观高考状元背后对社会流动的深切渴望》）

【十年河东，十年河西】　比喻世事难料，一直变化。另也有"十年河东转河西，莫笑穷人穿破衣"的说法。　例句　尤万侯讪笑着，哼了两声，说："～"，没有不晴的天，没有不缺的月。（选自王玉龙《清泉曲》）

【十年练得好文秀才，十年练不成田秀才】　意思是成为种田能手一点不比成为文章高手容易。　例句　～。这庄稼行里也有不少的门道呢。

【十年树木，百年树人】　比喻培养人才是长久之计，或表示培养人才很不容易。　例句　～。要提高一个民族的总体素质，就要注重培养人才。（选自秦泉《初中语文四库全书》）

【十年秀才好学，十年商人难学】　意思是读书只要认真坚持，肯定可以学有所得；但经商想要成功，则要靠个人的悟性和机遇，机遇可遇不可求。　例句　～。宋老板几十年间将一个家庭作坊式的小工厂发展成为实力雄厚的企业集团，真是不简单。

【十年一个穷汉，十年一个富汉】　十年的时间，一个人有可能因为懒散而生活穷困，也可能因为拼搏而变得富有。 例句 “~”，做穷汉还是做富汉，就看一个人怎么干了。

【十年栽树，百年歇凉】 指植树造林是功在当代、利在千秋的事情。 例句 “~”，何乐而不为？

【十七十八，合黑儿摸瞎】 意思是到了农历的十七十八，傍晚既看不见太阳也看不见月亮，所以叫“摸瞎”。

【十七十八力不全，二十七八正当年，三十七八还好过，四十七八不沾弦】 沾弦：方言。靠谱，多用于否定。“不沾弦”，即不靠谱，可能性不大，不行了。这是形容人生四个阶段大致的体力状况，并不准确。

【十室之邑，必有忠信】 语出《论语·公冶长》。即使是十户人家的村落，也一定会有忠诚信实的人。指处处都有贤人。 例句 古人有言：“~”，“十步之内，必有芳草”。出色的人物可说到处都有。（选自王充闾《贤才国之宝》）

【十羊九牧，其令难行】 十只羊由九个人放，羊儿将无所适从。比喻令出多门，政令不一，无所适从。 出处 唐·刘知几《史通·忤时》（节选）：“杨令公则云‘必须直词'，宗尚书则云‘宜多隐恶'。~；一国三公，适从何在？”

【十谒朱门九不开】 谒：拜见。朱门：红漆大门，指富贵人家。指进入官府很困难；或表示向权贵人家求助，常常会碰壁。 例句 眼见得一家受尽千般苦，可甚么~，委实难捱。（选自凌濛初《初刻拍案惊奇·看财奴刁买冤家主》）

【十月一，穿棉衣】 意思是每年的农历十月初一天就冷了，就该穿棉衣了。

【十丈水深易测底，五尺人高难探心】 指人心难测。

【十指连心，骨头连筋】 比喻父母与孩子亲不可分。 例句 “~”，你们都是娘身上掉下来的肉，娘怎么能不挂心呢？

【石看纹理山看脉，人看志气树看材】 指事物可以通过细节判断其性质和价值，人可以通过看他有没有志气判断他有没有出息。 例句 俗话说“~”，他整天游手好闲的，能干成什么事？！

【石可破也，而不可夺坚；丹可磨也，而不可夺赤】 语出《吕氏春秋·诚廉》。夺：动摇；改变。丹：朱砂。石头可以破开，但不可改变它坚硬的性质；丹砂可以磨碎，但不可改变它赤红的颜色。比喻意志坚强或品质优秀的人，不会因打击或诋毁而改变其名节操守。 例句 “~。”不忘初心，牢记使命，对共产党人来说，最根本的是不要忘记自己是共产党人，是革命者，不要丧失了革命精神。（选自石平《时代是出卷人 我们是答卷人 人民是阅卷人》）

【石头虽小垒成山，羊毛虽细织成毡】 形容个人的力量虽然单薄，但和大家团结在一起，就能成就大事。

【时代不同了，男女都一样】 意思是新社会讲究男女平等，过去对女性歧视的时代一去不复返了。 出处 《毛主席语录》：“～。男同志能办到的事情，女同志也能办得到。”

【时乎时，不再来】 语出司马迁《史记·淮阴侯列传》。时：时间，时机、机会。指时机错过了就不会再有。 例句 古人云：“时者难得而易失也。～。”在新形势下，谁的机遇意识强，谁的思路新，谁就能发现机遇、创造机遇、把握机遇，从而把现有资源和发展机遇有效对接，使其转化为发展的新优势。（选自刘建明《为政当做好“加减乘除”》）

【时间好比东流水，只见流去不流回】 比喻时间失去了就不可追回。意思相同的说法还有“时间不等人”“时光一去不回还，人老何曾再少年”等。

【时间一分，贵如千金】 喻指时间宝贵。意思相同的说法还有“时间是条金子河，切莫让它白流过”“时间贵如金”等。

【时来风送滕王阁，运去雷轰荐福碑】 上一句说的是唐代王勃写《滕王阁序》成名的典故；下一句说的是穷秀才张镐流落荐福寺，长老准备让人拓写寺中颜真卿所写“荐福碑”碑文卖钱资助他赶考，夜里“荐福碑”便遭雷轰的故事。意谓时运来时自有天助，时运不济总出意外。 出处 宋·许月卿《赠谈命韩东野》（节选）：“～。莫道去年曾算了，从知祸福逐年移。”

【时来谁不来，时不来谁来】 时：时运。说的是人情冷暖、世态炎凉。意谓时运来了，谁都来奉承；不走时运时，谁都离得远远的。 例句 众亲邻朋友一概都知西门庆第六个娘子新添了娃儿，未过三日，就有如此美事，官禄临门，平地做了千户之职。谁人不来趋附？送礼庆贺，人来人去，一日不断头。常言：～！（选自兰陵笑笑生《金瓶梅》）

【识破人情便是仙】 能看透人情世故的人就是十分高明的人，好比神仙一样快活自在。 例句 “什么玲珑不玲珑心，俗语说得好～。”（选自王浚卿《冷眼观》）

【识破人情惊破胆，看穿世间心胆寒】 指谙尽人情冷暖、世态炎凉的滋味后，不免震惊和心寒。

【识时务者为俊杰】 时务：当前的客观形势或时代潮流。指能认清当前形势或时代潮流，才是杰出的人物。多用于规劝、告诫。 例句 “凡尔官吏，爱及军民，受天命者为真人，当思归汉；～，胡可违天。”（选自黄世仲《洪秀全演义》）

【实干能成事，虚心能添智】 实干的人能够成就大事，虚心的人能够增添智慧。 例句 ～。黄老师不仅为人谦虚谨慎，而且务实能干，是咱们学校不可多得的人才。

【实践出真知】 通过实践才能总结出规律性的知识。另也有“实践出真知，勤奋出才干”“实践出真知，勤劳出智慧”的说法。 例句 “～”，毛泽东的许多高明的决策，离不开他热爱读书学习的习惯和脚踏实地深入社会底层的经历。（选自马烨《领导干部要善于“出主意”》）

【拾金不能昧，问心方无愧】 意思是拾到东西并不隐瞒下来据为己有，就会心安，没有愧对任何人。

【拾了根袜带，配穷了人家】 指捡到一根好袜带，还得有好袜子配，有了好袜子还得有好衣裳配，有好衣裳还得配上好饰物，越配越多，最后配穷了家当。指奢侈往往从细小处开头。 例句 “我们家乡有一句土话：‘～。’今儿你送我这两件漂亮的衣服，我不谢你。反倒怪你呢！”（选自茅盾《腐蚀·十一月六日》）

【食多伤胃，忧多伤神】 饮食过量胃部容易受到伤害，忧愁多了就显得精神萎靡。

【食尽鸟投林】 鸟吃完了食就飞进树林。比喻没了权势和钱财，依附的人就投奔他处。 出处 曹雪芹《红楼梦》（节选）：“为官的，家业凋零；富贵的，金银散尽；……好一似～，落了片白茫茫大地真干净!”

【食其食者，不毁其器；荫其树者，不折其枝】 吃了人家的食物，不可毁坏人家的器具；在树下乘凉，不可折断树的枝条。指人应有敬重、感恩之心。 出处 《韩诗外传》（节选）：“田饶曰：‘臣闻：～。有臣不用，何书其言？’”

【食鱼要肥，食肉要瘦】 吃鱼肉要选择肥的，吃其他动物的肉要选择瘦的。

【食在广州，住在苏州】 广州的饮食业发达，苏州的居住环境好。

【使功不如使过】 出自范晔《后汉书·索卢放传》：“夫使功者不如使过。愿以身代太守之命。”指利用有功的人，不如利用有过失的人，使其将功补过。 例句 “（旦）相公明日与兀术交战，正当用人之际，乞看妾面，且饶他这遭，况～，着他带罪杀贼，未为不可。”（选自张四维《双烈记·女戎》）

【使口不如自走，求人不如求己】 语出《增广贤文》。意思是用嘴求别人不如自己行动。 例句 “～”。这件事我还是亲自出马吧。

【使勤不使懒】 使用手脚勤快的人，不使用懒惰的人。 例句 ～，你连个扫帚都不想拿，谁来聘你？

【始交不慎，后必成仇】 语出申居郧《西岩赘语》。交朋友起初不慎重选择，到后来一定会成为仇人。

【屎壳郎光往臭处里拱】 讥讽有不良嗜好的人，专往不良处所里混。

【屎壳郎能造蜜，要蜜蜂干嘛】 指高尚的工作，品质低劣的人是不能完成的。 例句 我不同意让大力来取代黄工程师技术部主任的位置。大家都说说，大力会做啥？~？

【屎窝里挪到尿窝里】 比喻从一个环境糟糕的地方挪到了另一个环境糟糕的地方。 例句 张师傅这次搬家，就如同~，生活条件根本没改善多少。

【士别三日，刮目相看】 刮目：擦一擦眼睛；比喻彻底改变眼光。指分别后，对方进步很快，再相见时，当另眼相看。 例句 她洋洋洒洒一说，使家霆颇有“~”的感觉。（选自王火《战争和人》）

【士可杀，不可辱】 语出《明史·王鏊传》，本自《礼记·儒行》“儒者……可杀而不可辱也”。士可以被杀头，但不可以被侮辱。指人格尊严比生命更可贵。 例句 父亲颤抖着双手把这压纸刀交给心爱的女儿，噙着泪说道“孩儿，爹爹十一年前蒙受奇耻大辱，~，此仇不能不报！”（选自二月河《康熙大帝》）

【士气不可无，傲气不可有】 语出吕坤《呻吟语·品藻》。士气：读书人的气质、作风。指读书人的气节不能没有，但不能有看不起人的傲气。 例句 “~”，这是父亲的座右铭，也是我们的家训。父亲作为一名高级军官，始终克己奉公，守正不阿，同时又平易近人，急公好义，为我们后人做出了表率。（选自小花《清明的祭奠》）

【士虽有学，而行为本】 语出《墨子·修身》。读书人虽然有学问，但也要以落实到行动上为根本。指实践比学习更重要。 例句 墨子认为，~。歌德则有一句名言：理论是灰色的，生活之树常青。当代年轻的大学生们，应当勇敢地投身到火热的实际生活中去，不做温室里的花朵，而做搏击长空的苍鹰！（选自金炎《做知行统一脚踏实地的人》）

【士为知己者死，女为悦己者容】 语出《战国策·赵策》。悦己：喜欢自己。容：打扮。壮士愿意为理解自己的人去死，女人愿意为喜欢自己的人打扮。 例句 “~。”邬思道沉静地答道，“贝勒以国士待我，我岂能以守财奴报您？”（选自二月河《雍正皇帝·九王夺嫡》）

【士者国之宝，儒为席上珍】 语出《增广贤文》。意思是读书人如同国家的宝物，又像宴席上的佳肴，皆令人珍而重之。

【世间好语书说尽，天下名山僧占多】 语出《增广贤文》。指书上说的都是人生道理，僧人专占名山修身养性。

【世上若要人情好，赊去物件莫取钱】 语出《增广贤文》。意思是在世上如果想取得好人缘，赊给人东西就不要收钱。说明帮了人就会在感情上拉近人与人之间的距离。

【世上万般皆下品，思量唯有读书高】 原意是世上所有行业都是低贱的，想想还是只有读书入仕才是正途。现可理解为做什么事情都不如读书对人的帮助大。 出处 元·柯丹邱《荆钗记》（节选）：“［生］圣朝天子重英豪，［末］常把文章教尔曹。［净］世上万般皆下品，［合］思量惟有读书高。”

【世上无难事，只要肯登攀】 语出毛泽东《水调歌头·重上井冈山》词。意谓世界上没有困难的事，只要肯下决心去做，任何困难都能克服。同“世上无难事，只怕心不专”“世上无难事，只怕有心人”。 例句 无论是面对革命困境还是面对发展难题，我们党历来都是坚守初心、不畏艰险。也正因为坚信“～”，所以我们才不断赢取“到处莺歌燕舞，更有潺潺流水”的胜利局面。（选自葛其恒《世上无难事只要肯登攀》）

【世上只有藤缠树，人间哪有树缠藤】 喻指恋爱婚姻中女性依赖于男性，或世上只有弱者依靠强者，没有强者依靠弱者的。 出处 电影《刘三姐》插曲《世上哪有树缠藤》（节选）：“山中只见藤缠树，世上哪有树缠藤？青藤若是不缠树，枉过一春又一春。”

【世事短如春梦，人情薄似秋云】 感喟世事无常，人情淡薄。 出处 宋·朱敦儒《西江月·世事短如春梦》（节选）：“～。不须计较苦劳心。万事原来有命。”

【世事茫茫难自料，清风明月冷看人】 这是一副集句联。上联出自唐代韦应物《寄李儋元锡》一诗，下联出自宋代常省元《书园契上赵尚书》一诗。意谓世上很多事情都是难以预料的，只有清风明月在冷眼旁观着人世间的沧桑变化。表达了一种对世事多变的无奈心情。

【世事有成必有败，为人有兴必有衰】 指为人处世遭逢兴衰成败，乃是常有的事。 例句 话说当下费保对李俊道：“小弟虽是个愚卤匹夫，曾闻聪明人道：‘～’。哥哥在梁山泊，勋业到今，已经数十余载，更兼百战百胜。去破辽国时，不曾损折了一个兄弟。今番收方腊，眼见挫动锐气，天数不久。为何小弟不愿为官？为因世情不好。有日太平之后，一个个必然来侵害你性命。”（选自施耐庵　罗贯中《水浒传》）

【世异则事异，事异则备变】 出自《韩非子·五蠹》。时代变迁，世情就会有变化；世情不同了，则先前所做的准备、采取的措施也要相应改变。即做事必须与时俱进。 例句 “不战而屈人之兵”才是企业发展的最高境界，“～”，企业家必须因利而制权，因敌而变化，时时注重学习，以创新来提升竞争能力。（选自赵怡雯　嵇芸芸《“动态竞争”推动企业发展》）

【世治用文，世乱用武】 意谓国家安定，重用文臣；天下动乱，重用武将。 例句 ～。大丈夫处世，

必得文武全备。（选自张大复《紫琼瑶》）

【世治则礼详，世乱则礼简】 太平盛世，则礼仪周全；天下动荡，则礼仪从简。指礼乐教化要跟着时势环境的变化而变化，一成不变行不通。 例句 涣每敕诸县：“务存鳏寡高年，表异孝子贞妇。常谈曰：‘～。’全在斟酌之间耳。”（选自陈寿《三国志·魏书·袁涣传》）

【仕风变，天下治】 语出吕坤《呻吟语·治道》。官场风气变好了，天下就能治理好。指官场廉正是治理好国家的关键。 例句 “～”。这真是一语中的，切中要害。“仕风”指的是官场风气。官场兴什么风气，对社会影响很大，可以说“上好如云，下效如川”。（选自张领翰《民风与仕风》）

【仕者为己，天下无善政】 语出钱琦《钱公良测语·规世》。当官的只为自己谋利益，天下就不会有好的政治。指政治腐败的根源就在于以权谋私。 例句 “～”。学习是为了充实提高自己；如果是为了炫耀给别人看，那么，天下就没有真实的学问了。做官是为了别人，为的人越多越好；如果是为了自己，那么，天下就没有为善的政治了。（选自包亮《学则为己，仕则为人》）

【市场认得清，生意卖得精】 指掌握了市场行情的发展趋势才能把生意做好。

【势败奴欺主，时乖鬼弄人】 没了权势，奴才都会欺负主人；运气不好，连鬼都来耍弄人。指没了权势、时运不济，就会受人欺负。同“势败奴欺主，时衰鬼弄人”。 出处 元·佚名《白兔记》（节选）：“你见我哥嫂磨灭我，你也来戏弄我。自古道的好：～。”

【势利之交，难以经远】 语出诸葛亮《论交》。靠权势和利益结成的交情，难以保持长久。 例句 古人云，“～”，以利相交，利尽则散；以权相交，权尽则弃。努力多交“益友”、倾心去交“诤友”，才能受益终生。（选自杨中良《从古典诗词中汲取从政智慧》）

【事不关己，高高挂起】 认为事情与己无关，把它搁在一边不管；把与自己无关的事情远远丢开不管。 出处 毛泽东《反对自由主义》（节选）：“～；明知不对，少说为佳；明哲保身，但求无过。这是第三种。”

【事不过三】 指同样的事不宜连做三次。 例句 “常言道：～。我若不去，真是个下流无耻之徒。”（选自吴承恩《西游记》）

【事不经不懂，路不走不平】 事情只有经历过了，才有切身的体会；道路经常有人走，才会平坦。

【事不三思，终有后悔】 做事不三思而行，到头来总要后悔。也作“事不三思，终要后悔”。同“事不三思终有悔”。 例句 “～。这一套富贵，都是永儿作成的，怎好

负他？”（选自罗贯中　冯梦龙《平妖传》）

【事不三思终有悔，人能百忍自无忧】　指为人处世，既要周密思虑，又要善于忍耐，周密思虑不会有后悔事，善于忍耐不会招惹祸患。　例句　杨氏只该骂自己儿子，不该攧钱，不该怪别人。况且一文钱，所值几何，既输了去，只索罢休。单因杨氏一时不明，惹出一场大祸，展转害了多少人性命。正是：～。（选自冯梦龙《醒世恒言·一文钱小隙造奇冤》）

【事不豫办，不可以应卒】　卒：突然。凡事如果不事先计划准备，就难以应对突然的变化。　出处　桓宽《盐铁论·世务》（节选）：“～；内无备，不可以御敌。”

【事大事小，说了就了】　指矛盾不论大小，只要当事人当面向大家解释清楚，矛盾就会化解。也作“事大事小，一说就了”。与“事大事小，身到便了”“事大事小到跟前就了”义近。　例句　“老七，我来帮你们解扣儿吧，你跟大伙儿赔个错儿，～，怎么样？”（选自高云览《小城春秋》）

【事后诸葛亮】　指事后自称有先见之明的人。　例句　“不是我～，决定拉武装时我就说过，我们不拉出去，郭忠还可以存在，因为引不起小岛的注意。”（选自向春《煤城怒火》）

【事莫明于有效，论莫定于有证】　语出王充《论衡·薄葬》。对事物最好的证明是有效果，对论点最好的认定是有证据。　例句　“～”。中国始终是世界经济的稳定之锚、增长之源，并以实际行动传递出全面深化改革、全面扩大开放和推进自由贸易的积极信息。（选自林丽鹂《中国经济的“压舱石”》）

【事莫做绝，话莫说尽】　指说话办事都要留有余地。　例句　这次谈判之所以准备了两套方案，是遵循“～”的原则，要争取我们的利益最大化，但又不能谈崩，这就需要我们根据现场情况灵活运用我们的策略。

【事怕合计，人怕客气】　做事情大家一起来商量，事情就能做好；和人相处，对人客气一些，关系就融洽。

【事怕瞎支应，一搞准不成】　做事情最怕敷衍和搪塞，消极应付的心态什么也做不好。

【事是死的，人是活的】　指人应该用灵活机动的办法来处理事情，不要死搬教条。　例句　“公主放心，～，死店活人开嘛，到时候我有救自己的办法。”（选自单田芳等《燕王扫北》）

【事修而谤兴，德高而毁来】　语出韩愈《原毁》。修：治理。事情办好了，诽谤便随之产生；品德高尚了，诋毁也就随之而来。　例句　在“～”“老实人吃亏”的环境里，道德之行往往要付出精神和利益双重牺

牲的代价。（选自李卫星《〈易经〉精神与军旅人生修养》）

【事以密成，语以泄败】 语出《韩非子·说难》。事情会因为私密而成功，会因说话泄露而失败。强调有些事情保密很重要。 例句 ～。保密工作是党和国家的一项特殊重要工作，直接关系到国家安全、经济发展、社会稳定。（选自薛鹏《保密这根“弦”须臾不能松》）

【事在人为，人定胜天】 事情能不能做成功，看人的主观努力如何，只要肯干没有不能完成的事。 例句 虽然有低温少雨、墒情不佳等诸多困难，但有你们的支持配合，完成粮食增收的目标还是可以实现的。我相信～。

【事者，生于虑，成于务，失于傲】 语出《管子·乘马》。事情都产生于思虑、谋划，成功于努力、实干，失败于傲慢、轻视。 例句 古人说：“～。”伟大梦想不是等得来、喊得来的，而是拼出来、干出来的。（选自习近平《在庆祝改革开放40周年大会上的讲话》）

【事之至难，莫如知人；事之至大，亦莫如知人】 语出宋·陆九渊《删定官轮对札子》。至：最。天下最难的事情，莫过于了解人；最大的事情，同样是莫过于了解人。 例句 有格言说：“～。”要真正识别人、了解人，是最重要也是最困难的事情。只有经过长时间的考验，才能逐步地“知人”。（选自庄利莱《难得诤友》）

【事只五分无悔，味只五分偏美】 语出吕坤《续小儿语》。五分：适中。做事不要过分，就不会后悔；味道不要过分，就觉着正美。指一切事物都贵在恰到好处。 例句 古人说：“～。”为人处世能够恰如其分，适可而止，就是成熟的表现。（选自李迎红《适中为美》）

【是草有根，是话有因】 比喻说话总有根源、意图。 例句 刚才他那话你们听出什么意思来了没有？“～”，他虽没明说，但那话肯定指的是那件事。

【是饭充饥，是衣遮体】 有饭吃，有衣服穿。指基本满足生活的需求。 例句 虽然出门在外，也没什么。～。我这人也没那么多讲究。

【是非只为多开口，烦恼皆因强出头】 意思是多说话会惹是生非，争强好胜会招惹烦恼。 出处 《增广贤文》（节选）：“～。忍得一时之气，免得百日之忧。”

【是非终日有，不听自然无】 各种是是非非每天都存在，但只要我们不在意，就自然干扰不到我们！同“是非天天有，不听自然无”。 出处 明·高明《琵琶记》（节选）：“莫道是非终日有，果然不听自然无。”

【是福不是祸，是祸躲不过】 指该遭的灾祸躲避不掉。 出处 郭小亭《济公全传》（节选）：“和尚回到衙门，知府顾国章说：‘圣僧定规十五金山寺现怎么样？’和尚叹了一声，说：‘你也不用问，非你可知。~。我和尚还要回灵隐寺见见老方丈，请请安，你我再会罢。’”

【是个坷垃就绊脚】 任何的消极因素都会对事物的发展产生阻力。例句 “~”，我劝你对这些势利小人还是不得罪的好。

【是好说不坏，是坏说不好】 指说话无法改变事实。与“是对不是错，是错瞒不过”义近。 例句 事实明摆着，他爱咋说咋说，~。

【是花开一喷儿，是风刮一阵儿】 比喻无论是快乐还是悲伤，终究会过去。 例句 “~。”这件事儿虽然对你有一些影响，也不要太放在心上。

【是疖子早晚得憋出脓来】 比喻是坏人早晚会干坏事，或做了坏事早晚要暴露。 例句 这件不光彩的事情，想捂是捂不住的，~。

【是金子总会闪光的】 比喻人的卓越才能或事物的美好品质，总有一天会被发现。 例句 观众们的眼睛是雪亮的，~，所以真正的好作品从来都不会被埋没。（选自崔巍《电影票房不是求来的》）

【是可忍，孰不可忍】 出自《论语·八佾》。是：这个；孰：什么。如果这个都可以容忍，还有什么不可容忍的呢？意思是绝不能容忍。例句 小小三岛之国，如此欺辱我有五千年文明历史的中华古国，~？（选自杨沫《青春之歌》）

【是骡子是马，牵出来遛遛】 骡子能负重，但比不上马善跑；是骡子还是马，拉到大道上跑一跑便知。比喻人的才能是高是低，放到实践中检验一番便见分晓。也作“是骡子是马，拉出来遛遛”。 例句 俗话说得好，~，作品是不是受欢迎，市场反响是重要参照之一。（选自傅谨《戏曲现代戏如何走向高峰》）

【是亲不是亲，非亲却是亲】 有亲戚关系的人不一定是和你亲近的人，没有亲戚关系的人却能成为和你亲近的人。 出处 《增广贤文》（节选）：“~。美不美，乡中水；亲不亲，故乡人。”

【是亲三分向】 意思是只要是关系亲近的人，说话就会有倾向性。例句 都说~，但是更多时候，也是向情向不了理。

【是蛇一身冷，是狼一身腥】 蛇是冷血动物，身上一直冷；狼是食肉动物，一身的腥味儿。指恶人本性难移。 例句 千万别忘了“~”，和他这样的人交往，你可要多加小心。

【是姻缘棒打不回】 旧指有缘分的婚姻，不管遇到什么人阻拦，都不能拆散。 例句 “人家说的‘好事多磨’，又说道‘~’。这样看起来，人心天意，他们两个竟是天配的了。”（选自曹雪芹《红楼梦》）

【室雅何须大，花香不在多】 郑板桥所撰对联。意思是居室崇尚雅致，面积不一定大；鲜花贵在馨香，不一定多。

【嗜欲深者天机浅】 出自《庄子·大宗师》："其耆欲深者，其天机浅。""嗜欲深"，就是嗜好和欲望特别深重、强烈。"天机"就是天赋予人的智慧与灵性，也可以说是对自身和事物的判断力。意思是：那种嗜好和欲望深重、强烈的人，他的智力就会降低。也就是说，一个人如果不能控制自己的嗜好和欲望，贪婪无度，必然利令智昏，失去是非观念，极易走入歧途。 例句 ～，嗜欲浅者天机深。孟子曰："鱼，我所欲也；熊掌，亦我所欲也。二者不可得兼，舍鱼而取熊掌者也。"党员干部应有正确的舍得观和忧乐观，当舍生取义，舍私为公，舍奢崇俭，舍小乐为大乐。（选自桑林峰《多思考"何乐"不可为》）

【手不提篮，肩不担担】 指什么活也干不了。也作"手不能提篮，肩不能担担"。 例句 这个人从小讨饭，～，讨一口吃一口，把他也养成一身懒骨。（选自陈登科《风雷》）

【手大拿得准，脚大站得稳】 形容一个人工作能力强，有主见。 例句 我就喜欢他这样的人，～，做什么事情都让人放心。

【手大捂不过天来】 比喻个人能力有限，不可能做到面面俱到。 例句 单位的事情太多了，千头万绪，我一个人的本事就是再大，也是～。

【手大遮不住天】 比喻个人力量再大，也不能包办一切。 例句 大家一听，合乎这个情理，就悄悄的暗地里访查。焉知晓智爷"～"，以为是把寨主哄信，把大家便哄信了。（选自《小五义》）

【手里拿着打狗棍，姑亲娘姨都不认】 打狗棍：旧时乞丐手里常拿根棍子，好防狗。意思是生活混得卑贱低微了，连亲近的人都瞧不起。 例句 自从他做买卖亏了本儿，家里就再也没有人上门了，真是"～"。

【手莫伸，伸手必被捉】 语出陈毅《七古·手莫伸》一诗。告诫人们，尤其是党员干部，不要生贪心，伸手去触碰不应该得到的东西，否则必将受到惩处。 例句 习近平同志在十八届中央纪委三次全会上强调，领导干部要心存敬畏，不要心存侥幸。要让每一个干部牢记"～"的道理。"见善如不及，见不善如探汤。"这些谆谆之言语重心长，广大党员干部应铭记在心，常常反省，自警自励。（选自崔平宁《要心存敬畏，不要心存侥幸》）

【手怕不动，脑怕不用】 手常动，做事就熟练；脑常用，脑子就灵光。同"手越用越巧，脑越用越灵"。

【手软打不死老虎】 打虎得心狠手硬。比喻惩罚坏人，不可以心慈手软。 例句 俗话说"～"，我就只好给岩木戛补上一颗子弹，让这个家伙早点完蛋。（选自张昆华

《天鹅》）

【手舞足蹈，九十不老】 指人经常运动，活动腿脚，就可健康长寿。

【手心手背都是肉】 比喻两件事同样重要，难以割舍。通常表达父母对于几个子女的态度一视同仁、都非常关心。 例句 在家庭秩序的建立中，除了孝敬长辈，还应爱护晚辈，……这种爱是无差别的，“～”“娘爷疼崽，十个指头只只疼”说的就是这个意思。（选自姜珍婷《中华民谚中的家庭文化》）

【手艺不亏人】 指学会一门手艺，一定会受益。 例句 你就老老实实地学吧，将来这就是吃饭的门道，从来～。

【手中没把米，叫鸡鸡不来】 比喻没有实实在在的好处，就吸引不了他人。 例句 “人常说的：‘～。’你拿实在的利益给人家。人家才肯跟你干嘛。”（选自陆地《瀑布》）

【手中有货，八方招客】 做生意手中有货品，才能招徕八方客商。

【手中有粮，心里不慌】 指储存粮食备荒是头等大事。也作“家中有粮，心里不慌”“口袋有粮，心里不慌”。 例句 “俗话说：‘～。’所以，尽管我们现在存粮很多，还必须大力抓粮食生产。”（选自沈毓生《新起点》）

【守法朝朝乐，欺公日日忧】 奉公守法每天都快乐，损公肥己每天都提心吊胆。 出处 明·王元寿《异梦记》（节选）：“奉法朝朝乐，欺公日日忧。我们是辇真国师差来缉拿王奇俊的。”

【守口如瓶，防意如城】 闭口不乱说话，就像塞紧瓶口一样；遏制私心杂念，就像守城防敌一样。形容说话谨慎，节制欲念。 出处 宋·晁说之《晁氏客语》（节选）：“刘器之云：富郑公年八十，书座屏云：～。”

【守着殷勤没懒的，守着吃嘴没攒的】 跟勤劳的人在一起，容易养成勤劳的习惯；和嘴馋的人在一起，就积累不下吃的东西。意谓跟什么人学什么人。 例句 ～。在社会上混，交什么样的朋友很重要。

【守嘴不惹祸，守心不出错】 意思是：守住嘴巴不乱说话，就不会惹祸；守住本心，不做违背良心道义的事，就不会出错。

【寿不压职】 指年龄大的威望比不过官职高的权势。 出处 元·宫天挺《范张鸡黍》（节选）：“免礼，免礼！小官欲待还礼来，一了说，～。”

【寿有三不过，子孙福气多】 老人少于六十岁、多于九十岁不过寿，七十三岁和八十四岁不过寿，俗称“三不过”。指子孙能遵守这样的讲究和规矩，是敬老的表现，家风必将泽被后世。

【受不尽的苦，享不尽的福】 这世上有受不尽的苦难，也有享不尽的福分。指人的命运各有不同，差别很大。

【受恩深处宜先退，得意浓时便可休】 功劳大享受极高的恩宠，就应该先自身退；得意到一定程度便可收手，不可忘乎所以。 出处 洪楩《清平山堂话本·张子房慕道记》（节选）：“游遍江湖数百州，人心不似水常流。～。”

【受人滴水之恩，应以涌泉相报】 意思是得到别人一点一滴的恩惠，就要以涌泉般的好处回报。指人有恩于我不可忘，得好好报答。也作“受人滴水之恩，当以涌泉相报”。 例句 “俗话说：‘～。’傅总对我们的恩情，难道仅仅是滴水吗？这阵子如果我们逃个活命，日后还有脸去见人吗？”（选自王宗仁《历史，在北平拐弯》）

【受人之托，忠人之事】 受了人家的委托，就应尽力把人家的事办好。 例句 “～”，每个共产党人身上都肩负着党和人民的托付，忠诚事业、履职尽责既是安身立命的需要，更是使命使然。（选自徐遥《学党章话忠诚》）

【受尧之诛，不能称尧】 尧：上古开明的君主。诛：惩罚。称：夸赞。被尧惩罚过的人不可能夸赞尧的圣明。指被自己处置过的人不会夸赞自己。 例句 我知道，从他嘴里就说不出我的好来，“～”，那年他盗窃，是我把他逮着的。

【瘦死的骆驼比马大】 即使是饿死的骆驼，体积也比马大。比喻本来处于强势的人或事物，即使因故受到挫折或折损，也比原来处于弱势的人或事物要强一些。也作“饿死的骆驼比马大”。 例句 不难看出，从抄家清单看，贾府尽管已经趋于败落，但“～”，在财产上仍然表现出富甲一方的实力。（选自袁博《从“抄家清单”看“邻接权”的扩充》）

【书本是知识的宝库，学问是生活的明灯】 书本是获得知识的载体，知识是实践的基础，又反作用于实践。 例句 人们常说：“～”。当你打开五彩缤纷的图书，你便在知识的海洋中翱翔。动人的小说，美丽的诗歌，感人的童话……让你爱不释手，给你带来无穷的快乐。

【书不尽言，言不尽意】 语出《周易·系辞上》。书：文字。指语言、文字不容易完全确切地表达思想内容。 例句 著论若干首。寒必明其所以寒，热必明其所以热，虚实必明其所以虚实。且真中有假，假中有真，无不推详曲尽，岂敢自矜度越前贤哉？诚以“～”。（选自汪蕴谷《杂症会心录》）

【书痴者文必工，艺痴者技必良】 对书痴迷的人文章一定写得好，对工艺痴迷的人技术一定很精良。指只要对什么东西达到了痴迷的程度，就一定会达到精通的境界。 例句 “～”。吕义聪有这等本事，

与他对车的“痴迷”有关。（选自王慧敏《永远保持归零的状态——记吉利集团路桥公司装调工吕义聪》）

【书到用时方恨少，事非经过不知难】 意思是到了实际要应用的时候，才懊悔书读得太少；没有亲身经历过就不知事情的艰难。 出处 郭小亭《济公全传》（节选）：“谈了几句闲话，又盘问些诗文，李文元对答如流，赵海明甚喜。然后书僮研了墨，求李文元写了一副对联，写完一看，上写是：‘～。’”

【书山有路勤为径，学海无涯苦作舟】 收录于《警世贤文·勤奋篇》。在读书、学习方面，“勤奋”是攀登学问高峰的途径，“刻苦”是到达知识彼岸的舟楫。 例句 从“～”的良训，到鲁迅先生“把别人喝咖啡的时间”用来写作的努力，都反复揭示一个简单而又深刻的道理：踏踏实实、努力奋斗才是成功的秘诀所在。（选自徐文秀《奋斗，成功者的“通行证”》）

【书生治兵，十城九空】 书生领兵打仗，必遭惨败。比喻没有实践经验的人办事不容易成功。 例句 “什么时候了，还举棋不定！”彭德怀叫道，然后又愤愤地加上一句：“～！”（选自赵蔚《长征风云》）

【书越读越薄，知识越学越多】 书越读越薄的过程就是不断删除冗余信息的过程，也是不断增长知识的过程。

【书中自有黄金屋，书中自有千钟粟，书中自有颜如玉】 旧时指读书博取功名后，就可以享有荣华富贵，拥有美貌女子。是从功利性的角度阐述读书的重要性。 出处 吴敬梓《儒林外史》（节选）：“只是有本事进了学，中了举人、进士，即刻就荣宗耀祖。这就是《孝经》上所说的‘显亲扬名’，才是大孝，自身也不得受苦。古语道得好：～。”

【舒服不如倒着，好吃不过饺子】 躺着是身体最舒服的状态，饺子是北方人认为的最美味的食物。也作“舒服不过躺着，好吃不过饺子”“舒服不如躺着，好吃不如饺子”“好吃不如饺子，舒服不如躺着”“舒服不如倒着，好吃不如饺子”等。 例句 一句“～”，道尽中国人对饺子的钟爱。（选自张治华《那些年冬至的“外卖”扁食》）

【熟能生巧，巧能升华】 意思是熟练了，就能找到窍门，干起事来得心应手；做事找到窍门后，就能进入更高层次的境界。

【熟能生巧，巧能生精】 熟练了就能成为巧手，技能好了就能出精品。

【数伏莫耩豆】 三伏天气温高，水分蒸发快，这种气候条件种豆子发芽率低。

【属老鼠的撂爪就忘】 传说老鼠抬起前爪时想好计谋，一放下爪就忘了。形容人健忘，也讥讽或指责人不记取教训，不听从劝告。 例

句　他是个～。三杯酒下肚，早把种种不快扔到脑后。

【蜀中无大将，廖化作先锋】 廖化：三国蜀将。三国后期，蜀名将相继死亡，后主让廖化做先锋，成为杰出的人物。意谓没有优秀人才，平庸之辈也能侥幸成名。　例句　当网络舆论给孙宇晨冠名“大佬”的时候，圈内人往往是嗤之以鼻的。真正的所谓币圈大佬，无不在之前的如排浪般的整顿里鼻青脸肿。～。（选自韩哲《一场碰瓷式营销》）

【树不打杈要歪，人不教育要栽】 树不修剪杈枝，就会长得歪歪斜斜；人不接受教育，就难以成才，甚至“栽跟头”。强调人接受教育的重要性。

【树不砍不成材】 喻指人不培养教育不能成为有用的人材。　例句　“古人说：～，逆子不教难成器。让政府的王法好好教育教育他们才对!”（选自马烽　西戎《吕梁英雄传》）

【树大分杈，人大分家】 树大了会分杈，人长大了，自然要分家。指兄弟长大成人，各分门户各成家是顺理成章的事。　例句　“～。亲兄嫡弟，也不能一生一世都在一口锅里吃茶饭。”（选自周立波《山乡巨变》）

【树大伤根，气大伤身】 告诫人们情绪和健康是密不可分的，要心平气和地度过每一天。

【树大荫凉大，火旺没湿柴】 比喻地位高或集体大，庇护能力就强；气势盛，就没有克服不了的困难。

【树大荫凉大，钱多花项多】 比喻集体大需要供养的人就多，挣得多，花钱的地方也多。　例句　虽说咱公司一年年地不少挣钱，可是“～”，家大业大的，也剩不了多少钱。

【树大荫遮阴】 树大树冠也大，大家可以乘凉。比喻有权势依靠着，可得到好处。

【树大招风风撼树，人为名高名丧人】 比喻权位高或名气大容易招致人嫉妒和反对，给自己带来麻烦或祸害。　例句　“你死该当，只难为沙僧、八戒与那小龙化马一场！这正是～！”（选自吴承恩《西游记》）

【树倒猢狲散】 猢狲：猴子的别称，也指猕猴。树倒了，树上的猴子就散去。比喻有权势的人一垮台，依附他的人就跟着散伙了。　例句　“靠山山会倒，靠人人会跑。”把自己的政治生命寄托在某位领导身上，进行政治博弈，多见的是“～”的教训，向来没有成功的范例。（选自桑林峰《严明党的纪律　剔除“圈子文化”》）

【树德莫如滋，去疾莫如尽】 语出《左传·哀公元年》。滋：增添，加多。树立德声的最好方法就是不断增加善德，消除疾病的最好方法就是彻底铲除病根。　例句　要运用各类文化形式，生动具体地表现社会主义核心价值观，用高质量高水平的作品形象地告诉人们什么是真善美，什么是假恶丑，什么是值得肯定和赞扬的，什么是必须反对和否定的。正所谓“～”。（选自习近平《在十八届中央政治局第十三次集体学习时的讲话》）

【树高不能撑着天】 比喻权势再大也有一定的限度。 例句 蘑菇老人一面笑，一面逗趣地说：“俗话说得好，～，人老不能过百年。孙悟空本事大，跳不出如来佛的手掌。勺子再大也盛不过小盆。”（选自曲波《林海雪原》）

【树高千丈，叶落归根】 树长得再高，落叶还是要回到树根。比喻离开故土时间再长，无论取得了什么样的成就，最后还是要回归故土。同“树长千尺，叶落归根”。 例句 “常言道：‘～’，这小厮怕养不大。若还长大了，少不得寻根问蒂，怕不认我做外公么。”（选自罗贯中　冯梦龙《平妖传》）

【树靠根长，根靠叶养】 比喻关系密切相关，谁也离不开谁。 例句 咱们和老百姓就是根与叶的关系，～，谁也离不开谁。

【树靠人修，人靠自修】 一棵树要长大成材离不开人工修剪；一个人要成才需要靠自我修炼，有自律精神。也作“人靠自修，树靠人修”。 例句 “～。”学理论，内在的是要学出信仰、学出忠诚，不触及思想灵魂的学习就是假学伪学。（选自高孝邦《理论靠学也靠修》）

【树老根子深，人老骨头硬】 树木生长的时间越长，扎根越深；人经过了岁月的磨炼，就不再会为名利屈尊折腰。

【树老焦梢，人老猫腰】 意思是树老了，枝梢就要干枯，叶子就稀少；人老了，腰杆挺不直，走路时就会弯腰低头。 例句 ～；当年叱咤风云的老战士鲍春知，身上伤痕累累，瘦骨嶙峋了。（选自刘绍棠《柳伞》）

【树老皮厚叶稀，人老猫腰弓脊】 树老了，皮厚，叶子稀疏；人老了，腰杆挺不直，走路会弯着腰。同“树老叶子稀，人老把头低”。 例句 人常说“～”，以前是看别人，到了现在这岁数是看自己。

【树老心空，人老百通】 指人年纪大，经历多，见识广，诸事都精通。也作“树老心空，人老事通”。 例句 老人经验多，“～”，“凡事要好，须问三老。”（选自赵映雪《老人谚语》）

【树木结成林，沙窝不起尘】 指植树造林是防风固沙的有效措施。

【树挪死，人挪活】 与树挪一挪容易死不同，人在一个环境里不如意，换个地方换个环境兴许会有转机。也作“人挪活，树挪死”。 例句 “离开了‘春日和’鞋铺，没想到是‘～’。事由儿叫我给蹬出来啦！”（选自鲍昌《庚子风云》）

【树怕剥皮，人怕揭短】 短：

短处，指丢人的事。树的皮被剥去，树很快就会死去；人的短处被公开出来，便会感到没脸做人。比喻人都有尊严，不要轻易去揭别人的短处。 例句 俗话说的好，～。因为她有短处在我手里，所以恨我恨得要命。（选自老舍《国家至上》）

【树怕烂根，人怕无志】 没有志向的人就像烂了根的树，难以成才。 例句 “～。什么是力量？理想是力量，意志是力量。只要努力，这一切你都能争取得到。”（选自刘彦林《春风得意》）

【树怕软藤缠】 指软藤缠树，能缠死树。比喻软手段照样能降服强硬的对手。 例句 它根往下扎，枝往上长，不怕热，不怕冷，总是越长越大。可那葛藤把它紧紧一缠，它就长不上去啦，这叫“～”哪！（选自胡恒山等《诸葛亮拜师》）

【树叶落在树底下】 比喻人物得有一定的归宿。也作“树叶落在树根底”。 例句 “‘～’，该是他来顺子享福，还是他来顺子享福……”（选自《解放区短篇小说选·纠纷》）

【树叶全，离了棉】 树叶长全的时候，天气就变暖了，人们开始脱掉棉衣。

【树欲静而风不止】 语出韩婴《韩诗外传》。树要静下来，可是风却不停地刮。比喻客观情况与主观意愿相违背，不能如人的心愿。 例句 洛文白天在稻田劳动，晚上回家埋头自学，然而，～，急风暴雨又从城市追到农村来了。（选自刘绍棠《二度梅》）

【树直用途广，人直朋友多】 树木长得端直，可以派上许多用场；为人忠诚正直，人都愿意接近，交往的人自然就多。 例句 “～”。他为人正直，大家都信得过他，愿意和他交朋友。

【竖的好吃，横的难咽】 吃东西，顺着的好下喉，横着的难下咽。比喻做事顺应事物的特性就容易成功，违背事物的特性就容易失败。或比喻合情顺理的话好接受，蛮不讲理的话惹人厌。 例句 “常言说：‘～。’醉毛儿又磕头又说好话，闹得老家人也不知如何是好了。”（选自段少舫等《朱元璋演义》）

【摔了个跟头，拾了个明白】 比喻受到一次挫折，就会获得一次经验教训。 例句 “老刘啊，你这个跟头栽得不轻！可用农民的话说：‘～。’只要记住教训，就是‘浪子回头金不换’啊！”（选自梁秉堃《谁是强者》）

【拴住马嘴驴嘴，拴不住人嘴】 指人总要用讲话来表达自己的心声，不让人们发表言论是很难做到的。 例句 “宣传就宣传，俺们就是要宣传！～。你想听就听，不想听就走。”（选自崔复生《太行志》）

【拴住人，拴不住心】 用强制方法留住人，却留不住人的心，指要想留住人，必须出于其自愿，不能用强制手段。 例句 “她跟唐发根跑了。你要是不愿看着她往泥坑里跳，就想法把她追回来。”何正月说完这句话，心口轻快了许多。“不，～。就当俺扔了几千元，买了一场教训！”田柱子铁青着脸，摇头。（选自侯钰鑫《好风好雨》）

【双木桥好走，独木桥难行】 比喻凡做事要依靠集体力量，容易成功；一意孤行，单枪匹马就会陷入困境。也作“双桥好走，独木难行” 例句 就拿过桥作比方吧！有平坦宽阔的桥，也有独木桥，骄傲自满的人，常常把自己逼到独木桥上。俗话说：“～。”走独木桥是危险的，走不好，要跌到水里淹死的！（选自吴强《红日》）

【双拳不敌四手】 指一人斗不过两人，一个人打不过众人，寡不敌众。也作“双拳难敌四手”。 出处 清·褚人获《隋唐演义》（节选）：“他这班人，却是亡命之徒，常言道，～。”

【双拳难敌四手，恶虎还怕群狼】 指一个人很难打过两个人，再凶恶的老虎也害怕群狼的袭击。多形容双方对抗中，一个人的力量终归有限。 例句 ～。当寡不敌众时，要懂得保护自己。

【双手是活宝，一世用不了】 喻指双手可以创造一切财富。

【霜降好晴天，来年必定干】 霜降节气这天是个大晴天，冬季风雪天气就可能少，来年天气就可能干旱。只是一种说法，没什么科学依据。

【谁不打个黑碗】 黑碗：一种比较结实的瓷碗。喻指谁都有犯错的时候。对犯错误者表示宽容和理解。 例句 人这一辈子～啊！不能因为他犯这点错就一棍子打死。

【谁家锅底没有黑】 比喻家家都可能有不光彩不体面的事情。 例句 “唉!这也是劫数啊!其实这也没有关系，～？这种年月，睁一只眼闭一只眼就对了!”（选自马烽等《吕梁英雄传》）

【谁家孩子不穿三年的开裆裤】 意谓孩子的成长都有一个过程。 例句 虽然年轻妈妈们不支持给孩子穿开裆裤，但家中老人常常会说：“～，你们不也是这么长大的？”

【谁家舌头不磨牙】 比喻每家都会有一些小矛盾小摩擦。 出处 杨兰春《朝阳沟》（节选）：“银环妈唱：虽说吵过两句嘴，怨我的水平态度差。二大娘唱：狗皮袜子没反正，～。”

【谁人背后无人说，哪个人前不说人】 语出《增广贤文》。指人前议论人，背后被议论，是人情之常，用不着大惊小怪。同“哪个背后无人说，哪个人前不说人”。 例句 中国有两句谚语：“～”，“任凭风浪起，稳坐钓鱼船”。世界上完全不被别人误会的人是没有的。（选自刘少奇《论共产党员的修养》）

【谁栽树谁歇凉，谁养的孩子叫谁娘】 喻指自己努力换来的成果最终还是自己受益。 例句 “～”。这块荒地是我开出来种上豆子的，打多打少，给谁不给谁，跟你一点关系没有，你念什么闲话！

【谁知盘中餐，粒粒皆辛苦】 语出李绅《悯农》其二。意谓谁会想到盘中的食物，每一粒粮食都是农民辛苦收获来的。劝导人们尊重农民的劳动成果，珍惜不浪费每一粒粮食。 例句 习仲勋言传身教，着意培养孩子们简朴的生活习惯。饭桌上，“～”是习仲勋的口头禅。即便是掉在饭桌上的米粒，也要求孩子们捡起来吃掉，一点都不能浪费。（选自余亦青《习仲勋家风》）

【谁种蒺藜谁扎脚】 喻指谁营造了恶劣的人际关系，谁就应承担由此带来的恶果。 例句 你混到了今天这样，怨不得别人，“～”，想想你以前干的都是什么事？！

【水不激不跃，人不激不奋】 指水遇阻时才会溅起浪花，人要不断地鞭策才能奋发向上。 出处 冯梦龙《喻世明言·穷马周遭际卖䭔媪》（节选）：“自古道：‘～。’马周只为吃酒上受刺史责辱不过，叹口气出门，到一个去处，遇了一个人提携，直做到吏部尚书地位，此是后话。”

【水大不漫桥】 比喻虽然遇到了困难或挑战，但是并没有动摇根本。

【水大湿不了船，火大烧不了锅】 比喻恶势力再大，也有其不能伤及的、制服他们的力量。 例句 没关系，“～”，让他张狂，不信他能上了天！

【水滴集多成大海，读书集多成学问】 指知识在于积累。

【水滴石穿，坐食山空】 喻指光消费不生产，即便消耗小，也会把大量积聚的财物消耗殆尽。

【水缸出汗蛤蟆叫，必是大雨要来到】 夏天水缸外边有水珠凝结，因气压下降，青蛙出水大叫的话，就可能要下大雨了。

【水缸冒汗，阴雨涟涟】 水缸表面有水珠凝结，预示将有阴雨天气。

【水沟不通四处流】 水流渠道不通畅，水就会到处漫溢。比喻下情不能上达，必定造成麻烦。 例句 “他们心里有话，愿意到县上去说了，这正是有组织、接受领导呀！难道当面不说，背后乱讲，嘴上不说，心里嘀咕，才叫正风正气？常言说：‘～。’”（选自肖鸣《临河的村庄》）

【水过地皮湿】 比喻多少沾到一点利益；或比喻办事走形式、走过场，无实际效果。 例句 “颜色革命”并没有明确的主流意识形态诉求，也不会彻底实现社会生产关系重组，而仅仅是推翻现行政权。就此而言，“颜色革命”只是一场“～”的“假革命”。（选自田文林《美国为何热衷策动“颜色革命”》）

【水火不相容】 比喻二者对立，绝不相容。 例句 “太太！求道不求医，求医不求道，医者治病靠药力，道者治病靠神力，医道两门，～。”（选自曲波《林海雪原》）

【水积而鱼聚，木茂而鸟集】 语出《淮南子·说山训》。水积蓄多了就会有鱼儿会聚，树木茂盛了就会有鸟儿栖息。可用以形容有了人才施展抱负的环境，才能吸引人才。 例句 “～”。人才既要发现得了，更要用得好，只有培育好成长的“土壤”，才能让各类人才出其力、尽其才、建其功。（选自陈长《以海纳百川之势聚集各路英才》）

【水可载舟，亦可覆舟】 出自《孔子家语》：“夫君者，舟也；庶人者，水也；水所以载舟，亦所以覆舟。”《后汉书·皇甫规传》注在引《孔子家语》时作“水可载舟，亦可覆舟”，遂被沿用。意思是水可以将舟船承载起来，也可以使舟船倾覆。常被用来比喻人民和政权统治者的关系。 例句 ～。人民群众是历史的创造者，民心稳则社会稳、政权固。（选自张剑伟《“以百姓心为心”的启示》）

【水流千里，终归大海】 借喻人无论走多远，终究还要回归故土。同“水流千遭归大海”“水流千遭归大海，树高万丈叶落底”“水流入海，叶落归根”。 例句 “如今，大唐兵到了。常言说：‘～。’你应归唐营，为国出力，尽其忠心啊！”（选自《薛丁山征西》）

【水满自流，人满自夸】 水满了就会往外流，人自满了就会自吹自擂。

【水能载舟，亦能覆舟】 说的是民与君的关系。后喻指人民可以维护一个政权，也可以颠覆一个政权。 出处 吴兢《贞观政要·论政体》（节选）：“臣又闻古语云：‘君，舟也；人，水也。～。’陛下以为可畏，诚如圣旨。”

【水暖水寒鱼自知，花开花落春不管】 说的是一种洁身自好、顺其自然的状态。 出处 明·洪应明《菜根谭·闲适》（节选）：“花开花谢春不管，拂意事休对人言；水暖水寒鱼自知，会心处还期独赏。”

【水浅养不住大鱼】 比喻条件差，无法留住人才。 例句 “就怕～。咱如今刚打了败仗，人家牛举人未必会留在这里。”（选自姚雪垠《李自成》）

【水清石自见】 见：通“现”。水清澈，水中的石头自然会显露，就能看见。比喻事到最后终于会彻底显露或真相大白。 出处 《古乐府·古艳歌行》（节选）：“夫婿从门来，斜倚西北眄。语卿且勿眄，～。”

【水清无大鱼】 水太清了不能养大鱼。比喻人太苛察就容不下人。 出处 范晔《后汉书·班超传》（节选）：“今君性严急，～，察政不得下和。”

【水上浮油花，有油也有限】 形容人表面花里胡哨，其实没什么水平。 例句 别看他人五人六的，肚里没啥东西，~。

【水深流缓，人贵语迟】 水越深，流速反而越平缓；有涵养有水平的人说话一般语速缓慢、不急不躁。

【水深难见底，虎死不倒威】 形容人城府很深，死后仍然对别人产生震慑，余威犹在。

【水柿子旱枣】 柿子树喜水，枣树耐旱。

【水是命，粪是粮，农业一行压百行】 水和粪对农业重要，农业对国民经济重要。

【水停百日生虫，人闲百日生病】 死水会变质，人闲会出各种问题。同“水停百日生毒，人停百日生病”。

【水仙不开花装什么大头蒜】 水仙外形像大蒜，所以不开花的时候，很容易让人误以为是大蒜。喻指人一本正经、装腔作势。 例句 这个家伙狗仗人势，整天装模作样，“~”啊！

【水有源头树有根，葫芦有蔓话有因】 比喻说出的话并非平白无故或话里有话。 例句 俗话说：“~。”今天来找你，就有找你的道理。

【水涨船高】 水位升高，船身也随之浮起。比喻事物随着它所凭借的基础的提高而增长提高。 例句 随着物价和工资薪金的上涨，3500元起征点涵盖的工薪族比例越来越高，在个税越来越沦为“工薪税”的背景下，个税起征点没有理由不“~”。（选自晏扬《个税起征点能否“水涨船高”》）

【水涨船高，泥多佛大】 水涨起来以后船也会跟着升高，泥积得越多佛像就会塑得越大。比喻只要勤奋不断积累，自然就会做出大的功业。 出处 释道原《景德传灯录》（节选）：“~；莫将来问，我也无答。”

【水至清则无鱼，人至察则无徒】 水太清了，鱼就无法生存；人太苛察，对人求全责备，就交不到朋友。现在有时用来表示对人或物不可要求太高。与“水太清则无鱼，人太谨则无智”“水至清则无鱼，人至察则无友”意思相近。 出处 《大戴礼记·子张问入官》（节选）：“故古者冕而前旒，所以蔽明也；统絖塞耳，所以弇聪也。故~。”

【水中捞月一场空】 比喻白费功夫，毫无所得。 例句 手莫伸，伸手必被捉，这是任何人都无法改变的定律，到头来索要的千万元“好处费”，注定是~……（选自林伟《“好处费”频频撂倒领导干部令谁警醒？》）

【水中月，画中马，戏中姻缘镜中花】 指虚幻不实的事物。

【睡觉不蒙头，到老壮如牛】 意在强调睡觉蒙头有害健康。人把头缩进被子里睡觉，有可能会因为呼吸不畅导致一些疾病。同“睡觉不蒙头，活到九十九”。

【睡前烫烫脚，胜似催眠药】 睡前洗脚，有助睡眠。

【睡着的人好喊，装睡的人难叫】 真正睡着的人一喊就醒，假装睡着的人再喊也不应。指和真糊涂的人能讲明白，和装糊涂的人就难讲明白。 例句 “这有什么办法？教师再高明，你能敲开脑子往里灌知识？常言道‘～’啊！”（选自赵立本《教与学》）

【顺德者昌，逆德者亡】 意谓符合道德的就会昌盛兴旺，违逆道德的就要灭亡。 出处 班固《汉书·高帝纪上》（节选）：“臣闻‘～’，‘兵出无名，事故不成’。”

【顺风船练不出好舵手，无风靶练不成神枪手】 指在顺利的环境中锻炼不出人才。 例句 年轻人就是要有股闯劲，“～”，逆境才能磨炼人的意志，增长人的才干。

【顺水推舟】 顺着水流的方向推船。比喻顺着某个趋势或某种方式说话办事。 例句 一伸手就要拿人。那大汉眼快，反把黄茂腕子拢住往怀里一领，黄茂难以扎挣，便就～的爬下了。（选自石玉昆《七侠五义》）

【顺藤摸瓜，顺水求源】 比喻顺着发现的线索追根究底。 例句 我们～，终于发现了这个秘密。

【顺天者昌，逆天者亡】 指顺从天道的就生存，违背天道的则灭亡。 出处 元·杨梓《豫让吞炭》（节选）：“岂不闻～，赵氏既昌，合当顺人应天，不宜苦苦直要报仇。”

【顺我者昌，逆我者亡】 顺从我的就可以存在和发展，违抗我的就叫你灭亡。形容专制独裁或做事独断专横、飞扬跋扈。 例句 如今，美国政坛“危险的报复模式”，还在不断上演。这种～的专制思维，这种任人唯亲、独断专行的霸道做派，这种只顾党派倾轧、无视人民利益的残酷现实，哪里有什么民主的影子。（选自任平《疫情暴露美国民主实质》）

【顺着鸡毛找鸡，顺着蒜皮找蒜】 指要想解决什么问题，就要从与其相关的事物着手。 例句 公安民警从落在现场的一顶帽子入手，“～”，终于把破坏电缆的不法之徒捉拿归案了。

【说出的话，泼出的水】 话一出口，就像泼出去的水一样，难以收回。指说话要守信用。也指说话要谨慎。 例句 “真的不行，就自动退出，这是她们自己说的。‘～’，谅她们是赖不掉的。”（选自郑荣臣《海礁石》）

【说到曹操，曹操就到】 形容说话正说到对方，对方就出现在说话者面前，常常给人惊喜。也作“说曹操，曹操到”“说曹操，曹操就到”。　例句　一壁笑著道：“无巧不成书！～。职道才和美菽在裁判所里遇见陈千秋，正和美菽讲哩！这个人，职道从小认识的，是个极聪明的少年，可惜做了革命党。”（选自金松岑　曾朴《孽海花》）

【说的比唱的还好听】　意思是说的话虽动听，但都是骗人的空话。　例句　“真是～，前些日子朝你家串换点苞米面，不但不借吧，大姐还在背地说三道四，把我们好顿编排。”（选自林予　谢树《咆哮的松花江》）

【说归说，笑归笑，动手动脚没家教】　与人相处时，开玩笑没事，但是动手动脚是对人的冒犯，是没教养的表现。　例句　你们虽说是一块长大的，但也得分个轻重，喝了酒当着人面划拉他脑袋，就是你不对。老话怎么说的？“～”。

【说话不怕风扇舌头】　比喻净捡好听而没有用的话说。　例句　“哼，～。我要像她那样，无牵无挂，我也当积极分子，整天跟萧支书你一块儿开会、办公!”（选自浩然《艳阳天》）

【说话着三不着两，头上一句脚上一句】　指说话逻辑性差，东拉西扯没个重点。　例句　你还不知道他吗？～的，他的话不能全信。

【说谎不瞒当乡人】　指在当地人面前说谎是要露馅的。也作“说谎不瞒本乡人”。　例句　“常言道：‘～。’就来弄虚头，捣鬼！怎么说降了妖精，就抬轿来送师父，却又来叫战，何也？”（选自吴承恩《西游记》）

【说了不算，算了不说】　比喻说话不算数，光承诺不兑现。　例句　现在有的领导干部“～”，严重损害了党和政府的公信力，伤害了群众的感情。

【说人话不做人事】　指嘴上说得好，实际尽干坏事。也作“说人话不办人事”“说人话不干人事”。　例句　玉贞呜咽地说：“闺女，妈妈舍不得你呀！这些人～，谁知道他家葫芦里卖的什么药？天津那么个大地方，什么坏人没有呵！你爸爸回来商量商量再说吧。”（选自张孟良《扎女风尘记》）

【说人前，道人后，教人逮住说个够】　评说他人的是非，被人发现就会受别人数落。指背后议论人不招人待见。

【说时容易做时难】　指凡事在议论时觉得非常容易做成功，真正实际操作时，就很难做到了。　例句　王安忆：人物当然是最重要的，这是个古老的话题，今人说得再多大概还是旧话重提。人们不再多说，可能就是道理说完了，也可能是～。（选自孙若茜《王安忆：饭桌上的话可以无聊，小说不能无聊》）

【说书的嘴，唱戏的腿】　指说书的人，凭着过硬的嘴功；唱戏的人，凭着过硬的腿功。也指说书的人想叫故事发展多快就多快，唱戏的人迈几步就可以说是几百几千里。意谓快慢由己。　例句　“俗话说得好：‘～。’他要有多快，就能有多快。这次叫他快一点好了。”（选自赵树理《石不烂赶车》）

【说一千道一万，不如带头干】　指说得再多，也不如带头实干一次有用。也作“说一千道一万，不如带头一起干”“说一千道一万，不如带头干一干”“说一千道一万，不如带头做示范”等。　例句　“～。”2015年，魏仕田组织党员群众外出考察回来后，就和6名党员带头种植了210亩吊瓜。（选自程晓兵　杜朋举《西乡：党员能创业更能带富》）

【说嘴郎中没好药】　爱好夸口的医生并没有好药治病。比喻说大话的人并没有真本领。也作“说嘴郎中无好药”“夸口郎中没好药”。　例句　“村东头有个试药郎中；他自己夸口说手到病除的，但只怕～。”（选自张南庄《何典》）

【司马昭之心，路人皆知】　出自《三国志·魏书》裴松之注引《汉晋春秋》：“司马昭之心，路人所知也。吾不能坐受废辱，今日当与卿自出讨之。”原指司马昭篡魏夺权的野心，路上的人也就是所有人都知道。后世这句话被用于泛指人人皆知的不良用心。　例句　蒋介石一心要取消或削弱中共武装力量，这已是～。（选自张家康《毛泽东：从“呼声革命”到“武装革命”》）

【私凭文书官凭印】　民间交往以文契字据为凭证，官方往来以公文印章为凭据。指公事私事全靠实据，不凭口词。　例句　“常言道：‘～。’对，假若我偷了狗官的金印，哼哼，师兄盗御马，我偷总督的金印，这两下子够彭朋、黄三太受的！”（选自李佃富《九花娘娘的传说》）

【思后再说，不会打锅】　打锅：方言，指事情没办成或办砸了。凡是经过思考后再说出来的话，就不会捅什么篓子。　例句　你刚上班，要虚心向老师傅学习，少说多做，～。

【思虑过度伤脾胃】　人在思考的时候，脾胃的运化消化能力是降低的，所以人思虑过度对脾胃不好。

【死店活人开】　比喻办事要灵活。　例句　“～，你看我三人一路，怕些什么？”（选自李绿园《歧路灯》）

【死狗扶不到墙上】　比喻人不成材，没有用，别人想扶持他也扶持不起来。同“死狗搊不到墙头上”。　例句　薛如卞口中不言，心里想道：“一个男子，到这等没志气的田地，真也是顽顿无耻！～的人，怎怪得那老婆恁般凌辱！”（选自西周生《醒世姻缘传》）

【死了张屠夫，不吃浑毛猪】　死了一个屠夫，也不用吃没有煺毛的猪肉。比喻即便没有某个重要条件或关键人物，事情照样做，日子照样过。　例句　“它封锁它的，我们照

样干我们该干的活。常言‘～’！”（选自刘彦林《东风浩荡》）

【死马当活马医】 比喻明知事情已经无可救药，仍做最后的尝试。同“死马做活马医”。 例句 “哥哥所言，我也细细想过多次，但我的政策，全是俗话说的，～。”（选自梁启超《新中国未来记》）

【死人身边有活鬼】 人死后，会有人来替他申冤说话。可比喻老实人受到欺侮，即便他自己不反抗，他身边的人也会站出来鸣不平。 出处 宋·周遵道《豹隐纪谈》（节选）：“天生好句，未尝无对，俚俗之语，得之为难。《栗斋诗话》载二对云：～，强将手下无弱兵。”

【死人头上无对证】 人死了，就不能对证了。比喻无法判别事情的真假虚实。 例句 “～啊！一个人，两个人还好说，上百人，上千人，全村人都往你头上一歪，事情就难办了。”（选自陈登科《赤龙与丹凤》）

【死要面子活受罪】 指人太顾及自己的面子，为了脸面而宁愿承受痛苦的折磨。 例句 “你爹可不是那个～的杨六郎。”小红兜肚儿见四外无人满面喜色压低了声音。（选自刘绍棠《水边人的哀乐故事》）

【死猪不怕开水烫】 比喻脸皮厚，我行我素，怎么训教都不管用。通常用于讽刺或鄙视。也作“死猪不怕开水浇”。 例句 “但他是～的，而自己何苦惹他的恨呢。”（选自柳青《种谷记》）

【四两拨千斤】 原指太极拳技击术是一种含高度功力技巧，不以拙力胜人的功夫；现指顺势借力，以少胜多，以弱胜强。 例句 军民融合就像一个杠杆，十余名现役军人用它撬动百余名预备役官兵，这百余名预备役官兵都是无线电行业专业人员，他们又可以撬动更加广泛的资源，最终达到“～”的效果。（选自魏宏涛《四两拨千斤：新质战斗力这样炼成》）

【四十不多欲，五十不多情】 指人到了四、五十岁的年纪，就应该控制自己的欲望，节制自己的感情了。

【四十四，眼生刺】 人过了44岁，眼睛就开始发花老化了，视力下降。

【四体不勤，五谷不分】 语出《论语·微子》。形容部分读书人脱离生产劳动，缺乏农业知识。 例句 斯人也，真所谓～，不知稼穑之艰难者也。（选自钱泳《履园丛话·臆论·种田》）

【四月里芒种麦割了，五月里芒种麦不熟】 芒种节气如果在阴历四月，麦子就已成熟割掉了；芒种节气如果在阴历五月，这时的麦子还没成熟。

【四月忙前，五月忙后】 每年的阴历四月初，有些农作物就要开始种植；到了阴历五月后期，小麦要收割，水稻要插秧。所以农谚有“芒种打谷夜插秧”之说。也就是说，这两个时间段是农村最忙碌的时候。

【松要挤，杉要剃，桐要稀】 松树可以适当密植，杉树砍伐要间伐，梧桐、法桐等树木栽植要合理稀植。

【送君千里，终须一别】 形容朋友间离别难舍难分，但伴送千里也终有分别之时。 例句 燕青道：“～。不必远劳，后图再会。”（选自施耐庵 罗贯中《水浒传》）

【送礼三不送，送了人财空】 三不送：不送鞋、不送梨、不送钟，因“鞋”“梨”“钟”谐音“邪”“离”“终”。指送礼表心意，也得注意忌讳，不然伤财不讨好。

【苏州的头，杭州的脚，大同的闺女不用挑】 旧时夸赞不同地方的女人各有特点的顺口溜。意谓苏州女人发型好看，杭州女人注意饰脚，大同的闺女漂亮。

【素富贵行乎富贵，素贫贱行乎贫贱】 语出《礼记·中庸》。平时富贵，就按富贵的条件做事；平时贫穷，就按贫穷的条件做事。指做事均应量力而行，条件好的也不必装寒酸，条件不好的也不要打肿脸充胖。 例句 人文素质的“素”，正像《中庸》所说“～”的“素”一样，是一种长期的行为。（选自王学泰《人文素质与背诵〈论语〉〈老子〉》）

【蒜见蒜，空一半】 指种植大蒜不宜重茬，连续种植产量会下降。

【算了再用常有余，用了再算后悔迟】 指财物合计了再使用就常有富余；使用了再合计，一旦不够用，后悔便来不及了。

【算盘打得精】 形容人非常精明，为自己的利益斤斤计较。通常带有贬义。 例句 他～，谁也甭想从他哪儿占半点便宜。

【算盘要拨拉，拳脚要踢打】 喻指各种技艺久练即熟，熟能生巧。

【随大溜，不挨揍】 指从众就不会受责罚。同“随着下，不害怕，人家干啥咱干啥”。 例句 人家咋着咱咋着吧，“～”。

【随收随犁有三好，肥田除虫又除草】 庄稼收割之后，随即耕地有三个好处，既能肥田、除虫，又能除草。

【岁不寒无以知松柏，事不难无以知君子】 语出《荀子·大略》。季节不到寒冷的时候看不出松柏和别的树有什么不同，事情不到艰难的境况时看不出君子和其他人有什么不同。也就是说，就像季节寒冷后可以看出松柏并没有凋谢一样，在艰难的境遇中才可以看出君子顽强不屈的品质。 例句 荀子有言：“～。”有没有这么一股子韧劲，是领导干部是否恪守“谋事要实、创业要实、做人要实”的最生动的写照。（选自慎海雄《以“三股劲”践行“三严三实”》）

【岁寒，然后知松柏之后凋也】 语出《论语·子罕》。在岁暮天寒的时候，才会知道松柏是在众木摇落之后仍保持青翠的。比喻在艰危的环境下才能看出一个人高尚的节操和品格。　例句　“～”“疾风知劲草”“千磨万击还坚劲，任尔东西南北风”“时穷节乃见，一一垂丹青”等，就是对危难之中见精神的写照和赞美。（选自金锵《危难之中见精神》）

【岁寒知松柏，国乱显忠臣】　岁末天冷时才知道松柏耐寒，国家动乱时才会显出谁是忠臣。　例句　从来国家有成有败，有兴有亡，此是一定之理，全要忠臣义士竭力扶持。古语道：“～。”（选自周清原《西湖二集》）

【岁寒知松柏，日久见人心】　意思是经历了严寒的冬天，可以看出松柏的耐寒；经过长期相处，或经历恶劣环境的考验，就可以看出一个人的心地、品格。与“岁寒知松柏，患难见交情”意思相近。

【岁月不居，时节如流】　语出孔融《与曹公论盛孝章书》。岁月更替永不停止，时光像流水一样消逝。　例句　～。只有走在正确的道路上，才能做时间的朋友，在漫长的岁月中书写历史、创造诗篇。（选自李斌《迎着春风，实干前行》）

【岁月不饶人】　感叹时光飞逝，年华不再。　例句　很多老人挂在嘴边的话都是，“～啊”，一句话就给岁月定了性；要么就是“老了不中用”了，仿佛老了的结果就一定是不中用。（选自李勇《三忘让老人更豁达》）

【碎麻拧成绳，能提千斤鼎】　比喻把分散的人群组织起来，就能产生强大的力量。　例句　“～。我们只要齐心合力干到底，用鲜血也能把墙湮湿，把洞挖透！”（选自郭澄清《大刀记》）

【孙猴儿也跳不出如来佛的手心】　出自小说《西游记》中的故事。比喻能力再强也逃不掉他人的控制。也比喻本领再强大的人，也有人制伏他。　例句　“五响炮、轰天炮……你挡得住吗？你是～啊！”（选自曾秀苍《太阳从东方升起》）

【孙猴子的筋斗云，总跳不出如来佛的手掌】　比喻一个人的本领再高强，总还有人能掌控降伏他。　例句　玉舫道：“你万安！～，他再不知趣，你告诉我，我来收拾他便了。”（选自燕谷老人《续孽海花》）

【缩头乌龟】　常被用来讽刺胆小怕事的人。　例句　本来已经当起了“～”的那些人又开始活跃起来。（选自熊召政《张居正》）

【所乐必卒焉】　卒：终结。焉：代词，“之”，“此”。喜欢什么必定会终结在什么上面。　出处　《左传·昭公十五年》（节选）：“王其不终乎！吾闻之：‘～。’今王乐忧，若卒以忧，不可谓终。”

【尿（suī）泡虽大无斤两，称（秤）砣虽小压千斤】 尿泡：动物的膀胱，可充气胀大。尿泡体积虽大，却并不重；秤砣外形虽小，借助杠杆原理，可以秤千斤重的东西。比喻不能从事物的外观来判断它的作用和价值。 例句 “你原来没眼色，认不得人。俗语云：～。他们相貌，空大无用……咱老孙小自小，筋节。”（选自吴承恩《西游记》）

T

【他弓莫挽，他马莫骑】 不要挽拉别人的弓箭，不要乱骑别人的马匹。比喻为人应守本分，不要起贪心。 出处 明·范受益《寻亲记》（节选）：“畜类奸谋辈，为富不仁不义。论～。我自思家贫貌美，陷我夫身丧沟渠，有何颜中伊毒计。”

【他叫俺一死，俺叫他一亡】 双方殊死相搏，互不相让。 例句 既然他把咱们逼到绝路之上，“～”，拼了算了！

【他人有心，予忖度之】 语出《诗经·小雅·巧言》。忖度：猜测，揣想。原指他人暗藏谗佞之心，我能猜测料想得到。后用以表示别人有什么心思，我能揣测得出；或善于体谅别人的心理需求；或侧重表示只是自己对别人行为的揣测。 例句 ～，妄言梗喉，不吐不释，独秀君其许我乎？（选自李大钊《厌世心与自觉心》）

【他山之石，可以攻玉】 语出《诗经·鹤鸣》。其他山上的石头坚硬，可以琢磨玉器。比喻其他地方的人才或经验，可以为本地效力或

借鉴。 例句 感公虚己下问，且自念“～”。（选自海瑞《启熊镜湖军门》）

【他要我肝花，我要他肚肠】 肝花：肝脏。比喻双方针锋相对，手段一个比一个厉害。也比喻双方积怨很深，势不两立。 例句 ～。去得好！（选自陈登科《活人塘》）

【他有千条妙计，我有一定之规】 指不管对方有多少神机妙算，自己抱定了主意绝不改变。 例句 胡定坤抱着～的态度，听卜世昌继续讲下去。（选自黎汝清《叶秋红》）

【踏破铁鞋无觅处，得来全不费工夫】 比喻急需的东西费了很大的力气找不到，却在无意中得到了。 出处 宋·夏元鼎《绝句》：“崆峒访道至湘湖，万卷诗书看转愚。～。”

【台上一分钟，台下十年功】 原指戏曲演员的表演，台上也许只是一分钟的表演时间，却需要在台下长时间的练功。现也形容一时的荣耀辉煌，是很久努力的结果。 例句 歌唱演员要守得住孤独，耐得住寂寞。“～”，就是要用这样的精神去磨炼每一首歌。（选自阎维文《用一生去歌唱》）

【抬得高，摔得重】 如果被人吹捧得越高，到头来受的伤害就会越重。或也作“抬得高，跌得重”“捧得高，跌得重”。 例句 “大嫂子，别抬我，～。我懂什么呀！”（选自李英儒《女游击队长》）

【太公钓鱼，愿者上钩】 传说周朝时，姜太公在渭水边用无饵直钩放在水里钓鱼，并自语道：“负命者上钩来。”后用以表示事出自愿，心甘情愿上当受骗。 例句 美国人在北平，在天津，在上海，都洒了些救济粉，看一看什么人愿意弯腰拾起来。～。嗟来之食，吃下去肚子要痛的。（选自毛泽东《别了，司徒雷登》）

【太平本是将军定，不许将军见太平】 指封建时代将军带领士兵奋勇作战换来了太平局面，但是政权稳定后将领们常常遭到排挤和迫害，并没过上太平日子。 出处 释道原《景德传灯录》（节选）：“曰：‘既是成功，为什么不处？’师曰：‘不见道：太平本是将军致，不许将军见太平。’”

【太阳从西边出来】 比喻不可能出现的情况，或者很出人意料。 例句 哈里告诉姐姐，以后就是姐姐跪在地上磕一万个响头求他，他也不会再使她的破笔。而姐姐回答说，就算是～，她也不会这么做。（选自李媛《死亡讲述的生命意义》）

【太阳落山乌云洞，明天晒得腰背痛】 太阳落山时，如果西方天空有一些积云呈现黑色，好像太阳落进了黑洞，预示第二天是大晴天。

【太阳是个宝，常晒身体好】 常晒晒太阳，有利于身体健康。

【太阳月亮穿外衣，不是刮风就下雨】 如果太阳或者月亮看起来朦胧不明亮像穿了衣服，是刮风或下雨的征兆。

【太子岩戴帽，三里路走不到】 太子岩指河北省内丘县西部的一座山峰。太子岩戴帽，是指太子岩的山峰云雾缭绕。当看到这种景象后，走不到三里地就要下雨。内丘还有民谚：“太子岩戴帽，大雨快来到。”

【泰山不却微尘，积少垒成高大】 见录于《名贤集》，由李斯《谏逐客书》“太山不让土壤，故能成其大”衍变而来。比喻人有博大的胸怀，才能成就伟大的事业；或积少成多，积小成大。同“泰山不却微尘，高大在于积累”。

【泰山不是垒的，火车不是推的】 比喻事情成功要靠真本事。 例句 “他们拣了便宜仗，还会卖乖说：‘～。’”（选自柳杞《长城烟尘》）

【贪别人个花，误自己个家】 嘲讽男人花心，或贪便宜而因小失大的人。 例句 你看他～，有他后悔的时候。

【贪得一时嘴，受了一身累】 指因自己的贪欲而迷失了心智，导致终身受此牵累。 例句 许多贪官只是一味享受捞钱的快乐，不顾及党纪国法，等到身陷囹圄后悔已迟。正所谓“～”。

【贪多嚼不烂，好吃不好咽】 比喻工作或学习，图多而做不好或吸收不了。 例句 这事急不得，哪能一口吃个胖子？你得慢慢来，“～”。

【贪观天上中秋月，失却盘中照殿珠】 比喻贪图可望而不可即的东西，却因此而失去了自己实有的珍宝。 出处 施耐庵《水浒传》（节选）：“犒赏三军，限日下起行，大刀阔斧，杀奔梁山泊来。直教龙离大海，不能驾雾腾云；虎到平川，怎办张牙舞爪？正是：～。”

【贪婪鬼没个饱，吝啬鬼不知富】 贪得无厌的人，纵然拥有很多，依然无法满足，还想要更多；小气刻薄的人，即使拥有很多财富，依然不觉得自己富有。

【贪睡的黄牛没料吃】 比喻懒惰就会导致贫穷挨饿。

【贪小失大】 贪图小利益而失去大利益。比喻只谋求眼前的好处而不顾长远的利益。 例句 当然，也要提醒农民朋友到正规商店购买各种农资，切莫～，盲目购买非法经营的农资，以避免造成不应有的损失。（选自廖卫芳《打击“制售假劣农资”须用“重典”》）

【贪心者苦常随，知足者乐常在】 贪婪的人常常苦恼忧虑怎样能获得更多，满足的人总是为获得的成果感到高兴快乐。

【坛口好封，人口难捂】 指管不住别人说话，无法不让别人议论。 例句 “俗话说：‘～。’棉花就能封住人的嘴？押出监狱的大

门，我还听到他和云程一起喊‘打倒帝国主义!’”（选自陈登科《赤龙与丹凤》）

【谈笑有鸿儒，往来无白丁】 语出唐代诗人刘禹锡《陋室铭》。意思是在一起谈笑的都是博学多才之人，交往的没有目不识丁之人。现多用于形容文人雅士的交际圈。 例句 夏衍曾说：“范用哪里是在开书店啊，他是在交朋友。”“~”，他在办公室接待过王世襄、费孝通、萧乾等人。（选自夏学杰《旧时光里的读书人》）

【弹琴知音，谈话知心】 听琴声可以知道对方的心意，谈话能知道对方的思想。 例句 有句话说“~”。你有什么不痛快，就找个体己的人说说，别人才好开导你。别自己闷在心里，再闷出病来。

【坦白从宽，抗拒从严】 对涉嫌犯罪人员曾经的惩治政策。主动坦白就会获得宽大处理；抗拒不交代，将被从严惩处。坦白与抗拒，必须以犯罪事实的存在为前提。 例句 “~”这一口号被沿袭多年，但在刑事诉讼法第一次大修（1996年）之后，已被悄然弃用。任何人不能被强迫自证其罪，故而坦白应当从宽，但抗拒不能从严。（选自王刚桥《“史上最牛自辩”无碍司法公正》）

【汤水不亏人】 通常用于劝说繁重的体力劳动者要喝足汤水，好补充出汗而失去的水分。

【堂上二老是活佛，何用灵山朝世尊】 家中的老人就是如活佛一样的存在，好好照顾供养，就是给自己培福，又何必到庙里去拜菩萨。 出处 《增广贤文》（节选）：“点塔七层，不如暗处一灯。~。”

【堂上一呼，堂下百诺】 意谓身份显赫的人，一呼百应。 出处 元·古杭才人《宦门子弟错立身》（节选）：“[生白]叫左右请它来书院中，再整前欢，多少是好!左右过来。[末入]厅上一呼，阶下百诺。”

【塘里无鱼虾也贵】 喻指没有高层次的人或物，次等的人或物也可以充数。 例句 郑绍畋半晌道：“既雪子醉了，‘~’，就调这小菊吧。”（选自平江不肖生《留东外史》）

【糖瓜祭灶，年下来到】 腊月二十三是用糖瓜祭灶的日子，旧历年春节就要到了。

【螳螂捕蝉，黄雀在后】 语出《阅微草堂笔记·槐西杂志四》。螳螂捕捉蝉，却不知道黄雀在它后面正想吃它。比喻只看见前面有利可图，却不知道祸害就在身后。 例句 你们不应该打边区，你们不可以打边区。“鹬蚌相持，渔人得利”，“~”，这两个故事，是有道理的。（选自毛泽东《质问国民党》）

【桃饱杏伤人，李子树下埋死人】 桃子果实营养丰富可以吃饱；杏性热，容易上火；李子性凉，凉性食物吃多了伤脾，所以有“李子树下埋死人”的说法。意在强调水果虽营养丰富，吃时也要适量。

【桃花要趁东风开，幸福要靠劳动来】 美丽的桃花要依凭春天东风来临时绽放，人世间的一切幸福需要靠辛勤的劳动来创造。指人要趁着年轻，勤奋劳动，创造幸福。

【桃李不言，下自成蹊】 蹊：小路。桃树李树虽然不会说话，也会吸引人们到树下赏花尝果，以至树下会走出小路。形容美好的事物不用自我宣扬，也会使人们向往并获得赞誉。 例句 希望这些撒向世界的种子，能让世界更懂中国。彼时，～。（选自刘少华《听我们讲中国故事》）

【桃三杏四梨五年，核桃柿子六七年，枣树开花当年还】 指这些果树栽种后的挂果时间。桃树一般要三年，杏树要四年，梨树至少要五年，核桃和柿子树要六七年，才会挂果。而枣树就快，当年就能结果。

【讨饭怕狗咬，秀才怕岁考】 岁考：清代各省学政对所属府、州、县学生员举行的考试。指秀才们怕的是岁考，就像讨饭的乞丐怕狗咬一样。 出处 鲁迅《华盖集续编·<阿Q正传>的成因》（节选）：“俗语说：‘～。’我既非秀才，又要周考，真是为难。”

【踢人一脚，须防人一拳】 踢了人家一脚时，得小心防备人家还击一拳。比喻做了伤害人的事，要随时提防人家的报复行为。 例句 他这次吃了亏，不会善罢甘休的，你还是小心点好，～。

【提起裤子装好人】 比喻事情一过便矢口否认自己的错误或过失。也作“提起裤子不认账”。与“提起裤子就骂拉屎的”意思相近。 例句 这小子刚才比谁都闹得欢，现在～，真不是个东西。

【提着头过日子】 比喻时时处于危险的境地。 例句 “人们要是能够活下去，谁肯跟着别人造反？既落个贼名，又得～，肚里没有一缸苦水的人就下不了这个狠心。”（选自姚雪垠《李自成》）

【体弱病欺人，体强人欺病】 强调体质对人体健康的重要性。体质弱就容易染病，体质强就不容易染病，染病也容易痊愈。所以人应坚持体育锻炼。

【剃头挑子一头热】 过去剃头匠的挑子一头担着烧洗头水的炉子，故称“一头热”。比喻做一件事情时，一方非常热情，而对方却无动于衷。同“推头的挑子一头热”。 例句 有的干部急躁，做规划、上产业不切实际，一味图政绩“造盆景”，工作赶进度，农民没“温度”，只是“～”，力度越大，往往副作用越大。（选自赵永平《干好乡村事尤需真感情》）

【剃头削发当和尚，不如回家看婆娘】 指修来世的幸福，不如享受当世的幸福。同“剃头削发当尼姑，不如回家看丈夫”。

【天变不足畏，祖宗不足法，人言不足恤】 语出《宋史·王安石传》。天象的变化没有什么可怕，祖宗的规矩不一定照搬效法，世人的议论不值得忧虑。表现了王安石的唯物思想和变法的决心。 例句 先贤们始终秉持“～”的精神，倡导“终日乾乾，与时偕行”“苟日新，日日新，又日新”，不断顺应社会发展要求。（选自徐文涛　赵立波《立足优秀传统文化　弘扬优良革命传统》）

【天不打吃饭人】 老天不在人吃饭时惩处人。指不管怎样，总得让人吃饱饭。 例句 “‘～’，你今天怎么尽闹脾气，连吃饭时候也是打鸡骂狗的。”（选自鲁迅《彷徨·肥皂》）

【天不怕地不怕】 形容无所畏惧，什么都敢干。 例句 那年我18岁，正是～的年纪，一看人家找上了门，岂肯示弱。当时应承下来，并积极备战。（选自王慧敏《狭路相逢宜转身》）

【天不生无用之人，地不长无名之草】 指世上的人或物都不是没有用处的。 例句 ～。不要灰心丧气，你一定会东山再起的。

【天不严寒地不冻，人不伤心泪不流】 天气冷了地才会上冻，人只有到了非常伤心的时候才会落泪。 例句 “～”，他一个男子汉，哭成这样，一定是遇到大难事了。

【天不言而自高，地不言而自厚】 比喻品质优秀或才能卓越的人，不用自夸也能显现出来。也作“天不言自高，地不言自厚”。 例句 李瓶儿听见，便嗔如意儿：“你这老婆，平白只顾说他怎的？我已是死去的人了，随他罢了。～。”（选自兰陵笑笑生《金瓶梅》）

【天才和懒惰结伴，等于一事无成】 一个人如果智商很高，但很懒惰，也会一事无成。

【天才在于学习，知识在于积累】 指人要学习，才会变聪明；知识要积累，才能变丰富。也有“聪明在于学习，天才在于积累”的说法。 例句 “～”，成功是百分之一的天才加百分之九十九的汗水得来的。

【天打五雷轰】 原指被雷电击死。现指遭报应。多用于诅咒发誓。 例句 我发誓如果敢骗你，就～。

【天大的官司倒将来，磨大的银子罨将去】 罨（yǎn）：压，覆盖。指旧时即使碰到了天大的官司，只要有大量的钱财疏通官员，就能过得了关。 出处 西周生《醒世姻缘传》（节选）：“但俗语说得好：‘天大的官司倒将来，使那磨大的银子罨将去。’怕天则甚？只是人心虽要如此，但恐天理或者不然。”

【天大官司，地大银子】 天大的官司到来，就用地一般大的银子把它摆平。旧指只要肯大把大把地花钱，就没有打不赢的官司。 例句 “日间你二叔向衙门告状，大官

人用了白银千两，买通县主，县主批状不准。真所谓‘～’，人情胜于国法。”（选自刘操南　茅赛云《武松演义》）

【天道好轮回，苍天饶过谁】 天理是遵循轮回果报的，老天不会对谁偏私。指善有善报，恶有恶报。**出处** 邓育昆《江湖夜雨十年灯》（节选）：“善恶终有报，天道好轮回。不信抬头看，苍天饶过谁。”

【天道无亲，常与善人】 语出《道德经》。自然运行的规律没有亲疏之别，但是那些善良的人由于自己的修为，而常常会得到命运的照顾。**例句** 中国在文明的“轴心”时代，已经奠基了天、地、人是同源相生、同道相存、同场相在的共同体的信念。所谓“黄天无亲，唯德是辅”“～”，其中的“道”、“天（理）”往往与人的善心、良心相通相连。（选自王永智《形成向上向善的力量》）

【天鹅爱湖泊，英雄爱祖国】 天鹅热爱湖泊，因为它只有在湖泊中才能自由地游舞；英雄热爱自己的祖国，只有在祖国的怀抱里才能施展才能。

【天高皇帝远】 原指偏僻的地方，中央的权力达不到。现泛指人或机构独立性强，遇事可自作主张，不受约束。也作“天高皇帝远，有事没人管”。**例句** 一部分基层党员干部自认为“～”，又处在最末梢、最不起眼的位置，就可以把位低权小当成自己违纪的“隐身衣”而恣意妄为。（选自周勉　周颖《要让侵害群众利益者付出代价》）

【天狗吃不了日头】 天狗：古时神话传说中的兽名。古时传说日食是由于太阳被天狗所吃。比喻邪恶战胜不了正义。**例句** 你们都听见他的话了吧？～，烂了青山烂不了太阳！今儿黑夜桥要不修好，东西不过江，我们就对不起祖国……”（选自杨朔《三千里江山》）

【天河南北，正喝凉水；天河东西，正在冬里；天河调角，正吃豆角】 指一年四季所对应的银河方位。银河南北走向的时候是夏季，东西走向的时候是冬季，斜着的时候是春秋之季。

【天河南北架，能吃面甜瓜】 指银河南北走向的时候是夏季，就能吃到面瓜和甜瓜了。

【天机不可泄漏】 旧时迷信认为世事都由上天安排，而事先却不能泄漏。现多指涉及机密的事，不到时候不能预先透露。**例句** 秦氏道：“～。只是我与婶子好了一场，临别赠你两句话，须要记着。”（选自曹雪芹《红楼梦》）

【天空飞鸟用网捕，众人舌头无法堵】 舌头：借代言论。比喻众人的议论无法压制。

【天狂有雨，人狂有祸】 天猖狂会下雨，人猖狂会惹祸。喻指如果不讲平衡，做得过分、狂妄，就会受到上天的惩罚。

【天凭日月，人凭良心】 天凭着太阳月亮照耀大地，人凭着良心办事。 例句 “～”，你这样做，难道良心被狗吃了吗？

【天晴不肯走，只待雨淋头】 天气晴朗的时候不抓紧时间赶路，非要等到雨水浇头时才赶路。比喻不识时务，自讨苦吃。 例句 “黄老儿，你‘～’！你做一世大帅，不识时务，只管把刀来劈我，独不想吾手中斧无眉少目，万一有伤，把老将军一生英名置于乌有。”（选自许仲琳《封神演义》）

【天上不会掉馅饼】 天上是不会掉下来馅饼的。比喻没有无缘无故到来的好事。 例句 要坚信：～。假如无缘无故，有馅饼当头砸来，就值得三思了：这是从哪儿飞来的？为什么会砸向自己？自己真有这个“福气”吗？切不可不问根由，不分青红，来者不辨，吃下再说。（选自张保振《“馅饼”与“陷阱”》）

【天上掉馅饼，必定是陷阱】 天上是不会掉馅饼的。喻指但凡有天上掉馅饼那样的好事，一定是个诱你入坑的陷阱。 例句 ～，你可千万别相信这个所谓的好事。

【天上勾勾云，地上雨淋淋】 天上出现了像勾勾形状的云，就预示着将要下雨。

【天上起了炮台云，不过三日雨淋淋】 天空出现炮台云，是中低空大气层不稳定，预兆不久会有雷雨。

【天上无云不下雨，地上无媒不成婚】 天上没有云彩不会下雨，没有媒人说合就办不成婚事。这是一种旧观念。同“天上无云不下雨，地下无人不成事”意思相近。 例句 “小姐，俗话说，‘～’。应该找个人从中说合说合。”（选自王增义《杨家将》）

【天上下雨地下流，小两口打架不记仇】 指夫妻吵嘴打架是不会结仇的，很快就会和好，就像天上下了雨，水自然从地下流走一样。也作“天上下雨地下流，两口子打架不记仇”。 例句 “因为他们现在还是夫妻！”徐秋斋又说，“～。谁知道将来怎样变化？像雪梅这样心地善良的人，经不起人家三句好话一哄，就会把仇人当恩人了。”（选自李准《黄河东流去》）

【天上星多月不明，地上人多心不平】 喻指人多思想就难以统一。 例句 ～。山上花多开不败，河里鱼多水不清。（选自刘永兴《三义五老图》）

【天生的一对，地造的一双】 赞誉恋爱或婚姻的双方非常般配。也作“天生的一对，地就的一双”。 例句 花碧莲磁着眼珠儿，想了又想，忽然咯咯一笑，说：“榆钱儿跟你正是～。”（选自刘绍棠《小荷才露尖尖角》）

【天时不如地利，地利不如人和】 语出《孟子·公孙丑下》。有利于作战的天气、时令，比不上有利于作战的地理形势；有利于作战的地理形势，比不上作战中的人心所向、内部团结。 例句 和谐是中华价值观的重要元素，“和合”文化传统深深融入中华民族的血脉之中。例如，儒家认为“和为贵”“～”，墨家主张“兼爱”“尚同”，北宋哲学家张载提出“仇必和而解”，等等。（选自李林宝《共建和谐中国》）

【天视自我民视，天听自我民听】 语出《尚书·泰誓》。意思是：上天所看到的来自我们民众所看到的，上天所听到的来自我们民众所听到的。也就是说，天意就是民意，要遵从百姓的意志办事。 例句 “～。”要坚持把实现好、维护好、发展好最广大人民根本利益作为一切工作的出发点和落脚点，我们的重大工作和重大决策必须识民情、接地气。（选自习近平《在庆祝中国人民政治协商会议成立65周年大会上的讲话》）

【天塌了有邻家】 比喻普遍性的灾祸或压力，人人都得承受一份，不必独自担心。同“天塌有大家，地陷有邻家”。 例句 冯贵堂一屁股蹲在妈妈的藤椅上，说：“这有什么办法，看势办事吧，～！”（选自梁斌《烽烟图》）

【天塌下来当帽戴，地陷下去当鞋穿】 比喻以乐观的心态面对困难，多大的困难也不怕。 例句 放心，没什么大不了的，～，没有过不去的火焰山。

【天塌下来有地接着哩】 比喻无论发生多大的问题，也终究会有人来解决。 例句 “～”，这件事你就别操心了。

【天塌下来有高个子顶着】 比喻事再大问题再大，自有当事人或当权者承担，与自己这个小人物关系不大。 例句 “～”，出了事儿自有人负责，咱怕啥？

【天天敬菩萨，不干好事也白搭】 即使天天烧香拜佛，却总是干坏事也没有好结果。与“天天佛前瞎烧香，有病不治也遭殃”意思相近。

【天天起个早，胜过吃补药】 每天早起锻炼，有益于身体健康，比吃任何补药都管用。

【天天省一把，一年添个骡子马】 积少可以成多，日日节俭，省下的钱就能办成一件大事。 例句 不要小看这每天省一点，老话说“～”哩。

【天天笑三笑，赛过吃好药】 指保持乐观心态，有利于健康，比吃药还管用。

【天天行，不怕万里远；天天做，不怕万事难】 再远的路，天天行也能到达；再多的事，天天做也能完成。 例句 “～”，只要踏实肯干，就一定会成功的。

【天王老子都不怕】 称人有胆，任谁都不害怕。 例句 这小子厉害得很，～。

【天网恢恢，疏而不漏】 出自《道德经》：“天网恢恢，疏而不失。”天道公平，作恶就要受惩罚，它看起来似乎很不周密，但最终不会放过一个坏人。比喻作恶的人逃脱不了国法的惩处。 例句 “母亲、父亲，你二位老人家，可曾听见那纪贼父子，竟被朝廷正法了？可见～。”（选自文康《儿女英雄传》）

【天无二日，人无二理】 就像天上没有两个太阳一样，人世间没有两种对立却同样公平的道理。 例句 长老道：“贫僧有一件不明之事请教，烦为指示。贵处养孩儿，不知怎生看待。”驿丞道：“～。养育孩童，父精母血，怀胎十月，待时而生，生下乳哺三年，渐成体相，岂有不知之理！”（选自吴承恩《西游记》）

【天无绝人之路】 天不会断绝人的出路，把人困死。形容人处于绝境时，终能找到出路。 例句 果然～，只是那东北上摇下一只船来。（选自元·无名氏《货郎担》）

【天无私覆，地无私载，日月无私照】 语出《孔子家语·论礼》。天没有私自覆盖一种东西，地没有私自承载一种东西，日月也没有单独照耀一种东西。表示天、地、日月是至公无私的，人应向它们学习这种精神。 例句 道，公正客观，无党无偏、无私无蔽。如同孔子所说：“～”。（选自王充闾《要将宇宙看稊米——庄子眼中的世界》）

【天无一月雨，人无一世穷】 天不会连续不断下一个月的雨，人不会一辈子受穷。勉励人不要为眼前的苦日子灰心丧气。 例句 “～”，谁还没有个走背字的时候？你踏实肯干，一定会挺过去的。

【天下安，注意相；天下危，注意将】 语出班固《汉书·陆贾传》。国家安定时，要留意宰相的任用；国家危亡之机，要留意将帅的任用。 例句 南宋人一再引用这句古人言：“～。”强调“强敌在境，天下多事，今将材为急。”（选自张邦炜《南宋长期处于战时状态 经济发展片面》）

【天下本无事，庸人自扰之】 语出钱泳《履园丛话·考索》。意谓本来没有什么大不了的事情，庸俗多事的人却扰扰攘攘弄得动静很大。例句 你硬要把这类不是杂文的言论往杂文圈里拉，又喊“杂文式微”了，这不是“～”吗？（选自冰静《我看杂文与时评》）

【天下不如意事，十常居八九】 出自《晋书·羊祜传》：“天下不如意，恒十居七八。”天下不如意的事，常常十件中就有八九件。劝导人们正视所遇到的困难或挫折，对遇到的困难或挫折保持一颗平常心。 例句 人皆有憾。古人所谓“～”，说的就是这层道理。（选自燕郊《憾事》）。

【天下大势之所趋，非人力之所能移也】 语出陈亮《上孝宗皇帝第三书》。大势：指整个局势。趋：向、往。意思是：整个社会运行的趋势走向，不是人力所能够改变的。

例句　习近平同志强调，领导工作必须善于观大势、谋大事。“～。”观大势、谋大事，要求审时度势，因势而谋、应势而动、蓄势而发、顺势而为。（选自王晓东《提高化解矛盾的能力和实效》）

【天下的弓都是弯的，世上的理都是直的】　用弓的弯反衬理的直。比喻所有道理都是客观公正的，不偏不倚。

【天下官管天下事】　意思是天下事务由各地官员管理。指凡事都有人管的。　例句　李祥看了她半晌，问道：“灵儿，你为什么不知道烦恼啊？”罗彩灵道：“常言道‘～’，有他们在，我操个什么闲心？”（选自凡尘《鸳鸯梦》）

【天下皆知美之为美，斯恶已】　语出《道德经》。斯：连词，就。恶：丑。天下的人都知道美之所以为美，也就知道什么是丑了。美和丑（恶），是互相依存的，没有一方，另一方也就不存在。　例句　老子说：“～。”从审美规律来讲，美和丑并不是截然相反的，而是可以互相转化的。（选自肖鹰《以丑为尚挑战审美底线》）

【天下没有不散的宴席】　再好的宴席，总会有散的时候。比喻人生有聚就有散，不必为散伤情。　例句　巴黎是一场流动的盛宴，而～，我唯有倍加珍惜在这里的分分秒秒，才能不虚此行。（选自刘源辉《塞纳河畔的读博岁月》）

【天下没有免费的午餐】　比喻做什么事都得付出，不要想着不劳而获。　例句　也许有人说，反正不收费，搜搜又何妨？其实，～。“度娘”免费看病，必定有其生财之道。（选自白剑峰《“度娘”何以成“名医”》）

【天下难事必作于易，天下大事必作于细】　语出《道德经》。世上困难的事是从容易的时候发展起来的，世上大的事情是从细小的事情发展起来的。指做事要善于抓住时机。　例句　正如先哲所言“～”，作于易、作于细，才能最终成其大。（选自马祖云《胆子与步子》）

【天下人管天下事】　指世上发生的事情，每个人都可以过问。　例句　那军官听了，冷笑道：“～，那有管不得的道理？”（选自石玉昆《三侠五义》）

【天下事抬不过个理去】　指世上的事都得讲道理。　出处　清·李伯元《活地狱》（节选）：“～。难道大老爷不问情由，只听他一面之词么？”

【天下事以难而废者十之一，以惰而废者十之九】　语出《颜氏家训》。世上的事情因困难而失败的，十件仅有一件；因为懒惰而失败的，十件就有九件。　例句　“～。”当下，有些年轻人喜欢以得过且过、今朝有酒今朝醉的态度面对人生，甚至沉迷于“丧”“宅”的感觉中不能自拔。殊不知，奋斗才是青春的底

色，只有奋斗的人生才称得上幸福的人生。（选自张伟昊《节假“躺几天”，不如“忙几天”》）

【天下虽安，忘战必危】 语出《司马法·仁本》。国家即使太平无事，但因此而忘了战争发生的可能性就一定很危险。指要有忧患意识，和平时期也要备战。 例句 古人云：“国虽大，好战必亡；～。”它深刻地告诫我们，如果向往和平，就必须做好充分的战争准备，有备才能无患。（选自汪守德《天下虽安 忘战必危》）

【天下未乱蜀先乱，世界易平川难平】 旧指四川地势险要，易守难攻，自古以来叛乱较多，又很难平定。 例句 四川本是多乱之地……自古就有“～”的谚语。（选自文公直《女杰秦良玉演义》）

【天下乌鸦一般黑】 比喻世间的丑类都有着共同之处。 例句 在“～”的清朝官场，没人相信还会有清官，即便有清官，也会被高度孤立。（选自唐博《“好官”贾政的“无为”悲剧》）

【天下无难事，只怕有心人】 天下是没有什么所谓的难事的，因为所谓的难事只要遇到有毅力、有决心、有恒心的人，就会被化解。也作“世上无难事，只怕有心人”。 例句 在党的领导下，贡献出自己所有的力量、智慧和生命，来从事建设。“～。”（选自郭沫若《浪漫主义和现实主义》）

【天下熙熙，皆为利来；天下攘攘，皆为利往】 语出司马迁《史记·货殖列传》。熙熙：形容热闹的样子。攘攘，形容纷乱拥挤的样子。意谓天下人熙熙攘攘，都是在为利益而来往奔忙。 例句 《史记》有云：～。人生最难过的关口恐怕就是名利关了。（选自陈江《莫言5年无新作，诺奖成包袱了吗》）

【天下有道，则庶人不议】 语出《论语·季氏》。天下政治清明，民众就没什么可议论的，也就是不会产生非议。 例句 “～”，许多针对地方工作和领导干部的牢骚，一则反映了社会热点、利益痛点，二则也表明了群众的期待。（选自温振春《择善而从有担当》）

【天下之本在家】 语出荀悦《申鉴·政体》。体现的是中国优秀传统文化中的“家国情怀”。即家是国的基础，国是家的扩大，因而家也是“天下”这个共同体的基础。 例句 中华民族历来重视家庭。正所谓“～”。（选自习近平《在会见第一届全国文明家庭代表时的讲话》）

【天下之事，因循则无一事可为；奋然为之，亦未必难】 语出归有光《奉熊分司水利集并论今年水灾事宜书》。世上的事情，因循守旧就没有什么事可以做了；大胆努力去做，也未必就困难。 例句 “～”。艰难是坏事，也是好事。说它是好事，是因为难关攻克之后往往是坦途。（选自于永军《攻坚

克难当有“啃硬骨头”的勇气》）

【天行健，君子以自强不息】 语出《周易·乾卦》。大意是，天道运行刚劲雄健，君子应自觉奋发向上，永不松懈。 例句 中华文化，某种意义上讲是一种人生哲学，它鼓励人们积极进取、奋发向上、自我完善，正所谓“～”。（选自姚明《希望每个人都能主动传播中华文化》）

【天涯何处无芳草】 语出苏轼《蝶恋花·春景》一词。原意谓天底下到处都可以看到芳草在生长。现多用其象征意义，常用以表示机会到处都有，不要陷于失败的情绪中不能自拔。 例句 失恋的日子是灰暗的，面对闷闷不乐的小玉，大家只好说些“～”之类的话来宽慰他。（选自蒋威《小玉恋爱记》）

【天要下雨，娘要嫁人】 比喻必然发生、无法阻挡的事情。 例句 对中国来说，一如俗语所说，～，靠主观美好愿望挡是挡不住中美贸易战的。（选自沈逸《保持战略清醒 坦然面对挑战——中美贸易战观察》）

【天有不测风云，人有旦夕祸福】 比喻有些灾祸的发生，事先是无法预料的。 例句 “可也别太高兴了，～啊！”（选自梁斌《红旗谱》）

【天有春夏秋冬，人有喜怒哀乐】 人有喜怒哀乐等情绪，就像天有春夏秋冬四季一样正常。

【天有三宝日月星，地有三宝水火风，人有三宝神气精】 太阳、月亮和星星是天上的三宝；水、火、风是地上最宝贵的东西；一个健康的人，最宝贵的必然是精满、气足、神旺。

【天与不取，反受其咎】 咎：灾祸。意思是：上天给了你机会，你不积极抓住，反而会因此招致祸殃。在史籍中常被用来说明军事斗争把握时机的重要性，错过时机就有可能处于被动地位。也作“天与弗取，反受其咎”“天予不取，反受其咎”“天予弗取，反受其咎”等等。 例句 客有说张耳曰：“臣闻‘～’。今陈将军与君印，君不受，反天不祥。急取之！”（选自司马迁《史记·张耳陈馀列传》）

【天知地知，你知我知】 指事情很机密，除天、地、你、我以外，没有别人知道。 例句 这件事～，千万要保守秘密。

【天子犯法，与庶民同罪】 指不管地位多么高，犯了法就与老百姓一样依法治罪。 出处 清·佚名《大红袍》（节选）：“～，今汝既已获罪，奉旨前来，尚敢如此矫强，我且打你一个藐法欺旨！”

【天作孽，犹可违；自作孽，不可活】 语出《孟子·公孙丑上》，本自《尚书·太甲中》：“天作孽，犹可违；自作孽，不可逭。”意思是老天爷（自然）造成灾害，还可以避开；如果是自己造成的灾害，那就不能逃避了。　例句　~。中国有决心、有信心、有能力严惩暴恐分子，暴恐势力在中国面对的将是零容忍、零懈怠、零空间。（选自贾秀东《对暴恐势力只能零容忍》）

【添一个蛤蟆多四两劲】　比喻力量虽小，总能帮上一把劲。　例句　“~”，你还是去吧，能帮点算点。

【田鸡要命蛇要饱】　田鸡：青蛙。青蛙逃跑是为了活命，而蛇吃青蛙是为了饱肚。比喻对立的双方拼死搏斗，都是为了生存。　出处　高晓声《水底障碍》（节选）：“~。黑龙也忒不识相，贼有一群，他捉住了一个不放，人家还客气吗？”

【田怕秋旱，人怕老穷】　指田禾秋季干旱便会减产，人生老来贫穷便无机会翻身。　出处　明·徐光启《农政全书·农事·占候》（节选）：“（农历八月）畏旱。谚云：‘~。’秋热损稻，旱则必热。”

【田种不好仓库虚，书教不好子孙愚】　田地种不好仓库就空虚，不教读书子孙就会愚昧。

【填不满的窟窿】　指欠账太多帮不过来，或贪心太大永远也无法满足。同“填不满的无底洞”。　例句　他这个家就是~，我不过是尽一份心，能帮多少算多少吧。

【条条大路通罗马】　指做成一件事的方法不止一种，人生的路也不止一条等着我们发现。也作“条条道路通罗马”。　例句　“~”，条条大路路不同。导致各国走上民主政治道路的原因是具体的，是有差别的。（选自房宁《中国道路的民主经验》）

【跳不出如来佛的手心】　古典小说《西游记》中描写孙悟空一个筋斗能翻出十万八千里，却跳不出如来佛的手掌心。比喻摆脱不了他人或某种力量的控制。　例句　不用管他，让他折腾，他本事再大也~。

【跳进黄河洗不清】　比喻事出有因，很难摆脱干系、避免嫌疑。也作“跳下黄河也洗不清”“跳在黄河也洗不清”“跳进黄河都洗不清”等。　例句　“左良玉说：……我不是担心他被留在贼营，倒是担心他带着李瞎子和你妹妹给我的两封书信，说不定还有什么贵重礼物，回来时被丁、杨二营的游骑抓去，使我~，岂不受冤枉的窝囊气？”（选自姚雪垠《李自成》）

【铁板钉钉】　比喻说话办事坚决、干脆。也比喻已成定论。　例句　自认为“~”的推论被否定，年轻法医邢雷像被泼了凉水。（选自陆睿　龙敏《杨发英：让死者“说”出真相》）

【铁不炼不成钢，人不练不健康】　铁不经冶炼，就不会变成钢；人不运动，健康就容易出问题。

【铁杵磨成针，功到自然成】　只要有毅力，持之以恒，功夫到家了，再难的事也能成功。也作“铁杵磨绣针，功到自然成”。　例

句　~。中医学是一门蕴藏着丰富文化知识的博大学问，需要有玉磨成器的精神，才能有扎实功底。（选自王群海《李时珍雨中猜谜》）

【铁打的骡子纸糊的马】　指骡子比马好喂养，马容易得病；也指干活能吃苦出力的还是骡子。

【铁打的衙门，流水的官】　官署是不会变化的，而官员却如流水一样不断更换。　例句　中国有句古话："~。"官总是要换的，但前任的承诺不能随着新官上任而作废。（选自吴兴人《再说"新官理旧账"》）

【铁打的营盘流水的兵】　营房是固定的，而每年都有老兵走了新兵来，就像流水一样。比喻建制或环境没变，人却一直在变换。　例句　比起对专业技能的追求，张立志更在意带出了多少专业骨干。因为张立志明白，~，终有一天自己会离开部队，他希望自己的徒弟能精益求精，并不断传承下去。（选自刘谦　吴奔《我骄傲，我曾是一个兵》）

【铁匠冒股子烟，顶木匠忙一天】　铁匠工作虽然比木匠劳累，但是铁匠的收益要比木匠大得多。也有"铁匠拧拧手，养活四五口"的说法。

【铁匠做官只是打】　指昏官办案就像铁匠只会打铁一样，不讲道理，只会拷打人逼供。　出处　清·李伯元《活地狱》（节选）："徐大老爷又叫打一个，打得徐老滑哼哼唧唧……谚有云：'~。'强盗则甚于铁匠矣，可叹。"

【铁冷了打不得，话冷了说不得】　铁要趁烧红的时候打，与人交往不能冷言冷语相对。　例句　"~"。话一冷，脸自然也就冷了，脸一冷，人情自然也就冷了。

【铁怕落炉，人怕落套】　铁落在炉中会熔化，人落入圈套会受人摆布或陷入困境而受制于人。　出处　冯梦龙《醒世恒言·独孤生归途闹梦》（节选）："怎禁这班恶少，那管什么官家良家。任你喊破喉咙，也全不作准。推的推，拥的拥，直逼入龙华寺去赏花。这叫做'~'。"

【铁要锤打，人要磨练】　钢铁需要打磨才能成型，人需要磨练才能成就人生。　例句　"~"，你就让孩子出去闯荡吧。

【铁嘴钢牙，柏木舌头】　形容人能说会道，嘴巴厉害。　出处　孔厥　袁静《新儿女英雄传》（节选）："何世雄得意地说：'你小子好啊!~，到了我手里，看你还厉害不厉害!'"

【听不如看，看不如干】　听到的不如眼睛看到的，眼睛看不如实际去行动。　例句　"~"，咱别管三七二十一，先直接干起来再说。

【听传言失落江山】　比喻听信传闻会导致很大的损失。　例句　"千里之外的战况，都是道听途说，不足为信。有道是~哟。"（选自俊然《长长的乌拉银河》）

【听风就是雨】 形容听到一点风声就竭力附和渲染。 例句 你这个人~，八字还没一撇的事让你说得有头有尾。

【听话听后音儿，吃饭品滋味儿】 听人说话要注意领会话里的真实用意，就像吃饭要品尝饭菜的味道一样。 例句 “~”，从他说话看，这个人不简单。

【听话听音，刨树刨根】 听人说话要善于听取对方话里间接透露而没明说的意思，领会对方内心真正的意图，就像刨树要刨根一样。同“听话听音，锣鼓听声”。 例句 何志文一听，心里像是有个什么东西撞了一下，浑身一悸冷，没有顾得多想，立时又把桌子一拍：“你胡说！”何志文这一回可跟刚才不一样了！常言说：~。解文华一听就又接着说：“先生，我不是胡说，这是实在的，说起来你也许不信，跟我打交道的这个人也不是院长，也不是政委，是个大姑娘。这个大姑娘有个爹，叫何大拿。”（选自刘流《烈火金钢》）

【听会了不算会，干会了才为贵】 只是倾听感觉懂了并不是真会了，只有自己动手学会了，才算真的会了。强调行动的重要性。 例句 “~”，我们还是要勤于动手。

【听见蝲蛄叫就不种地啦】 指拉拉蛄（蝼蛄）是农作物的大害虫，可是农民不会听到拉拉蛄的叫声就不种庄稼。比喻不能因为有人议论指责，就不敢做事。 出处 赵广平《路漫漫》（节选）：“我说老弟，改革的路长着哩，需要我们坚定不移地往前走。阻力大是难免的，你能光听拉拉蛄叫，就别种地了？”

【听君一席话，胜读十年书】 听了您的这些话，比我读十年书还有用。指与对方交谈的时间虽然很短，但是受益很大。同“与君一席话，胜读十年书”。 例句 “~”，尽管这席话是对所有人说的。对很多创业者来说，像马云这样“看得见、但摸不着”的创业导师就颇具这样的意义。（选自唐烨《永远不要跟别人比幸运》）。

【听其言而观其行】 语出《论语·公冶长》。听了他的话，还要观察他的行事。如果只听一个人的美语甘言就相信的话，就往往会被蒙蔽，所以关键还是看他是如何做的。 例句 古人云，~；今人讲，说得好更要做得好。（选自张桂辉《廉不廉，看过年》）

【听人劝，吃饱饭】 能听人的良言相劝，就可以吃饱饭不饿肚子。指人能虚心接受意见，就能给自己带来切实的好处。也作“识人劝，吃饱饭”“喜人劝，吃饱饭”。另也有“听人劝，吃饱饭；识人教，武艺高”的说法。 例句 “道爷，俗话说：‘~。’我也不去死了，请您快写书信一封，我好回去投奔童大人，拯救我父性命。”（选自郭泳戈 海草《刘公案》）

【听言不如观事，观事不如观行】 听一个人说话不如考察他的事迹，考察他的事迹不如考察他的行为。 出处 《傅子·通志篇》（节选）：“故～。听言必审其本，观事必校其实，观行必考其迹。”

【庭前生瑞草，好事不如无】 门前长了棵祥瑞的草，这样的好事还不如没有。指徒有其名只会招嫉惹恨的“好事”倒不如没有。 出处 明·阮大铖《牟尼合记》（节选）：“别人家闲是闲非，管他怎的？……请思之：～。”

【庭栽栖凤竹，池养化龙鱼】 庭院中栽了能供凤凰栖息的竹子，水池中养了能变成龙的鱼。用环境的雅致来象征人的高雅，而主人的高雅自会引来一些志趣相投的朋友。 出处 《增广贤文》（节选）：“～。结交须胜己，似我不如无。”

【同德则同心，同心则同志】 语出《国语·晋语》。意思是德行相同心意就相同，心意相同志向便相同。成语“同心同德”由此而来。一般还认为这里是“同志”一词的源头。 例句 古人云：“～。”人际间的称谓，是思想观念及人际关系的一种外化，是人际关系在语言上的表现。（选自吴明录《党内称谓容不得江湖气》）

【同行是冤家】 同一行业的人因利益冲突而互相敌视。 例句 俗话说“～”。信誉楼认为，“同行不疏伴”，同行不要竞争，要“竞合”，互相排挤只能两败俱伤。（选自王民 张洪河 黄骅《信誉楼：传统百货的另类生存之道》）

【同声相应、同气相求】 出自《周易略例·明爻通变》：“同声相应，高下不必均也。同气相求，体质不必齐也。”应：应和，共鸣。求：寻找。相同的声音相互应和，相同的气味彼此融和。比喻志趣相同的人，自然就会结交为友。 例句 近代以来，中埃两国人民在反殖民、反霸权的斗争中～。（选自习近平《让中阿友谊如尼罗河水奔涌向前》）

【同是天涯沦落人】 语出白居易《琵琶行》。指大家都是有不幸遭遇的人，彼此都是流落在外或有着相同际遇的人。 例句 当时这位局长身处荒郊野外，在失魂落魄之际碰到了两个同样遭遇的人，正是喜出望外，即以实情相告，并流露出“～，相逢何必曾相识”之意。（选自张寿春《遵义会议后中共中央如何与共产国际联系》）

【同心之言，其臭如兰】 臭：香气。意思是志趣相投、同心同德的人互相交流，就好比闻到兰花的香气，彼此被吸引。 出处 《周易·系辞上》（节选）：“二人同心，其利断金；～。”

【捅了马蜂窝】 指闯祸了或得罪了厉害的人。同“捅了大娄子”。 例句 一句话，提醒了马强，暗想道：“是啊！自我定更进来吃饭，直到三更，他何尝出去了呢？这是什么

记性儿呢！只顾这么暴躁，又～了！”（选自清·佚名《龙图耳录》）

【捅破窗户纸】 比喻把话挑明或把事情说明白。 例句 哈叭狗几句话～，人们心里也早就料到了这一着。（选自冯志《敌后武工队》）

【偷风不偷雨】 盗贼的行话。偷盗的时候，因为有风，就算有动静，也被当作是风吹；下雨的时候不可以偷盗，会留下脚印。

【偷鸡不成蚀把米】 意思是鸡没有偷到，反而损失了一把米。比喻本想占便宜反而吃了亏。同“偷鸡不着，反失一把米”“偷鸡不着，反折一把米”。 例句 在这次战斗中，日、伪军400多人偷袭八路军山东纵队第一支队的两个连，没想到“～”，不仅100多名伪军被击毙，余部吓得狼狈逃窜，参加偷袭的40余名日军除一人被俘外全部丢了命。（选自王贞勤《五井之战打得日军心服口服》）

【偷来的财易尽，买来的官易坏】 偷来的钱财不珍惜，容易随便用掉；买来的官要“回本”多贪贿，容易出事丢官。喻指用不正当手段到手的东西不会长久。 例句 只是常言说的：～。篡来的皇帝便多妄为。陈后主造临春，结绮阁，劳民伤财，以致国家败亡。（选自袁于令《隋史遗文》）

【偷来的锣鼓儿打不得】 比喻暗中干的勾当不敢声张。也作“偷来的锣鼓敲不得”。 例句 “我也知道你那老婆太难缠。如今把我姐姐拐了来做了二房，～。”（选自曹雪芹《红楼梦》）

【偷牛的没事，拔桩的挨罪】 指主要犯事的没抓住，却抓了个替罪羊。比喻代人受过。也作“走了牵牛的，捉住拔橛的”“偷牛的抓不住，抓住拔桩的”。 例句 我只是个会计，领导要我怎么做我就怎么做。如今账目出问题了，就把责任推到我的身上，这不是～吗？

【头顶三尺有神明】 指神明在供桌上面三尺的地方。如果你虔诚祈祷供奉的话，神明会显灵帮助你。后表示无论你在什么地方做任何事，你头上三尺地方的神明都会看得清清楚楚。不要以为没有人在旁边就做坏事，神还看着。也作“举头三尺有神明”“抬头三尺有神明”。 例句 “～，不畏人知畏己知。”对党员干部而言，这“神明”当是人民。若常怀敬畏之心，则不仅能放下私利“莫伸手”，更能自省修身而不断提升道德境界。（选自耿联《常怀敬畏心 修身“莫伸手”》）

【头顶长疮，脚底流脓】 形容人坏透了。 例句 这小子～，孬得很。

【头对风，暖烘烘；脚对风，请郎中】 我们人类的头部，要在适宜的情况下保持低温；而足部，要注意时刻保温，不然就会很容易生病，就要请大夫了。 例句 民间养生有句俗语：“～。”意思是说，头部可保持相对低温，但足部应该注意保温，否则容易生病。对于体质较弱的老人来说这点尤为重要。（选自刘建和《头对风暖烘烘，脚对风请郎中》）

【头儿顶得天，脚儿踏得地】 比喻为人品行规矩正派。 出处 清·黄小配《廿载繁华梦》（节选）：“妾的行径，大人统统知得了，正是～。”

【头发长，见识短】 意谓女人头发虽长，见识都短。是对女性的歧视性语言。 例句 对于女性“～”的社会偏见，必须锤炼大气品格，培养成就事业的能力。（选自吴翠云《女领导要大气》）

【头伏浇，二伏漂，三伏过来没了腰】 指从头伏到三伏，雨水越来越大。

【头伏萝卜二伏菜，三伏有雨种荞麦】 夏天有三伏。头伏适合种萝卜，二伏适合种白菜，三伏适合种荞麦。指根据作物的生长条件和环境进行种植。还有一种解释认为这句话是种植农作物的一种补救措施。指如果遇到自然灾害，错过了播种正常作物的时机，可以通过轮种进行补救：头伏天可以种植萝卜，二伏天可以种植青菜，三伏天种植荞麦。以减少土地的浪费，最大限度减少损失。

【头伏无雨旱到尾】 “头伏”就是初伏的第一天，这天如果没有下雨，预示着这一段时间可能干旱。

【头伏有雨，伏伏有雨】 如果初伏下雨的话，那么中伏、末伏也会连着下雨。

【头回上当，二回心亮】 头次上当受骗，到第二次就会接受教训，心明眼亮，不再犯错。 例句 没事儿，～，吃一堑长一智，下次就不会这么办了。

【头脚不受寒，病魔不来缠】 中医认为，人体的头、胸、脚这三个部位受凉，就容易生病。

【头年雷多，来年雨多】 如果第一年打雷的次数多，那么来年一定雨水大。没什么科学依据。

【头三脚难踢】 比喻事情开头难办。 例句 “野火坪情况复杂，俗话说‘～’，要在几天之内把情况搞清楚，确实是艰巨的。”（选自王英先《枫香树》）

【头三十年看大人敬孩子，后三十年看孩子敬大人】 揭示了一种庸俗的人情世态。意谓看人家大人有出息，对人家的孩子也敬重；看人家的孩子有出息，对人家的老人也敬重。“头三十年”“后三十年”表示人生的不同阶段。也作“前三十年看父敬子，后三十年看子敬父”。

【头水晚，二水赶，三水过来不停点】 这是小麦浇水的农谚。“头水”指的就是返青水，意思是年后返青第一水因地温还没上来，要晚浇；第二遍水是拔节水，一定要赶快浇；浇第三遍水时已经进入5月份，气温渐高，水分蒸发也特别快，所以“三水”以后需要勤一点浇。

【头痛医头，脚痛医脚】 指只

医治疼痛的部位，不追究病根。比喻处理问题不从全局考其根本想办法彻底解决，而是临时应付。同“头痛治头，脚痛治脚”“头痛灸头，脚痛灸脚”。　例句　“你也不要死盯住今天，——～，都不是办法，你应当朝远处看，看看明天罢！明天有我们的希望！”（选自茅盾《清明前后》）

【头雁顶住风，群雁跟着冲】比喻领头的能够顶住压力向前冲，众人就会紧跟上。　出处　李英儒《上一代人》（节选）：“～，强将手下无弱兵。冷铁冰在窑门找到掩体之处，带头守住窑门口，大家也都找到了简单武器，分守住窑洞内部。”

【头雁先飞，群雁齐追】　比喻有人带头做出榜样，大家一齐跟着行动起来。　例句　～。大农户和小农户组成的“雁阵”，比翼齐飞，前景值得期待。（选自浩子《既要带得动也要跟得上》）

【头遭生，二遭熟，三遭过来成师傅】　指对事物的了解接触多了，自然就熟悉，精通后还可能成为师傅。　例句　“～”。你不要灰心，慢慢来，时间长了自然就得心应手了。

【投师不如访友，访友不如交手】　练武的人想要提高武艺，投师领教，不如访友切磋；访友切磋，不如交手实练。指亲身实践提高最快。　例句　“本人今天来会您，就是讨教的嘛！俗话说：‘～。’等我把话说完，我最希望听到的是您的反驳！”

（选自毛志成《我与小城告别》）

【秃护头，瞎护眼，麻子护的一张脸】　比喻人总难免掩饰自己的缺点。　例句　“～”，对有生理缺陷的人来说，最忌讳当面揭短。

【秃子不要笑和尚，摘了帽子是一样】　形容讥笑别人的人，自己也有同样的问题。　例句　“～”，你也比人家强不到哪儿去。

【秃子打瞎子，好了还是一家子】　指同病相怜的人打架不记仇，好了还像一家人似的亲近。　例句　他俩就是“～”，咱就别掺和了。

【图贱买老牛】　比喻贪图便宜却买下了不能用的东西。　例句　买东西要挑性价比高的，不能～。

【图他一粒米，失却半年粮】贪图别人一粒米，却损失了自己半年的粮食。比喻因小失大。　出处　宋·普济《五灯会元》（节选）：“～。如此行脚，有甚么利益？”

【土帮土成墙，穷帮穷成王】泥土黏结在一块，就能筑成高墙；穷人们互相帮助，就能变为帝王。比喻大家团结一致，就会无往而不胜。或也作“土帮土成墙，人帮人成王”。出处　周立波《暴风骤雨》（节选）：“老杨哥，咱们穷哥们自己翻身，要靠自己。赵主任告诉咱们说：‘～。’”

【土地不亏劳动汉，冷天不冻下力人】　辛勤耕作土地的人，就会有收获；下苦力劳动的人，天再冷也不觉得寒冷。

【土肥化肥两结合，地又壮来粮又多】 种田时土肥和化肥交互使用，效果会更好。

【土团的狗看不了家，泥捏的鸡鸣不了晨】 比喻装装样子，徒有其表的无用之物。 例句 “～”。你别指望他能起什么作用。

【土中生白玉，地内出黄金】 比喻土地是农民的命根子，过去是发家致富的依靠。

【吐口唾沫是个钉儿】 比喻守信用，说话算数。或形容人霸道，说出话来别人必须照办。也作“吐个唾沫就是钉”。 例句 “都统大人～，字字是真，你老人家要的裘翠楼的上等酒席一桌和官轿一乘全到了。”（选自何云等《紫塞烟云》）

【吐沫星子淹死人】 指传言或在背后议论的话很可怕。 例句 虽说她不是那样的人，可最近老有人背后瞎议论，要知道“～”。你跟她要好，多陪陪劝劝她。

【兔子不吃窝边草】 兔子不吃窝边的草，是因为窝边草有遮蔽作用。喻指坏人一般不在当地干坏事。例句 “你放心，‘～’，要有这个心思，我也不会第一个就来告诉你。”（选自高阳《胡雪岩全传·平步青云》）

【兔子急了也咬人】 比喻有些老实人被逼急了也会生气，向对方发起攻击。 例句 你最好见好就收，别得寸进尺，欺人太甚，别忘了～。

【兔子满山跑，还得回老窝】 比喻出门在外的人，最终还要回到家乡。 例句 “俗话说：‘～。’做官有做一辈子的，有做十辈子、二十辈子的？”（选自王厚选《古城青史》）

【兔子能驾辕，谁还买骡马】 喻指本领小的人担当不了大任。 例句 ～？让张三当组长，我坚决不同意！

【兔子尾巴长不了】 比喻办事没有耐心，没有长性或邪恶之人、邪恶势力不会长久。 例句 “从今天起，我们每天都活动在这条铁路线上，识时务者咱们可以交个朋友。你们要明白，日本鬼子在中国是～啦，你们是中国人，也该好好想想，为自己留一条后路。如果你们不听劝告，不愿帮我们的忙，甚至胆敢与我们作对，一切后果由你们自负。”（选自曹晋杰《新四军也有一支“铁道游击队”》）

【团结就是力量】 团结起来就是一股不可战胜的力量。 例句 ～，团结越紧，力量越大。（选自秦川《高举团结的旗帜，凝聚一往无前的力量》）

【团结一条心，黄土变成金】 比喻大家团结一致，就能创造奇迹。也作“大家一条心，黄土变成金”。例句 “～”。你这样单打独斗，恐怕很难成功。

【推车的赶不上挑担的，空走的赶不上要饭的】 推车的没有挑担的走得快，没事走路不如讨饭的走得快。指人的压力越大动力越大，越有压力前进的速度越快。同“推车的撵不上担担的”。

【退而求其次】 得不到最好的，只有要相对好一些的了。 出处 曹靖华《叹往昔，独木桥头徘徊无终期》（节选）：“凡事往往不得已而求其次，‘鸿沟’上没有‘桥梁’，只好‘绕道东京’了。”

【退一步天高地阔，让三分心平气和】 指为人处世要克制忍让，心境、处境便会开阔起来。 例句 没什么大不了的事，大家街坊邻居住着，“～”，都少说两句。

【退一步想，过十年看】 比喻办事要考虑后果，对错经过时间的沉淀后自会明了。 出处 文康《儿女英雄传》（节选）：“古有云：‘～。’，这两句话似浅而实深。”

【囤底上省不如囤尖上省】 囤，用柳条或荆条编成的存储粮食的器具。在囤中粮食将要见底的时候才醒悟要节约粮食，不如在粮食满囤的时候就开始节省。泛指一切财物的节省贵在平时。类似的谚语还有“省吃要在囤尖上，莫等无粮想有粮”“省在囤尖，积在囤底”“要从囤尖省，别从囤底省”等等。 例句 “常言～，严班长对这两大垛喷香的新稻草管得很严，谁抽动一小把，他立刻能看出来。”（选自石言《秋雪湖之恋》）

【脱裤子放屁两倒手】 通常用来讥讽人说话做事画蛇添足、多此一举，把简单的事情复杂化。 例句 你这么干简直就是“～”。

【陀螺不抽不转】 陀螺：儿童玩具，需抽打方可直立旋转。比喻对不自觉的人必须施加压力。 例句 “俗话说：‘～。’那位假陈爱珍看看无法蒙混过去，这才不得不进行交代。”（选自叶永烈《断根草》）

【砣不离秤，秤不离砣】 秤和砣是一整套衡器。比喻事物之间有连带关系或关系亲密。 例句 他两口～，走到哪儿都形影不离。

W

【挖到篮里都是菜】 比喻不管优劣，只要拿到就是自己的东西。也作“拾进篮子里就是菜”“捡到篮子里就是菜”“拾得篮中就是菜”“拾得篮里便是菜”等。 例句 你就别挑挑拣拣啦，～！

【娃娃不怕衣衫破，就怕肚里没有货】 指小孩不怕穿的破烂，就怕没有学好文化知识。货：比喻文化知识。 出处 乔忠延《肚才》（节选）：“先祖们就认为肚子是人装东西的地方，能装吃的喝的，也能装文化知识。有民谚说：～。”

【瓦罐不离井上破，将军难免阵中亡】 旧时汲水井口多为石板砌成，用瓦罐打水，一不小心就打破了。将军经常身临战阵，总难免遭遇不测。指常处险地难免不出事情；或比喻人总是丧身于自己所从事或喜好的事情上。 出处 宋·庄季裕《鸡肋编》（节选）：“陈无已诗，亦多用一时俚语。如……‘～。’”

【瓦片也有翻身日，北风定有转南时】 比喻事情并非一成不变，处境困窘的人总有一天会时来运转。例句 兄弟，振作起来才有机会，要知道～！

【外行看热闹，内行看门道】 外行：指对某种事情或工作不懂或没有经验的人。内行：指对某种事情或工作有丰富知识和经验的人。门道：做事的诀窍和方法。意思是：外行人看事情只看看外表，看看热闹；内行人看事情主要看方法，看本质。也作“内行看门道，外行看热闹”。 例句 正所谓“～”。踩高跷这活儿，一般人见了会头晕打颤，真正要玩好，没个胆量是不行的。（选自于保月《高跷踩街》）

【外明不知里暗事】 外头亮堂不知里面黑暗。比喻只看到外表，对内在的实情不了解。 例句 贾珍笑道：“所以他们庄客老实人，～，黄柏木作了磬槌子——外头体面里头苦!”（选自曹雪芹《红楼梦》）

【外甥是狗，吃了就走】 意思是说，姥姥、姥爷再疼，外甥长大了还是跟爷爷、奶奶亲。同“外甥是姥娘家的狗，吃了就走”。

【外甥随娘舅，侄女随家姑】 人的长相、性格，往往是外甥像娘舅，侄女像姑姑。

【外贼易挡，家贼难防】 外来的贼是明的，容易对付；家里的贼是暗的，很难防范。指在预防贼寇方面，强大的外敌并不可怕，可怕的是隐蔽的、知情的内奸。也作“外贼好挡，家贼难防”。同“野盗易备，家贼难防”。 例句 俗话说：

“～。”红苕在窖洞里，要经常取用的，各人都在里头进进出出，每隔些时候，两家总少不了大吵一场，你说我偷了你的，我说你偷了我的。（选自克非《山河颂》）

【弯尺画不出直线】 比喻没有正确的思想准则，为人就不可能正直。 例句 俗话说“～”，这个人本来就心术不正，你就别指望他能干什么好事了！

【弯刀对住瓢切菜】 弯刀在半圆形的瓢里切菜，正合适。形容正好吻合。 例句 “他每天起五更来卖菜，八九点就收摊子去郊区推菜，邮局正好是八点钟上班，两下借着用，倒是‘～’，两不耽误。”（选自李准《黄河东流去》）

【弯着腰干活，直着腰走路】 指人应勤劳正直。 例句 人宁可站着死，不可跪着活。～，不为财死，不为食亡。（选自秦兆阳《大地》）

【玩物丧志】 语出《尚书·旅獒》。指沉溺于玩赏宠物、器物，会消磨人的意志。 例句 道学家教人少作诗文，说是“～”，说是“害道”，那么诗文成了废话，这所谓诗文指表情的作品而言。（选自朱自清《论废话》）

【玩针如玩虎】 针灸是一门技术含量很高的医术，稍有差池，不但不能治病，还有可能伤人。所以练习针灸，就要像驯服凶猛的老虎一样，倍加小心。

【顽是顽，笑是笑】 顽：同“玩”。指玩笑是玩笑，该正经就要正经，不能混为一谈。 例句 “龙老三，～。虽则我今日不曾请你，你要上门怪我，也只该好好走来，为甚么妆这个样子？”（选自吴敬梓《儒林外史》）

【顽症还需猛药医】 比喻对长期没有解决的问题，要加大强度，采取果断猛烈的措施。 例句 “俗话说‘～’，对于惩治这类奸商，倘药不抵病，只能徒增‘抗药性’。”（选自邵源《多一点“抽其所恶”》）

【晚年苦不苦，就看五十五】 一个人到了五十五岁，就进入老年阶段，此时从他的财富状况可大致推断他晚年生活苦不苦。

【晚食以当肉，安步以当车】 饥饿以后才吃饭只当是吃肉，安闲地散步只当是在坐车。原是颜斶向齐宣王表达自己的淡泊心性。其实，这也是养生之道。 出处 刘向《战国策·齐策四》（节选）：“斶愿得归，～，无罪以当贵，清静贞正以自虞。”

【晚雾阴，早雾晴】 一般情况下，白天、晚上有雾，未来将有绵绵阴雨；晨雾预示天晴。

【碗筷勤消毒，不用找大夫】 经常给碗筷消毒，注意生活卫生，患病的几率就小了。

【万般皆是命，半点不由人】 意思是指人的一切都是命中注定，半点由不得人做主。也作“万般皆由命，半点不由人”。同“一切皆是命，半点不由人”。 出处 冯梦龙《警世通言·钝秀才一朝交泰》（节选）：“和尚们晓得是马公子马相公，无不钦敬。其年正是三十二岁，交逢好运，正应张铁口先生推算之语。可见：～。”

【万般自作还自受，地狱受苦怨何人】 自己做了蠢事或坏事，自己承担后果，不要埋怨任何人。 出处 《三世因果经》（节选）：“～。莫道因果无人见，远在儿孙近在身。”

【万变不离其宗】 宗：根本，主旨。尽管形式上变化多端，但其根本不变。 例句 随着经济发展以及创意多元，台湾人的年夜饭越发五彩缤纷，让人目不暇接，然而，～，寄寓了中国人最温暖的情感。（选自朱振藩《台湾人的年夜饭》）

【万恶淫为首，百善孝为先】 淫：淫邪。指贪图淫乐是万般罪恶中最邪恶的，孝道为众多善行美德之首。 例句 多九公道：“‘～’。此人既逆父母，又有‘桑间月下’损人名节之事，乃罪之魁，恶之首。就吃素念佛，又有何益。”（选自李汝珍《镜花缘》）

【万夫一力，天下无敌】 语出刘基《郁离子下·多疑不如独决》。指团结起来力量大。 例句 “～”，最是团结见力量。（选自李浩燃《激扬团结奋进的精神力量》）

【万金易抛，旧土难舍】 喻指再多的钱财可以抛弃，对故乡却难分难舍。

【万两黄金容易得，知心一个也难求】 意谓谋求一个知己比取得万两黄金还难。 例句 “若娘家有人有势的还好些，若是姑娘这样的人，有老太太一日还好一日，若没了老太太，也只是凭人去欺负了。所以说，拿主意要紧。姑娘是个明白人，岂不闻俗语说：‘～。”（选自曹雪芹《红楼梦》）

【万事不求人】 指过于自尊，做什么事也不愿求人帮忙。 例句 多数的英国人愿当鲁滨孙，～。（选自老舍《英国人》）

【万事分已定，浮生空自忙】 分：命运。浮生：人生。人的一生早已由命运注定，人们在世间不过是空忙一场。也作“万事荣枯皆前定，浮生劳碌空自忙”。 出处 元·高茂卿《儿女团圆》（节选）：“耕牛无宿料，仓鼠有余粮。～。”

【万事就怕缠磨头】 缠磨头：纠缠；引申为缠住不放，一干到底。任怎么困难的事，就怕缠住不放，细心研究，一干到底的人。 例句 “～”，瞧他这股子不达目的誓不罢休的劲头，是个成事的料。

【万事俱备，只欠东风】 原意是周瑜定计火攻曹操，做好了一切准备，忽然想起眼下不是刮东风的时节。后比喻一切准备就绪，只差最后一个重要条件了。 例句 现在我

们是应该说是～了。这个东风是什么呢？就是我们文学艺术工作者本身的努力。（选自郭沫若《雄鸡集·建设新中国的人民文艺》）

【万事开端从岁首，一年之计在春头】 指什么事在年初就是一个新的开始，一年的生计就看开春的时候有没有谋划好。也作“万事开端一岁首，一年之计看春头”。 **例句** 农谚说：“～。”春天是农业生产的黄金季节，春耕一分忙，秋后一分甜。（选自张君燕《春山的生机与活力》）

【万事开头难】 意思是做什么事都是开始的时候比较难。 **例句** 回望军旅路，王忠心发自内心地说，千里之行始于第一步，在“兵之初”扣好“第一粒扣子”至关重要。他的话很朴实却引人深思：～，越难越要开好头。（选自李永飞《“导弹兵王”是这样炼成的》）

【万事劝人休瞒昧，举头三尺有神明】 意思是做任何事都不要隐瞒欺骗，头顶上有神灵鉴察人的言行。旨在劝人慎独。 **出处** 《增广贤文》（节选）：“堂上二老是活佛，何用灵山朝世尊。～。”

【万中有一，一中有万】 指大机会中存在小概率情况，小概率事件有可能是大机遇。

【亡羊补牢，犹未迟也】 亡：丢失；牢：牲口圈。羊丢失以后，马上修补羊圈，还不算太迟。比喻发现问题及时采取善后措施，还不算晚，可以避免造成更大的损失。 **出处** 刘向《战国策·楚策》（节选）：“臣闻鄙语曰：‘见菟而顾犬，未为晚也；～。”

【亡羊而固牢不为迟，见兔而呼狗不为晚】 亡：丢失。牢：养牲口的圈。丢失了羊再补羊圈不为晚，发现兔子再叫狗去追不为晚。比喻出了问题，只要及时采取补救措施，还来得及。 **出处** 汉·刘向《新序·杂事二》（节选）：“君用辛言则可，不用辛言又将甚乎！此庶人有称曰：‘亡羊而固牢未为迟，见兔而呼狗未为晚。’”

【王婆卖瓜，自卖自夸】 比喻自己夸赞自己。 **例句** “～”，不失为坊间对商家自我营销的直白描述。对企业经营发展来说，广告营销不可或缺。但产品推介必须实事求是，有一说一，不能夸大其词，更不能背离诚实守信、老少无欺的商业底线。（选自张玉胜《广告营销要强化社会责任》）

【王言如天语】 指帝王说的话就像天帝说的话，是必须遵守的。 **出处** 冯梦龙《醒世恒言·佛印师四调琴娘》：“常言道：～。违抗圣旨，罪该万死。”

【王子犯法，与民同罪】 王子违背了法律，会和老百姓一样受惩罚。喻指法律面前人人平等。也作“王子犯法，庶民同罪”“王子犯法，与庶民同罪”。 **例句** “畜生！还要口硬。这是法度当然，谁敢

违拗？你岂不知‘～’！你自己犯了法，怎么骂起圣上来？”（选自吴璿《飞龙全传》）

【往别人家门泼脏水】 形容对别人造谣污蔑，恶意中伤。 例句 你故意～，难道良心就过得去吗？

【往脸上抹黑】 意思是丑化人，使其名誉受损。 例句 大成这么实在的人，却被人～了，真是令人气愤！

【往脸上贴金】 形容有意说好话，夸奖别人或者自己。略带贬义色彩。 例句 “你呀？歇着吧！打惯了球的手，会包饺子？别～啦！”（选自老舍《四世同堂》）

【往盘子里盛还打溅】 指不懂得人家对自己的好意。 例句 周老倔这是什么人啊，软硬不吃，好歹不分，～。

【往日无仇，近日无冤】 指相互之间从来不存在冤仇。同“往日无冤，近日无仇”。 例句 “我与你二位，～。你二位如何救得小人，生死不忘！”（选自施耐庵《水浒传》）

【忘了自己姓什么了】 形容得意忘形，不知自己的身份了。 例句 做人要低调，别跟对门二歪一样，刚刚挣了几个钱就～。

【望山跑死马】 指看着近、实际远，目的不容易达到。也有“望山跑死马，指人都是假”的说法，表示目标不容易达到，指望别人也是靠不住的。 例句 “常言一句说得好：‘～。’自打上船就看见君山，行了三十馀里路，方到飞云关。”（选自《小五义》）

【为川者决之使导，为民者宣之使言】 语出《国语·周语上》。为：治理，处理。导：疏通。治水的人决开阻碍使水畅流，治理百姓的人则开导百姓让他们畅所欲言。也作“为水者决之使导，为民者宣之使言”。 例句 “～。”世上没有说服不了的民众，只有无意说服民众的冷漠；没有化解不了的矛盾，只有放任矛盾越滚越大的失职。（选自秦淮川《“另类讨薪”呼唤制度救济》）

【为富不仁，为仁不富】 出自《孟子·滕文公上》：“阳虎曰：‘为富不仁矣，为仁不富矣。’”指发财致富的人不讲仁慈，心地善良的人不会发财致富。 例句 又有一房家人，叫做姚大。时常揽了载，约莫有些油水看得入眼时，半夜三更悄地将船移动，到僻静去处，把客人谋害，劫了财帛。如此十馀年，徐能也做了些家事。这些伙计，一个个羹香饭熟，饱食暖衣，正所谓“～”。（选自冯梦龙《警世通言·苏知县罗衫再合》）

【为个人一条道，得罪个人一堵墙】 意谓多和一个人搞好关系，就等于多了条道路，多一分便利；多得罪一个人就相当于为自己添了堵墙，多了一个阻碍。 例句 俗话说“～”。你到了单位，一定要和同事搞好关系。

【为官是一时，为人是一世】 做官是短时期的事，而做人却是一生的事。 例句 常言道："～。"你一当官就脸朝天不睬人，试问你有朝一日下了台，谁会理你？（选自玉声《走马上任》）

【为人，不可以有我；作诗，不可以无我。】 为人处世不可以自我为中心，而作诗则必须特立独行，有自己的特色。 出处 袁枚《随园诗话》（节选）："为人，不可以有我，有我则自恃佷用之病多；作诗，不可以无我，无我则剿袭敷衍之弊大。"

【为人不当差，当差不自在】 当差：旧时在衙门受人指使跑腿打杂的人。指人最好别受雇于人，受雇于人就身不由己。同"为人别当差，当差不自在"。 例句 "'～'。拿你外甥来说，我与他爹是朋友。可是，人命关天呀，我实在是爱莫能助。"（选自黄佩珠 李少岩 范继伟《少西唐演义》）

【为人不做饭，唱戏不唱旦】 众口难调，做饭很难让大家都满意；旦角难唱，很难唱出名堂来。

【为人不做亏心事，不怕半夜鬼叫门】 意谓不做损害别人的事，正道直行，光明磊落，问心无愧，即使半夜有人敲门，也会心情坦然，毫不惊恐。也作"为人不做亏心事，夜半敲门心不惊"。 例句 李铁说："有多大风让他们刮吧，自己站得正，是刮不倒的!傍黑我就带小队出发。"朱大江说："对，对！就这样，～。"（选自雪克《战斗的青春》）

【为人处世两件宝，和为贵来忍为高】 为人处世的两大法宝：一是与人和睦，二是凡事忍让。 例句 "我说老韩哪，'～'。往后兄弟我有什么不对的地方，咱俩有什么小小不然的误会，你就多包涵着点。"（选自龚成《红石口》）

【为人活到八十八，别笑他人秃和瞎】 意谓不要嘲笑别人的生理缺陷，活到一定岁数，自己也会秃头、眼睛看不清东西。

【为人莫做千年计，三十河东三十西】 指世事变化无常。 出处 朱绍文《劝人方》（节选）："为人莫做千年计，三十年河东四十年西。大路口别种那荆棘树，到后来挂得你子孙的衣。"

【为人要诚心，秤头不坑人】 做人不能有欺诈之心，做生意不能缺斤短两。 例句 既然入了生意行，你就要恪守"～"的规矩。

【为人重晚节，行文看结穴】 语出林纾《春觉斋论文·用收笔》。做人注重保持晚节，看文章要看结尾怎么样。强调文章的结尾很重要，好的结尾使人看了回味无穷，是文章给人的最终印象。 例句 近代学者林纾在《春觉斋论文》中说："～。"结尾犹如人晚年的节操，何等关键！（选自白孝伟《蜻蜓点水淡淡赏》）

【为山九仞，功亏一篑】 九仞：极言其高。亏：欠缺。篑：盛土的筐子。堆九仞高的山，只差一筐土石的时候却不干了，也不能算成功（等于前功尽弃）。所以凡事贵在坚持。 例句 检验一名干部是否让人放心托底，最终是看他能不能干成事、完成好任务。古人讲“善始者实繁，克终者盖寡”，又说“～”，可见成事之艰难。（选自刘志民 赵诗刚《做让党和人民放心托底的兵》）

【为善最乐，读书便佳】 宋代朱熹所撰书房联。意思是做善事是最大的快乐，勤奋读书就能养成佳美的人格。

【为善最乐，为恶难逃】 语出《增广贤文》。是说行善事最快乐，为非作歹就难逃厄运。

【为世用者，百篇无害；不为用者，一章无补】 语出王充《论衡·自纪》。意谓对社会有用的文章，写再多没有害处；对社会没用的文章，写再少也没有益处。体现了王充务实尚用的文学主张，即文学创作应该为社会现实服务。 例句 文风与实干有着内在关联。古人讥称徒有形式而无实际作用的空文为“具文”。东汉王充认为“～”。即有助世道人心之文多多益善，否则一篇都嫌多，这里其实就蕴涵着一种务实精神。（选自刘伟见《文风须务实致用》）

【为之于未有，治之于未乱】 语出《道德经》。在事情没有出现前就积极作为，在动乱没有出现前就积极治理加以防止。 例句 历史使命越光荣，奋斗目标越宏伟，执政环境越复杂，我们就越要增强忧患意识，越要从严治党，做到“～”，使我们党永远立于不败之地。（选自习近平《在党的群众路线教育实践活动总结大会上的讲话》）

【为子尽孝，为夫爱妻，为父尽责，为人尽诚】 作为儿子，要懂得尽孝；作为丈夫，要疼爱自己的妻子；作为父亲，要尽到自己在家庭中的职责；为人处世，要讲究诚信。

【围着锅台转】 喻指妇女为做饭等家务所束缚。 例句 武大师姐一辈子不喜欢～，只爱风来雨去下地耕、耩、锄、耪。（选自刘绍棠《瓜棚柳巷》）

【唯恐天下不乱】 意思是希望天下大乱，以达到自己的目的。有时也表示某人对他人的讽刺或指那些爱没事找事的人。 例句 这种混乱状况确实给一些～的人的活动，提供了一方面的有利条件。（选自邓小平《贯彻调整方针，保证安定团结》）

【唯食可以忘忧】 只有在吃饭时可以忘却忧愁。也作“唯食忘忧”。 出处 《国语·晋语九》（节选）：“人有言曰：～。吾子一食之间而三叹，何也？”

【苇子秀穗儿，给懒老婆捎信儿】 用苇子穗做的棉衣，看上去暄腾，却不保暖。意谓懒老婆不愿意耕种，那就用苇子穗做棉衣吧。借以讽刺那些弄虚作假，不务实做事的人。

【尾巴翘到天上去】 形容人骄傲、自大，目中无人。 例句 这个人太妄自尊大了，刚刚取得了这么一点点成绩，居然～了。

【尾大不掉】 语出《左传·昭公十一年》。原义是动物尾巴太大，转动不灵活。比喻部下势力很大，不易指挥调度；或因事情轻重关系倒置，形成难以驾驭的局面。 例句 《你我》原想写一篇短小精悍的东西，变成那样～，却非始料所及。（选自朱自清《〈你我〉自序》）

【未雨先修屋，未涝先垒坝】 比喻事先做好准备工作，预防意外的事情发生。 例句 我们谋划一项工作，要注重“～”，做好遇到各种突发情况的预案。

【为个虱子烧个袄】 意思是为了燎衣服上的虱子，把衣服也烧掉了。比喻因小失大。 例句 “你说打下冯老壮的马来，那可不是容易，得要开仗。起手的日子还没有到，不能打草惊蛇，也不能～。”（选自梁斌《播火记》）

【为惠而望报，不如勿为】 语出冯班《钝吟杂录·家戒》。惠：恩情、好处。为别人做了好事希望得到报答，就不如不做。

【为朋友两肋插刀】 指人重友情，为了帮助朋友，不惜牺牲自己的生命。 例句 汤二虎把胸脯拍得叭叭山响：“～!让我去上刀山也绝不含糊。”（选自成玄《张作霖演义》）

【为人择官者乱，为官择人者治】 语出诸葛亮《便宜十六策·举措》。为安排人而选择官位的，政局就会混乱；为官位而选择人才的，政局就会安定。 例句 “～”。组织部门肩负着为党和人民事业选贤任能的重要使命，必须增强守土有责、守土负责、守土尽责意识，客观公正地看人待人，科学准确地识人用人。（选自傅兴国《用科学理念选准用好干部》）

【为子孙作富贵计者，十败其九】 语出林逋《省心录》。为子孙后代的富贵作打算的人，十个有九个会失败。这是因为前辈为后辈安排了养尊处优的生活，必然使后代生骄惰之心而成为败家子。

【位卑未敢忘忧国】 语出陆游《病起书怀》一诗。原指虽然职位卑微但并不敢改变自己的忧国忧民之心。后常用以表示，即使作为一个普通百姓，也应该具有对国家的责任和担当意识。 例句 要担当、作为，须先摆正位置。“达则兼济天下”“～”，是我国知识分子自古至今的家国情怀。（选自陈利浩《有担当才是真情怀》）

【畏难而退胆小鬼，知难而进大丈夫】 害怕困难不敢前进的是懦夫，迎难而上、勇往直前的才是真正的男子汉。与“畏缩不前原地转，勇往直前顶峰见”义近。

【遗子黄金满籝，不如一经】 遗（wèi）：送给。籝（yíng）：竹笼。送给儿子满竹笼的黄金，不如送他一部经书。指精神财富比物质财富重要。　出处　班固《汉书·韦贤传》（节选）：“贤四子：长子方山为高寝令，早终；次子弘，至东海太守；次子舜，留鲁守坟墓；少子玄成，复以明经历位至丞相。故邹鲁谚曰：‘～。’”

【喂不熟的白眼狼】　形容一个人，你对他再好，他也不知道感恩，甚至还恩将仇报。　例句　这种人就是一只～，以后别再理他就是了。

【喂牛得犁，喂马得骑】　喂牛可以让它耕地，喂马可以骑乘。喻指付出就有回报。同“养牛得犁，养马得骑”。　例句　放心吧，付出了总会有回报，“～”，肯定不会白忙活。

【温饱靠勤，富足靠胆】　解决温饱问题，靠辛勤劳动就可以；想要富足，必须有敢闯敢干的勇气。

【温室里长不出参天松，庭院里跑不出千里马】　指在一个受限的环境中，无法培养出真正有能力的人才。同“庭院里跑不出千里马，温室里长不出万年松”“庭院里跑不开千里马，花盆里育不出千年松”。　例句　～。1942年，为加强我们党在敌占区的工作力量，陈云将大批延安的新党员新干部派到地方上去、技术部门去、事务工作中去。他指出，“必要时，对某些新党员新干部要分配其不愿干的工作，以磨练其意志”。（选自王鑫《年轻干部“墩好苗”方能成好才》）

【文不成，武不就】　既不能文，又不能武。常用以讥讽无能之辈。　例句　他这人学啥都没长性，老是这山望着那山高，结果现在～。

【文不能安邦，武不能定国】　既没文才，也没武略。指人没有多少本事，不成才。　例句　“你大则大，不过是一个和尚。～。如何这等放肆。”（选自《续英烈传》）

【文不瞎编，武不擅动】　文官不可以胡编乱造，武将不可以轻举妄动。

【文臣安社稷，武将定戈矛】　文臣的职责是治理好国家，让国家安定；武将的职责是平定战乱，让国家太平。　出处　元·马致远《汉宫秋》（节选）：“我道你～。你只会文武班头，山呼万岁，舞蹈扬尘，道那声诚惶顿首。”

【文到高处，只是朴淡意多】　语出刘大櫆《论文偶记》。写文章到一定高度以后，就不会再重视词句的华丽，只是用纯朴的语言表达丰富的意蕴。

【文非一体，鲜能备善】　文章不是只有一种体裁，很少有人各种体裁都擅长。　出处　曹丕《典论·论文》（节选）：“夫人善于自见，而～，是以各以所长，相轻所短。”

【文官把笔安天下，武将提刀定太平】　文官用文章使天下安定，武将用武器使国家太平。　出处　明·朱葵心《回春记》（节选）：“～。

为官不仗忠和义，枉作须眉一大人。”

【文官不爱钱，武将不惜死】 意思是文官廉洁奉公，武将不怕牺牲。同“文臣不爱财，武臣不怕死”。 例句 《宋史·岳飞传》（节选）：“或问天下何时太平，飞曰：‘文臣不爱钱，武臣不惜死，天下太平矣。’”

【文官的笔，武官的箭，木匠的尺子，瓦匠的线】 一个行业有一个行业谋生所依靠的工具，各有各的特长。

【文官动动嘴，武官跑断腿】 文官出谋划策，武官执行命令东征西讨。比喻决策人轻率地做了指示，执行人就得辛辛苦苦东奔西跑。 例句 俗话说“～”，办公室出台了这个新的文件，可苦了我们这些跑外干事的人了。

【文官三只手，武官四条腿】 指旧时代文官贪财、武官怕死的情景。其中，“文官三只手”指的是文官在处理公务时，除了双手之外，还会使用一支笔来捞取钱财；而“武官四条腿”则是指武官在骑马时，马匹被视为有四条腿，或形容人跪地、撑地、磕头求降的姿态。 出处 谭嗣同《上欧阳中鹄书》（节选）：“又凡中国购买外洋军械，出使大臣从而分成，及兑价时，经手人又要分成。故吴清帅军有西人已运到枪炮，因扣价太多，不肯发药弹之事。此时西人视中国官吏比于禽兽：故有‘～’之谑。”

【文齐福不齐】 古时认为人的命运都是上天注定的，即使文才很好，但运气不佳，也中不了举。 例句 你休忧～，我则怕你停妻再娶妻。（选自王实甫《西厢记》）

【文人相轻，自古而然】 文人互相轻视，自古以来就是如此。 出处 曹丕《典论·论文》（节选）：“～。傅毅之于班固，伯仲之间耳，而固小之。”

【文人之笔，劝善惩恶】 语出王充《论衡·佚文》。文人的笔，是用来劝人为善，惩戒恶行的。 例句 “～。”文艺要反映生活，但文艺不能机械反映生活。（选自习近平《在中国文联十大、中国作协九大开幕式上的讲话》）

【文死谏，武死战】 旧指文臣应当冒着杀头的危险向皇帝直言进谏；武将则应当在战场上拼死决战，报效国家。 例句 “谚云：‘～。’今万岁既欲立毙小臣于笞杖之下，臣不须箠，请自戕便是。”（选自陈逸飞《强项令抗旨除民贼》）

【文武之道，一张一弛】 出自《礼记·杂记下》：“一张一弛，文武之道也。”文：周文王；武：周武王；道：办法。张：弓弦拉紧；弛：弓弦松开。周文王、周武王治理国家的手段，就如拉弓射箭一样，一张一弛。后比喻生活的松紧和工作的劳逸要合理安排。 例句 古人说：

"～。"现在"弛"一下，同志们会清醒起来。（选自毛泽东《对晋绥日报编辑人员的谈话》）

【文戏靠嘴，武戏靠腿】 戏曲舞台上，文戏靠嘴上功夫，武戏则侧重于肢体的表演。

【文章自古无凭据】 语出欧阳修《句其十二》。指自古以来评价文章的优劣没有特定的标准。 例句 "运在宋师，不在胡颜。所以自来说'～，惟要朱衣暗点头'。"（选自孟称舜《贞文记》）

【文章最忌随人后】 语出黄庭坚《赠谢敞王博喻》一诗。作文章贵在自出机杼，最忌讳的是跟在别人后面人云亦云。 例句 写作上亦步亦趋，简单模仿，是一大弊病。宋人黄庭坚诗云："～"，又云："随人作计终后人"。（选自陈美萍《文章最忌随人后，自成一家始逼真》）

【闻名不如见面，见面胜似闻名】 多作客套语。听名声不如见到本人，见到的本人远远胜过听到的名声。指听人说不如亲眼一见真切。 例句 鲁提辖道："阿哥，你莫不是史家村甚么九纹龙史大郎？"史进拜道："小人便是。"鲁提辖连忙还礼，说道："～。你要寻王教头，莫不是在东京恶了高太尉的王进？"（选自施耐庵《水浒传》）

【蚊子是毒针，一针扎死人】 蚊子身上携带着大量病菌，被蚊子叮咬，有可能传染疾病，甚至是致命的。另也有"蚊子嘴儿，苍蝇腿儿，生病的根子勾命鬼儿"的说法。

【蚊子腿也是肉】 喻指尽管数量很少或价值很小，但仍然值得珍惜和利用。 例句 虽说这点利息是小钱儿，可～啊。

【问百人，通百事】 百：概数，表示多。指请教的人越多，懂的事情就越多。 例句 俗话说："～，问遍千家成行家。"世间的学问广博精深，各行各业的智士能人也遍布于世界各地，所以一个人无论多么有才能也不可骄傲自满，应具有大海纳百川的宽广胸襟，谦虚地学人之长，求教于其他的智者。（选自萨迦班智达造颂 索达吉堪布译释《格言宝藏论释》）

【问路不用礼，多行数十里】 如果你向别人问路但不注意礼节，甚至得罪了对方，那么你可能会得到不正确的答案，那就可能要走几十里的冤枉路了。

【蜗牛角上较雌雄，石火光中竞长短】 在蜗牛角上争个强弱；在石头撞击发出闪光的短暂时间里，还要争短论长。指人在世上本就很渺小，生命很短暂，却不知道珍惜，还在为无谓的事耗费精力。 出处 白居易《对酒五首》其二："蜗牛角上争何事，石火光中寄此身。随富随贫且随喜，不开口笑是痴人。"

【我过的桥比你走的路都多，吃的盐比你吃的饭都多】 自夸经验、阅历比别人丰富。 例句 你太自不量力了，～，你拿什么来和我比。

【我为人人，人人为我】 我为他人尽力，他人也为我尽力。这是一种理想的人际关系。 例句 我们要培育“～”的良好社会风尚，就要在传承、发扬中华传统美德上下功夫。

【卧榻之侧，岂容他人鼾睡】 我自己的床铺旁边，怎么能容许别人打鼾睡觉？！比喻在自己的管辖范围内，不容许有威胁自己的力量存在。 出处 岳珂《桯史·徐铉入聘》（节选）：“其后，王师征包茅于煜，骑省复将命请缓师，其言累数千言，上谕之曰：‘不须多言，江南亦何罪？但天下一家，～耶！’”

【乌龟不笑鳖，都在泥里歇】 鳖：爬行动物，形状像乌龟。比喻同是一类人，彼此不幸的情况或遭遇相同，谁也不要笑话谁。 例句 “～。都是一样落难，一样造孽。”（选自古华《笑蓉镇）》

【乌鸦飞过有黑影，猫偷鱼吃嘴留腥】 比喻做了坏事总会留下痕迹。

【乌鸦落到黑锅上，看不见自己的黑】 比喻看不到自己的缺点。 例句 她自己不正经，却经常说别人坏话，真是～。

【乌鸦莫要笑猪黑】 比喻自己身上存在毛病就不要讥笑有同样毛病的别人。也作“乌鸦休得笑猪黑，回首看看自己身”。 例句 老黑生气地对小黄说：“～，赶紧拿镜子照照自己是什么货色吧！”

【乌云接太阳，下雨在晚上】 指日出或日落时，天上出现乌云，预示或有大雨将至。也有“乌云接日挂金边儿，下雨停不了两三天儿”的说法。

【乌云遮不住太阳】 比喻黑暗势力只能横行一时，它终究阻挡不住光明的到来。 例句 老将军从没有放弃信仰。“文化大革命”中，他蒙冤被下放到河南农场养猪、种菜、挑粪，但心中坚信一点：～，总有云开日出的一天。（选自刘立根《革命人永远是年轻》）

【乌云遮不住太阳，冰雪锁不住春光】 比喻黑暗和困难是暂时的，光明前景就在眼前。 出处 何雪松《迎接胜利》（节选）：“～。铁牢——关住了战士的身子，管不住要解放的心愿。”

【巫师斗法，病人吃亏】 巫师同巫师斗法术，吃亏的是病人。比喻上层人物互相争斗，往往会使普通人受到影响。 例句 ～。你们正副职为了些许利益斗心眼，受伤害的还不是我们这些跑腿的？

【诬告加三等】 对歪曲事实诬陷别人的人，要加重惩罚。 例句 “～。叫手下将缚妖索将这猴头捆了！”（选自吴承恩《西游记》）

【屋里不烧火，屋外不冒烟】 任何事情都不会无缘无故地发生，比喻事出有因。 例句 “～”。你要不是一喝酒就打她，她能起诉和你离婚吗？

【屋漏偏逢连夜雨，破船又遇顶头风】 比喻接二连三遭遇不幸。也比喻在困境中又遇到新的困难，处境更加艰难。也作“屋漏偏逢连阴雨，行船又遇顶头风”“屋漏偏遇连阴雨，破船又遇顶头风”。 例句 “我缝缝补补，浆浆洗洗，都干得来。怎奈这几天生病，真是～。”（选自老舍《荷珠配》）

【屋漏在上，知者在下】 屋顶漏雨在上面，知道漏雨的人在下面。比喻上层所犯的过错，下层民众最能感受到。也作“屋漏在上，知之在下”。 出处 王充《论衡·答佞》（节选）：“～。漏大，下见之著；漏小，下见之微。”

【屋内屋外勤打扫，开窗通气精神好】 清洁干净的环境有助于良好精神风貌的形成。

【无病为乐，健康是福】 远离疾病，身体健康的人生是快乐和幸福的。

【无刁不成状】 没有欺骗狡诈就写不出来诉状。 例句 ～。那在旧社会行得通，在新社会就不行了。现在，官司要想赢，靠的是事实，靠的是有理。

【无多言，多言多败；无多事，多事多患】 语出《孔子家语·观周》。败：弊端，过失。患：祸害，灾难。不要多说话，话多过失就多；不要多揽事，事多忧患就多。同“无多言，多口多败；无多事，多事多患”。 例句 铭金人云：“～。”至哉斯戒也！（选自颜之推《颜氏家训·省事》）

【无风不起浪】 比喻事出有因。与“无风树不响，树响就有风”义近。 例句 “～，要是没有人反映，王书记怎么会知道我们不团结呢。”（选自赵树理《互作鉴定》）

【无风起浪】 没有刮风却起了波浪。比喻平白无故地生出是非，或凭空故意制造事端。 例句 在城棍徒～，无洞掘蟹，亏得当时立地就认了，这些人还道放了空箭，未肯住手，致有今日之告。（选自凌濛初《二刻拍案惊奇·莫大郎立地散神奸》）

【无根的浮萍，长不成栋梁之材】 浮萍：在水面上浮生的一种草。比喻没有坚实根基的人不可能成大器。也比喻脱离群众的人承担不起国家的重任。 例句 他又想到自己前一段工作，所遇到重重困难，屡次碰壁，最根本的原因，恐怕就是没有在群众中扎下根去。～。（选自陈登科《风雷》）

【无功不受禄】 禄：俸禄，旧时官员的薪水。没有功劳就不应该享受俸禄。后指对人没有助益，就不能接受人家的馈赠或优待。 例句 “一个作手艺的人，忽然有官作，也是平地一声雷的事情，有个不愿意干的吗？但是俗语说‘～’，不见得有那样扔出来没人要的官，摊到你身上来吧？”（选自张恨水《落霞孤鹜》）

【无功受禄，寝食不安】 指没有做贡献，却接受丰厚的酬谢，睡觉吃饭都会因此感到不踏实。 例句 “前日又蒙救一顿大棒，今又蒙每日好酒好食相待，甚是不当；又没半点儿差遣，正是~。”（选自施耐庵《水浒传》）

【无官不贪，无商不奸】 旧指官场里人人都贪污，商界里人人都奸诈。 例句 胡捡摇摇头：“不，我爸爸生前说过，~。做买卖的老骗人，不走正道。”（选自武剑青《流星》）

【无官一身轻】 不做官了，感到一身轻松。封建官僚常用这句话来自我安慰。现也泛指卸去责任后一时感到轻松。 例句 当官就是要不舒服不自由不容易，而不是很轻松很自在很逍遥。俗话说“~”，只要“官帽”在头上，享清福就没可能也不可以。（选自徐文秀《为官者当有“五种意识”》）

【无可无不可】 语出《论语·微子》。指怎样办都行，没有一定的死规矩。有时表示对人对事不拘成见，没有一定的选择；有时也用来表示没有一定的主见。 例句 薛姨妈是个~的人，倒还易说。（选自曹雪芹《红楼梦》）

【无理心慌，有理胆壮】 人理亏了，说话就没底气；理由正确充分，说话就有气势。

【无利不起早】 没有好处不会起大早。比喻为了图利而从事某事。讥讽人在面对利益时，才会勤快。 例句 “我们都是急性子，~，讲究的是空手套白狼。”（选自王朔《玩儿的就是心跳》）

【无粮不聚兵】 部队中士兵没有食物，军心就会涣散。 例句 “今曹操被张郃将此粮草献与俺，常言道：~。他必然班师而回。”（选自佚名《陈仓路》）

【无马狗牵犁】 没有马，狗也可以耕地。比喻把不够条件的硬拉来凑合。 例句 “老话头：~。狗尚可当马用，驴子倒怕不如狗？”（选自张南庄《何典》）

【无农不稳，无工不富，无商不活】 没有农业，社会就不稳定；没有工业，国家就不富足；没有商业，人民的经济生活就不活跃。指社会上离开哪个行业都不行。 例句 国家要兴旺，社会要繁荣，工、农、商的发展，缺一不可。俗话说：“~。”（选自原源《寻根》）

【无农不稳，无粮则乱】 指农业搞不好，国家就会不稳定；粮食短缺社会就会发生动乱。说明农业在国家和社会稳定中的重要作用。 例句 ~。粮食安全是农业强国的本质要求和重要特征。（选自陈始发《保障粮食安全是永恒课题》）

【无妻不成家，无梁不成屋】 指男人娶妻才算成家，就如建屋需要房梁一样。 例句 “~”。你都三十好几了，该考虑考虑自己的婚姻大事了。

【无钱休入众，遭难莫寻亲】 反映了一种人情世态。没钱的人会受大家的歧视，遇到困难，亲戚也未必肯帮你。 出处 《增广贤文》（节选）：“力弱休负重，言轻莫劝人。～。”

【无巧不成书】 比喻事情十分凑巧。 例句 在人民日报连续三年推出三个头版头条，～，后面两年的头条还是在同月同日刊载。（选自刘杰《谋势落子》）

【无求到处人情好，不饮任他酒价高】 无求于人，走到哪里人们都一团和气；不饮酒酒价再高也与己无干。指人无欲无求的超脱状态。 出处 《增广贤文》（节选）：“～。知事少时烦恼少，识人多处是非多。”

【无商不奸，无奸不商】 一种比较片面的认识。意思是经商的人没有不以奸诈获利的。 例句 “从南京到北京，买家没有卖家精。”说“～”有点儿难听，但是，追逐利润是商人的本性，这一点毋庸置疑。（选自陈攀峰《“情人节”不接待情侣是在愚人吗？》）

【无事不登三宝殿】 “三宝殿”指佛教寺院中佛、法、僧的三个主要活动场所。原意是指佛教寺庙中有礼拜、供养等法事方入佛殿，无事不得随便在此走动吵嚷。后引申为有事而来。 例句 “我～，要问你可有一件东西。”（选自张南庄《何典》）

【无事如有事，有事如无事】 没事的时候，要像有事一样，防患于未然；有事的时候，像没事一样，泰然自若，镇静处置。 出处 清·金缨编述《格言联璧·处事》（节选）：“无事时，常照管此心，兢兢然若有事；有事时，却放下此心，坦坦然若无事。无事如有事提防，才可弭意外之变；有事如无事镇定，方可消局中之危。”

【无事生非】 无缘无故找岔子，存心制造麻烦。 例句 依照自然规律办事，按照自然规律治国治世，万不可～，人能如此，则无败事。（选自杨力《老子哲学大智慧》）

【无事田中走，谷米长几斗】 没事的时候多到田间走走，发现问题及时处理，谷米到收秋的时候就会多收几斗。意谓干什么痴迷什么才能干好。

【无事嫌夜长，有事嫌日短】 无事可干的人总觉得黑夜十分漫长，认真做事的人却总觉得白天太短时间不够用。

【无梭难织布，无针难绣花】 比喻必要工具都没有准备好，事情就进行不了。 例句 现在医院的条件简直好太多了。以前缺乏医疗设备，医生们“～”，只能凭临床经验诊断病情。

【无所不用其极】 语出《礼记·大学》。原指尽一切努力，来达到至善的最高境界。现指为达到目的，不择手段（含贬义）。　例句　美国一些政客对中国进行政治打压～，几近“逢中必反”的地步。（选自钟声《美政客冷战思维当休矣》）

【无灾人养树，有灾树养人】　指平时重视造林，在遇到旱涝自然灾害时，就能发挥防止水土流失的作用。

【无赃难定罪】　没有赃物作证据，就很难定罪。指是否给他人定罪名，关键在证据。　出处　奚青《朱蕾》（节选）：“他料定窦蔻花绝不会也不敢吐露真相，于是爽爽快快承认个老光棍饥不择食，一时上当。大盗沿街走，无赃不定罪，没有真凭实据，谁也不能把他怎么样。”

【五大三粗】　形容人高大粗壮，身材魁梧。　例句　猛回头，身后站着一个～的人，仔细一看是大贵。（选自梁斌《播火记》）

【五里不同风，十里不同俗】　指每个地方都有各自的风土民俗，即便是距离较近的地方，民情风俗也不一样。　例句　俗话说：“～。”中原地域辽阔，人口众多，文化底蕴深厚，不同地区不同人群中有着各不相同、地方特色浓郁的民风民俗，过年的风俗也是千姿百态、丰富多彩的。

【五十不建房，六十不种树，七十不做衣】　旧谓因为年纪关系，做了这些也享受不到了。

【五月麦稍黄】　到了农历的五月，麦子就快成熟了。

【武不善作】　指一旦动武了，就不能讲斯文。　例句　从来“～”，邓九公和褚一官便都摘了帽子，甩了大衣，盘上辫子，又在短衣上缩紧了腰，叫了四个人进来捆那绳扛。（选自文康《儿女英雄传》）

【武官会杀，文官会刮】　刮，搜刮钱财。这两句概括了封建时代官吏的本质，即无论文官还是武官都一样是鱼肉百姓的。

【捂捂盖盖脸发黄，风吹日晒身体强】　意谓多在户外活动，晒晒太阳，才能身体强壮。

【勿临渴掘井，宜未雨绸缪】　绸缪：用绳索缠捆。不要到口渴时才去掘井，应当在下雨前把门窗捆绑牢固。比喻事情要早做准备，不要事到临头才想办法。　出处　朱柏庐《朱子家训》（节选）：“一粥一饭，当思来之不易，半丝半缕，恒念物力维艰，宜未雨而绸缪，毋临渴而掘井。自奉必须俭约，宴客切勿留连。”

【勿贪意外财，莫饮过量酒】　不要贪图意外的钱财，不要饮过量的酒。　出处　朱柏庐《朱子家训》（节选）：“子孙虽愚，经书不可不读。居身务期质朴；教子要有义方。勿贪意外之财；勿饮过量之酒。”

【勿以恶小而为之，勿以善小而不为】　语出陈寿《三国志·蜀志·先主传》裴松之注。意思是不要以为是微小的坏事就可以去做，不要因为是不大的好事就不去做。后也作“勿以善小而不为，勿以恶小而为之”。　例句　现代社会，每一个家庭、每一个社会成员都需要增强公共意识，～。只要人人都为公共利益尽一份力，就能汇聚起满满的正能量，共同营造良好的社会环境。（选自周继坚《人人都当善小而为之》）

【务学不如务求师】　语出扬雄《扬子法言·学行卷第一》。务：从事；致力。致力于学习不如致力于求得好老师。强调学习过程中老师的重要作用。　例句　～。一位良师代表着专业的指导和丰富的经验，意味着可以让人少走弯路，更好地完成学习和工作目标，在基层工作中也是如此。（选自周宇晗《“导师”帮带照亮基层奋斗路》）

【物必先腐，而后虫生】　只有东西自身先腐烂，然后蛆虫、蛀虫才能寄生。可比喻自身出了问题，才会产生祸患。　出处　苏轼《范增论》（节选）：“物必先腐也，而后虫生之；人必先疑也，而后谗入之。”

【物贵于新，人贵于纯】　一件商品新的比旧的价值高，一个人心底纯净无私才可贵。

【物盛而衰，乐极则悲】　语出刘安《淮南子·道应训》。事物发展到顶点就会开始衰落，高兴到了极点就会生出悲凉。

【物以类聚，人以群分】　语出《战国策·齐策》。比喻同类的东西常聚在一起，志同道合的人相聚成群，反之就分开。也作“人以群分，物以类聚”。　例句　“～”。人聚圈，圈映人，朋友圈就如一台显微镜，可辨查个人的道德品行。（选自张善生《用好朋友圈　识别好干部》）

【物以稀为贵】　语出白居易《小岁日喜谈氏外孙女孩满月》一诗。指事物因稀少且有益，从而显得珍贵。　例句　有人爱花草，有人爱字画，有人爱金钱，有人爱美酒，有人爱女色，有人爱富贵，有人爱权力……所爱种种，不一而足。然而，我们却很难找到说爱“廉”之人。正所谓“～”，爱“廉”之人愈少，愈显出爱“廉”的可贵。（选自孔德遵《爱“廉”说》）

【物有甘苦，尝之者识；道有夷险，履之者知】　语出刘基《拟连珠》。东西有甜味、苦味，尝过的人能辨别；道路有平坦和崎岖，走过的人会知道。比喻凡事实践以后才能有所体会。　例句　“行万里路”，是实践经验的积累。～。（选自汪金友《“读万卷书”与“行万里路”》）

X

【西北风是开天的钥匙】 西北风带来冷高压，它能驱散天空中的水汽和乌云，使天空清爽明朗。

【吸不张口，呼不闭口】 吸气时应当用鼻子来呼吸，鼻腔内的鼻毛具有过滤功能，能够将空气中的有害物质阻挡在体外；呼气时嘴要张开，加大二氧化碳的排出量，促进人体排出更多的废气，有助于肺部健康。

【息却雷霆之怒，罢却虎狼之威】 平息心中的怒气，收起横行霸道的威风。意谓人应以平和的心境处世。 出处 《增广贤文》（节选）：“～。饶人算之本，输人算之机。”

【惜花须检点，爱月不梳头】 此处“花、月”指代女孩；“梳头”古代隐指在青楼里接客。意谓怜惜、热爱女子，就要检点自己的行为，不要玷污她的清白。 出处 《增广贤文》（节选）：“～。大抵造他肌骨好，不擦红粉也风流。”

【惜钱莫教子，护短莫从师】 指教育孩子就要舍得投入，既然拜师就应让老师批评子女的缺点，不要护短。 出处 《增广贤文》（节选）：“好学者则庶民之子为公卿，不好学者则公卿之子为庶民。～。记得旧文章，便是新举子。”

【惜指失掌】 因舍不得一个指头而失掉一个手掌。比喻因小失大。 出处 《太平御览·人事部二十一》（节选）：“《南史·恩幸传》曰：阮佃夫见庐江何恢有妓张耀华美。为广州刺史，将发，要佃夫饮，设乐，见张氏悦之，频求此人。恢曰：‘不可。’佃夫拂衣出户，曰：‘～邪！’遂讽有司，以公事弹恢。”

【稀留稠，稠留稀，不稠不稀留大的】 这是农民种植玉米定苗时候的口诀。讲究留苗应尽量保持均匀。

【习勤忘劳，习逸成惰】 语出李惺《西沤外集·药言剩稿》。习惯于勤奋就会忘掉劳苦，习惯于舒适就会养成懒惰。

【习闲成懒，习懒成病】 语出《颜氏家训》。习惯了闲散就会变成懒惰，懒惰惯了就会生病。

【媳妇上了床，媒人甩一旁】 比喻事情过后就忘了当初帮忙促成的人。 例句 做人要有良心，“～”的事咱不能干。

【洗不必江河，要之却垢；马不必骐骥，要之疾足】 语出《诸葛亮集·阴察》。洗东西不一定要到江河里去，关键是去掉污垢；选马不一定选骐骥这样的名马，关键在于它要跑得快。比喻使用人才时要重视其实际能力，而不要讲究名气大小。

【喜鹊叫喜，乌鸦叫丧】 迷信说法。认为听到喜鹊叫会有喜事，听到乌鸦叫会有丧事。

【喜时多失言，怒时多失理】 失言：无意中说了不该说的话。失理：失去理智。指兴奋时会说不该说的话，而发怒时往往控制不住情绪，会失去理智。 例句 俗话说："～。"情绪激动时，说话要把握住自己。

【喜宴五菜不上桌】 一种迷信说法。豆腐、狗肉、花菜、鸡爪、豆芽这五种菜寓意不好，不上喜宴。

【戏场小天地，天地大戏场】 比喻社会就像一个大舞台，各种人都在表演。也作"戏场小天地，天地大舞台"。 出处 鲁迅《马上支日记》（节选）："相传为戏台上的好对联，是'～'。大家本来看得一切事不过是一出戏，有谁认真的，就是蠢物。"

【戏法再好也是假的】 戏法是以技巧或特殊装置掩盖真相的表演艺术，再高明的戏法也是假的。用以比喻经过伪装的事物，看着再逼真，也改变不了其假的本质。 例句 别以为你要个小手腕就能蒙混过关，～。

【系狗当系颈】 系：拴、缚。拴狗应当拴脖子。比喻制服敌人要选择其要害处。 出处 《晋书·后妃传·惠贾皇后》（节选）："后曰：'～，今反系其尾，何得不然！'"

【细工出巧匠，细泥浇好瓦】 指精细的工艺，才能磨练出能工巧匠；精选的原料，才能生产高质量的产品。

【细嚼慢咽，胃病不患】 慢慢地吃东西，肠胃就不会闹毛病。

【细收要细打，颗粒要还家】 收获庄稼要颗粒归仓，不能浪费。

【细水长流，吃穿不愁】 意谓在经济条件不甚宽裕的情况下，若能勤俭节约、精打细算，也可以做到不愁吃，不愁穿。

【细水长流成河，粒米积蓄成箩】 一滴滴水能汇集成河，一粒粒米聚集起来能装满箩筐。比喻积少可以成多。 例句 ～。勤俭节约的优良传统永远都不能丢！

【细想出智慧，细嚼出滋味】 多思考能使人聪明，增长才智；吃东西细细地咀嚼，才能品出味道来。可比喻读书学习要深入思考，细细体会，才能有所收获。

【虾子也有三道浪】 谓小虾也能弄起波浪来。比喻能力虽然小，但也能折腾出点儿事来。 例句 别看他只是个小伙计，也要防着点儿。人说"～"，这话不可不信呀。

【瞎驴上不去板桥】 比喻不成才的人办不好事情。 例句 川草刚端起碗来，看见一个生蛋便说："妈妈，一个蛋生着哩。"后娘一听就火上来了："生了熟了的，你弹嫌啥哩！你真是个～；把你当人，你还把娘的好心当成驴肝花哩！快吃，再

犟嘴打死你哩。”（选自谢承华《川草儿》）

【瞎猫碰着死老鼠】 瞎眼睛的猫，碰上了跑不了的死耗子。比喻事有偶然，碰巧了。也作“瞎猫碰上死耗子”。 例句 有的生产单位违反客观规律种错了庄稼，后来适遇反常的自然条件，“～”，收成还过得去，就洋洋得意地用这句话自我安慰。（选自舒平《“愚公”外传》）

【瞎娘抱着个秃娃娃，人家不夸自个夸】 比喻自己的东西便看不到缺点，别人不喜欢自己喜欢。含戏谑或嘲讽意。 例句 干了这么点活儿还四处炫耀，你真是～。

【瞎子会算卦，聋子会打岔】 旧社会，瞎子常把算卦作为一种谋生手段；聋子因为听力有障碍，好奇心作祟，于是和人胡乱搭腔。喻指有什么样特点的人，就有与其特点相应的行为特征。

【瞎子算卦两头截】 算命的人会通过求卦者的言语，揣摩对方的心态和愿望，好话坏话两头说，以达到求卦者的心理平衡。也作“瞎子算命两头堵”。喻指人说出的话，从正反两个方面来理解，都能自圆其说。 例句 你说了这么多，跟没说一样，你是～，没任何参考价值。

【下罢了雨送伞，事后诸葛亮】 比喻只有帮忙的心意，没有帮忙的诚意。 例句 事儿都出了，你又说漂亮话来了，早干嘛去了？你这不是“～”吗？

【下错一着棋，全盘都是输】 下棋时走错一步，导致整盘棋都输掉。比喻对关键性的问题处理失当，造成整个事情的失败。 例句 做任何事情，都要谋划周全，否则“～”。

【下了山的老虎不如狗】 比喻有地位的人一旦没有了权势，连个普通百姓也比不上。 例句 俗话说“～”，你被撤职了还发什么威？

【下民易虐，上苍难欺】 旧指欺压百姓容易，欺骗苍天却难。表示做伤天害理的事必然恶有恶报。 出处 施耐庵《水浒传》（节选）：“你不见正厅界石上刻着‘～’！你那瞒心昧己的勾当，怕我不知！”

【下贫则上贫，下富则上富】 语出《荀子·富国》。下：下层，指民众、百姓。上：上层，指政府、国家。百姓贫穷那么国家也会贫穷，百姓富足那么国家就会富足。 例句 正如荀子所说：“～。”因此，要富国、强国，必须以富民、强民为基础；只有国民富裕，才能做到需求旺盛、税源充足，推动国民经济的进一步发展，使国力日益强劲。（选自周诚 吕亚荣《“民富国强”与遵从农业客观规律》）

【下棋找高手，弄斧到班门】 无论做什么事情，找与之相关水平高的人切磋才能够提高长进。

【下雪不冷化雪冷】 因为雪在凝结时要释放热量，所以人感觉不太冷；融雪时要吸收空气中的热量，所以人会感到冷。

【下有茯苓，上有菟丝】 茯苓：寄生于松根的一种菌类植物。菟丝：又作兔丝，植根于茯苓上的一种植物，藤细如丝。指菟丝之下定有茯苓。比喻推断事理可以由此知彼，由外知内，由显知隐。 出处 刘安《淮南子·说山训》（节选）：“千年之松，~，……圣人从外知内，以见知隐也。”

【下雨刮风，做活的歇工】 刮风下雨天，在室外干活的体力劳动者会歇工。

【夏吃大蒜冬吃姜，不用医生开药方】 夏季吃大蒜冬季吃姜有利于预防疾病和传染病。

【夏练三伏，冬练三九】 三九，指天气最冷的时候。三伏，指天气最热的时候。意谓在天气最冷和最热的时候刻苦锻炼，最能磨炼人的意志。 例句 俗话说，~。数九寒天，正是练兵好时节。（选自周建国《打仗不分季节训练不讲冷热》）

【夏秋无蚊蝇，疾病少九成】 阐明了夏秋季节消灭蚊蝇的重要性。

【夏天起雾不见面，尽管大胆洗衣衫】 意思是夏天大雾后会是晴天，方便洗衣服晾晒。

【夏至打花杈，数伏掐花顶】 夏至时节就要掰掉棉花没用的枝杈，数伏时节就要掐去棉花枝端的新芽叶，其目的就是节省地力，利于坐桃。

【夏至开盘花，处暑花呲牙，立秋见新花】 这是棉花开花、结果、吐絮所对应的节气时间段。

【夏至三庚数头伏】 讲的是入伏的确立时间。即从夏至开始数到第三个“庚日”便是头伏的日子。

【先打后商量】 意谓先采用强硬手段，然后再与对方商议。 出处 元·佚名《玩江亭》（节选）：“[正旦打杂当科云]你说我甚么哩？偏你娘不吃酒。[打科云]哥哥休怪来，改日家里吃茶。[杂当云]吃你娘耳根。你正是~。”

【先当儿，后当爹，最后才能当爷爷】 喻指步入社会，和在家庭中成长一个道理：先懂得尊重人，向人学习，而后逐渐成熟，取得成就，再被人尊重。

【先得会摔，才能会走】 经历一些挫折，哪儿摔倒哪儿爬起来，才能逐渐成熟。 例句 人生在世，~，兄弟，振作起来！

【先钉桩子后系驴，先撒窝子后钓鱼】 桩子：系牲畜的木桩。撒窝子：钓鱼时先在水中撒下一些鱼食，吸引鱼汇集。比喻做事之前先要把准备工作做好，或做事要分先后顺序。 例句 李掌柜对大家说：“‘~’，做生意急不得，要一步一步慢慢来。”

【先敬罗衣后敬人，先敬皮囊再敬魂】 由元代高文秀《谇范叔》杂剧中“只敬衣衫不敬人”一语衍化而来。意思指世俗势利，只注重衣着，不注重人品。讽刺人衣帽取人，尊敬的是人的外表和穿着打扮，而不是人的品质。

【先君子后小人】 指先像君子一样好说好道，如果没有效果就来硬的。 例句 “休这们说。凡事先小人后君子好，~就不好了。”（选自西周生《醒世姻缘传》）

【先苦后甜，幸福万年】 指吃苦换来的幸福，幸福才会长久。 例句 圆满的人生模式应当像爬山一样：从下到上，从狭窄到开阔，~。

【先来后到】 按照来到的先后确定次序。 例句 在公共场合要讲秩序，要有个~。

【先礼后兵】 指先以礼相待，行不通再采取武力或其他强硬手段。 例句 “~，先动员他一块起义，话说不通再动手抓不迟。”（选自陈忠实《白鹿原》）

【先立业，后成家，越过家越发】 先成就事业，有了一定的经济基础，然后再结婚成家，家会越来越兴旺。

【先练形似，后练神似】 指一些技艺，初学者应先从模仿开始，逐渐领会其精神，最后将精神融入于形态之中。

【先明后不争】 指共事双方事先讲明议清，有约在前，事后就不会争吵不清。 例句 交财一事最难，虽至亲好友亦须明白。宁可后来相让，不可起初含胡。俗语云“~”，至言也。（选自马烽《简通录》）

【先胖不算胖，后胖压塌炕】 比喻一开始顺风顺水的人不一定发达，前期不顺而后时来运转的人才会真发达。或也指小问题不重视，发展成大问题损失就大了。与“小胖不算胖，大胖压断炕”义同。

【先人后己，彬彬有礼】 做人懂得礼让，才显得文明而有礼貌。

【先睡心，后睡眼】 指睡前思绪要宁静，不要胡思乱想，才能睡得香。

【先说断，后不乱】 断：决定。做事先把有关条件谈定，就可以避免以后出麻烦。 例句 “官人在上，不当老身意小，自古~。”（选自兰陵笑笑生《金瓶梅词话》）

【先天下之忧而忧，后天下之乐而乐】 语出范仲淹《岳阳楼记》。在天下人忧愁之前先忧愁，在天下人享乐之后才享乐。这是中国传统知识分子那种忧国忧民情怀和以天下为己任抱负的很好概括，体现了高尚的道德品质，闪耀着理想的光辉。 例句 无论是《礼记》里修身齐家治国平天下的人文理想，还是《岳阳楼记》中“~”的大任担当，抑或是陆游“家祭无忘告乃翁”的忠诚执着，家国情怀从来都不只是摄人心魄的文学书写，更近乎你我内心之中的精神归属。（选自李斌《家国情怀是立身养德之本——谈谈领导干部的家风》）

【先下米，先吃饭】 比喻早动手，就能早得益。 例句 “官户人

家争着要娶。……常言~，千里姻缘着线牵，休要落在别人手内。”（选自兰陵笑笑生《金瓶梅词话》）

【先下牛毛无大雨，后下牛毛不晴天】 指阴雨天，开始是毛毛细雨，这雨肯定下不大；雨后还在飘毛毛细雨，天一时还不会放晴。

【先下手为强，后下手遭殃】 指抢先动手占据主动就会取得优势，后动手常常吃亏。 例句 中华文明命运共同体精神，始终强调“己所不欲、勿施于人”的理念，强调“将心比心”“推己及人”的同理心；反对“以眼还眼，以牙还牙”的狭隘观念，反对“~”的先发制人手段，反对非此即彼、唯我独尊的排他性心态。（选自潘岳《中华共同体与人类命运共同体》）

【先小人，后君子】 先做“小人”，后做“君子”。指先把计较利益得失的话说在前头，然后双方按约定的做，就不会起争执。 例句 “过去，我的很多合同签得草率，因为是朋友，不好意思一条一条看，大致浏览一下就签名，这就会留下很多后遗症。民间有一句话叫做‘~’，先把自己变成一个‘小人’，认真研究合同条文，斤斤计较，然后我们再共同做‘君子’，这样比将来诉诸公堂要好得多。”（选自窦新颖《莫言：作家要有版权意识》）

【先忧事者后乐，先傲事者后忧】 语出《说苑·谈丛》。在做一事情之前先忧虑它的艰难的。而后必定快乐；先对事情掉以轻心认为不在话下的，而后必有忧患。

【先置地，后盖房，有了闲钱置衣裳】 意思是做事情要有主次，先解决温饱、居住等生存问题，然后再提高生活品位。

【鲜花插在牛粪上】 比喻美与丑搭配在一起。常指美丽的女子嫁给了一个在别人看来根本配不上她的男人。 例句 （程灵素）心想：“他和马姑娘才算是一对儿，无怪那些人要打什么抱不平，说什么~。”（选自金庸《飞狐外传》）

【闲话不传，能得安闲】 不相互传闲话，也就不会惹是生非，就能得到安稳闲适的生活。

【闲人叫冷，忙人叫热】 指人忙闲不一。在天气较冷的环境下，无事可做的闲人会觉得冷，奔忙劳动的人反而感觉热。 例句 人倒是不少，可忙活的就那几个人，其他的则缩在一旁观看，真是~。

【闲人长手指，忙人长脚趾】 指的是长指甲。闲人没有事情做，指甲不容易磨损，慢慢指甲就留长了；忙人脚指甲长出来了，也没时间打理，脚指甲就越长越长。

【闲时不烧香，急来抱佛脚】 语出沈景《一种情传奇·香兆》。比喻平时不做好准备，事情紧急了才想办法。也作“平时不烧香，临时抱佛脚”“平日不烧香，临时抱佛脚”“闲时不烧香，急时抱佛脚”“闲时不烧香，急则抱佛脚”“平日不参神，急时抱佛脚”“平时不烧香，急来抱佛脚”等等。　例句　这伙三党之亲自从倪太守亡后，从不曾见善继一盘一盒，岁时也不曾酒杯相及。今日大块银子送来，正是～，各各暗笑，落得受了买东西吃。（选自冯梦龙《喻世明言·滕大尹鬼断家私》）

【闲时学得忙时用】　指平日应抓紧学习，日后急需时才能用得上。　例句　“子不识时务，天下正要多事，不多几时，北方便有兵起，不可不预先练习以救日后之急。俗语道：‘～。’”（选自周清源《西湖二集》）

【闲事休管，无事早归】　跟自己无关的闲事不要去管，事忙完了就早点回家。是一种明哲保身的态度。　出处　《增广贤文》（节选）：“见事莫说，问事不知。～。”

【贤人之言，未必可尽信；愚人之言，未必可尽弃】　语出《钱公良测语·导儒》。贤良的人说的话不一定句句是真理；愚笨的人说的话不一定没有可采纳之处。

【贤者不炫己之长，君子不夺人所好】　贤德的人不会炫耀自己的长处，有道德修养的人不会夺取别人喜欢的东西。

【贤者用之则天下治，不肖者用之则天下乱】　国家用贤才就会使社会安定，国家用佞才就会使社会大乱。　出处　《韩非子·难势》（节选）：“夫势者，非能必使贤者用已，而不肖者不用已也。～。”

【贤者在位，能者在职】　语出《孟子·公孙丑上》。贤德的人居于掌权的地位，有才干的人担当合适的职务。　例句　中国古代在处理人和事的问题上，最正确也最理性的理念之一就是八个字：～。也就是说：由贤者去当一个群体的最高领导者，由能者处理一应具体之事，而且必须服从最高领导者的领导。（选自毛志成《细说贤者与能者的排序》）

【咸吃萝卜淡操心】　北方的一句俚语。腌制萝卜干的时候多放盐不容易坏；盐少即淡了，就要操心会不会变质。“咸”与“闲”谐音，“淡”也有无聊、无意义的意思。意谓闲得无聊操些无用的心。　例句　客观地讲，围绕着狗肉发生的冲突，是时代发展进步的体现。纵使用“～”这样的民间俗语，来形容对立中的任何一方，都须承认，这种“操心”，正是时代多元的表现。（选自毛建国《“狗肉风波”需有“共同的底线”》）

【咸鱼翻身】　指处于困境中的人，或者经济状态不好的人，一下子出现转机或好转的情况。比喻本受轻视的人或物，身价不同往昔。　例句　突如其来的“国际旅游岛”规划，让“蓝色海岸”这个搁浅了近10年的项目一夜间“～”。（选自郭国松《20年前，海南楼市这样崩溃》）

【显鼻子显眼】 比喻突出、明显。 例句 别人都不吱声，就你在这儿～。

【县管不如现管】 现管：具体负责的人。指遇到问题，找高层领导不如找直接负责的人更实际。现常作“县官不如现管”。 例句 “俗话说：‘～。’我现在要是不给你点颜色看看，你大概是不知道马王爷长几只眼！”（选自刘显栋《于少保演义》）

【县令县令，听钱调用】 指旧时县衙贪官，谁给钱多，就为谁办事。 例句 “像咱这样的穷人，能搬倒人家？……俗话是实话——～！”（选自郭澄清《大刀记》）

【现官不如现管】 意思是官再大也不如直接管事的人有实权。也作“县官不如现管”。同“官不如管”。 出处 郭小亭《济公全传》（节选）：“皇上他没我大，大凡～，我要放窦永衡，皇上他管不了我。”

【现在人养林，日后林养人】 现在人种树花精力花钱，是人养树；以后树长大了会给人带来收益，就是所谓树养人。

【乡有乡规，民有民俗】 乡里有乡里的规程，民间有民间的风俗。意谓一个地方有一个地方自己的规程和风俗。 例句 “‘～’，再开放也不能伤风败俗！”（选自齐飞《倒霉大叔的婚事》）

【相逢不饮空归去，洞口桃花也笑人】 意谓故交相逢就应一醉方休，不然会惹人笑话。 出处 《增广贤文》（节选）：“美不美，乡中水；亲不亲，故乡人。～。”

【相逢好似初相识，到老终无怨恨心】 如果人与人之间每次会面都能像初次见面那样讲究礼节，互相尊重，那么结交到老也不会产生纠葛，心有怨恨。 出处 《增广贤文》（节选）：“相识满天下，知心能几人。～。”

【相见易得好，久住难为人】 难为人：难做人。相见之初容易相处得很好，长久居住在一起，人就很难做，难免产生矛盾。 出处 宋·释道颜《颂古二十首·其一》：“将谓众生苦，更有苦众生。～。”

【相马失之瘦，相士失之贫】 相：通过观察事物的外表，判断其好坏。挑选良马，往往因马的瘦弱而被忽视；选拔人才，往往因家庭贫穷而被忽视。 出处 司马迁《史记·滑稽列传》（节选）：“东郭先生久待诏公车……当其贫困时，人莫省视，至其贵也，乃争附之。谚曰：～，其此之谓邪？”

【相骂没好口，相打没好手】 意思是互相对打起来，就不会有饶人的拳头；互相对骂起来，就不会有中听的话语。指只要打骂起来，双方就很难有克制。同“相打无好手，相骂无好口”。 例句 “奶奶，你骂我也罢了，‘～’，只许你百声叶气的

骂俺爷么？”（选自西周生《醒世姻缘传》）

【相骂无好言，相打无好拳】 相骂的话自然不会有好话，厮打起来拳头自然没个轻重了。 例句 俗话说：“～。”年轻夫妻遇到并非不可调和的矛盾时，应多给对方一些谅解和理解，不要动不动就说粗口挥拳头。

【相面算卦小破财儿，又挨数落又花钱儿】 相面算卦，占卜吉凶，既花了钱还要挨数落。指稍有不如意便相面算卦，实在不靠谱。

【相识满天下，知心能几人】 相互认识的人很多，真正相互知心的能有几个呢？ 出处 宋·普济《五灯会元》（节选）：“僧问：‘佛未出世时如何？’师曰：‘天。’曰：‘出世后如何？’师曰：‘地。’上堂：‘高不在绝顶，富不在福严，乐不在天堂，苦不在地狱。’良久曰：‘～。’”

【相思病，要了命】 指爱一个人而得不到的痛苦，是非常摧残人的。

【相信别人不如相信自己】 指自己才是自己生活的主宰，别人是指望不上或靠不住的。 例句 既然大家都不是专业人员，“～”，我们还是自己试着做下去吧！

【相由心生】 意谓有什么样的心境，就有什么样的面相。一个人的个性、心思与作为，可以通过面部特征表现出来。 出处 《苏平仲文集·悟真寺碑》（节选）：“心外无相，～。”

【香的不香，臭的不臭】 比喻好坏不分，是非不清。与“贵的不贵，贱的不贱”相类。 例句 你总是和这帮小混混搅在一起，“～”，这混到什么时候能是个头？你总该想想自己的前途吧！

【香花不一定好看，会说不一定能干】 有香味的花不一定美丽，会说话的人不一定有实际工作能力。比喻了解事物或人要全面，不能从某个方面去推断。 例句 看一个人还是要全面地看，不能以偏概全，“～”，人都有长处和短处。

【香三臭四】 形容交友有亲密的，有对立的；或是今天和这个好，明天和那个好。 例句 天津人形容一种不健康的友谊，还有一种中间状态，这就是“～”。（选自林希《话说天津味：香三臭四》）

【想吃麦，泥里踹】 要想吃到小麦面粉，就要去田地泥土里辛勤耕耘。

【想发财做买卖】 指经商做买卖赚钱快。

【想起一出是一出】 旧时大户人家在家里请戏班唱戏，想点哪一出，戏班就得唱哪一出。喻指没个计划，一会儿一个主意。也作“想一出是一出”。 例句 你别听她的，小孩子～，从来都没个准儿，弄不好耽误了你的正事儿。

【想着急儿，使毛驴儿】 使：

使用。指毛驴拉车总是不紧不慢或不听使唤，容易让人着急上火。

【向情向不了理】 向：偏袒。指在情感上可以偏心，但在道理上却袒护不了。 例句 “～，只要举子不造反，事情就好办。”（选自刘兰芳 王印权《岳飞传》）

【向人向不过理】 向：偏向。意谓人可偏护，理难歪曲。 例句 我知道你和他是亲戚，但～，你也不能不顾事实乱说吧？

【向阳石榴红似火，背阴李子酸透心】 可喻指走运得势者，日子过得火红；倒霉晦气者，辛酸悲伤。 例句 李树对水分的要求极高，只能栽在土壤湿润、阳光充足的朝南地带，若栽在宅北阴地，则果实色劣或迟熟、酸性大、品质差，故民间有“～”之谚。（选自钟葵《孔子讲学在“杏坛” 良医被奉“杏林人”》）

【项庄舞剑，意在沛公】 出自司马迁《史记·项羽本纪》。鸿门宴上范增召项庄舞剑为酒宴助兴，想趁机杀掉刘邦。张良意识到事态严重，于是到外面对樊哙讲“今者项庄拔剑舞，其意常在沛公也”。后多用以比喻说话或行动的真实意图别有所指。例句 “～”，日欲借插手南海问题推进其解禁集体自卫权，策应其在东海挑战中国主权权益。（选自华益声《日英防卫合作 不该搅动南海》）

【象牙不托横草】 大象吃草的时候，草都是顺着进到嘴里的。喻指不管什么人遇见我都必须顺服。显示自己的霸气和豪横。

【像断了线的风筝】 断了联系，比喻没有音信。 例句 一年多来他～，一直没有音讯。

【小别胜新婚】 指小夫妻分开一段时间，再重聚时会特别恩爱。例句 雾里看花、水中赏月、隔窗望伊人、～……距离产生美、模糊产生美的现象比比皆是。（选自汤芳《为何距离会产生美》）

【小病不治，大病难医】 小病小痛的时候不去医治，等到发展成大病的时候就很难治好了。比喻小问题不及时解决，可能会引发严重后果。 例句 俗话说，“～”。可是，一些干部在日常的工作中，犯了小错误，出了小问题，单位或者分管领导往往念及初犯，总是网开一面，有的甚至不闻不问，听之任之。（选自沈道远《“治病救人”须解开“思想疙瘩”》）

【小菜一碟】 比喻很小的一件事情，不值得大肆宣扬，或指事情非常容易处理。 例句 “收拾匪徒，那仅是～、猴毛一撮。”（选自陈忠实《白鹿原》）

【小不忍则乱大谋】 语出《论语·卫灵公》。小事不忍耐就会坏了自己谋求的大事。 例句 老万最近一直在说服媳妇要个孩子，用他自己的话说这节骨眼上～，所以更加对媳妇尊敬有加。（选自郑平《等待重阳那一天》）

【小车不倒只管推】 小车：独轮手推小车，只能往前推着运送物品。比喻做事只要不出意外就会坚持到底。 例句 盛情难却，更为可感，牛蒡只有百依百顺，活着干，死了算，“～”。（选自刘绍棠《荆钗》）

【小虫扑脸，下雨不远】 大雨将至时，气压降低，湿度增大，小飞虫会迁飞寻找避雨场所，纷乱的飞行，数量较大四处乱撞很容易扑脸。

【小洞不补，大洞吃苦】 小的破洞不及时补住，破洞就会扩大，再去补就费事了。喻指问题初起时不解决好，发展严重了就不好处理了。例句 “～啊！这话说得太好了，太有启发了。补衣服是这样，干别的，道理又何尝不是如此呢。”（选自程建《三探红鱼洞》）

【小豆地里卧下鸡，还嫌小豆稀】 小豆指红小豆，一年生、直立或缠绕草本植物。根系发达，种植密度要求稀植，不宜稠密。

【小肚鸡肠】 鸡的肠子很细小狭窄。比喻肚量小、器量狭小，只考虑小事，不照顾大局。 例句 成天～，心胸如豆，快乐又何处去寻？（选自钟健能《如何保持快乐的心态》）

【小恩养个贵人，大恩养个仇人】 对人施以小恩，他会感激你，并将你视为贵人；若对一个人施恩过多，就容易把对方养出依赖性，一旦你不再帮他，反而心生怨恨，甚至与你反目成仇。

【小姑子多舌头多，大姑子多婆婆多】 指小姑子爱传话，会引起婆婆对媳妇的不满；大姑子自恃年长，会像婆婆一样训教弟媳妇。一般来说，大姑子和小姑子数量多，那么家庭中无事生非的闲事就多。

【小鬼跌金刚，小鼠断大绳】 小鬼可以扳倒金刚，小老鼠可以咬断粗绳。比喻小能胜大，弱可胜强。不可轻视小人物，不要忽视细节。

【小孩儿没娘，说起话长】 孩子从小就没有了母亲，前后肯定有很多内情故事可说。指事情曲折复杂，不是三言两语能说清的。也作“孩子没娘，说来话长”。 例句 退之道：“美男破老，美女破舌，从古所戒，为何取这样一个地名？”过卖道：“～。”（选自杨尔曾《韩湘子全传》）

【小孩揭锅是好的】 揭锅：揭锅盖或将大灶的大铁锅掀下来。指孩子调皮捣蛋，只是掀锅盖偷吃东西就算好孩子了，其他离谱的孩子太多了。 例句 程程妈别生气，“～”小孩还有不调皮的啊？！说说就算了。

【小寒大寒，杀猪过年】 小寒、大寒节气过后，很快就要到春节了，这个时节杀猪，可以直接储存上备着过年享用。

【小惑易方，大惑易性】 语出《庄子·骈拇》。易：改变。小的迷惑会让人搞错方向，大的迷惑会让人改变本性。 例句 “～”，当遇到诱惑时，人们往往无法预估到自己会有怎样的行动，即便是英雄也当充分估计自己的弱点，不要因为太过自信而不设“防火墙”。（选自姜赟《“欲”不设防恐成“狱”》）

【小鸡不撒尿，各有各的道儿】 小鸡没有排尿的独立通道，但也不耽误尿的排泄，与鸡粪用的是同一通道。喻指在面对同一问题的时候，有人拿出了与众不同的解决方案，也解决了问题；或指各人有各自的活法。也作“小鸡不尿尿，各有各的道儿”。 例句 他爸在工地上汗珠子摔八瓣一个月挣的钱，还没有他在直播间带货一晚上挣得多，这就叫“～”。

【小鸡蛋皮里剥出来的】 指为人小气，不大度；也指没见过世面。 例句 他这人小里小气的，一看就是～。

【小鸡站在门限（xian）儿上，里外叨】 门限：门槛。小鸡站在门槛上，里外都可以吃。形容人两边占便宜。含贬义。 例句 这个法官不是好东西，“～”。

【小姐身子丫环命】 小姐：富贵人家的女儿。丫环：婢女，也作丫鬟。讥刺人娇气不能吃苦，可偏偏地位低下，没那不吃苦的命。 例句 “蚂蟥咬了，么子要紧？也要哭脸。”等张桂贞一走，龚子元堂客把薄嘴唇一撇，说她的亏空，“真是～”。（选自周立波《山乡巨变》）

【小乱住城，大乱住乡】 社会局部动乱，城市治安力量较强，比乡下安全；社会全面动乱时，攻击目标在城市，而乡下天地大，容易藏身。也作“小乱避城，大乱避乡”。 出处 清·朱英《倒鸳鸯》（节选）：“一二之贼兵，又先聚百千之兵贼了。俗云：‘～。’今日不免唤两孩儿出来，商议一番，还是出城为第一上策。”

【小满不灌，到收没有面（小麦）】 灌：灌浆。到了小满这个节气，麦子还没有浇水灌浆，收割时的籽粒就不饱满，出粉率降低。

【小满花，不归家】 说的是棉花产量和播种期的关系。大致谷雨是一条界线，过了谷雨，播种越晚，产量越低；如果迟到小满，收成就很难保证了。

【小满见三新】 三新：新鲜的油菜籽、大麦、扁豆。小满时就可以见到新一年这些最早的粮食和油料了。 出处 顾禄《清嘉录》（节选）：“岁既获，即播菜麦，至夏初则摘菜薹以为蔬，春菜子以为油，斩菜萁以为薪，磨麦穗以为面，杂以蚕豆，名曰春熟，郡人又谓之‘～’。”

【小庙鬼入不了大殿】 比喻级别太低，不够资格；或见识少的人，上不了大台面。同“小庙的鬼，进不得大殿”。 例句 大包间里的客人都是老总级的，我们这些经理哪里上得了场，俗话说：～。我们级别太低了。

【小民斗官，只能转圈】 指老百姓没权没势，不能正面与官吏争斗，只能采用迂回曲折的方法。 例句 不是有“～”这句话吗？咱不能跟当官的来硬的，得想个办法。

【小泥鳅翻不起大浪】 比喻小势力不会成大气候。 例句 牛斜眼也恍然大悟，喊道：“对对，太君判断得真准。这是郑老海和那两个兵，～。”（选自田东照等《龙山游击队》）

【小钱不去，大钱不来】 指不愿付出小代价，就得不到大利益。 例句 “～。领官府的银子就像烧丹炼汞一般，毕竟得银子才变化得出，没有空烧白炼之理。门上不用个纸包，他如何肯替你着力。”（选自李渔《十二楼·萃雅楼》）

【小屈必有大伸】 在眼前小事上能委屈忍让，必定怀有大志，而有大的作为。 出处 陈寿《三国志·蜀书·郤正传》（节选）：“小屈大申，存公忽私，虽尺枉而寻直，终扬光以发辉也。”

【小曲好唱口难开，樱桃好吃树难栽】 比喻事情虽好，却难以开口或难以做成。 例句 ～；交好的心思两人都有，谁也害臊难开口。（选自李季《王贵与李香香》）

【小人记仇，君子感恩】 小人常记着与别人的仇怨，君子常感念别人的恩德。指出了小人与君子在为人处事方面胸怀和境界的根本区别。

【小伤风三日，大伤风七天】 伤风：风寒感冒。轻微的感冒三天就能好，严重的伤风感冒一般七天也能够自愈。

【小时是兄弟，长大各乡里】 语出《增广贤文》。指儿时的发小亲如兄弟，长大成人后就会各自追求自己的生活，彼此之间的感情再也无法回到曾经的状态。 例句 这是时间和成长所带来的辛酸遗憾，没有人能够避免，“～”，放下曾经，融入各自的圈子，才是彼此最好的祝福。

【小时偷针，大时偷金】 小时敢偷人家一根针，长大就敢偷黄金。指小时沾染上恶习，如不及时纠正，长大就有可能发展成触犯刑律的罪犯。 出处 徐谦《防微铭》（节选）：“谚语在防微方面有很多警世之言，例如‘小洞不补，大洞叫苦’，‘～’。”

【小事要细心，大事要当真】 指无论小事大事都要认真对待，不能粗心大意。 例句 这个项目虽然大体已经完成谈判，但是“～”，作为业务员你还不能放松，继续跟进。

【小暑大暑，遍地开锄】 小暑大暑节气是一年中最热的时期，也是植物生长最旺盛的季节，给庄稼保墒、锄草便进入关键时期。

【小树要剪，小孩要管】 小树加以修剪，孩子加强教育，才能成为有用之材。

【小树枝多是个宝，大树枝多结果少】 果树的小树枝容易形成花芽坐果，大树枝不容易形成花芽，也难坐果。果树要想多结果，就要“大枝亮堂堂，小枝闹嚷嚷”。

【小巫见大巫】 语出欧阳询等编《艺文类聚》引《庄子》逸文。巫：旧时替人祈祷求神的人。原义是小巫见到大巫，就觉得自己的法术不如大巫高明，便弃而不为了。后比喻相形之下，一方显然比不上另一方。例句 巨嘴鸟比别的鸟嘴大，能吃进皮球大小的果子。可与贪官相比，又是～。君不见，贪官嘴之大，大如天！凡山珍海味，天上飞的，地上跑的，水中游的，四条腿的、两条腿的、没有腿的，贪官都能吃。（选自许家祥《巨嘴鸟与贪官》）

【小雾不过五，大雾不过三】 小雾不会持续超过五天，大雾不会持续超过三天，天气就会发生变化。

【小小石头，打坏大缸】 比喻小能胜大。 例句 这一个二百余年无人敢敌的大国，居然又给他打败了。俗话所谓“～”，真真不错半分。（选自陈天华《狮子吼》）

【小心不怕多，有礼不在迟】 做事情小心仔细，再多也不嫌多；有礼节，迟一点也没关系！

【小心没大错】 指遇事小心谨慎，即使有些闪失，也不会出大的差错。 例句 “常言道，不怕一万，只怕万一。大家多辛苦一点，～，备而无患。”（选自姚雪垠《李自成》）

【小雪不搬（扳）菜，必然要受害】 搬菜：扳倒大白菜进行搬运收储。小雪节气如果没有及时采收存储起来，白菜就可能会被冻坏。

【小雪起白菜，不起大雪盖】 起：收起、收割的意思。如果到了小雪节气还不收取白菜，恐怕就有被大雪覆盖的危险了。

【小雪雪满天，来年必丰年】 小雪节气能有充足的雨雪，既可以为土壤提供充足的水分，还可防治病虫害，为来年庄稼丰收创造了有利条件。

【小雨大干，大雨小干，无雨拼命干】 指风雨无阻，下雨天也不影响工作的精神。也作“大雨小干、小雨大干、晴天拼命干”。 例句 当前正值植树造林黄金季节，天气预报显示，近期气温下降，天气转寒，雨水较多。林业局为了抢抓时节，提出了“～”的口号，坚持冒雨作业，组织队伍上山整地造林。

【小震闹，大震到】 小震过后可能有大震。这是民间流传的说法，目前没有明确的科学依据研究表明，频繁发生小地震，就会引发大地震。

【小子尿，灵丹药】 指一岁前没有断奶童子的尿液，有药理作用。

【小卒过河，能吃车马】 象棋中卒的力量较弱，但攻过界河之后也能吃掉机动能力较强的车、马。比喻小人物一旦有了施展才能的机会，也能起重要作用。

【小嘴儿吃泰山】 指人或宠物嘴虽小，但吃东西一天天的耗费却很大。

【孝帽子底下分远近】 孝帽子是过白事服丧戴的帽子或扎带。各地虽然风俗不尽相同，但都会对不同亲疏远近的亲戚分发不同形式孝帽子，用以区分血缘的远近和关系的亲疏。

【孝顺还生孝顺子，忤逆生的忤逆郎】 孝顺人所生的孩子也会孝顺；而不孝敬父母的忤逆之人的孩子一定也会忤逆，和其父母一样不孝敬其父母。指家风是会在潜移默化中传承的。

【笑掉大牙】 太可笑，非常可笑。指人非常不合适的行为和语言让人耻笑。 例句 相对于一名弱女子，四名精壮的城管执法队员，不要说在人数上有压倒性优势，即便“一对一”地对抗，城管执法队员声称自己弱势也会被人~。（选自志灵《健康社会不该人人自称弱势群体》）

【笑口常开，青春常在】 指心情愉悦，会让人充满年轻活力。 例句 希望在新的一年里全国观众朋友们都能“~”。

【笑骂由他笑骂，好官我自为之】 指为官声名很坏，任凭人们笑骂，还是泰然自若当自己的官。 例句 李庆贵被免职，告诫各级党政一把手，切莫再有“事不关己、高高挂起”的为官心态，也不能有“~”的想法。（选自顾昀《问责失职“一把手”叩响主体责任警钟》）

【笑破不笑补，笑脏不笑土】 人们嘲笑衣服破了不补的懒人，而不是穿补丁衣服的穷人；嘲笑穿着脏衣服的人，不嘲笑穿着不时髦的人。与“笑脏笑拙不笑补，笑馋笑懒不笑苦”义近。 例句 “~”，衣服不新潮没关系，干干净净比什么都强。

【笑一笑，十年少；愁一愁，白了头】 指快乐使人年轻，忧愁使人加速衰老。 例句 俗话说：“~。”此话虽有些夸张，但却足以说明不良情绪对头发健康的影响之大。（选自郭旭光《保护秀发从日常做起》）

【歇成的懒汉，干成的好汉】 耽于安乐就会养成无所作为的懒汉，勤于劳作就会成为有出息的好汉。

【歇肩莫歇长，走路莫走忙】 意谓挑担子的人歇肩歇得太长，人容易松懈懒散；走远路的人不能走得太快，耗尽了力气就不能坚持到终点了。 例句 做实业的过程都要注意“~”，要保持一个持续稳定的工作过程，才能圆满达到目标。

【邪不胜正】 指邪气战胜不了正气，邪恶不能战胜正义或公道。 例句 毕竟~，闹来闹去，往往狻猊、鹔鹴大败而归。（选自李汝珍《镜花缘》）

【写稿不怕根基浅，勤学苦练能过关】 写作文稿不怕基础差，勤奋学习，刻苦练习，就能达到一定高度。

【泻药轻煎，补药浓熬】 中医

术语。不同种类的药物采用不同的煎熬方式。

【心病还须心药医】 指思想方面的问题还要从思想方面解决。同“心病还得心药治”。 例句 人以为病重，而梨娘且曰：病重不如情重也。谚云：～。曩者梦霞不尝病乎？（选自徐枕亚《玉梨魂》）

【心不可不用，地不可不种】 心不用就会糊涂；地不种就会荒芜。

【心底无私天地宽】 人心底坦荡无私，行事便少有顾忌，便会天地宽阔。 出处 陶铸《赠曾志》：“重上战场我亦难，感君情厚逼云端。无情白发催寒暑，蒙垢余生抑苦酸。病马也知嘶枥晚，枯葵更觉怯霜残。如烟往事俱忘却，～。”

【心烦事多，心慌事乱】 心烦时会感到事多，心慌时办事容易忙乱。

【心合意同，谋无不成】 语出东方朔《非有先生论》。原意强调政事心意相通，谋划之事方成。可引申为只要大家心念一致、想到一起，所谋划的事情就没有不成功的。 例句 “～。”让我们坚定信心，朝着构建高质量伙伴关系的正确方向携手奋进，共创繁荣发展新时代！。（选自习近平《构建高质量伙伴关系 共创全球发展新时代——在全球发展高层对话会上的讲话》）

【心急吃不了热豆腐】 热豆腐吃起来烫嘴，而且降温缓慢，想要吃到嘴，就要耐下性子慢慢等。喻指在追求目标的过程中，不要过于急躁，要保持冷静和耐心。 例句 俗话说：“～。”自然界中万事万物自有发展规律，速成则难持久，慢功必有长效。（选自吴学意《切莫“丧失了慢的能力”》）

【心坚能将泰山倒，志大能把东海填】 志向坚定强大的人和团队，什么样的事情都能完成。 例句 相信我们的科研团队，肯定能把先进的产品研发出来。“～”，团队坚定的意志就是成功的保障。

【心里压着一块大石头】 喻指有心事闷在心里，无法排解。 例句 没见到孩子以前，～一样，见到没有事，一块石头终于落了地。

【心提到了嗓子眼】 形容非常担心或害怕。 出处 冯苓植《神秘的松布尔》（节选）：“秦萌低着头，把心都快提到嗓子眼儿上了。只要这手稿一交，再把刚才自己的话复述一遍，那在瀚海里便是灭顶之灾啊！”

【心细才能绣成花，心静方能理出麻】 谓细致的工作要专心致志，头绪多的事情要全神贯注，沉着从容。

【心邪烧香也无益，心正何须拜神佛】 一个人心存邪念，即使他烧香祈福也没有好处；一个人保持正直，即使他不拜神佛也没有关系。

【心胸窄，招病来】 遇事想不开的人容易罹患疾病。

【心要常操，身要长劳】 提

醒人们应该经常动脑筋，经常劳动锻炼身体，这样有利于身心健康。 出处 明·吕坤《呻吟语·修身》（节选）：“～。心愈操愈精明，身愈劳愈强健。但自不可过耳。”

【心有灵犀一点通】 形容相爱的男女两心相通，彼此能领会对方的心意。后也用以比喻两人心有默契，想法完全一致。 出处 李商隐《无题（其一）》（节选）：“昨夜星辰昨夜风，画楼西畔桂堂东。身无彩凤双飞翼，～。”

【心有余而力不足】 心里非常想做，但是力量不够。 例句 “我手里但凡从容些，也时常来上供，只是‘～’。”（选自曹雪芹《红楼梦》）

【心则不竞，何惮于病】 则：表示假设，相当于“若”“如果”。竞：强劲；强盛。病：侵犯；攻打。意思是心志如果不强盛，为什么惧怕侵犯。也就是说，你自己心志不强，人家侵犯你很正常。 出处 《左传·僖公五年》（节选）：“谚有之曰：‘～。’既不能强，又不能弱，所以毙也。国危矣，请下齐以救国。”

【心正不怕影儿邪，脚正不怕倒蹜鞋】 喻指只要心地纯正，就不怕流言蜚语。也作“身正不怕影儿斜，脚正不怕倒踏鞋”“身正不怕影儿歪，脚正不怕倒蹋鞋”等。 出处 文康《儿女英雄传》（节选）：“这话若说在姑娘一头驴儿一把刀的时候，必想着‘～’，不过輾然一笑，绝不关心。如今听了这话，竟同雷轰闪掣一般，如梦方觉！”

【心正何愁着鬼迷】 指心地端正，就不怕鬼魅迷惑。比喻心正不怕邪气。 出处 明·周履靖《锦笺记》（节选）：“[丑]师父，只是你的咒欠灵。[老旦]哎，可不道～。”

【心中之书不可少，案头之书不可无】 指读过的书要经过思考记在心中，案头要常有书籍摆放，时刻都能拿来翻阅。

【心字头上一把刀】 “心”上面加“刃”是“忍”字（“刃”即刀）。指将痛苦、屈辱或不幸遭遇等强忍下来。 例句 但也有一些世故很深的老师傅，带着忧虑和关切的口吻说：“祥谦，你们做得好是好，就怕洋狐狸、张疯狗他们……我看，你别太冲，遇事还是～，忍着点稳当！”（选自刘章仪《铁魂》）

【新安茅厕香三天】 茅厕：茅房，厕所。新砌好或新淘出干净的茅房总能保持三天没臭味。比喻素质差的人或新的事物，开头还好，往后就一天不如一天。 出处 刘江《太行风云》（节选）：“不要‘～’，往后可要勤擦洗点儿。”

【新官上任三把火】 指新官员上任后，常常做出几件有影响的事以表现自己的才干和胆识。 例句 常言道，～。孙孟修上任第一把火就把自己烧了个焦头烂额。（选自和谷岩《茶花艳》）

【新来乍到】 形容为时不久或刚刚来到一个新地方。 例句 “况且你二姐姐是新媳妇，孙姑爷也还是年轻的人，各人有各人的脾气，～，自然要有些别扭的。”（选自曹雪芹《红楼梦》）

【新三年，旧三年，缝缝补补又三年】 指生活不富裕时新衣服穿上三年，变旧了再穿三年，破了加上补丁又可穿三年。 例句 消费，对广大劳动者来说，有一个改变旧观念的问题。“～”的传统消费观念，至今还占据着不少人的头脑。（选自张承纲《消费就是浪费吗？》）

【新事物最美好，老朋友最可靠】 新事物常常能带给人惊喜，朋友则是经过时间考验的老朋友更好。 例句 “～”。在社会上打拼多年，最后还是跟年轻时的玩伴谈得来。

【新鞋不踩臭狗屎】 比喻善良的人要远离邪恶小人，以免招惹是非，玷污了自己清白的名声。也作“好鞋不踩臭狗屎”。 例句 老赵：别遇到我手里，我会跟他们拼！ 大妈：“～”呀!您到茶馆酒肆去，可千万留点神。（选自老舍《龙须沟》）

【新账旧账一起算】 比喻将新问题或新罪错连同过去的老问题或老罪错一块儿追究。 例句 我只是希望我的父母能够尊重我，理解我，不要一遇点儿什么事，就～，让人喘不过气来。

【信了肚，卖了屋】 信：方言，任由的意思。为了满足口腹之欲，总想吃好的，最终卖了屋子也无法弥补亏空。

【信人调，丢了瓢】 调：挑唆。指相信他人的挑拨而吃亏。 出处 兰陵笑笑生《金瓶梅词话》（节选）：“说俺转了主子的钱了，架俺一篇是非。正是割股的也不知，燃香的也不知。自古～。”

【信息灵，财路通】 经商做买卖信息灵通程度直接影响利润的多少。 例句 羊毛收购生意主打的就是信息，“～”，赚钱的关键就在于此。

【星多天空亮，人多智慧广】 星星多了天空就明亮，人多可以集思广益。 例句 俗话说：～。大家共同想办法，这问题一定能够解决。

【星星稠热死牛，星星稀冻死鸡】 指夏天看到的星星多气温高，冬天看到的星星稀气温低。

【星星眨眼，有雨不远】 在晴朗的夜晚，如果看到满天繁星好像蒙有一层水汽，忽闪忽闪地“眨着眼睛”，这是因为大气处于不稳定状态，空气“乱流”“对流”旺盛，积聚了很大的能量，这时，有冷空气出现，不久就会下雨。

【星星之火，可以燎原】 燎：燃烧。一点点小火星可以烧掉大片原野。比喻开始时微小，但有远大发展前途的新事物。 例句 究观近年之事，皆起于不才武职、贪黩有司及四方无籍奸徒窜入其中者，激而构煽

之，~。（选自张居正《答云南巡抚何莱山论夷情》）

【行百里者半九十】 出自刘向《战国策·秦策五》。原义是步行走一百里的路程，走到九十里只能算走了一半。因为人已精疲力尽，后面的路走起来更加困难。比喻做事越接近成功越困难，越要认真对待。常用于勉励人做事情要坚持到底不松劲。例句 “以咬定青山不放松的执着奋力实现既定目标，以~的清醒不懈推进中华民族伟大复兴”，这是党的十九届六中全会通过的《决议》中的明确要求，它既是一种立场态度，又是一种士气鼓舞，令人深思、催人奋进。（选自徐文秀《以执着和清醒勇毅前行》）

【行不更名，坐不改姓】 任何情况下都不隐瞒自己的真实姓名。形容为人处事光明磊落。也作“坐不改名，行不改姓”。 例句 “你听着，我也不是你什么大师傅，老爷~，有名的赤面虎黑风大王的便是。”（选自文康《儿女英雄传》）

【行车有车道，唱歌有曲调】 指凡事都有一定的规矩，不能胡来。例句 俗话说：“~。”到什么时候都得循规蹈矩。

【行成于思毁于随】 语出韩愈《进学解》。意思是做事情成功是因为反复、独立的思考，深思熟虑，而毁于跟随他人，随随便便。例句 我国古话说，“学而不思则罔”，韩愈也说：“~”，这都告诉我们要善于独立思考。独立思考，是每个同学在学习过程中应当培养起来的良好习惯。（选自吴玉章《〈新闻与出版〉发刊辞》）

【行船趁顺风，打铁趁火红】 指做事把握住机会，会得到事半功倍的效果。 例句 “~。”改革是决定中国命运的抉择，过硬的作风则是改革者的立身之本。当前，作风建设初见成效，改革风帆正待远飏。当此之时，正该以好作风凝聚正能量，打好改革这块“铁”、走好发展这步棋。（选自金苍《以过硬作风打好改革之“铁”》）

【行船靠舵，赶车靠鞭】 喻指在面对不同的问题和挑战时，应选择相应的正确的策略和手段来达成目标。 例句 “~”。在企业管理中，领导者需要像掌舵的船长和使用鞭子的车夫一样，根据实际情况灵活调整策略，以确保企业在竞争激烈的市场中稳步前行。

【行船走马三分命】 指坐船、骑马都可能有生命危险。比喻做事总会有一些风险，要先做好思想准备。出处 张南庄《何典》节选：“~，古人说话原该听。”

【行动有三分财气】 只要做事，总会有些收获。比喻只要有所付出，就会有收获。 例句 “古人云：‘~。’……且把取经事宁耐一日，等老孙做个医生耍耍。”（选自吴承恩《西游记》）

【行下春风望夏雨】 比喻要先给别人好处，然后别人才会给自己好处。 出处 元·白朴《墙头马上》（节选）：“我本是好人家孩儿，不是娼人家妇女，也是~。待要做眷属，枉坏了少俊前程，辱没了你裴家上祖！”

【行要好伴，住要好邻】 出行要有好的伴侣，住所要挨着好的邻居。也作“行要好伴，居要好邻”。 例句 “懊悔？她不是怕台风吗？”“是呀，我也这么说她，可是这回她说：‘刮风不可怕，坏邻居才可怕呢。’她还惦念着悦嫂，总说：‘~。’我们还打算再搬家，可是房子真不好找！”（选自高云览《小城春秋》）

【兄弟不共财，姐妹少往来】 “兄弟不共财”，是告诫人们，人与人之间，要处理好利益纠葛，不要让利益伤及感情。“姐妹少往来”，则是告诫人们，人与人之间的交往，哪怕是亲近的人也要掌握分寸，把握好度。

【兄弟和气家不败，妯娌和气家不分】 兄弟之间团结一心，就可能家业兴旺；妯娌和气不闹矛盾，家庭就不容易分散。

【兄弟齐心，其利断金】 兄弟齐心协力，凝聚的力量就像锋利的刀能斩断金属。比喻只要团结一条心，就能发挥很大的力量。同“兄弟同心，其利断金”。 例句 “~。”实现中华民族伟大复兴的中国梦，理应成为当前两岸同胞最大的共识，需要两岸同胞付出共同努力。（选自贺军科《汇聚推动两岸关系和平发展的青春力量》）

【兄弟如手足，妻子如衣服】 旧指同胞兄弟像手和脚那么亲密，老婆像衣服一样旧了可以换新的。 例句 却说张飞拔剑要自刎，玄德向前抱住，夺剑掷地曰：“古人云：~。衣服破，尚可缝；手足断，安可续？吾三人桃园结义，不求同生，但愿同死，今虽失了城池家小，安忍教兄弟中道而亡？”（选自罗贯中《三国演义》）

【兄弟阋于墙，外御其侮】 语出《诗经·小雅·常棣》。阋（xì）：争吵。墙：墙内，家庭之内。外：墙外。御：抵抗。兄弟之间即使在院墙内发生了争吵，但遇到外侮就会一致对外。现常用以比喻内部虽有分歧，但有外部的干涉或侵侮，就会团结起来一致对外。 例句 两岸同胞是一家人，“~”，维护对钓鱼岛及其附属岛屿的主权是两岸同胞义不容辞的共同责任。（选自邢世伟《维护钓鱼岛主权　两岸同胞义不容辞》）

【兄弟一条心，黄土变成金】 比喻兄弟之间同心协力，一起奋斗，就能创造出黄土变金的奇迹。 例句 周寿臣总想自己能活上个七八十岁，因此总团拢着四个儿子，捂着盖着在一起混。他经常用“~”这句话来教训着儿子。（选自蔡天心《大地

的青春》）

【兄弟姊妹，各受各罪】 兄弟姊妹每个人都有自己的家庭、自己的生活、自己的命运。兄弟姊妹虽然很亲密，可以互相帮衬，但在大的方面无法改变各自的生活状态。即使受苦受罪，也只能自己承受。

【兄宽弟忍】 兄当宽仁，弟当忍从。当哥哥的，应该对兄弟宽厚；当弟弟的，应该尊重兄长。 例句 老王家庭和睦，秉承的就是母慈子孝，~的传统和家风。

【匈奴未灭，何以家为】 语出毛泽东《祭黄帝陵》，本自司马迁《史记·卫将军骠骑列传》“匈奴未灭，无以家为也”。意思是匈奴还没有消灭，治家业做什么。表现了霍去病将国家安危和建功立业放在一切之前的无私精神。 例句 对于一个男人来说，一定还有比家更广阔的天地，比亲情更博大的情怀，“三过家门而不入”，“~”，这些都是社会对于男人的要求。（选自解玺璋《儿子应该如何写老子》）

【胸无大志，枉活一世】 指人生有理想有目标，并为之奋斗才有意义。

【雄辩出真理】 即真理越辩越明。

【雄鹰飞得再高，影子还在地上】 比喻人不管地位有多高，终究是集体中的一分子。 例句 俗话说：“~。”你当了大官，可不要忘记百姓哟。

【雄鹰展翅恨天低，骏马扬蹄嫌路短】 比喻有远大志向和杰出才能的人，常常会觉得受到环境和条件的制约，无法实现抱负。

【休别有鱼处，莫恋浅滩头】 不要轻易离开有鱼的地方，不要留恋那些没有鱼的浅滩河沟。可用于比喻职业行业的选择，直接关乎命运。 出处 《增广贤文》（节选）：“留得五湖明月在，不愁无处下金钩。~。”

【修桥补路老绝户，杀人放火儿女多】 喻指好人没得到好报，恶人没有得到恶报。与“修桥铺路双瞎眼，杀人放火子孙全”义同。常用以对身边发生的个别不公现象的议论。 例句 世上的事，哪里能说得清呢？“~”的情况也所在多有。

【修树趁早，教子趁小】 修剪树枝从小树开始，教育子女也要从小开始。

【朽木不可雕】 腐烂的木头不可以雕刻。比喻人不堪造就或局势不可挽救。 出处 《论语·公冶长》（节选）：“宰予昼寝，子曰：‘~也，粪土之墙不可圬也，于予与何诛！’”

【秀才不出门，能知天下事】 秀才：明清两代称府、州、县学的生员为秀才，也泛指读书人。读书人不出门，从书中就可以知道天下大事。 出处 清·王有光《吴下谚联》（节选）：“‘~。’秀才以天下为己任，自应日新其德，知能并进。……必也杜门不出，十年读书，十年养气，如董江都下帷不辍，一旦出身任事，乃无所不知，无所不能。”

【秀才饿死不卖书，壮士穷途不卖剑】 指坚守自己信念和原则的人，在极端困难时，也不会舍弃帮助自己实现抱负的心爱之物。同时，这两句话也表现了中国传统文化中对于学问和勇气的尊重与崇拜。

【秀才遇到兵，有理说不清】 文人和武人考虑问题的角度和解决问题的方法都不同，碰到一块儿就某一问题是很难沟通的。比喻文明人碰到粗野的人，无法讲理。 例句 遇到蛮不讲理的，老师和学校管理者再有耐心，只怕也是“～。”（选自李思辉《不能坐视“校闹”把校园搞得鸡飞狗跳》）

【秀才造反，三年不成】 旧指知识分子不满现状，但软弱胆小，摇摆不定，做不成大事。 出处 清·李宝嘉《文明小史》（节选）：“～。无论他们有没这回事，可以不必理他。”

【虚夸像纱衣，好看不遮体】 虚夸的本质，是一种表面上的夸大和虚假，就像纱衣一样，虽然看起来美丽，但无法掩盖其空虚和脆弱。

【虚心的人学十当一，骄傲的人学一当十】 虚心的人即使学了很多，但自己仍然觉得只学了皮毛不满足；骄傲的人只学了一点皮毛，就认为自己已经学了很多了，然后放弃不学了。

【虚心人万事可成，自满人十有九空】 虚心的人可以办成许多事，骄傲自满的人十件事有九件事办不成。

【虚心使人进步，骄傲使人落后】 虚心学习别人的长处，就能够有所收获，有所进步；骄傲自满，就会满足现状，被别人落在后面。 出处 《毛主席语录》：“即使我们工作得到了极其伟大的成绩，也没有任何值得骄傲自大的理由。～，我们应当永远记住这个真理。”

【蓄疑败谋，怠忽荒政】 语出《尚书·周官》。心中积有疑虑不能决断，其谋略就会失败；思想懈怠玩忽职守，一定会荒废政事。

【学成文武艺，货与帝王家】 语出元·无名氏《庞涓夜走马陵道》。货：卖。科举取士是封建社会选拔官吏的制度，不管你是文艺还是武艺，只要出类拔萃黄榜得中，就等于有了饭碗，你的“艺”也就相当于被封建帝王收买了。也作“学得文武艺，货与帝王家”“学成文武艺，卖与帝王家”“学成文武艺，售与帝王家”等。 例句 古人虽然要走仕进之路，要考进士、中状元，“～”，但那要靠真本事，不能靠自我吹嘘，自我炒作，即今之所谓“作秀”。（选自袁良骏《文学史与“文人作秀史”》）

【学而不化，非学也】 语出杨万里《庸言》。学习做不到融会贯通，就算不上是有意义的学习。强调学习要从实际出发，为我所用，不能本本主义，死搬教条。　例句　正所谓“～”。我们的道路、理论、制度有着自己鲜明特色和显著优势，不能全盘照搬西方的洋办法，搬过来只会水土不服，注定要失败。（选自方立《中华民族伟大复兴的必由之路》）

【学而不厌，诲人不倦】　语出《论语·述而》。学习而不觉得满足，教诲别人而不知疲倦。　例句　从经师到人师，从教书先生到大国良师，好的教师～，为党育人、为国育才。（选自周作宇《从耕耘当下到关怀未来》）

【学贵得师，亦贵得友】　学习贵在得到老师的指导，也贵在有好友相伴交流。　出处　唐甄《潜书·讲学》（节选）：“～。师也者，犹行路之有导也；友也者，犹陟险之有助也。”

【学海无涯勤是岸，云程有路志为梯】　这是一副劝学联。上联劝人勤学。求学如泅海，只有勤奋者才能登上彼岸。下联劝人立志。云程，古指读书入仕的道路，亦喻远大美好的前程。青云阶高，并非遥不可及，而志向就是登天之梯。

【学好千日不足，学坏一日有余】　人要学好，长期努力还嫌不够；要学坏，很短的时间就足够了。同“学好十日不足，学坏一日有余”。

【学好三年，学坏三天】　一个人学好须用很长的时间，想学坏只需要很短的时间。

【学会易，学好难】　无论什么技艺学会容易，学好很难。

【学如逆水行舟，不进则退】　比喻学习如同船在逆水中行驶，不努力就退步。　例句　“歇两天吧！”她的眼睛闪闪亮，“你考第一名，等一等跟得上趟的。”“～。”我从她的胳膊下钻过去，一溜烟跑了。（选自刘绍棠《京门脸子》）

【学如牛毛，成如麟角】　学习的人多如牛毛，但真正取得成就的却如凤毛麟角一样少。　出处　李昉《太平御览》（节选）：“蒋子《万机论》曰：谚曰：‘～。’言其少也。”

【学识就怕浅，为人莫耍懒】　学习知识就怕只学个表面，而不能学到精髓；为人处事就怕偷懒耍滑。

【学所以益才也，砺所以致刃也】　语出刘向《说苑·建本》。砺：磨刀石。所以：所用，用来。学习是用来增长才干的，就如磨刀石是用来使刀刃锋利一样。　例句　《说苑》中说：“～。”身处知识革新的大时代，我们得把自己变成一块蓄电池，能够持续为自己充电，才能更好地释放能量。（选自周珊珊《把握好时代赋予的机遇》）

【学问勤中得】　学问是从勤奋中得到的。　出处　宋·汪洙《神童诗》：“～，萤窗万卷书；三冬今足用，谁笑腹空虚。”

【学问学问，勤学还得好问】 意谓“学问”二字，包含了自己“勤学”和向人请教即“好问”两个方面的意涵。

【学习不怕根基浅，只要迈步总不晚】 根基浅，比喻基础差；迈步，指开始努力学习。指学习不怕基础差，只要肯学，什么时候都不算晚。

【学习不温习，雨过湿地皮】 只学习不温习，就像下小雨只湿了地皮一样，没什么大的效果。

【学习如赶路，不能慢一步】 学习像赶路一样，是不断前进的过程，需要保持节奏和速度，不能慢一步。 例句 你要知道一步跟不上步步跟不上，“～”，落下一个知识点后面的知识点就不好学。

【学艺投名师，求援找好友】 要想学好手艺就要投靠著名的老师，要想得到真心帮助，就要拜访真正的朋友。同“学艺要访名师，求援要找好友”。

【学则智，不学则愚；学则治，不学则乱】 语出黄宗羲《明儒学案·甘泉学案五》。学习就会增长才智，不学习就会愚钝；学习做事就有条理，不学习做事就混乱。 例句 知识就是力量。“～。”一个国家，不学习就不能发展；一个民族，不学习就不能进步；一个领导干部，不学习就不能做好工作。（选自吴高盛《有感“人大要成为学习型机关”》）

【学者不患才之不赡，而患志之不立】 语出徐干《中论·治学》。赡：足。治学的人不用担心自己的才能不够，而应该担心意志不够坚定。

【学者非必为仕，而仕者必如学】 语出《荀子·大略》。仕：指做官。如：应当。读书人不一定要去做官，而做官的人必定应当学习。例句 古人很看重为官和为学之间的有机联系。荀子更是说，“～”，强调学习是为官者的基本素质和长期功课。（选自木易《仕者必为学》）

【学者贵于行之，而不贵于知之】 语出司马光《答孔文仲司户书》。求学的人贵在将学到的知识加以实践，而不是贵在了解、知道它。例句 思考目的是为了付诸实践，所谓“～”。（选自李洁《与书为伴携梦同行》）

【学者如禾如稻，不学者如蒿如草】 爱好学习的人如同禾苗稻谷一样有价值，不爱学习的人则像枯蒿杂草一样没有什么用处。 例句 俗话说：“～。”你只有好好学习，长大后才能成为对社会有用的人。

【学者之患，莫大于自足而止】 语出黄宗羲《宋元学案》。求学的人的毛病，没有比自满自足停止学习更大的了。

【雪打山头霜打洼】 意思是山顶上最容易积雪，洼地最容易有霜。因此在防御霜冻时，特别需要注意洼地的底部，以免植物冻坏。

【雪水化成河，麦子收得薄】 春季下雪，雪虽然很快融化，但气温低，对小麦的生长会产生不利影响。

【雪中送炭人间少，锦上添花世上多】 喻指在困难时，越是需要人帮助的时候，越少人伸出援手；而越得势富足的人，越有人去奉迎巴结。反映了人情的势利。 例句 ～。却是世情看冷淡，果然人面有高低。（选自《说呼全传》）

【血债要用血偿还】 指杀人者必须以命抵命。也作“血债要用血来还”。 例句 我的愤怒，已经不能自抑，回身向战士们道：“同志们，走！～，欠一分也不成！”（选自曲波《桥隆飙》）

【寻个进京郎，夜夜守空房；寻个庄稼汉，一天见三遍】 旧指女子嫁给进京当官的男子，自己就会在家独守空房；如果嫁给普通百姓，就会天天相伴。说明任何事情都有两面性，婚姻也是如此。

【迅雷不及掩耳】 比喻来势凶猛，使人来不及防备。也作“迅雷不及掩耳之势”。 例句 “因此我给他个～的突然袭击，一口把他吃掉，是完全有可能的。”（选自曲波《林海雪原》）

【驯顺的孔雀尾羽最美，低头的果树果实累累】 比喻不虚张声势、踏实实干的人最受喜欢，取得的成就更大。

Y

【鸭不安，要阴天】 鸭子乱跑乱叫，不安静，是要阴天的征兆。

【牙不剔不松，耳不掏不聋】 牙经常剔就会松动，耳朵经常掏就可能导致耳聋。同“牙不剔不稀，耳不挖不聋”。

【牙掉了往肚子里咽】 比喻忍气吞声，吃了亏而不说出口。 例句 他虽然知道这是给他穿小鞋儿，无奈人在矮檐下，也只好“～”。

【牙舌两不动，安身处处牢】 牙、舌：指代说话。指出言谨慎就能免去是非，到哪都能站住脚，过安稳生活。 例句 张英的母亲在后边碰头哭叫，邻居们心中也有气，只是不敢言语，俗话云：“～。”（选自王中文《忠义梦》）

【牙疼不算病，疼起来要了命】 指牙疼虽然不是什么大病，但疼起来却难以忍受。

【衙门的钱，下水的船】 旧指进官府打官司，花钱就如同顺流漂下的船只一样快。 例句 “就是你那点子银子，一哄儿就结了。俗语说：‘～。’这总要现钱，你总得想个主

意才好呢。”（选自石玉昆《三侠五义》）

【衙门口向南开，有理无钱莫进来】 衙门：旧时官府办事的机关。去旧官府打官司全凭花钱，如果没钱，即使再有理也打不赢官司。指过去的衙门是认钱不认理的。同“天下衙门朝南开，有理无钱莫进来”“衙门口朝南开，有理没钱别进来”。 例句 “这年头穷人就别打官司，常言说得妙：~！忍耐着吧！这是命里注定的！”（选自张孟良《儿女风尘记》）

【哑巴吃黄连——有苦说不出】 黄连：中药名，味极苦。比喻有些不幸和痛苦无法用言语表达，只能自己默默承受。 例句 基层单位在迎接考核时，还常担心因“迎来送往”这些“小节”得罪上级，怕给扣大帽子、穿小鞋，往往要抽出大部分的人力、物力、精力来做好接待工作，既赔上了人、钱、时间，又因分身乏术干不了日常工作而面对老百姓的抱怨，基层单位是~。（选自蔡玉洁《年终考核需“瘦身”》）

【哑巴吃饺子，心里有数】 比喻嘴上不说，心里明白。也作“哑巴吃扁食，肚子里有数”。 例句 “是我瞎猜疑，还是有人装神弄鬼、摇阴阳扇子？咱们是‘~’。”（选自张凤雏《铺满苔藓的路》）

【咽不下这口气】 比喻不能忍受别人的欺侮或冤枉，心中抑郁难平。 例句 他金俊武眼睁睁地让人家的腿从自己头上跨过去了……他~。（选自路遥《平凡的世界》）

【烟囱不冒烟，一定要阴天】 将要阴天时，气压较低，使得烟筒里面与外面的大气压差减小，从而使烟囱的吸力降低。

【烟酒不分家】 指抽烟的一般喝酒，喝酒的人一般抽烟；或指这两种东西，均可与人分享，不分你的我的。

【烟伤肺，酒伤肝】 吸烟伤害肺，喝酒伤害肝。所以应该戒烟控酒。

【烟云沸腾西北角，雷风搅雨带冰雹】 夏天如果西北方向云雾翻滚涌动，就会出现大风雷雨或还夹带冰雹的恶劣天气。

【严父出贤子，溺爱害子孙】 严格的父亲会教育出有贤德的孩子，过于溺爱反而会害了子孙。同“严教出好崽，溺爱误儿孙”。

【严将出强兵，严婆出巧媳】 将领严格才能带出强兵，婆婆严格才能带出巧媳妇。指严格要求才能培养出优秀的人才。 例句 要迅速提高文化科学技术，必须严；要准确地把文化科学技术用到打井过程中，更必须严。俗话说“~”，这不是没有道理的。（选自曹建勋《巫山燕》）

【严师出高徒】 一丝不苟的好师傅或好老师，能教出本领高超的好徒弟或好学生。 例句 丹尼尔似乎看出了我疑问，他笑着说：“你们中国不是有句俗话叫‘~’吗？为

了让你更好地掌握技术，我不得不对你严厉。”（选自黄耀国《德国遇“严师”》）

【严是爱，松是害，不管不问就变坏】 对于父母或老师来说，严格管教孩子或学生是对他们的爱护，放松要求反而对他们没好处，不管教不询问，他们就可能会走上歧途。

【严霜单打枯根草】 比喻灾难偏偏只降临到弱者身上。另也有“严霜单打独根草，寒风只吹无衣人”的说法。 例句 “～，越是咱们小家小户的，越经不起磨难。那些财主们呢，和咱们正相反。”（选自鲍昌《庚子风云》）

【严以律己，宽以待人】 对自己要求严格，待别人则很宽厚。 例句 要有宽容之心。～。宽容是一种温度。工作需要刚度，要讲原则，但也不能冷冰冰，也需要温度。（选自宋圭武《处事不以聪明为先，而以尽心为急》）

【言多变则不信，令频改则难从】 语出欧阳修《准诏言事上书》。话语屡次变化，就不能取信于人；政令频繁改动，下面就难以遵从。 例句 “～。”我们的工作和政策，应当保持连续性和稳定性，特别是有些工作本身就需要持续推进才能见成效。（选自胡坚《实现领导方式方法的转变》）

【言而当，知也；默而当，亦知也】 知：同“智”。话说的正当，这叫明白事理；不该说话的时候保持沉默，这也叫明白事理。 出处 《荀子·非十二子》（节选）：“～。故知默犹知言也。”

【言轻休劝人，力小休拉架】 说话不受重视就不要劝导别人，力气小就不要去拉正在打架的人。指人要有自知之明，不要去做自己无法胜任的事情。 例句 你想解决他们之间的矛盾，出发点是好的，可是他们那个时代结下的积怨，你根本就无法理解，人说“～”，我劝你省点力，别再瞎操这份儿心了。

【言者无心，听者有意】 说话的人不注意，听话的人却很留神。也作“说者无心，听者有意”。 出处 清·项琐《黄绣球》（节选）：“这是媒婆无意中一连说下来的，～。”

【言者无罪，闻者足戒】 出自《诗经·关雎·序》：“言之者无罪，闻之者足以戒。”提意见的人只要是善意的，即使提的不正确，也是无罪的；听取意见的人即使没有对方所提的缺点错误，也值得引以为戒。 例句 各级领导人员，有责任听别人的话。实行两条原则：（一）知无不言，言无不尽。（二）～。（选自毛泽东《一九四五年的任务》）

【言之无文，行而不远】 语出《左传·襄公二十五年》。说出的话如果没有文字记载，就不能流传很远。也作“言之无文，行之不远”。 例句 孔子对文字很重视，强调“～”，即思想要传播久远，需要有

文采的语言文字记载。（选自张岂之《文化自信的深厚历史底蕴》）

【炎炎者灭，隆隆者绝】 语出《汉书·扬雄传》。炎炎：火炽盛貌。隆隆：形容剧烈震动的声音。燃烧猛烈的东西很快会熄灭，震动剧烈的声音很快会断绝。比喻位高权重便威赫张扬，或腰缠万贯便横行霸道的人，难以长久。 例句 “～。”事物发展到一定的极限，就会走向它的反面。权高势大的人如果不明白这个道理，不知道自我约束、谨慎行事，离败亡的时候也就不远了。（选自郭立功《官戒》）

【盐出水，铁出汗，雨水不久见】 当出现盐潮湿、铁上有水珠时，是下雨的征兆。

【盐罐潮，水难逃】 盐罐潮了，表明空气的湿度大，就要下雨了。

【盐也是这般咸，醋也是这般酸】 凡是盐都一样的咸，凡是醋都一样的酸。比喻同类的东西没有太大差别。 例句 “论起来，～。秃子包网中，饶这一抿子儿也罢了。若是信着你意儿，把天下老婆都要遍了罢!”（选自兰陵笑笑生《金瓶梅》）

【盐也只有那么咸，醋也只有那么酸】 比喻事情并没有什么大不了的，不必大惊小怪。 例句 他穿上鞋子，大大喝了一口浓茶，于是大彻大悟地自言自语起来：“啥呀！～！”（选自沙汀《淘金记》）

【盐在哪里咸，醋在哪里酸】 意谓事物的起因或事件的来龙去脉。也作“盐在哪咸，醋在哪酸”“醋打哪儿酸，盐打哪儿咸”等。 例句 少啰嗦！～，我很清楚。你就是舌上生莲花也无济于事！（选自佟士奇 王广仁《父女风云录》）

【阎王不嫌鬼瘦】 比喻压迫者与剥削者对人的压迫或盘剥不留情面，没有怜悯心。 例句 “就是这样，昨天局子里还派下一百斤麦子呢！眼下正是春荒，甭说一百斤，就是十斤八斤，上哪儿抓挠去？这不是俗话说的‘～’吗？”（选自王厚选《古城青史》）

【阎王好见，小鬼难缠】 意思是求见阎王还容易，和阎王手下的小鬼打交道却很难。比喻首领人物还好应付，办事人员反而会刁难。 例句 俗话说，～。“小鬼”职位不高，却管具体的事，不给好处不办事，给了好处乱办事，让办事者左右为难。（选自王志贤《天天磕头求人是什么滋味？》）

【阎王叫你三更死，谁敢留人到五更】 迷信的说法。意思是地府里有个阎王爷，他手里有本生死簿，只要那上面谁的寿命到了，再挣扎也无济于事，都要去地府里乖乖报到。指人的寿数是命定的，死时不容拖延。也作“阎王叫人三更死，谁敢留他到五更”“阎王注定三更死，不许留人到四更”“阎王注定三更死，谁敢留人到四更”等。 例句 无奈这些鬼判都不肯徇私，反叱咤秦钟道："亏你还是读过书的人，岂不知俗语说的：'～。'我们阴间上下都是铁面无私的，不比阳间瞻情顾意，有许多的关碍处。"（选自曹雪芹《红楼梦》）

【颜色随季节，花色随性格】 就像不同的颜色代表不同的季节一样，人们穿不同花色的衣服显示出不同的性格。指可以通过穿着了解一个人的性格。

【眼熬烂，腿跑断，白天夜里连轴转】 形容夜以继日地奔忙劳作。 例句 老李天天忙得不可开交，真快到"～"的地步了。

【眼不见，差一半】 形容听说的事物，往往与眼见到的有很大差距。 例句 俗话说："～。"别光听他说，你最好亲自去看看实物。

【眼不见，心不烦】 比喻一些闹心事只要没有看见或不在眼前，也就不会为此操心或烦恼。 例句 "任凭你们两个冤家闹上天去，我'～'也就罢了。"（选自曹雪芹《红楼梦》）

【眼不见，嘴不馋；耳不听，心不烦】 眼睛看不到食物，嘴里就不馋；耳朵听不到各种事，心里就不烦。喻指人面对诱惑难免会动心。 出处 郭小亭《济公全传》（节选）："老和尚一闻脂粉头油，异香扑鼻，见荷花百般献媚，俗言说的不错：'～。'人非草木，谁能无情？"

【眼不见为净】 比喻一些让人闹心的事物，眼睛没看见就只当不存在，以求暂时的心理解脱。 例句 在发现肢体肿块时，很多人会选择"～"，认为到小诊所做个门诊手术直接切除就可以"万事大吉"了。其实这种"未取得病理就切除肿块"的做法，极有可能留下复发转移的隐患。（选自王懿辉 王广兆 王春《身上这些小疙瘩莫"一切了之"》）

【眼大肚子小】 比喻人贪得无厌。 例句 他把许多想吃的食物都划拉在了自己跟前。妈妈笑着说："这么多，你能吃完吗？你就是～。"

【眼大无神，搁不住小眼一轮】 没有精神或灵气的大眼睛还不如有精神的小眼睛呢。比喻外形没有实质重要。 例句 俗话说"～"，你只是帅气有什么用，学点真本事才重要！

【眼观旌节旗，耳听好消息】 节：本作"捷"。旌节旗：指报告捷报的旗子。意谓希望成功，等待胜利的好消息。 例句 〔旦云〕秀才去了也。我～。（选自郑廷玉《金凤钗·楔子》）

【眼观六路，耳听八方】 比喻人机智灵活，遇事能多方观察分析。 例句 要是没有一种～到处显出精明强干的能力，任凭你有天好的本事，满肚子的学问。（选自老舍《赵子曰》）

【眼见千遍，不如手过一遍】 指看的次数再多，也不如亲手做一遍印象深刻。 例句 我是见的不少，可“～”，遗憾的是还没有亲手操练过。

【眼睫毛都是空的】 形容人心眼多，聪明机灵或为人不诚实。同“眼睫毛都是钻打的”。 例句 他那人心眼子贼多，～。

【眼睛瞪得一般大】 比喻双方斤斤计较，丝毫不让。 例句 这件事他俩互不相让，～。

【眼睛都不眨一下】 形容人满不在乎或根本不在意的样子。 例句 她当场把身上和包里所有的钱，都掏出来给了他，～。

【眼睛里揉不得沙子】 比喻对原则和底线非常严格明确，容不得半点差错和违背。 例句 “他是一个～的人。听到违反纪律的人和事，他都会立即要求县纪委快查快办。”（选自袁海涛 饶章涛 王克龙《不改初心勇担责》）

【眼睛跳，晦气到】 晦气：不吉利，倒霉。民间认为眼皮跳动，倒霉的事情会出现。眼皮跳动和晦气两者没有逻辑联系，这是一种迷信说法。 例句 “常言道：～。难道有甚晦气到我家里？”（选自元·佚名《谢金吾》）

【眼是孬种，手是好汉】 比喻有的事情看着不爱做，做起来也没那么让人烦。也作“眼是孬汉，手是好汉”。 例句 看着长长的秧田，心里想着，这要插到什么时候？我的腰还能坚持下来吗？妈妈跟我说：～！果然，孬种是眼睛，好汉是双手，我终于也能够坚持到胜利。（选自刘永和《苦斗》）

【宴安鸩毒，不可怀也】 语出《左传·闵公元年》。鸩：一种羽毛有毒的鸟。怀：依恋。意思是安逸享乐如同饮毒酒一样，不可流恋。 例句 包下酒店常住，出入高档会所宴饮游乐，不遵守工作时间外出打高尔夫，这些做法固然让身心舒服，可作风之患、腐败之忧也因之而起。古人云，～。此中深意，不言自明。（选自李洪兴《走出自己的“舒适地带”》）

【谚语是智慧的结晶】 谚语是劳动人民智慧的体现。

【雁不离队，羊不离群】 雁和羊都有成群结队活动的特点，离开群体就失去了依靠。形容个人不能脱离集体。 例句 俗话说：“～。”你如果脱离我们这个教研团队，是不会取得成绩的。

【雁飞千里靠头雁】 大雁飞行得有头雁领路。指做事需要领头人带动。 例句 都说～，但村干部不易当。（选自徐锦庚《乡村发展的“头雁启示”》）

【雁过拔毛】 大雁飞过时也能拔下毛来。原形容武艺高超，后比喻人爱占便宜，见有好处就要乘机捞一把。 出处 清·文康《儿女英雄传》（节选）：“他既没那～的本事，就该悄悄儿走，怎么好好儿的把人家拆了个稀烂”。

【雁过十八天，霜打茄子蔫】 秋天，南飞的大雁从此地飞过去十几天后，就会下霜把茄子冻蔫。

【燕来不过三月三，燕走不过九月九】 农历三月三以前，燕子会回到北方活动；农历九月九以前，又飞去南方过冬。

【燕雀居堂，不知祸到】 燕雀在厅堂上筑窝自认为安全，房子着火也浑然不知。意谓处境危险却一无所知。 出处 《孔丛子·论势》（节选）：“先人有言，燕雀处屋，子母相哺，煦煦焉其相乐也，自以为安矣。灶突炎上，栋宇将焚，燕雀颜色不变，不知祸之将及己也。”

【燕子不吃落地的，鸽子不吃喘气的】 燕子只吃空中的飞虫，不吃落在地上的虫子；鸽子不吃活物，只吃草籽和粮食。

【燕子低飞蛇过道，大雨不久即来到】 下雨之前，空气湿度增加，使得昆虫翅膀上附有小水滴而无法飞高，燕子为了捕食低空飞行的昆虫，也只能低飞；下雨之前，大气压力降低，在洞穴中生活的蛇类呼吸困难，就会爬出洞来呼吸，因而有“蛇过道”的现象。另也有“燕子趴地蛇过道，蚂蚁搬家山戴帽”的说法。

【扬善于公庭，而规过于私室】 赞扬人的优点、成绩要在公众场合，但规诫人的过失、错误要在私下进行。曾国藩十分了解人性的弱点，故有此论。 出处 曾国藩《复吴竹庄方伯》（节选）：“阁下昔年短处在尖语快论，机锋四出，以是招谤取尤。今位望日隆，务须尊贤容众，取长舍短，～，庶几人服其明而感其宽。”

【扬汤止沸，莫若去薪】 用把水扬起的办法制止水的沸腾，不如把下面的柴火去掉。比喻解决问题要从根本处着手。 出处 范晔《后汉书·董卓传》（节选）：“臣闻～；溃痈虽痛，胜于内食。”

【羊毛出在羊身上】 语出宋·释道济《闻王妈妈定做小祥功德作二首》诗。现多用以比喻表面人家给了自己好处，但实际上这好处已附加在自己付出的代价里。 例句 “如今舅老爷来了，这个钱，我们下头亦情愿报效的。但是有一句俗语，叫做‘～’，无非还是拿着老爷的钱，贴补他舅老爷罢了。”（选自李伯元《官场现形记》）

【羊群里丢了羊群里找】 比喻在哪里损失的就在哪里找补。 例句 “办法有的是，～。他给众人甜头吃，咱再从众人身上找点苦头，翻过来给共产党八路军安在头上，不就成了老张拳头捣老张眼。”（选自刘江《太行风云》）

【羊肉不曾吃，空惹一身膻】 比喻好处没到手，却惹上了不好的名声。 例句 “我也想一分八厘行息，我还有几厘的利钱。他若是要二分开外，我就是‘～’，倒不如不干

这把刀儿了。”（选自吴敬梓《儒林外史》）

【羊有跪乳之恩，鸦有反哺之义】 指羊羔有跪下接受母乳的“感恩”举动，小乌鸦有衔食喂母鸦的情义。做子女的更要懂得孝顺父母。同“羊羔跪乳，乌鸦反哺”。 出处 《增广贤文》（节选）：“～。孝顺还生孝顺子，忤逆还生忤逆儿；不信但看檐前水，点点滴在旧窝池。”

【羊有头，人有主】 羊群有领头的羊，人群有带头的人。什么事都必须有主事的人。 例句 俗话说：“～。”他就是一个带领群众发家致富的领头羊。

【杨柳发青，百病皆生】 万物复苏的春季，是传染病多发和沉疾容易复发的季节。

【杨叶拍巴掌，撒花点豆耩高粱】 在北方，杨树叶子长成，风一吹能发出响声时，就到了播种棉花、豆子和春高粱的时候了。

【杨叶拍巴掌儿，才能种瓜秧儿】 风一吹杨树叶子能发出响声时，就到了种瓜的时候。

【养兵千日，用在一时】 比喻长期准备以应一时之需。也作“养兵千日，用兵一时”。 例句 有的说应该动家伙，～；有的说可千万别开火，你有枪，难保于二龙会空着手？（选自李国文《冬天里的春天》）

【养病如养虎，虎大必伤人】 指小病不早治，就像把小老虎养大会伤人一样，必成后患。

【养病如养虎，有病不瞒医】 指小病不早治，就像把小老虎养大会伤人一样，必成后患；无论得了什么病都不能对医生隐瞒病情。

【养儿待老，积谷防饥】 指养育子女是为了年老时有人赡养，储存谷物是为了防备灾年饥饿。 出处 冯梦龙《警世通言·宋小官团圆破毡笠》（节选）：“自古道：‘～。’你我年过四旬，尚无子嗣。光阴似箭，眨眼头白。百年之事，靠着何人？”

【养儿当兵，种地纳粮】 旧指儿子长大有当兵义务，耕种田地者有义务缴纳公粮。 例句 俗语言：～。纳粮，指纳公粮，也就是农业税的俗称。新中国成立后，我国农业税以征收实物（粮食）为主，群众俗称“交公粮”。（选自陈冬梅《粮所拾遗 岁月留声》）

【养儿防老】 指养育子女是为了防备年老。 例句 目前对“～”观点持赞同态度的老年人仍占主体，但随着我国现代化进程的加快，社会保障制度逐步健全，多层次的养老服务体系一定程度上减轻了子女的负担。未来，老年人将逐渐降低对家庭养老的依赖程度。（选自田珊檑 周韵曦《“养儿防老”并非唯一选择》）

【养虎自遗患】 遗：留下。比喻如果宽恕敌人或恶人，相当于是给自己留下了后患。 出

处　司马迁《史记·项羽本纪》（节选）：汉欲西归，张良、陈平说曰："汉有天下太半，而诸侯皆附之。楚兵罢食尽，此天亡楚之时也，不如因其机而遂取之。今释弗击，此所谓'～'也。"

【养家千百口，作罪一人当】　一人犯罪一人担当，不能殃及家里其他人。　出处　清·吴璿《飞龙全传》（节选）："常言道：'～。'彼时陷害令兄者，惟苏凤吉一人而已，与他全家无涉。……若把他全家老幼一概杀戮，一则伤了天地好生之心，二则黎民恐惧。"

【养生不若放生】　喂养动物，即便提供优越的生活条件给它们，不如放它们回归自然。比喻把人供养起来倒不如给人以自由。　例句　众女子笑道："长老虽不拣人布施，却只有些上门怪人。莫嫌粗淡，吃些儿罢。"长老道："实是不敢吃，恐破了戒，望菩萨～，放我和尚出去罢。"（选自吴承恩《西游记》）

【养心莫善于寡欲】　语出《孟子·尽心下》。修养心性没有比减少欲望更好的了。　例句　良好的心境是健康的保证，这个道理每个人都懂。但在生活中，如何才能做到呢？孟子给我们开出的答案是："～。"（选自逯富红《孟子的养生之道》）

【养猪不打圈，等于本里转】　打圈：母猪在怀孕前或怀孕早期时，在固定的区域里绕圈运动。养母猪时，如果猪没有"打圈"运动，就可能不生产小猪或小猪不够健康，这样养猪人就赚不到钱。

【养猪养羊，有肉有粮】　养猪养羊的人家，猪羊都可以杀了吃肉；猪粪羊粪可以施在地里提高粮食产量。

【养子不教如养虎】　养孩子只知道让孩子吃饱穿暖，而不进行教育，就像养只老虎一样，长大以后可能危害社会、伤害家庭。强调对孩子教育的重要性。

【养子方知父母恩】　意思是等自己养了儿子才能体会到父母对自己的恩情。　例句　常言："～。"人家养个儿子，不知费多少心力，方得长成。及至儿子长成，往往反把父母撇在一边。那时父母嗔怪他不孝，却不思自己当初为子之时，也曾蒙父母爱养，正与今日我爱儿子一般。我当日在父母面上未曾尽得孝道，又何怪儿子今日这般待我。（选自梅庵道人《四巧说》）

【痒要自己抓，好要别人夸】　比喻自己的问题自己解决容易抓住关键所在；优点、成绩别人夸才有意义。

【腰里掖着一重牌，谁说跟谁来】　牌：这里指牌票；旧时官方为某具体目的而填发的固定格式的书面命令，差役执行时持为凭证。形容有仗势，见谁就跟谁闹矛盾的人。

【摇车儿里的爷爷，拄拐棍儿的孙子】　身卧摇车的小孩，却是爷爷辈的；拄着拐棍的老人，却是孙子辈的。指辈分大小与年龄无关。 出处 曹雪芹《红楼梦》（节选）："俗话说的好，'～'，虽然年纪大，山高遮不住太阳。只从我父亲死了，这几年也没人照管。宝叔要不嫌侄儿蠢，认做儿子，就是侄儿的造化了。"

【摇头不算点头算】 指摇头表示反对，点头表示赞同。意谓明确表个态。 例句 你看，姑娘一过门，吃的是珍馐美味，穿的是绫罗绸缎，这不是造化吗？怎样，～，来个干脆的！（选自老舍《茶馆》）

【咬得菜根，则百事可做】 语出朱熹《小学·善行实敬身》。意思是：人如果常以菜根为食，就说明能不畏艰苦，那么做什么事都没什么难的了。"咬得菜根"遂成为能吃苦的代称。 例句 昔贤云：凡人～。其言浅俗，其意深远。（选自王玉亮《心系群众应具有"咬菜根"精神》）

【咬人的狗不叫】 真正下口咬人的狗不汪汪乱叫。比喻真正狠毒的人，往往伪装起来，不会虚张声势。同"咬人的狗不汪汪"。 例句 你别看他成天低着头不吭声，心里阴着呢！"～"，可得提防着点。

【咬人的狗不露齿】 真正下口咬人的狗不龇牙咧嘴，也不汪汪乱叫。比喻狠毒的人表面不露形迹，只在暗中做事。 出处 元·张国宾《罗李郎》（节选）："那厮却有一二，咱家无三思，将那谎局段则向俺跟前使，那厮正是咬人的狗儿不露齿。"

【舀饭的勺子碰锅沿，两口子斗嘴儿心里甜】 就像舀饭的勺子会碰到锅沿一样，两口子难免会发生矛盾，斗斗嘴而已，心里并不记恨对方。

【药补不如食补】 吃药物滋补，不如日常饮食用食品滋补。 例句 病后术后，人体较为虚弱，应该调养身体、适当滋补。俗话说"～"，食物中的营养素更容易被人体消化吸收，应先以流质或半流质的食物来调理脾胃，再逐渐增加营养，恢复元气。（选自陈其华《巧食薏仁治小病》）

【药不治假病，酒不解真愁】 如同药物不治假装的病一样，喝酒并不能从根本上消除忧愁。也作"药不治假病，酒难解真愁"。 例句 "～"。他整天在家喝闷酒，结果是越喝越愁。

【药到病除】 药一服下病就好了。形容用药效果非常好。也形容问题马上得到解决。 例句 中医药发展的困境，仅靠一部立法尚不足以～。但立法如同一剂强心针，提振着中医药行业的信心。（选自王君平《中医药"以西律中"不可取》）

【药对方，一口汤；不对方，一水缸】 汤药若能对症，喝下去就见效；若不对症，喝多少也治不了病。可借以比喻解决问题方法对头才能奏效。

【药农进山见草药，猎人进山见禽兽】 同样进山，各有各的关注目标，药农只注意草药，猎人只注意猎物。形容人们往往会因为身份立场的不同，观察事物的角度就不同或眼光受到局限。

【药医不死病，佛度有缘人】 药物只能医治命不该绝的病，佛祖只能度化与佛有缘的人。通常用以表示凡事尽力而为，有些事无法办到不可强求。 例句 “先生，常言道：‘～。’你且不要拘泥古法，尽著自家意思，大了胆医去，或者他命不该绝，就好了也未可知。万一不好，决无归怨你之理。”（选自冯梦龙《醒世恒言·刘小官雌雄兄弟》）

【要饱还是家常饭，要暖还是粗布衣】 家常便饭可口，粗布衣裳贴身。指平平淡淡的家庭日常生活就好。或也作“要饱家常饭，要暖粗布衣”“论吃还是家常饭，论穿还是粗布衣，论亲还是老夫妻”。 例句 母亲怕我不穿，劝我说：“这布是手工纺织的，穿上耐实、暖和。～。你要嫌丑，我给你缝件外衣。”（选自杨栋《黑布小袄》）

【要捕鱼，先织网；要搭桥，先打桩】 比喻凡事要想达到目的，都要事先创造条件，做好充分准备。 例句 俗话说：“～。”你要想过上幸福的生活，就要从小开始武装自己的头脑。

【要吃饭，自己干，没人喜欢浪荡汉】 指凡事要靠自己的努力，依赖别人是不行的。

【要吃果子树上摘，风吹落地味不香】 要想吃好吃的水果，就要去树上采摘，被风吹落地上的就不好吃了。比喻不经努力的获得，幸福感会大打折扣。

【要吃辣子栽辣秧，要吃鲤鱼走长江】 想要吃辣椒，就要种植辣椒秧苗；想要吃到鲤鱼，就要到长江去捕捞。比喻要想实现某种目的，就要积极努力，创造必要条件。同“要吃樱桃先栽树，要想走车先铺路”。 例句 “～”。无论目标多么遥远，只要我们愿意付出努力，就一定能够实现自己的梦想。

【要吃清泉水，就得地理鬼】 地理鬼：熟悉地理的人。要想喝到清澈的泉水，还需依靠熟悉地形的人来帮助。喻指要想做成大事，离不开精明又知情的人帮助。 例句 常言道：“～。”没有他们，我们就寸步难行！（选自丹珠昂奔《吐蕃史演义·入长安》）

【要打当面锣，莫敲背后鼓】 比喻有话讲在当面，不搞背后议论。也指为人处世要光明正大，不搞阴谋诡计。 例句 你怎么想，就怎么说，噼里啪啦，把什么都摆出来，咱们～。

【要打仗，拜大将；要打磨，请石匠】 指要想干成大事，就必须请行家来帮助。 例句 “～。”李慕白以武功剑法闻名天下，请他来，多半是要仰仗他的武功和剑法了。（选

自聂云岚《春雪瓶》）

【要得安，先办官】 可以从两方面理解。从个人方面讲，想要内心安稳，就要先处理好公事；从国家层面讲，要让百姓过上安定生活，就要先整顿好吏治。也作“想要安，先办官”。 例句 他是个对工作十分上心的人，在公事和私事冲突时，总是以公事为主。常说“～”，处理好公事心里才踏实。

【要得会，天天累】 如果想学会本领，就要比别人多吃苦。指本领是在苦学中长进的。 例句 俗话说：“～。”你又想取得优秀成绩，又不想付出努力，这怎么可能呢？

【要得活儿多，还得吃与喝】 要想让人多干活，就得先给他吃好喝好。 例句 “好孩子，熬着罢，你婆母也不是死心瞎眼。俗语说的好，～。那牛儿马儿出了力，还须加些料养哩。”（选自赵焕亭《奇侠精忠全传》）

【要得惊人艺，须下苦功夫】 要想使自己的技艺达到惊人的高度，就必须下一般人下不了的苦功夫才行。也作“要学惊人艺，须下苦功夫”。 例句 “俗话说：‘～。’习武练功之人，一日不能停，久辍必疏。”（选自冯育楠《津门大侠霍元甲》）

【要得精，人前听】 若要精通某项技艺，就得认真听取别人的意见。指虚心学习才能增长才干。 例句 俗话说：“～。”你要想学到真本事，就要认真向师傅和工友们请教，听听他们怎么说。

【要得狂，红配黄】 一个人若要显得纵情任性、放荡骄恣，穿衣就红色与黄色搭配。

【要得趣，红配绿】 一个人若要显得有情趣，穿衣就得红色与绿色搭配。不过，也有“红配绿，赛狗屁”的说法，认为这种搭配什么都不是，很土。

【要得天气暖，椿树骨朵儿像个碗】 意思是椿树的花穗长得像碗口那么大。天气就暖和了。

【要得香还是猪肘子，要得亲还是两口子】 若要说香的，还是吃猪肘子；若要论关系亲近，还是夫妻俩。

【要得小儿安，多受饥和寒】 指要想小孩子健健康康不生病，就应该让他别吃太饱，别穿太厚。

【要叫马儿跑，得叫马儿多吃草】 比喻要想让他人好好工作，就得给予一定的报酬。 例句 “～。”三六八要想露亮，就得兵强马壮！（选自奚青《望婚崖》）

【要破东吴兵，还得东吴人】 比喻要干好一件事，就得让了解这方面情况的人去处理。 例句 “～。我看把这桩事情，给全叔好了。”（选自刘江《太行风云》）

【要钱没有，要命一条】 表示自己没有钱，随便对方怎么都行。人撒泼耍赖或不畏惧恐吓而坚决不拿出钱来时所说的话。 例

句　一些地方政府为了利益“保护”欠薪企业置法律于不顾，加之法律解决途径周期太长等因素，恶意欠薪企业一旦摆出“～”的无赖嘴脸，神圣的法律便成了一纸空文，农民工的维权之路依然崎岖艰难，只能“铤而走险、剑走偏锋”。（选自高永维《讨薪只能靠跳楼，板子要打向“有法难依”》）

【要擒蛟龙下大海，要捕猛虎入深山】　要想擒拿大的猎物，就得深入险地。比喻要想抓住敌首，就必须直捣敌巢。泛指要想有所收获，必须深入实践。　例句　“俗话说：‘～。’打个山鸡啦，野兔啦，当然用不着到这深山老林里来。可是，要打贵重的野物，不进深山哪能行？”（选自黎汝清《叶秋红》）

【要取骊龙项下珠，先须打点降龙手】　骊龙：传说黑色的龙。打点：送人钱财以疏通关系。要想摘下黑龙脖子下的宝珠，就得先送给降龙人好处。比喻要想办成大事，就必须先用高薪吸引人才。　出处　明·罗懋登《西洋记》（节选）：“这个宝船事非小可，须得户部支动天下一十三省的钱粮，工部委官钦采皇木，却又要顺天之时，因地之利，择一个吉日良时，盖一所宝船官厂，却才用得人官之能，尽得物曲之利。把个三百六十行的匠作选上加选，精上要精，动日成功，刻期完件。这叫做个‘～’。”

【要人知重勤学，怕人知事莫做】　要想受人敬重就要勤奋学习，害怕别人知道就不要做坏事。　出处　冯梦龙《喻世明言·任孝子烈性为神》（节选）：“任珪混在人丛中，坐下纳闷。你道事有凑巧，物有偶然，正所谓吃食少添盐醋，不是去处休去。～。”

【要想虫子少，锄尽田间草】　要想庄稼上害虫少，就要将地里的杂草铲除干净。同“要想害虫少，除尽地边草”。

【要想代代富，多栽果木树】　想要一代一代都富有，就要多种果树。指种植果树可以有长久的收益。

【要想当先生，先要当学生】　这句话是说做人应该要谦虚一点，想要做先生教育人，必须先从做学生受教育开始。　出处　毛泽东《党委会的工作方法》（节选）：“我们切不可强不知以为知，要‘不耻下问’，要善于倾听下面干部的意见。先做学生，然后再做先生；先向下面干部请教，然后再下命令。”

【要想斗争巧，全凭智谋高】　要想在斗争中以巧取胜，必须靠高超的智慧和谋略。　例句　常言说：“～。”这话很对。请看，齐英摆的这个迷魂阵，真把何大拿给迷惑住了。（选自刘流《烈火金钢》）

【要想富，多种树】　指植树造林是走向富裕的一条路。

【要想富，鸡叫三声离床铺】　指要想富裕起来，就得起早摸黑地勤劳苦干。

【要想富得快，种地做买卖】 要想快速发家致富，就得一边种庄稼，一边做买卖。

【要想好，大让小】 要想相处得融洽或更好地处理问题，年长的必须谦让年幼的，位高的必须谦让位低的。 例句 你当父亲的不能天天跟孩子斗气，“～”，在处理事情上，你得给孩子做个表率。

【要想会，跟着师傅睡】 指若要想学到师傅的技艺，就要和师傅生活在一起，时时受教。也戏谑徒弟和师傅有暧昧关系，才能得其真传。 出处 曹去晶《姑妄言》（节选）：“童自大道：‘可又来，老子娘会唱，女儿再没有不会唱的，女儿会唱，女婿自然就会唱了。人说：若要会，同着师傅一头睡。你同着母师傅睡，自然会唱。买个驴子拉尾巴——不是这个谦法。不要谦了，唱罢。’”

【要想看得远，须往高处站】 比喻站位高，从宏观看才能看到事物的发展前景。 例句 “～”，人只有努力学习，提高自己的思想境界，看问题才能有宏观的角度。

【要想俏，一身皂】 皂：黑色。若要俊俏，最好穿一身黑色的衣服。也作“要得俏，一身皂”。 例句 “～。”古往今来，一些对自己的美富于自信的妇女常爱穿黑色衣服，白皮肤配上黑色衣服，确实会给人以落落大方而又非同凡响之感。（选自蒋秀戈《黑色——经久不衰的时装流行色》）

【要想人敬己，先要己敬人】 如果想得到别人的尊敬，必须首先尊敬别人。 例句 不要总是埋怨别人不把你当回事，“～”，你不尊重别人，别人怎么能尊重你？

【要想人前显贵，必在人后受罪】 指要想在人前显示尊贵，就必须默默地拼搏奋斗，取得相应的成就和地位。 例句 “～。”这句老话虽带有不合时宜的色彩，但这内涵，这合理的内核，是不能否定的。（选自赵忠祥《荧屏小天地，人生大舞台》）

【要想身体健，必须天天练】 如果想身体健康，就必须天天锻炼。

【要想身体健康，多吃五谷杂粮】 指食物品种多样化，有利于身体健康。

【要想摘花莫怕刺，要想捉鱼莫怕水】 比喻做任何事都有风险和难处，要想做成就应该迎难而上，不能畏难退缩。 例句 我们追求一个目标时，难免会遇到困难和挑战，但～，知难而上才能达到目的。

【要学江水日日淌，莫学阳雀叫半春】 阳雀：候鸟，在春季迁徙时才可听见其鸣叫。比喻做事要有毅力，持之以恒，不要忽冷忽热。

【要学蜜蜂采蜜，不学蜻蜓点水】 喻指做事情要深入细致，不要浮于表面、浅尝辄止。 例句 学习不能只停留在表面功夫上，“～”，只有学深学透才能取得好成绩。

【要学武松打虎，不学东郭怜狼】 喻指对敌人或恶势力要狠，不可有怜悯之心，以免后患。 例句 俗话说：“～。”对那些违法乱纪分子绝不能姑息纵容，否则就会伤害无辜。

【要知父母恩，怀里抱儿孙】 指自己有了儿孙，才能真正体会到父母的养育之恩。 例句 俗话说：“～。”等你有了自己的孩子，才能体会到父母养育你的不易啊！

【要知富不富，先看宅边树】 要了解这一个家庭富裕不富裕，从他家宅周围树的大小，就能看出一二。

【要知海深问渔夫，要知山高问猎户】 要想获得相关的知识或了解某方面的情况，就得请教有实践经验的人。 例句 “‘～’，你还是去问问战士们好。”（选自张恩忠《龙岗战火》）

【要知农家事，须问农家人】 想了解农村的事情，就必须问农民。喻指想了解哪个行业的情况，就要向这个行业的业内人请教。

【要知其中味，必须亲口尝】 比喻想要得到某种经验和体会，就得亲自去实践。

【要知山下路，须问去来人】 意思是要知山下路的难易走向，还得问问过往的行人。比喻要了解情况或学好本领，须向熟悉情况或有本领的人请教。 出处 吴承恩《西游记》（节选）：“正商议时，只见大路旁边走出一个老公公来……八戒望见大喜道：‘师兄，常言道：～。你上前问他一声，何如？’”

【要知心腹事，但听口中言】 但：只，只要。想了解他人的心事，只用听他说话就行了。比喻要想知道一个人在想什么，只要听听他说什么，就可以略知一二了。 出处 冯梦龙《醒世恒言·勘皮靴单证二郎神》（节选）：“说犹未了，恰好太尉夫人走过来，说道：‘夫人，你却在此祷告甚么？’韩夫人慌忙转口道：‘氏儿并不曾说甚么。’太尉夫人再也不来盘问。游玩至晚归家，各自安歇，不题。正是：～。”

【钥匙不能劈柴，斧子不能开锁】 比喻物各有所长，要在用其所长，避其所短。 例句 俗话说“～”，中药一味药有一味药的作用，医生看病是要对症下药的。

【爷爷看孙子儿，家里的正根底儿】 在旧时代，爷爷总是把孙子看作家庭传宗接代的人。 例句 俗话说“～”，老李一脑子旧观念，这回抱上了孙子，算是称了他的意了。

【野马脱缰要乱套，人无法律走乱道】 喻指只有通过法律约束人的行为，社会才会秩序井然。 例句 俗话说：“～。”没有规矩不成方圆，如果人人都有法不依，社会怎会安宁？

【业精于勤荒于嬉】 语出韩愈《进学解》。嬉：嬉戏、玩耍。学业的精进在于勤奋，而贪玩就会使

其荒废。 例句 韩愈有一句名言："～。"为学如此，为政也是同样的道理。（选自危兆盖《"清"、"慎"、"勤"的解读》）

【业精于勤荒于嬉，行成于思毁于随】 语出韩愈《进学解》。学业因勤奋而专精，因玩乐而荒废；德行由于深思自省而日渐有成，由于因循随俗而败坏。 例句 以"恪勤匪懈"为鉴，做"勤政务实"的好干部。"～"。一切美好的理想无不源自勤奋的实干，惟有汗水，才能浇灌花朵；惟有行动，才能收获果实。（选自贾玉宝《以"四善"为鉴，做"四好"干部》）

【叶儿不落地不冻，你有麦种尽管种】 指种冬小麦不怕时令晚，只要树叶还没落净、大地没有上冻，尽管种就行了。

【叶落归根，人老还乡】 就像树叶终究要落到地面一样，人老了都希望回到自己的家乡。 例句 他辞退了两位店员，自己只身回到了村里。"～"，这一切不是很正常吗？（选自露非《米河流向远方》）

【叶自根生，相自心生】 树叶是由树根提供营养而生长，人的相貌是由人的个性和长期的心境修养所形成。

【夜不闭户，路不拾遗】 闭户：关门。拾遗：捡拾别人丢失的东西。古代形容太平盛世，社会秩序安定。也作"路不拾遗，夜不闭户"。 例句 却说诸葛丞相在于成都，事无大小，皆亲自从公决断。两川之民，忻乐太平，～。（选自罗贯中《三国演义》）

【夜长梦多】 比喻时间一拖长，情况可能发生不利的变化。 例句 他又说，这件事要干就得快，因为局势常变，～，拖延了恐怕不利。（选自高云览《小城春秋》）

【夜里星光明，明日依旧晴】 如果夜晚天空星光璀璨，第二天大都是晴天。

【夜猫子不黑天不进宅，黄鼠狼不深夜不叼鸡】 夜猫子：猫头鹰。比喻坏人喜欢在暗中行动，做坏事总是瞄准隐秘的时机进行。 例句 "俗话说：'～。'狗东西再来，它是要瞅上个空子才下嘴。"（选自李伯屏等《黄海红哨》）

【夜猫子害怕见太阳】 比喻坏人害怕公开他们的丑行，或恶势力害怕正义的力量。 例句 孙茂林也不好意思地说："可不是，没想到这个政治攻势，还真管事哩！"高云飞感慨地说："真是俗话说的，～啊！"（选自王厚选《古城青史》）

【夜猫子进宅，无事不来】 夜猫子：猫头鹰。比喻不喜欢的人上门，一定是有事相求，或没安好心。也作"野猫子上宅，无事不来"。 例句 他一进来，我就对他的来意猜了个八九分。果然是"～"。

【夜晴没好天，一雾三天晴】 指连续下雨，突然一天晚上晴了，第二天不会有好天气；早晨如果起大雾，后面三天都会是晴天。

【夜入人家，非奸即盗】 意谓夜里闯进他人家中，一定是作奸犯科的人。 出处 元·乔孟符《金钱记》（节选）：“这厮说也说不过。黄夜入人家，非奸即盗。必定是个贼。”

【夜夜防贼，岁岁防饥】 对荒年和盗贼要经常戒备，不可疏忽，人一定要有危机意识。同“年年防饥，夜夜防盗”。 例句 “有道是~，你只管和丹凤街那些人来往，仔细你手边那几个钱，要让他们骗个精光。”（选自张恨水《丹凤街》）

【一把鼻涕一把泪】 鼻涕不断，泪水不停。形容哭得十分伤心。 例句 回到办公室，她再也控制不住情绪，~地向村支部书记哭诉：“咱村缺水，搞节水农业是没办法的办法。您看隔壁长丰县农民种草莓，亩均收入过万，咱们就守着一季稻一季麦，一年到头累死累活才千把块……”（选自丁一鸣 常河《王萌萌：把根扎入江淮分水岭的“萌书记”》）

【一把斧子两面砍】 指两件事同时进行。 例句 夏金棍有些茫然，抬起脑壳问：“~，这时间问题又要动员挖匪特，又要强调搞生产，这不两边扯皮？”（选自丁令武《风扫残云》）

【一把圪针捋不到头】 比喻事情或问题复杂，难以彻底完成或解决。同“一根刺篱撸不到头”。 例句 他虽然神通广大，可最近难事一个接一个，~，他也是着急上火。

【一把屎一把尿】 指抚养孩子十分辛劳。 例句 女儿是她~拉大的，形影不离地在自己身边长大的。（选自冯德英《苦菜花》）

【一把钥匙开一把锁】 用一把钥匙只能开一把锁。形容解决问题的方法要因地制宜，因人而异，或用不同的方法解决不同的问题。 例句 党中央决策部署涉及方方面面，确定的目标任务有近期的，有中期的，也有长期的；各地情况千差万别，抓落实务必实事求是、因地制宜，~。（选自金观平《强化狠抓落实的执行力》）

【一白遮三丑】 指人只要皮肤白净，就会掩盖其他方面的缺陷。可用来比喻一个突出的优点可以掩盖许多缺点。 例句 人长得俏，一双水汪汪的大眼流光四射，身材丰盈，曲线玲珑，肌肤晶莹洁白，~，因此相当美。（选自云中岳《侠影红颜》）

【一百饶一下，打汝九十九】 意思是宽恕少惩罚重。 出处 明·袁宏道《雪涛阁集序》（节选）：“然在古亦有之有以平而传者，如‘睫在眼前人不见’之类是也；有以俚而传者，如‘~’之类是也；有以俳而传者，如‘迫窘诘曲几穷哉’之类是也。”

【一棒打两只鸡】 比喻办事一举两得。 出处 清·范寅《越谚》（节选）：“~。意同一箭贯双雕。”

【一饱为足，十饱伤人】 吃饭吃饱为满足，过分饱就会伤害健康。

【一报还一报】 指做一件坏事后必受一次报复。也指以其人之道还治其人之身。 例句 “把这厮绑了，五车裂了，可与俺李存孝～。”（选自关汉卿《哭存孝》）

【一辈子不出马，总是个小驹】 出马：指将士上阵作战。比喻人不从小经受锻炼，一辈子都成不了才。 例句 “娘啊，这你可说错了，我在你面前，总是个小孩子。‘～’，这回，我要到两军前杀敌为父报仇。”（选自刘林仙等《薛丁山征西》）

【一笔画不成龙，一锹挖不出井】 比喻做任何事都不可能一下子就成功，必须经历一个过程，不能急于求成。 例句 学习要有耐心、有恒心，不能急于求成，“～”，应循序渐进才是。

【一笔写不出两个姓字来】 表示都是同一个姓氏的人，血缘上关系密切、亲近。 例句 你们争什么争，“～”，都是一家人，和气点多好！

【一边闲着草，一边饿死牛】 比喻资源分配不均衡或利用不上。 例句 尤其是基层文化的活动场所，文化资源的管理还存在无序状态，文化活动室无活动，文化设施无人管理，使得一些农村文化设施成了摆设，“～”的现象比比皆是。（选自左崇年《愿更多的“文化管家”为文化服务给力》）

【一遍生，两遍熟，三遍过来当师傅】 凡事做第一次时生疏，再做时就熟悉了，做多次后就能当师傅带徒弟了。指多次练习就能牢固掌握。

【一不怕苦，二不怕死】 是中共党史上的80句口号之一。反映了人民解放军官兵在战争年代表现出来的一种革命精神。 例句 习主席指出，“军人必须有～的精神”“一不怕苦、二不怕死是血性胆魄的生动写照，要成为革命军人的座右铭”。（选自李中林 尹红星《大力发扬“一不怕苦、二不怕死”的精神》）

【一不做，二不休】 指事情要么不做，既然已经做了就索性做到底。 例句 甘婆子道：“我的儿呀，为娘的如何忘了呢。原说过就做这一次，下次再也不做了。偏他主仆又找上门来，叫为娘的如何推出去呢？说不得，这叫做‘～’。好孩子，你帮着为娘再把这买卖做成了，从此后为娘的再也不干这营生了。”（选自石玉昆《三侠五义》）

【一步赶不上，步步赶不上】 指起初或关键的一步落后，就再也赶不上，陷入被动。也作“一步不跟趟，步步赶不上”。 例句 人常说：“～。”何况王连生兑下几年的饥荒！于是，他只得年年还了利钱再欠债，还了欠粮再借粮。（选自胡正《汾水长流》）

【一步一个脚印】 比喻做事踏实。 例句 全党同志要坚定信心，按照党中央确定的思路和方法，保持战略定力，坚持问题导向、底线思维，发扬钉钉子精神，~向前迈进，朝着我们的奋斗目标不断前进。（选自杨英杰《一步一个脚印向前迈进》）

【一步走错，满盘皆输】 下棋时走错一步，整盘棋就会输掉。比喻对全局有决定意义的问题处理不当，就会导致全局的失败。也作“一着不慎，满盘皆输”“一招不慎，满盘落空”。 例句 中华民族这100多年来历经磨难，现在离民族复兴越来越近。但正因越来越近，每一步都是惊险一跳，都是从量变到质变的巨大飞跃。历史上，~、功亏一篑的教训不少。（选自叶小文《画大同心圆 共筑中国梦》）

【一层布儿一层风，十层布能过个冬】 一层布能抵御一层风的侵袭，多层布就可以过冬了。也指衣服不一定穿得多么讲究，但要多穿一点就能度过寒冬。

【一场春雨一场暖】 立春过后，暖湿空气影响我国大部分地区，每下一场春雨，天气就会暖和一些。

【一场秋雨一场寒，十场秋雨要穿棉】 立秋至立冬期间，下一场雨就会感觉天气凉一些；要是下几场秋雨就意味着秋尽冬始，人们就要穿上棉衣服御寒了。

【一朝天子一朝臣】 原意是帝王更换，下面的臣子也随之更换。后泛指一个人上台，就另换一班人马。现常指在用人问题上的团团伙伙，宗派主义。另也有“一朝天子一朝臣，一辈新鲜一辈陈”的说法。 例句 他深谙症结所在，到文化局上任后，与大家第一次开会，就宣布了两个三“不”。一个是：不搞~，不搞不教而诛，不要不干正事。另一个是：不要不喝酒不办事，不要喝了酒乱办事，不要办了事就得喝人家的酒。（选自霍晓丽《为人民抒怀——追记作家贾大山》）

【一成靠天分，九成靠勤奋】 形容成为人才或事情的成功主要靠勤奋努力，天赋、命运只占很小的比率。

【一尺之捶，日取其半，万世不竭】 语出《庄子·天下》。捶（chuí）：通“棰”，棍，杖。万世：形容极长时间。竭：尽。一尺长的棍棒，每日截取它的一半，千秋万代也截不完。说明物质具有无限可分性。 例句 宇宙从大的方面看来是无限的。宇宙从小的方面看来也是无限的。不但原子可分，原子核也可分，电子也可以分，而且可以无限地分割下去。庄子讲“~”，这是对的。因此，我们对世界的认识也是无穷无尽的。（选自毛泽东《关于人的认识问题》）

【一床锦被遮盖】 意思是请求别人通融庇护。 例句 “凡百事周全，~则个，别无多言。”（选自施耐庵《水浒传》）

【一锤子买卖】 比喻只做

一次的生意，或只看眼前不看长远的做法。 出处 老舍《女店员》（节选）：“咱们哪，砂锅砸蒜，一锤子的买卖，我永远不再到这儿来！”

【一寸光阴一寸金，寸金难买寸光阴】 语出《增广贤文》。一寸光阴跟一寸长的黄金一样宝贵，而一寸长的黄金却难以买到一寸光阴。比喻时间十分宝贵。 例句 事实上，我们不乏很多可资利用的时间。~。一些“边角废料”看起来不起眼，倘若有效累积起来，却是人生中相当可观的一部分。（选自周云波《用好时间的“边角料”》）

【一寸山河一寸金】 语出《金史·左企弓传》。一寸国土跟一寸金子的价值一样宝贵。形容领土极其宝贵。 例句 老兵们告诉大家，战争是残酷的，当战争不可避免的时候，~，军人们愿意用自己的鲜血铸就一段钢铁长城，保卫祖国领土神圣不可侵犯。（选自周长久 余健 李林《曲靖供电局开展“老山精神”爱国主义教育》）

【一打三分低】 指一旦动手打人，就理亏了。 例句 众女子谢道：“师兄如若动手，等我们都来相帮打他。”道士道：“不用打！不用打！常言道，‘~’。你们都跟我来。”（选自吴承恩《西游记》）

【一代不如一代】 代：父子相继为一代。意思是一代比一代差。 例句 九斤老太虽然高寿，耳朵却还不很聋，但也没有听到孩子的话，仍旧自己说：“这真是~！”（选自鲁迅《风波》）

【一登龙门，身价百倍】 登龙门：指科举时代会试得中，或得到有名望有权势者的援引。比喻被地位高的人看重后，名誉地位一下子有了大的提升。 例句 好的文学奖最感人的是它的伯乐作用。一个默默无闻的爬格子——敲键者，~，正是大奖最令人敬佩和感激之处。（选自王蒙《莫言获奖与我们的文化心态》）

【一等二靠三落空，一敢二干三成功】 一个人总是等待机会而不主动出击，最终将会失去所有机会；当一个人有勇气面对困难并采取实际行动时，他才可能成功。

【一等人不用教，二等人用言教，三等人用棍教】 说的是不同的人在学习方面的悟性和态度不同，教育他们的方法就不同。顶聪明的人也就是所谓的一等人，主动学习是他们的优势，不用耗费太多的力气去教就能领会；二等人说的就是普通人，学习需要老师去为他们讲解；三等人说的是性子顽劣不肯学习的人，需要家长威逼着才去学习。

【一滴水，一粒粮】 强调水对粮食作物的重要性；或指在极端情况下，水可以像粮食一样维持人的生命。

【一堵防风墙，十年丰收粮】 形容做好风沙的治理是有利于粮食增收的长远措施。

【一堵墙难挡八面风】 比喻势单力薄，应付不了。 例句 就凭你一个人，怎么来解决这小区里的问题？俗话说“～”，你就是有三头六臂也不行。

【一肚子坏水】 形容人心眼坏或坏主意多。 例句 “但此人～儿，吃人不吐骨头，成事不足，败事有余，只能拉拢，不能得罪。”（选自端木蕻良《曹雪芹》）

【一顿吃伤，十顿喝汤】 只要一顿饭让胃肠受伤了，十顿饭都没有胃口，只能靠喝汤来养。同“一顿吃伤，十顿吃汤”。 例句 俗话说，～。进食过饱会使大脑纤维母细胞生长因子明显增加，长期饱食势必导致大脑动脉硬化、智力减退、引发“三高”等。（选自韦绪怀《学会六个“微”条件 健康长寿总相伴》）

【一顿省一口，一年省一斗】 指节约粮食，积少可以成多。

【一跺脚四街乱颤】 形容人势力大，威风八面，称霸一方。 例句 “刘作谦这个地主头子，他往日里多么威风，真是站在十字街上～。”（选自梁斌《翻身记事》）

【一方水土养一方人】 指处在什么样的自然条件和环境里，人都能凭借其天然的条件和环境生存。也喻指不同的地域文化，培育出不同文化特征的人。 例句 “‘～’嘛，靠山吃山，靠水吃水。水淀里水，凭着治鱼解苇维持生活，不靠土地。”（选自梁斌《播火记》）

【一方有难，八方支援】 一个地方有了困难，四面八方支持援助。形容团结一致，共渡难关。 例句 ～，团结一心，共克时艰。这是深植于中华民族血脉的同胞情义，是守望相助的14亿人面对无情病毒书写的人间温暖。（选自张子扬《一方有难 八方支援》）

【一分价钱一分货，十分价钱买不错】 说的是商品的价格通常会反映商品的质量。一般来说，同样的商品，价格越贵质量越好。 例句 俗话说得好，“～”，你花那点钱还想买台好车？

【一分钱攥出汗来】 形容节俭，或吝啬。 例句 他家境不太好，所以生活上能省就省，很少看到花钱，“～”。

【一夫出死，千乘不轻】 意谓一个人决死而战，即使拥有千乘战车也不敢轻视他。 出处 刘安《淮南子·说林训》（节选）：“鸟有沸波者，河伯为之不潮，畏其诚也。故～。”

【一夫当关，万夫莫开】 语出李白《蜀道难》一诗。一夫：一个人。当：把守。一个人把守关口，上万人也攻不破。形容地势非常险要，易守难攻。 例句 黔北要塞娄山关，“～”，因红军长征期间在这里的两次胜利而彪炳史册、蜚声中外。（选自王丽 李惊亚 丁小溪《一条腿走完长征路》）

【一夫拼命，万夫难敌】 意

谓一人拼命，再多的人也抵挡不住。同“一夫敢死，千夫莫当”。　出处　元·无名氏《昊天塔》（节选）：“兵书有云：‘～。’”

【一福能压百祸】　指有福气的人能消除各种灾祸。也作“一福压百祸”。　例句　伯爵道：“哥，你的心好，～，就有小人，一时自然消散了。”（选自兰陵笑笑生《金瓶梅》）

【一竿子插到底】　比喻一次完成，彻底完成。有时指将政策精神一下子传达到基层。也作“一竿子扎到底”。　例句　“那就这样吧!”李书记决断地说，“干脆～，先开一个全县电话会议，充分利用现代化的设备嘛……”（选自萧为《平淡无奇的故事》）

【一竿子打翻一船人】　指因为对某人或某物不满意，就否定和他们类似的人或物；或比喻所说的一番话伤害了众人。同“一竹竿打了一船人”“一杆子打翻一船人”“一篙打了一船人”。　例句　如果据此就说商人重利轻义，是～。（选自王大可《信用在福建最值钱》）

【一缸酿不出两种酒，一树难开两样花】　比喻同一样的事物，在相同的条件作用下，不可能产生两种不同的结果。另也有“一壶难装两样酒，一树难开两样花”的说法。　例句　他们家就出这样的人，兄弟俩一个德行，真是“～”。

【一个巴掌拍不响】　比喻矛盾和纠纷不是单方面引起的。　例句　袭人道：“‘～’，老的也太不公些，小的也太可恶些。”（选自曹雪芹《红楼梦》）

【一个半斤一个八两】　旧制一斤是十六两，半斤是八两。比喻彼此一样，谁也不比谁好多少。　出处　清·西周生《醒世姻缘传》（节选）：“～，上在天平，平平的不差分来毫去。”

【一个鼻孔出气】　比喻人的立场、观点、主张完全一致。多用于贬义。同“一个鼻眼里喘气”。　例句　新月博士常发议论，都和官僚～，南方已无人信之。（选自鲁迅《书信集·致曹靖华》）

【一个不摘鞍，一个不下马】　指对立的双方谁也不让谁。　例句　毛二素日间就不得人，也对着周瑞往日就强梁，周瑞又搭着也是气恼之间，这正是“～”。（选自《小五义》）

【一个布衫轮着穿】　比喻一样的规则放在谁头上也一样，或同样的事情每个人都会遇到。　例句　谁也不用笑话谁，～，谁都有老的时候。

【一个槽上拴不住两头叫驴】　叫驴：公驴。两个公驴拴在一个槽上，会相互排斥。比喻两个性格倔强而要强的人，很难在一起共事。同“一个槽拴不住俩叫驴”。　例句　俗话说“～”，他俩都是犟种，在这里很难和平共事。

【一个唱黑脸，一个唱红脸】　比喻在解决矛盾冲突的过程中，一个充当严厉或令人讨厌的角色，另一个充当友善或令人喜爱的角色。同“一个唱红脸，一个唱黑脸”。 例句 国民党反动派审问被捕共产党员时，常常是机关算尽，有时会用~的把戏。

【一个房檐下共事儿】 在一起做事。比喻一个整体。 例句 我们在~，要互相理解。

【一个富贵心，两只体面眼】 指一颗心向着富贵家，两只眼睛看着有体面的人。形容人非常势利。 例句 “我知道咱们的男男女女都是‘~’，未必把他两个放在眼里。”（选自曹雪芹《红楼梦》）

【一个寡妇，半个知县】 古代有的年轻妇女丧夫后至死不改嫁，朝廷或者官府一般会给特别突出者立贞节牌坊，认为其影响能顶半个知县。实际上是对女人的一种精神控制。

【一个锅里抡马勺】 吃一个锅里的饭。比喻在一起生活、工作。 例句 “真没想到，我的老连长，咱又要在~了。”（选自王群岭《南疆擒谍》）

【一个和尚挑水吃，两个和尚抬水吃，三个和尚没水吃】 形容人少责任分明效率高，人多相互推诿事难成。 例句 我们现在的食品安全监管部门看似很多，但监管责任却很难落到实处，正像老百姓说得那样：~。（选自郭俊奎《把餐桌上的民生管得更实一点》）

【一个和尚一本经，一个将军一个令】 指管事的人各有各的路数，各发各的号令。 例句 马大炮余怒未消地喊叫着：“什么一定之规！他妈的，~，简直是拿人开心。得了，我看庄稼人是没路走啦！”（选自浩然《艳阳天》）

【一个和尚一个磬，一个师傅一个令】 每个和尚都敲打自己的磬，每个师傅都有自己的规定。比喻各有各的办法。 例句 政策是人制定的，上级让谁坐这把交椅，当然政策就由谁定，这叫“~”。

【一个火棍撅两截】 指兄弟分家时各不相让，谁也不肯吃亏，即使一个小物件也得分清判明。 例句 他兄弟俩分家时可别扭了，“~”。

【一个鸡蛋吃不饱，一个恶名背到老】 偷吃一个鸡蛋并不能饱肚，却一辈子落个坏名声。指坏事再小也不能沾边。同“一个鸡蛋吃不饱，一身臭名背到老”。 例句 “~”，她有点招架不住了。她可不是泔水缸的肚肠，啥都能装，一时心窄想不开，寻了短见。（选自李德魁《一只绣花鞋》）

【一个哭的陪着一个笑的】 一般指夫妻两个性格脾气差异较大，却正好互补。正如一个爱哭一个爱笑一样。 例句 别看李三是个闷罐子，没想到遇到娜娜这个敞嘴葫芦，~，两人越过越好。

【一个老鸹占一枝】 比喻

各有各的地盘或自我满足。　例句　“～”，以后谁也不能往别人的地盘上寻事儿。

【一个篱笆三个桩，一个好汉三个帮】　一个篱笆要有三个桩子才能立起来，一个好汉要有几个人帮助才能做成事情。比喻本事大的人也需要别人的帮助。　例句　团队意识是什么？那就是“～”。如果脱离了团队，一个人单打独斗，就算浑身是铁也捻不了几颗钉。（选自高世鹏《品读廖俊波的“对表”意识》）

【一个萝卜一个坑】　谓做事认真踏实，亦有拘执呆板意。或比喻一个人一个位置，没有多余。也作“一个萝卜顶一个坑”。另也有“一个萝卜一个坑，一个蒜头一根缨”的说法。　例句　他愿意心中有个准头，哪怕是剩的少，只要靠准每月能剩下个死数，他才觉得有希望，才能放心。他是愿意～的人。（选自老舍《骆驼祥子》）

【一个女婿半个儿】　指女方娘家人把女婿当成自己的半个儿子来看待。因为结婚后夫妻双方均有照顾老人的义务，在女方父母心里又多了女婿这个依靠。　例句　李姑娘喜结良缘，街坊们向老李道喜：“‘～’，以后你家又增人增福了，祝贺、祝贺！”

【一个朋友一条路，一个冤家一堵山】　意思是多交一个朋友，就等于给自己多修了一条方便的路；多结一个仇人，就等于给自己多设了一重阻碍前行的山。指朋友要多交，怨仇要少结。　例句　“我们老一辈可没有冤仇啊！开放一条路，留个人情吧！听呵：～哪！”（选自柳杞《长城烟尘》）

【一个神仙一套法】　比喻每个人都有一套自己的方法来解决问题或完成任务。　例句　换了个校长，就重新制定一次规章制度。唉！～呀！

【一个师傅，一个传授】　每个师傅传授本领的方法各不相同。形容各人有各人的做法，或各人有各人的特点和绝招。也作“一个师父，一个传授”。　例句　“自古以来，～……出发之前也有人这么说过，可是我觉得搞群众运动没有什么可神秘的，工作队偷着进村，秘密扎根串联，把干了多年革命的老党员干部一脚踢开，大家考虑考虑，这么弄法合乎毛泽东思想吗？”（选自梁斌《翻身记事》）

【一个天上一个地下】　形容相差悬殊。　例句　“讲起来，她家没有底子，无产无业，和我们徐家比起来，～。”（选自周而复《上海的早晨》）

【一个土地爷好烧香，两个土地爷难叩头】　一个神好敬，两个神不好敬。比喻领导多了，人们就会无所适从，不知该听谁的。　例句　俗话说：“～。”你们两个领导都尿不到一个壶里，让下边的怎么办事儿？

【一个指头握不成拳】　比喻势单力薄就形不成气候。　例句　节振

国想：～，五个指头合拢才能有力打击敌人。开滦五矿，自从赵各庄矿发动罢工后，林西矿响应了。（选自王火《血染春秋》）

【一个竹眼钉一条钉】 形容办事情很认真，实打实。 出处 清·王浚卿《冷眼观》（节选）：“仲芳的脾气，我是已经摸着点儿了，又何必尽着同他～的去互相问难呢？”

【一根筷子易折断，十根筷子断就难】 形容团结就是力量。与“一箭易折，十箭难断”义同。 例句 同心同德是领导班子的力量所在。“～”，脱离了集体势必形单影只，丧失了民意将会独木难支。

【一根绳上的“蚂蚱”】 比喻两个或多人同一个处境，一损俱损，谁也不可能独善其身。同“一条绳子上的蚂蚱”。 例句 长此以往，领导和司机自然成了所谓的利益共同体，甚至是～。司机为领导捞取利益，领导为司机充当保护伞，你来我往，演绎着狼狈为奸的好戏。（选自王佩佩《根治“司机腐败”须先规范领导用权》）

【一根竹竿容易弯，三股麻绳难扯断】 比喻一个人的力量有限，大家团结在一起才有力量。 例句 大家谁也不要逞英雄，“～”，我们只有团结起来，才能克服眼下的困难。

【一棍打一船】 比喻不分青红皂白、好坏对错，全盘否定。 出处 梁启超《新中国未来记》（节选）：“哥哥的话虽是不错，但俗语说的，树大有枯枝，一国之大，自然是有好的有坏的，何必～呢？”

【一棍子打死】 比喻没有丝毫可取之处而全盘否定。 出处 毛泽东《在中国共产党全国宣传工作会议上的讲话》：“收，就是不许人家说不同的意见，不许人家发表错误的意见，发表了就‘～’。这不是解决矛盾的办法，而是扩大矛盾的办法。”

【一行通百市】 指行业间的路数都差不多，将一个行业的规则弄通了，其他各行各业也自然会弄通。 例句 在信息时代，“～”这一理念被进一步强化和扩展，通过技术手段实现资源的高效配置和利用，就是这一理念的具体实践。

【一虎势单，众鸟遮天】 比喻强者单打独斗也显势单力薄，弱者团结在一起也可形成威势。

【一花不是春，独木不成林】 意思是一枝花扮不成春天，一株树形不成树林。比喻个体的作用毕竟有限。 例句 “常言说：‘～。’王立业闯世界发了财，他没有忘记土生土长的乡里，他要帮全村人都富起来，这才是他的心愿。”（选自袁昌林《春到人间》）

【一花独放不是春，百花齐放春满园】 意思是只有一支花朵开放，不能算是春天，只有百花齐放的时候，满园都是春天。比喻一种事物刚出现并不能说明什么，同类事物同时大量出现就代表了一种趋势或潮流。 例句 另一方面，应该对世界优秀文

明成果进行吸收借鉴。“～。”人类文明因交流而多彩，因互鉴而丰富。（选自龙献忠《坚定文化自信要处理好四对关系》）

【一回生，二回熟】 初见陌生，再见相熟。 例句 “大家一起参加活动，‘～’，时间久了自然就亲如兄弟姐妹，遇到事情相互帮忙。”（选自张曼玉《小社区凝聚民族大团结》）

【一计不成，又生一计】 一个计谋不能成功，又想出另一个计谋。比喻肚子里鬼点子很多。 例句 “他～，想用几斗高粱买你去给他当儿子。”（选自李满天《水向东流》）

【一家不知一家，和尚不知道家】 和尚：代佛教。道家：指道教。比喻各人或行业有各自的具体情况，外人或外行人不会知道。 例句 “～。……家家都有本难念的经哩。”（选自马烽《刘胡兰传·奶奶的“女儿经”》）

【一家盖不起龙王庙，万人造得起洛阳桥】 比喻个人的力量有限，只有同心协力才能办成大事。

【一家人不说两家话】 意谓自家人不说客气话。 例句 “别说了，～。你家里没吃的，我分这一份钱，放在手里没用，我心里能过得去么？”（选自知侠《铁道游击队》）

【一家有一主，一庙有一神】 喻指每个地方或团体都有一个主事的人。 例句 殷龙道：“～。既如此说，就请二位师父行去，与你当家的大和尚说一声，恐怕他不行，我与你一齐进去，哀告他老人家，做个方便。”（选自《施公案》）

【一家之计在于和，一生之计在于勤】 对于一个家庭，最重要的是和睦；对于人的一生，最重要的是勤奋。 出处 《增广贤文》：“一年之计在于春，一日之计在于晨；～。”

【一将功成万骨枯】 语出曹松《己亥岁感事》一诗。原指一个将领显赫的战功是无数士兵用生命换取的；现也用来表示一个人的成功，也是多数人帮助或做出了牺牲的结果。 例句 一般来说，只有金字塔尖的极少数运动员才有博弈的机会。正所谓～，孙杨等人的荣誉不仅有他的天赋、勤奋，也有各级体育队的培育和给予的资源。（选自云飞扬《一天到晚游泳的孙杨游进了娱乐圈》）

【一将舍命，万将难敌】 一个将领将自己的生死置之度外拼命冲杀，再多的敌将也抵挡不住。 例句 朱温手下几十员大将一听，“呼啦”一声，将史敬思团团围了起来。俗话说：“～。”史敬思身负重伤，肋下血如泉涌，但面对强敌，丝毫不惧。（选自罗贯中《残唐演义》）

【一将无谋，累死千军；一帅无谋，挫丧万师】 将帅若没有谋略，全军都会受连累遭挫败。喻指领头人没本事，手下人就会跟着遭殃。 例

句　“你道这山中为什么这么穷呢！有个缘故。常说：‘～。’山中大寨主是个浑人，众人跟着他受累。”（选自《小五义》）

【一脚踹不出个屁来】　形容人太不爱说话，太老实；或非常窝囊，做事优柔寡断。也作“一脚踢不出个屁来”。　例句　他这人啥都好，就是性格太内向，人家说他～。

【一脚门里一脚门外】　指前进和后退都难，或处于不前不后的位置。比喻事情无法决定，因而难以行动；或比喻功夫尚未到家。　例句　老刘在这个行业经营了十几年，还是～，没什么长进。

【一脚难行路，一人难成户】　一只脚走不成路，一个人组不成家庭。比喻做事情单靠一方是办不成的。　例句　老话说“～”，我们怎么着也得给他张罗个人，让他成个家。

【一九二九不出手，三九四九冰上走，五九六九河边看柳，七九河开，八九燕来，九九加一九，耕牛遍地走】　这是描述黄河中下游流域“数九”天物候情况的谚语。意思是说一九、二九很冷，以至于不敢露手；三九、四九更冷，冰厚得足以行人；五九、六九开始回暖，远处的杨柳已现绿色；七九河冰开始融化；八九南方大雁飞回；九九之后春耕开始。流传的版本不少，意思差不多，文字上稍有差异。比如“一九二九不出手，三九四九凌上走；五九半，凌头散，春打六九头；七九六十三，行路的君子把衣担；八九七十二，遍地是牛儿；九尽杨花开，栽蒜种大麦”。

【一九好天，九九好天】　意思是如果一九（初九第一天）的时候天气晴朗，那么九九（九九的第一天）时也天气晴朗。并没有什么科学依据。

【一举首登龙虎榜，十年身到凤凰池】　龙虎榜：又称龙榜或虎榜，古代科举及第的榜文。凤凰池：原为宫廷禁苑中的池沼，后称中书省为凤凰池。一次科举考试，名字就登上了龙虎榜，苦读十年，终于获得了大展宏图的机会。形容功名顺遂，仕途通达。　例句　却说绍兴十年间，有个秀才，是福州威武军人，姓吴名洪。离了乡里，来行在临安府求取功名，指望：～。（选自冯梦龙《警世通言·一窟鬼癞道人除怪》）

【一句话能成个事，一句话也能坏个事】　说一句好话能促成事情的成功，说一句坏话能导致事情的失败。形容言语的力量不可小觑。

【一蹶不振】　蹶：栽跟头。一跌倒就再也爬不起来。比喻遭受一次挫折以后就再也振作不起来。　例句　自从生意失败后，他便心灰意懒，～。

【一俊遮百丑】　指一件好的事情掩盖了许多丑陋的事。　例句　人们对事物的看法，难免受情感因素的影响，但如果不加甄别、不分场合，任由“爱屋及乌”“恶其余胥”式的心理定势晕染，便极易导致“～”“一丑遮百美”的片面倾向，影响对人或事物本质的认知。（选自匡吉《识人待人慎“爱屋及乌”》）

【一棵树上的果子有酸甜，一个娘的孩子有好赖】 比喻相同根源的事物，品质也不尽相同。 例句 “～”，同一个老师教出的学生，成绩也会有很大的差别。

【一口吃不成个胖子】 比喻办事要循序渐进，不能盲目冒进，急于求成。同“一锹挖不出一眼井，一口吃不成大胖子”。 例句 “～”，再大的事业都要从小处做起。由小到大，从弱到强，这是事物发展的一般规律。（选自安华 贵锐《要在落细落小上下功夫》）

【一块石头落了地】 比喻为某事悬着的心放下了。 例句 听说学生都安全到了家，老师心里才～。

【一块砖砌不成墙】 喻指只依靠一个人的力量难以成事。与“一根甘蔗榨不成糖”“一根椽盖不成房”义同。 例句 这项工作需要大家同心协力，俗话说“～”，这工作单凭一个人是无法完成的。

【一块砖头难砌墙，一根木头难盖房】 比喻单枪匹马做不成大事。同“一根木头盖不成房，一块砖头砌不成墙”。 例句 “我要是一个人闷在指挥所里，不和大家一起讨论，就是憋炸了脑袋，也想不出个道道。～啊！”（选自王世阁《火网》）

【一来照顾郎中，二来又医得眼好】 郎中：中医医生。害眼病的人碰上了好医生，既照顾了医生的生意，又能看好自己的眼病。喻指一举两得，各得其利。 例句 “你的造化，我有营生，这才是凑四合六的勾当。你也不须远行，莫要花费了银子。我们不是那不济的和尚，脓包的道士，其实有些手段，惯会拿妖。这正是：‘～。’”（选自吴承恩《西游记》）

【一涝三年旱】 发过一年大水后，紧接着三年都会干旱。这是没科学依据的说法。

【一粒老鼠屎坏了一锅汤】 比喻一个坏的因素破坏了整体。也作“一颗老鼠屎坏了一锅汤”“一粒老鼠屎，搞坏了一锅汤”。意思类似的说法还有“一粒鸡屎坏缸酱，一棵稗子坏株秧”“一块臭肉坏满锅汤”等。 例句 人们常说“～”，品质败坏的快递员尽管不多，但带来的影响不小，让整个餐饮外卖业乃至整个快递业蒙上了阴影。（选自秦宁《往爱心汤里撒尿，快递员职业道德何在》）

【一粒麦子一道缝儿，一个人一个性儿】 像每一粒麦子都有一道缝儿一样，每个人都有自己的脾气、性格。 例句 “～”，我们要摸透他的脾气，对症下药，才能有效果。

【一马不被两鞍】 旧指贞洁女子不再嫁。也作“一马不被双鞍”“一马不跨两鞍”。 出处 《元史·列女传二·衣氏传》（节选）：“吾闻～，吾夫既死，与之同棺共穴可也。”

【一马不行百马忧】 语出《增广贤文》。一匹马不走，好多马也跟着不走。比喻个体的行为会影响整体。 例句 “‘～’，只要你们这班带个头，大家就会跟着上工的。”（选自李六如《六十年的变迁》）

【一马领先，万马奔腾】 领头马在前面奔跑，后面的马就会奋蹄而起，紧追不放。比喻一个好的带头人走在前面，就会带动起许多人跟上来。 例句 ～。一个学万春，赶万春的竞赛运动开展起来了，整个矿山更加沸腾起来了。（选自李云德《沸腾的群山》）

【一麦顶三秋】 三秋：秋收、秋耕、秋种。指收割一茬麦子的劳动量，抵得上秋收、秋耕、秋种的劳动量。也作“一麦抵三秋”。

【一脉不和，周身不适】 身上某一个部位的血脉不通畅，全身都会觉得不舒服。可喻指一个局部出现问题，会影响整体的运作。 例句 有怎样的大局观、战略观，不仅决定着我们的“时间效率”，也决定着我们能走出多远、抵达何处。中医里讲，“～”，胸怀大局、把握大势、着眼大事，正是我们能否跳出“瞎忙”藩篱的关键所在。（选自吕晓勋《学会与时间“愉快地相处”》）

【一命二运三风水，四积阴德五读书】 出自文康《儿女英雄传》。带有玄学色彩。意思是说决定人一生的因素，按重要程度分别是：命、运气、风水、功德、读书（包括修心，学习知识等）。后来，随着在民间不断传播，人们在后面又加上了“六名，七相，八敬神，九交贵人，十养生，十一择业与择偶，十二趋吉及避凶，十三逢苦要无怨，十四不固执善恶，十五荣光因缘来”等。 例句 研究者们常常提到，林良“早年多得贵人相助”。俗语云“～；六名七相八敬神，九交贵人十养生”。按这个中国传统民间的成功密码排序，“贵人”的位置挺靠后。应该说，是林良自己杰出的特质，令他能有别人不具备的结识“贵人”的能力。（选自卜松竹《透过〈双鹰图〉去看看那个叫林良的大画家》）

【一亩桑田，三亩庄田】 指一亩桑田的投入和收获，能抵得上三亩庄稼的量。

【一亩园顶八亩田】 指一亩菜园的投入和收获，抵得上八亩庄稼。

【一木不成林，一花不成春】 比喻个人力量单薄，难成大事。 例句 “我在连队，指导员多次讲：～；打仗靠协力，胜利靠集体，我们每个战士都是井水里的一滴。”（选自李英儒《上一代人》）

【一年富，拾粪土；十年富，种树木】 如果只图一年的经济收益，那么就多积肥，多种粮；如果想要长期的经济效益，就应该多种树。

【一年三季东风雨，独有夏季东风晴】 季节不同，风向对天气的影响也不同。其实我国幅员辽阔，这句话只能说明某个地区是这样的情况。

【一年要算三次命，没病也得算出病】 指过于相信命运，容易造成心理疾患。

【一年之计在于春，一日之计在于晨】 一年最宝贵的时间是春天，一天最宝贵的时间是早晨。一般用来激励人们充分利用时间学习，以达到提升自我的目的。也作“一日之计在于晨，一年之计在于春”。同“一年之计在于春，一日之计在于寅”。 例句 俗话说，～。研究发现，无论是年轻人还是老年人，早起者的情绪更积极，自我健康感更好。（选自杨力《早起的妙处》）

【一鸟入林，百鸟压音】 比喻权威人士一到场，众人都悄无声息，不再喧哗。泛指大家关注的人一出现，气氛立刻肃静下来。 例句 “我那公爹咱家老爷子，真是心有天地宽，眼看千里远，早就替你相中了我这个～的好媳妇。”（选自刘绍棠《水边人的哀乐故事》）

【一坡竹子有深浅，一树李子有酸甜】 喻指出自同一门下的人或来源相同的人和事物，品质也是有差别的。

【一畦萝卜一畦菜，自己生的自己爱】 指谁都疼爱自己的孩子。也指谁都珍惜自己的劳动成果。也作“一畦萝卜一畦菜，各人生的各人爱”。同“一畦萝卜一畦菜，谁家孩子谁喜爱”。 例句 马凤兰说：“黄鼠狼养的孩子是香的，刺猬养的孩子是光的；～嘛！怎么不宝贝！”（选自浩然《艳阳天》）

【一锹挖不出一口井来】 比喻任何事情都不可能一下子办得很好。也作“一锨挖不出个井来”。同“一口吃不成个胖子”。 出处 周立波《暴风骤雨》（节选）：“随便干啥，都不能一下子就能干好的。不是一锹就挖出个井来，得慢慢地挖，不能心急。”

【一翘尾巴就知道屙什么屎】 比喻十分了解对方，能从对方的行为上看出是什么目的。有戏谑或讽刺意。 例句 你那点小心思我早就看出来了，你“～”。

【一勤生百巧，一懒生百病】 意思是人要是勤劳，什么技巧都可掌握；人要是懒惰，什么弊端都会发生。指巧从勤中生，弊从懒中来。 例句 汪子君并不聪明，但很勤苦。常言道“～”，他的巧思，他的成功，应该说都是从他的勤奋中生出的。（选自陈炳存《汪家院的故事》）

【一勤天下无难事】 语出钱德苍《解人颐·勤懒歌》。意思是只要勤奋，天下就没有难做的事情。 例

句 “～。”必须牢固树立劳动最光荣、劳动最崇高、劳动最伟大、劳动最美丽的观念，让全体人民进一步焕发劳动热情、释放创造潜能，通过劳动创造更加美好的生活。（选自习近平《在同全国劳动模范代表座谈时的讲话》）

【一青一黄是一年，一黑一白是一天】 用青、黄、黑、白四种颜色的变化，描绘了草木一年由盛至衰，黑夜、白昼一天交替的情景。说明一日、一年很快过去，时光在不停流逝。 例句 俗话说“～”，转眼间，咱们都不再年轻。

【一犬吠形，百犬吠声】 一只狗看见影子叫起来，众多的狗听到它的叫声也会跟着叫起来。多用来讥讽不了解真相便随声附和之徒。 出处 王符《潜夫论·贤难》（节选）：“谚云‘～’，世之疾此固久矣哉！吾伤世之不察真伪之情也。”。

【一人不成众，独木难成林】 意思是一个人不能组成团体，一棵树不能形成森林。比喻个人的力量单薄，办不成大事。

【一人不抵二人计，三人合作唱台戏】 喻指一个人的智慧超不过两个人的智慧，多人共同谋划可以干成大事。 例句 “～”。面对困难时我们应该团结一心，共谋对策。

【一人不过二人智】 指一个人的智慧超不过两个人的智慧。 例句 “不。我一定得去。俗话说：‘～。’这是一步险棋，困难很多，我同你一道，缓急之间可以帮你出个主意。”（选自姚雪垠《李自成》）

【一人不进庙，二人不瞧井】 指人要常怀戒备之心，小心被歹人算计谋害。同“一人不住庙，二人不看井”。

【一人藏物，千人难寻】 指一个人故意藏身或藏东西，再多的人也难以找到。 例句 俗话说：“～。”想着这些，郭蕊恨她的父亲：离家之后，连一封信也不写回来。（选自朱敏慎《三个同龄的女人》）

【一人传差，十人传诈】 一个人把话或事情传差了，经过多人相传就会被人认为是在欺骗。形容事情经人一传就难免走样。 例句 俗话说“～”，对于传言，要留个心眼，注意辨别真假。

【一人传假，百人传真】 本来没有的事，传的人多了，就会信以为真。同“一人传虚，百人传实”“一人传虚，万人传实”。 例句 “～”，本来没有的事，让他们一说，有鼻子有眼的，跟真的一样。

【一人道好，千人传实】 由某一个人说某事好，不管真假，经众人相传，似乎便成了真的。提示人们凡事不可盲目轻信。

【一人得道，鸡犬升天】 出自王充《论衡·道虚》所载汉代淮南王刘安服灵丹成仙，家中鸡和狗也跟着升天的故事。后比喻一个人得势，跟他有关系的人都因此得到好处。　例句　中国自古就有“～”的说法，对于手握权力的领导干部而言，其“身边人”无疑也会受到权力“光环”的照射，就如同权力的影子一样，领导干部手中权力能影响到哪里，“身边人”的影子也会延伸到哪里。（选自何浩民《管好“身边人”关键在管好领导手中权力》）

【一人难敌四手】　比喻一人难敌众人。　例句　“我想了三日，终少一个帮手。若是草草行事，～。况且他们整备甚严，里边定有埋伏。”（选自唐芸洲《七剑十三侠》）

【一人难顺百人意，一堵墙难挡八面风】　一个人做事情不可能让所有人都满意，就像一堵墙不可能遮挡来自四面八方的风一样。也作“一人难称百人意，一堵墙难挡八面风”。　例句　这事我们做的时候一定要尽心，力求完美，但“～”，很难保所有人都满意。

【一人难挑千斤担，众人能移万座山】　意思是一个人的力量是有限的，但是当许多人齐心协力时，就能完成看似不可能的任务。　例句　～。说者无意，听者有心。从那时起，刘杉便把为基层帮带培养技术骨干，当作自己义不容辞的责任。（选自李兵峰　郭阳　吴晓《一名90后女工程师的“奋斗观”》）

【一人拼命，万夫难当】　指一个人敢于舍命，就无所畏惧。也作“一人拼命，万夫莫当”。　出处　关汉卿《单刀会》：“你道他兵多将广，人强马壮，大丈夫敢勇当先，～。”

【一人事小，国家事大】　指个人的事情，总不如国家的事情更重要。也作“个人事小，国家事大”。　例句　邱子厚：墨侠，～呀！伯仁，不再耽误你的工夫，改日再来领教！容不送客！（选自老舍《秦氏三兄弟》）

【一人说话全有理，两人说话见高低】　喻指偏听则暗，兼听则明；有比较才可鉴别。　例句　～。我们走一走、看一看、比一比，就能看到差距，就能对工作成绩有个客观评价。

【一人为私，二人为公】　为：动词，做，指对事情作出判断。对同一件事情，一个人作出的判别常常有偏私，两个人作出的判断常常会比较公正。　例句　俗话说：～。这库房的大门，不能只用一把锁。要两个人同时去才能开门，所以要用两把锁。（选自李文澄《努尔哈赤》）

【一人修路，万人安步】　一个人修了路，其他人都能走得轻松点。比喻一个人的善举，便可惠及很多人。

【一人一把号，各吹各的调】　比喻各人有各人的主张，相互之间不配合。　例句　“原来是～。党组织如果软弱涣散，就会想干事干不成，有了事推诿扯皮。”（选自龚相娟《凝聚人心　乡村旅游火起来》）

【一人一粒沙，众人一块金】 比喻一人力量微弱，团结起来力量就大。 例句 人多力量大——～哪！（选自康濯《东方红》）

【一人一条心，穷断骨头筋；大家一条心，黄土变成金】 比喻人不齐心协力，各顾各的，必然都陷入困境；众人齐心协力，就能够创造出财富或干成事业。 例句 常言道：“～。”只要我们心往一处想，劲往一处使，就一定能改变家乡的落后面貌。

【一人有福，托带满屋】 一个人有福运，给相关人也都带来好处。 例句 “真应了俗语说的：‘～。’一家子本都仗着老爷，如今老爷走了这步背运，带累的大爷你受这样苦恼。”（选自文康《儿女英雄传》）

【一人有难大家帮，一家有事百家忙】 比喻人人都有同情之心，有事相互帮忙。 例句 二叔病重住院期间，邻里都伸出了援助之手，让二叔渡过难关，这真是“～”。

【一人在朝，百人缓带】 缓带：宽束衣带，形容悠闲自在。一个人在朝廷做官，亲朋好友便能过上安逸生活。比喻一人做大官，许多与之有关系的人都能得益享福。 出处 隋·侯白《启颜录》（节选）：“唐路励行，初任大理丞，亲识并相贺。坐定，一人云：兄今既在要职，亲皆为乐，谚云‘～’，岂非好事？”

【一人之下，万人之上】 旧指宰相之位，处于皇帝之下，万民之上。 例句 像李斯，官至丞相，～。有治国安邦之道，经天纬地之才。（选自傅德锋《书法家的标准到底是什么》）

【一人做事一人当】 指自己犯的错误，自己勇于担当。另也有“一人做事一人当，不让赖汉子来遭殃”“一人做事一人当，不给别人留祸殃”的说法，有了免得人乱猜疑，让别人替自己背黑锅的意思。 例句 “我如今往乾元山上，问我师尊，必有主意。常言道：‘～。’岂敢连累父母。”（选自许仲琳《封神演义》）

【一任清知府，十万雪花银】 清：清廉。讽刺旧时那些标榜廉洁的官员，实际上也在大肆榨取民脂民膏。同“三年清知府，十万雪花银”。 例句 “‘～’。一任道台做下来，良心摆在中间的，二三十万；偏下心的，勿能计数。”（选自张继青《方卿羞姑》）

【一日不读口生，一日不写手生】 意谓书要经常诵读，字要经常练写。

【一日不见，如隔三秋】 三秋，泛指时间很久。比喻度日如年的心情，常用来形容情人之间思慕殷切；也可用于形容良师益友之间的思念之情。 例句 相较古人的“～”，当代年轻人的爱情更倾向于“距离产生美”。（选自王冰洁《现

代婚恋观越来越现实》）

【一日动干戈，十年不太平】 只要用兵打仗，会很长时间不得安宁。 出处 元·高文秀《渑池会》（节选）：“将军，可不道～。……我愿奉璧而往，如若秦公无意偿城，则臣请完璧而归。”

【一日读书一日功，一日不读十日空】 读一天书就有一天的收获，但如果有一天没读书就会丢失很多天积累的成果。同“一日学一日功，一日不学十日空”。 例句 俗话说：“～。”放松和忽视学习，思想上就会缺少灵气，工作上就会缺少锐气，做事就会缺少底气。（选自汤宏《弘扬焦裕禄求实精神 争做作风好组工干部》）

【一日夫妻，百岁姻缘】 意谓能做一天的夫妻，也是许多世修来的福分。 例句 “夫已同我走出门外，复奋身入房，救取衣服等物。此时烟焰蔽空，魂飞魄散，逃避无计，岂能推夫入火？况～，何忍下此毒手？”（选自佚名《神明公案》）

【一日夫妻百日恩，百日夫妻比海深】 指一旦结为夫妻，时间越久恩爱愈笃，感情愈深。同“一夜夫妻百日恩，百日夫妻心连心”。 例句 都说“～”，你们十几年的夫妻关系，怎能说离就离呢？

【一日官司十日打】 一旦打起官司，短时间内很难了结。比喻一天能做完的事，却拖着干了很长时间。例句 “～。你告了御状，说妖精是天王的女儿，天王说不是，你两个只管在御前折辨，反复不已。”（选自吴承恩《西游记》）

【一日练一日功，一日不练十日空】 形容技艺练一天的功，就有一天的收获；一天不练习就会丢失很多天积累的成果。 例句 “～”，你要想进步，除了勤学苦练，没有别的捷径可走。

【一日南风三日暖，三日南风必阴天】 一天刮南风，天气就会变暖好几天；连续刮几天南风，就会转成阴天。同“一天南风三天暖，三天南风不过三”“一天南风三天暖，三天南风变了天”。

【一日三餐别太饱，多吃不如少吃好】 意思是吃饭时别吃太饱，有利于健康。

【一日三笑，不用吃药】 意谓每天保持心情开朗，多笑一笑，有利于健康。

【一日为官，强似千载为民】 旧指当官的享有特权，当一天的官，也比当一辈子老百姓强。 出处 元·佚名《飞刀对箭》（节选）：“我老汉老了也，拂绰了土满身，梳掠起白髭鬓。这的是～。”

【一日为师，终身为父】 指对待老师像对待父亲一样敬重。 例句 “你这个泼怪，岂知～，父子无隔宿之仇！你伤害我师父，我怎么不来救他？”（选自吴承恩《西游记》）

【一日纵敌，数世之患】 语

出《左传·僖公三十三年》。喻指一旦放走了敌人，将会后患无穷。与“一日纵敌，万世之患”义同。 例句 独晔曰：“吴绝在江、汉之表，无内臣之心久矣。陛下虽齐德有虞，然丑虏之性未有所感。因难求臣，必难信也。彼必外迫内困，然后发此使耳，可因其穷，袭而取之。夫～，不可不察也。”（选自陈寿《三国志·刘晔传》）

【一山不容二虎】 比喻一个地方容不下两个强者。同“一山难容二虎”。 例句 “他跟展公有点～的味道，这是他太狂妄。”（选自欧阳山《三家巷》）

【一生之计在于勤】 一生的谋划，勤劳是基础。 例句 我国历代劳动人民都以勤劳为荣，以懒惰为耻。不仅大力宣扬“一日之计在于晨，～”的价值观，肯定和鼓励追求“只可过于勤劳，不可失之怠惰”的劳动态度，而且积极培养子孙后代吃苦耐劳、尽心做事的勤劳品格。（选自王颖《志气、骨气和底气的价值根基》）

【一失足成千古恨，再回头是百年身】 一时不慎铸成大错，成了千古遗恨；等到幡然醒悟时，这辈子已经过去了。指做人一定要把握住自己，否则纵然想补救也来不及了。 例句 “这件事本来是我错在前头，此刻悔也来不及了。古人说的：‘～。’我也明知道对不住人，但是叫我也无法补救。”（选自吴趼人《二十年目睹之怪现状》）

【一时强弱在于力，千秋胜负在于理】 指力量可以决定短时间的强弱，道义却可以决定长时间的胜负。也作“一时强弱在于力，万古胜负在于理”。 例句 ～。纵观世界历史进程，从来都有一种决定性的力量，那就是正义的力量、人民的力量。得道多助、失道寡助，穷兵黩武、侵略扩张者，逆流而动，不得人心，最终必然失败，这是历史的铁律。（选自詹勇《永远凝聚和平正义的力量》）

【一世为官三世累】 意思是一辈人做贪官，会使三辈人受连累。指做官的人必须视做官为畏途，小心谨慎，公正廉明，以免累及后代。 例句 老去，病去，降黜去，迁去，终有一去。去之日，任内公私代务，必须一一清楚。宁吃亏，毋便宜……谚云“～”，不可不深长思也。（选自汪辉祖《学治臆说》）

【一事到官，十室牵缠；一人入狱，一家尽哭】 指一家官司，牵连很多家邻舍；一人犯法，搅得全家不安宁。指旧时打官司造成的后果很严重。 出处 清·杨潮观《吟风阁杂剧·夜香台持斋训子》（节选）：“咳！你只晓得自家骨肉是要团聚的。常言道：‘～。’你知道也不知道？”

【一是一，二是二】 形容说话办事老老实实，毫不含糊。 例句 团里领导当时要求很严格，～，不许有水分，这个事情是真的就是真

的，不是真的就不要写。（选自孟红《雷锋被树为典型始末》）

【一手独拍，虽疾无声】 语出《韩非子·功名》。疾：急速，猛烈。一只手去拍，即使很快也没有声音。比喻一个人或单方面的力量难以办成事。 例句 “～。”战争实践表明，单打独斗无法赢得胜利，联合起来才能形成强大合力。（选自徐维春《勇于改变单一军种作战的思维定势》）

【一手交钱一手交货】 指钱和货当场相交，互不拖欠。 例句 “～。你先把代替的女人交出来。”（选自李英儒《还我河山》）

【一手托两家】 指处理事务须兼顾两方面的利益。 例句 “你有你的难处，一面是公家，一面是亲戚，你在当间儿，‘～’，左右为难。”（选自孙芋《妇女代表》）

【一手遮不了天】 比喻一个人势力再强大，也欺压不了所有的人。 例句 他侯家尽管放出谣言，还是～的。（选自艾芜《边寨人家的历史》）

【一岁主，百岁奴】 旧指主子即便年幼也是主子，奴仆即便年老也是奴仆。 出处 元·白朴《墙头马上》（节选）：“哥哥，～，这宅中谁敢题起个李字。若有一些差池，如同那赵盾便有灾难，老汉就是灵辄扶轮；王伯当与李密叠尸。”

【一穗儿半穗儿，一个月上囤儿】 “一穗儿半穗儿”，指小麦刚刚抽穗儿；“上囤儿”指把小麦存储起来。这句农谚是说小麦从抽穗儿到收获只需要一个月的时间。

【一穗落一颗，一亩拣一簸】 一个麦穗（或其他庄稼的穗子）上掉下一颗粮食，一亩地就能拣一簸箕粮食。指庄稼要精细收割，避免浪费。

【一天不练无功，三天不练手生】 指学艺要坚持每天练功。

【一天吃餐粥，一年省石谷】 石（dàn）量词。形容居家过日子注意节俭，积少可以成多。类似的谚语还有“一天省下一两粮，十年要用仓来装”“一天省一把，三年买匹马”“一天一根线，十年积成缎”“一天省一口，一年积成斗”等。

【一天一两，饿不着司务长；一天一斤，饿不着火头军】 喻指物资紧缺，具体负责的人也有份；物资十分紧缺，主管调配的人也有份。

【一天云彩满散了】 云多要下大雨，雨没下云彩全都消散了。比喻事态虽然严重，但很快就消弥得干干净净。 出处 张孟良《袁文会与刘广海》（节选）：“广爷，真是人的名儿，树的影儿，今天晚上这件事若是别人，讨不了命去也得打个死去活来。因为是您，这才～。”

【一条道走到黑】 形容为了达到某一目的，义无反顾；或固执己见，坚持错误而不觉悟。 例句 执着的追求要特别注意方向，不能～。

【一头苍子挠不清】 苍子，又

名苍耳，果实长满毛刺，落在头发上不易摘除。比喻麻烦事多，总是处理不利索。 例句 我自己还～，哪有工夫管你这闲事？

【一推六二五】 形容推脱自己的责任，或把自己该管的事情推出去不管。 例句 左避右闪，东推西挡，推上、推下、推左、推右，“～”。推不掉就躲，奉行“钻洞哲学”。（选自任炳《说说“官场敷衍症”》）

【一碗凉水看到底】 喻指心怀偏见而评价他人。 例句 张万贵看冯老粘对自己还是这么加小心，打心眼里就不痛快，为什么看人是～呢？（选自刘燧《地界》）

【一碗水端平】 形容处理事情公正，不偏袒任何一方。 例句 “我办事有个原则，就是～。”（选自余华《许三观卖血记》）

【一文钱难倒英雄汉】 比喻花费很少的钱就可以解决大问题，却因拿不出这个钱而犯难。同“一个钱难倒英雄汉”“一分钱难倒英雄汉”。 例句 天下事只怕没得银钱，便是俗语说得好：“～。”（选自文康《儿女英雄传》）

【一文钱攥出水来】 一文钱攥在手里被汗水浸湿也舍不得花。形容人节俭或吝啬。 出处 姜树茂《渔港之春》（节选）：“他过了十几年日子，苍蝇没扒过他一粒饭，老鼠也没捞着他一粒米，～，真是铁勺子挖面条——汤水不漏。”

【一问三不知】 原指对事情的起因、经过、结果都不知道。后用来表示对实际情况一点也不知道。民间有“一问三不知，神仙没法治”的说法。 例句 在接受审查时，陈某～。（选自何清平《失职失责 扶贫工作一问三不知》）

【一窝狐狸不嫌骚】 狐狸本身具有臊味，同居一窝互不嫌弃。比喻臭味相投的人打成一伙，互不嫌弃。也作“一窝狐狸不嫌臊”。 例句 从表面上看来，他们父子们好像不能共事，其实是“～”，只要利益一致了，互相体谅着一点，还是可以合作的。（选自赵树理《卖烟叶》）

【一雾三晴，还有一阴】 意思是某天起一场雾，后边几天就是晴天，晴几天后还会有一个阴天。

【一息尚存，此志不懈】 语出胡居仁《居业录》。只要还有一口气，就要为实现自己的志向奋斗不懈。

【一心不可二用】 一个人不可以同时去做两件事。强调做事要专心。 例句 你写作业就写作业，～，做着作业还看手机，能做好吗？

【一言既出，驷马难追】 出自《论语·颜渊》。意思是一句话说出了口，就是套上四匹马拉的车也难追上。形容话说出口，就不能再收回，一定要算数。 例句 这就是“～”的中国承诺，中国正在用自己的行动向世界证明什么是大国的责任和大国

的担当。（选自黄日涵《进博会体现了大国责任、大国担当》）

【一言兴邦，一言丧邦】 出自《论语·子路》。邦：国家。指关键人物的一句话能影响大局。 例句 学术研究使用的概念与理论，往往暗含了特定的观点与结论，进而可能成为政府决策的理论出发点。所谓“～”，一定程度上说明了学术研究的极端重要性。（选自田文林《警惕西方学术话语的战略误导》）

【一样的米面，百人的手段】 使用同样的食材，不同的人可以使用不同的做法，产生不同的风味。喻指同样的条件，采取的措施不同，产生的结果也不一样。

【一样客不能两样待】 待客礼仪。对同样的客人不能区别对待。

【一样鲜，吃遍天；样样会，活受罪】 比喻擅长一种技能，可到处谋生；如果样样都会而不精通，就会很累。

【一叶浮萍归大海，为人何处不相逢】 浮萍：又称“青萍”，植物体叶状，浮在水面。生在池塘上的浮萍还能漂浮到大海之中也没有离开水，作为活动的人在什么地方不能相逢呢。意谓人们不必为离别伤感，说不定在什么地方又会遇见。 例句 妇人也不回言，径往里边去了。顷刻间，同一个后生跑出来。彼此睁眼一认，虽然隔了六年，面貌依然。正是昔年还银义士。正是：～。（选自冯梦龙《醒世恒言·施润泽滩阙遇友》）

【一叶落知天下秋】 语出宋·唐庚《文录》引唐人诗句。看见一片树叶落下来，就知道秋天将要来临。比喻从事物的细微变化迹象中，就可推知其发展的趋势和结果。 例句 所谓“～”，记者最重要的是能在“天下秋”之前找到这落下的第一片叶子，也是最容易被人忽视的叶子。梁衡善于把握大势，抓住生活中细屑变动的人和事，以此反映时代的变化，表现历史的脉动。（选自姜婷婷《论梁衡新闻写作的致胜“三招”》）

【一叶障目，不见泰山】 一片树叶挡住了眼睛，连面前高大的泰山都看不见。比喻被局部现象所迷惑，看不到全局和整体；或比喻目光短浅。也作“一叶遮目，不见泰山”“一叶蔽目，不见泰山”。 例句 所以说，只有“立足点”对，才能“找准问题”，否则，要么“～”，一个“问题”也找不到，要么“虚应故事，敷衍了事”，找的都不是“真问题”。（选自凌河《归根到底在于“立足点”》）

【一夜不宿，十夜不足】 一个晚上不睡觉，十个晚上都觉得睡不够。指熬夜有损健康。

【一有百有，一穷百穷】 形容越有资本，越容易发展；越没本钱，越容易困窘。

【一羽示风向，一草示水流】 一根羽毛的飘飞可以标示风向，一节草根的漂流可以标示水的流向。比喻细微的迹象可以预示事物发展的趋势。 例句 ～。支队党委从严治官的实际行动，用无声的命令告诫各级干部常怀律己之心。（选自景建新等《严于律己好带兵》）

【一拃没有四指近】 拃（zhǎ）：手掌张开，大拇指和中指两端间的距离；四指：大拇指之外的其他四个手指并排的宽度。一拃的距离，不如四指的近。比喻人际关系，远亲不如近亲，近亲又比不上亲骨肉。 例句 唉，人家总归是亲骨肉呀！“～”呀！

【一招鲜，吃遍天】 通常指拥有某一特长，即可到处谋生。形容专注于某一特定技能的发展，取得令人瞩目的成果。 例句 大家都想去当助手，主要目的是想跟这个德国人学会一点检修镗床的绝招，壮大自己的资本，～嘛。（选自蒋子龙《一个女工程师的自述》）

【一朝被蛇咬，十年怕井绳】 比喻经历一次挫折以后就变得胆小怕事。后引申经历过什么样的伤害就对类似的事物或事件十分惧怕。同“一年被蛇咬，三年怕草索”“一回经蛇咬，三年怕草绳”。 例句 容错也需要全社会的宽容，我们应当摒弃“求全责备”“一旦有污点，永世不得翻身”的错误观念，在全社会形成支持大胆干、大胆闯，鼓励敢担当、敢作为的良好氛围，让锐意进取者放下“～”的心理包袱，轻装上阵。（选自陈垂培《让干事者放下包袱》）

【一朝权在手，便把令来行】 语出明代顾大典《青衫记·承璀受阃》。一旦掌了权，就发号施令，指手画脚。也作“一朝权在手，便将令来行”。 例句 有权就有了一切，“～”。（选自冰心《谈孟子和民主》）

【一朝时运至，半点不由人】 意谓一旦遇上好运，一切便不由自主地好起来。 例句 春梅拿出两条铺盖表枕与他安歇，又拨一个小厮喜儿答应他，又包出两套轴绢衣服来与他更换。每日饭食，春梅请进后边吃。正是：～。（选自兰陵笑笑生《金瓶梅》）

【一针不补，十针难缝】 衣服有了破洞，不及时缝补就会越破越大。比喻有了错儿及时纠正就容易；错误发展下去酿成大错就难收拾。 例句 “～”。对于隐形“四风”，对于不良作风苗头性、倾向性的问题，决不能忽视纵容，要引起足够警惕。（选自马天钦《“摆摆表现”，对隐形“四风”露头就打》）

【一争两丑，一让两有】 面对名利，一旦争占，双方都丢脸；一旦谦让，双方都受益。指为人处事，宜让不宜争。 例句 “按宝兴首饰店打的价，这只镯子少说也得三十块大洋。但是，你我也不是外人，常言说，～。老弟你给这个数就行了。”（选自马国超 张鸣《马本斋》）

【一正敌千邪】 只要有一派正气，就能镇压住各种各样的邪气。指任何邪恶总是惧怕正气的。也作“一正压百邪”。 出处 明·康海《王兰卿》（节选）：“常言道：‘三关度一米，～。’休只管教药淘的他形羸气怯。”

【一正辟三邪，人正辟百邪】 指正气能压倒邪气，正义能战胜邪恶；人心端正，一切邪气就不敢侵犯。

【一症配一药，跳蚤无涎捉不着】 涎：口水。什么病就得用什么药来医治，手上没有口水是捉不着跳蚤的。比喻针对不同的人就要采用不同的方法来应付。 例句 “是呀，‘～’。像顺叔这样的人，就要像老太婆穿针一样，细心细性才能串住他的针鼻。”（选自王杏元《绿竹村风云》）

【一只苍蝇一只虎，谁家有了谁家苦】 这里的“虎”指的是虎虫，又名八角虎，它就是刺蛾的俗称（也称花虎子、洋辣子），因为常藏在树叶背面，人常常在不知情的情况下被它蜇伤。指苍蝇和虎虫会影响人的生活，要小心其危害。

【一只耳朵进，一只耳朵出】 比喻不把别人的话放在心上。同“左耳进右耳出”。 例句 赵红桥又说：“你再想想：一个七、八岁的孩子，为什么会骂‘曾再兴回来了，你还得死’这样的话？你这个农会主席，可不能～，应当多问几个为什么嘛!”（选自张行《武陵山下》）

【一只碗不响，两只碗叮当】 比喻一个人不会吵架，两个人才会吵架。也比喻冲突是由双方引发的，不只一方有责任。 例句 俗语说得好：“～。”冒得官自从娶了那个二婚头，常常家里搬口舌，挑是非。（选自李伯元《官场现形记》）

【一只羊是放，一群羊也是放】 比喻不管数量多少，反正都要费一番事，一起做就行了。 例句 规模化种植对许多“新农民”是件新鲜事，作为种植大户，大家都是第一次，不能简单地理解为“～”。（选自瞿长福《土地流转要允许农民“等等看”》）

【一枝不动，百枝不摇】 一根枝条不动，其他枝条也都不会摇晃。指事物互相牵连，局部会牵连到整体。同“一枝动，百枝摇”。 例句 发展理念是发展行动的先导，“～”，在新的发展理念引导下，要坚持全面规划和突出重点相协调，既着眼于全面推进各项建设，又突出薄弱环节和滞后领域。（选自胡鞍钢《从“薄弱”处突破，向“全面小康”挺进》）

【一枝一叶总关情】 语出郑燮《潍县署中画竹呈年伯包大中丞括》一诗。喻指百姓生活的细枝末节都应该引起关注和关怀。 例句 “些小吾曹州县吏，～。”基层干部离群众最近，说的每一句话、干的每一件事，群众都听在耳里、看在眼中、记

在心上。（选自林辰《端正做事照出为民情怀》）

【一粥一饭当思来之不易，半丝半缕恒念物力维艰】 语出《朱子家训》。一点点衣食都来之不易，应当经常想到物力的艰难而加以珍惜。 例句 “～。”勤俭节约始终是中华民族的传统美德。（选自李睿宸《绿色低碳生活成为新风尚》）

【一株不治害一片，今年不治祸明年】 种植庄稼，如果看到一棵苗有虫害而不治理，就会伤害一大片；如果今年有虫害不治理，明年还会受害。

【一子出家，九祖升天】 子孙中有一人出家修道，众多祖宗都可以升天成仙。喻指一人得势，全家跟着沾光。 出处 明·兰陵笑笑生《金瓶梅词话》（节选）：“常言：‘～’，你那夫主冤愆解释，亦得超生去了。”

【一子受皇恩，全家食天禄】 旧指一个人当了官，全家都享用朝廷的俸禄。 例句 从此西川做官，兼管军民。父母俱迎在衙门中奉养，所谓“～”。（选自冯梦龙《喻世明言·赵伯升茶肆遇仁宗》）

【一字两头平，戥秤不亏人】 戥：戥（děng）子，一种小型的秤。形容公平交易，斤两一点不多，也一点不少。引申为不偏袒任何一方。例句 “～”，我们不能偏袒任何一个，也不能冤枉任何一方。

【一字入公门，九牛拔不出】 公门：官府衙门。喻指诉讼状子送进衙门，便身遭讼累，无从摆脱。 例句 “我恐怕他后来改了口，所以哄他写个禀帖给我做了凭据，叫他改不得口。只这他自己的状上好些别脚，‘～’哩。他说为穷卖孩子，怎么有原银为证？”（选自西周生《醒世姻缘传》）

【衣薄加条带，饭少加碗菜】 天冷衣服穿得少，如果在腰间扎根带子，就能起到保暖御寒的作用；如果饭不够吃，加碗菜也有果腹作用。

【衣不如新，人不如故】 语出乐府诗《古艳歌》。故，故旧。衣是新的好，人是熟悉的好。同“衣不如新，人不如旧”“衣莫若新，人莫若故”。 例句 邓秀梅没有猜透这个女子的全部曲折复杂的心事，以为她单单因为受气而悲伤。她试探地说：“～，依我看来，你还是回去好些。”（选自周立波《山乡巨变》）

【衣大不过寸，鞋大不过分】 衣服不能大得超过一寸，鞋不能大得超过一分。比喻根据事物的性质，把握其可以灵活处理的尺度。

【衣服不洗要脏，种田不犁要荒】 喻指在人生的道路上，不自律就会出问题，不勤劳就没有收获。

【衣贵洁，不贵华】 指衣服贵在整洁，不在于华丽。 例句 再如穿衣，从健康的角度讲，其基本要素是：一要清洁，二要宽松，三要暖和，四要舒适。民谚道：～。（选自

范瑞婷《漫说服饰谣谚》）

【衣来伸手，饭来张口】 形容懒惰成性，坐享别人劳动成果的人。例句 安公子是自幼娇养，～的人。（选自文康《儿女英雄传》）

【衣是人的脸，钱是人的胆】 指体面的衣服使人有脸面，钱财使人有胆量。

【衣要勤洗，被要勤晒】 衣服经常洗，被褥经常晒，有利于健康。

【医不自治】 医生能给别人治病，但不能给自己治病，因为顾虑太多影响下药。也作“医不自医”。例句 “医生患者”掌握的疾病知识和具有的信息优势，在大病面前不一定会给他带来比普通患者更多的痊愈条件，反而可能成为他理性决策最大的阻碍。我们也可以说，这是“～”。（选自薄世宁《为什么“医不自治”》）

【依靠群众撼山易，脱离群众搬砖难】 指再难的事只要依靠群众就容易办成，再容易的事脱离群众就办不好。 例句 ～。时代在变，环境在变，但共产党人确立的群众观点、群众路线不能变；与人民群众同呼吸共命运的立场不能变；一切为了群众、一切依靠群众的宗旨不能变！（选自韩延明《发扬光大沂蒙精神的理性沉思》）

【依着官法打杀，依着佛法饿杀】 依照官府法令行事就该打死，依照佛法戒律行事就该饿死。指执行法规不能死搬教条，要灵活应变。例句 那怪道：“前程！前程！若依你，教我喝风！常言道：‘～。’去也！去也！还不如捉个行人，肥腻腻的吃他家娘！管甚么二罪，三罪，千罪，万罪！”（选自吴承恩《西游记》）

【姨娘亲，不算亲，没了姨娘断了亲】 指与姨家的关系是因为姨娘而显得亲近，没了姨娘，因和姨夫、姨家表兄弟姊妹没有血缘关系，关系就会逐渐疏远。

【疑今者，察之古；不知来者，视之往】 语出《管子·形势》。对今天的事情犹疑不决的可以参考古代的做法，不知将来如何发展的可以看看以前是怎么过来的。 例句 “～。”近代以后的100多年时间里，中国人民无数次经历了战争磨难，更加懂得和平的珍贵。（选自习近平《在南京大屠杀死难者国家公祭仪式上的讲话》）

【疑人不用，用人不疑】 怀疑的人就不要使用，使用的人就不要怀疑。比喻用人应充分信任。也作“用人不疑，疑人不用”。 例句 个别党组织只讲信任不讲考验，依旧秉持“～”的原则，只重选拔任命不重管理监督，任由干部自由生长。（选自陈军《没有监督的信任等于放任》）

【疑心生暗鬼】 指因为多疑而产生各种幻觉或错误判断。 例句 妇人道：“这是你‘～’，你忘了北上坡那棵小柳树儿了，你必是拿他当作人了。”（选自石玉昆《三侠五义》）

【已饥方食，未饱先止】 这是饮食方面的养生之道。在饥饿以后再进食，不等吃饱就停止进食。也就是饿了才吃，吃不过饱。

【以财交者，财尽而交绝；以色交者，华落而爱渝】 渝：改变。靠钱财结交朋友，钱财没了交情就断绝了；凭美色交往的，容颜衰老后爱就改变了。 出处 刘向《战国策·楚策》（节选）：“～。是以嬖女不敝席，宠臣不避轩。今君擅楚国之势，而无以深自结于王，窃为君危之。”

【以财事人者，财尽而交疏；以色事人者，华落而爱衰】 华：同“花”，喻美色。用财物来侍奉别人的人，财物没有了交情就疏远；用美色来侍奉别人的人，年老色衰爱意便会消退。 出处 刘向《说苑·权谋》（节选）：“江乙（对安陵缠）曰：‘吾闻之，～。今子之华，有时而落，子何以长幸无解于王乎？’”

【以毒攻毒，以火攻火】 攻：治。用毒药来医治毒疮，用火气来对付火气。比喻用针锋相对的办法处事。 例句 凤姐儿道：“正是生日的日子不好呢，可巧是七月初七日。”刘姥姥忙笑道：“这个正好，就叫他是巧哥儿。这叫作‘～’的法子。”（选自曹雪芹《红楼梦》）

【以狼牧羊，何能长久】 用狼来放羊，羊怎么能生存？比喻安排坏人办事，结果将很危险。 出处 《辽史·萧岩寿传》（节选）：“乙辛复入为枢密使，流岩寿于乌隗路，终身拘作。岩寿虽窜逐，恒以社稷为忧，时人为之语曰：‘～！’三年，乙辛诬岩寿与谋废立事，执还杀之。”

【以利相交者，利尽而疏】 为利益而结交的人，一旦失去了利益就变得疏远了。 例句 古人云：“～。”那杜十娘与李公子真情相好，见他手头愈短，心头愈热。妈妈也几遍叫女儿打发李甲出院，见女儿不统口，又几遍将言语触突李公子，要激怒他起身。（选自冯梦龙《警世通言·杜十娘怒沉百宝箱》）

【以其人之道，还治其人之身】 出自朱熹《中庸集注》。原指使用别人自身已有的道理和方法来修养他自身。现多用以表示，用他对付别人的办法来对付他。 例句 况这班奸党，不知屈害多少忠良，即～，极是快心之事。（选自陈忱《水浒后传》）

【以人算，没穷汉】 如果事情只是凭借人的谋划就算数的话，世上就没有穷人了。意在说明计划赶不上变化，人算不如天算。

【以身教者从，以言教者讼】 语出《后汉书·第五钟离宋寒列传》。讼：争辩是非。以自身行动教育人，人会服从；以语言教育人，人会争辩。表明身教重于言教。身教比言传效果好。 例句 ～。带头行动比强势言语更有力量，榜样作用比强迫命令更能深入人心，无声号令能够潜移默化、成风化俗进而产生恒

久力量。（选自张彦《行动是无声号令》）

【以小人之心度君子之腹】 度：推测。拿卑劣的想法，去推测正派人的心思。 例句 “仲书记打算把你安排在民政局当局级调研员，人家不忘老交情，你反倒～。”（选自刘绍棠《村妇》）

【以信待人，不信思信；不信待人，信思不信】 以诚信待人，本来不相信的会相信；以虚伪待人，本来相信的也会不相信了。 出处 《傅子·义信》（节选）：“老子不云乎：‘信不足焉，有不信也。’故～，况本无信者乎？”

【以言取人，人饰其言；以行取人，人竭其行】 按照言语选用人，人就会修饰自己的言语；按照行动选用人，人就会尽力在行动上。也就是说，上面选人的价值取向，会直接影响下面人的价值取向。上面的人喜欢好听话，下面的人就会花言巧语；上面的人喜欢看行动，下面的人就会努力实干。 出处 《逸周书·芮良夫解》（节选）：“我闻曰，～。饰言无庸，竭行有成。”

【以言取人，失之宰予；以貌取人，失之子羽】 语出司马迁《史记·仲尼弟子列传》。这是孔子的自我检讨。意思是凭说话来判断一个人，在宰予身上失误了；凭相貌来判断一个人，在子羽身上失误了。 例句 难怪巴基斯坦人爱乌鸦，它的确属于“我很丑，但我很温柔”那一类。孔子云：～。我们既然知道不能以貌取人的道理，又何必以貌取鸟呢？（选自杨叙《乌鸦歌》）

【以眼还眼，以牙还牙】 用瞪眼回击瞪眼，用牙咬对付牙咬。指对方使用什么手段攻击，就用什么手段进行回击。 例句 ～，这样“还”下去是没有了局的。（选自叶圣陶《英文教授》）

【义动君子，利动贪人】 语出董仲舒《论御匈奴》。正义能够感动有道德的君子，利益能够动摇贪财的小人。 例句 我国自古正统的宣教中对“财富”充满了鄙夷：“君子耻于言利”，“以富利为隆，是俗人也”，“～”等等。（选自刘鲁燕《说财富》）

【义理之勇不可无，血气之勇不可有】 指勇敢应使用在正义上，而不是用在感情冲动上。 出处 明·杨柔胜《玉环记》（节选）：“兄弟差矣，岂不闻～。这等断然不可！”

【艺多不压身】 指多学些技艺只有好处，没有坏处；即使不用，也累不着身子。 例句 “～。日后你们要是不愿跟着老子打江山，可以到南京去跑马卖解，饿不了肚皮。”（选自姚雪垠《李自成》）

【艺高人胆大】 技艺高超的人心里有底，胆量就大。 例句 “便学一日有一日受用，学一件有一件助胆，所谓～也。”（选自戚继光《练兵实纪·练营阵》）

【艺由己立，名自人成】 艺术

的风格要靠自己创立，艺术的成名要靠世人的颂扬。这是班固在评价徐幹书法时，得出的具有哲理性的结论，道出了艺术创作与成名成家的基本规律。章学诚曾称赞："此八字千古名言。" 出处 班固《与弟超书》（节选）："得伯张书藁，势殊工，知识读之，莫不叹息。实亦～。"

【易求无价宝，难得有情郎】 意思是无价之宝还可求得，寻求有情有意郎君很难。极言女子求佳偶之难。同"易求无价宝，难买有情郎"。 出处 唐·鱼玄机《赠邻女》："羞日遮罗袖，愁春懒起妆。易求无价宝，难得有心郎。枕上潜垂泪，花间暗断肠。自能窥宋玉，何必恨王昌。"

【易涨易退山坑水，易反易覆小人心】 山坑里的水容易涨满也容易消退；品行卑劣人的心就如山坑之水，因其格局太小而反复无常。 例句 真是"～"！明明约定一起单干，今天却不声不响走掉了。（选自王杏元《绿竹村风云》）

【因风吹火，用力不多】 语出宋·普济《五灯会元》。比喻因势利导，不花大力气就能办成事。 例句 要善借力。古人说，～。（选自吴国辉《用正确方法推动工作落实》）

【因祸得福】 因遭遇祸事而获得了好处。指变坏事为好事。 例句 老王因摔断了腿来北京治疗，大地震那天，他不在唐山，这真是～。

【阴地好，不如心地好】 阴地，墓地。阴地选择得再好，也不如活着时心地善良。 例句 "要知地理何尝不有，总凭心地为主。古人云：'～。'"（选自杜纲《娱目醒心编》）

【阴沟里翻船】 比喻在有把握的地方出了问题。 出处 清·石玉昆《三侠五义》（节选）："焉知他（蒋平）不是艺高人胆大，阴沟里会翻船，也是有的。可怜一世英名，却在此处倾生。"

【阴来阴去下大雨，病来病去病死人】 喻指久拖不决的问题，终会酿成恶果。同"阴来阴去阴成雨，病来病去病倒身"。 例句 他缠绵病榻三年，各种法子都试过，终究还是走了，真是～。

【阴树不能进家门】 阴树指的是桑、松柏等五种与墓地、丧葬有关的树。为避讳，这些树不宜种在家里。同"宅不栽五阴之木"。

【阴天不见晴天见，白天不见晚上见】 指早晚总会让对方看到厉害的。 例句 "我是要打草惊蛇，叫那些地头蛇睁开眼，叫他们知道这么两句古谚：～。"（选自李英儒《女游击队长》）

【阴天打孩子，闲着也是闲着】 在湖北湖南一带，把"鞋子"读成"孩子"（谐音），"打鞋子"指制作草鞋。这句话通常用来表示闲着也是闲着，找点事做总比闲呆着要好。也作"下雨天打孩子，闲着也是闲着”。

【阴天下雨往家跑，光知道往里迷糊，不往外迷糊】 这是对耍小聪明爱占便宜的人的讥讽。 例句 我算是看清你这个人了，“～”。

【银河纵隔断，自有鹊桥通】 出自“牛郎织女”神话传说。喻指有情人什么困难也阻挡不住他们在一起。 例句 “～”。他们俩到底还是冲破了家庭的阻碍，走在了一起。

【饮食不检点，大病在眼前】 吃饭喝水不注意卫生，或暴饮暴食、时间不规律等，容易患病。

【饮食贵有节，锻炼贵有恒】 说的是养生之道。吃喝贵在有节制，锻炼贵在有恒心。

【饮食有节，起居有常】 这是讲的养生之道。指饮食定时定量有节制，日常生活有规律。 出处 《黄帝内经·素问·上古天真论》（节选）：“法于阴阳，和于术数，～，不妄作劳，故能形与神俱，而尽终其天年。”

【隐恶扬善，执其两端】 避谈人的坏处，宣扬人的好处，过与不及两端的意见都掌握（而后折中用之）。 出处 《礼记·中庸》（节选）：“子曰：‘舜其大知也与！舜好问而好察迩言，隐恶而扬善，执其两端，用其中于民，其斯以为舜乎！’”

【英雄保明主，俊鸟登高枝】 指英雄要保护贤明的君主，就像俊美漂亮的鸟要选登高处的树枝一样。喻指俊杰择主而事。 出处 石印红章程《护国皇娘传》（节选）：“常言道：‘～。’宣王当兴时，我忠心保他；如今他气数已尽，我再保他就是逆天而行了。”

【英雄不论出身低】 好男儿贵在有真才实学，能自立自强，不在乎出身门第的高下贵贱。 出处 张国良《千里走单骑》（节选）：“廖化虽然落在蟊贼之中，但倒有大丈夫的气魄，常言道：‘英雄何论出身低!’”

【英雄流血不流泪】 英雄好汉宁可自己流血牺牲，也不能掉眼泪祈求他人的同情。 例句 “革命是要流血哩，好日子不会白手得来……不要哭了，自古道：‘～。’”（选自刘江《太行风云》）

【英雄难过美人关】 指英雄人物往往也不能免俗，为美人所着迷。 例句 “常言说，～，这比过五关斩六将都难。”（选自王岭群《黑网下的星光》）

【英雄气短，儿女情长】 意思是英雄常受爱恋之情妨碍，男女间情意缠绵悱恻。 例句 曹操告别人世之际，眷恋伉俪之情，分其余香作为纪念，嘱咐卖履以保衣食无虞，未免～。（选自卢羿《曹操临终前说了什么》）

【英雄所见略同】 所见：见解。略：大致。指英雄人物的见解或认识经常相差无几。多用于赞赏两个人的想法不谋而合。 例句 这个

建议比刘少奇向中央提出的以苏北为突破口打开发展华中局面的方案，时间略早几天，可谓～。（选自童志强《博古与新四军》）

【英雄行险道，富贵似花枝】 英雄是从艰难中磨练出来的，荣华富贵如同花枝一样容易凋谢。 出处 《增广贤文》（节选）：“念念有如临敌日，心心常似过桥时。～。”

【莺花犹怕春光老，岂可教人枉度春】 黄莺和鲜花尚且害怕春光老去，怎么可以教人虚度春光呢。 出处 《增广贤文》（节选）：“～。红粉佳人休使老，风流浪子莫教贫。”

【樱桃好吃树难栽】 出自左权地区民歌。意思是樱桃鲜美可口，但结樱桃的树不好栽培。比喻享受容易，创业艰辛。也比喻好事往往难以办成。 例句 “～”，社会主义是干出来的，新时代也是干出来的，走好新时代的长征路，我们每个人都需要这样一股子干劲儿。（选自李洪兴《实干是最好的语言》）

【迎风儿簸簸箕】 迎着风向簸簸箕，糠土会吹到自己身上。比喻言语行动违背事理。 出处 元·无名氏《神奴儿》：“〔大旦云〕既然小叔和婶子要分开这家私呵，依着他分开了罢。〔正末云〕噤声，连你也～!”

【勇略震主者身危，而功盖天下者不赏】 震主：指使君主内心惊悸不安。勇猛和谋略使君主内心惊悸的人自身便危险了，而功劳天下第一的人（反而）得不到封赏。揭示了封建社会功臣和君主之间的微妙关系和一般规律。一方面君主需要功臣为自己的政权效命，一方面担心功臣对自己构成威胁，所以同时又进行打压。 出处 司马迁《史记·淮阴侯列传》（节选）：“此二人者，足以观矣。愿足下深虑之。且臣闻～。”

【用不着是草，用得着是宝】 比喻看待事物以当下有用无用作为标准，采取实用主义态度。当下用不着就像草一样对待，当下用得着则像宝一样对待。 例句 人才往往有个性，非常自尊，你不能拿“～”的态度来对待。

【用人必考其终，授任必求其当】 语出张居正《陈六事疏》。用人必须先根据其才德，考虑他最终是否能把事情做好；在授予职务时，一定要看其是否适合担任这个职务。 例句 “～。”选贤任能、知人善任，必须在精准科学考准考实干部上下功夫。（选自仲祖文《大力选拔忠诚干净担当的优秀干部》）

【用人朝前，不用人朝后】 指有事求人的时候就热情与人来往，用不着了就不再理睬人家。 出处 西周生《醒世姻缘传》（节选）：“又谁叫你与他结拜弟兄？这样～的事，孩儿，你听我说，再休做他。”

【用人容易识人难】 指任用一个人不难，但要了解一个人却很难。

例句　～，误把忠奸一例看。（选自蔡东藩《后汉演义》）

【用心计较事事难，退步让人路路宽】　总爱计较的人，没有人愿意和他共事，办起事来就困难重重；而那些谦让的人，人缘好，办起事来就顺利。告诫人做人应该宽宏大量，不能事事计较。

【用之则为虎，不用则为鼠】　喻指有才能的人重用就会发挥威力；不用就没什么作用。指人才只有任用才能发挥才能。　出处　汉·东方朔《答客难》（节选）："尊之则为将，卑之则为虏；抗之则在青云之上，抑之则在深渊之下；～。虽欲尽节效情，安知前后？"

【用之则行，舍之则藏】　语出《论语·述而》。意思是被任用就施展抱负，不被任用就藏身自好。这是儒家处世的又一基本态度。是许多士大夫在宦海沉浮以后，向往田园生活的思想基础。在这方面，儒家和道家有了思想上的交集点。　例句　其实，中国的知识分子从来兼有儒家孔孟和道家老庄两种人生价值观的，"～"就是普遍的处世之道，进而为儒家，退则为道家，同样不失平衡。（选自孙克《画思当如天岸马——读王涛的大写意人物画》）

【用珠宝装饰自己，不如用知识充实自己】　身上带点首饰让自己显得华贵，不如多学点知识让自己内心充实。

【由俭入奢易，由奢入俭难】　语出司马光《训俭示康》。从节俭到奢侈容易，从奢侈到节俭困难。　例句　～。广大党员干部要保持警醒，增强自制力，在日常生活的点滴中约束自己，形成克己奉公、拒腐崇廉、戒奢尚俭的自觉。（选自吴玉军《养成俭朴之风》）

【由着肚子，穿不上裤子】　可以从两方面理解。指大吃大喝，会导致穷困，甚至穷得穿不上裤子；或指大吃大喝会导致肥胖，以至于胖得穿不上裤子。强调饮食应有节制，不能由着自己的欲望来。

【油多不坏菜，礼多人不怪】　烧菜多加油，对菜没有坏处；对人多讲礼节，别人不会怪罪。　例句　你有空常去他家坐坐，顺便买点小礼物什么的，这没什么不好，"～"嘛，关系慢慢就走近了。

【油多了不香，蜜多了不甜】　比喻做什么事情都要适可而止，超过了限度，效果就会适得其反。

【油干灯草尽】　比喻很快就要死亡。　出处　邹韬奋《〈萍踪寄语初集〉弁言》（节选）："中国有句俗语叫做'～'，资本主义进展到了第三期，它的渐渐地崩溃，在目前'油'虽还未'干'，'灯草'虽还未'尽'，但这样下去，是朝着'油干灯草尽'的路线走去，这是很显然的趋势。"

【油锅里抓钱】　指不顾一切捞钱。　出处　曹雪芹《红楼梦》

（节选）："我们二爷那脾气，油锅里的钱还要找出来花呢，听见奶奶有了这个梯己，他还不放心的花了呢。"

【油鬏髻上封官】 鬏髻：古代贵妇的一种发髻。喻指依靠妻女姊妹关系而谋取官职。 出处 元·杨梓《承明殿霍光鬼谏》（节选）："打这厮～，粉鼻凹里受宣。您是裙带头衣食，我是剑甲上俸钱。"

【油瓶倒了不扶】 比喻懒惰，或不管闲事、见急不救。 例句 "她本来长着一双巧手，却吃馋了，呆懒了；平日横草不动，竖柴不拿，～。"（选自刘绍棠《蒲柳人家》）

【油香不怕巷子深】 只要油的质量好，即使油坊在偏僻的深巷里，也会有人去买。比喻只要东西好，不愁顾客不上门。同"酒香不怕巷子深"。

【游子行千里，不忘故乡情】 在外飘泊的游子即使走到千里之外，也不会忘记那浓浓的故乡情。

【有爱孙猴儿的，就有爱猪八戒的】 孙猴和猪八戒，是《西游记》中两个人物形象，孙猴即孙悟空精灵，猪八戒憨实。喻指人们喜好不同是很正常的事。 例句 春晚固然很多人喜欢看，可也偏有不喜欢的，正所谓"～"，这事强求不来。

【有备无患】 事先有准备，就可以避免祸患。 例句 "给！"单有余晃了晃猎枪说，"再带上这家伙，这两天山里正闹豹子，～。"（选自谌容《光明与黑暗》）

【有备则制人，无备则制于人】 语出桓宽《盐铁论·险固》。有防备就会制服敌人，没防备就会被敌人所制服。 例句 ～。平时的一切努力，都只为战争来临的那一刻。（选自唐小勇《战备当作备战抓》）

【有鼻子有眼】 比喻把听闻、谣言、传说、虚构等没有眼见为实的事物描述得非常具体细致，就像亲眼看到过的一样。 例句 计策的内容和保证是：要求每个前去执行任务的小伙子大胆说谎话，而且谎话要说得～，活龙活现，毫不含糊。（选自柳杞《好年胜景》）

【有兵刃的气壮，无家伙的胆虚】 意谓双方武斗，手中有兵器的人胆壮，而赤手空拳的人总是有些害怕。也作"有兵刃的气壮，赤着手的胆虚"。 例句 张爷下边又是一扫堂腿。好恶道！金丝绕腕势躲过，回手反背又是一刀。究竟～，张龙支持了几个照面，看看不敌。（选自石玉昆《三侠五义》）

【有病方知健是仙】 只有生病以后才能体会到"身体健康就是神仙"这句话的意义。

【有病早治，省钱省事】 人一旦生了病，就要尽早医治，这样既省钱又容易治好。

【有病早治，无病早防】 指人平时不生病时要积极进行预防；一旦生了病，就要尽早医治，以免耽误。

【有财不济交，非有财也；有位不能举，非有位也】 语出《意林·法训》。有钱财却不周济朋友，就跟没钱财一样；有地位却不举荐贤人，就跟没地位一样。

【有菜半年粮，无菜半年荒】 在饥荒年月，瓜果蔬菜也可以抵粮食，差不多相当于口粮的一半。

【有茶有酒多兄弟，急难何曾见一人】 指靠吃喝玩乐维系的朋友，只能同享乐，不能共患难。 出处 《增广贤文》（节选）：“～。人情似纸张张薄，世事如棋局局新。”

【有柴有米是夫妻，无柴无米各东西】 指维持生存的基本物质条件，对维持夫妻关系同样重要。同“有吃有穿是夫妻，没吃没穿两分离”“有米有面是夫妻，无柴无米各东西”“有钱是夫妻，没钱两分离”。

【有车就有辙，有树就有影】 比喻事情只要做了，就会有迹可查。 例句 “～。于震海他们是人，得吃得穿，不能老在山里啃石头。只要于震兴到他从前常去的人家、村子打听，人们见是亲兄弟，不会瞒着他。”（选自冯德英《山菊花》）

【有仇的报仇，有冤的报冤】 指对造成冤枉、仇恨的人进行报复，使其作出抵偿。按情理应该怎么样，就怎么样。 出处 明·冯梦龙《醒世恒言·汪大尹火焚宝莲寺》（节选）：“有冤报冤，有仇报仇，只杀知县，不伤百姓。让我者生，挡我者死。”

【有初一就有十五】 形容做事有开头就会有后续。 例句 你也不要说你这是第一次，“～”，恶习一旦染上，往往刹不住车。

【有大略者不可责以捷巧，有小智者不可任以大功】 捷巧：雕虫小技。大功：大事。有大谋略的人，不能责难他敏捷机巧；有小聪明的人不能任命他完成大的功业。人各有所长，各有所短，贵在量才而用，人尽其才，不求全责备。 出处 刘安《淮南子·主术训》（节选）：“才有所修短也。是故～。人有其才，物有其形，有任一而太重，或任百而尚轻。”

【有多大本钱，做多大生意】 指做事情量财力而决定规模的大小。 例句 你想靠这高考前最后一个月拿下之前遗漏的所有知识盲点，这显然不现实，咱“～”，要承认自己能力有限，但依然不放弃行动和努力才是正确务实的态度。

【有多大的脚，穿多大的鞋】 指做事要量力而行，有多大的能力，就做多大的事情；不能脱离自身的实际情况。 例句 “二娃兄弟，～。你想嘛，我田根宝是那种见死不救的人么？只不过我也犯难呀！要是真的开仓救民，那我现在帮你算是做了好事。”（选自莫伸《生命的凝聚·三岔镇风波》）

【有多大荷叶，包多大粽子】 比喻做事要量力而行。同“没那么大的荷叶，别揽那么大的粽子”。　例句　俗语说：“～”，这段相声讽刺的是那种没有金刚钻也敢揽瓷器活的无知且无畏的人。（选自马纯潇《看鲁能俱乐部“画扇面”》）

【有儿别嫌晚，就怕寿禄短】儿女生养晚不重要，重要的是你得长寿，否则享受不到儿女孝敬。

【有儿有女不算贫，无儿无女贫煞人】　人是财富的创造者，如果家中后继有人，就不算真正的贫穷；如果没有后人，家庭就没有希望，才是真正的贫穷。这是一种陈旧的传统观念。同“有人不算贫，没人贫死人”。

【有饭送给饥人，有话送给知人】　意思是就像有饭要送给饥饿的人一样，有话一定要说给知心的人。　例句　“大哥，常言说得好：‘～。’你跟他俩啰嗦什么，他们根本就不会说话，是一对哑巴！”（选自赵博《花和尚演义》）

【有饭休嫌淡，有车休嫌慢】比喻有就比没有强。应该知足。与“有牛别嫌慢，有饭别嫌淡”义同。例句　我看你那儿媳妇挺好的，虽说人不算俊，但人家勤快呀！“～”，你就知足吧。

【有粉要搽在脸上】　比喻钱或物要用在最能使自己感到风光、体面的地方。　例句　谷北大自幼心高胆大，桂丫儿从小争强斗胜；谷北大不怕冒尖，桂丫儿不怕露富；一个是肉不能埋在饭里，一个是～。（选自刘绍棠《京门脸子》）

【有风不可驶尽】　乘风驶船，不可把船篷扯得太足。喻指人在得势时，不可太嚣张。泛指事情不可做绝。　例句　“像胡杏这样的事情，只求个息事宁人，也就罢了。常言道：～哩！你何家仗着国民党的势子，又能仗得几天？”（选自欧阳山《苦斗》）

【有风方起浪，无潮水自平】方：才。潮：潮汐，潮水。有风才能掀起波浪，没有潮涨潮落水面自然平静。比喻事出总有因。　例句　“‘～。’你不惹我，我好寻你？”（选自吴承恩《西游记》）

【有福不用忙，无福跑断肠】指有福气的人总是能保持淡定的心态，理性看待得失，不到处奔忙，福气也会来；没有福气的人把得失看得很重，整日奔波劳碌，内心始终焦虑。同时也表明，人的成功靠努力，也得靠运气。

【有福伤财，无福伤己】　指在遇到困难时，有福气的人会选择损失钱财来解决问题；而无福气的人舍不得钱财，以至伤害到自己的身体或生命。　出处　《增广贤文》（节选）：“知足常足，终身不辱。知止常止，终身不耻。～。”

【有福同享，有难同当】　幸福共同分享，苦难共同承担。指患难与共，和衷共济。　例句　“还有一件：从前老爷有过话，是‘～’。

现在老爷有得升官发财，我们做家人的出了力、赔了钱，只落得一个半途而废。”（选自李伯元《官场现形记》）

【有斧砍得倒树，有理说得服人】 如同有斧头就能砍倒树一样，有理就能说服别人。指解决问题要以理服人。 例句 “～。我刚才说了，丢粮的事是我们队的大事，有什么意见都可以说出来。”（选自韦任敏《穿云山》）

【有钢要往刃上使，有理要往明处拿】 就像钢用在刀的刃部，以保证刀刃锋利一样，道理就要讲在明处，以保证以理服人。同“有理摆到事上，好钢使到刃上”。 例句 “～”，你在背后里叽叽喳喳地有什么用。

【有闺女别害怕，啥闺女打发啥人家】 有姑娘的人家不用担心姑娘嫁不出去，什么样的姑娘都能让她嫁到与她相配的人家。 例句 你不用担心，有闺女就不愁嫁，老话怎么说来着？“～”嘛。

【有过之而无不及】 指相比之下，只有超过而不会不如。 例句 美国一项研究显示，久坐不动的危害比吸烟、患糖尿病或心脏病～。（选自袁原《久坐不动危害大过吸烟》）

【有花方酌酒，无月不登楼】 有花观赏才值得饮酒，无月观赏不值得登楼。指文人雅兴，喜欢一边赏花一边饮酒和登高赏月。 出处 《增广贤文》（节选）：“～。三杯通大道，一醉解千愁。”

【有话摆到桌面上来】 指把事情或问题当面讲出来，或指把所有的事实都罗列出来。同“有话放到桌面上讲”“有话摆到桌面上讲”“有话摆上桌面”“把话摆到桌面上说”“有话摆在桌面上”。 例句 面临新情况、新问题，领导班子成员之间出现工作上的意见分歧是正常的。同时，来自现实生活中的诱惑和各种不良风气的侵蚀，使领导干部时刻都在经受着严峻考验。在这种情况下，～，不论是对于提高解决自身问题的能力，还是增强抵御诱惑和侵蚀的自觉，无疑是十分必要的。（选自沈小平《有话要放到桌面上来讲》）

【有灰不愁驴打滚】 条件具备不愁事情办不成。 例句 “咱们揭开笼盖明说吧！～，你把彩礼钱吐出来，就夹上你那张破镰走吧。”（选自郑义《老井》）

【有借有还，再借不难】 借了人家的东西，及时还给人家，就能建立信誉，以后再借就容易了。 例句 如何理解这种良性、健康、互惠的银企关系？“良性”，通俗讲就是“～”。（选自易鹏飞《银企关系不靠“走门子”》）

【有酒大家喝，有话当面说】 形容做人应坦诚，与别人搞好关系，有什么不满意的话宜当面直说。

【有君子嫌君子，没有君子想君子】 君子修身正己，会让身边的人感到压力而生嫌；君子离开以后，却又怀想其品德而想念。指君子的行为可能一时让人不能理解，但却会对人产生持久的影响。

【有了后娘有后爹，铁打的心肠也信邪】 指孩子有了后娘，后娘待孩子不好，父亲也就对孩子冷淡了，像后爹似的，再硬的心肠，也会相信后娘的邪说。

【有理不可丢，无理不可争】 指有理的事情要坚持，没理的事情不要争辩。 例句 俗话说：“～。”你本就没理，还把人打了，有什么可争辩的！

【有理不可灭，无理不可兴】 有理的事情要坚持，没理的事情要制止。 例句 关将军想，既有这样的规定，应该照规章办事，常言道：“～。”（选自张国良《千里走单骑》）

【有理不怕官，心正不怕天】 有理就不怕官府过问，心地纯正就不怕上天责怪。意谓理直心纯什么都不怕。

【有理不怕势来压，人正不怕影子歪】 人做事只要占理，就不怕别人以权势欺压；只要自身品行端正，就不怕别人说三道四。 例句 常言说：“～。”咱占理怕他什么？不信他的权，还能大过法去！

【有理不在声高】 意思是有理的人不在于说话的声调高。同“有理不在言高”。 例句 你有话好好说，喊什么喊？“～”，你吵就能吵出理来？

【有理不在先讲后讲】 只要有理，不在于谁先说、谁后说。 例句 你不要抢了，～。

【有理的想着说，没理的抢着说】 形容有理的沉着，没理的心虚。 例句 俗话说“～”，你总是插话截舌，就证明你有理了吗？

【有理没理三扁担】 不管对方有理没理，都打一顿。指不问是非曲直，有理的没理的都一样惩处。 例句 “衙门口，阎王殿，穷人上堂腿肚子转，～。”（选自曲波《桥隆飙》）

【有理让人，无理道歉】 为人处事，如果有理，就要忍让一些给对方一点面子；如果理亏，就要主动向对方道歉。

【有理让三分】 即使有理也要多忍让一些，给对方一点面子。意指不要得理不饶人。 例句 “～”，我们虽然有理，也要给对方一点面子，不可逼人太甚。

【有理说不弯】 指使用高压也不会让有理的人屈服。 例句 “～”，正义永远不会向邪恶低头。

【有理说实话，没理说蛮话】 占理的人一般都是实话实说，不占理的人都是胡搅蛮缠。 例句 老人常说“～”，你在这里撒泼打滚、胡搅蛮缠，是不是自知理亏呀？！

【有理问得君王倒，有钱难买子孙贤】 只要有道理，就能把地位高的人说服；子孙的贤良，是一个家庭最难得的财富，是用金钱买不到的。

【有理言自壮，负屈声必高】 理由充分时说话就有力，蒙冤受屈时说话声音就高。 出处 冯梦龙《警世通言·金令史美婢酬秀童》（节选）：“秀童叫天叫地的哭将起来。自古道：～。”

【有理赢，无理输】 指发生纠纷时，占理的一方会得到大家的支持，不占理的一方得不到大家的支持。

【有理走遍天下，无理寸步难行】 凭道理办事，走到哪里都行得通；不讲道理，就会处处碰壁。指做人做事，必须讲道理。 例句 “咱不该他的不欠他的，怕啥！他还敢把老子吞了，～，我和他滚到哪里，也不怕！”（选自李晓明等《破晓记》）

【有利就有害，利害总相逢】 有利中藏着不利的因素，利与害总是相伴出现。指对待事物的利弊应一分为二地看。

【有例不兴，无例不灭】 兴：提出。灭：废除。有惯例就不再起用新办法，没惯例也不能违背常规。指遵循旧的典章制度。 出处 清·李宝嘉《官场现形记》（节选）：“回师老爷的话：‘～’这两句俗语料想师老爷是晓得的。”

【有粮当思无粮难，莫到无粮思有粮】 意谓在物资丰富的时候，就要想着物资紧缺时的困难，注意节省；不要等到没有物资的时候，才想到有物资时的好过。

【有料没料，四角拌到】 指饲喂牲畜时，不管有没有精饲料，都要把饲料搅拌均匀。

【有林泉不干】 树林有防止水土流失的作用，山上有树木，泉水不会干涸。

【有令则行，有禁则止】 有命令就执行；有禁令就停止。 例句 讲纪律守规矩，～，这是老实人的基本要求，但现在这方面问题相当突出。（选自邱炜煌《“三严三实”视域中的老实人》）

【有露脸就有现眼】 指增光添彩的事情，做不好就是丢丑。 例句 “～”，这事你可要量力而行，不可逞能。

【有卖的就有买的】 只要有人卖，就会有人买。形容交易的两方相辅相成，缺一不可。 例句 “～”，这么不起眼的东西，也能卖出去。

【有苗留在垄上，有话说在理上】 指说话讲道理外人才能信服，就像禾苗种在垄上才能生长一样。例句 你坐下吧，吵吵有什么用？“～”嘛。（选自蔡天心《大地的青春》）

【有奶便是娘】 比喻贪利忘义，谁给好处就投靠谁。 例句 大家都在争夺出版处，“～”，于是便生出了在文化强盗颐使下从事文化运

动的滑稽现象。这种滑稽和所谓“官民合办”其实是鲁卫之政。（选自郭沫若《从典型说起》）

【有能则举之，无能则下之】 语出《墨子·尚贤上》。有能力的就举荐任用他，没能力的就废黜罢免他。 例句 墨子的“尚贤”要求冲破“王公大人骨肉之亲无故富贵”的世袭制度，主张政权向“农与工肆之人”开放。他提出“官无常贵，而民无终贱，~”。（选自郭齐勇《墨学概观》）

【有屁不放，憋坏五脏】 憋屁会对人的内脏造成一定压迫，使脏器受到伤害。也可用来戏谑人说话吞吞吐吐不痛快。 例句 有话你就直说，别老是说半句咽半句的，~！

【有屁股脱不了挨揍】 只要事情继续进行，对方就有出错、输掉或被抓住把柄的可能。 例句 别看你们连赢了三天，只要你们敢继续玩儿就行，~。

【有其父必有其子，有其母必有其女】 指父母对儿女的成长有决定性的影响。往往父亲影响儿子，母亲影响女儿。

【有钱不买半年闲】 有富余的钱也不买暂时用不着的东西；也指富人不愿购买闲置物品而耽误生意。 例句 人常说“~”。虽说现在有优惠，可离吹空调还有好几个月时间，买回来不用，倒把钱占住了，再算上浪费的保修期，其实并不合算。

【有钱道真语，无钱语不真】 意谓有钱人没必要撒谎，说的话多是真话；没钱人有时不得不撒谎求人以解窘困，说的话免不了有假话。 出处 《增广贤文》（节选）：“~。不信但看筵中酒，杯杯先敬有钱人。”

【有钱买种，没钱买苗】 意谓种子用钱可以买到，苗有钱也买不到。在种植的时候，要舍得投入种子，避免苗稀影响产量。

【有钱难买背后好】 指一个人能得到人们在背后称颂，是非常难得的。 例句 事后传到某甲，他的高兴比当面捧更是有力，一有机会，他也会还敬你，把你大捧一场。俗话说“~”，足见重视背后捧，是人之常情。（选自殷昆《临场发挥成功学·送顶高帽给人戴》）

【有钱难买回头看】 指凡事都须回头看看或重新检点一下。 出处 清·金埴《不下带编》（节选）：“画家有张果老倒骑驴图，或题其上云：‘多少世间人，不如个老汉；非是倒骑驴，凡事回头看。’谚亦云：‘~，头若回看后悔无。’皆醒世语也。”

【有钱难买老来瘦】 传统观念认为，人到老年，身子瘦一些有益于健康。同“千金难买老来瘦”。 例句 “~”，但研究发现，老人微胖一些，更易长寿。（选自李群《千金难买老来瘦，不靠谱！要微胖》）

【有钱难买五月里旱，六月里连阴吃饱饭】 指农历五月，天晴利于夏收；六月多雨，利于秋作物生长，都是很难得的。

【有钱难买心情愿】 指一个人心里愿意是多少钱都买不到的。意谓外力无法干涉。同“有钱难买人愿意”。 **例句** “我和你自幼儿青梅竹马，两小无猜，待长大成人，你我又结为夫妻。如今迫于形势，你服刑到大西北。你没有错。人常说‘～’，我心甘情愿等着你，十年，二十年，一辈子!”（选自周月娥《生命的火花》）

【有钱能使鬼推磨】 形容有了钱，什么事情都可能办到，金钱万能。另也有“有钱能使鬼推磨，无钱鬼也不进来”的说法。 **例句** 实在当不了官，还可以求财。中国人对金钱的力量也是极为崇拜的，“～”“见钱眼开”“花钱消灾”已经成为固有的思维模式。（选自许民彤《当官和发财不该是成功的二维标准》）

【有钱能说话，无钱话不灵】 形容有钱就能讲出“理”来，没钱便人微言轻，说出的话没人听。

【有钱取万，没钱干看】 有钱可以随意买取自己喜欢的东西，没钱就只能远远盯着看了。

【有钱三十为宰相，无钱八十做长工】 有钱的人年纪轻轻就可以像宰相那样颐指气使，没钱的人即使到了八十岁还是要给别人打工。指金钱的多少，往往可以决定人的社会地位。

【有钱要想没钱难，穿鞋莫忘光脚苦】 告诫人们过日子要在富裕的时候要想着节省。

【有钱者生，无钱者死】 指旧时用钱行贿就可以免去死罪，没钱行贿就只有死路一条。同“有钱生，无钱死”“有钱得生，无钱得死”。 **出处** 明·周清源《西湖二集》（节选）：“那牢头狱卒，就是牛头马面一般凶狠，谁管你生死，只是～。”

【有情人终成眷属】 出自王实甫《西厢记》：“愿普天下有情人的都成了眷属。”眷属：指夫妻。有爱情的两人终于结成了夫妻。 **例句** 他们志同道合，都想为铁路事业奉献终身，最终，～。（选自马静《做一朵绽放在新天路的“格桑花”》）

【有情饮水饱，无情吃饭饥】 意思是客人满意与否的关键在招待者有无情义，不在招待食物的丰歉。 **出处** 高阳《乾隆皇帝韵事》（节选）：“后人有诗赞咏杭州夜市，诗曰：此地甚稀奇，奉告与君知。无事不杀生，黄昏不下池。有情饮水饱，无情食饭饥。杭州一夜市，不得两更移。”

【有肉嫌毛，有酒嫌糟】 比喻东西多了就爱挑剔。 **例句** 现在生活好了，孩子们看到什么都是挑三拣四，真是“～”!

【有三门穷亲戚不算富，有三门富亲戚不算穷】 指穷亲戚多了需要接济，拖累得自家也富不起来；富亲戚多了经常周济，也就不能算穷。同“穷人有三门富亲戚不算穷，富人有三门穷亲戚不算富”。 例句 常言说：~。没用几年，他又买地又买牲口，大秋麦月活儿忙的时候，还雇了秋活和月工。（选自浩然《艳阳天》）

【有啥也别有病，没啥也别没钱】 形容有病和没钱是人生最作难的事情。也作“有啥别有病，没啥别没钱”。 例句 中国有句老话：“~”，健康和财富是人生的两大追求。没有人愿穷困潦倒，更不愿疾病缠身。（选自深流《寻病》）

【有山必有路，有水必有渡】 比喻只要有困难，就有解决的方法和途径。 例句 不用着急上火，“~”，咱们再想想办法。

【有山靠山，无山独立】 指有可以依靠的就依靠，没有可依靠的就靠自己。也作“有山靠山，没山独担”。 例句 “常说‘~’，独立不了，还有村长他们指导咱们，怕什么？”（选自李英儒《战斗在滹沱河上》）

【有上不去的天，没过不去的关】 天不可能上去，但地上的关口没有过不去的。指任何困难都有办法解决。 例句 “孩子他爹！你别上愁，~，兵来将挡，水来土掩，咱们先把肥猪藏好，剩下群小鸡子就好办啦！”（选自李英儒《战斗在滹沱河上》）

【有上坡必有下坡，有进路必有出路】 喻指事情有难的时候，就有顺利的时候；既然遇到了困难，就会有解决的方法。

【有麝自来香，不必迎风扬】 比喻人有真才实学，或者有好货物，不必张扬，名气自会远扬。同“有麝自来香，不用大风扬”。 例句 “你们有本领，有能耐，要使到疆场上，这叫‘~’。”（选自刘林仙 黄国祥《薛仁贵征东》）

【有时省一口，缺时当一斗】 指有粮时每日节省一点，到缺粮时就可用省下的粮食度过饥荒。告诫人们平时就应注意节约，以备不虞。

【有事叫公公，无事脸朝东】 公公：旧称皇宫里的太监为“公公”。皇帝身边的太监权势往往很大，有的大臣有时会通过皇帝身边的太监，办一些事情。脸朝东：古代室内以东向为尊。这句话的意思是，在有事的时候，被尊称为“公公”，没事的时候就脸朝东不再理睬了。太监毕竟是太监，没法和大臣相提并论。所以大臣可以利用他们，但在骨子里还是看不起的。所以这句话也可用以表示，人非常现实，需要人帮忙的时候，低三下四；用完了就目中无人了。

【有事先记帐，晚了犯思量】 指有事情先记下落实到字面上，免得过后想不起来。

【有收无收在于水，多收少收在于肥】 意谓有水庄稼就能活命，施肥多少决定多收少收。

【有熟人好办事】 指人熟了，有了交情，事情就容易办成。也作“熟人好办事”。 例句 我们中国人素来重视人情，因为有了人情，就可以用来交换。……久而久之，一种“～”的社会潜规则，也披着人情往来的外衣，逐渐形成、发展、壮大了。（选自孙海峰《人情消费与潜规则》）

【有水不怕天旱，有谷子不愁没米】 如果存下足够的水就不害怕天不下雨，如果有谷子就不愁没有米吃。比喻有准备便无忧。

【有水无肥一半谷，有肥无水望天哭】 水和肥是农作物生长最重要的条件。缺水农作物无法正常生长，缺肥将严重影响农作物产量和品质。

【有田不耕仓廪虚，有书不读子孙愚】 仓廪：储藏粮食的仓库。有田不耕，仓库就会空虚；有书不读，子孙就会愚昧。说明耕读是立身之本。 出处 《增广贤文》（节选）：“～。仓廪虚兮岁月乏，子孙愚兮礼义疏。”

【有同行，没同利】 出售同样的商品，得到的利润却不相同。指个人的智慧和管理能力是商业活动中获利多少的关键。 例句 人家干这个就能赚，咱干这个却没得赚，果然是“～”。

【有头发还算秃啊】 喻指如果有那个条件，就不会有这个结果。 例句 我家里有存款，何至于这样啊！～？

【有文事者必有武备，有武事者必有文备】 语出《孔子家语·相鲁》。举行和平盟会一定要有武装力量作为后盾；而进行军事活动，也一定要在宣传、思想、策略方面做好准备。也就是说，敌我双方无论举行和平谈判还是武装斗争，都应做好两手准备。军事实力是和平谈判的砝码，宣传、策略是武装斗争中战胜敌人的重要手段。 例句 孔子说，“～”。它揭示了一个基本事实，军事始终是社会生活中的重要组成部分，与之相适应，就是军事史研究理应成为历史学研究的主要对象之一，强化军事史研究，对于推动整个历史研究，深化人们对历史现象的全面认识和历史发展规律的深刻把握，具有不可替代的意义。（选自黄朴民《中国战争历史的壮丽画卷——〈中国战争史〉简评》）

【有享不了的福，没受不了的罪】 这句话强调的是人什么样的罪都能忍受。如果前后顺序颠倒为“没受不了的罪，有享不了的福”，则强调人富裕后品质发生了改变，或者是日子好了却无福消受。 例句 每说起当年被骗到私人煤窑干苦力，他便感慨人～。

【有心烧香，不论早晚】 不论早上晚上都可烧香。比喻只要诚心干，时间开始得早点晚点关系不大。 例句 老话说得好，“～”，只要你想学习，现在开始还来得及。

【有心栽花花不开，无心插柳柳成荫】 指人往往刻意要做好的事偏偏做不好，不经心的事反倒意外地成功。同“有意栽花花不发，无心插柳柳成阴”“有意栽花花不活，无心插柳柳成荫”“有心栽花花不成，无心插柳柳成荫”。 例句 原始创新往往“～”。“柳”该“插”在哪里，才能取得真正源头性的原创成果？人才无疑是最关键的。（选自潘教峰《基础研究，需要更多社会力量参与》）

【有心走来山成路，无心走来路成山】 指人立志干事，有困难也能克服；不想做事，容易的事也会成为难题。强调人的意志在事情的成败上起关键作用。 例句 这件事就看你愿不愿意干了，你说的那些客观条件啥的都不是问题，“～”。

【有星皆拱北，无水不朝东】 比喻百姓拥戴帝王，或人心归向。 出处 普济《五灯会元》（节选）：“十五日以前，天上有星皆拱北，人间无水不朝东。”

【有羞有气早上坟，没羞没气熬成人】 意谓人自尊心太强又没容人之量，就难在社会上立足；心理承受力强又能凡事看开，就能轻松活人。

【有眼不识泰山】 虽有眼睛，却不认识泰山。比喻见闻太窄，认不出地位高或本领大的人。 例句 那女子笑逐颜开，忙喝从人解缚，拥至正中交椅上坐定，纳头便拜，道：“贱妾～，冒犯文爷，万死莫赎。”（选自夏敬渠《野叟曝言》）

【有眼前招】 形容人聪明伶俐，很快就有解决当前困难的方法。 例句 小李是个～的孩子，什么事都处理得很及时。

【有眼色不在老少，当家人不在大小】 指人的观察力和管理能力与年龄大小没有关系，年轻人并不逊色。同“有眼色不在大小，当家人不在老少”。 例句 ～。班长人小心眼多，把班里事安排得井井有条。

【有眼无珠】 指虽然长着一双眼睛，却没有识别能力。 例句 她恨富裕中农轻薄的儿子～，只看见她的外貌，却看不见她的内心。（选自柳青《创业史》）

【有羊不怕赶不到山里去】 比喻有本钱在就不愁干不成事。

【有药敷在疼处，有话说在明处】 意思是就像药敷在疼处就能治病一样，话说在明处就能免除猜疑。同“有话说到明处，有药敷在痛处”。 例句 “‘～。’你让我写字据，不是明明信不过我吗？既然信不过，我何苦正做不做，茶里调醋！”（选自莫伸《生命在凝聚·三岔镇风波》）

【有一货等一主，没有货干受苦】 指有一货品，就会等到一买主；就怕没货可卖，那就只能受苦了。

【有一利必有一弊】 在这一方面有好处，在另一方面就会有坏处。 出处 吴趼人《二十年目睹之怪现状》（节选）：“天下事～，那里有没有弊病的道理。”

【有一兴必有一败】 有兴旺就必然会有败落。揭示了事物的发展规律。 例句 俗话说“～”。事物总是变化的，所以这件事我们要理性看待，不必太悲观。

【有勇无谋是蠢才，大智大勇是帅才】 只有勇气没有计谋的人其实是愚笨的人，既有智慧又有勇气的人才是有指挥才能的人。

【有雨山戴帽，无雨山没腰】 山顶上云雾笼罩，预示天将下雨；云雾在半山腰环绕，则天晴无雨。

【有缘千里来相会，无缘对面不相逢】 有缘分的人相隔千里也会相聚在一起，没有缘分的人，虽面对面走过也会失去相识的机缘。同“有缘千里来相会，无缘对面不相识”。 例句 宋江听了大喜，向前拖住道：“‘～’！只我便是黑三郎宋江。”（选自施耐庵《水浒传》）

【有再一再二，没再三再四】 指侥幸一两次是可能的，但不可能多次重复发生。泛指事物发展不可超过其限度。同“有个再一再二，没有再三再四”“再一再二，不能再三再四”。 例句 常言道“～”，你怎么就改不了呢，老是犯同样的错误。

【有枣没枣打一竿子】 不管树上有没有枣，先拿竿子打几下。比喻不管能否达到预期目的，先做起来再说。也作“有枣没枣三竿子”。 例句 从未认真思考，面临就业就随波逐流的心理，也令许多人盲目加入公务员考试大军。谈到考试“～”的态度，正是这群人的心态。（选自王昭《“公考热”要降温》）

【有则改之，无则加勉】 语出朱熹《朱子全书·论语》。指有缺点错误就改正，没有就用以自勉。现多用于对待别人提出批评时所持的态度。 例句 一名党员对组织和同志的错误应做到知无不言、言无不尽，同时，对上级或同志指出的错误，也应有～的雅量。（选自曹学民《批评的利器不能钝化》）

【有贼心没贼胆】 形容一个人有做坏事的心思却没有做坏事的胆量。 例句 记得民间有一句俗语叫“～”，而对于今日之贪官，他们既“有贼心”，也有“贼胆”。（选自林伟《“白手套”藏不住谋私“黑手”给人警示》）

【有志不在年高，无志空活百岁】 有志气不在于年龄多大，没志气即使活上百岁也无用。同“有志不在年高，无志空活百年”。 例句 他人虽小，胆子极大，而且机变谋略俱有。这正是“～”。（选自石玉昆《三侠五义》）

【有志能移山，无志山压头】 指有志气，困难再大也能克服；没有志气，困难会像山压着一样无法前行。同“无志山压头，有志人搬山”。 例句 “～”，困难并不可怕，可怕的是你根本就没想解决困难。

【有志漂洋过海，无志寸步难行】 有志气的人能走遍天下，没有志气的人寸步难行。 例句 “～”。要想有大的成就，从小就要树立远大的志向。

【有志者立长志，无志者常立志】 真正有志气的人一次立志，就终身实行；没志气的人立志不实行，所以老是立志。同“有志者，志不移；无志者，常立志”。 例句 俗话说，～。始终不渝、持之以恒，为心中的一团火不断添柴，才能蓄积韧劲，用实际行动深挖一眼泉，撒播青春的光和热。（选自刘良军《留住心中那团火焰》）

【有志者事竟成】 语出范晔《后汉书·耿弇传》。只要志向坚定，持之以恒，任何事情都能取得成功。 例句 俗语曰：“～。”凡心怀大志且做事认真的人，往往能够达成目的。（选自梁慧敏《毛泽东：既读好书又读“无字之书”》）

【有治人，无治法】 意谓有善于治国的人，却没有总能奏效的治国之法。 例句 管理工作没有一定之规，它要因时而异、因地而异、因事而异、因人而异。自古以来，～，说的就是这个道理。（选自汪洋《管理出效率，管理出效益，管理出人才》）

【有智赢，无智输】 有智慧就会取胜，没有就会失败。 出处 元·佚名《丸经》（节选）：“今人口巧手拙，但打得诡随，不得正赛之规度，怎争胜负。心懵懂，性刚燥，强辩不伏，自害惶恐。俚语云：～，只此是也。”

【有状元徒弟，没状元师父】 状元：旧时科举殿试第一名，后泛指各行业中的拔尖人物。指徒弟的技艺往往超出师父。 出处 刘林仙 黄国祥《英雄大八义》（节选）：“可别小瞧我的徒弟，常言道：‘有状元徒弟，可没有状元师父。’莫要说我的徒弟年纪幼小，秤砣虽小能压千斤。”

【有嘴巴吃，没喉咙吞】 比喻心有余而力不足；或心存贪念而难以消化。 例句 他想吃掉我的公司？就怕他～，弄不好把他噎死，我可不是那么好惹的。

【酉时莫骂妻，一夜受孤凄】 “酉时”指的是傍晚五点到晚上七点。不要在傍晚和天黑这段时间跟妻子吵架闹矛盾，不然晚上就要忍受孤单凄凉了。

【又想吃鱼，又怕沾腥】 比喻既想得利，又怕沾上坏名声。同“鱼好吃，腥难闻，又想吃鱼又怕荤”。 例句 “我们有的先生，又想当婊子，又想竖贞节牌坊；～。”（选自罗旋《南国烽烟》）

【又想当婊子，又要立牌坊】 婊子：妓女。牌坊：旧时为表彰忠孝节义的人物而立的形状像牌楼的建筑物。比喻又想做坏事，又想得到好名声。也作“既想当婊子，又想立牌坊”“既要当婊子，又要立牌坊”

等。　例句　他们～！自己是贼，却又大喊捉贼！（选自张笑天《严峻的历程》）

【又要马儿跑得好，又要马儿不吃草】　比喻又想把事情做好，又想少付或不付代价。也作“又要马儿跑，又要马儿不吃草”“既要马儿跑，又要马儿不吃草”。　出处　清·和邦额《夜谈随录》（节选）：“济南某富翁性极悭吝。乡人号之曰铁公鸡，谓一毛不拔也。年五旬无子，议纳妾，价欲极廉，而又欲至美。媒笑曰：翁所谓又要马儿好，又要马儿不吃草也。”

【幼稚争对错，成熟看得失】　幼稚的人争的是对错这种道德层面的结论；成熟的人则是从对我有利还是有弊的角度来分析做决定。

【鱼不离水，雁不离群】　形容任何事物都有它赖以生存的环境。同“鱼靠河水，人靠集体”。　例句　“～”，党员干部要与群众打成一片，真正做到鱼水相融、雁领群飞。

【鱼儿离不开水，瓜儿离不开秧】　比喻人要生存或发展必须依靠赖以生存和发展的基本条件。同“鱼离不开水，虎离不了岗”。　例句　～，群众离不开共产党。我们党从诞生之日就开始与人民大众建立鱼水关系、瓜秧关系。（选自樊泽民陈怡琴《中国共产党为什么能青春永驻》）

【鱼儿跳，雨来到】　由于气压低，导致水中缺氧，所以水中的鱼浮到水面，这一现象预示天要下雨。同“鱼在水面游，下雨有盼头”。

【鱼鳞天，不过三】　天空出现鱼鳞状的云，过不了几天就会刮风下雨。

【鱼生火，肉生痰，青菜豆腐保平安】　鱼、肉吃多了上火生痰，青菜和豆腐常吃有益身体健康。

【鱼吐泡，雨来到】　鱼在水面吐气泡，马上就要下雨了。

【鱼找鱼，虾找虾，王八找的鳖亲家】　比喻什么样的人就和什么样的人结伴交友。含贬义。与“鱼找鱼，虾找虾，乌龟专找癞蛤蟆”“鹰找鹰，象找象，餐餐木子找干棒”义同。　例句　俗话说“～”，小明和张二臭味相投，日子不长就混熟了。

【与其当一辈子乌鸦，还不如当一次雄鹰】　喻指与其一生平庸窝囊，不如一时高贵而轰轰烈烈。

【与其找临时马，不如骑现成驴】　比喻不确定的大目标，不如立即可实现的小目标实惠。　例句　你说的那个专家好是好，可远水不解近渴。常言说“～”，不如从近处找个工程师看看再说。

【与人不求备，检身若不及】　语出《尚书·商书·伊训》。意思是对待别人不能求全责备，对自己要严格约束唯恐不够。　例句　要时刻用党章、用共产党员标准要求自己，要有“～”的精神，时刻自重自省自警自励，努力做到“心不动于微利之

诱，目不眩于五色之惑”，老老实实做人，踏踏实实干事，清清白白为官。（选自习近平《着力培养选拔党和人民需要的好干部》）

【与人方便，与己方便】 给别人一些方便，同时会给自己带来方便。也作“与人方便，自己方便”。**例句** 要让乡村道路过节不拥堵，不仅地方政府要加强管理疏导，行车人也要做到文明出行，互相礼让，～。（选自徐新林《文明出行 畅通回乡路》）

【雨打清明节，干到夏至节】 清明时节到来之际，遇到了降雨，预示着当年的雨水不太多，会旱到夏至节前后。此说没有科学依据。

【雨水正月中，耙盖一起动】 如果雨水节气在正月十五左右，耕种会马上展开。

【雨中闻蝉叫，预告晴天到】 夏天下雨的时候蝉一鸣叫，很快就会转为晴天。

【语言是叶子，行动才是果实】 强调了实际行动的重要性。也就是说，仅仅说出美丽的语言是不够的，重要的是落实到行动上，才会收到效果。 **例句** 阿拉伯谚语讲，“～”。中沙共建“一带一路”这棵友谊和发展之树枝繁叶茂、硕果累累。中沙将携手续写千年丝路交往佳话，推动共建“一带一路”行稳致远，不断造福两国和两国人民。（选自陈伟庆《推动中沙共建“一带一路”行稳致远》）

【玉不琢，不成器】 指玉石不经过雕刻加工，就成不了器物。比喻人不经过培养教育，就不能成材。**出处** 戴圣《礼记·学记》（节选）：“～；人不学，不知道。”

【玉米地里卧下狗，多收好几斗】 玉米要想收成好，苗间距就要适当大一点。

【预防肠道病，吃喝要干净】 要想少得肠胃病，就要吃干净食物喝干净水。

【欲成大器，必谅小节】 要干大事的人，不会在小事上纠缠、计较。同“做大事者不拘小节”。

【欲除烦恼须无我，历尽艰难好做人】 清代俞樾自撰联。意思是想除去烦恼就要忘掉自己，没有私心；历尽艰难得到磨炼，才能好好地做人。

【欲得稀奇事，必得寿延长】 要想多见闻稀罕的事物，就得寿命足够长。

【欲加之罪，何患无辞】 出自《左传·僖公十年》。如果一心一意想要加罪于人，就不愁找不到罪名。指随心所欲地陷害人。 **例句** “可是，老徐，李自成没有什么罪名，咱们收拾了他，对别人怎么说呀？”“～！”（选自姚雪垠《李自成》）

【欲穷千里目，更上一层楼】 语出王之涣《登鹳雀楼》一诗。意思是想要看到更远、更广阔的景色，就必须登上更高的地方。后也用以表示，想要取得更大的成功，就要付出更多的努力；想要在某一个问题上有所突破，就要在一个更高的角度审视它。　例句　如何把中非合作论坛这一重要平台转化为实现中非发展战略对接与交融的推动机制，是中非共同面临的时代命题。“～。”本次峰会就是在这样的历史背景下举行的。（选自李新烽《中非关系新里程碑》）

【欲求生富贵，须下死工夫】想要求得富有显贵，必须做出非凡的努力。常指为了达到目的，就须不顾一切去做。也作“要想生富贵，须下死工夫”。　例句　～。当此良夜，不免唤出抱琴，张灯读书。（选自王澹翁《樱桃园》）

【欲速则不达】　语出《论语·子路》。指违背规律一味追求快速，反而达不到目的。　例句　“～”，这不是说不要速，而是说不要犯盲动主义，盲动主义是必然要失败的。（选自毛泽东《文化工作中的统一战线》）

【欲投鼠而忌器】　老鼠靠近器物，想打老鼠，又怕损坏器物，比喻做事有所顾忌，不敢放手。　出处　班固《汉书·贾谊传》（节选）：“里谚曰：‘～’，此善喻也。鼠近于器，近惮不投，恐伤其器，况于贵臣之近主乎？”

【欲知其人，观其所使】　意谓要想知道一个人的品行，只要看他所使用的是什么样的人就可得知。　出处　唐·陈子昂《上军国利害事》（节选）：“今陛下方开中兴之化，建万代之功，天下瞻望，冀见圣化。此之一使，是陛下为政大端也。谚曰：‘～。’不可不慎也。”

【欲知千古事，须读五车书】五车书：很多书。要知道自古以来的历史和经验，就需要读很多很多的书。这句话强调了广泛阅读的重要性，只有通过大量阅读才能深入了解历史和文化，从而丰富自己的知识和见识。

【欲知山中路，须问打柴人】比喻亲自实践的人最熟知实情。也作“要知山中路，须问打柴人”。　例句　“没有找错，俗话说：‘～。’我们是诚心来向你讨教的!”（选自罗旋《南国烽烟》）

【欲知世味须尝胆，不识人情只看花】　生活艰辛像品尝苦胆一样苦涩，人情交往像花开花落一样变化。例句　人生犹如苦海，谁没有痛苦，谁没有悲伤，谁没有烦恼呢？常言说：“～”嘛。人生难得一知己啊！（选自黎汝清《皖南事变》）

【欲致鱼者先通水，欲致鸟者先树木】　致：招引；招致。树：栽培。想引来鱼儿就要先开通水道，想招来鸟儿就要先栽培好树木。也就是说，想要达到某种目的，首先要了解阻碍成功的主要矛盾，并积极解决矛盾，为成功创造条件。　出处　刘安《淮南子·说山训》（节选）：“～。水积而鱼聚，木茂而鸟集。好弋者先具缴与矰，好鱼者先具罟与罛，未有无其具而得其利。”

【遇佛烧香，遇贼掏枪】 意思是遇着好人便敬礼，遇到恶人便动武。比喻遇到什么人就以什么方式对待。同“遇到善人便烧香，遇到恶人便使枪”。 例句 “～。”碰到他这种人，你就别客气！

【遇晚先投宿，鸡鸣早看天】 意思是指远行的人为了安全要及早投宿，为了赶路要及早起身。形容旅程艰辛、匆忙。也作“未晚先投宿，鸡鸣早看天”。 例句 你看他两个呀呀嘈嘈，埋埋怨怨，三藏只是解和。～，一程一程，长亭短亭，不觉的就走了二百九十九里。（选自吴承恩《西游记》）

【遇饮酒时须饮酒，得高歌处且高歌】 指人生要乐观，该高兴的时候就尽情尽兴。 **出处** 九山书会才人《张协状元》（节选）：“[外]孩儿要去莫蹉跎，[生]梦若奇哉喜更多。[外]～。”

【遇着绵羊是好汉，遇着好汉是绵羊】 形容人欺软怕硬。 例句 他那个人你还不知道吗？“～”，从来都是欺软怕硬。

【鹬蚌相争，渔翁得利】 出自刘向《战国策·燕策二》中的故事。鹬：长嘴的水鸟。蚌：有两个椭圆形介壳的软体动物。鹬想吃蚌，被蚌夹住嘴挣脱不掉，渔翁将它们一起捕获。比喻双方争执不休，结果却让第三者从中获利。也作“鹬蚌相持，渔人得利”。 例句 首先，美国通过“代理人动荡”可以驾驭双方，使美国占据主导地位，以便“～”。（选自韩旭东《美国在亚太大搞“代理人动荡”》）

【鬻棺者欲岁之疫】 鬻（yù）：卖。卖棺材的希望常年发生瘟疫。指利欲熏心的人，不惜众人遭难。 例句 今之狱吏，上下相驱，以刻为明，深者获功名，平者多后患。谚曰：“～。”非憎人欲杀之，利在于人死也。今治狱吏欲陷害人，亦犹此矣。（选自班固《汉书·刑法志》）

【冤仇宜解不宜结，结下冤仇无息歇】 指对立双方只应设法消除矛盾，不应结怨。如果真的结了怨，就会时时记恨算计，没有停止的时候了。 例句 你和他有矛盾我知道，你对他的怨恨我也清楚，但是俗话说“～”，我劝你对以前的事想开些，还是主动与他和解为好。

【冤有头，债有主】 语出宋·普济《五灯会元·法云本禅师法嗣》。冤有冤头，债有债主。现指报仇讨债要找准对象，不累及他人。引申为谁做的坏事谁承担，与他人无关。 例句 在夫妻共同债务问题上，“欠债还钱”、“～”，是天经地义的道德要求，是公众常识和社会习惯。（选自李明舜《切实保障婚姻安全 充分体现公平正义》）

【原汤化原食】 原汤：煮熟某种食物时用的原锅汤汁。传统观念认为喝原锅汤汁有助于消化。 例句 吃饺子的时候有种说法叫"～"，意思是吃完饺子，需要喝点饺子汤助消化。其实这个说法并没有科学依据，我们的消化主要依靠的是胃液，而煮饺子的汤中含有大量的淀粉，不仅起不到促消化的作用，反而会进一步提升血糖升高速度，影响糖友餐后的血糖水平。（选自莫鹏《年夜饭"重头戏"饺子如何吃才能不易发胖？》）

【源洁则流清，形端则影直】 语出王勃《上刘右相书》。水源洁净，水流就清澈；形体不弯，影子就正直。喻指事物本体的品质决定了附属的品质，人本身的品德决定了行为是否端正。 例句 "～。"唯物辩证法认为，外因只是事物发展变化的条件，内因是事物发展的根本原因，外因只有通过内因才能起作用。（选自张新峰《严以律己少有悔》）

【源浚者流长，根深者叶茂】 语出张说《起义堂颂》。源头水充足水流就长远，树根扎得深树叶就茂盛。比喻上下通达，根基深厚，事业才会兴旺发展。 例句 ～。只有真正摒弃官架子，杜绝"假、大、空"和形形色色的浮躁，真正把群众当家人、把群众来信当家书、把群众事当家事，思维才有灵气、决策才有底气、工作才有生气。（选自孙永春《抓好思想教育这个根本》）

【远来的和尚会念经】 比喻从外面来的人物受到重视，被认为有才能。有讽刺意味。同"外来的和尚会念经"。 例句 现在，咱们学校是外面来的博士吃香，本校的博士就不行了，待遇都不一样，"～"嘛。

【远路没轻载】 指路程远了，即使携带很轻的东西，也感觉越来越重。比喻任务即使不重，要坚持很久也不容易。 例句 俗话说"～"，你把这东西从北京捎来，累坏了吧！

【远亲不如近邻】 指遇有紧急情况需要帮助的时候，远道的亲戚就不如近旁的邻居能及时给予帮助。另也有"远亲不如近邻，近邻不抵对门"的说法，表示住得越近，紧要时互相帮助就越便利，彼此间和睦共处就越重要。 例句 "咱们一个屯子的人，抬头不见低头见，平日都是你兄我弟的，日子长远了，彼此有些言语不周，照应不到的地方，也是有的，那也是咱哥俩自己家里的事，你这么吵吵，看外人笑话。常言道：'～'哩……"（选自周立波《暴风骤雨》）

【远水不解近渴】 远处的水不能马上解决口渴的问题。比喻长远的计划或迟缓的救助，不能解决眼前的急难。 例句 有些同志从现实功利出发，认为读书无用，"～"。（选自王充闾《领导干部要有一点书卷气》）

【远水救不了近火】 远距离的水熄灭不了近处的火。比喻用慢的办法，解决不了眼前的急难。 例句 现在是急等着用钱，可钱在国外银行一时取不出来，那不是～吗？

【远在天边，近在眼前】 指本以为要寻找的人或物在很远的地方，其实就在跟前或附近。形容寻找的人或物就在近处。 例句 道姑道：“～，女菩萨自去问心，休来问我。”（选自李汝珍《镜花缘》）

【怨上访，闷上网，闲着没事逛商场】 有怨气就上访，不痛快就上网，没有事可做就逛逛商场。描述了某种人无聊懒散的生活状态。含贬义。

【院中无树难留鸟，壶里有酒好留客】 比喻没有必要的物质条件和热情态度，就吸引不住想要得到的人才。

【院中有三树，人穷家难富】 古人认为桑树、槐树、杨树这三种树的寓意不好，种在家里会影响财气。

【愿为众人死，不为一人亡】 有志之士会为民众而牺牲生命，但是不会为了某个人而放弃生命。

【愿做山上迎风草，不做金屋一枝花】 意谓宁可在艰苦的环境中拼搏，也不在舒适的环境里养尊处优。

【月过十五光明少，人到中年万事休】 旧指如同月亮过了十五光亮就逐渐减少一样，人到了中年，就错过了年龄优势，一切事情只好罢休。由此还衍生出“月过十五光明少，人过中年暮气多”的说法。 例句 中国的古人则说：“～。”“四十未仕，不应再仕。”中年，确实不比年轻时，爱情失去可以重新寻找，事业受挫可以重振旗鼓。（选自夏俊山《品味中年》）

【月黑风高夜，杀人放火天】 形容险恶的环境。 出处 元·糶然子《拊掌录》（节选）：“欧阳公与人行令，各作诗两句，须犯徒以上罪者。一云：‘持刀哄寡妇，下海劫人船。’一云：‘月黑杀人夜，风高放火天。’”

【月亮光再亮，也晒不干谷子】 比喻不同的人、事物或地方，不能相互替代。同“月再明也晒不干谷子”。 例句 “～；外乡再好，也比不了咱家乡。千行百行，种庄稼才是正行。”（选自李准《黄河东流去》）

【月亮烤火儿，下雨不远儿】 “月亮烤火”指的是月晕。如果月亮周围出现光晕，预示近期将要下雨。

【月亮旁边黄半圈，起风就在眼跟前】 靠近月亮出现半圈黄圈，很快就要刮风。

【月亮周围有黄圈，下雨就在一半天】 意思是月亮周围出现月晕，很快就要下雨。

【月满则亏，水满则溢】 月圆之后就会亏缺，水满了之后就会溢出。比喻事物盛到极点就会衰落。例句 正所谓“～”，世事人情亦有盛极必衰、否极泰来之理。（选自闻君《有福不可享尽》）

【月是故乡明】 语出杜甫《月夜忆舍弟》一诗。通过明月表达对故乡的眷恋。 例句 “～”。我现在虽然人在荷兰，但风车和郁金香不能

让我对家乡和亲人的思念变淡。（选自张慧茹《千里共婵娟》）

【月有阴晴圆缺，人有旦夕祸福】 人的祸福命运也像天空中月亮一样有阴、有晴、有圆、有缺，时时变化，很难预测。 例句 国人历来偏爱储蓄。实际上，~。生活中难免遇到各种意外和风险，而商业保险则是抵御风险、减少损失的最佳手段。（选自斯涵涵《分清“存款”与“保险”很有必要》）

【月有圆有缺，花有开有谢】 比喻世事无常，没有长盛不衰的事物。 例句 ~，人有聚有别。聚时欢乐多珍惜，离别多思再相聚。

【月有圆有缺，人有聚有别】 指人的聚散离合同月的圆缺一样，是再正常不过的事。 例句 ~。孩子走了又不是不回来了，你就别难过了。

【月晕而风，础润而雨】 月晕出现，将要刮风；础石湿润，就要下雨。后比喻从某些征兆可以推知将会发生的事情。 出处 苏洵《辨奸论》（节选）：“事有必至，理有固然，惟天下之静者，乃能见微而知著，~，人人知之。”

【越吃越馋，越睡越懒】 越贪吃嘴越馋，越睡眠越发懒。指好吃贪睡消磨人的意志。同“越坐人越懒，越吃口越馋”。

【越热越出汗，越冷越打战】 比喻有钱的就越有钱，贫穷的就越贫穷；或走红的就越走红，倒霉的就越倒霉。 例句 “发财的，出租放债越发财；倒运的，吃了上顿没下顿越倒运。真是‘~’!”（选自刘江《太行风云》）

【越说你胖你越喘】 指越是受到夸奖越是逞能，显示自己。 例句 “你最近枪法有长进啊！比先前有准儿多了。”“告诉你吧，现在你就是在一百米外放个鸡蛋，我也能打中它！”“得，~。”

【越剔牙越空，越掏耳越聋】 牙经常剔就会松动，耳朵经常掏就可能导致耳聋。

【越闲越懒，越吃越馋；不懒不馋，益寿延年】 指人勤快不贪吃，对身体有益，可以延长寿命。

【越走越近，越躲越远】 指亲朋之间，往来越多关系越亲近；越躲着不想走动，关系越疏远。

【云彩经不起风吹，朝露经不起日晒】 通过自然现象，比喻一些看似美好的事物，往往经不起外部因素的扰动，就会发生改变。

【云彩往东，一阵大风；云彩往南，大雨连绵；云彩往北，一溜漆黑；云彩往西，必定下雨】 指从云的走向上可判断接下来的天气情况。同“云向北，一阵黑；云向南，水涟涟；云向东，一阵风；云向西，披蓑衣”。

【云彩向南，大水漂船】 意谓夏天乌云向南走，有可能下大雨。

【云搅云，大雨淋】 空中重叠高低不同的云互相穿行，有可能下大雨。

【云里日头过道风，后娘的指头如楔钉】 指三样有隐蔽性，但人须防备的东西。藏在云中的日头，一出来仍很炙热；窄长空间吹过的风，即使不大也会伤人；后娘多数不能善待丈夫原配所生的孩子，后娘用指头对孩子指指点点，会给孩子在心理上留下阴影。

【运筹帷幄之中，决胜千里之外】 出自司马迁《史记·高祖本纪》：“夫运筹帷幄之中，决胜于千里之外，吾不如子房。”帷幄：军用帐幕。在军帐之内作出计策部署，决定千里之外战场上的胜利。赞扬人具有超常的智慧和指挥才能。 例句 军事学术界有一种说法：传统战争是将帅的战争，所谓~。（选自谢国明《打赢“班长的战争”》）

【运动好比灵芝草，何必苦把仙方找】 指时常运动是最好的保健方法，比什么药方都有效。

【运动是治病的百灵药】 指运动有益健康。同“运动运动，百病难碰”。

【运去金成铁，时来铁似金】 喻指倒运时，事事不如意；走运时，事事顺心。 出处 《增广贤文》（节选）：“易涨易退山溪水，易反易复小人心。~。”

【运用之妙，存乎一心】 语出《宋史·岳飞传》。原指摆兵布阵方法的巧妙运用，全在用心思考、机动灵活。后也指在艺术表现手法上所收到的奇妙效果并非偶然，而是作者有意为之，谓之“存乎一心”。 例句 艺术是精妙的匠心独造，~，将敏感发现辅以言之成理的表述，方能获得心灵的感应，在众声喧哗中荦荦秀出。（选自任艺萍《要在修辞立诚》）

Z

【杂草多的田里粮食少，空话多的地方智慧少】 就像杂草多的田地里粮食收获少一样，说空话多的地方，没人去琢磨事情，也就做不出成绩。

【栽稻要趁早，教儿要趁小】 指水稻种植和孩子教育，都要在早期抓紧时间进行。

【栽花不如插柳】 指观赏价值不如经济价值实惠。

【栽了跟头，别怪石头】 告诫人有了错误或过失，要多从自身找原因，不要埋怨客观因素。 例句 这个青年猎手满脸鲜血直淌，还发怒气地说要不是那块大石头准保拿到手。那个猎手说打猎要得法，枪法要准，“～”。（选自李景阳等《栽了跟头别怪石头》）

【栽上摇钱树，农业迈大步】 形容种树收益大。多种树，农业就会得到较快发展。

【栽树接树问清明】 种植树木、嫁接树木要在清明节之前，到了清明节就不适合种树嫁接了。

【栽树如栽宝，子孙穷不了】 树木的经济效益好，多种植一些树木，就会增加收入，造福子孙。

【栽树一条线，保护一大片】 说的是植树造林可以防风固沙。种植一行树就能保护一大片农田。

【栽树栽树，不愁不富】 多种树，也是致富门路。

【栽树在河畔，防洪保堤岸】 在河边种植树木，既能阻挡洪水，又能保护河堤。

【栽秧要抢先，割麦要抢天】 种水稻要抢时间插秧，秧插早会使稻谷成熟得好，提高产量；割麦子要抢晴天，收割完后马上就晒，可以最大限度保证颗粒归仓。

【宰相肚里能撑船】 比喻人胸怀宽广，豁达大度。常在“大人不计小人过”之后使用，表示对方宽宏大量，一定会原谅自己的过失或错误。 例句 古人说得好：～。只有心胸宽广的人，才能理解他人、包容他人。（选自李谦《欣赏别人是一种美德》）

【宰相家奴七品官】 指主子显贵，奴仆或下属也随之荣耀，有一定的身份和地位。与“宰相家人七品官”同义。 例句 自古道：“～。”况且他现在又捐了署正，同是六品，一样分印结，而且又是中堂老师的门口，寻常人那里巴结得上。（选自李伯元《官场现形记》）

【宰相须用读书人】 意谓宰相应该由文人来担当。 出处 毕沅《续资治通鉴·宋纪·太祖乾德四年》（节选）：“初，帝改今元，命宰相撰前世年号以进。既平蜀，得旧鉴，其背有‘乾德四年铸’字，帝大惊，出鉴以示宰相，皆不能答。乃召学士陶谷、窦仪问之，仪曰：‘此必蜀物。昔伪蜀王衍有此号，当是其岁所铸也。’帝乃叹曰：‘～。’由是益重儒臣。”

【再高的树难摩天，再能的人学不全】 比喻人的权力、本领再大也有个限度，总有达不到的地方。

【再好的刀伤药，不如不剌口子】 比喻事后采取再好的措施，也不如提前预防不出问题为好。 例句 虽然我们取得了抗击疫情的胜利，但“～”，我们还是要进一步做好公共卫生方面补短板、堵漏洞的工作，并全力锻造出一支应对风险挑战的坚强队伍。

【再好的记性，不如烂笔头】 记忆力再强，也不如用笔把事情记下来可靠。指笔记胜过记忆。

【再好的婆家不如娘家，再好的月亮不如白下】 对于新嫁娘来说，婆家再好，也不如在娘家时舒服顺心，就像晚上的月亮再明亮也不如白天明亮一样。

【再凉不烤灯头火，再饿不吃播种粮】 比喻做事要认清事物的性质，分清主次，不要只顾及眼前的利益，因小失大。 例句 “～”，我们队就剩这点种粮了，不能再分下去了。

【再三须慎意，第一莫欺心】 遇事要再三考虑，慎重行事；首先不能做出违背良心的事。 例句 “～。”“血肉联系”喊在嘴上群众不信，“鱼水情深”做个样子百姓不认，联系群众是“掏心窝子”的事。（选自姬建民《“将身比身”才能“将心比心”》）

【在朝都是官，在席都是客】 比喻人在不同的场合和环境中会扮演不同的角色。 例句 俗话说“～”，我们参加的是婚宴，就不要讲究什么职务高低了。

【在官惟明，莅事惟平，立身惟清】 语出马融《忠经·守宰章》。莅事：视事，处理公务。身居官位要紧的是明断是非，处理事务要紧的是公平，立足安身要紧的是清正廉洁。 例句 从政是为公的事业，权力是民赋的责任。“～”，为官者本来就该“为公”、“为民”，严以修身、严以用权、严以律己。（选自汤华臻《领导干部怎么“做官”才安全》）

【在官言官，在府言府，在库言库，在朝言朝】 指处在什么地位就说什么话。 出处 《礼记·曲礼下》（节选）：“君命，大夫与士肄，～。”

【在行恨行，出行热行】 在一行就抱怨一行，离开一行就热爱一行。意指人总感觉自己所从事的行业不好，当离开后又会很怀念。 例句 俗话说“～”，你最好不要这山看着那山高，等你离开了就知道这里的好了。

【在家不避父母，出嫁不避丈夫，有病不避大夫】 针对女子提出的一种行为规范。指女子未出嫁时，有什么事都要告诉父母；出嫁以后，有了心事不避讳丈夫；有了病，就不避讳医生。 例句 此外，“～”这句谚语，也说明诊疗中触及患者私密部位总难避免，医生大多认同这一观点，认为患者在这方面不应有太多顾忌。（选自罗志华《保护患者隐私医患应换位思考》）

【在家不打人，出门人不打】 意谓居家善良，不伤害乡邻的人，出门在外也会秉承善良的本性，不会惹是非。

【在家不会迎宾客，出外方知少主人】 意思是在家不懂得热情接待客人，出门在外就会发现自己也难以得到别人的热情接待。也作“在家不会迎宾客，出门方知少主人”。同“在家不理人，出外没人理”。 例句 常言道：“～。”八项规定公布之前，为展示“主人”的热情，菜品、酒品、香烟等等，尽量为客人上贵重的；八项规定出台后，接待工作就简化规范多了。

【在家不是贫，路贫贫杀人】 在家时如果经济拮据还能想办法，但出门在外手头紧就会束手无策。也作“家贫不是贫，路贫愁煞人”。 例句 “古人云，～。你是住家儿的，何以言贫？像我们这行脚僧，才是真贫哩。”（选自吴承恩《西游记》）

【在家不行善，出门大风灌】 在家里不做好事，出门的时候就会喝大风。意谓遭报应。劝人为善。

【在家从父，出嫁从夫】 女子在家要顺从父亲，出嫁要顺从丈夫。旧时儒家对妇女有带有歧视性的“三从”要求，即“在家从父，出嫁从夫，夫死从子”。 出处 《礼记·郊特牲》：“妇人，从人者也。幼从父兄，嫁从夫，夫死从子。”

【在家敬父母，何用远烧香】 意思是在家孝敬父母，不必到外地去烧香敬神。也作“在家敬父母，何须远烧香”“在家敬父母，何必远烧香”。同“在家孝敬爹娘，不到远山烧香”。 例句 “从来说得好，‘～！’人生在世，除了父母这两尊佛，那里再寻佛去？孝顺父母，不必求佛，上天自然默佑；不孝父母，天且不容，求佛岂能忏悔？”（选自文康《儿女英雄传》）

【在家靠父母，出门靠朋友】 指在家时能靠父母照顾，出门在外，就得靠朋友相助。常用作祈望对方全力帮扶之语。也作“在家靠父母，在外靠朋友”。 例句 张大哥！你找好了生意，可别丢开我，～，我是靠在你身上的了。（选自丁玲《奔》）

【在家怕鬼，出门怕水】 指对不熟悉的环境和事物，要有警惕之心。也作“在家怕鬼，在外怕水”。

【在家千日好，出门一时难】 在家时间再长也很方便，出门在外一时片刻都会遇到困难。指出门不比在家，随时都可能遇到困难。也作“在家千日好，出外一时难”。同“在家千般好，出门一时难”“在家千日易，出门一时难”。 例句 “诸兄是作豪杰的人，岂不知～。六月里山东赶到长安，兵部衙门挂号守批回，就耽误了两个月，到八月十五才领了批。”（选自褚人获《隋唐演义》）

【在人屋檐下，焉能不低头】 既已受制于人，只好忍辱负重。也作“在人屋檐下，不得不低头”。 例句 “～。大丈夫能伸能屈，现在只有这权宜之计。”（选自李晓明等《破晓记》）

【在太岁头上动土】 比喻触犯那些超出自己能力之外的人和事，有时也用来比喻敢于攻破科学禁区的精神和行为。 例句 公安官微被盗号，赫然发布黄色广告，这种“～”的戏码让人大跌眼镜。（选自蒋萌《公安官微被盗号暴露“官网之痒”》）

【在天愿作比翼鸟，在地愿为连理枝】 语出白居易《长恨歌》。比翼鸟：古代传说这种鸟只有一只翅膀、一只眼睛，必须雌雄两只并在一起才能够飞翔，所以常用以比喻恩爱夫妻。连理枝：指两棵树的枝干合生在一起，也用以比喻夫妻恩爱。指相爱的人感情深厚，生死相随。 例句 在人们的习惯性认知里，“合葬”大多只限夫妻之间的死后同穴，“～”。（选自胥爱珍 张枫逸 郝红波《生态殡葬应厚养薄葬》）

【在一棵树上吊死】 形容人心眼儿死，不知变通。也作“一棵树上吊死”。 例句 “提到此事，我倒有个拙见，望三姑奶思量，武的斗不赢就来文斗嘛！何必老非～？”（选自李晓明等《破晓记》）

【攒金攒银，不如积攒学问】 喻指知识比金钱更重要。

【早茶清心肺，午茶提精神，乏茶伤脾胃，晚茶不能睡】 这是一句养生谚语，讲的是喝茶的宜与不宜。

【早晨不学误一日，少年不学误一生】 早起精神爽，不早起学习耽误一天；少年不好好学习，就会耽误一辈子。

【早晨不做官，晚夕不唱喏】 唱喏：拱手扬声致礼。早晨失去官职，晚上就没人行礼了。反映了世态炎凉和人情的势利。 出处 兰陵笑笑生《金瓶梅词话》（节选）：“何太监道：‘没的说，如今时年，～。’”

【早晨立秋凉嗖嗖，中午立秋热死牛】 立秋为二十四节气之一。早晨立秋，天气转凉；中午立秋，天气还要闷热一段时间。

【早晨满天雾，只管洗衣服】 如果早晨天降大雾，到了中午一般会雾散天晴，洗的衣服会晒干。同“早起地罩雾，尽管晒稻谷”。

【早晨烧，晚上浇】 早晨出现火烧云，晚上就可能要下雨。

【早晨太阳黄，午后风必狂】 如果早晨初升的太阳很黄，中午过后可能会刮大风。

【早晨下雨当日晴】 如果清晨才开始下雨，一般预示着雨不会下很久，当天就会晴天。

【早晨栽下树，到晚要乘凉】 比喻做事盼望早些得到收益。 出处 元·佚名《刘弘嫁婢》（节选）：“姑夫老人家，一法的糊突了：为什么开这解典库？常言道：～。”

【早吃饱，午吃好，晚吃少】 指早餐要吃饱一些，午饭要讲究营养、注重质量，晚饭少吃为好。也作“早饭吃饱，午饭吃好，晚饭吃少”。

【早春暖，晚春寒】 早立春正好顺应阳气的增强过程，也就代表着风调雨顺，天气温暖；相反晚立春，天气还要冷一段时间。

【早婚受苦，晚婚幸福】 身心未发育成熟而过早结婚，夫妻容易产生矛盾；心智成熟后再结婚，彼此相互容忍、相互体谅，关系和睦，就会幸福。

【早看东南，晚看西北】 早上看见东南方有红霞，是下雨的征兆；傍晚看见西北方有红云，是晴天的征兆。指早晚分别看东南、西北的云色，就可预知天气的晴雨变化。

【早立秋，凉嗖嗖，晚立秋，热死牛】 按公历计算，立秋为每年八月七至九日。早立秋指的是八月七日，晚立秋指的是八月九日。民间认为早立秋，马上会感到凉爽，晚立秋容易出现“秋老虎”。

【早起的鸟儿捉虫多】 比喻做事积极或及早者，就能多获利益。也作“早起的鸟儿有虫吃”。 例句 ～，勤奋好学的孩子才能成绩好呀!

【早起东风当日雨】 如果早晨刮起东风，当天容易下雨。

【早起动动腰，一天少疲劳】 在我国传统的养生防病理论中，素有“腰为肾之府”的说法，通过对腰部的锻炼可以达到健肾强腰的目的。早晨锻炼锻炼腰，一天就很少感到劳累。

【早起立了秋，晚上凉飕飕】 指早晨立秋，晚上就会感到凉爽。

【早起三光，晚起三慌】 意思是早晨起得早许多事都办得妥当，起得迟许多事都办得忙乱。也作“早起三光，迟起三慌”。 出处 梁实秋《懒》（节选）：“‘～’是从前流行的女性自励语，所谓三光、三慌是指头上、脸上、脚上。”

【早起三朝当一工】 朝（zhāo），早晨。早起三天所干的活可以顶一整天干的活。另也有“早起三朝当一工，早起三年顶一冬”的说法。旨在劝勉人们要勤快，不要睡懒觉。 例句 “是林书记呀，今朝这样早？”“乡里不是有句话，‘～’吗？我学学你们。”（选自周立波《林冀生》）

【早起早睡身体好，吃饱穿暖休息好】 指晚上早睡，早晨早起，能保证充足的睡眠和充沛的体力；饭吃饱，衣穿暖，才能休息好。

【早起走一走，不为百病愁】 早晨出去走走锻炼锻炼，可强身健体，提高免疫力。

【早烧阴，晚烧晴】 早晨的时候有火烧云就意味着这一天是阴天，晚上出现火烧云就意味着第二天是晴天。

【早剃光头早凉快】 比喻早处理完问题早利索。劝喻人办事不要拖拉。 例句 你告诉他“～”，让他尽快结束这鸡飞狗跳的生活。

【早霞不出门，晚霞行千里】 有早霞时，大气中水汽、尘埃多，可能有阴雨，不宜出门；有晚霞时，大气比较稳定，第二天可能是晴天，适宜出门。

【早宿鸡，天必晴；晚宿鸡，天必雨】 鸡进笼早，天气晴；鸡进笼晚，天气将转阴雨。

【早知今日，何必当初】 要早料到是现在这种情况，何必当初那样做。常指人现在的窘迫处境或尝到的苦果，都是因当初一意孤行造成的，怨不得别人。 例句 人生不允许假设，历史不可以重来，为何总要等到身陷囹圄、镣铐加身才悔恨不已？正所谓“～”，脚上的泡是自己走出来的，自己酿出的苦酒还得自己喝下去。（选自李晓萌《从“落马官员忏悔录”中读什么？》）

【早知尿炕，一宿不睡觉】 形容早知要出事，宁可采取极端措施。意在表达一种懊悔心情。 例句 这事既然出了，而且你也有预案，只是没料到这么严重而已。后悔又有什么用？还能“～”呀？！

【早知三日事，富贵几千年】 指做事如果有远见，就能终身受益，生活富足。 例句 听常人说：“～。”的确，就连三天这样短时间的事我们却无法预知，那么更长久的三十天、三百天的事我们又怎能预知呢？（选自唐人《落后主秘录·新愁往恨无穷》）

【早中耕，地发暖；勤锄草，地不板】 中耕：作物行间的耕作。出苗后尽早进行一次中耕，可以增加土地的透气性，使地温提高；经常锄草，土地就不会板结，有利于农作物的生长。

【枣树开甲，增产良法】 “枣树开甲”是在枣树开花期，为提高花芽质量采取的一种技术措施，是提高枣子产量的好方法。

【枣芽发，薅棉花】 薅：拔除。指枣树发芽，正是给棉花定苗的时候。我国地域辽阔，南北气温相差很大，华北一带的说法是“枣芽发，种棉花”，指枣树发芽时期，正是种棉花的时候。

【枣叶黄，种麦忙】 枣叶发黄的时候，就要忙着种植小麦了。

【造法容易执法难】 指执法比制定法律困难很多。 出处 元·岳伯川《铁拐李》（节选）：“～，徒流笞杖死相关。”

【造蜡求明，读书求理】 就像制造蜡烛是为了得到光明一样，读书是为了懂得道理，使心里亮堂。同“造烛求明，读书求理”。

【造林不整地，等于是游戏】 植树造林前不仔细平整土地，就相当于玩耍一样，不会有好的效果。

【燥热黑云起，冰雹要落地】 天气很热的时候突然起了黑云，是强对流天气出现的征象，可能会下冰雹。

【责怪人不知理，知理不责怪人】 责怪别人的人往往他自己就不懂道理，懂道理的人不会轻易责怪别人。

【责人之心责己，恕己之心恕人】 意思是用责备别人的心来责备自己，用原谅自己的心原谅别人。 出处 宋·范公偁《过庭录》（节选）：“尔曹但以～，不患不到圣贤地位也。”

【贼不打三年自招】 指盗贼作案后隔的时间长了，即使不经官拷问，也会有意无意说出来。也泛指人做了错事或丑事，久后就会自我招认。同“做贼的三年不打自招”。 例句 人常说：“～。”盗墓是犯法的，群众很厌恶这种行径，视他们为“盗墓贼”。冯留娃以盗墓为营生，还是他自己说出来的。（选自许庆生《盗墓者》）

【贼不走空】 贼去偷东西，不会空手回去。或指爱偷东西的人不论走到哪儿，都要偷点儿东西带走。 出处 张孟良《袁文会与刘广海》（节选）：“老人又从锅里端出一碗杂花米粥，里面还掺了些山药，热乎乎的，递给他喝。袁文会一面往下灌，一面偷偷地用小眼睛四下洒打，这是做贼养成的习惯，走到哪里总想偷点什么。所谓‘～’。”

【贼来如梳，兵来如篦，官来如剃】 篦：用竹制成的梳头用具，比旧时木制的梳子要密。剃：用特制的刀刮光。连用三个比喻，层层递进，揭示了旧社会里贼、兵、反动官吏对农民的搜刮，一个比一个厉害，一次比一次惨重的情形。

【贼人胆虚】 比喻做了坏事的人心里总是不踏实。同“贼人心虚”。 例句 这本是鸳鸯戏语，叫他出来，谁知他～，只当鸳鸯已看见他的首尾了。（选自曹雪芹《红楼梦》）

【贼是小人，智过君子】 做贼的人虽然品格卑下，但机智程度往往胜过正人君子。这是指贼偷东西要用心计，偷完东西如何不被逮住还要用心计。 出处 释道原《景德传灯录》（节选）：“仰山便问：‘镬在黄檗手里，为什么被临济夺却？’沩山云：‘～。’”

【贼心老婆会当家，拿着人家当自家】 贼心：这里指心术不正会算计。指心术不正的老婆当家会算计，总是把别人家当自己家一样随便，想着从别人家里拿点东西。

【赠人玫瑰，手有余香】 这句话很有哲理性。意谓给别人带去幸福的人，也会使自己快乐。 例句 俗话说，一朵鲜花打扮不出美丽的春天，百花齐放才有春光满园。每一个人都应该积极向上向善，从“～”中感受善的力量。（选自常碧罗《奉献爱心处处可为》）

【扎裹十七八，不扎裹吃屎的臭娃娃】 扎裹：这里指打扮，装扮。意谓在子女十七、八岁懂得美的时候再装扮他，子女太小装扮了也没意义。这是过去经济条件不好时的一种观念。

【扎煞得脚丫子不待鞋里】 扎煞：方言，嘚瑟。比喻获得不值一提的成就就高兴得控制不住自己，失去常态。 例句 你看他那小人得志的样子，刚一上任，就“～”。

【扎针拔罐子，病去一半子】 指中医的针灸、拔罐疗法对有些病很有效。

【乍富不知新受用，乍贫难改旧家风】 语出《增广贤文》。意思是刚刚富起来的人家，一时还不懂得享受财富带来的好处；而刚刚破落的人家也一时难改家境殷实时形成的家风。

【蚱蜢斗公鸡】 比喻弱者敌不过强者。 例句 彭越最怕碰到霸王，一听到他亲自来了，知道自己不是他的对手，“～”，他不干，就向昌邑方面逃了。（选自林汉达《前后汉故事新编》）

【摘下花椒牛粪拌，出苗又壮又齐全】 秋天摘下花椒的种子，与新鲜牛粪按1：6的比例拌匀，放在向阳背风处，晒干后切块放置，第二年春天将粪块打碎种植。经过这样处理的花椒种子种植后，出苗既壮又全。

【粘上毛比猴还精】 形容一个人过分聪明，到了奸诈、狡猾的地步。 例句 两年前，因为《非2》占用共用资源的投诉，他痛斥记者是～的人，“批评和揣着脏心眼找茬是两回事，你不能强奸了我还让我说舒服。”（选自黄啸《冯小刚2013年的最后一场发飙》）

【斩草不除根，萌芽依旧发】 喻指不彻底消灭仇敌，就会留下后患。 例句 “常言说得好：‘～。’杀了他一家，恨不得把我们吞在肚里，方才快活，岂肯安心与陈四哥做夫妻？倘到人烟凑集之所，叫喊起来，众人性命，可不都送在他的手里。”（选自冯梦龙《醒世恒言·蔡小姐忍辱报仇》）

【斩草除根，萌芽不发】 意思是除恶务尽，不留后患。 出处 《五代史平话·梁》（节选）：“莫若傍今杀了，～。”

【斩草要除根】 除草要从根铲除。比喻除恶务尽，不留后患。也作“斩草须除根”。 例句 抓了几个“鸡头”，“老鸨”还在逍遥法外。不查清涉黄娱乐场所的幕后“保护伞”一律不结案，郑州警方这次显然

是~，除恶必务尽。这才是从根本上解决黄赌毒问题的长远之计。（选自郭双年《把黄赌的“保护伞”暴露在阳光下》）

【占小便宜吃大亏】 贪图小利往往会受到大的损失。同“贪小便宜吃大亏”。 例句 “小便宜”占多了，甜头尝够了，胃口变大了，“温水煮青蛙”，小贪变大贪，这种~的例子比比皆是。（选自谢兵良《做合格党员须从“小”入格》）

【占着茅坑不拉屎】 比喻占着某个位子而不做该做的事。贬义。 例句 这样的领导干部，索性请他好好休息，不然~怎么行？（选自邓小平《关于国防工业企业的整顿》）

【战马拴在槽头上要掉膘，刀枪放在仓库里会生锈】 比喻战士不进行操练或实战，战斗技能就会减退；生活太舒适就会消磨人的斗志。 例句 “俗话讲得好：‘~。’彭医生，我不能天天这样吃松活饭呀！”（选自马忆湘《朝阳花》）

【战无不胜，攻无不取】 意谓军队力量强大，百战百胜；或不论做何事都不会失败。 例句 操谓松曰：“吾视天下鼠辈犹草芥耳。大军到处，~，顺吾者生，逆吾者死。汝知之乎？”（选自罗贯中《三国演义》）

【站得越高看得越远，读书越多心胸越宽】 比喻看问题的立足点高了，就能放宽眼光从长远考虑；书读得越多，道理了解得就越多，心胸就越开阔。 例句 “~”，人家李局长是研究生学历，站位就是比我们高，分析问题很透彻。

【站着不凹胸，走路一阵风】 站立时抬头挺胸，走路带风，步伐矫健。指人要有健康的仪态。

【站着说话不腰疼】 多指人不设身处地替别人着想却高谈阔论，夹杂说人得了便宜还卖乖之意；或比喻一个人不了解实际情况，只管口头讲述，脱离实际；也比喻眼高手低。 例句 不全面了解大学生真实处境，谴责就是“~”。诚然，她们涉世未深，对社会险恶缺乏认知，走了最危险的一条路。然而，大学生提前消费现象十分普遍，社会对大学生的需求却缺乏足够理解与回应。（选自杨鑫宇《只谴责打裸条学生是“站着说话不腰疼”》）

【长兄如父，老嫂比母】 指尊敬长兄、长嫂，应当像尊敬父母一样。也指父母过世，长兄、长嫂承担抚养未成年弟、妹的职责，如同父母。 例句 人常说：“~。”何况他小时候，曾是大嫂沿门讨饭喂养过的，敬爱之情山高海深。

【掌勺子吃稠的】 掌勺的：厨师。稠的：指汤类食物沉底部分，饥荒时期此类东西更抗饿。意思是厨师相比别人能吃到好一点的东西。比喻主管或负责某项事务，能抢先得到某种利益或便利。 例句 “~”，你妈妈是老师，有不会的总能先让你妈给讲讲吧。

【丈八的灯台，照见人家照不见自己】 喻指没有自知之明。 例句 “那宝玉是个～的，只知嫌人家脏，这是他的房子，由着你们糟蹋，越不成体统了。”（选自曹雪芹《红楼梦》）

【仗义疏财】 指人讲义气，拿出自己的钱财来帮助别人。 例句 “既蒙大官人～，求借林冲些小盘缠，投奔他处栖身，异日不死，当效犬马之报。”（选自施耐庵《水浒传》）

【招军买马，积草屯粮】 屯：储存。意谓扩充武装力量，加强后勤储备，或壮大实力。同“招兵买马，积草聚粮”。 例句 温谓从周曰：“今吾～，欲报李克用夺带之仇，列位有何妙策？”（选自罗贯中《残唐五代史演义》）

【朝立秋，冷飕飕；午立秋，热死牛；夜里立秋热到头】 意思是说如果立秋是在早上的话，那么立秋后的天气就会比较凉爽；立秋是在下午或者是晚上的话，则还会有“秋老虎”肆虐，天气比较炎热。

【朝闻道，夕死可矣】 语出《论语·里仁》。原指一个人早上能达成一直坚持的理想，实现了自己的政治主张（仁政），那么就算晚上死去也可以了。可引申使用为一旦实现了目标，马上去死也值得。 例句 古人讲“活到老，学到老”“～”，即是一种成长为精神巨人的追求，亦是对生命旨在悟道的执着，而无穷的书则为此提供了最丰富的可能。（选自陈家兴《开掘精神荒原的铧犁》）

【找上门来的买卖好做】 找上门来愿意和你作交易的。这种生意最容易成交。比喻由对方主动找上门来的事情往往好办。也作“上门的买卖好做”。 例句 常言道“～”，既然人家主动要求和解，咱也就就坡下驴，别再抻着了。

【照猫画虎依葫芦画瓢】 意思是比着样子去做。同“比着猫画虎，按葫芦画瓢”。 例句 民主测评时，“德”的考核只是其中一个方面，测评的方式就是在量表上打勾，这是闭合式的测评，只能“～”，有一定的随意性。（选自洪向华《“德”考核中亟待解决的四个问题》）

【照片四不放，放后财不来家不旺】 门厅、卫生间、厨房、窗户边这四个地方不能放照片，如果放上照片就会影响家运。这是迷信说法，但的确不协调，影响美观。

【这山看着那山高】 爬上这一座山，觉得那一座山更高。比喻人不满意自己的环境、工作，总觉得别的环境、别的工作更好。也作“这山望着那山高”。 出处 清·李光庭《乡万解颐·地部》（节选）：“若～，畔援歆羡之词也。”

【贞妇爱色，纳之以礼】 守本分的女子爱美，只接受符合礼仪的服饰，不会乱打扮。　出处　《增广贤文》（节选）：“君子爱财，取之有道；～。”

【针鼻儿大的窟窿斗大的风】　指极小的孔隙，也能感到吹进来的风。比喻小事、小处不注意，就可能造成极大的危害或损失。也比喻稍有不慎，就可能泄漏全部机密。同“针鼻的窟窿斗大的风”“针眼的窟窿斗大的风”“针鼻大的窟窿，能透过斗大的风”“针尖大的窟窿能透斗大的风”“针尖大的眼，可进斗大的风”等。　例句　上述五个方面“量变”范畴的问题如不及时解决，就必然导致“质变”。俗语说，～。“量变”不治理，必然结出恶果。（选自李杰《聚焦到作风建设上》）

【针不离线，线不离针】　比喻关系密切常在一起不分开。　例句　你们两个天天粘在一起，真是“～”呀！

【针尖不伤人，人伤人】　意思是针尖虽尖，但不会主动伤人；如果伤到了人，则是因为有人利用它去伤人。　例句　你的书能自己飞着去砸你同桌？还不是你丢出去的吗？“～”。

【针尖对麦芒】　麦芒：麦穗上的针状芒刺。形容争执的双方针锋相对，互不相让。　例句　怎样处理这些小摩擦、小矛盾，是衡量一个人胸襟气度和修养水平的重要尺度。如果遇事“～”，就会既扎了别人，也伤了自己，影响了团结。（选自代练兵《战友相处“和为贵”》）

【针没有线长，酱没有盐咸】　这句话蕴含的意思是：针离不了线，酱离不了盐，事物都是相辅相成的；针、线，酱、盐，各有所长。人不可妄自菲薄。　例句　俗话说“～”，大家团结在一起，各自发挥特长，就没有干不成的事。

【针无两头尖，蔗无两头甜】　一根针不会两头都是尖锐的，一根甘蔗不会两头都一样甜。比喻美事很难两头都占。　例句　延迟退休是不是百利而无一弊呢？“～”，延迟退休也不例外。它固然有着巨大必然性，同时也会对社会产生一系列深远的影响，需要支付一定的成本。（选自练洪洋《要把延迟退休利弊向公众解释好》）

【珍馐百味，一饱便休】　指再好的食物，吃饱了也就不能再吃了。　出处　吴承恩《西游记》（节选）：“常言道：～。只有私房路，那有私房肚？”

【珍珠掺着绿豆卖，一样价钱也抱屈】　把珍珠掺到绿豆中去卖，即使仍卖出珍珠的价格，也会使珍珠感到屈辱。比喻有名望有地位的人和平庸的人搅和到一起，身价就会降低。　例句　她又说：“赵玉林、郭全海那一帮子人都是些啥玩艺儿呀？杨主任他也跟他们混在一堆，‘～’，慢说还压在他们底下。”（选自周立波《暴风骤雨》）

【真的假不了，假的真不了】 真的成不了假的，假的也变不成真的。指事实不可能混淆或改变。 例句 俗话说，~。“不作为”，贻误党和人民的事业发展；而“伪作为”，有时候比“不作为”更可怕，其危害性也更大，它不仅败坏了党风政风，更会造成行政资源和有限的财政资金的极大浪费，甚至损害到党和人民的根本利益，还会滋生腐败行为，必须引起我们的高度警惕。（选自倪洋军《“伪作为”比“不作为”危害更大》）

【真佛面前不烧假香】 比喻在懂行或知情人面前说不得谎话。同“真菩萨面前别烧假香”。 例句 “浪子十三，不管你这名号是胡诌还是混说，‘~’，‘光棍眼里不揉沙子’！看你的确是人模人样，闲话少说，你差遣浪子三郎到本堡搅局，意图何在？”（选自陈青云《浪子神鹰》）

【真金白银】 指贵重财物、钱款。 例句 靠故事换来点击率和知名度，最终收获~。

【真金不怕火炼】 比喻正确的事物经得住考验。 例句 政府和投资企业不要怕挫伤海归引进高科技项目的积极性，因为~。（选自齐心《真金不怕火炼》）

【真金不怕火炼，松柏不怕严寒】 比喻品质好、意志坚强的人经得起任何考验。 例句 “~”。面对敌人的严刑拷打，他咬紧牙关，不肯吐露半个字。

【真金不怕火炼，真理不怕争辩】 指真正的价值和真理，在任何环境下都能经受住考验，并且通过考验变得更加明显和可靠。

【真理高于一切】 古希腊格言。指真理具有超越一切的重要性和价值。无论是在哲学、宗教还是科学领域，追求真理都被视为人类精神的最高追求。

【真理面前人人平等】 指每个人都应当接受符合客观实际的真理；同一对象的不同认识中，真理只有一个。 例句 从大量的档案材料中看到，彭真一生经常讲两句至理名言：一句是“~”；一句是“法律面前人人平等”。他不仅这么讲，而且身体力行，令人敬仰。（选自刘政《彭真与“两个平等”》）

【真理像太阳】 揭示了真理的永恒、至高无上和不可动摇的特性，强调了真理在人类认知和精神世界中的核心地位。

【真人不露相，露相不真人】 指有道行或本事的人不轻易显露。 例句 “这里人家，识得我们道成事完了。自古道：~。恐为久淹，失了大事。”（选自吴承恩《西游记》）

【真神面前烧假香】 比喻在有眼力的人面前说假话。 例句 “别他妈的在~了!”张国梁双手叉腰，言疾色厉，“老侯，你敢在洪门祖宗面前起誓，说你绝无二心？”（选自顾

汶光《天国恨》）

【真相不出门，谣言传千里】 形容谣言传播得比真相还快。

【真者，精诚之至也。不精不诚，不能动人】 语出《庄子·渔父》。精诚：真心诚意。所谓“真”，就是精诚的极致。不精不诚就不能感动人。 例句 “～。”谈心谈话唯有在“真”字上下功夫，方能晓人以理、动人以情，达到“推心置腹”的效果。（选自韩晓冰《用心动情让谈话“入脑入心”》）

【枕头风越刮越好听】 枕头风：即枕边风，妻子或情人的话。指丈夫爱听妻子或情人的话。 例句 对于花心的男人来说，情人的话比啥都管用，正所谓“～”。

【争得猫儿丢了牛】 争来了猫却丢了牛。喻指因小失大。 例句 “其实他争的，还没有谢我的多哩。还不说在衙门三班六房，见人就请席，见衙役就腰中塞银子。真正是‘～’。”（选自清·李绿园《歧路灯》）

【争犁让耩】 耩：用耧来播种。抢着耕地，让着播种。下雨后，板硬的地容易流失水分，所以要争抢着耕耙；平整后的松软的土地不易流失水分，可以晚种一些时间。

【争秋夺麦】 指麦收和秋收都要争抢时间收割，力争颗粒归仓。 例句 秋收正忙。平原的大秋比麦收持续时间长，玉米收了，还有谷子、高粱、棉花等待收割。有的人家土地肥，割净玉米就赶种小麦。老百姓说的“～”，这是中国农民世代相传的最繁忙的季节。（选自杨沫《英华之歌》）

【争着不够吃，让着吃不了】 指互相争夺，本来很充足的食物也变得不足；而互相谦让，本来不足的也会变得富余。告诫人们在物资紧缺的情况下，互相礼让，平均分配，才能共渡难关。同“争着不足，让着有余”。

【睁眼说瞎话】 原意是睁着眼睛却说瞎着眼睛的话，引申为肆无忌惮地说谎话。 例句 有的掩耳盗铃，～，填表丢三落四，存在不报、迟报、瞒报、谎报等现象。说到底，这些都是一种欺骗组织的行为，是一种不讲诚信的品行。（选自胡军《讲诚信才能得公信》）

【睁一只眼，闭一只眼】 比喻看见不合理的现象装聋作哑，容忍迁就，敷衍了事。同“睁只眼闭只眼”。 例句 “好人主义”，顾名思义，是指热衷于当“好好先生”，不讲原则，对身边各种问题“～”，该担的责任抛诸脑后，该管的事抓而不严的思想和行为。（选自杨新宇 陈俊泉《让“好人主义”无处藏身》）

【蒸着煮着是一样，背着扛着一般沉】 比喻表面形式不同，结果或者实质都一样。 例句 这事无论怎么说，都没什么两样，真是“～”。

【整地如上粪，增产不用问】 耕耙等操作可以疏松土壤，给植物的生长提供充分空间，使农作物的根系能够更好、更充分地接触并吸收水和肥，从而达到增产增收的效果。

【正月里打春，冻煞麦根】 意谓正月立春，天气升温晚。

【正人先正己】 想要纠正别人就要先匡正自己；要让别人做到公平公正，自己必须先做到。 例句 黄克诚一向清正廉洁，在抓党风问题上，更是强调~。（选自王子君《黄克诚抓党风：正人先正己》）

【政如冰霜，奸宄消亡；威如雷霆，寇贼不生】 奸宄：坏人。执法严明，犯法作恶的现象自然就少；政令威严，偷盗抢劫的事情就不易发生。指要使社会稳定，必须严法清政。 出处 唐·马总《意林》（节选）："明刑审法，怜民惠下，生者不怨，死者不恨。谚曰：'~。'"

【政之所兴在顺民心，政之所废在逆民心】 语出《管子·牧民》。国家的政策法令能很好实施，是因为顺应民心；国家的政策法令废弛难行，是因为违逆民心。 例句 "~。"全心全意为人民服务，是我们党一切行动的根本出发点和落脚点，是我们党区别于其他一切政党的根本标志。（选自习近平《在纪念毛泽东同志诞辰120周年座谈会上的讲话》）

【挣家犹如针挑土，败家犹如水推沙】 指创业艰难，败落快。也作"成家犹如针挑土，败家好似水推沙"。 例句 "~。"哪怕你是文曲星、武曲星下凡降世，不仅要选对地点，还要选对时候。（选自萧赛《红楼外传》）

【只愁母老，不愁孩小】 孩子小，但他一天天在长大，能力渐长；母亲老了，一天天衰弱，最后会再也见不到。有督促人及时尽孝的意思。 例句 俗话说"~"，趁老人还健在，一定要好好孝敬老人呀！

【只此一家，别无分店】 旧时商店招牌，招揽生意的用语。向顾客表明只能在他这一家店里买到某种商品。泛指某种事物只有他有，别处都没有。 例句 他们的任务在于把群众政治家的意见集中起来，加以提炼，再使之回到群众中去，为群众所接受，所实践，而不是闭门造车，自作聪明，"~"的那种贵族式的所谓"政治家"。（选自毛泽东《在延安文艺座谈会上的讲话》）

【只见树木，不见森林】 比喻只看到局部，看不见整体或全部。或比喻目光短浅。 例句 哲学"通"之品性要求哲学研究者在把哲学做"深"、做"细"的同时，还必须把哲学做"通"，而不能满足于一孔之见，~。（选自郭继民《把哲学做"通"》）

【只开弓不放箭】 喻指虚张声势。 例句 大家都闹进去，说不定董小宛会被窦家的人抢走，倒不如等人散了再行下手，所以只在门口扬言要轰门进去，实际上也~。（选自刘

培林等《秦淮歌妓董小宛》）

【只买不值，不买嘴吃】 经济条件不好时，哪怕买贵一点当用的东西，也比买吃的强。同“宁买不值，不买吃食”。

【只能学而不用，不能用时未学】 宁愿学到武功或知识不用，也不要到需要用的时候还没学。

【只能意会，不可言传】 意思是只能用心去揣摩领悟体会，没法用话具体地表达出来。指道理奥妙，难以说明。有时也指情况微妙，不便说明。也作“只可意会，不可言传”。 例句 潜规则是没有正式明文规定，但被一些人遵守的隐性规则。它不成文、不公开，甚至～，却实际支配着人们的某些行为。（选自刘忠《用硬制度破除潜规则》）

【只怕不勤，不怕不精；只怕无恒，不怕无成】 意谓只要勤奋，就可以把事情做精；只要有恒心，就可以把事情做成功。 例句 经验告诉我们，做任何事“～”，我们除了勤奋、坚持，别无选择。

【只怕睁着眼儿的金刚，不怕闭着眼儿的佛】 比喻只怕具体负责的爱较真的小人物，不怕不管具体事儿的大人物。 例句 金莲道：“你不知道，不要让了他。如今年世，～。老婆汉子，你若放些松儿与他，王兵马的皂隶，还把你不当合的。”（选自兰陵笑笑生《金瓶梅》）

【只勤不俭，好比有针无线】 只勤劳不节俭，就不会有积蓄，就像有针无线，白扎针费工夫一样。指勤与俭必须并重。同“只有勤来没有俭，好比有针没有线”。 出处 赵彦《勤与俭》（节选）：“平时有储存，用时不求人。有勤无俭，好比有针无线。”

【只勤不俭无底洞，只俭不勤水无源】 只勤劳不节俭，没有积蓄，就像无底洞一样永远填不满；只节俭而不勤劳，就好像无源之水一样得不到补充。指居家过日子，既要勤奋，也要节俭。

【只听楼梯响，不见人下来】 比喻只是口头说说，没有实际行动。 例句 在抓落实上，不能口号震天响，就是不见行动；不能～。（选自李翔《关键在于抓落实》）

【只许州官放火，不许百姓点灯】 出自陆游《老学庵笔记》记载的一则故事。后指反动统治者自己可以胡作非为，老百姓却连正当活动也要受到限制。泛指自己任意而为，反而严格要求别人或不许他人有正当的权利。 例句 中国权利正当。东海防空识别区划定方式符合国际法和国际惯例，无可挑剔。可你做得再好，总难免有人情绪激动，混淆视听的把戏中，难掩“～”的妄自尊大。（选自苏晓晖《谁才是真正的“地区安全破坏者”》）

【只选对的，不选贵的】 只买适合自己需要的东西，不能因为追求面子多花钱买外表光鲜价格很贵的物品或服务。 例句 “公众要根据自身实际需求理性选择合适的药食同源类中药材，~，不盲目跟风，不盲目进补。”（选自陈泽云《药食同源有讲究：只选对的，不选贵的》）

【只学一样精，不学百事通】 在学习技艺时样样都会，不如一样学精通更好。

【只要功夫深，铁杵磨成针】 杵：舂米或捣物用的棒槌。比喻只要有决心，肯下功夫，多么难的事也能做成功。 例句 我们做好工作，亟待发扬这种实干精神，要有“舍得一身剐”不达目的、誓不罢休的闯劲，要有咬定发展不放松的韧劲，要有“~”的干劲。（选自次仁顿珠《学习英模人物 甘当人民公仆》）

【只要肯动手，肥源处处有】 只要手脚勤快，肥料的来源是很多的。 出处 吴伯萧《菜园小记》（节选）：“为了积肥，大家趁早晚散步的时候到大路上拾粪，那里来往的牲口多，‘只要动动手，肥源到处有’啊。”

【只要苦干，事成一半】 做事只要肯下苦功，成功就有了一半把握。指无论做什么事，勤奋苦干总是成功的基础。 例句 “再不要说自己资历浅，才能少，其实苦就是才能，干就是才能。俗语不是说的‘~’么？看来苦干才是主要的。”（选自郭仰明《并非梦想》）

【只要勤学苦钻，不怕困难如山】 只要勤奋学习，刻苦钻研，再大的困难都不怕。 例句 ~。何况只是没有书本这点小事呢。

【只要堂上有明镜，何怕恶人奸又猾】 堂上明镜：指清明的官员。只要有清明的官员，就不怕有坏人奸诈狡猾。表明在封建时代，人们寄希望于清明吏治。

【只有不快的斧，没有劈不开的柴】 比喻只要决心大、方法正确，没有克服不了的困难。 例句 俗话说：“~。”在第二十次试验时，终于成功了。（选自沈顺根《水下尖兵》）

【只有扯皮的人，没有扯皮的事】 扯皮：毫无必要地争论、推诿。指事在人为，事情办不好，责任在人。 例句 有的人总是说事情不好办，来回“踢皮球”，其实是私心和权力欲在作怪，世上~。

【只有错拿，没有错放】 对嫌疑犯宁可捉错，也不可放错。意思是捉错了可放掉，放错了就不容易再捉回。 例句 “常言道：‘~。’兄弟，你把那贼都扳翻倒，捆了，教他供一个供状，看他是个雏儿强盗，把势强盗。”（选自吴承恩《西游记》）

【只有大意吃亏，没有小心上当】 意在表明，吃亏是因为粗心大意，小心谨慎就不会上当。

【只有冻死的苍蝇，没有累死的蜜蜂】 苍蝇不劳动，天冷时只有冻死；蜜蜂勤劳，绝不会因此而累死。比喻可能会冻死懒惰的人，但不会有

勤劳累死的人。　例句　人要勤劳。“～”，劳动能壮筋骨。（选自姜树茂《渔港之春》）

【只有懒人，没有懒地】　指人只要不偷懒，土地就一定会有好收成。

【只有千日做贼，哪有千日防贼】　指做贼的每天都在作案，防贼的却很难每天都防备，总有松懈大意的时候。　例句　“～。”他们暗中做事，我和你怎有闲工夫去侍候他？（选自方汝浩《禅真后史》）

【只有人脏水，没有水脏人】　喻指人可以影响客观条件；但人出了问题得从自身找原因，怪不着客观条件。　例句　俗话说得好，“～”，孩子行为变坏是他自身的问题，跟学校没关系。

【只有上不去的天，没有过不去的山】　比喻世上没有克服不了的困难。　出处　茹秀娟《信心与毅力》（节选）：“说我们的产量上不去，我不信!说我们的销路打不开，我不信!俗话说的：‘只有上不去的天，哪有爬不过的山!’事在人为。”

【只有学不到的，没有学不会的】　强调世上的技能或知识，只要肯努力学，就都能学会。

【只有鱼吃水，没有水吃鱼】　比喻办事要合乎情理，不可以违背常规。　例句　“从来说的：‘靠山吃山，靠水吃水。’又道是：‘～。’我们整日忙忙碌碌的，混了钱来，养你不成？”（选自李伯元《活地狱》）

【只知其一，不知其二】　只知道事物的一方面，而不知道它的另一方面。　例句　有人说，《三国演义》插曲“这一拜，春风得意遇知音，桃花也含笑映祭台”是不准确的，因为在桃园三结义中，刘关张是跪不是拜。这就是～了，因为古时候所谓的拜，其实就是跪。（选自刘绍义《“拜”和“揖”不是一回事》）

【只知外面行状，哪知肚内文章】　行状：指人品或事迹。比喻人外部表现容易看见，内心想法和计谋却不易了解。　例句　他偷眼瞄瞄冷丰标，容颜似乎还不太凶险，心头稍微平稳了些；暗里想，俗话说：“～？”就麻麻杂杂跟你周旋周旋吧！（选自克非《山河颂》）

【只种不管，打破金碗】　种庄稼管理很重要，不重管理收益会大打折扣。　例句　农谚说：“～。”谷雨已过，现在春季田间管理进入了关键期，水稻病虫防治尤为重要。

【只重衣衫不重人】　意谓为人势利，只看重人的外表，不看重人的品质或能力。　出处　宋·释惟白《续传灯录》（节选）：“五陵公子争夸富，百衲老僧不厌贫，近来世俗多颠倒，～。”

【芝麻开花节节高】　芝麻往上长一节儿，开一层花儿。形容人步步高升、生活越过越好。　例句　党的十八大以来，在党中央的坚强领导下，我国各族人民团结奋斗，国民经济持续向好，人民生活水平“～”。

【知不足者好学，耻下问者自满】 语出林逋《省心录》。意谓认识到自己不足的人，会虚心学习弥补自己的不足；以向地位不如自己的人请教为耻的人，是缘于自我满足。 例句 “～。”当代青年知识分子要担当起历史赋予我们的神圣使命，就必须缺什么补什么，正视差距和不足，向基层学习、向群众学习、向实践学习。（选自慎海雄《当代青年知识分子的成长方向》）

【知耻近乎勇】 语出《礼记·中庸》。知道廉耻就接近勇敢了。 例句 “～。”在中国传统文化中，知耻明耻历来是律己修身的先决条件。（选自向贤彪《“不做背对错误的蠢事”》）

【知错改错不为错，知错不改错中错】 能认识到自己的错误并及时改正，这错误就不算什么；认识到了自己的错误却不去改正，这是错上加错。强调知错能改的重要性。

【知底莫过本乡人】 指同乡人之间是最了解底细的。 例句 “～，这回你还有什么可说的？你纵然有千条妙计瞒得过老夫，但你却瞒不过刘石桥。”（选自段少舫《呼延庆出世》）

【知法犯法，罪加一等】 懂得法律者犯法，应加重治罪。也指明知道错的还故意去做，这种情况更不能原谅。 例句 “你就说我犯了清规，应当打四十军棍，赶出庙门，这都是你的主意。今天你做主叫我喝酒，你是‘～。’”（选自郭小亭《济公全传》）

【知己知彼，百战百胜】 指了解对方也了解自己，才能战无不胜，连打胜仗。 出处 罗懋登《三宝太监西洋记》（节选）：“老星道：‘～。俺岂不知机。’”

【知己知彼，百战不殆】 语出《孙子兵法·谋攻》。殆：败。在军事斗争中，既了解自己的实力，又了解敌人的实力和动向，发生多次战斗也不会失败。 例句 我们常说，不打无准备之仗。分析客观原因、做到未雨绸缪，这些都是必要的，正所谓“～”。（选自马治东《理由找多了啥也干不成》）

【知己知彼，将心比心】 意思是了解自己也了解对方，用自己的所思所想去体会对方的所思所想，“己所不欲，勿施于人”，就会拉近彼此的距离。 出处 《增广贤文》（节选）：“～。酒逢知己饮，诗向会人吟。相识满天下，知心能几人。相逢好似初相知，到老终无怨恨心。”

【知冷知热生身母，恩恩爱爱结发妻】 结发妻：指原配妻子。照顾周到细致的是自己的亲生母亲，与自己情义深厚的是原配妻子。

【知其不可而为之】 语出《论语·宪问》。知道那样做行不通还要那样做。说的是孔子志在恢复周礼的言行。后世成为概括孔子为理想不懈追求精神的名言，有时也被人用以自嘲自己的“迂腐”不识时务。或也作“知其不可为而为之”。 例句 “在做人与做事上，做人是第一位的。但我这人又太想做事了，～。”（选自李雪《李楯：人心坏了，是现在最大的问题》）

【知其然而不知其所以然】 然：这样。知道是这样，却不知道为什么是这样。 例句 人们对自己身上发生的一些事情往往～。（选自陈宗伦《科学家解疑：人体有9个怪现象》）

【知情不报，罪加一等】 旧指知道犯法的事而不检举，将加重罪责。 出处 石玉昆《三侠五义》（节选）：“只因这宗事，小人知情。听见人说：‘～。’故此小人前来在相爷跟前言语一声儿，就完了小人的事了。”

【知人者智，自知者明】 语出《道德经》。能够洞察人的善恶与贤愚，能够分别人作为的是非，这都是智慧的表现；能够反省自己的过错，知道自己的弱点，这就是明白自己心性的表现。 例句 老子在《道德经》中曾言：“～。”只有充分认清自己，方可选定职业，确立目标，实现理想。恰如足球场上，根据各自专长，放置各处，排兵布阵。（选自姚秦川《人贵在自知》）

【知人知面不知心】 指认识一个人容易，但要了解一个人的内心却很困难。 例句 凤姐儿故意的把脚放迟了，见他远去了，心里暗忖道：“这才是‘～’呢。那里有这样禽兽的人。”（选自曹雪芹《红楼梦》）

【知识不存在的地方，愚昧就自命为科学】 意思是在知识尚未普及或缺乏的地方，人们往往会将自己的无知和迷信误认为是科学。

【知识就是财富，知识就是力量】 就能够提升个人的能力和社会的整体水平而言，知识就是一种宝贵财富；同时，重视知识的积累和应用，就能使其真正成为推动社会进步的力量。

【知识是生活的明灯，劳动是智慧的源泉】 揭示了知识和劳动在人类生活中的重要作用。知识为我们的生活提供了指导和方向；劳动过程中，不断思考和改进，从而激发智慧和创新。

【知识无边缘，学习无止境】 知识是没有穷尽的，学习永远不可以满足。

【知识在于积累，天才在于勤奋】 指知识要积累才能变丰富，人要靠勤奋才能变聪明。

【知事少时烦恼少，识人多处是非多】 收录于《增广贤文》。知道的事少，烦恼自然也少；认识的人多，纠葛自然就多。告诫人少去接触闲人杂事。 出处 宋·释齐已《偈颂二首其一》（节选）：“是亦没交涉，踏著秤锤硬似铁。非亦没交涉，金刚宝剑当头截。阿呵呵，会也么，～。”

【知我所能，我所能者尽善尽美；知我所不能，我所不能者虚怀若谷】 出自陈果《好的爱情：陈果的爱情哲学课》。意思是了解我的长处，在我能力范围内的事情，我会努力做到最好；了解我的不足，在我能力范围外的事，我会虚心向他人学习。

【知我者谓我心忧，不知我者谓我何求】 语出《诗经·黍离》。深切了解我的人，说我是心中忧愁；不了解我的人，说我有什么东西要寻求。表现了一个思想者内心的孤独与悲凉。 例句 “～”，孙中山用这句古语表达自己渴望认同的救国之心。从孙中山的建国方略以及海南发展规划中，那种宏伟的图景宏大的论述确实能说明问题。（选自郑朝波《孙中山建国方略中的海南图景》）

【知我罪我，其惟春秋】 出自《孟子·滕文公下》：“知我者，其惟春秋乎？罪我者，其惟春秋乎？”是孟子转述孔子的话。意思是《春秋》这部书，后人一定褒贬不一。理解赞成我观点主张的人，是因《春秋》吧？指责怪罪我的人，也是因《春秋》吧？后人简括为“知我罪我，其惟春秋”，通常用以表达自己做了认为该做的事，至于是非功过，留待历史评说这样的意思。 例句 当本职工作面临议论时，要懂得放下。是非交由人民去评说，交由历史去评说。所谓“～”，说的正是这个道理。（选自王康《领导干部要做到“拿得起、放得下”》）

【知屋漏者在宇下，知政失者在草野】 语出王充《论衡》。宇下：屋内。草野：民间。知道房屋漏雨的人是在房屋底下的人，知道政令有不周之处的人是在民间的人。强调只有亲身经历才感受深切。房屋漏不漏雨，房屋外面的人不知道；政策好不好，政策的接受者最有发言权。 例句 古人说：“～。”很多网民称自己为“草根”，那网络就是现在的一个“草野”。（选自习近平《在网络安全和信息化工作座谈会上的讲话》）

【知无不言，言无不尽】 语出苏洵《衡论·远虑》。只要知道的就说，只要说就毫无保留。 例句 今天，开展党的群众路线教育实践活动，提倡弘扬整风精神，用好批评与自我批评的利器；提倡～，言者无罪、闻者足戒；提倡开展民主、开设言路，开诚布公、开门纳谏，都是为了一个目的：不求唯唯，但求谔谔。（选自桑林峰《不求唯唯 但求谔谔》）

【知者行之始，行者知之成】 语出王阳明《传习录》。意谓知是行的开始，行是知的完成。我们今天一般将其理解为人要正确处理好认识和实践的关系。即认知（理论）是实践的开始（起步阶段），认知（理论）只有付诸实践才算完成。 例句 “～。”只有做到学用结合、知

行合一，我们才能更深刻地体会真理的力量，解决思想和实践中的各种难题，不断走向新的胜利。（选自晓山《理直当气壮》）

【知之者不如好之者，好之者不如乐之者】 语出《论语·雍也》。对于某种学问知识，懂得它的人不如爱好它的人，爱好它的人不如以学习它为乐的人。孔子在这里说的是兴趣在学习中的重要作用，有了兴趣就会变被动为主动，从而提高学习效率。 例句 兴趣是激励学习的最好老师。“～。”讲的就是这个道理。（选自习近平《在中央党校建校80周年庆祝大会暨2013年春季学期开学典礼上的讲话》）

【知子莫若父】 语出《管子·匡君大匡》。知：熟悉、了解。莫：没有。若：像。没有谁能像父亲那样了解儿子。指父子朝夕相处，所以父亲对儿子的脾气和性格，就要比其他人更熟悉、更了解一些。 例句 当太宗问起襄王如何时，寇准回答：“～。您觉得哪位皇子可以，决定就是了。”虽然没有明确回答，但口气明显是支持的。（选自胡恒《寇准，牛脾气一生没改》）

【知足常足，终身不辱；知止常止，终身不耻】 持盈保泰，自知满足，一辈子也不会遭到屈辱；留有余地，适可而止，一辈子也不会蒙受羞耻。 出处 《增广贤文》（节选）：“磨刀恨不利，刀利伤人指。求财恨不多，财多害自己。～。”

【知足得安宁，贪心易招祸】 知道满足就会幸福安宁，贪得无厌容易招惹祸端。

【知足者常乐，能忍者自安】 知道满足的人常常快乐，能够忍让的人自然平静身安。 例句 “宝荣儿，你就息口气吧。常言道：‘～。’”（选自胡正言《海盗》）

【知足者常足，不知足者无足】 知道满足的人常常觉得是满足的，不知道满足的人就没有满足的时候。 出处 《抱朴子·知止》（节选）：“盖～也。常足者，福之所赴也；无足者，祸之所钟也。”

【知足者贫贱亦乐，不知足者富贵亦忧】 语出林逋《省心录》。知足的人即使处在贫贱的地位，也能从中寻找到自我满足的理由，因而幸福快乐；不知足的人即使处于富贵的地位，也能从中找到不如人的方面，因而忧虑难安。 例句 宋代人林逋《省心录》说：“～。”中国人总喜欢讲“知足常乐”的。知足是一种一厢情愿，“情愿”就快乐。（选自刘焕鲁《对快乐偶有所感》）

【织衣织裤，贵在开头；编筐编篓，重在收口】 指编织衣裤起头很重要，起不好头衣裤易走样；编筐编篓难在收口，口收不好筐篓就既不漂亮又不结实。 例句 人常说“～”，其实写文章也是如此，头难起，尾难落。

【蜘蛛张网，久雨必晴】 如见蜘蛛吐丝织网，阴雨天气将会转晴。

【执法必严，违法必究】 执法者在执法时必须要严格执行相应的法律法规，有人违法了必须要依法追究。 例句 有法可依，有法必依，~，是社会主义法治的基本要求，它们互相依存，互为保障，缺一不可。（选自王玉周《法治建设必须坚守好公正这条生命线》）

【执法不留情，留情法不容】 意思是执法不应该徇私情，徇私情就会受到法律追究。 例句 要求每个执法者“~”。法律谚语也给执法者敲响了警钟。（选自蔡晓明《法律谚语趣谈》）

【执法犯法，罪加一等】 执法人员犯法，是知法犯法，应加重处罚。

【直木先伐，甘井先竭】 笔直的树木先被砍伐，甘甜的井水先被汲尽。比喻才高能强反受其害，或好的事物难以长久。 出处 《庄子·山木》（节选）：“是故其行列不斥，而外人卒不得害，是以免于患。~。”

【直如弦，死道边；曲如钩，反封侯】 像弓弦一样正直的人，却不得善终；喜欢逢迎像钩子一样弯曲而没有做人标准的人，反而被封侯享受尊荣。嘲讽东汉末期的政治黑暗现象。 出处 范晔《后汉书》（节选）：“顺帝之末，京都童谣曰：‘~。’”

【植树造林，富国裕民】 植树造林是造福国家和人民的事。

【纸里包不住火，雪里埋不住人】 比喻真相迟早会暴露，不可能隐藏到底。 例句 好孩子，给你讲，“~”，谁办了什么坏事，瞒不住众人的眼睛。

【纸上得来终觉浅，绝知此事要躬行】 语出陆游《冬夜读书示子聿》一诗。意思是从书本上得到的知识终归是浅显的，要想认识事物的根本或道理的本质，就得用自己亲身的实践，去探索发现。 例句 中国古代思想家把知行合一作为立德立功立言“三不朽”的重要途径。陆游有诗，“~”，道出了只有在“躬行”实践中学习和运用知识，才能学有所成。（选自郑端端《做知行合一的“行动派”》）

【指冬瓜骂葫芦】 比喻表面上骂这个人，实际上却是骂另外的人。 例句 你说话说清楚，不要~，你看见我的猪吃了哪里的庄稼?

【指儿不养老，指地不打粮】 指：指望。指望儿子养活养不到老，指望田地打粮打不下粮。喻指平常所指望的常指望不上。 例句 “咱们就是得站啥山头唱啥歌啦!俗话说：~。……咱们不能死心眼，趁早找别的门路，要等到秋就晚了!”（选自毕方等《千重浪》）

【指甲剪得短，瘟病躲得远】 把指甲剪短一些，病菌无法隐藏，就会减少患病机会。

【指桑骂槐】 指着桑树骂槐树。比喻表面上说的是这个人，实

际上是在骂那个人。　例句　上课以前，她就饱听了一顿贝师母的冷言冷语的奚落，和～的咆哮。（选自茅盾《小圈圈里的人物》）

【指望你黄花菜都凉了】　等着你做件事，结果没指望上，错过了机会。　例句　我忘了妈妈让我去浇地的事了，天黑才回家，妈妈生气地说：“你啥事都不长心，～。”

【至长反短，至短反长】　意谓当白昼时间最长时，会开始变短；而当白昼时间最短时，会开始变长。这体现了物极必反的哲理，即任何事物达到极致，都会向相反的方向转变。和“物极必反，否极泰来”的意思相近。　出处　《吕氏春秋·似顺论》（节选）：“事多似倒而顺，多似顺而倒。有知顺之为倒、倒之为顺者，则可与言化矣。～，天之道也。”

【至诚则金石为开】　语出刘歆《西京杂记·第五》。至诚：极为诚恳，诚心诚意。心意极为诚恳那就能使金属石头那样的东西也为其打开。后用以比喻心意真诚就能化解久拖难解的矛盾。　例句　“女儿想，古人有言：‘～。’到了成亲之后，女儿仗着一片血诚，或者可以感格得过来，也未可定。”（选自吴趼人《恨海》）

【至乐无如读书，至要无如教子】　语出家颐《教子语》。至：极、最。无如：不如、比不上。世上最大的乐趣就是读书，世上最重要的事就是教育子女。　例句　古语有云：“～。”能把人生至乐与至要完美融合的，莫过于让阅读走进每个家庭，成为家风建设重要的一环。（选自陈晓燕《让阅读成就更好家风》）

【志不立，天下无可成之事】　语出王阳明《教条示龙场诸生》。不树立志向，世上就没有什么可以做成的事。　例句　“～。”理想信念动摇是最危险的动摇，理想信念滑坡是最危险的滑坡。一个政党的衰落，往往从理想信念的丧失或缺失开始。（选自习近平《在庆祝中国共产党成立95周年大会上的讲话》）

【志不强者智不达，言不信者行不果】　意志不坚强的，智慧一定不高；说话不讲信用的，行动也往往没有结果。　出处　《墨子·修身》（节选）：“～。据财不能以分人者，不足与友。守道不笃，偏物不博，辩是非不察者，不足与游。”

【志不求易，事不避难】　语出《后汉书·虞诩列传》。立志不求轻而易举就成功，做事绝不回避困难。　例句　有“～”的自觉，有抓铁有痕、踏石留印的韧劲，才能啃下硬骨头、打破利益藩篱。（选自李斌《实是责任，见证担当——为政莫忘“三严三实”》）

【志高品高，志下品下】　语出石成金《传家宝》。志向高尚，人品亦高尚；目光短浅，品行也低俗。说明一个人的志向与人品是密切相关、相互影响的。　例句　“～”。周总理从小立下“为中华之崛起而读书的”伟大志向，他一生的所作所为也证明了他是一位品德高尚的领导人。

【志合者，不以山海为远】 语出葛洪《抱朴子·外篇》。志同道合的人，即使隔山隔水也不觉得遥远。 例句 我们这几天所合力举办的经济与文化论坛也体现了“～”的特点。（选自施乃康《志合者，不以山海为远》）

【志之难也，不在胜人，在自胜也】 语出《韩非子·喻老》。志：心志，意志。自胜：战胜自己，指克制自己的欲望。人的意志的难点，不在于胜过别人，而在于能战胜自己。 例句 “～”，成长就是与自我的搏斗。（选自李洪兴《成长是与自我的搏斗》）

【治病要早，除患要狠】 指治疗疾病应在病情尚未严重时进行，消除祸患应在祸患尚未形成时迅速处理。 出处 陈寿《三国志·吴书·骆统传》（节选）：“官民政俗，日以雕弊，渐以陵迟，势不可久。夫治疾及其未笃，除患贵其未深，愿殿下少以万机馀闲，留神思省，补复荒虚，深图远计，育残馀之民，阜人财之用，参曜三光，等崇天地。”

【治大国若烹小鲜】 语出《道德经》。治理大的国家，像烹煎小鱼。烹煎小鱼，不宜轻易翻动，不然容易碎烂。老子认为，治理大的国家就跟这个差不多，不宜经常用政令扰民，应依道“无为”而治。 例句 中国古代的伟大思想家老子，在他博大精深的五千言中，留下了一句意蕴无穷的千古名句：“～”，我们试补一句：“正人心必循大道”，合在一起就是：治大国若烹小鲜，正人心必循大道。（选自李洪峰《治大国若烹小鲜 正人心必循大道》）

【治国有常，而利民为本】 语出《淮南子·氾论训》。治理国家有一定的基本准则，但以给民众带来好处为根本。 例句 中国古语说：“～。”秘鲁谚语说：“人民的声音就是上天的声音。”顺应人民群众对美好生活的向往，就要做到发展成果由人民共享。（选自习近平《在亚太经合组织工商领导人峰会上的演讲》）

【治国之道，爱民而已】 语出刘向《说苑·政理》。治理国家的方法，不过是爱护人民罢了。 例句 作为有着传统政治文明的古国，从儒家的“～”，到法家的“治民无常，唯法为治”，中国历代先贤始终对治国安邦之道孜孜以求。（选自李树《历史从来都未终结》）

【治乱世，用重刑】 意谓治理混乱的世道，必须施用严厉的法律。 出处 刘鹗《老残游记》（节选）：“那日东造到府署禀辞，与王公见面，无非勉励些‘～’的话头。”

【治一经，损一经】 经，指中医的经络。比喻考虑到了一方面，却又损害、影响了另一方面。 例句 “若有些机变，未免又～。”（选自曹雪芹《红楼梦》）

【致天下之治者在人才，成天下之才者在教化】 语出胡瑗《松滋县学记》。能够使国家繁荣稳定的在人才，而能够培育国家人才的在教化。 例句 “～。”干部是党的事业的骨干，培训是培养好干部的重要手段。（选自李明《培训要讲精准化》）

【鸷鸟将击，卑飞敛翼】 鸷鸟：指凶猛的鸟。猛禽将要捕获猎物，会收敛翅膀，飞得很低。喻指欲擒故纵，待机而后发。 出处 《六韬·发启》（节选）：“～；猛兽将搏，弭耳俯伏。”

【智过禽获得禽，智过兽获得兽】 只有智谋比禽兽高才能捉住禽兽。意谓谋略只有高过对手才可以打败对手。 例句 俗话说：“～。”你只有比对手聪明，才有可能战胜对手。

【智养千口，力养一身】 靠智慧可以养活许多人，靠力气只能养活自己。旧指靠力气很难养家。也作“智养千口，力养一人”。 例句 古语道：～。我没什么文化，靠力气吃饭，娶妻生子，怕养不活哩。

【智者不失人，也不失言】 一个智者在与人交往时，会懂得何时开口何时沉默，既不会错过与重要人物交流的机会，也不会因为不当言语而影响到自己的形象。 出处 《论语·卫灵公》（节选）：“子曰：‘可与言而不与之言，失人；不可与言而与之言，失言。知者不失人，亦不失言。’”

【智者不为非其事，廉者不求非其有】 语出《韩诗外传》。聪明的人不做不该他干的事，清廉的人不追求不该他拥有的东西。 例句 党员领导干部要将个人欲望控制在合理范畴，以“～”为底线要求，以毫不利己、专门利人为高线标准，努力使自己成为“一个高尚的人，一个纯粹的人，一个有道德的人，一个脱离了低级趣味的人，一个有益于人民的人”。（选自胡俊《在“修”上下苦功》）

【智者千虑，必有一失；愚者千虑，必有一得】 聪明人虽反复考虑，也会出现个别失误；愚钝的人许多考虑中，总会有一些可取之处。 例句 “臣闻～。故曰‘狂夫之言，圣人择焉’。顾恐臣计未必足用，愿效愚忠。”（选自司马迁《史记·淮阴侯列传》）

【智者求己，愚者求人】 聪明的人不会把希望寄托在别人身上，凡事靠自己，让命运掌握在自己手中；愚钝的人凡事都是求别人帮忙，让命运掌握在别人手中。

【置之死地而后快】 把人整死才开心。形容心肠狠毒。 出处 宋·苏舜钦《答韩持国书》（节选）：“被废之后，喧然未已，更欲置之死地然后为快。”

【中看不中用】 指华而不实的人或事物，徒有其表，没什么用处。 例句 “我也不要置办那～的东西。”（选自凌叔华《杨妈》）

【忠臣不怕死，怕死不忠臣】 指忠心报国的臣子不会怕死。 出处 元·杨梓《豫让吞炭》（节选）："折末尸骸横百段，热血污黄尘。～。"

【忠臣孝子人人敬，佞党奸贼留骂名】 意谓忠臣孝子受人尊敬，佞党奸贼永远被人唾骂。 例句 "常言道：'～。'你本是忠臣之子，将门之后，我怎能袖手旁观、见死不救呢！"（选自郝艳芳《小将胡延庆》）

【忠孝不能两全】 指报效国家和孝敬父母往往不能兼顾。 例句 古人虽有～的说法，但是，只要每一个人在家庭中尽到孝亲、在社会上尽到忠诚的职责，两者就可以得到统一。因为这是家风最为基本的要求。（选自戴兆国《新时代的国风与家风》）

【终身为善不足，一旦为恶有余】 一辈子做好事都嫌不够，任何时候做坏事都嫌太多。 出处 何坦《西畴老人常言·律己》（节选）："欲为君子，非积行累善，莫之能致。一念私邪，一事悖戾，立见其为小人。故曰：'～。'"

【钟不敲不鸣，人不学不灵】 就像钟不敲就不会响一样，人不学习就不会机敏。指人只有通过学习，才能变得有才智。

【种子年年选，产量节节高】 为庄稼选种不能一劳永逸，只有通过年年选种，才能保持品种的优良性，产量才会年年增加。

【种子消毒净，庄稼不闹病】 种地之前，给种子杀菌消毒，庄稼就会少些病虫害。

【种不种在人，收不收在天】 这句话说出了农耕时代靠天吃饭农民的无奈：人再勤劳，自然条件不给力，也收不好。

【种地不好误一春，教子不好误终身】 庄稼种不好只耽误一个季节，没教育好子女就会耽误一辈子。

【种地不上粪，等于瞎胡混】 指给庄稼施肥是非常重要的。也作"种地不施粪，等于瞎胡混"。

【种地没巧，肥多就好】 种地没有取巧的方法，只要多施肥就能收好。

【种谷为吃米，爱人如爱己】 种谷子就是为了吃小米，爱别人如同爱自己一样。比喻目标明确、实心实意。 例句 俗语云"～"，你尊重别人，别人才尊重你。

【种瓜得瓜，种豆得豆】 原为佛教语，比喻因果报应关系。后比喻做了什么事，得到什么样的结果。同"种麻得麻，种豆得豆"。 例句 俗语说的"～"，其实质是对现实与未来之间关系的揭示，中国人秉承的"忠厚传家久，诗书继世长"就由此来。（选自许嘉璐《中华文化的根在农耕文化》）

【种了别人的田，荒了自己的地】 比喻管别人的事，却耽误了自己该做的事情。 例句 有的纪检监

察干部乐于从事其他业务，党风廉政建设反成了副业，~。（选自赵艳生《落实“两个责任”应把纪委打造成“体外监督”》）

【种李不生桃，栽树不结瓢】 比喻没有付出相应的努力，就得不到预想的结果。和“种瓜得瓜，种豆得豆”，可以看作是从正反两个方面阐释了因与果的关系。

【种上蒺藜就扎脚】 比喻恶有恶报。 例句 俗话说得好，“~”，你天天在村里偷鸡摸狗，也怪不得这会儿没人帮你！

【种树养鱼百倍利】 旧时种树只需投入树苗的成本，养鱼只是投些青草，投入少，所以利润高。

【种田不离田头，读书不离案头】 庄稼人要常在田里劳动，读书人要常在桌前攻读。泛指干哪行就得在哪行上下工夫，勤奋敬业。也作“读书不离案头，种田不离田头”“种田弗离田头，读书弗离案头”。 出处 范寅《越谚》（节选）：“‘~。’业精于勤。”

【种田选好种，等于多几垄】 垄（lǒng）：成行种植农作物的土埂。指种田选良种，庄稼可以大大增产，相当于多种了几垄地。

【种田有了牛，丰收不用愁】 旧时牛是农民耕种土地的好帮手，家里有牛，种地就很得力，粮食丰收就多了一份希望。

【种在犁上，收在锄上】 播种的时候，耕地很重要；要想收获好，苗得管理好，而锄地就是一个重要环节。

【种早不荒，起早不忙】 早播种，地就荒不了；早起床，有充分的时间，就不会忙乱。比喻做什么工作都应当争取主动，赶在时间的前头，早做准备。 例句 俗话说“~”。人生也是如此。恋爱、结婚、生子，到了哪个年龄段就应该做哪个年龄段的事。

【种庄稼有淹有旱，做买卖有赔有赚】 比喻做任何事情都有不可预知的情况发生，得有思想准备。

【众人的智慧多，懒汉的忧愁多】 众人凑到一块儿，都能贡献智慧，共同解决问题；而懒汉们在一块却总是怨天尤人。

【众人皆以奢靡为荣，吾心独以俭素为美】 语出司马光《训俭示康》。多数人都把奢侈靡费当作荣耀，我心里却只把节俭朴素作为美德。 例句 北宋司马光云：“~。”清人朱柏庐说：“一粥一饭，当思来处不易；半丝半缕，恒念物力维艰。”治国如理家，官清则民俭，吏廉则风淳，勤俭节约于国于家都是大有裨益的。（选自赵银芳《历览前贤国与家，成由勤俭破由奢》）

【众人里面有圣贤，土石里面有金银】 意谓在看似普通的人或事物里，也有杰出的人和珍贵的东西。关键在是否具有慧眼。

【众人拾柴火焰高】 众多人都往燃烧的火里添柴，火焰就必然很高。比喻人多力量大。也作“众人捧柴火焰高”。同“众人拾柴火焰高，团结起来力量大”。 例句 “‘～’，只要群众发动起来了，搬山山倒，填海海平。”（选自姜树茂《渔岛怒潮》）

【众人是杆秤】 比喻大家的评判最公正准确。同“众眼是杆秤，斤两自分明”。 例句 你也不用把自己说得那么好，“～”，你是什么样的人，大家心里清楚得很。

【众人是圣人】 圣人：旧时称智慧出众、品德高尚的人。指人多智广、谋略高。 例句 “咱们这些老实人，都没有多经过事，办起事来似乎有点困难，不过～，遇事多开会多讨论，什么困难都挡不住咱们，因为大家出主意，容易公正，总比过去那些凭着个人小聪明办事公道得多。”（选自赵树理《穷苦人要学当家》）

【众人眼里有杆秤】 比喻群众能够明辨是非曲直。 例句 “无风不起浪，没根不长树，～嘛！”（选自姜树茂《渔港之春》）

【众人一条心，黄土变成金】 比喻大家团结，就能创造奇迹。也作“大家一条心，黄土变成金”。 例句 在党员的带领下，大家不约而同、默默地加入开山挖土的行列。～。3个月后，昔日坑洼狭窄的泥泞村道，便变成了平坦大道。

【重赏之下，必有勇夫】 语出王实甫《西厢记》。指在优厚的奖赏之下，一定会有勇敢的人去干艰险的事。 例句 国民党反动派错误地认为：“～”，为贪图丰厚的赏金，自然会有人主动地给他们送来董必武的人头。殊不知，在几天之后，董必武被人巧妙地送上了一艘由汉口太古码头开往上海的英国轮船“安庆号”，从而平安地脱离了虎口。（选自陈志刚《董必武脱险记》）

【周郎妙计高天下，损了夫人又折兵】 罗贯中《三国演义》虚构的故事情节。说的是周瑜为了除掉刘备，假意将孙权的妹妹许配给刘备，不料诸葛亮设计接走了刘备及孙权的妹妹，弄假成真。情急之下，周瑜派兵追击，结果人没追上，还遭到伏击，大败而归。讥讽计策出得十分糟糕，想占便宜反受了严重损失。也作“周郎妙计安天下，损了夫人又折兵”。 例句 只因刘璞病势愈重，恐防不妥，单要哄媳妇到了家里，便是买卖了。故此将错就错，更不争长竞短。那知孙寡妇已先参透机关，将个假货送来，刘妈妈反做了：～。（选自冯梦龙《醒世恒言·乔太守乱点鸳鸯谱》）

【周虽旧邦，其命维新】 语出《诗经·文王》。周：指周王朝。维新：指变旧法，行新政。周虽然是旧的邦国，但其使命在革新。 例句 “～”，“苟日新，日日新，又日新”，这些人们熟悉的经典名句，表明中华传统文化自古就具有海纳百川、自我更新的传统。（选自张伯硕《从优秀传统文化中汲取丰富

营养》）

【妯娌意和家不散】 妯娌之间和和睦睦，大家庭就不会分开。

【昼雾阴，晚雾晴】 白天有雾是阴天，晚上有雾第二天是晴天。

【朱门酒肉臭，路有冻死骨】 语出杜甫《自京赴奉先咏怀五百字》一诗。朱门：古代王侯贵族的府第大门漆成红色，以示尊贵，后泛指富贵人家。臭（xiù）：气味。贵族人家的红漆大门里散发出酒肉的香味，而路边却有百姓因冻饿而死暴露于野的骸骨。反映的是社会分配不公现象。例句 哪一个国家都有富人，也都有穷人，人有穷富不可怕，怕的是一个社会财富不是公平、合理地分配，也就是～。（选自乔磊《中美两国的富人有什么不同》）

【猪鼻子插葱，装象】 “装象”谐音“装相”。比喻装模作样，假装自己有某种优点或特征的人。 例句 他在七大上号召，“要讲真话，不偷、不装、不吹。”“不偷”，就是不要把别人的东西当作自己的东西，不要把马克思的东西偷作自己的东西。这是批王明的。“不装”，就是不要弄虚作假，不要“～”。（选自曹应旺《人民性 求是性 包容性 坚韧性——毛泽东的四大崇高品德》）

【猪多肥多粮多肉多】 形容养猪可以产生诸多效益。

【猪来穷，狗来富，猫来头上顶白布】 白布：指丧服。这是一种迷信的说法。通过动物的象征来表达家庭财富和命运的变化，其中猪代表贫穷，狗代表富裕，而猫则代表不吉利和危险。

【猪圈里跑不出千里马，花盆里栽不成万年松】 比喻培养人才，先要有合适人才成长的环境条件。 例句 孩子的想法是对的，就应该到外面的大世界闯荡闯荡，在咱这小山沟里能有什么出息？“～”。

【猪肉羊肉不能一锅煮，白菜萝卜不能一刀切】 比喻不是同一性质或类型的问题，不能放在一起解决。例句 俗话说“～”，解决孩子的矛盾也是如此，我们要因人而异，不能总用老方法。

【猪向前拱，鸡往后刨】 比喻各有各的路子、办法。 例句 你也不能说他说的一点道理没有，“～”，各有各的招儿，兴许他的办法管用呢。

【竹篮打水一场空】 用竹篮去打水，结果一点水也打不上来。比喻白费力气，徒劳无功。侧重于用的方法不合适。 例句 如果“只开花，不结果”，再多的“苦劳”也难成“功劳”，也只是辛辛苦苦的官僚主义，“～”，忙而无益。（选自郑端端《“辛辛苦苦的官僚主义”要不得》）

【竹篱茅舍风光好，道院僧堂终不如】 喻指俗世的平凡生活就很好，是苦苦追求虚幻幸福的道士僧人比不上的。 出处 《增广贤文》

（节选）：“～。命里有时终须有，命里无时莫强求。”

【竹子再高不比天，河水再清不比泉】 喻指天赋不同，没有可比性；或不可拿自己的短处和别人的长处比。

【主将无能，累死千军】 指作战用兵，如果主将没有指挥才能，累死千军也不能取胜。喻指领导者缺乏能力，手下人跟着受累。 例句 俗话说“～”，无论是一个地方，一个部门，还是一个单位，大家总希望把有谋略有能力的人选作领导。

【主雅客来勤】 主人雅致有礼，客人自然就来得勤了。可作为客人对主人的赞语或对自己频繁叨扰的解嘲语。 例句 湘云笑道：“～，自然你有些警他的好处，他才只要会你。”（选自曹雪芹《红楼梦》）

【煮饭要放米，说话要讲理】 就像有米才能煮成饭一样，有理才能说服人。同“做饭要有米，说话要在理”。 例句 “‘～。’你挣着公家的钱，不愁吃不愁穿，干啥子来唬我们穷人老百姓？”（选自莫伸《生命在凝聚·三岔镇风波》）

【住宅不要三条腿，麻烦事多难富贵】 “三条腿”是指院子的形状。过去建房，有时因土地面积不够，就会修成只有三个角的院子。风水学认为，院落内外方方正正才好，如果只有“三条腿”，就认为不吉利。当然，这是一种迷信的说法。不过从环境和美学的角度看，这样的居住环境也的确让人感到不舒服。

【贮水防旱，积谷防荒】 储存些水能防止干旱，积存些谷物可以防备灾荒。提示人们应有防患意识和准备。

【抓鱼要掐鳃，捉蛇要攥头】 比喻说人在理或切中要害，才能使人信服。 例句 “‘～。’说人呢，要有根据吧！”（选自张健人《魔谷》）

【抓鱼要下水，伐木要入林】 强调了实践活动的重要性，只有亲自投入到实际环境中，才能有所收获。 例句 “～”。我们要想掌握敌军的情报，必须深入虎穴，抵近侦察。

【专找软柿子捏】 指专找那些性格软弱、容易被欺负的人来利用或欺负。同“专挑软柿子捏”“专拣软柿子捏”。 例句 有的领导干部不在难上用功，只在易处下手，～，难以服众。

【赚钱看客厅，存钱看卧室】 风水学的一种说法。指家里的财气、运势和家居布局有一定的关系。

【庄稼不管难丰收，孩子不管栽跟头】 指就像庄稼不管理就难以丰收一样，孩子不加管教，就难有出息。同“庄稼不管要歉收，小孩不教栽跟头”。

【庄稼不让时，船家不让风】 种庄稼不能错过好时机，驾船不能错过好风向。指机会不等人，错过就会误事。

【庄稼不认爹和娘，功夫到了自然强】 形容庄稼不管是什么人在种，管理的功夫下到了，自然就会产量高。

【庄稼不收年年种】 过去种庄稼因自然灾害会造成绝收的情况，但只要每年坚持种，就总会有收成好的年份。体现了农民的坚韧。可用以鼓励人们在面对困难时，不要放弃，继续努力，总有一天会迎来转机。 例句 这次失败了并不说明什么，“～”，我们总结一下，吸取教训，从头再来！

【庄稼怕旱，干活怕站】 庄稼害怕干旱，干活害怕总是停下来站着。指做事要坚持不懈，不能停停歇歇。

【庄稼怕天旱，做事怕蛮干】 庄稼怕天气干旱，做事怕不动脑子胡干。强调做事要动脑，用巧劲，不能蛮干。

【庄稼是别人的好，孩子是自己的好】 指农民大多都羡慕他人的庄稼，偏爱自己的孩子。 例句 因为传宗接代是人类的原始本能，不管自己终生荣辱，总喜欢能有出人头地的后代，“～”，死后有个理想的接棒人，也是人的幸福。（选自林语堂《知足常乐》）

【庄稼要好，犁深肥饱】 强调深耕细作、水满肥足对农作物生长的重要性。另也有“庄稼要好，水肥要饱”的说法。

【庄稼一枝花，全靠肥当家】 指肥料对农作物的生长至关重要。

【装病装恙，喝点面汤儿】 经济条件差的年月，小孩子装病，可以得到特殊待遇，混上一顿稀汤面吃。因为一般的小病，喝面汤出出汗能减轻症状。

【捉不完的虱子，拿不完的贼】 意谓旧时民不聊生，到处有土匪盗贼。也喻指坏人永远除不干净。 例句 “～”。我国法制再完善，也总有胆大妄为之人。

【捉贼要赃，捉奸要双】 赃：赃物；奸：通奸。谓捉贼要有赃证，捉奸要同时抓住奸夫淫妇。比喻问罪或定人罪名须有真凭实据。同“捉奸捉双，捉贼捉赃”。 例句 她一进门就说：“村长，～，当了妇救会主席就不说理了？”（选自赵树理《小二黑结婚》）

【浊富不如清贫】 指用不正当手段致富，不如洁身自好，固守清贫。 例句 “自古‘～’。我夫子也曾说过：‘富贵贫贱皆须以道得之。’这‘贫富’二字原是市井小人的见识，岂是君子谈得的？”（选自文康《儿女英雄传》）

【啄木鸟掉到水缸里，毛湿了嘴还硬】 歇后语。比喻人身陷困境，但说话的口气仍很强硬。从正的方面理解，是倔强不服输；从反的方面理解，是已经输了嘴上还不认。 例句 你小子都到这份上了，还硬撑。真是～！

【子以母贵，母以子贵】 语出《春秋公羊传·隐公元年》。儿子因母亲尊贵而尊贵，母亲因儿子尊贵而尊贵。这是封建时代“立嫡立长”宗法继承制下的一种普遍现象。 例句 “‘～’，今太子母无号，宜立为皇后。”（选自司马迁《史记·外戚世家》）

【籽种选得好，粮食产量高】 挑选优良的种子，能够使庄稼获得较高的产量。

【自古红颜多薄命】 指旧时的美貌女子往往遭受厄运。 例句 这个人居然能够与“诗圣”杜甫平分秋色，其才情可见一斑。然而，～，她的命运也相当坎坷。她，就是唐代著名女诗人薛涛。（选自王爱军《薛涛，才倾唐朝的女诗人》）

【自古华山一条路】 华山山势险峻，只有一条路可以登上顶峰。比喻只有一种办法可以达到目的。 例句 中国改革开放的成功实践向世界表明，发展中国家实现快速发展的道路不是“～”，只要各国结合自己的国情找准正确的发展方向、孜孜以求，最终条条大路都可通罗马，实现本国人民的发展意愿。（选自杨宜勇《中国改革开放缘何令世界瞩目》）

【自古兴亡不由人】 指自古以来国家的兴盛与衰亡不由个人的意志所决定。 例句 “～！”叶挺发出电报之后，从指挥部里走出来，他所流露出来的消沉和绝望是异常深刻的。（选自黎汝清《皖南事变》）

【自古英雄爱美人】 历史上才能出众或英勇过人的男人多爱美色。例句 汪贵堂笑起来，小眼眯得成了两条缝：“～，这也难怪!”（选自陈立德《前驱》）

【自古英雄出少年】 指从古至今，许多英雄人物都是在年轻时期就展现出了非凡的才能和成就。 例句 少年有志，国家有望。“～”的成长奥秘，蕴藏在拳拳爱国情、殷殷报国志的信念里，凝练在“有志向、有梦想，爱学习、爱劳动，懂感恩、懂友善，敢创新、敢奋斗”的行动中。（选自盛玉雷《立志为强国建设、民族复兴而读书》）

【自恨枝无叶，莫怨太阳偏】 树应该遗憾自己的枝头长不出叶子，而不是去埋怨太阳偏心眼。可喻指不要只抱怨客观条件，要从自身找原因。 出处 《增广贤文》（节选）：“～。大家都是命，半点不由人。”

【自己的东西是宝，别人的东西是草】 形容一种自私狭隘的心态。把自己的东西像宝贝一样珍惜，把别人的东西像草一样不当回事。

【自己的耙子上柴禾】 耙子：一种上端有长柄，下端有铁齿、木齿或竹齿，能聚拢和疏散柴草、谷物或平整土地的农具。只有自己用耙子去搂，才能收柴禾，用来烧火改善自家的生活。比喻只有自己有本事，努力争取，才能有美好的生活；又喻靠人不如靠己，自己的事情自己做。

【自己有病自己知】 自己有什么病，自己明白，比喻自己的事自己心里最清楚。 出处 明·范受益《寻亲记》(节选):"心病还将心药医,自家有病自家知。"

【自家的孩子自家抱,自己的戏法自己玩】 比喻自己的事情要自己去做,不能依靠别人。 例句 "~",你自家的二亩地要等着谁去给你种?

【自家有病自家知】 语出明·范受益《寻亲记》。自己有什么病,自己明白。比喻自己的事自己心里最清楚。 例句 虽然有人数我为"无病呻吟"党之一,但我以为~,旁人大概是不很能够明白底细的。(选自鲁迅《坟·从胡须说到牙齿》)

【自夸没人爱,残花没人戴】 总爱夸耀自己的人没有人喜欢,就像开败的花不会有人喜欢戴一样。强调了谦虚的重要性,人适度的自信是必要的,但自夸则会让人反感,从而失去他人的支持和认可

【自欺欺人】 既欺骗自己,也欺骗别人。常用以形容不肯面对事实。 例句 宋儒要说好德不好色,非自欺而何?~,不诚极矣!(选自刘鹗《老残游记》)

【自私自利人人憎,大公无私人人敬】 只考虑自身私利的人,人人都厌恶他;办事公正、没有私心的人,人人都尊敬他。 例句 俗话说"~",你心存人民、为民谋福,人民就会从心底里敬重你。

【自幼好习武,到老壮如虎】 从小喜欢练习武术,到了老年还会像老虎一样强壮。指经常锻炼有益身体健康。

【自在不成人,成人不自在】 成人:成为有才能、有作为或有体面的人。自在:安逸舒适,不受约束。贪图安逸自在就不能成为有出息的人,想要成为有出息的人,就不能贪图自在。 出处 宋·罗大经《鹤林玉露》(节选):"谚云:'~。'此言虽浅,然实切至之论,千万勉之!"

【自知者明,自强者胜】 能了解自己弱点的人,是明白自己心性的表现;奋发图强的人,会成为强者。 出处 《道德经》(节选):"知人者智,自知者明。胜人者有力,自胜者强。"

【自作聪明】 自以为聪明而乱作主张。指过高地估计自己,主观地办事。 例句 工作中,应该多听取各方面的意见,不可~,主观性地处理问题。

【自作自受】 意思是自己做了蠢事或坏事后带来的不良后果,自己承担。 例句 "他这会子不说保养着些,还要捉弄人;明儿病了,叫他~。"(选自曹雪芹《红楼梦》)

【字要习,马要骑,算子要拨拉,拳脚要踢打】 字要经常写,马要经常骑,算盘要经常拨打运用,拳脚要经常练习。指技艺的精熟在于经常练习。

【纵虎归山,后患无穷】 意谓放掉强敌,后患无穷。 出处 李苏

鸣《熟语中的白旄黄钺——谈汉语言文字中的军事文化痕迹》（节选）：“有些军事熟语反映了战争事理，例如：……～；以逸待劳，有备无患；宁教备而不遇，不教遇而不备；弱敌不可轻，强敌不可畏，等等。”

【纵有凌云志，不学不成事】 一个人即使有远大的理想，不勤奋学习也不会成就大事。 例句 你有远大志向是好的，但关键是要通过学习把志向变为现实，～。

【纵子如纵虎】 指放纵子女不教育，就像放纵老虎一样可怕。 例句 俗话说：“～。”李明甫夫妻从爱子到杀子而致自己身陷囹圄，这其中的教训是深刻的。（选自赵彩东陈驰《歧路警言》）

【走百家门，吃百家饭】 对旧时农村手艺人的一种说法。旧时木工、瓦工等手艺人，做的都是日工，为谁家做工，就在谁家吃饭。

【走不尽的路，读不完的书】 指学无止境。也作“读不尽的书，走不完的路”。

【走不完的路，知不完的理】 路没有走完的时候，读书识理也没有穷尽。强调人类对知识和理念的追求没有止境。

【走道唱小曲，必定心里乐】 一边走路，一边哼着歌，心里一定有高兴的事。

【走道的摽不过看瓜的】 摽：指互不相让。走道的人有自己的事情，与看瓜的人在路上发生争执，互不相让，最终还是走路的要妥协。意谓有事的人和空闲的人耗不起。 例句 看人家钓鱼你也去，你跟人家比啥呀？“～”，人家休礼拜有工资，你有啊？！

【走东家串西家，串门子数板子】 形容人游手好闲，到处溜达、说闲话。

【走路不怕上高山，撑船不怕过险滩】 喻指无论做什么事都要勇于面对前进道路上的艰险挑战。 例句 脱贫攻坚工作肯定还会面临不少困难，但“～”，只要我们坚定信念，扎实推进各项措施的落实，就一定会按时完成目标。

【走路不用问，小道就比大道近】 指抄小路一般比走大路近。

【走路怕暴雨，说话怕输理】 走路下暴雨会淋坏身子，说话没道理会没有底气。

【走马观花看花红】 骑着马看花只看到一片红。比喻了解事物不深入，就只能看到表象。 例句 检查团的人连车也没下，不知道能检查个什么，“～”罢了。

【走哪山砍哪柴】 走到了哪座山，就砍哪座山上的柴。喻指根据当前的情况和环境来决定行动方案。 例句 具体怎么做，现在还没法定。“～”，等到了现场看情况再做决定。

【走三家不如坐一家】 指与其没把握地到多家求助，不如有把握地在一家求助。也作“走千家不如坐

一家”。 例句 龙王道：“烦上仙再转一海，或者有之。”悟空又道：“～。千万告求一件。”（选自吴承恩《西游记》）

【足不强则迹不远，锋不铦则割不深】 语出王充《论衡·超奇》。铦（xiān）：锋利。脚力不强劲，那么行迹就不会远；刀刃不锋利，那么切割就不会深。喻指有扎实的功底，过硬的本领，干起事业才能行稳致远。 例句 ～。调研是防止党员干部脱离群众的有效手段，而科学规划是保证调研效果的有力抓手，以科学规划促调研，才能让调研更加高效更加深入，让决策更具有公信力。（选自史明辉《以科学规划促调研》）

【足寒伤心，民寒伤国】 语出荀悦《申鉴·政体》。脚部寒冷会伤及五脏六腑，民众“寒冷”会伤及国家。中医认为，人的五脏六腑在脚底都有相应的反射区，人有脚就像树有根。而国以民为本，就像人有脚一样。中医有“寒从脚起，火自头生”之说，因此特别重视脚部的保暖，脚不受寒就等于保护了人的内脏不受寒邪入侵。同样，民众是国家的根本，保护民众不受饥寒，也就等于保护了国家的长治久安。 例句 “～。”我们既为11亿人脱贫而深受鼓舞，也为8亿多人仍然在挨饿而深为担忧。实现全球减贫目标依然任重道远。（选自习近平《在2015减贫与发展高层论坛的主旨演讲》）

【祖坟上冒青烟】 指走时运有了大好事。有时也语含讽刺。也作“祖坟冒青烟”“坟地里冒青烟”。 例句 他们本属普通公民，许多人起于贫微，然而一路走来，成为各级领导干部，如果按照他们后来的逻辑，这岂不是自己“～”？然而，他们修建豪华墓地，在墓地周围修亭台、建阁宇、种名木名草名花，岂不是让风水更上层楼？他们的落马，显然证实了这一切都是虚妄。（选自廖德凯《领导干部该求谁的“护佑”》）

【钻过头去不顾腚】 形容考虑事情不周到，或者做事不能善始善终。同“钻脑袋不顾屁股”。 出处 曹雪芹《红楼梦》（节选）：“有了钱就顾头不顾尾，没了钱就瞎生气，成个什么男子汉大丈夫呢!”

【嘴撅得能拴驴】 形容人生气的样子。 例句 你看他，～，跟受了多大委屈似的。

【嘴里含着热茄子】 形容人说话有顾虑吐音含糊不清。 例句 你说话～似的，谁听得懂啊?

【嘴皮子磨破】 形容说了很多话，费了很大劲。也作“磨破嘴皮子”。 例句 我～才把合同签下来。

【嘴上没把门的】 形容人嘴不严，管不住自己的嘴，说话不加考虑。同“嘴上缺个把门的”“嘴上少个把门的”。 例句 他知道兰香梅～，凡事让她知道了，一顿饭的工夫，她就能给张扬得全村人都知道。（选自聂海《靠山堡》）

【嘴上没毛，办事不牢】 毛，胡子。指年轻人经验少，办事不牢靠。 出处 李宝嘉《官场现形记》（节选）：“你们几位都是上了岁数的人，俗语说道，‘嘴上无毛，办事不牢’，像你诸位一定是靠得住，不会冤枉人的了？”

【嘴是两张皮，反说正说都是理】 讥讽或指责人善于狡辩，不管怎么说都有理。 例句 “～”，你一会儿说这事怪他，一会儿又说不怪他，听你哪句的？还有个是非没有？

【嘴说不如身到，耳听不如目睹】 指听到的不如亲眼见到、亲身经历的可靠。 出处 唐·辛替否《谏造金仙玉真二观疏》：“臣尝以为古之用度不时，爵赏不当，破家亡国者，口说不如身逢，耳闻不如眼见。臣请以有唐以来，理国之得失，陛下之所眼见者以言之，惟陛下审之听之，择善而从之，则万岁之业，自可致矣。”

【嘴歪眼斜心不正】 指嘴巴不正、眼神斜视的人，多心术不正。

【最坏的车轮响声最大，好叫的猫逮不住老鼠】 比喻爱夸耀自己或夸夸其谈的人往往没有真本领。 例句 别听他成天五吹六拉地瞎吵吵，啥事也弄不成，“～”。

【醉死不认那四两（二两）酒钱】 比喻人顽固抵赖，在事实面前仍矢口否认。 例句 视频摆在这里铁证如山，你还嘴硬不承认，真是“～”。

【醉翁之意不在酒】 语出欧阳修《醉翁亭记》。原意是作者的真意不在喝酒，而在于欣赏山里的风景。后用来表示本意不在此而在别的方面，或别有用心。 例句 “一向温文尔雅的文泽远，居然提出如此荒唐的要求，显然～。”（选自徐贵祥《历史的天空》）

【昨日花开今日谢，百年人有万年心】 人生如花开花谢般短暂，百年之身却思虑万年之事。谓人应珍惜当下，不必徒增烦恼。

【左眼皮跳灾，右眼皮跳财】 民间认为眼皮跳有兆头：左眼跳预示有灾难，右眼跳预示有财源。不同地方还有不同说法，如“左眼跳财，右眼跳祸”“左眼跳财，右眼跳灾”，意思相互矛盾，可见没有准头。

【作憋子】 方言。指遇到困难，陷入困境。 例句 总是大手大脚，有一个花俩的张致，事到临头“～”了吧！

【作德，心逸日休；作伪，心劳日拙】 语出《尚书·周书·周官》。逸：安逸，清静。休：美好。拙：倒霉。培养美德，心安神静，且一天天显示出美好；弄虚作假，劳心费神，且境遇一天比一天糟糕。 例句 古人云，～。“谋人”固然能获得一时之利，长期来看必然“心劳日拙”。因为不干事，自然虚谈废务、能力不足；因为拉关系，不免心浮气躁、患得患失，惶惶不可终日。（选自李拯《摒弃“谋人不谋事”的功利

心态》）

【作恶恐遭天地责，欺心犹怕鬼神知】 意谓干坏事天地不容，昧良心做坏事早晚要遭报应。 出处 冯梦龙《喻世明言·沈小官一鸟害七命》（节选）：“张公接过银子看一看，将来放在荷包里，将画眉与了客人，别了便走。口里道：‘发脱得这祸根，也是好事了。’不上街做生理，一直奔回家去，心中也自有些不爽利。正是：～。”

【作福不如避罪】 在佛祖前做功德求福，不如不干犯法的事。 例句 石秀却在侧边看了，也自冷笑道：“似此有甚功德，正谓之‘～’。”（选自施耐庵《水浒传》）

【作善降之百祥，作不善降之百殃】 语出《尚书·商书·伊训》。做善事上天会赐予种种吉祥，做恶事上天会降下种种祸殃。即俗语“善有善报，恶有恶报”的意思。 例句 君子守道，所以长守其休，小人不常，所以自陷其咎。休咎之徵也，不亦明哉？《书》云：“～。”（选自马融《忠经·证应章》）

【作舍道旁，三年不成】 在路边盖房子，因听路人这样那样的议论拿不定主意，三年也不能建成。告诫我们无论做什么事，听取别人的意见是必要的，但自己一定要有主见。 出处 范晔《后汉书·曹褒传》（节选）：“谚言：～。会礼之家，名为聚讼，互生疑异，笔不得下。”

【作文不在辞句之工，而在性情之正】 写文章不在辞句的工巧，而在于品性感情的方正。 出处 王文禄《诗的》（节选）：“灯下看杜师而悟作文之法。盖～。”

【作者未必然，读者未必不然】 出自谭献《〈复堂词录〉序》：“作者之用心未必然，而读者之用心未必不然。”意思是说，作者在创作时未必有那样的意思，但读者在阅读时未必不会有那样的意思。说明了“文本”为个性化阅读提供了可能性和自由度。也作“作者未必然，读者何必不然”“作者之用心未必然，而读者之用心何必不然”等。 例句 阅读其实是“～”的自由创造，是可以超出作者的原意的。（选自胡健《尴尬的考题与作者的尴尬》）

【坐吃山空，立吃地陷】 懒坐不劳动，山也能吃空，地也能吃塌。指只享用不创业，只支出没收入，产业再大也有被耗尽的一天。 出处 元·秦简夫《东堂老》（节选）：“自从俺父亲亡过十年光景，只在家里死丕丕的闲坐，那钱物只有出去的，无有进来的，便好道～。”

【坐得船头稳，不怕浪来颠】 比喻只要自己做得正，就不怕别人诋毁、攻击。 例句 “他们有变我无变，～。”（选自李渔《玉搔头》）

【坐得正来立得正，哪怕和尚尼姑合板凳】 比喻行为正派，不怕他人议论。 出处 陈端生《再生缘》（节选）："有何难为情？这叫坐得正来行得正，哪怕和尚尼姑共板凳。"

【坐轿不知抬轿苦，饱汉不知饿汉饥】 坐轿的人不知抬轿人的辛苦，吃饱的人不知饥饿人的滋味。指生活条件优越的人不能理解生活处于困境中人的痛苦。也比喻局外人不知当事人的苦衷。同"坐轿不知抬轿苦，骑马不知步行迟"。 例句 这次公共交通调价听证会，消费者协会取消以私家车为日常交通工具的消费者代表资格，是十分理智的。因为"～"，不在其中，当然不解其中味。

【坐井观天只有一孔之见，登山望远方知天外有天】 井底的青蛙只能看到井口那么大的天，登上山的人才知道山外更有无穷无尽的境界。喻指眼界开阔了，才能了解更多。

【坐冷板凳】 比喻因不受重视而担任清闲的职务，或长期等候工作或长久地等待接见。 例句 "昨天慈圣召见，特别提到，说：'只要我一天管事，决不会让李某人～。'"（选自高阳《胭脂井》）

【坐山观虎斗】 比喻用旁观者的态度看待双方的争斗。 例句 凤姐虽恨秋桐，且喜借他先可发脱二姐，自己且抽头，用"借剑杀人"之法"～"。（选自曹雪芹《红楼梦》）

【坐也不是，站也不是】 形容心神不定或情绪激动，坐立不安。 例句 奶茶添满了，冬不拉拿来了。房间里满是人，我激动得～，翘首期待着第一句歌声的响起……（选自余玦《鹰背上的冬不拉》）

【做得矮人，才做得将军】 指应虚己让人，或能受得屈辱日后才能成大事。 例句 "现在，是争这眉高眼低的时候吗？'不蚀小本，求不来大利；～'。"（选自叶文玲《父母官》）

【做饭看锅边，种地看地边】 饭会不会做或女主人是不是利索，一看锅边的情况就知道了；地种得好不好或地主人是不是勤快人，看看地边就明白了。

【做个袄，辈辈好；做个裤，辈辈富】 女子做嫁妆时的祈愿歌谣，反映的是冀中地区的婚俗。意思是做件棉袄，祈愿结婚后每一代都好；做条裤子，祈愿每一代都富裕。

【做活不随东，累死也无功】 东：雇主、东家。干活时不听从东家的话，即使再累也是白干。指替人干事就要服从人家的主意。 出处 单田芳《燕王剑侠》（节选）："朝廷的事就是难办。可别忘了：'办事不由东，累死也无功。'还是听人家的好。"

【做活不由主，白落二百五】 二百五：傻瓜，多指鲁莽不懂事理的人。指给主人干活就得按主人的意愿去做，否则白受苦还落骂名。同"做活不随主，总算二百五"。 例句 （员外）不愿让人知道自己不懂，于是顺口搪塞一句："有笔有纸有砚，你自便。"画匠心想：这定是老爷抬举咱。常言说得好："～。"便说："小人不敢冒昧，还是请老爷定个谱吧！"（选自贾长栋《韩湘子画龙》）

【做活不做饭，唱戏不唱旦】 指众口难调，厨师难做；戏曲行当里，旦角难唱。

【做活看家当，说话看对象】 家当：家庭的经济财产；家产。干活、做事要依据家庭经济情况量力而行；说话要注意对方的身份，把握好分寸。

【做梦也想不到】 指绝对料想不到，出乎意外。 例句 她～，天下竟有跟她长相如此相像的人。

【做生意不懂行，好比瞎子碰南墙】 做生意不了解所从事行业的特点，就像盲人乱走会碰壁一样，遭遇挫折或失败。

【做生意三件宝：人和、门面、信誉好】 意思是待人和气、门面地段好、货品信誉好，是做好生意的三要素。

【做事不用脑，本事长不了】 做事如果不动脑筋，本领技能就不会有长进。

【做事循天理，出言顺人心】 天理：指自然规律和社会伦理。做事情要符合自然规律和社会伦理，说话要顺应人心所向。 出处 《文昌帝君阴骘文》（节选）："垂训以格人非，捐资以成人美。作事须循天理，出言要顺人心。"

【做事要实际，语言要谨慎】 指做事、说话应遵循的原则：做事要实事求是，说话要谨慎出口。

【做事要稳，改错要狠】 做事要稳重，改错的态度要坚决。也作"做事要稳，改过要狠"。

【做事要在理，煮饭要有米】 指做事必须合乎常理，就像做饭必须有米一样。 例句 "古话讲得好：～。我没这样壮的牛，就卖得你那样的钱么？"（选自克非《春潮急》）

【做一行，怨一行，到老不在行】 干哪一行便不喜欢哪行，心生抱怨，那就到老也不能精通这一行。也就是说，干一行，爱一行，才能专一行。

【做一件好事，增十年阳寿】 阳寿：指人活在世间的寿命。这句话劝告人们要多做善事。

【做一天和尚撞一天钟】 过一天算一天，凑合着混日子。比喻遇事敷衍，得过且过；也有无可奈何，勉强从事的意思。 例句 办事不认真，无一定计划，无一定方向，敷衍了事，得过且过，～。这是第九种。（选自毛泽东《反对自由主义》）

【做在前边，吃在后边】 旧时家中来客人时，家中主妇要忙前忙后地做饭，等吃饭时却要躲在厨房，不能上桌。后也比喻吃苦在前、享受在后的品质。

【做贼的见不得月黑头儿】 见

不得：这里指不能遇见（遇见就有想法）。月黑头儿：阴历每月二十日以后，入晚无月，北方人习称为“月黑头儿”；泛指没有月光的黑夜。这句话是说，盗贼不会放过没有月光的黑夜，会趁机行窃。后喻指干坏事的不会放过任何一个机会。 例句 “～”，这几天巡夜的要格外当心点。

【做贼心虚，贼人觉虚】 指做了坏事怕人发觉，心神不安，睡不好觉。

后 记

自组织相关人员搜集整理，到今日成书，已历经两年有余。这些编辑人员大都是在职且热心公益慈善事业的学有专长者。他们利用业余时间，不辞辛劳，走访、查阅，精心释解，才成就此书。在此，向他们的辛勤付出表示深深的敬意和感谢！

面向泱泱华夏搜集筛选熟语绝非易事，但本书的重点和难点，无疑是对各词目作出准确无误的释解。这就需要严肃严谨的学术态度和大量的调查考证，还须有相应的文字功力。我们期望，编辑人员这几年的刻苦努力与编写水平能得到社会上的最大认同。

熟语指常用的固定短语。《民间熟语汇释》共收录上迄先秦、下至当代的“熟语”（包括格言、箴言、警句、诗句、俗语、谚语、歇后语等）6100多条，56万余字。限于篇幅原因，收录的熟语绝大部分为五字以上短语，已收录于成书的四字成语和大部分三字俗语，则没有收录。

本书的编纂原则着眼于三个方面：

一是教化作用，引导读者树立正确的人生观和价值观。比如“白日莫闲过，青春不再来”“不能正己，焉能正人”等，从正面教育人珍惜光阴，严于律己。而“吃饭想撑死，做活怕累死”“吃饱了混天黑”，则从反面讽刺、批评好吃懒做的人和现象。

二是在文章中实际的运用价值。像一些古诗句和出自典籍中的警语之类的熟语，在文章中灵活引用，可使文章生动而富有文采。本书选择例句优先选择公开发表作品的运用成例，其用心就在于此。

三是认识价值，弘扬传统文化。本书词目释义后采用“例句”或“出处”的编排方式，共引用公开出版、发表的书目、作品3500多部、篇，尽可能为读者提供客观、权威、多方面的信息源。一些气象谚语、农谚等，在今天几乎没有了实际作用，但是它们是前辈生活智慧的结晶，所以本书也尽量保留其词条，对读者仍不失其认识和参考意义。

总之，《民间熟语汇释》是一部既可查询又可阅读的工具书，无论是青少年读者，还是中老年读者，均可开卷获益。

在本书的策划、编纂及出版过程中，尚瑞、邱万明、焦满堂、唐有信、冯清泰、魏保太、孙东升、邱士学、李桂峰、纪书学、钱明安、王建辉、田传兵、张福磊、胡庆洁、田帅等文化人士，曾予以关心支持。县政府主管文教领导和县教育局有关人员，对本书的编辑出版十分重视，一直给予关注。清河县教育基金会和县慈善总会更是为本书的出版发行提供了全部费用。可以说，读者今天能看到这本书，是多方努力付出的结果，是大家共同完成了一件很有意义的文化公益事项。

在此，一并向相关部门及人士致谢！

挂一漏万，遗珠之憾，或欠妥、错谬之处，在所难免。尚祈读者、方家教正。

郑成明

2024年12月

编者简介

郑成明，河北省清河县政府原副县长。退休后先后任清河县教育基金会理事长、县慈善总会会长，被评为全省首次、全国第十二次“慈善楷模”。编著《为政时谈》《潮头放歌》《远去的背影》《北方温州与富民书记》等十几部书籍，在《人民日报》《光明日报》《河北日报》等报刊发表多篇文章。

杨新华，1983年毕业于河北大学中文系。退休前从事报纸采编工作三十余年。国学网站“东篱网”创办者。

靳志华，河北省清河县地方志办公室副主任，高级政工师。出版个人文集《故园槐梦》等五部，主编、参与编著图书二十二部。

冯增岭，河北省清河县融媒体中心副科级干部。1987年毕业于邢台师范专科学校中文专业。曾任清河报社编辑、副总编、副社长，清河县融媒体中心副主任等职。

邱玉芬，河北省清河县地方志办公室秘书股长，《清河县志》等书籍副主编。参与《清河通史》《运河记忆》《沉梦遗香》等多部书籍的编写工作。

谢丙月，河北省清河县作协主席，中国作家协会会员，邢台市作协主席团委员。出版长篇报告文学《心中有颗太阳》等著作八部。

徐继国，河北省清河县谢炉中学高级教师。散文被《清风》等刊物刊载。曾参与《运河记忆》《筑梦》等书籍的编写工作。

王春飞，会计师，爱好读书及文字整理，个人作品常见于市内外刊物及公众号，曾参与《运河记忆》《古镇遗韵》等书籍的编写工作。

谢青春，河北省清河中学高级教师，毕业于河北师范大学中文系。有多篇论文、文学作品发表于省、市级以上报刊。

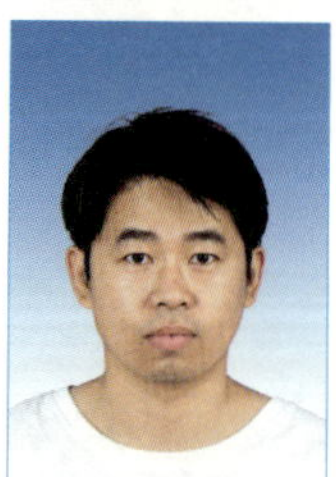

宋祥宇，河北省清河县政府办公室文秘，曾参与《梨云杏雨》等多部书籍的编写工作。